VIE
DE M. OLIER.

1531

MONTBÉLIARD (DOUBS).

IMPRIMERIE DE CH.-M. HOFFMANN.

VIE
DE M. OLIER

FONDATEUR

DU SÉMINAIRE DE SAINT-SULPICE,

PAR

M. FAILLON,

ptre DE St-SULPICE.

QUATRIÈME ÉDITION

revue et considérablement augmentée par l'auteur.

Le fondateur de Saint-Sulpice
a désiré d'être caché. C'est à
Dieu à le manifester dans son
temps.

Lettre de M. TRONSON.

TOME DEUXIÈME.

PARIS,

WATTELIER, 19, rue de Sèvres.

1873.

TABLE

DES SOMMAIRES DU SECOND VOLUME.

DEUXIÈME PARTIE.

CONDUITE DE M. OLIER DANS LA RÉFORME DE LA PAROISSE DE SAINT-SULPICE ET DANS L'EXERCICE DU MINISTÈRE PASTORAL.

LIVRE PREMIER.

Tableau du faubourg Saint-Germain : M. Olier établit une communauté de prêtres destinés à le seconder dans la réforme de ce faubourg.

I. Etat du faubourg Saint-Germain. 1
II. Il est le refuge des Protestants et des athées. 3
III. La magie y est accréditée. 5
IV. Il sert d'asile aux libertins et aux malfaiteurs. 6
V. Etat d'abandon où était alors l'église paroissiale. 8
VI. Etat de l'ancien clergé et du peuple. 8
VII. Etat des Grands et des princes, paroissiens de Saint-Sulpice. 10
VIII. M. Olier songe à établir une communauté. 12
IX. Elle se compose bientôt de cinquante membres. 13
X. M. Olier et ses prêtres embrassent la pauvreté réelle ; pourquoi ? 14
XI. Conduite désintéressée de M. Olier à l'égard des anciens prêtres. 15
XII. La communauté endure la pauvreté réelle. 16
XIII. Simplicité et frugalité en usage dans la communauté. 18
XIV. L'entrée de la communauté et celle du séminaire interdites aux femmes 19
XV. Indifférence pour les emplois. 20
XVI. Unité d'esprit entre le curé et ses auxiliaires. 21

XVII. Fidélité aux règlements de la communauté. 22
XVIII. La paroisse divisée en huit quartiers. 23
XIX. Le livre *de statu animarum* tenu par M. Olier. 24
XX. Visites des malades, distribution des emplois, récréations etc. 25
XXI. Tous suivent les mêmes principes. *Instruct. de S. Charles*. 26
XXII. Union avec les religieux du faubourg. 27
XXIII. M. Olier modèle de tous. Il fait vœu de servitude. 29
XXIV. Efficacité de l'exemple des supérieurs sur les inférieurs. 30
XXV. Zèle de M. Olier pour la réforme de l'ordre sacerdotal. 32
XXVI. Les curés de Paris adoptent les règlements de la communauté. 33
XXVII. Influence du ministère de M. Olier sur le clergé en général. 35

NOTES DU LIVRE PREMIER.

Sur le grand nombre des athées sous Louis XIII. 37
Sur les crimes publics restés impunis au faubourg Saint-Germain. 38
Discours de M. Olier sur la vie commune. 40
Règlements de la communauté. 42
Dédicace des Actes de l'Eglise de Milan aux docteurs de Sorbonne. 42
Motifs de la publication de ces Actes. 43

pag.

LIVRE II.

M. Olier entreprend la réforme du faubourg Saint-Germain.

I. Pour convertir, M. Olier doit prêcher Jésus-Christ et ses mystères.   45

II. Il s'efforce d'attirer sur les pécheurs la grâce et l'esprit des mystères.   46

III. Il doit faire connaître les mystères de Jésus-Christ d'abord aux enfants.   48

IV. Il établit des catéchismes pour les enfants.   49

V. Premiers fruits des catéchismes.   49

VI. M. Olier désigne des confesseurs pour les enfants et les confesse lui-même.   50

VII. Il prie pour les pasteurs qui se dévouent à l'œuvre des catéchismes.   51

VIII. Il forme des enfants aux cérémonies. Confréries de filles établies.   52

IX. Catéchismes pour les laquais, les mendiants et les vieillards.   53

X. Autres catéchismes. Distribution de feuilles imprimées etc.   54

XI. M. Olier réunit les maîtres et maîtresses d'école et les sages-femmes, pour les instruire de leur devoir.   55

XII. Exhortations de M. Olier à son peuple.   56

XIII. Il convertit un baladin.   57

XIV. Grande affluence aux offices. La reine assiste aux prédications de M. Olier.   58

XV. M. Olier travaille à réformer les confréries.   59

XVI. Il établit une librairie aux portes de l'église.   61

XVII. Entreprises des calvinistes et des luthériens.   61

XVIII. M. Olier établit des conférences pour convertir les hérétiques.   63

XIX. Il attire dans sa paroisse le P. Véron et d'autres controversistes.   63

XX. Mort du ministre Aubertin.   64

XXI. Zèle de M. Olier pour ramener une de ses paroissiennes qui meurt dans l'hérésie.   65

XXII. Esprit de prosélytisme des Huguenots.   66

XXIII. Zèle de M. Olier pour affermir la foi des nouveaux catholiques.   68

XXIV. Cruauté d'une femme hérétique à l'égard de sa propre fille.   70

NOTES DU LIVRE SECOND.

Sur l'usage d'appeler les enfants au catéchisme au son d'une clochette.   71

pag.

M. Olier attentif à corriger les enfants de leurs défauts.   71

Sur la méthode du Père Véron.   71

Sur la mort du ministre Aubertin.   72

LIVRE III.

Suite de la réforme du faubourg Saint-Germain.

I. La dévotion au très-saint Sacrement, moyen de renouvellement pour une paroisse.   74

II. M. Olier appelé à renouveler cette dévotion.   75

III. Il commence par rétablir la dignité du culte dans son église.   76

IV. Il rend l'office canonial plus solennel à Saint-Sulpice.   78

V. Zèle de M. de Bassancourt pour le culte divin.   79

VI. M. Olier exhorte ses paroissiens à assister à la sainte Messe.   80

VII. Il veut que ses ecclésiastiques soient assidus à visiter le très-saint Sacrement.   81

VIII. Il rétablit la confrérie du très-saint Sacrement.   82

IX. Il invite tous ses paroissiens à faire partie de cette confrérie.   84

X. Esprit primitif de la confrérie. Humilité de la princesse de Condé.   85

XI. M. Olier introduit l'usage des Saluts dans sa paroisse.   87

XII. Le très-saint Sacrement est honoré à Saint-Sulpice.   88

XIII. Quarante heures et diverses pratiques en l'honneur du très-saint Sacrement.   89

XIV. M. Olier exhorte à la communion fréquente.   91

XV. Il établit les communions du mois.   92

XVI. Il consacre les enfants à la très-sainte Vierge.   93

XVII. Son amour pour les pauvres. Le frère Jean de la Croix.   94

XVIII. Générosité de M. Olier envers les pauvres.   95

XIX. Il établit la confrérie de la Charité.   96

XX. Il détermine les dames de la paroisse à servir les malades.   97

XXI. Il établit sur sa paroisse les filles de la Charité. Avis à ses ecclésiastiques.   98

XXII. Son zèle pour délivrer la paroisse des femmes de mauvaise vie.   99

pag.

XXIII. Le bailli de Saint-Germain seconde son zèle. 100

XXIV. M. Olier travaille à la conversion de ces femmes et leur procure des secours. 101

XXV. Belle réponse qu'il fait à ce sujet. 102

XXVI. Il s'efforce d'établir une maison de repenties. 103

XXVII. Prières de M. Olier pour détruire le péché dans sa paroisse. 104

XXVIII. Mort affreuse d'une fille de mauvaise vie. 104

XXIX. Zèle courageux de M. Olier pour délivrer du péril les âmes innocentes. 106

XXX. Il valide les mariages nuls et réforme divers abus. 107

XXXI. Il reprend le dessein de réformer l'abbaye de Pébrac. M. Corbel. 108

XXXII. M. Olier veut donner son abbaye à saint Vincent de Paul. Ses religieux s'opposent à ce dessein. 110

XXXIII. La Reine désire que M. Olier accepte la cure de Saint-Jacques. 111

XXXIV. M. Cretenet et le Père Yvan visitent M. Olier. 113

XXXV. Le Père Yvan s'attache à M. Olier et seconde son zèle. 115

XXXVI. Charité de M. Olier pour ses confrères dans le sacerdoce. 115

XXXVII. Lettre de M. Olier à saint Vincent de Paul sur un curé opprimé. 118

NOTES DU LIVRE TROISIÈME.

Esprit de l'Eglise dans la disposition des diverses parties de l'office canonial. 122

Sur la gravure du très-saint Sacrement. 124

Sur la princesse de Condé. 125

Origine des saluts du très-saint Sament. 126

Culte qui doit accompagner les expositions et les saluts du très-saint Sacrement. 127

Exhortation de M. Olier aux enfants avant leur première communion. 128

Sur la mort de Granry. 129

Sur le frère Jean de la Croix. 129

LIVRE IV.

Persécution contre M. Olier : On l'expulse de son presbytère pour l'empêcher de poursuivre l'œuvre du séminaire et celle de la réforme du faubourg Saint-Germain.

pag.

I. Imperfection de la réforme du faubourg les trois premières années. 131

II. Dieu fait connaître à M. Olier la persécution qu'il souffrira. 132

III. Combien il est traversé dans la réforme de sa paroisse. 132

IV. M. Olier se propose de construire un bâtiment pour le séminaire. 133

V. Il achète un terrain pour y bâtir le séminaire. 134

VI. Nouvelle consécration à Montmartre. M. Olier et ses compagnons offrent à Dieu le terrain qu'ils ont acheté. 135

VII. Les paroissiens murmurent contre M. Olier. Dieu le fortifie. 137

VIII. M. de Fiesque demande à rentrer dans la cure de Saint-Sulpice. 138

IX. Plusieurs paroissiens ne gardent plus aucune mesure à l'égard de M. Olier. 139

X. Les marguillers demandent la suppression des Saluts établis par M. Olier. 140

XI. Le prince de Condé et l'abbé de Saint-Germain ardents adversaires de M. Olier. 141

XII. M. Olier s'abandonne à Dieu pour souffrir cette persécution. 143

XIII. Il se soumet d'avance à tout ce qu'il plaira à Dieu de permettre. 144

XIV. Il est injurié et menacé avec ses prêtres. 144

XV. Tous ses disciples sont tentés d'abandonner l'œuvre du séminaire et la réforme de la paroisse. 145

XVI. Avantages que la persécution procure. 146

XVII. M. Olier est vendu à M. de Fiesque qui publie contre lui un *factum*. 147

XVIII. Deux factions se forment contre M. Olier. 149

XIX. La conjuration éclate. Le presbytère est envahi. 150

XX. M. Olier est jeté hors du presbytère, traîné dans les rues et meurtri par les conjurés. 151

XXI. Charité héroïque de saint Vincent de Paul et du curé de Saint-Jacques-du-Haut-Pas. 152

XXII. Le presbytère est pillé par les furieux. 153

XXIII. M. Olier est conduit au Luxembourg. 154

pag.

XXIV. Le service divin interrompu pendant trois jours à l'église paroissiale.   155

NOTES DU LIVRE QUATRIÈME.

Sur la mort de François Olier.   157
Patience de M. Olier dans les mauvais traitements.   158
Sur les rapports du prince de Condé, H. de Bourbon, avec M. Olier.   159

LIVRE V.

Rétablissement de M. Olier dans son presbytère. La persécution devient l'occasion de l'affermissement du séminaire et de la réforme totale du faubourg Saint-Germain.

I. L'affaire est portée au Conseil d'Etat. On en rejette le blâme sur saint Vincent de Paul.   161
II. Celui-ci prend sur lui tout le blâme de cette émeute.   162
III. L'affaire est renvoyée au parlement. Le prince de Condé sollicite contre M. Olier : la Reine prend sa défense.   163
IV. M. Olier cherche son appui en Dieu. Sa charité pour ses ennemis.   164
V. Le parlement ordonne que M. Olier soit remis en possession de sa cure.   165
VI. Dès que M. Olier est rétabli la sédition recommence.   166
VII. M. Olier et les siens sont promptement secourus en cette rencontre.   167
VIII. M. Olier prêche le lendemain. Une femme l'apostrophe.   168
IX. M. Olier ne néglige aucun des devoirs de sa charge.   170
X. Les femmes de mauvaise vie vont au palais et demandent sa destitution.   171
XI. Arrêt du parlement qui dissipe l'émeute. Procession de la Fête-Dieu escortée par des gardes.   172
XII. Les disciples de M. Olier rentrent au presbytère ou au séminaire.   173
XIII. M. Olier est moqué à la Cour du prince de Condé. Sa charité envers M. de Fiesque.   175
XIV. Il sollicite la grâce de ceux qui avaient été mis en prison à cause de lui.   176
XV. Il considère cette persécution comme l'occasion de la bénédiction de Dieu sur lui et sur le séminaire.   178

pag.

XVI. On conseille à M. Olier d'abandonner sa cure pour jouir du repos. Sa réponse.   179
XVII. On lui propose l'évêché de Rodez.   180
XVIII. L'abbé de Saint-Germain détermine M. Olier à garder sa cure et lui accorde sa protection.   182
XIX. Acte légal pour la fondation de la société de Saint-Sulpice.   183
XX. L'abbé de Saint-Germain approuve l'établissement de la société et du séminaire de Saint-Sulpice.   185
XXI. Lettres patentes du Roi qui approuve le dessein de M. Olier.   186
XXII. Lettres patentes du Roi pour exciter les évêques à établir des séminaires.   187
XXIII. L'établissement du séminaire de Saint-Sulpice ne peut être attribué qu'à Dieu seul.   188
XXIV. M. de Fiesque exige que M. Olier se dépouille de ses biens en sa faveur.   189
XXV. Efforts pour engager M. Olier à renoncer à sa cure.   190
XXVI. M. Olier veut se dépouiller de ses biens. Pourquoi ?   191
XXVII. Accord avec M. de Fiesque. Générosité de plusieurs disciples et amis de M. Olier.   191
XXVIII. M. Olier permute l'abbaye de Pébrac avec celle de Cercanceau.   193
XXIX. Dieu venge M. Olier en châtiant plusieurs de ses persécuteurs.   195
XXX. Conduite de M. Olier envers sa mère que cet accommodement aigrit de nouveau contre lui.   195

NOTES DU LIVRE CINQUIÈME.

Sur le nom de Missionnaires.   197
Sur l'approbation donnée à l'établissement du séminaire.   197
M. Olier permute son abbaye pour celle de Cercanceau.   198

LIVRE VI.

M. Olier fait honorer par les Grands les mystères de Notre-Seigneur, surtout sa présence réelle au très saint Sacrement.
I. Ce que Dieu exigeait de M. Olier pour la conversion des Grands.   200
II. M. Olier devait achever envers les Grands l'œuvre commencée par les PP. de Bérulle et de Condren.   201

pag.

III. Qualités dont Dieu avait doué M. Olier pour gagner les Grands. 201

IV. M. Olier reprend le cours de ses prédications. 203

V. Il prêche aux Grands le mystère de la passion renouvelé par les pécheurs. 204

VI. Il montre la dépravation de l'homme par le péché. 205

VII. L'eucharistie répare dans l'homme les dégradations du péché. 206

VIII. Par l'eucharistie Jésus-Christ donne aux hommes ses propres sentiments. 207

IX. M. Olier spécialement suscité pour renouveler la piété envers le très-saint Sacrement. 209

X. Comment il participe à l'état de Jésus-Christ au très-saint Sacrement. 210

XI. Les trois premières années, le très-saint Sacrement est très peu honoré à Saint-Sulpice. 211

XII. Après la persécution M. Olier propage cette dévotion dans tout le faubourg. 213

XIII. La communion fréquente mise en honneur à Saint-Sulpice. 215

XIV. Don de sept lampes pour honorer le très-saint Sacrement. 216

XV. Sacrilége commis à Saint-Sulpice par douze voleurs. 218

XVI. M. Olier s'efforce d'expier cette profanation. Jeûne. Procession en habits de deuil. 220

XVII. Procession solennelle du très-saint Sacrement. Monuments expiatoires. 222

XVIII. Pour cont'nuer cette réparation M. Olier établit l'adoration perpétuelle. 224

XIX. Cette adoration a aussi pour fin la réparation de tous les autres sacriléges. 225

XX. Effets du zèle de M. Olier pour le très-saint Sacrement à Paris et ailleurs. 226

XXI. A Saint-Sulpice le très-saint Sacrement est honoré par les Grands. 226

XXII. Effets sensibles de la participation qu'a M. Olier au mystère du très-saint Sacrement. 228

XXIII. Vénération qu'on a pour M. Olier. Nouvel eff't de cette faveur. 231

XXIV. Il a part à toutes les grandes œuvres : autre effet de cette faveur. 232

pag.

XXV. Il apprend aux prêtres à vivre conformément à Jésus-Christ au très-saint Sacrement. 233

NOTES DU LIVRE SIXIÈME.

Sur la résidence spirituelle de Notre-Seigneur dans les PP. de Bérulle et de Condren. 236

Sur les désordres auxquels on s'abandonnait les veilles de la Saint-Martin et de l'Épiphanie. 236

Sur les sept lampes offertes par les paroissiens de Saint-Sulpice. 239

Sur la baronne de Neuvilette. 239

Préséances à la procession de 1648. 241

Monument expiatoire en l'honneur du très-saint Sacrement. 241

Comment M. Olier exhortait les prêtres à imiter Jésus-Christ au très-saint Sacrement. 242

LIVRE VII.

M. Olier est l'instrument de la sanctification des gentilshommes et des militaires.

I. Pour autoriser la piété parmi les militaires M. Olier établit la *Compagnie de la Passion.* 245

II. Il dirige le baron de Renty qui le seconde dans la conversion des Grands. 247

III. M. Olier convertit le marquis de Fénelon. 248

IV. Le maréchal de Fabert et M. du Four entrent dans les vues de M. Olier. 251

V. Confession inopinée d'un gentilhomme. 252

VI. M. Olier expose à ces gentilshommes les moyens de se perfectionner au milieu du monde. 254

VII Exemples remarquables donnés par deux de ces gentilshommes. 256

VIII. Doctrine spirituelle proposée par M. Olier à ces gentilshommes. 256

IX. Combien la doctrine de M. Olier fut goûtée au XVIIe siècle. 257

X. Combien les duels étaient fréquents sur la paroisse de Saint-Sulpice. 258

XI. M. Olier entreprend de remédier à la fureur des duels. 259

XII. Il supplée à l insuffisance des lois contre les duels. 260

XIII. Protestation rédigée par M. Olier et approuvée par la noblesse, les maréchaux, les princes, la Sorbonne et les évêques. 261

XIV. M. Olier demande à la Reine

pag.

de punir les duels et les blasphèmes. 264
XV. Le Roi déclare sa majorité et
rend un édit contre les blasphèmes. 265
Edit de Louis XIV contre les duels. 266
XVII. M. Olier et le marquis de Fénelon ont eu une grande part à l'abolition des duels.   268
XVIII. Conduite chrétienne du marquis de Fénelon à l'égard de son fils. 269
XIX. Après la mort de M. Olier ces
gentilshommes se réunissent encore au
séminaire.   269
XX. Etablissement de la communauté
des *Gentilshommes.*   270

NOTES DU LIVRE SEPTIÈME.

Sur M. de Renty.   275
Sur la protestation de Louis XIV
touchant les peines portées contre les
duellistes.   276
De la part que le marquis de Fénelon eut dans l'abolition des duels. Le
comte de Druy.   276
Sur la persécution contre les gentilshommes convertis par M. Olier.   277
Mort édifiante du jeune de Fénelon. 279

LIVRE VIII.

M. Olier est l'instrument de la sanctification
des dames de condition et de celle des
princes et des princesses.
I. M. Olier exhorte les dames au mépris des choses du monde.   280
II. Il s'élève contre l'idolâtrie de l'es-
prit propre, chez les femmes de qualité. 281
III. Il prêche contre l'immodestie
dans les vêtements.   283
IV. Dévotion à l'Ange gardien, re-
mède contre les immodesties.   284
V. Zèle de M. Olier pour faire gar-
der la modestie dans les vêtements. 285
VI. Dieu autorise lui-même le zèle de
M. Olier.   287
VII. M. Olier délivre Mlle le Roguée
de ses peines intérieures.   288
VIII. Il connaît le secret des cœurs.
Exemple.   291
IX. Vertus de la maréchale de Rant-
zau.   293
X. La duchesse d'Aiguillon. Sa haute
piété.   295
XI. Exemples de la marquise de Fé-
nelon.   295
XII. M. Olier engage plusieurs per-
sonnes de qualité à vivre dans le céli-
bat. Mlle Leschassier.   296

pag.

XIII. Vœu célèbre de la marquise de
Portes. M. Olier lui donne des conseils. 297
XIV. Il lui conseille de servir Dieu
dans le monde.   299
XV. M. Olier fait honorer Dieu par
les Grands.   300
XVI. Conversion d'Henri II, prince
de Condé.   300
XVII. M. Olier engage la princesse
de Condé à prier pour l'âme de son
mari.   302
XVIII. Il lui fait connaître le dessein
de la Providence sur les Grands.   303
XIX. Liberté apostolique de M. Olier.
Usage chrétien du deuil chez les Grands. 306
XX. Humiliations attachées à la
Grandeur.   307
XXI. Devoirs des Seigneurs envers
les pauvres de leurs terres et les igno-
rants.   307
XXII. Zèle de M. de Renti et de M.
de Fénelon pour le salut de leurs sujets. 308
XXIII. Communauté de missionnaires
à Magnac: origine du petit séminaire
de cette ville.   310
XXIV. Commencements du prince
Louis Stuart, abbé d'Aubigny.   312
XXV. Affaire du mariage d'Edouard
de Bavière avec la princesse de Gon-
zague.   313
XXVI. Reconnaissance de la princesse palatine envers les prêtres de
Saint-Sulpice.   315
XXVII. M^r d'Aubigny se lie avec le
séminaire et reçoit les SS. Ordres. 316
XXVIII. Vie fervente de M^r d'Aubi-
gny devenu chanoine de Notre-Dame.   317
XXIX. Il contribue à la conversion
de Charles II.   318
XXX. Zèle de M. Olier pour la con-
version de l'Angleterre.   319
XXXI. Il entreprend la conversion
de Charles II.   320
XXXII. Difficultés que présentait
alors la conversion de ce prince.   321
XXXIII. M. Olier instruit Charles II.
Proposition qu'il fait à ce prince. 322
XXXIV. Charles II abjure secrètement l'hérésie, comme le pape l'avait
demandé de lui.   324
XXXV. Cette abjuration est certifiée
par les contemporains de Charles II. 325
XXXVI. Charles II obligé de quitter
la France. Les ducs de Montmouth et
de Richemont.   326

pag.

XXXVII. Affection que Charles conserva depuis pour M. Olier : effets des instructions qu'il reçut de lui. 327
XXXVIII. Actes mémorables de Charles II en faveur des catholiques de ses états, conformément à la volonté du pape. 328
XXXIX. Projet de concordat proposé au pape par Charles II : opposition de ce prince pour le protestantisme. 329
XL. Au milieu de ses dissimulations Charles II demeure convaincu de la vérité de la religion chrétienne. 330
XLI. Troubles de conscience de Charles II : il veut rétablir le catholicisme en Angleterre. 331
XLII. Charles abjure de nouveau l'hérésie à sa mort. 333
XLIII. Combien la conversion de Charles fut utile aux catholiques pendant son règne. 334
XLIV. M. Olier a justifié ainsi sa vocation de représenter Notre-Seigneur au très-saint Sacrement. 335
XLV. M. Olier devait opérer le bien sans paraître, à l'exemple de Jésus-Christ au très-saint Sacrement. 335

NOTES DU LIVRE HUITIÈME.

Conversion du maréchal et de la maréchale de Rantzau. 338
Sur la marquise de Portes. 340
Sur le prince de Condé Henri II et le Père Bourdaloue, son panégyriste. 343
Considérations chrétiennes de M. Olier sur les humiliations de la Grandeur. 343
Sur la princesse palatine. 345
Sur la première abjuration de Charles II. 347
Sur la promotion de l'abbé d'Aubigny au cardinalat. 350
Sur la deuxième abjuration de Charles II à la fin de sa vie. 354
Circonstances de la vie de M. Olier altérées dans l'histoire de l'Église catholique en France. 356

LIVRE IX.

Suite et complément du renouvellement de la paroisse de Saint-Sulpice.
I. Nécessité de construire une nouvelle église paroissiale. 360
II. M. Olier tient diverses assemblées pour la construction d'une nouvelle église. 362

III. Sage prévoyance de M. Olier. La Reine pose la première pierre. 363
IV. M. Olier ne compte que sur le secours de Dieu pour construire la nouvelle église. 364
V. Il est contraint de suspendre les travaux. M. Languet les achève. 365
VI. Etablissement, au quartier de la Grenouillère, de la succursale Sainte-Anne. 366
VII. Conversion des Protestants. Efforts impuissants du Père Véron. 367
VIII. Clément et Beaumais suscités de Dieu pour la conversion des hérétiques. 368
IX. Méthode de Clément plus fructueuse que celle du Père Véron. 369
X. Beaumais vient habiter le faubourg Saint-Germain, succès de ses controverses. 371
XI. M. Olier délivre la paroisse de la débauche publique. 371
XII. Comédiens et baladins de la foire Saint-Germain, convertis. 372
XIII. Molière quitte la capitale et court les provinces. 374
XIV. Respect universel pour le clergé de Saint-Sulpice. 375
XV. Empressement de M. Olier à entrer dans les sentiments de tout le monde. 377
XVI. Exercices de piété et règlement de vie adoptés par une multitude de paroissiens. 378
XVII. Conduite envers les Grands : avis que leur donne M. Olier. 379
XVIII. Son zèle pour la sanctification des notaires et des magistrats. 379
XIX. Sentiments chrétiens qu'il inspire à tous. Sa Journée chrétienne. 380
XX. Sentiments chrétiens qu'il inspire aux artisans, aux marchands et aux acheteurs. 381
XXI. Retraites pour les femmes. Divers détails de la paroisse confiés à des veuves. 382
XXII. Ordre établi parmi ces personnes : écoles, maison de l'Instruction. 384
XXIII. Mme Tronson se met sous la conduite de M. Olier. 385
XXIV. Zèle pour la confection des ornements de l'église. Madame Tronson. La princesse de Condé. 387
XXV. Mlle Leschassier. Sa charité généreuse. Mlle de Valois. Zèle pour les bonnes œuvres parmi les hommes. 388

pag.

XXVI. Dessein de Dieu dans l'institution des paroisses.   390

XXVII. Obligation particulière des paroissiens de Saint-Sulpice d'être soumis au Saint-Siége.   391

XXVIII. M. Olier exhorte les fidèles à être assidus aux offices de leur paroisse   393

XXIX. M. Olier fait honorer par ses paroissiens les mystères de Jésus-Christ.   393

XXX. Occupations intérieures de M. Olier durant les processions et les pèlerinages de sa paroisse.   395

XXXI. Changement que le zèle de M. Olier opère dans la paroisse de Saint-Sulpice.   396

NOTES DU LIVRE NEUVIÈME.

Pose de la première pierre de la nouvelle église de Saint-Sulpice.   398
Sur M. Languet de Gerzy.   398
Sur Clément et Beaumais.   400
Conversion extraordinaire d'une femme de mauvaise vie.   402
Considérations chrétiennes de M. Olier sur la condition et les devoirs des juges.   403
Considérations chrétiennes pratiques sur le dessein de Dieu dans l'institution de la société civile.   405
Maison de l'*Instruction*. Écoles chrétiennes.   408
Sur madame Tronson.   410
Pèlerinage de Notre-Dame-des-Vertus   410

LIVRE X.

M. Olier prémunit efficacement le faubourg Saint-Germain contre l'hérésie du Jansénisme.

I. Visionnaires et Jansénistes dont M. Olier eut à défendre sa paroisse.   413

II. M. Duhamel établit la pénitence publique dans le diocèse de Sens.   414

III. Les Jansénistes veulent introduire la pénitence publique dans le faubourg Saint-Germain.   415

IV. Ils cherchent à élever de jeunes ecclésiastiques dans les maximes de la secte.   415

V. Les Jansénistes se flattent d'avoir attiré à eux M. Olier.   417

VI. M. Olier manifeste ses sentiments d'opposition au Jansénisme et prémunit ses paroissiens.   418

VII. Écrits satiriques des Jansénistes

pag.

contre M. Olier Sa conduite en cette occasion.   419

VIII. Il n'est pas intimidé par les menaces des Jansénistes.   420

IX. Lettre de M. Olier à une personne séduite par les Jansénistes.   421

X. Conduite artificieuse et schismatique des Jansénistes.   422

XI. Les Jansénistes opposent M. Duhamel à M. Olier et Saint-Méry à Saint-Sulpice.   423

XII. Hôtel de Liancourt. Le duc et la duchesse pervertis par l'abbé de Bourzeis.   424

XIII. Efforts inutiles du maréchal de Schomberg et de M. Olier pour détromper la duchesse.   426

XIV. Les PP. Desmares et Esprit dogmatisent à l'hôtel de Liancourt.   427

XV. Hôtel de Nevers, autre foyer de Jansénisme pour le faubourg Saint-Germain.   428

XVI. Concours à Saint-Merry et à Port-Royal. Le frère Jean de la Croix.   429

XVII. M. Olier empêche le frère Jean de continuer à fréquenter Port-Royal.   430

XVIII. M. Olier traité d'hérétique par plusieurs curés.   431

XIX. Les Oratoriens tentent en vain de s'établir sur la paroisse de Saint-Sulpice, où ils auraient semé l'hérésie.   432

XX. Zèle de M. Olier pour faire interdire la chaire aux prédicateurs Jansénistes.   433

XXI. Promesse de soumission donnée à M. Olier par le duc et la duchesse de Liancourt.   436

XXII. Efforts de M. Olier pour les ramener. Conférence.   437

XXIII. M. Olier réduit la dispute à une seule question et presse en vain le Père Desmares d'y répondre.   438

XXIV. Conduite artificieuse du Père Desmares.   439

XXV. Conclusion de la conférence.   440

XXVI. Écrits divers sur cette conférence.   441

XXVII. M Duhamel établit la pénitence publique à Saint-Merry.   443

XXVIII. Excès des pénitences publiques. Exils volontaires.   444

XXIX. M. Olier prêche contre le rétablissement de la pénitence publique.   446

XXX. Il soutient la suffisance de

pag.

l'attrition dans le sacrement de pénitence. 448

XXXI. Remontrance du Père Desmares à M. Olier. Idée de cet écrit. 449

XXXII. Estime que les catholiques
faisaient de M. Olier. 450

XXXIII. M. Olier ne répond au Père
Desmares que par son silence. 451

XXXIV. Combien l'hérésie du Jansénisme influait sur les mœurs. 452

XXXV. Le clergé de France demande au Pape un jugement solennel
sur le Jansénisme. 453

XXXVI. Zèle de M. Olier pour obtenir la condamnation du Jansénisme. 454

XXXVIII. Sa douceur envers les
Jansénistes après leur condamnation. 456

XXXVIII. Subterfuges des Jansénistes pour décliner le jugement d'Innocent X. 456

XXXIY. Les Jansénistes veulent
s'emparer de la Propagation de la foi.
Zèle de M. Olier. 458

XL. Conduite de l'Archevêque en
cette affaire. Il défend de nommer
M. Olier à la charge de directeur de
la Congrégation. 460

XLI. La Reine prend la défense de
M. Olier. 461

XLII. Le cardinal Mazarin abolit la
congrégation de la Propagation de la
foi. 462

XLIII. Affaire de M. de Liancourt
et de M. Picoté, son confesseur. 463

XLIV. Réponse de quatre docteurs
à M. Picoté. 464

XLV. Déplaisir du duc. Arnauld a-
larmé sur le sort du parti venge le
duc. 465

XVI. Condamnation d'Arnauld par
la Sorbonne. 466

XLVII. Haine des Jansénistes pour
la mémoire de M. Olier. 467

NOTES DU LIVRE DIXIÈME.

Sur la secte des illuminés. 470
Estime de M. Bourdoise pour quelques jansénistes. 471

Sur M. Coppin, curé de Vaugirard. 473

M. Olier défend les sentiments et la
personne de saint François de Sales
contre les attaques des Jansénistes. 475

Sur le silence de M. Olier après
les écrits satiriques des Jansénistes
contre lui. 478

pag.

Sur les propositions de Jansénius. 478
Le Père Desmares exclu de l'Oratoire. 479

Condamnation du livre intitulé: Le
Jansénisme confondu. 479

Sur la nature des liaisons de l'abbé
d'Aubigny avec Port-Royal. 480

Sur l'abbé de Bourzeis. 483

Sur l'affaire du duc de Liancourt. 484

LIVRE XI.

Conduite pastorale de M. Olier pendant les
troubles de la Fronde.

I. Troubles de la Fronde. 486

II. Union de la Fronde avec le
Jansénisme. 486

III. Soulèvement général dans Paris. 488

IV. Le Roi se retire à Saint-Germain. Première guerre de Paris. 488

V. Les Jansénistes cherchent à lever
une armée pour faire la guerre au
Roi. 489

VI. M. Olier exhorte son peuple et
ses ecclésiastiques à la pénitence. 490

VII. Il visite les pauvres de sa paroisse
et leur procure des secours. 491

VIII. M. Olier fait rechercher toutes
les familles indigentes. Sa grande libéralité. 492

XI. Il va solliciter la générosité de
la Cour à Saint-Germain. 494

X. Succès dont Dieu couronne son
dévouement. 495

XI. Cessation de la guerre civile. M.
Olier relève les familles ruinées. 496

XII. Il se démet de ses bénéfices. 498

XIII. Il s'efforce de bannir de sa
paroisse les désordres que la guerre
civile y avait introduits. 499

XIV. Il invite le Père Eudes à donner une mission à la paroisse de Saint-
Sulpice. (1651) 500

XV. M. Olier veut procurer des secours aux pauvres honteux. 502

XVI. Misère affreuse du faubourg
Saint-Germain après la guerre civile. 503

XVII. M. Olier établit la Compagnie
charitable pour l'assistance des pauvres
honteux. 504

XVIII. Sage dispensation des secours
destinés aux pauvres honteux. Fruits
de cette institution. 505

XIX. M. Olier établit des écoles en
faveur des enfants pauvres ; catéchisme pour leur usage. 506

pag.

XX. Il établit l'assemblée du *Conseil charitable*. 507

XXI. Il procure l'entretien des orphelins pauvres de sa paroisse. 508

XXII. Etablissement des religieuses de Notre-Dame de Miséricorde. 509

XXIII. Les princes sont enfermés à Vincennes. M. Olier visite la douairière de Condé qui le reçoit froidement. 513

XXIV. La princesse de Condé envoie de riches ornements à M. Olier qui lui offre ses services. 514

XXV. La princesse succombe à ses disgrâces et appelle M. Olier qui l'assiste à la mort. 516

XXVI. Services funèbres pour cette princesse. 518

XXVII. La maison de Condé regagne l'affection des Parisiens. Mazarin sort du royaume. 519

XXVIII. M. Olier console la Reine régente. 520

XXIX. Lettre de M. Olier à la Reine régente sur la collation des évêchés à des sujets indignes. 521

XXX. Seconde guerre de Paris occasionnée par le retour de Mazarin. 525

XXXI. Misère dans Paris. Les Calvinistes remuent et se fortifient. 526

XXXII. Lettre de M. Olier à la Reine-Mère. Sur la nécessité de céder aux circonstances en renvoyant Mazarin. 528

XXXIII. Journée de Saint-Antoine. Désolation dans les campagnes et dans la ville. 531

XXXIV. M. Olier offre un asile aux pauvres filles de la campagne réfugiées à Paris. 532

XXXV. Il réunit en communauté les religieuses réfugiées à Paris. 533

XXXVI. Vœu de M. Picoté pour la cessation des troubles. Formule de vœu composée par M. Olier. 534

XXXVII. La monarchie ébranlée dans ses fondements. Dessein de la Providence. 536

XXXVIII. M. Olier s'efforce de fléchir la colère de Dieu. 537

XXXIX. Autres moyens qu'il emploie pour apaiser le ciel. 538

XL. Il exhorte les petits et les Grands à accepter le fléau de la guerre en esprit de pénitence. 540

XLI. Avantages qu'un grand nombre retira de ces fléaux. 543

pag.

XLII. Etablissement des Bénédictines du très-saint Sacrement au faubourg Saint-Germain. 544

XLIII. Exil du duc d'Orléans. Madame de Saujeon. 545

XLIV. M. Olier est d'avis qu'elle demeure auprès du duc d'Orléans. 547

XLV. La Cour du Luxembourg entre dans des idées de réforme. Mlle de Montpensier quitte la paroisse. 548

XLVI. M. Olier désire que le duc d'Orléans répare les maux de la guerre civile et qu'on forme à la piété la jeune princesse Isabelle. 549

XLVII. Conversion du duc d'Orléans 551

XLVIII. Fin chrétienne de ce prince 552

XLIX. Conversion du prince de Conti 553

L. Fin chrétienne du prince Louis de Bourbon. 555

NOTES DU LIVRE ONZIÈME.

M. Olier se démet de ses bénéfices. 557

Mission prêchée au Peray. 558

Indulgence pour la compagnie des pauvres honteux. 559

Sur la maison des orphelins de Saint-Sulpice. 559

Etablissement des religieuses de la Miséricorde à Paris. 561

M. Le Vachet établit les sœurs de l'Union chrétienne et réforme un monastère. 563

Maison ouverte aux religieuses fugitives 564

Incertitudes de la mère Mecthilde. 565

Bénédictines du Saint-Sacrement. 565

Sur la décision donnée à Madame de Saujeon. 566

Sur madame de Saujeon et sa communauté. 567

LIVRE XII.

M. Olier sanctifie ses voyages ; il se démet de sa cure.

I. On ordonne à M. Olier de s'éloigner de la paroisse pour rétablir sa santé. 571

II. Il se détermine à faire le pèlerinage d'Anneci. Dessein de la Providence. 572

III. Il fait le pèlerinage de Châtillon-sur-Seine. 573

IV. Il visite l'abbaye de Clairveaux et celle de Cîteaux. 574

V. M. Olier visite la sœur Marguerite du Saint-Sacrement. Grâces qu'ils reçoivent l'un et l'autre. 575

pag.

VI. Il s'égare dans les montagnes du Jura. Son égalité d'âme dans ce péril. 579

VII. Mauvais accueil que lui font des villageois : il gagne leur confiance. 580

VIII. M. Olier vénère le corps de saint Claude et celui de saint François de Sales. 581

IX. Trait remarquable d'humilité d'une religieuse. M. Olier visite la mère de Bressand. 583

X. Il visite Marie de Valence. 584

XI. Il visite la mère de Mazelli. 585

XII. M. Olier visite les saints lieux de Provence. La mère de la Trinité. 586

XIII. M. Olier lui conseille de se démettre de sa charge. 587

XIV. La mère de la Trinité se démet. 588

XV. M. Olier visite la mère de Saint-Michel à Avignon. 589

XVI. Il s'arrête à Montpellier et à Montpeyroux. 591

XVII. Ses pratiques dans ses voyages ; Sa mortification. 593

XVIII. Son zèle à célébrer le saint Sacrifice durant ses voyages. Sa fidélité à l'oraison. 594

XIX. Sa charité envers les pauvres dans ses voyages. 595

XX. Sa charité pour ses compagnons de voyage. Son humilité. 597

XXI. Dans ses voyages M. Olier exerce son zèle pour le salut des âmes. 599

XXII. Il fait tous les ans les exercices de la retraite spirituelle. Pèlerinage à Chartres et à Saumur. 600

pag.

XXIII. Par humilité M. Olier fait l'office de valet d'écurie. 601

XXIV. Pèlerinage à Notre-Dame de Toute-Joie et au tombeau de saint Vincent Ferrier. 602

XXV. Pèlerinage à Sainte-Anne d'Auray. M. Olier visite la Régrippière. 602

XXVI. Pèlerinage à Candes, Marmoutiers et saint Martin de Tours. 603

XXVII. Rétablissement de la ferveur parmi les prêtres de la paroisse de Saint-Sulpice. 604

XXVIII. Recueillement de M. Olier dans ses voyages. 606

XXIX. Après dix ans de ministère, M. Olier est malade à l'extrémité. 607

XXX. Sa résignation dans cette maladie. Dieu lui fait connaître qu'il en relèvera. 609

XXXI. M. Olier reçoit les derniers Sacrements, se démet de sa cure et recouvre la santé. 610

XXXII. Sa profonde humilité après s'être démis de sa cure. 611

NOTES DU LIVRE DOUZIÈME.

Pèlerinage de Saint-Claude. 613

Pèlerinage de saint François de Sales 614

Sur Marie de Valernot d'Herculais. 614

Pèlerinage de Saint-Antoine de Viennois. 615

Pèlerinage des saints lieux de Provence. 615

Pèlerinage de saint Vincent Ferrier. 616

Sur le pèlerinage de Sainte-Anne d'Auray. 616

VIE
DE M. OLIER

DEUXIÈME PARTIE

CONDUITE DE M. OLIER DANS LA RÉFORME
DE LA PAROISSE DE SAINT–SULPICE,
ET DANS L'EXERCICE DU MINISTÈRE
PASTORAL

LIVRE PREMIER

TABLEAU DU FAUBOURG SAINT–GERMAIN; M. OLIER
ÉTABLIT UNE COMMUNAUTÉ DE PRÊTRES, DESTINÉS A
LE SECONDER DANS LA RÉFORME DE CE FAUBOURG

Il ne s'agissait plus, lorsque M. Olier se vit établi dans la cure de Saint-Sulpice, de porter la doctrine du salut de province en province, ou d'une ville à une autre; mais de créer, comme tout de nouveau, la paroisse alors la plus dépravée de Paris, et qui seule offrait autant de travail qu'une province entière. Jamais pasteur ne vit peut–être autour de soi plus de scandales à arracher, ni plus de vices à combattre. Le faubourg Saint-Germain, qui comprenait la plus grande partie de la paroisse de Saint-Sulpice, était alors le rendez–vous de tous ceux qui voulaient vivre dans le désordre : impies, libertins, athées, tout ce qu'il y avait de plus corrompu s'y trouvait réuni, comme si c'eût été un lieu destiné à servir de théâtre aux plus grands excès (1). Mais de peur qu'on ne prenne ce tableau pour une description imaginaire, il est nécessaire d'entrer ici dans quelques détails.

Le dix-septième siècle, si fécond en grands hommes et en institutions utiles de tous les genres, n'avait pas été au commencement ce qu'il parut être vers sa fin ; et c'est s'en former une très-fausse idée que d'en confondre, comme on le fait trop souvent, la première moitié avec la seconde. Dans la première, les désordres des règnes précédents n'avaient fait que s'accroître et ils étaient montés à un tel excès, que parmi les hommes les plus sages, plusieurs, effrayés de la grandeur du mal, craignaient que Dieu ne châtiât la France dans sa fureur, en lui enlevant le flambeau de la foi, comme il avait fait durant le siècle précédent aux royaumes du nord, spécialement à l'Angleterre. C'était ce qu'appréhendait, entre autres, saint Vincent de Paul, et il avoue même que depuis longtemps, il était préoccupé de cette crainte. † Mais sans prétendre tracer

(1) *Vie de M. Olier, par le P. Giry*, partie 1ᵉ, ch. XIV.

† Saint Vincent écrivait à M. d'Horgny, supérieur de la maison de la Mission à Rome. « J'appréhende que Dieu » n'anéantisse peu à peu la foi (parmi nous), et qu'il n'y en » reste point, ou peu, d'ici à cent ans, à cause des mœurs » dépravées, des nouvelles opinions qui croissent de plus » en plus, et à cause de l'état des choses. Elle a perdu de- » puis cent ans, la plus grande partie de l'Empire (d'Alle- » magne), et les royaumes de Suède, de Danemarck, de Nor- » vège, d'Ecosse, d'Irlande, d'Angleterre, de Bohême, et de » Hongrie. Or ces pertes d'Eglises depuis cent ans, nous » donnent sujet de crainte, que dans autres cent ans, nous » ne perdions tout à fait l'Eglise en Europe. Que savons- » nous si Dieu ne veut pas la transférer chez les infidèles, » lesquels gardent peut être l'innocence de leurs mœurs » plus que la plupart des chrétiens, qui n'ont rien moins à » cœur, que les saints mystères de notre sainte religion ? » Pour moi je sais que ce sentiment me demeure depuis » longtemps (2). »

(2) *Lettres de feu M. Vincent*, 1647, p. 72, 31 août 1656, p. 72.

ici le tableau religieux et moral de la France à cette époque, bornons-nous à considérer l'état du faubourg Saint-Germain qui était alors comme le cœur du corps politique de la nation.

C'est un fait avéré, qu'il n'y avait point de quartier dans la capitale où il y eût autant d'hérétiques, d'athées et de libertins (1). Cette paroisse fut la première en France où les Huguenots commencèrent à établir une église ; et, depuis ce moment, elle devint un lieu de refuge pour les ministres, jusqu'alors sans asile, quelquefois sans ressources (2) ; et, pour le parti, un lieu de ralliement, où il était permis de tout oser. Ce fut, en effet, sur cette paroisse qu'on vit jusqu'à quatre mille personnes, la plupart illustres, entre autres Antoine de Bourbon, roi de Navarre, et Jeanne d'Albret sa femme, se rendre en plein jour, comme en procession, au Pré aux Clercs, et y chanter les Psaumes de Marot. La publicité des prêches y excita quelquefois des rixes, dans lesquelles les Protestants, la plupart gentilshommes ou puissants, eurent facilement l'avantage (3). Ceux qui venaient de Genève ou d'Allemagne à Paris, y trouvaient un asile assuré. Enfin les Huguenots y avaient un cimetière particulier ; ils y étaient en si grand nombre, et y vivaient avec tant de liberté, que le faubourg Saint-Germain était communément appelé *la petite Genève* (4).

L'esprit de prosélytisme dont ces hérétiques faisaient alors profession, leurs discours, et les écrits qu'ils répandaient, affaiblirent considérablement la foi dans un grand nombre de catholiques, leur inspirèrent de la haine pour les ecclésiastiques, du mépris pour tous les Religieux, et en précipitèrent même plusieurs dans le gouffre affreux de l'athéisme. Ces athées affectaient en France le nom de *Politiques* (5) †, comme les impies du siècle dernier se

II.
Le faubourg Saint-Germain était le refuge des Protestants et des athées.

(1) *Vie Ms. de M. Olier, par M. Leschassier.*

(2) *Tableau de Paris, par S.-Victor,* t. III, 1ʳᵉ part., p. 22.

(3) *Ibid.,* pag. 28, 71. — *Hist. de Paris, par Félibien,* t. II, an. 1559, p. 1067.

(4) *Ibid.,* pag. 1069.

(5) *Mersenne, Quæstiones in Genesim* 1623. *Epist.dedic.etc.,* p. 1831, 1832.

† Sous les derniers Valois, il s'était formé, entre les catholiques et les Huguenots, un tiers parti sous le nom de

cachaient sous celui de *Philosophes*; et ce qu'il y a de bien surprenant, c'est la parfaite identité de langage des uns et des autres : en sorte que nos impies modernes semblent n'avoir été, que les simples échos de ces athées ou *politiques* dont nous parlons. Ils ne reconnaissaient, en effet, d'autre DIEU que la raison, et regardaient toute religion comme une invention destinée à contenir le peuple dans le devoir. Ils niaient l'immortalité de l'âme, l'existence de l'enfer et des démons, le bonheur des Saints, et les récompenses éternelles. Enfin, considérant avec une cupidité jalouse les richesses employées aux ornements des autels et à la décoration des églises, ils s'affligeaient de ne les avoir pas en leur main pour servir d'aliment à leur luxe et à leur vanité (1). Ces athées s'étaient même si fort multipliés dans la capitale, que le célèbre Père Mersenne, de l'ordre des Minimes, qui entreprit de les combattre par ses écrits, ose bien assurer dans un ouvrage dédié à l'archevêque de Paris : qu'il n'était pas rare de rencontrer dans une seule maison, jusqu'à une douzaine de personnes imbues d'une si monstrueuse doctrine *. Mais nulle part, dans Paris, cette exécrable secte n'était aussi répandue que dans la paroisse de Saint-Sulpice. « Elle était, dit Abelly, la sentine non-seulement » de Paris, mais presque de toute la France, et ser- » vait de retraite à tous les libertins, athées, et » autres personnes qui vivaient dans l'impiété » et le désordre (2). » L'un des propagateurs les plus connus de l'athéisme dans Paris, et spécialement dans la jeunesse de qualité du faubourg Saint-Germain, fut sans contredit Théophile Viaud, qui par son talent pour la poésie, avait su s'introduire

(1) *Mersenne, Epist. dedic.*etc. p. 1832.

* NOTE 1, p. 37.

(2) *Abelly*, liv. II, ch. III, sect. IV.

(3) *Saint-Victor*, t. III, 2ᵉ part. p. 58.

(4) *Ibid.*, pag. 74, n. 1, p 216, 237, 239, 278. 426.— *Félibien*, t. II, pag. 1121, 1147, 1175, -79.

Politiques (3). Ce parti, qui n'avait point, comme les deux autres, la religion pour prétexte, mais la réformation des abus, fit ensuite cause commune avec les Calvinistes contre les Catholiques ou les Ligueurs, et donna naissance à une multitude d'athées (4).

à la cour de Louis XIII. Après avoir été chassé une première fois du royaume, sur l'ordre de ce religieux Monarque, et y être rentré ensuite par le crédit de ses protecteurs; il fut banni du ressort du parlement de Paris, en vertu d'un nouvel arrêt de cette cour (1), qui flétrit de même les sieurs Berthelot, Colletet, et Frénide, pour avoir composé aussi, « des écrits contenant des impiétés, » des blasphêmes et des abominations contre DIEU, » l'Eglise et l'honnêteté publique (2). † »

Ajoutons que comme il n'y a pas ordinairement de peuple plus superstitieux, qu'un peuple devenu impie, il n'y avait point aussi de paroisse à Paris où la magie et la superstition fussent plus accréditées, que dans celle de Saint-Sulpice. «La dépravation y était si » horrible, que, selon le témoignage d'une personne » qui vit encore, écrivait en 1687 le Père Giry (3), » on vendait impunément, à une des portes de » l'église paroissiale, des caractères de magie, et » d'autres inventions superstitieuses et diabo— » liques (4). » L'historien de M. Bourdoise atteste que, en 1642, on y étalait encore publiquement des livres de sortiléges (5); et un autre nous apprend que c'était à une des portes voisines de la sainte Vierge, que ce trafic impie avait lieu (6). Il est sans doute étonnant, qu'au mépris des lois, qui proscrivaient alors si sévèrement la magie, il se soit trouvé des hommes assez audacieux pour se faire les propagateurs publics de ces sortes de livres et de caractères. Mais la faiblesse de l'autorité était telle, que depuis longtemps les opérations magiques extrêmement communes dans le fau-

(1) *Mém. du P. Niceron*, 1736, t. XXXVI, p. 46, et suiv.

(2) *Arrêt du parlement etc. chez Antoine Vitray*, 1623, in-8°.

III.

Combien la magie était accréditée au faubourg Saint-Germain.

(3) *Probablement le curé de S.-Landry, M. Baillot. Vie Ms. par M. Leschassier*, p. 16, 9.

(4) Partie 1, ch. XIV.

(5) *Ms. in-fol.* liv. IV, ch. IV.

(6) *Vie Ms. par M. Leschassier*, p. 16, 9.

† Malgré sa double condamnation, et sa détention pendant deux ans dans les prisons de la conciergerie, Théophile ne laissa pas d'avoir toujours des amis parmi les grands. M. de Montmorency qui depuis longtemps était le protecteur de cet impie et licencieux écrivain, le reçut dans son hôtel, après son dernier bannissement; et ce fut là que Théophile termina sa vie, le 25 septembre 1626, à l'âge d'environ trente-six ans (7).

(7) *Mém. du P. Niceron, ib.*

bourg, y restaient impunies, les magistrats croyant être dans la nécessité morale de les tolérer. Si quelquefois, pour sauver les apparences, ils se voyaient comme obligés de commencer quelque procédure, ils renonçaient à la poursuivre, par la crainte d'encourir le ressentiment de leurs parents, de leurs amis ou des personnes qui s'y seraient trouvées compromises (1). Ainsi, peu après que M. Olier eut pris possession de la cure de Saint—Sulpice, le bailli du faubourg, étant un jour à la recherche de trois gentilshommes, accusés de magie, et ayant pris, par erreur, une maison pour une autre, il y trouva un autel dédié au démon, avec ces mots : *grâces à toi, Lucifer; grâces à toi, Béelzebut; grâces à toi, Azaréel.* Il y avait sur l'autel, des chandelles noires; et sur les gradins, quelques ornements analogues à ce culte infernal, avec un livre rempli de prières et d'invocations diaboliques. Le bailli se saisit du livre, mais n'osa donner suite à cette affaire à cause du grand nombre de personnes qui s'y seraient trouvées inculpées (2). Ces détails, et d'autres semblables que nous omettons, expliquent comment le Père de Condren crut devoir étudier l'astrologie, afin d'en désabuser plus aisément les esprits (3); et pourquoi le cardinal de Richelieu lui ordonna de composer, contre cet art insensé et détestable, le discours que nous avons encore et qui fut donné au public (4).

IV.
Pourquoi le faubourg S.-Germain servait d'asile aux libertins, et aux malfaiteurs?

Mais les athées et les personnes abandonnées à la pratique de ces superstitions révoltantes, étaient en bien petit nombre, comparés aux libertins. La dépravation des mœurs s'était, en effet, beaucoup accrue dans Paris, à l'occasion des guerres civiles, et des scandales de la cour, sous les règnes précédents (5). L'imperfection de la police donnait lieu à une multitude de désordres, jusque là que des bandes de voleurs désolèrent cette ville, sans que les magistrats eussent en main des moyens suffisants

(1) *Mém. particuliers,* année 1645.

(2) *Journaux de des Lions,* p. 606.

(3) *Vie du P. de Condren, par le P. Amelote,* liv. I, ch. x.

(4) *Discours et lettres du P. de Condren,* 1648 p. 189.

(5) *Saint-Victor,* l.III, 1ʳᵉ part. p. 431.

pour prévenir ou pour arrêter ce fléau. Ces malfaiteurs étaient en si grand nombre, qu'ils repous-
sèrent plusieurs fois et avec perte les archers du
guet, et qu'il fallut ordonner aux bourgeois d'avoir
des armes dans leurs maisons, pour être prêts à
donner main-forte aux officiers de la justice (1). Ils
se réfugiaient la plupart dans le faubourg Saint-
Germain; et ce qui les y attirait de préférence, c'était
l'assurance de l'impunité. Depuis un temps immémorial, ce faubourg formait une ville à part, et était
soumis, non aux magistrats de Paris, mais à la justice de l'abbé; et cette justice était trop mal admi-
nistrée, et trop peu redoutable, pour arrêter de
tels désordres. La réunion de tant de personnes dans
un faubourg si étendu, avait rendu jusqu'alors
comme impossible la recherche de ceux qui y entretenaient la corruption. « La difficulté d'y apporter
» remède, dit Abelly, laquelle passait, dans l'esprit
» de plusieurs, pour une impossibilité morale, leur
» donnait occasion de se licencier en toutes sortes
» de débauches et de vices, avec une entière impu-
» nité (2). » Pour tout dire en un mot, il n'y avait pas
jusqu'à des assassins publics, reconnus pour tels,
qui, après les attentats les plus monstrueux, commis
dans le faubourg, n'y vécussent en liberté et en
assurance : tant ils savaient se rendre redoutables,
par leur audace, non pas seulement à ceux dont ils
avaient versé le sang, ou à leurs proches, mais encore aux officiers de la justice de l'abbaye. * Ajoutons que la fureur des duels y était portée à un tel
excès, que, même sous le ministère pastoral de M.
Olier, dix-sept personnes y périrent en une semaine (3). Enfin, la foire de Saint-Germain, qui
durait environ deux mois, contribuait beaucoup à
augmenter les désordres. Comme cette foire était
franche, et qu'il était permis à toutes sortes de personnes d'y étaler et d'y vendre des marchandises,
il y avait durant ce temps un concours extraordinaire, et beaucoup de scandales, principale-

(1) S.-Victor, t.
III, 2ᵉ part., p.
106.— Félibien,
t. II, p. 1365.

(2) Liv. II, ch.
III, sect. IV.

* NOTE 2, p.
38.

(3) Vie Ms. de
M. Olier, par le
P. Giry, part I,
chap. XV.

(1) *Description de Paris, par Germain Brice* in-12, t. III, 6, édition. p. 105.

ment le soir, où l'affluence était toujours plus grande (1). †

V.

Etat d'abandon, où étaient alors l'Eglise paroissiale et le culte divin.

Pour ne rien omettre des principaux traits du tableau que nous avons ici à tracer, il est nécessaire de représenter l'état de l'église de Saint-Sulpice, lorsque M. Olier en prit possession. Quoique la population de cette paroisse fût immense, l'église qui en était fort petite, et ressemblait à une église de village, paraissait encore trop grande, tant elle était peu fréquentée. Elle était malpropre, le pavé inégal, le maître autel sans décence. Il n'y avait ni ornements, ni linges tant soit peu conve-

(2) *Mém. particuliers*, année 1642.
(3) *Mém. particuliers*, année 1641.

nables ; pas même de sacristie, ni d'employés pour servir les prêtres (2). On ne gardait ni règle, ni ordre pour la célébration de la sainte Messe (3); les prêtres s'habillaient dans les chapelles mêmes où ils devaient célébrer ; et il y avait, à l'entrée de chacune, une cloche suspendue, qu'on sonnait avant de commencer, pour en avertir les Fidèles. Les confréries accablaient le clergé d'offices particuliers, en sorte que souvent, pour les acquitter, il négligeait le service ordinaire de la paroisse. Les officiers de l'église, tels que l'organiste, les sonneurs, n'observaient plus aucun ordre, dans l'exercice de leurs charges. Le cimetière, contigu à l'église, et qui n'était point clos, servait de rendez-

(4) *Vie Ms. de M. Bourdoise*, in-folio, liv. IV, ch. IV, in-4°, p. 518.

vous aux ivrognes ; ce qui fait dire à M. de Bassancourt : « Ce lieu a été pis jusqu'ici, que les marchés » publics et les lieux de passe-temps (4). »

VI.

Etat de l'ancien clergé de Saint-Sulpice et du peuple.

Si cette paroisse offrait ainsi l'image d'une vigne tombée en friche, c'est que depuis un grand nombre

† La foire Saint-Germain était ouverte depuis le 3 de février, en l'honneur de saint Vincent, et devait durer jusqu'au carême, quoiqu'ordinairement elle continuât jusqu'à la semaine de la Passion. Elle se tenait dans plusieurs allées couvertes, disposées en carré, qui se coupaient les unes les autres assez régulièrement ; et dans lesquelles étaient disposées les boutiques des marchands (5). Le *marché Saint-Germain* a été construit sur l'emplacement où se tenait cette foire.

(5) *Description de Paris*. Ibid.

d'années, ceux qui en avaient accepté la conduite, ne s'étant nullement occupés à la cultiver, y avaient laissé les vices croître et se multiplier de toute part. Il est vrai que lorsque M. Olier en prit possession, quelques Religieux du faubourg, par motif de charité, donnaient leurs soins à un petit nombre d'âmes, qui recouraient à leur ministère. Mais ce secours étranger ne pouvait suffire aux besoins, ni même influer en rien sur le reste des paroissiens, que les prêtres chargés par devoir de les instruire et de les sanctifier, laissaient périr avec indifférence. Comme les paroissiens vivaient dans l'ignorance des choses de Dieu, et que depuis tant d'années il n'y avait point eu à Saint—Sulpice de prêtre qui prît à cœur de leur faire connaître l'esprit des mystères de Notre-Seigneur et les devoirs qu'ils avaient à remplir comme chrétiens : ceux d'entre eux qui fréquentaient les sacrements étaient en très-petit nombre ; jusques là qu'on ne voyait presque plus d'hommes se présenter à la sainte table : la communion semblait être devenue le partage exclusif des femmes (1). L'esprit de licence avait même fait établir un cabaret, dans les charniers de l'Eglise paroissiale, où le petit nombre de ceux qui avaient communié, ne faisaient pas difficulté d'entrer, avant de retourner à leurs maisons (2). Le lieu même où le cabaret était établi, fait assez comprendre que le clergé paroissial n'était pas étranger à un abus si criant ; et c'est ce que montre aussi l'usage indécent, d'y donner un petit morceau de pain béni, à toutes les personnes qui avaient fait la sainte communion à l'église (3). Bien plus, le vicaire de M. de Fiesque, permettait aux confesseurs, d'aller à ce cabaret avec leurs pénitents (4) : apparemment, lorsque les derniers offraient de les y traiter, pour s'acquitter par là des honoraires qu'ils avaient coutume de leur donner pour la confession. Au reste tous les prêtres de la paroisse avaient la liberté de le fréquenter ; et de fait, ce qu'on a honte d'écrire, au

(1) *Mém. particuliers* an. 1641, 1643, 1645.

(2) *Vie Mss. de M. Bourdoise, ib.*

(3) *Vie Ms. de M. Bourdoise, sup.*

(4) *Mém. part.* an. 1645.

sortir de l'autel, ils allaient souvent passer le reste
de la journée au cabaret des charniers, et y vivaient
dans la crapule et la débauche ; ce sont les propres
termes de l'ancien historien de M. Bourdoise (1).
On sera peut-être étonné d'apprendre que le
Supérieur Majeur du faubourg, l'abbé de Saint-
Germain, n'ait pas usé de son autorité, pour faire
cesser des scandales si énormes, et pour obliger les
prêtres à s'acquitter de leurs devoirs. Mais ce
supérieur était Henri de Bourbon, infidèle lui-même
à ses propres obligations ; et il en avait été malheureusement ainsi, depuis que l'abbaye Saint-
Germain était tombée en commande et devenue
comme une sorte d'apanage pour la naissance ou
la faveur. Ainsi, les ecclésiastiques du faubourg
Saint-Germain, au lieu de s'opposer au torrent du
mal, le rendant plus désastreux encore par leurs
exemples, il n'y avait presque plus de christianisme
parmi le peuple ; tant le désordre y était grand.

(1)*Vie Ms. de M.*
Bourdoise, in-f°.
— *Vie du même*
in 4°.

VII.
Etat des
Grands et des
Princes, pa-
roissiens de
St.-Sulpice.

L'état des riches, en grand nombre sur cette
paroisse, n'offrait rien de plus consolant au nouveau
pasteur. Depuis que nos rois avaient établi leur
résidence au Louvre, les Seigneurs de la cour et les
plus grands du royaume, s'étaient fait construire
des hôtels au faubourg Saint-Germain ; et tous ces
nouveaux paroissiens, au lieu de diminuer le mal,
l'avaient rendu comme incurable, par les exemples
pernicieux qu'ils donnaient au peuple : car l'oubli
de la religion était tel parmi eux, qu'il n'y avait pas
un hôtel, ni une grande maison, disent les Mémoires
auxquels nous empruntons ces détails, où le père et
la mère enseignassent à leurs enfants à connaître
Jésus-Christ et ses mystères (2). Les Princes du
Sang, paroissiens de Saint-Sulpice, n'avaient aussi
que trop subi l'influence des scandales qu'avait
donnés la cour durant les règnes précédents.
Gaston, duc d'Orléans, frère de Louis XIII, qui
habitait le palais du Luxembourg, offrait à toute sa
maison des exemples regrettables, qui n'eurent

(2)*Mém. part.*
an. 1641.

que trop d'imitateurs (1). L'un de ses défauts, était le blasphème (2); et il portait même à un tel excès cette détestable coutume, que le Père de Condren, son confesseur, lui avait déclaré, qu'à cause de ses blasphèmes, il ne serait jamais roi; et que Dieu ferait même des miracles pour l'en empêcher (3). † Au milieu des scandales de cette maison, Dieu avait cependant jeté comme un germe fécond de vertu, dans la personne de la duchesse d'Orléans, Marguerite de Lorraine (4), qui devait contribuer à ramener son mari à de meilleurs sentiments, comme nous le dirons dans la suite; mais au temps dont nous parlons, cette princesse était dans le Luxembourg, comme un lys au milieu des épines. Nous pouvons en dire autant, à quelques égards, de la princesse de Condé, Charlotte-Marguerite, fille du connétable Henri de Montmorency, femme du prince Henri de Bourbon, qui demeurait, aussi sur la paroisse de Saint-Sulpice. †† Son mari avait si peu à cœur les intérêts de la religion, que nous le verrons agir contre M. Olier pour le chasser du faubourg, afin d'en empêcher la réforme. Enfin, les princes, ses enfants, surtout le duc d'Enghien, qui fut plus tard le grand Condé, avaient eu le mal-

(1)*Mém. part.*, an. 1642.
(2)*Mém. de M*ᶦˡᵉ *de Montpensier*, collect. de Petitot, t. XLII, page 469.
(3)*Journ. de des Lions*, page 646.

(4)*Mém. part.* an. 1642.

---

† La lignée de Gaston, malgré ses deux mariages, s'éteignit, et celle de Louis XIII, son frère, qui semblait être déjà éteinte, se releva comme par miracle, lorsque après vingt trois ans d'une sorte de stérilité, Anne d'Autriche mit au monde un dauphin, dans la personne de Louis XIV, surnommé pour cela, Dieu donné.

†† L'hôtel de Condé, situé rue Vaugirard, à côté du palais du Luxembourg, occupait l'emplacement sur lequel fut ensuite construit le théâtre, connu aujourd'hui sous le nom de l'Odéon. Il se composait de plusieurs corps de logis, bâtis à différentes époques, qui n'offraient aucune symétrie dans leur ensemble. L'hôtel de Condé fut démoli en 1770, pour y construire ce théâtre (5); et il n'en reste plus aujourd'hui d'autre souvenir, que les anciens noms de rue *de Condé* et *de monsieur le Prince*.

(5)*Tableau de Paris par Saint-Victor*, t. IV, p. 320, 322, 363.

heur de se lier avec Saint-Evremond, dont le genre d'esprit, comme on sait, était peu propre à former leur jeunesse.

VIII.
Pour remédier au mal, M. Olier songe à établir une communauté de prêtres.

Ce tableau de la paroisse de Saint-Sulpice, dont nous ne donnons ici que quelques grands traits, en supprimant les plus hideux par respect pour la délicatesse de nos lecteurs, montre néanmoins à quel excès la dépravation s'y était accrue. Aussi M. Olier nous apprend-il dans ses Mémoires, que, d'après le dire commun, cette paroisse était la plus dépravée non pas seulement de Paris, mais du monde entier (1); et écrivant sur ce sujet à un évêque, il lui disait : *Vous nommer le faubourg Saint-Germain, c'est vous dire tout d'un coup tous les monstres des vices à dévorer à la fois* * (2). Nous devons même ajouter qu'après avoir pris possession de la cure, il éprouva de violents assauts de tentation, que le démon lui livra, pour le faire renoncer à la réforme de ce faubourg (3); et il avoue, que la vue de tant de scandales l'aurait jeté dans l'abattement, si la bonté divine n'eût elle-même relevé son courage. « Cette divine bonté, dit-il, m'a délivré de la peine » que j'éprouvais hier, en me trouvant environné, » dans ce faubourg, de mille crimes auxquels je ne » saurais apporter de remède; j'ai vu que je devais » imiter Notre-Seigneur conversant dans le monde: » il se contentait de prêcher et d'exhorter les peu- » ples par lui-même, et d'instruire ses disciples, » qui devaient ensuite instruire le monde et le re- » tirer du péché. Mon divin Maître daigne aplanir » pour moi les obstacles, et me fait espérer que j'au- » rai créance pour lui sur les esprits des grands(4).»

(1) *Mém. aut. de M. Olier*, t. II, p. 486.

NOTE 3, p. 40.
(2) *Lettres aut. de M. Olier*, p. 18.
(3) *Mém. part.* an. 1642.

(4) *Mém. aut. de M. Olier.*

Le moyen assuré pour acquérir cette créance sur les grands, aussi bien que sur les petits, parut être à M. Olier dans la pratique fidèle de ce commandement de Notre-Seigneur à ses Apôtres: «Que » votre lumière brille de telle sorte devant les » hommes, que voyant vos bonnes œuvres, ils glo- » rifient votre Père, qui est dans les Cieux (5). »

(5) *Matt.*, ch. v, v. 16.

Pour cela il résolut de réunir en communauté tous les ecclésiastiques, qui devaient le seconder dans la réforme du faubourg, afin qu'affranchis de toute sollicitude temporelle, et uniquement appliqués à Dieu, ils pussent donner l'exemple d'une vie vraiment apostolique. †

Mais l'exécution d'un pareil dessein présentait bien des difficultés. La principale était de le faire goûter aux ecclésiastiques que M. de Fiesque avait laissés dans sa paroisse, et qui étaient trop déréglés pour y donner jamais les mains. Tout faisait même craindre que l'établissement de la communauté ne mît comme un mur de division, entre l'ancien et le nouveau clergé de Saint-Sulpice ; et que les ecclésiastiques venus de Vaugirard, ne parussent aux autres, des censeurs incommodes, et d'odieux réformateurs. Sans être arrêté par ces considérations, M. Olier mit sa confiance en Dieu, le conjura de disposer lui-même les cœurs à ce dessein, vaqua pour cela plus assidûment à la prière ; et, enfin, se sentant pressé d'en faire la proposition à ces ecclésiastiques, il leur adressa un discours, qu'il nous a conservé en partie dans ses écrits* (1). Ce discours, produisit sur quelques-uns l'effet qu'il avait eu lieu de s'en promettre ; mais les autres, parmi lesquels se trouvaient les plus anciens et les plus qualifiés, se refusèrent à pratiquer la vie commune.

Se voyant donc, par le refus de ces ecclésiastiques, dans l'impuissance de suffire à une moisson si abondante avec le petit nombre d'ouvriers qu'il avait à sa disposition, il s'adressa à la très-sainte Vierge, son recours accoutumé (2). Il la pria de lui obtenir des prêtres remplis de désintéresse-

IX.
La communauté se compose bientôt de cinquante membres.

* NOTE 4, p. 40.
(1) *Mém. aut. de M. Olier*, t. VI, p. 296, jusqu'à 304.

(2) *Rem. hist.*, t. I, p. 31.

---

† Saint Charles Borromée, pour opérer plus sûrement la réforme de son diocèse, avait eu dessein de vivre en communauté avec ses chanoines ; et n'ayant pu y réussir, il établit alors la Société des *Oblats. Vie de saint Charles,* par *Giussano.*

ment, qui, nullement occupés de leur fortune, regardassent cette communauté, non comme une voie pour s'avancer et parvenir à quelque dignité de l'Eglise, mais comme une école de science et de vertus sacerdotales, où chacun ne cherchait qu'à procurer la gloire de Dieu. Le Ciel l'exauça très-promptement (1), de la manière la plus sensible (2). La communauté, composée d'abord seulement des ecclésiastiques venus de Vaugirard, de sept ou huit autres, qui s'étaient joints à ceux-ci, et de quatre prêtres, appartenant à l'ancien clergé de Saint-Sulpice (3), compta bientôt cinquante membres, tous remplis de zèle et de ferveur. De ce nombre était M. Le Vâchet, dont la vie apostolique a été donnée au public, et que saint Vincent de Paul avait engagé à grossir cette société naissante (4).

Ayant ainsi réuni tous ceux qui désirèrent pratiquer la vie commune, M. Olier voulut qu'ils prissent le nom de prêtres de la communauté de Saint-Sulpice, au lieu de celui de prêtres habitués qu'ils avaient auparavant (5). Mais sachant que le moyen le plus assuré pour mériter l'estime des peuples, était de leur offrir l'exemple d'une vie volontairement pauvre et désintéressée, il régla que toutes les rétributions que les ecclésiastiques de sa communauté recevraient des Fidèles seraient mises en commun, et que chacun se contenterait du vêtement et de la nourriture † (6).

Toutefois, ce n'était pas assez pour ces ecclésiastiques de mériter l'estime des peuples; il s'agissait

(1) *Vie de M. Olier*, par le P. Giry, partie 1re, ch. XV, p. 65. —*Rem. hist.*, t. I, p. 31.

(2) *Ibid*, t. I, p. 204, 205. — *Année Domin.*, 12 sept. p. 422.

(3) *Vie de M. Bourdoise*. Ms. in-f°, liv. IV, ch. IV. — *La même*, in-4°, p. 518, 519.

(4) *Vie de M. Le Vâchet*, chap. XV, in-12, 1692, p. 61. — *Rem. hist.* t. I, p. 211.

(5) *Rem. hist.*, t. I, p. 35.

(6) *Régl. de la communauté de MM. les prêtres desservant la paroisse Saint-Sulpice*, in-8°, 1782. Autre exemplaire Ms. plus complet que le précédent. — *Vie de M. Olier*, par le P. Giry, part. 1re, ch. XIV, p. 64.

X.

M. Olier et les siens embrassent la pauvreté réelle; pourquoi?

† Pour leur rappeler sans cesse ce détachement, on fit exécuter quelques années après, par Jean-Baptiste de Champagne, un tableau où saint Sulpice le Débonnaire, patron de la paroisse, était représenté dans un concile d'évêques montrant du doigt, à cette assemblée, dans un livre ouvert, les paroles de saint Paul à Timothée : *Habentes alimenta et quibus tegamur, his contenti sumus*. Ce sujet fut gravé par Pitau, en 1667.

SAINT SULPICE LE DÉBONNAIRE

Exhorte les Evêques ses confrères au détachement apostolique et a l'amour de la pauvreté

de convertir des pécheurs invétérés et de les retirer du bourbier du vice ; et Dieu fit connaître à M.
Olier, que pour opérer de tels effets de grâce, il
voulait se servir principalement de prêtres riches,
qui, par amour pour lui, se seraient volontairement rendus pauvres, et plus pauvres que les
pauvres eux-mêmes ; que s'étant ainsi détachés et
dépouillés des biens trompeurs de la terre, ils recevraient de lui de vives lumières pour eux-mêmes
et pour les autres ; et ouvriraient les yeux à tant
de pécheurs, jusques là aveugles sur les choses du
salut et sur l'état malheureux de leurs âmes. Pour
accomplir donc cette condition, de laquelle dépendait le salut de ses ouailles, M. Olier voulut d'abord
renoncer à son abbaye de Pébrac, et à son prieuré
de Bazainville ; et employer tous ses biens de patrimoine à l'entretien des séminaristes peu aisés
comme il le faisait déjà ; et, de leur côté, ceux
de ses confrères qui étaient pourvus de biens, résolurent d'imiter son exemple. De plus, pour suivre
l'ordre de Dieu sur lui et sur sa communauté, il
défendit à tous les prêtres de la paroisse, de rien
exiger pour l'administration du Saint-Viatique ;
et ordonna à tous, sans distinction, de refuser absolument tout ce qu'on offrirait pour la réception
du sacrement de pénitence : (1) abus que la cupidité avait introduit dans d'autres paroisses à Paris
et ailleurs (2).

Par ce règlement nouveau, les anciens prêtres,
qui avaient refusé de pratiquer la vie commune, se voyant privés d'un casuel, auquel ils
croyaient avoir droit, exigèrent de M. Olier un
dédommagement proportionné à l'injustice qu'ils
prétendaient leur être faite. Il aurait pu les remercier de leurs services, et les engager à se placer
ailleurs ; mais ne voulant pas en renvoyer un seul,
dans l'espérance de procurer le salut de tous (3),
il consentit à leur donner le supplément d'honoraires qu'ils exigeaient, quoiqu'il dût absorber

(1) *Mém. part.*,
année 1642. —
*Mémoires de M.
du Ferrier*, pag.
186.—*Vie de M.
Olier*, par le P.
Giry, id. p. 63,
64.—*Rem. hist.*,
t. III, p. 612. —
*Vie Ms. de M.
Olier*, par *M. de
Bretonvilliers*, t.
t. I, p. 469, 470.
   (2) *Abelly*, 2ᵉ
édit., in-8°, 1767
liv. I, ch. x, p.
60.

XI.
Les anciens
prêtres de S.-
Sulpice exi-
gent presque
tout le casuel.
   Conduite de
M. Olier, à leur
égard.

(3) *Mém. part.*,
an. 1642.

presque tout le casuel de la paroisse; en sorte qu'il se vit dans l'impossibilité de fournir aux besoins de la communauté de ses prêtres, s'il renonçait à son abbaye et à son prieuré. Il était prêt néanmoins à les abandonner, lorsque ses directeurs l'en empêchèrent, en lui faisant considérer le besoin qu'il avait de ce secours, tant pour introduire la réforme dans sa paroisse, que pour entretenir les ecclésiastiques qui devaient le seconder (1).

(1) Rem. hist., t. 1, p. 179.

L'opposition qu'il eut à essuyer dans cette rencontre, loin de diminuer son affection pour ceux qui en étaient les auteurs, lui parut au contraire un motif de les recommander à Dieu avec plus d'instances. Nous lisons, dans ses Mémoires, qu'il offrait, pour leur amendement, les souffrances très-aigues qu'une maladie lui faisait alors éprouver, (2) et qu'il était même disposé à endurer encore pour eux toutes sortes de maux (3) : Son grand esprit de foi lui faisait considérer comme ses meilleurs amis tous ceux qui lui offraient de nouvelles occasions de souffrir. Aussi, quelque mérite que pussent avoir les autres ecclésiastiques qu'il reçut dans son clergé, il voulut conserver aux anciens leur rang et leurs offices ; et de peur que, sous quelque vain prétexte de mécontentement, ceux-ci n'allassent se fixer ailleurs, et ne s'y conduisissent plus mal encore, il augmenta le revenu de chacun d'eux. Enfin, il s'efforça constamment de les gagner par sa douceur et ses manières prévenantes, les honorant comme les anciens de son clergé, les invitant à sa table, les consultant sur la conduite de la paroisse, s'informant des besoins des moins aisés, et faisant en sorte qu'ils fussent tous honnêtement vêtus, logés, meublés et soignés dans leurs maladies (4).

(2) M. R., sept. 1642.
(3) Mém. aut. de M. Olier, t. III, p. 532.

(4) Vie de M. Bourdoise, Ms. in-f°, p. 517.

XII.
La communauté endure la pauvreté réelle; biens mis en commun.

Nous avons vu que, par un dessein particulier de sa sagesse, Dieu voulut que la communauté du séminaire de Saint-Sulpice pratiquât, surtout les

premières années, la pauvreté réelle, en se voyant exposée à manquer des choses les plus indispensables à la vie, jusqu'à n'avoir plus de quoi envoyer acheter au marché, ce qui était nécessaire à sa subsistance. S'il permit que ceux des anciens prêtres, qui refusèrent d'entrer dans la communauté de la paroisse, exigeassent presque tout le casuel; ce fut sans doute pour ne pas priver aussi cette communauté des précieux avantages que devait attirer sur elle et sur ses travaux, la pratique de la pauvreté évangélique, dont il lui fit éprouver plusieurs fois les saintes rigueurs, sans la laisser pourtant jamais manquer du nécessaire. Pour suppléer donc à l'insuffisance de la portion du casuel, qui devait revenir à la communauté, ceux d'entre ces prêtres qui avaient des revenus, résolurent de les employer à l'entretien des autres, afin que de cette sorte, les pauvres de la paroisse n'eussent plus rien à donner pour l'administration des sacrements (1); et en vue de faciliter à tous ses collaborateurs la pratique de ce détachement, M. Olier leur en donna lui-même constamment l'exemple (2). «Dans la place que j'occupe, écri-
» vait-il, je dois recevoir les offrandes d'une main,
» et les donner de l'autre; fournir aux riches
» matière de donner à Notre-Seigneur, et donner
» à Notre-Seigneur en entretenant ses mem-
» bres (3); ne rien m'approprier enfin de ce qui
» viendra de la cure, mais en appliquer une partie
» aux pauvres, une partie à l'entretien des prêtres,
» et l'autre à la communauté (4).» Dieu bénit cette assemblée de prêtres, et leur inspira l'amour et la pratique du désintéressement (5), qui fut le caractère particulier de la maison. Ils avaient tout en commun; on donnait abondamment à ceux qui étaient peu aisés †, et tous vivaient

(1) Mém. part. an. 1643.

(2) Année dominic., 12 sept., p. 422, 433. — Rem. hist., t. I, p. 33, 34.

(3) Mém. aut. de M. Olier, t. III, p. 74.

(4) Ibid., p. 92.—Rem. hist., t. I, p. 224.

(5) Mém. de M. du Ferrier, p. 186.

† Sur la recommandation du Père Saint-Jure, on reçut un jeune prêtre, M. Joly, mort évêque d'Agen, à qui on donnait non-seulement son entretien, mais encore trois

(1) *Mém. aut. de M. Olier*, p. 233.

avec une confiance en DIEU et une simplicité singulières (1) †.

XIII.
Simplicité dans la table et les vêtements des prêtres de la communauté.

Ces ecclésiastiques se contentaient du vêtement et de la nourriture, et encore était-ce ce qu'on pouvait imaginer de plus simple et de plus commun. On nous permettra de rapporter ici le détail qu'en fait M. du Ferrier, quelque minutieux qu'il puisse paraître. « On tâcha, dit-il, d'accoutumer ces
» prêtres à une vie frugale et simple : chacun avait
» à dîner une écuelle de potage, et une petite portion
» de chair de boucherie bouillie, sans dessert; et le
» soir de même, un peu de mouton rôti. Encore
» M. Bourdoise ne laissa point de se moquer de
» nous, qui prétendions former des vicaires pour
» les villages, après les avoir accoutumés, durant
» plusieurs années, à une nourriture qu'ils ne sau-
» raient avoir dans les pauvres lieux de la campagne.
» Néanmoins il avoua que nous ne pouvions faire
» autrement (2). » Le vêtement ne ressentait pas

(2) *Mém. de M. du Ferrier*, p. 188, 189.

(3) *Ibid.*, p.

cents écus par an, qu'on envoyait en Lorraine, à ses parents pour subvenir à leur indigence (3). Ceux qui avaient des revenus payaient la plupart leur pension.

† M. du Ferrier parlant de la confiance et de la simplicité qui régnaient dans la communauté de la paroisse de Saint-Sulpice, en cite un trait fort extraordinaire dans la personne de M. Picoté. Celui-ci étant allé à Orléans, d'où il était natif, fut abordé dans la vallée de Trois-Croix, par six voleurs à cheval, qui lui demandèrent la bourse. Ne pensant pas qu'ils eussent aucun mauvais dessein, à peine les eut-il entendus, qu'il leur répondit: *Volontiers, Messieurs, et de tout mon cœur.* Alors prenant sa bourse, qui renfermait cinq ou six écus, et la vidant sur sa main gauche, il la leur présenta vide en disant: *Je voudrais, Messieurs, qu'elle fût plus belle.* Les cavaliers surpris lui demandèrent ce qu'il voulait dire par là. *Je crois,* répondit-il, *que vous avez besoin d'une bourse; je vous offre la mienne.* La simplicité de ce bon serviteur de DIEU, tout-à-fait étranger à la sagesse du siècle, les surprit si agréablement, que ne pouvant s'empêcher d'éclater de rire: « Voilà qui
» vaut mieux que votre argent, dirent-ils: allez Monsieur,
» allez; nous ne voulons point votre bourse: » et ils se retirèrent en riant de toutes leurs forces (4).

(4) *Ibid.*

moins la pauvreté apostolique. Leurs soutanes étaient décentes, mais d'une étoffe très-simple : M. Olier n'en portait que de serge commune ; ses habits de dessous étaient d'une étoffe plus grossière encore. Il voulut même que ses surplis fussent sans dentelles, pratique édifiante que tous ses ecclésiastiques s'empressèrent d'adopter, et qui persévère encore aujourd'hui (1).

(1) *Esprit de M. Olier*, t. III, p. 173, 174.

Outre le détachement des biens de ce monde, qui devait attirer tant de bénédictions sur cette communauté, et sur le séminaire de Saint-Sulpice ; Dieu fit connaître à M. Olier, que pour ôter aux libertins toute occasion de décrier ces deux maisons, et les rendre inaccessibles à la calomnie, les femmes ne devaient point y entrer (2), sous quelque prétexte, et pour quelque raison que ce fût (3) : règle que Saint-Augustin avait établie dans la communauté de ses clercs à Hippone (4). Il est vrai qu'au commencement, M. Olier avait tenu dans l'intérieur des bâtiments, plusieurs assemblées de dames, pour délibérer avec elles, sur des œuvres de piété à établir dans le faubourg. Mais, dès l'année 1643, il régla qu'à l'avenir, on ne les recevrait que dans des parloirs extérieurs, et dans une salle du presbytère destinée à cet usage, sans les laisser jamais entrer ni dans le séminaire, ni dans la communauté : usage qui a persévéré jusqu'à ce jour, et qui a même été adopté dans tous les grands séminaires, établis depuis en France. † Il voulut, de plus, que les ecclésiastiques appelés aux parloirs pour répondre

XIV.
L'entrée de la communauté et celle du séminaire interdites aux femmes.

(2) *Mém. part.*, an 1643.

(3) *Rem. hist.*, t. I, p. 32.

(4) *Vita Sancti Augustini* à Possidio.

† M. Tronson, écrivant à M. Rigoley, directeur au séminaire de Saint-Irénée de Lyon, le 16 janvier 1679, lui disait en confirmation de cette règle : « M. de Bretonvilliers a » refusé étant malade, de laisser entrer dans sa chambre » Madame la présidente de Bailleul, sa propre sœur ; et il » fallut que, sans avoir pu obtenir de le voir un moment, elle » descendît de l'antichambre où elle était déjà montée. M. Pico- » té dont la chambre est proche de la grande porte du sémi- » naire, n'a pu obtenir cette permission pour ses pénitentes » quoiqu'il ne puisse descendre qu'avec grande peine (5). »

(5) *Lettres de M. Tronson au sém. de Lyon*, p. 80.

aux femmes, s'y présentassent toujours en surplis
et en bonnet carré †; et que, conformément aux
règles données par les Saints, ils n'y parussent que
comme en passant et pour un moment, afin de
faire louer le Seigneur par leur modestie et leur
retenue sacerdotale (1).

(1)*Mém.part.*,
an. 1643.

XV.
Indifférence
des prêtres de
la communau-
té pour tous
les emplois.

Pour entretenir en eux l'Esprit de servitude et de
dévouement envers les fidèles, il exigea que tous,
sans aucune distinction, fussent également appliqués
aux différentes fonctions du saint ministère; en
sorte que chacun, selon son rang d'ancienneté,
devait exercer à son tour celles qui, aux yeux du
monde, semblaient peu honorables, comme porter
la croix aux enterrements, accompagner le prêtre
appelé pour administrer l'Extrême-Onction, marcher devant le saint Sacrement la clochette à la
main, lorsqu'on le portait en viatique aux malades (2).
Il en était ainsi des autres. Il consentit qu'on reçût
dans la communauté les bénéficiers et les autres
ecclésiastiques obligés à résidence, qui auraient
obtenu de leurs prélats la permission de venir
quelque temps s'y former à l'exercice du ministère
des âmes, exigeant d'eux qu'ils fussent appliqués,
comme les autres, à toutes les fonctions, en commençant par les plus pénibles et les moins honorables
aux yeux des hommes. C'était la condition de leur
admission (3). « Il faut, disait-il, que les sujets de
» la maison aient leur volonté perdue en celle de
» leur supérieur, et que le supérieur les ait dans
» sa disposition, comme des flèches dans un carquois,
» qu'il porte avec soi, et dont il les tire pour les
» envoyer où bon lui semble, sans aucune oppo-
» sition de leur part (4). » En un mot, il voulut
que chacun obéît sur-le-champ, non-seulement au
curé lui-même, mais encore à tous eux qui auraient
quelque part à son autorité, comme au supérieur,

(2) *Rem.hist.*,
t. I, p. 32,33.—
Vie Ms. de M.
Olier, par M. de
Bretonvilliers,t.
I, p. 468.

(3) *Rem.hist.*,
t. I, p. 35.

(4) *Ibid.*, t. III,
p. 610.—*VieMs.*
de M. Olier, par
M. de Bretonvil-
liers. t. I, p. 467.

† Cet usage a persévéré jusqu'à la révolution française
qui entraîna la suppression de la communauté.

au sacristain, au maître des cérémonies et au portier lui-même, dans les choses qui avaient été réglées (1).

Voici quels rapports de correspondance et d'unité, M. Olier désirait de voir régner entre lui et ses coopérateurs. « Il doit en être du curé et de
» ses prêtres, dit-il, comme de Jésus-Christ et de
» ses membres. Notre-Seigneur est répandu en
» tous, pour agir en chacun d'eux à la gloire de
» son Père : multipliant ainsi les services qu'il
» lui rend, en multipliant les sujets où il réside.
» Ainsi doit-il en être du pasteur par rapport
» à ses associés, qui sont comme ses membres :
» il doit reposer et résider en eux, en y répan-
» dant son esprit, qui ensuite les meuve et les
» anime dans toutes leurs fonctions. Il faut donc
» qu'il prenne grand soin de les instruire, de les
» illuminer et de les vivifier, ce qui est le propre
» du chef envers ses membres; qu'il leur com-
» munique sa vie intérieure, afin qu'ils ne vivent
» que par sa vie, et participent à son esprit, qui
» étant répandu en eux, agisse ensuite par eux
» et en eux, comme il agirait lui-même, s'il était
» en leur place. Il faut que le pasteur, ainsi multi-
» plié en eux, agisse partout où ils agiront; et
» que, s'il est possible, il n'y ait point de diffé-
» rence entre lui et eux; mais que d'eux tous et
» du curé, il ne résulte qu'une même chose : le
» pasteur répandu dans leurs cœurs, chante par
» leurs bouches les louanges de Dieu à l'Eglise,
» et opère toutes leurs autres fonctions.

» De même que Notre-Seigneur, pour visiter son
» Église et la soulager en son affliction, envoie ses
» anges et leur donne la vertu nécessaire à leurs
» emplois : ainsi le bon pasteur envoie de çà, de là ses
» chers associés, leur mettant dans le cœur et dans
» la bouche, les sentiments et les paroles utiles à
» leur ministère. Et tout de même que le chef di-
» rige tous ses membres dans leurs fonctions, et ne

(1) Règlem. de MM. les prêtres desservant la paroisse de Saint-Sulpice. Ms.

XVI.
Unité d'esprit entre le curé et ses auxiliaires.

» peut faire lui seul, ce qu'ils sont propres à exé-
» cuter : ainsi, le pasteur applique chacun de ses
» associés et de ses membres, pour faire ce qu'il
» connaît utile à la gloire de DIEU : se contentant
» de les diriger, sans prétendre tout exécuter ; fai-
» sant pourtant tout ce qu'il peut pour DIEU. Que
» si le pasteur se trouve seul, et que le travail ne
» surpasse pas ses forces, il faut qu'il fasse par lui-
» même ce qu'il ferait par autrui ; et qu'alors le
» chef devienne pieds et mains, pour faire ce qu'il
» ordonnerait à ses membres, s'il plaisait à DIEU
» de lui en donner.

« Que la bonté de notre maître est admirable »
ajoute M. Olier, en témoignant sa propre reconnaissance « de daigner susciter, pour mon soulage-
» ment, des personnes très-capables ! Elle a donné
» à la paroisse, pour le soin des pauvres, un homme
» des plus zélés qu'on puisse trouver pour ce genre
» de ministère, M. l'abbé de Foix ; pour la conduite
» des prêtres, M. du Ferrier, personnage d'une
» haute piété et des plus entendus parmi ceux de
» ma connaissance ; pour la décence de l'église et
» pour la sacristie, un homme des plus zélés pour
» le culte extérieur (1), et qui a autant de piété et
» d'aptitude pour cela que je pourrai le souhaiter,
» c'est M. de Bassancourt. Les divers emplois que
» ces Messieurs remplissent sont autant de minis-
» tères auxquels je devrais vaquer par moi-même ;
» mais, ne pouvant le faire, à cause du grand
» nombre d'occupations dont je suis chargé
» comme curé, la providence de DIEU m'associe
» ces personnes pour suppléer à mon impuis-
» sance (2). »

Il voulut qu'on reçût des évêques dans la communauté, soit pour y faire des retraites, soit pour
y demeurer quelque temps, lorsque les affaires de
l'Église, ou celles de leurs diocèses les amèneraient
à Paris, pourvu toutefois qu'ils suivissent l'ordre
et la règle de la maison (3). Personne n'en était

(1) *Calendrier hist.*, 1774, in-24, p. ciij, civ.

(2) *Mém.aut., de M. Olier*, t.III, p. 128.

XVII.
Fidélité aux règlements de la communau-té.
(3) *Lettres aut. de M. Olier*, p. 111. — *Rem. histor.*, t. I, pag. 282.

dispensé. « L'exactitude à tous les exercices était
» fort grande, dit M. du Ferrier, et on veillait
» soigneusement pour l'entretenir ; en sorte qu'on
» ne manquait jamais, sans nécessité, d'assister à
» l'oraison le matin, aux heures canoniales, et à
» tout le reste porté dans les réglements* (1). »
Ceux qui, durant ce temps, étaient appelés auprès
des malades, ou ailleurs, avaient soin de suppléer
à leurs exercices, dès qu'ils en trouvaient la liberté :
cette fidélité, comme les en assurait M. Olier, étant
le moyen le plus sûr, pour conserver l'esprit de
recueillement et l'union avec Dieu, au milieu des
occupations les plus multipliées et les plus dissi-
pantes (2). Sans cesse il les rappelait à cette vie
d'oraison. « Prenons garde, Messieurs, leur disait-
» il souvent ; faute de retraite et de récollection,
» tout se dissipera (3) ; » et il leur faisait remarquer
que sans cela on ne ferait presque point de fruit
dans la prédication, la confession, la conversation,
et dans tous les emplois du saint ministère (4).
Nous ne pouvons rapporter ici toutes les instructions qu'il leur donnait sur leurs principaux devoirs, comme l'union entre eux, la charité pour les
pauvres, la douceur envers tous les paroissiens,
l'amour pour les mépris, le zèle des âmes (5). Ces
instructions feraient la matière d'un volume considérable (6). Bornons-nous à faire connaître le bel
ordre qu'il établit dans sa paroisse et dans sa communauté.

Regardant cette paroisse comme un champ que
Dieu lui donnait à cultiver, il la partagea en huit
quartiers (7), qu'il consacra chacun à la très-sainte
Vierge, sous le titre de l'une de ses fêtes. Le pre-
mier, appelé du Luxembourg, sous le titre de l'im-
maculée Conception ; le second, dit de Vaugirard,
sous le titre de la Nativité ; le quartier de la rue du
Four, sous celui de la Présentation ; le quartier de
Bussy, sous le titre de l'Annonciation ; celui de
Grenelle, sous le titre de la Visitation ; le sixième,

* NOTE 5, p.
42.
(1) *Mém. de M.
du Ferrier*, p.
186.—*Lettres de
M. Tronson*, t.
VII, *Lyon*, p.185.

(2) *Lettres de
M. Leschassier*,
t. XIV, *Canada*,
avril 1704.

(3) *Rem. hist.*,
t. I, p. 33.

(4) *Mém. aut.
de M. Olier*, t.
III, p. 554.

(5) *Ibid.*, pag.
290, 366 etc.
(6) *Rem. hist.*,
t. III, p. 608. —
*Vie Ms. de M.
Olier, par M. de
Bretonvilliers*, t.
I, p. 463, 465.

XVIII.
M. Olier di-
vise sa pa-
roisse en huit
quartiers,
qu'il confie
chacun à plu-
sieurs de ses
prêtres.
(7) *Vie Ms. de
M. Olier, par M.
de Bretonvil-
liers*, t. I, p. 465.

(1)*Rem.hist.*, t. I, p. 171. — *Calendr. hist.*, 1778, p. 192 et suiv.

dit de Sèvres, sous le titre de l'Enfantement de la sainte Vierge ; le quartier de Saint–Benoît, sous le titre de la Purification ; et enfin le quartier de Saint-Dominique, sous le titre de l'Assomption (1).

Lorsqu'il eut ainsi partagé sa paroisse, il nomma, pour chacun des huit quartiers, un prêtre qui devait veiller spécialement sur les paroissiens renfermés dans cette circonscription ; et, afin|que ces huit prêtres pussent s'acquitter plus aisément de leur chargé, il leur en associa d'autres, au nombre de dix ou douze, pour les aider dans le besoin. Il enjoignit aux prêtres des quartiers de prendre des informations sur les nécessités spirituelles et temporelles des habitants ; et, pour cet effet, de dresser un état nominatif de toutes les personnes, au moins de tous les chefs de famille, et de le renouveler tous les trois mois. Il désigna encore, pour chaque rue en particulier, une personne de piété chargée de faire connaître les désordres qui pourraient se trouver dans les ménages, ainsi que le nom et la demeure des personnes de mauvaise vie, qui auraient leur domicile dans cette rue. Le prêtre de quartier devait rechercher surtout les causes de la corruption des mœurs, pour y apporter un remède efficace ; et enfin tenir un mémoire exact des pauvres, des ignorants, comme aussi de tous ceux qui vivaient dans l'éloignement des sacrements, et dont la conduite scandaleuse pouvait être, pour plusieurs autres, une occasion de péché (2).

(2) *Vie Ms. de M. Olier, par M. de Bretonvilliers*, t. I, p. 466.

XIX.
Le livre *de statu animarum*, tenu avec soin par M. Olier.

D'après l'état particulier de chaque quartier, il fit composer un état général de toute sa paroisse, afin de ressembler au bon pasteur, qui connaît toutes ses brebis, et les appelle chacune par son nom. « Il est indigne d'un curé de ne pas savoir le » nombre de ses communiants, » dit M. du Ferrier, chargé par M. Olier de la rédaction de ce livre, « puisqu'il n'y a point de berger qui ne sache au » juste combien il a de béliers, de brebis et d'a-

» gneaux sous sa garde. Jacob le savait si bien, qu'il
» payait à Laban chaque bête que le loup lui enle—
» vait (1). » Cet état général n'est au reste que le
livre *De statu animarum,* que Paul V, dans son
rituel, recommande à tous les curés (2), et dont
saint Charles leur a tracé un formulaire, qui se
trouve dans les *Actes de l'Eglise de Milan.* « On
» n'omettait rien, ajoute M. du Ferrier, pour con-
» vaincre les séminaristes de la nécessité de ce
» livre (3). »

(1) Mém. de M. du Ferrier, p. 236.

(2) Ritual. roman. Form. scribendi, lib. quart.

(4) Mém. ibid., p. 238.

Les prêtres de quartiers devaient visiter assidûment leurs malades, et proportionner le nombre
de leurs visites à la gravité de la maladie ; en sorte
que ceux qui approchaient de leur fin fussent
visités tous les jours, et que ceux qui étaient en
danger ne demeurassent jamais deux jours sans
être vus de leur confesseur, pour recevoir de sa
bouche quelque parole de salut. Outre ces prêtres,
chargés des divers quartiers de la paroisse, M.
Olier en désigna d'autres pour porter aux malades
les sacrements d'Eucharistie et de d'extrême-
onction ; d'autres pour les baptêmes et les mariages ; quelques-uns pour faire les petites sépultures ;
plusieurs pour donner conseil aux paroissiens ;
d'autres pour recevoir leurs confessions à quelque
heure du jour que ce fût (4). Les récréations, que
tous ces ecclésiastiques prenaient en commun,
étaient pour eux aussi instructives qu'édifiantes.
Après le dîner, on proposait au supérieur les cas
et les difficultés extraordinaires, qui se présentaient dans la paroisse, soit pour la morale, soit
pour la controverse avec les hérétiques, ou pour la
conduite des âmes. Quand le Supérieur ne savait
pas y répondre, il chargeait quelque docteur de la
compagnie d'aller en Sorbonne en demander la solution ; et le soir il en faisait le rapport après le
souper. Chaque jour, il se présentait un grand
nombre de questions, les plus difficiles qu'on
pût imaginer ; et il est certain, ajoute M. du

XX.
Visites des
malades ; dis-
tribution des
emplois, ré-
créations mi-
ses à profit
pour l'instruc-
tion des prê-
tres.

(4) Rem. hist., t. III, p. 609 ; t. I, p. 216. — Vie Ms. de M. Olier, par M. de Breton-villiers, t. I, p. 465, 466.

Ferrier, que cette conversation se faisait avec un grand profit des assistants, et valait une grande étude (1).

Un autre avantage précieux de ces conférences, c'est qu'elles tendaient à introduire, parmi les membres de la communauté, les mêmes maximes pour la conduite des âmes. Afin qu'ils n'eussent tous, en effet, qu'un même esprit, M. Olier arrêta, de concert avec eux un certain nombre de principes généraux, qui devaient servir de base à leurs décisions, et auxquels tous promirent de se conformer. Le cinquième les obligeait de refuser l'absolution à tous les pénitents qui étaient dans l'occasion prochaine du péché, jusqu'à ce qu'ils l'eussent quittée réellement, et le sixième de la différer pour huit ou quinze jours aux pécheurs d'habitude (2). Le relâchement d'un grand nombre de casuistes, et la facilité malheureuse de la plupart des confesseurs, avaient rendu ce règlement nécessaire. Depuis longtemps certaines opinions · altéraient si étrangement la morale chrétienne, qu'elles semblaient n'avoir été inventées que pour l'accommoder aux plaisirs des hommes et à leurs passions ; et cet abus provoqua, comme on sait, un autre abus non moins pernicieux, une sévérité excessive, uniquement propre à précipiter les âmes dans le désespoir. M. Olier désirant que ses ecclésiastiques s'éloignassent également de ces deux extrémités, voulut, d'après le vœu du Père de Condren, qu'ils suivissent pour règle, les *Instructions de saint Charles Borromée aux confesseurs de son diocèse* ; et afin de ramener tous les esprits aux sages principes de ce grand cardinal, il fit imprimer, pour la première fois en France, les *Actes de l'Église de Milan*. Ils parurent à Paris l'an 1643, en un volume in-folio (3), et furent dédiés aux docteurs de Sorbonne, auprès desquels il voulait d'abord les mettre en recommandation *. « Ces *Actes*, que nous fîmes imprimer

» à Paris, dit M. du Ferrier, servirent de règle aux
» prêtres, spécialement sur le refus et le délai de
» l'absolution, comme nous voyons qu'on le pra-
» tique avec fruit ; faisant quitter auparavant les
» occasions prochaines, et imposant des pratiques
» de pénitence contre les péchés d'habitude (1). »
Un avantage plus général, ce fut d'accréditer les
Instructions de Saint Charles, parmi les ecclésiastiques qui venaient se former au séminaire, et insensiblement dans tout le clergé de France, qui,
en 1657, les fit imprimer à ses frais * (2).

Dès le commencement de son ministère pastoral,
et avant qu'il eût reçu dans sa communauté les
prêtres auxiliaires dont nous avons parlé plus
haut, M. Olier comprit, qu'avec le petit nombre
de coopérateurs qu'il avait alors, il lui serait tout
à fait impossible de suffire aux besoins de ses
paroissiens, lorsque le temps des confessions pas-
chales serait venu. Du moins, à en juger par l'heureuse impression que son entrée dans la cure avait
semblé produire, il espérait qu'un grand nombre
de pécheurs, touchés des instructions de tout
genre qu'il était résolu de leur procurer pendant
le carême, s'approcheraient enfin des sacrements.
Dans cette préoccupation, il représentait ses besoins
au saint patron de sa paroisse, saint Sulpice, lorsqu'à l'occasion de la fête de ce saint, 17 janvier 1643,
il connut qu'il serait exaucé (3). DIEU lui inspira
pour cela la pensée, d'inviter un certain nombre de
docteurs de Sorbonne, à venir l'aider durant la
quinzaine de Pâques ; et d'engager encore les supérieurs des communautés de religieux, établies
sur sa paroisse, à lui donner des confesseurs. La
suite montra bientôt, que l'invitation faite à ces
derniers, avait été ménagée par la Providence,
comme une heureuse occasion, pour unir mutuellement par les liens d'une charité cordiale, pure et
désintéressée, les religieux du faubourg et les
prêtres de la communauté de Saint-Sulpice, desti-

(1) *Mém. de M. du Ferrier*, p. 189, 190.

*NOTE 7, p. 43.
(2) In-12. *chez Antoine Vitré.*

(3) *Mém. part.*, an. 1643.

XXII.
Union des prêtres de la communauté avec tous les religieux du faubourg.

nés à servir de modèle aux prêtres des autres paroisses de Paris. Par le malheur des temps, les religieux,
quoique donnés de Dieu à l'Eglise comme auxiliaires
du clergé, pour rallumer dans les paroisses
la ferveur éteinte ou languissante, n'étaient plus
considérés alors, par la plupart des curés, que
comme des voisins incommodes, ou des rivaux importuns, auxquels ils devaient s'opposer ; et au lieu
de s'unir entre eux, pour travailler de concert au
salut des âmes, ils étaient fréquemment en contes-
tations les uns contre les autres, sur leurs droits et
leurs priviléges respectifs (1). Aussi la charité et
l'humilité du nouveau pasteur touchèrent si vivement les Supérieurs des maisons religieuses de la
paroisse que tous s'estimant heureux de seconder
son zèle, lui fournirent chacun deux prêtres pour
les confessions (2). M. Olier craignant cependant
que tant de religieux de divers ordres, et tous ces
docteurs de Sorbonne ne suivissent pas les mêmes
principes de morale, et que cette diversité n'eût de
fâcheux résultats, il les réunit pendant trois jours,
et leur exposa les principes et les instructions de
saint Charles : ce qui produisit de grands biens (3).
Par les témoignages d'estime, de respect et de
charité sincère qu'il donnait à tous les religieux (4),
il s'était acquis d'abord leur confiance, et les avait
disposés à cette uniformité de conduite, qui fut
pour lui le sujet d'une vive satisfaction. «Ces bons
» religieux qui s'unissent à nous, écrivait-il, sont
» entrés tous ensemble dans nos vues et nos senti-
» ments pour agir sur les peuples. Il n'y a plus de
» distinction dans la conduite, entre les prêtres et
» les religieux : tous ne font qu'une même chose ;
» tous ont les mêmes maximes, les mêmes senti-
» ments, et quoique l'extérieur soit différent entre
» eux, les dispositions des cœurs sont parfaitement
» les mêmes. Dieu a choisi ces saintes âmes pour
» être notre secours et notre supplément dans ce
» temps de désolation. Hélas ! il n'y a qu'à procé-

(1) *Mém. part.*,
an. 1643.

(2) *Rem. hist.*,
t. III, p. 647. —
Vie de M. Olier,
par M. de Breton-
villiers, t. I, p.
505, 506.

(3) *Mém. de M.
du Ferrier*, p.
195.

(4) *La gloire du
tiers-ordre de S.-
François*, par
*Hilarion de No-
lay*, 2ᵉ part. p.
265. — *Rem. his-
tor.*, t. I, p. 173.

» der avec charité, avec simplicité et humilité, on
» gagne par là tout le monde, et rien ne peut ré-
» sister à l'esprit de DIEU qui unit tout en lui. Ces
» bons religieux me sont entièrement dévoués, ils
» paraissent n'être, en quelque sorte, qu'une même
» chose avec moi, et sembleraient vouloir entrer en
» moi pour que nous fussions tous consumés dans la
» charité de notre commun Maître (1). » M. Olier
chérissait sincèrement tous ces Ordres : mais particulièrement les deux maisons de noviciat des Dominicains et des Jésuites, où la doctrine était aussi
pure que la piété était florissante ; et on l'entendit
même répéter plus d'une fois que si la divine miséricorde répandait tant de grâces sur sa paroisse, et
y faisait tous les jours de nouvelles conversions,
c'était le fruit des prières de ces deux saintes communautés (2).

Dès les commencements il comprit que le moyen
d'attirer tous ses collaborateurs à une vie fervente et
apostolique, était de se conduire lui-même si parfaitement qu'il pût servir de modèle à tous. Il se
fit donc une loi de vivre avec ses ecclésiastiques,
de suivre les mêmes exercices, et d'être toujours à
leur tête, comme l'un d'entre eux (3). « Notre-Sei-
» neur m'a montré, écrivait-il, qu'il ne fallait pas
» gouverner en commandant, mais en donnant
» l'exemple surtout de la douceur et de l'humilité ;
» et que c'était le moyen pour faire profiter les
» âmes (4). » Il n'ignorait pas non plus qu'un véritable pasteur, et un digne chef de communauté,
doit être toujours prêt à sacrifier ses biens, sa
santé et sa vie pour ceux dont il a la conduite ;
aussi voulut-il commencer l'exercice de sa nouvelle charge en faisant vœu de servitude à tous
les chrétiens. Il s'obligeait par ce vœu, à les considérer comme maîtres de son temps, de ses biens et
de sa personne, dont ils avaient tous droit d'user
selon leurs besoins ; et quelque difficile que paraisse un tel engagement dans la pratique, il ne

(1) *Mém. aut. de M. Olier*, t. IV, p. 265.

(2) *Rem. hist.*, t. I, p. 173.

XXIII.
M. Olier s'ef-
force d'être le
modèle de ses
coopérateurs
et de ses ouail-
les : il fait vœu
de servitude
et de perfec-
tion.

(3) *Vie Ms. de M. Olier, par M. de Bretonvil-liers.*

(4) *Mém. aut. de M. Olier*, t. II, p. 467.

lui causa jamais la moindre inquiétude : preuve incontestable qu'il avait Dieu pour auteur. « Quand
» je fais profession d'être le serviteur des membres
» de Jésus-Christ, écrivait-il, je m'engage à leur
» obéir avec discrétion, et selon la volonté de Dieu.
» En vertu de ce vœu, j'ai laissé mon bien non
» moins que ma volonté à la disposition de mon
» Maître. Puisqu'il est vivant dans tous ses
» membres, quand il me demandera pour ses be-
» soins, il faut qu'aussitôt j'ouvre ma bourse, et
» lui dise : Seigneur, prenez ce qui est à vous. Je
» sais pourtant qu'il ne demande que des choses
» raisonnables ; c'est pourquoi lorsqu'on nous de-
» mande autrement, ce n'est plus le Maître qui
» demande, c'est le caprice de la chair : alors nous
» ne sommes pas obligés de donner ; au contraire,
» nous devons conserver à Notre-Seigneur ce bien
» qu'il nous a mis en main, uniquement pour le
» lui fournir dans la nécessité, en la personne de
» ses membres (1). » Convaincu enfin que, en qualité de pasteur de sa paroisse et de chef de sa communauté, il ne pouvait donner des exemples d'une
perfection trop sublime, M. Olier fit encore le vœu
de pratiquer, le reste de ses jours, tout ce qu'il
croirait être le plus parfait (2).

Dès qu'il eut prononcé ces deux vœux, il sembla
entrer dans une voie nouvelle de renoncement et
de sacrifice, et ses exemples excitèrent, parmi les
prêtres de sa communauté, une sainte émulation
de zèle et de ferveur. Jamais il n'usait à leur égard
d'aucun terme de commandement, (pratique qui
a persévéré jusqu'ici dans ses successeurs) et, néanmoins, il obtenait tout, même les sacrifices les plus
généreux, par le seul ascendant de ses exemples.
Fallait-il assister les malades, entendre les confessions, annoncer la parole de Dieu, il était toujours
prêt à suppléer ses ecclésiastiques, à leur épargner
le travail. Il voulut que tous ceux qui étaient venus
avec lui de Vaugirard donnassent aux autres les

(1) *Mém. aut.
de M. Olier.* —
*Vie manuscr. de
M. Olier, par M.
de Bretonvil-
liers,* t. ii, p. 32,
33.
(2) *Vie Ms. de
M. Olier, par
M. de Bretonvil-
liers,* t. ii, p. 1 et
suiv. — *Année
Dominicaine,* 1re
part. de sept., p.
422. — *Vie de M.
Olier, par le P.
Giry,* p. 62. —
Rem. hist., t. i,
p. 31.

XXIV.
Efficacité de
l'exemple des
supérieurs, sur
les inférieurs.

mêmes exemples, surtout M. du Ferrier, qu'il
avait nommé supérieur de la communauté. « Les
» corrections et les remontrances blessent quelque-
» fois, dit celui-ci ; l'exemple au contraire n'offense
» jamais. Lorsqu'on venait demander, durant la
» nuit, un prêtre pour administrer les malades, le
» portier m'en avertissait d'abord ; et, comme il
» était instruit de ce qu'il devait demander à ceux
» qui se présentaient au presbytère, après qu'il
» m'avait dit la condition du malade et son état, je
» l'envoyais prier celui des prêtres que j'estimais
» plus propre à secourir le malade. Ce prêtre se
» trouvant quelquefois incommodé, il s'excusait au
» portier, qui venait me le dire. Alors je m'en allais
» tout aussitôt moi-même chez le malade, ne vou-
» lant pas en prier un autre prêtre, qui eût peut-
» être trouvé mauvais que ce fût après le refus du
» premier. Lorsque, le lendemain, celui qui avait
» refusé savait que le supérieur de la maison était
» allé à son défaut, cela lui donnait une mortification
» extrêmement sensible. Il venait s'excuser et se
» plaindre ; et comme au contraire on lui faisait
» excuse sur ce qu'on n'avait pas su qu'il était
» indisposé, après que cela fut arrivé sept ou
» huit fois, une ferveur si grande se mit parmi
» eux, que d'abord ils couraient au secours
» des malades, et n'eussent souffert, pour quoi
» que ce fût, qu'un autre y fût allé à leur place.
» Je dirai encore ce qui arriva quelques mois après
» l'établissement de la communauté, lorsque M. Cor-
» bel fut envoyé à Pébrac, par M. Olier, pour essayer
» de réformer cette abbaye. Il avait demandé la
» charge d'éveiller le matin et de porter la lumière
» dans les chambres ; personne, après son départ,
» ne se présenta pour continuer. Celui qui était
» supérieur en prit le soin, et allait allumer la chan-
» delle placée à ce dessein près de la porte de chaque
» chambre, qu'il ouvrait après avoir heurté. Cela
» se fit pendant cinq ou six semaines, sans que per-

» sonne y prît garde, ni sût qui l'éveillait. Enfin
» un jour, à la récréation, tous ayant avoué qu'ils
» ne savaient qui c'était, ils conclurent que ce devait
» être le supérieur; et l'ayant pressé de lē leur
» apprendre, il s'alluma un zèle incroyable parmi
» eux, chacun désirant exercer cet emploi (1). »

(1) *Mém. de M.*
du Ferrier, p.
188.

XXV.
Zèle ardent
de M. Olier,
pour la réfor-
me de l'ordre
sacerdotal.

Le dessein de M. Olier, en donnant tous ses soins
à la formation de cette communauté, n'était pas
seulement de procurer par là le renouvellement de
sa paroisse: il avait surtout en vue de montrer à
tous les pasteurs les moyens de réformer leurs troupeaux, en se réformant eux-mêmes. Le rétablissement de l'ordre sacerdotal était, en effet, le désir le
plus ardent, et le vœu continuel de son cœur.
Nous rapporterons ici quelque chose des beaux
sentiments qu'il a laissés par écrit sur cette matière.
« Seigneur, si nous voyons maintenant refleurir les
» Ordres de vos Saints, si nous voyons l'oraison
» régner parmi les Carmes; le zèle du prochain
» parmi les Jacobins; chez les Augustins, l'amour
» de Dieu; parmi les Bénédictins, la retraite du
» siècle, et la mort entière au monde; enfin si
» nous voyons réformer tous les Ordres, le vôtre,
» Seigneur, sera-t-il donc seul délaissé? Ne voulez-
» vous pas relever votre maison tombée en ruine?
» Seigneur, vous en êtes le chef, vous en êtes le fon-
» dateur: les autres Ordres ont des hommes pour
» patrons, et ils sont tous renouvelés; laisserez-vous
» à jamais périr le vôtre (2)?

(2) *Mém. aut.*
de M. Olier, l. III,
p. 107.

» Seigneur Jésus, vrai pasteur de l'Eglise univer-
» selle, apportez un prompt remède à ses besoins;
» suscitez quelques personnes qui renouvellent
» l'ordre divin des pasteurs, avec autant d'amour et
» de zèle que Saint Dominique a établi le sien dans
» votre Eglise. Embrasez du feu de votre amour
» et de votre religion des hommes qui le portent
» ensuite et le répandent par tout le monde; si je
» n'étais si misérable, si superbe, si je n'étais le
» cloaque de toute ordure et de toute infection,

» que je me présenterais volontiers à vous, pour ser-
» vir à tout ce qu'il vous plairait dans votre Église ;
» que je m'offrirais de bon cœur, et m'abandonnerais
» comme je le fais dès à présent, comme un vase
» perdu ! Je vous ai voué une entière servitude,
» c'est irrévocablement que je l'ai fait ; je suis à
» vous sans partage : je me livre maintenant tout
» de nouveau pour jamais, sans me réserver aucun
» droit de pouvoir révoquer le don que je vous fais de
» moi-même. Vous disposerez de moi selon votre
» bon plaisir, comme un maître et un seigneur dis-
» pose d'un serviteur ou d'un esclave (1). »

(1) *Mém. aut. de M. Olier.*

DIEU inspirait à M. Olier un zèle si ardent, parce
qu'il le destinait à travailler lui-même à cette grande
œuvre ; et comme il voulait se servir de lui pour
donner l'impulsion au clergé des autres paroisses
de la capitale, il lui concilia d'abord, d'une manière
assez étonnante, l'estime et même le respect de tous
les curés. Il n'y avait que quinze jours que M. Olier
était établi dans la paroisse, lorsque ceux-ci, dans
une assemblée qu'ils tenaient le premier lundi de
chaque mois, lui députèrent l'un d'entre eux pour
lui donner mille témoignages de la confiance
la plus particulière, et le prier de vouloir bien
prendre place dans leurs réunions. « J'ai vu par
» là, ajoute M. Olier, la grande ouverture que la
» bonté de DIEU nous donne pour le servir. Car
» messieurs les curés m'ont déjà prié de leur com-
» muniquer nos règlements, pour les établir en
» leurs paroisses. Ceci m'a confirmé dans la
» première vue, qui me fut donnée dès qu'on me
» proposa la cure de Saint-Sulpice : je voyais que,
» par la bénédiction de DIEU, les paroisses de Paris
» se formeraient sur la nôtre. Que DIEU soit béni
» de nous donner ces grandes facilités, et qu'il nous
» fasse la grâce d'être fidèles à ses miséricordes sur
» nous ! J'ai vu dans le cœur de messieurs les curés
» une si grande satisfaction, et une inclination si
» particulière, qu'on ne saurait rien y ajouter. Ils

XXVI.

Les curés de Paris adoptent les règlements de la communauté de Saint-Sulpice.

» sont, par la grâce de DIEU, tous charmés de nos
» propositions, et j'espère que sa miséricorde achè-
» vera le reste. ' Pour moi, je me tiendrai toujours
» dans ma petitesse; j'ai connu clairement que
» c'était là ce qui m'avait entièrement gagné leurs
» cœurs. Mon DIEU, que votre Esprit est puissant,
» qu'il produit de grands effets sur les âmes! car,
» en leur parlant, je sentais d'une manière palpable
» que c'était votre Esprit en moi qui leur parlait;
» et je me voyais, parmi ces grands docteurs, comme
» un enfant dont vous vouliez vous servir pour leur
» communiquer vos lumières (1). »

(1) *Mém. aut. de M. Olier*, t. III, p. 141, 142.

M. Olier n'avait, en effet, que trente-quatre ans, et il était manifeste que DIEU ne disposait ainsi tous les esprits en sa faveur que pour lui donner plus de facilité de travailler à la sanctification des ecclésiastiques. Abelly, ancien évêque de Rôdez, et auparavant curé de Saint-Josse, à Paris, frappé de l'influence dú ministère pastoral de M. Olier, a même écrit qu'il n'avait pris cet emploi que dans le dessein de travailler à la réformation du clergé. « Pour y
» parvenir, dit-il, il prit la cure de Saint-Sulpice,
» afin d'y donner un modèle d'une bonne conduite
» de paroisse, tant pour la personne du curé, que
» pour les prêtres qui sont appliqués par lui à la
» desservir. Pour cet effet, il y établit une grande
» communauté de prêtres, et, par ce moyen, il y a
» produit de très-grands fruits, tels que chacun
» sait, avec l'admiration et l'applaudissement de
» tout Paris (2). » Abelly fut le premier qui imita cet exemple. Ayant été nommé curé de Saint-Josse en l'année 1644 et voulant y ranimer la piété, il donna ses premiers soins à son clergé, en y formant une communauté ecclésiastique (3). Ce moyen contribua, en effet, au renouvellement des mœurs, partout où il fut adopté. Ce n'est pas qu'il n'y eût déjà dans Paris de semblables communautés (4); mais l'esprit apostolique, dont on faisait profession dans celle de M. Olier, porta les autres

(2) *Vie de S.-Vincent de Paul, par Abelly, Ms.* liv. 1, ch. XXXII.

(3) *Vie de S.-Vincent de Paul, par Collet*, t. I, in-4°, préf., p. 6.

(4) *L'idée d'un bon magistrat en la vie et la mort de M. de Cordes*, in-18, 1645, p. 77.

à imiter son exemple, à adopter ses règlements, et fut même l'occasion d'une sainte émulation pour la formation de plusieurs communautés paroissiales.

« Les autres grandes paroisses de Paris, écrivait en » 1660 M. Godeau, évêque de Vence, ont suivi » l'exemple de la communauté de Saint–Sulpice, » et la plupart des prêtres qu'on nomme habitués, » y vivent ensemble avec beaucoup d'édification(1).»

(1) *Traités des Séminaires*, in-12, 1660, p. 12. *Voyez aussi la Vie de M. Crestey*, in-12, 1722, p. 6 et 26.

Mais l'influence du ministère pastoral de M. Olier ne devait pas être bornée à la seule ville de Paris, ainsi que Dieu le lui montra dès qu'on lui proposa la cure de Saint–Sulpice. « Je voyais, écrivait-il, » que par là bénédiction de Dieu, notre paroisse » pourrait servir de modèle, non seulement à la » capitale; mais à toute la France. » Le dessein de la divine providence, en le plaçant à la tête de cette vaste paroisse, était en effet, comme la suite l'a fait voir, de donner en sa personne à tous les disciples qu'il devait former, et généralement à tous les prêtres, le modèle d'un pasteur accompli dans l'exercice de sa charge, qui enseignât, d'après l'expérience, les moyens de ramener à une vie chrétienne la paroisse la plus dépravée, et d'y rétablir la majesté du culte divin. Un grand nombre d'ecclésiastiques des diverses provinces du royaume, élevés à Saint–Sulpice, et tant d'autres qui avaient passé quelque temps dans la communauté des prêtres de la paroisse, pour se former au ministère des âmes, et aux autres fonctions de leur état, de retour dans leurs pays, s'efforcèrent à l'envi, de régler sur ce modèle, les Eglises dont ils avaient la conduite, et d'y introduire les mêmes pratiques et les mêmes règlements. Nous voyons même, que dès la première année du ministère pastoral de M. Olier, plusieurs curés commencèrent à lui demander des prêtres, pour réformer et conduire leurs paroisses (2); et comme ceux de Saint–Sulpice ne devaient se lier à cette communauté par aucun vœu, M. Olier, selon les

XXVII.

Influence du ministère de M. Olier sur le clergé en général.

(2) *Mém. part.*, an. 1642, 1643.

circonstances, les en détachait, et de l'agrément
des supérieurs ecclésiastiques, les envoyait aux
Eglises qui étaient dans un plus grand besoin. On
n'imaginerait pas jusqu'où l'on portait pour lui
l'estime, le respect et la confiance. Il était lui-
même surpris et confondu de voir que, malgré
son âge si peu avancé, des personnes du premier
mérite, dont plusieurs étaient des plus considérables de l'État, ne laissaient pas de le consulter
sur des affaires très-importantes : jusque là que,
dès les premières années de son ministère la Reine,
après la mort de Louis XIII, résolut de n'élever
aucun sujet à l'épiscopat, qui n'eût passé quelques

(1) *Mém. aut.*
de M. Olier, t ui,
p. 18. 19, 6.

années dans le séminaire de saint Vincent de Paul,
ou dans celui de Saint-Sulpice (2). Mais ce qui
devait contribuer surtout à établir la réputation
de M. Olier c'était la réforme du faubourg Saint-
Germain, dont, comme nous allons essayer de
le montrer, il changea entièrement la face par un
ministère de dix ans. †

† Ce fut le témoignage que rendirent à M. Olier après sa
mort, les auteurs de la *Gazette de France.* « Il a fait les
» fonctions de la cure de cette paroisse, avec un tel
» progrès, en dix ans, par les peines et les travaux que son
» zèle lui faisait entreprendre, qu'on les a vus suivis d'une
» réforme générale, par le bon exemple de la communauté
» des prêtres qu'il y a établis (5). »

(2) *Gazette de*
France, an. 1657
7 avril n. 42.

NOTES DU LIVRE PREMIER

SUR LE GRAND NOMBRE DES ATHÉES SOUS

LOUIS XIII,

NOTE 1, p. 4. — Le grand nombre d'athées que renfermait la capitale , sous Louis XIII, est attesté surtout par un auteur contemporain, le Père Mersenne, de l'ordre des Minimes, dans un ouvrage dédié à l'archevêque de Paris, Jean-François de Gondy. Il y rappelle au prélat que cette ville est encore plus salie par l'athéisme que par la boue de ses rues, et qu'il n'est pas rare de rencontrer, dans une seule maison, jusqu'à une douzaine de personnes imbues de cette monstrueuse doctrine (1). Il nous apprend même que, dès-lors, des impies ou athées,. répandus dans plusieurs royaumes d'Europe, avaient formé, contre la religion catholique, cette infernale conjuration, dont on a vu, dans ces derniers temps, les tristes et lamentables résultats, et il fait remarquer que les athées de Genève et ceux de Cracovie inondaient déjà l'univers de leurs ouvrages. *Sed nec Italia hoc malo libera est*, cùm Vaninum dixisse ferant, se cum 13 Neapolim discessisse, ut per totum orbem terrarum atheismum propagarent : ipsum verò Lutetiam sortitum fuisse (2).

(1) Mersenne, Quæst.in Genesim , col. 671, 674, 1832, et Epist. dedicat.

(2) Ibid.Quæst. 1, cap.1,v.1,col. 675.

Il est vrai néanmoins que ce religieux crut devoir supprimer et remplacer par deux cartons des détails si affligeants, soit qu'ils lui parussent trop dangereux, dans un ouvrage publié sous le patronage du premier pasteur du diocèse, ou qu'il craignît d'y avoir trop enflé le nombre des athées. Mais il doit toujours demeurer pour constant, que ce nombre était, en effet, très-grand à cette époque, surtout à Paris, ne serait-il attesté que par ce célèbre religieux, en relation avec la plupart des savants de son temps, dont il était devenu comme le centre, et principalement avec Descartes, qui lui fut uni jusqu'à sa mort d'une très-étroite amitié (3). Les exemplaires où ces passages n'ont pas été retranchés sont extrêmement rares. On a toutefois suppléé à cette lacune, en les donnant au public, dans divers ouvrages, spécialement dans le *Supplément au Dictionnaire de Bayle*, où ils sont rapportés en entier (4).

(3) Supplém. au Diction. de Bayle,parChaufepié, t. III. art. Mersenne.
(4) Niceron, Bibliot.t.xxxiii, p. 146, 147. — Bibliot.Britan., t.xviii, p.2,407. — Cymbalum mundi, à Bonavent. Desper·riers, 1732.

SUR LES CRIMES PUBLICS, RESTÉS IMPUNIS, AU FAU-

BOURG SAINT-GERMAIN.

NOTE 2, p. 7. — Il est difficile de se former une idée, des voies de fait, et des excès atroces auxquels donnait lieu dans le faubourg, l'impunité des délits, même en matière criminelle. On en jugera par le trait suivant que nous empruntons à M. du Ferrier.

« Une bourgeoise du faubourg Saint-Germain vint me conjurer de la sauver elle et sa famille du péril où elle était d'être tuée avec son mari par un mousquetaire qui logeait chez elle, qui était résolu à cela, disant qu'ils l'avaient trahi. Ce discours me parut extraordinaire. Je lui dis de ne pas croire qu'il se portât à cette extrémité, qu'il y avait une justice pour punir les violents. Elle me dit que c'était un homme accoutumé de tuer les gens, à qui on donnait d'abord sa grâce et qui ne craignait rien ; au contraire tout le monde l'appréhendait et avec raison, car depuis quatre jours il avait assommé lui seul quatorze bateliers vaillants et vigoureux, en ayant couché sur le carreau trois à qui on avait porté l'Extrême-Onction. J'eus de la peine à croire ce qu'elle disait, hormis des trois bateliers, parce que je savais l'extrémité où ils étaient.

« Un de mes amis m'envoya cet homme appelé la Bordasse, gascon ; il était d'une taille plus grande que petite, gros, vigoureux et actif. Il se renia d'abord et me dit : « Vous » devez savoir que ces trois pendards depuis cinq ans n'a- » vaient été à confesse, et n'y auraient pas encore été sans moi. » Il y a huit jours qu'un homme fut tué en duel ici au Pré » aux clercs : les bateliers y accoururent au nombre de quatorze » avec leurs crocs et leurs perches et saisirent les trois duel- » listes restant pour les remettre entre les mains de la jus- » tice ; ils prirent leurs épées, leurs manteaux et tout ce » qu'ils avaient dans leurs pochettes. Etant accouru je dis à » ces bateliers de les laisser aller, ce qu'ils firent. L'un de ces » trois qui était mon ami, me conjura de lui faire rendre l'épée » qu'on lui avait ôtée et qui était à un homme de qui il » l'avait empruntée. Je la demandai et ils me promirent de » la rendre, celui qui l'avait n'étant plus là ; je donnai la » mienne à cet homme, et ils s'en allèrent tous trois.

« Le lendemain je demandai encore cette épée aux bate- » liers et ils me la promirent de même. Je commençai de » m'en défier et leur dis : MM. Vous êtes des coquins, ne » me donnez pas la peine de combattre, comme je ferai s'il » faut encore un coup vous la demander. Enfin comme je » vis qu'ils n'en faisaient rien et que l'un d'eux me dit » qu'elle était engagée pour une demi-pistole, et qu'avec

» cela je l'aurais, alors je mets la main à l'épée, et eux
» vinrent à moi le couteau à la main, je déchargeai un
» grand coup d'épée sur la tête du premier que j'étendis sur
» le carreau (du cabaret où ils étaient). Un de ces coquins
» qui était fort et puissant tâcha de me colleter, mais je
» le jetai à terre et lui mis mon épée dans le corps. Je frap-
» pai encore un troisième sur la tête et le mis par terre, mais
» par malheur mon épée se cassa. Cela fut fait en moins de
» rien, je ne laissai pas de me jeter sur les autres, et les
» charpentai avec le tronçon. Mais ce que j'avais prévu
» arriva, ils s'enfuirent et se jetèrent tous par la fenêtre,
» hormis les trois qui ont reçu l'extrême-onction.

« Mais ce ne fut pas tout, voici la trahison de mon hôte
» et de sa femme. La nuit étant venue, comme je dormais,
» je fus éveillé par un petit bruit que j'entendis à la porte
» de ma chambre qu'on tâchait d'ouvrir doucement.
» Je me levai et entendis plusieurs personnes qui par-
» laient tout bas. Je connus que c'étaient les bateliers qui
» venaient pour me surprendre. J'avais mon haut-de-
» chausses, je prends mon épée et mon mousqueton et
» ouvre tout d'un coup la porte en le lâchant et criant : tué,
» tué ; mais il se trouva que mon hôte l'avait déchargé pour
» me faire assassiner. Il n'y eut que le bassinet qui prit feu.
» Je mis la main à l'épée et les chargeai, mais ils s'enfui-
» rent je courus après sans pouvoir les attraper, parcequ'ils
» se jetèrent dans des bateaux et gagnèrent le milieu de
» l'eau. Je leur criai : Vous ne m'échapperez pas, je vous
» aurai tous ; et je m'en revins au logis d'où mon hôte et
» sa femme s'en étaient enfuis.

« Voilà, Monsieur, ce qui s'est passé ; dites ce que vous
» voulez que je fasse et je vous obéirai, quoi que vous me
» commandiez. »

« Je n'eus pas grand'peine à savoir ce que je devais exiger
de lui et des bateliers qui m'étaient venus prier le matin de
faire leur païx avec ce mousquetaire, qu'ils ne regardaient
pas comme un homme, mais comme un démon. Ils
rendirent l'épée et lui demandèrent pardon. Ce fut moi
qui parlai et lui dis que leur regret était grand de
ne lui avoir pas rendu d'abord cette épée, qu'ils lui en
demandaient pardon, et je le priai de leur pardonner pour
l'amour de J. C. : et en même temps eux tous le priaient de
leur pardonner. « Oui, Monsieur, dit-il, je leur pardonne
» de bon cœur, non pas pour l'amour de DIEU, mais pour
» l'amour de vous. » Ah, lui dis-je, ne parlez pas ainsi, il
faut regarder DIEU dans les bonnes œuvres quand il nous
donne le moyen de les faire ; il faut que vous fassiez celle-ci
pour honorer DIEU et lui obéir lorsqu'il vous commande
d'oublier les injures et d'aimer ses enfants, « Monsieur,

» continua-t-il, je ne suis pas hypocrite, je le serais si je
» vous laissai croire que je pardonne pour l'amour de Dieu,
» car je ne le fais que pour votre considération. » Il ne fut
jamais capable, quoi que je pusse lui dire, d'entrer dans un
sentiment chrétien et sortir du sentiment juif qu'il témoignait (1). »

(1) *Mém.de M. du Ferrier*, pag. 337—339.

Ce trait, en montrant les excès déplorables, qui avaient
lieu au faubourg Saint-Germain, par suite de l'impunité, est
une preuve irrécusable de l'estime singulière, que les
prêtres de M. Olier, par leur désintéressement bien connu,
s'étaient déjà acquis sur les cœurs les plus audacieux, qui
foulaient aux pieds tous les principes d'humanité, de justice
et de religion.

ÉTAT DÉPLORABLE DU FAUBOURG SAINT—GERMAIN.

NOTE 3, p. 12. — Aux témoignages qu'on a rapportés sur
l'état du faubourg Saint-Germain, lorsque M. Olier en prit
la conduite en 1642, on peut encore ajouter les suivants.
Une personne, qui l'avait habité quelque temps, écrivait
qu'il était alors la *retraite des personnes perdues et abandonnées au vice* (2). M. de Bretonvilliers l'appelle *le cloaque
de toutes les méchancetés de Paris, et une Babylone* (3). Le
Père Giry atteste que *c'était le lieu de retraite des libertins
et de tous ceux qui vivaient dans l'impureté et dans le désordre* (4). Selon l'historien de M. Bourdoise, cette paroisse,
la plus nombreuse de Paris, *avait plus besoin qu'aucune autre
d'un prompt secours* (5); d'après M. Baudrand, elle était *un
abîme de désordres : l'hérésie, l'impiété, le libertinage et l'impureté y régnaient; le peuple y était dans la dernière ignorance de nos mystères et de ses obligations* (6) ; enfin, selon le
Père de Saint-Vincent, Dominicain, *les vices et le libertinage
y regorgeaient de toutes parts* (7).

(2) *Recueil sur M. de Lantages, par la M. Gau-chet, Ms.*, p.11.

(3) *Vie de M. Olier*, t.I, p.433.

(4) Part.I, ch. xiv.

(5) *Ms.* in-f°., liv. IV, ch. IV.

(6) *Mém.*p.19.

(7) *Année Do-minicaine.*

DISCOURS DE M. OLIER SUR LA VIE COMMUNE DES
PRÊTRES.

NOTE 4, p. 15. — « Voulant parler aux prêtres de l'ancien
» clergé de Saint-Sulpice, de cette communauté de vie et de
» société que nous allions établir, je me suis jeté à genoux,
» ne sachant que leur dire, et Dieu m'a mis aussitôt dans
» l'esprit les premières choses que j'avais à leur exposer.
» J'ai parlé d'abord du malheur de la vie solitaire des
» prêtres dans le monde, apportant le passage : *Væ soli,*
» que j'ai appliqué non-seulement à celui qui est séparé
» de Dieu et délaissé de son esprit, mais encore à celui qui
» mène une vie privée, éloigné de la société des hommes de

» sa profession. Cet état d'isolement lui donne mille soins
» qui le dissipent et le distraient. Vivant seul, il est porté à
» penser à son ménage, à son vivre, à son vêtir. Au milieu
» du service divin, étant même à l'autel et dans les autres
» fonctions adorables, il est porté à tourner la tête derrière
» lui vers ce qui manque à ses besoins. De là vient que de
» tout temps l'Eglise a désiré de recueillir ses prêtres dans
» un même lieu, où, affranchis des soins importuns du
» ménage, ils fussent à l'abri de toute distraction.

» La communication et le commerce des prêtres entre eux
» leur est toujours d'un grand avantage, puisque, selon la
» parole du Sage, par ce commerce, les languissants sont
» échauffés, les aveugles sont éclairés, les faibles sont sou-
» lagés ; au lieu que la cohabitation avec les séculiers, leurs
» conversations, leurs exemples, ne peuvent que les refroi-
» dir au service de Dieu, *tout le monde étant rempli de malice*.
» Les prêtres sont semblables aux brebis nouvellement dé-
» pouillées de leur toison : *tanquam greges tonsarum*. On voit
» les brebis s'approcher alors les unes des autres pour
» s'échauffer, et pour trouver un remède à la froideur de
» l'air qui les assiége. Ainsi les prêtres doivent-ils s'as-
» sembler pour s'échauffer les uns les autres par leurs
» saints entretiens, par leurs conférences, et se défendre
» des froideurs du monde, au milieu duquel ils sont obli-
» gés de vivre par leur condition.

» Y a-t-il d'ailleurs rien de plus agréable à Dieu, que les
» sociétés ? S'il ne communique pas à chacun toute la per-
» fection de son état, s'il le laisse dans le besoin et
» l'indigence de quelque autre, n'est-ce pas pour l'obliger
» de s'unir et d'entrer en société ? et n'est-ce pas ce qu'il fait
» dans la grande société des villes, où il tient par nécessité
» tous les particuliers liés et attachés les uns aux autres ?
» Cette complaisance de Dieu sur les sociétés prend sa
» source dans l'amour qu'il se porte à lui-même, voyant
» dans chacune une image de la très-sainte Trinité, cette
» société éternelle, qu'il prétend faire honorer par toutes les
» sociétés de la terre et du ciel. Dans ce dessein et sur
» ce modèle, Dieu, dès le commencement des créatures, a
» formé la communauté des anges, composée de trois
» hiérarchies qui représentent les trois personnes divines,
» et sont une expression de l'ordre et de la communication
» qui règnent entre elles. Les trois personnes divines sem-
» blent, par leur regard mutuel, s'exciter à l'amour, et
» s'enflammer toujours davantage, tant elles se voient
» dignes d'être aimées ; et c'est ce qui est exprimé dans la
» société des anges, qui s'embrasent et s'enflamment les
» uns les autres de l'amour divin, et se disent, au rapport
» de l'Ecriture : *Saint, saint, saint,* Saint est Dieu dans le

» Père, saint dans le Fils, saint dans le Saint-Esprit; les
» uns répondent aux autres: *Saint;* les autres: *Saint;* les
» autres reprennent: *Saint;* chacune des trois hiérarchies
» rendant hommage à DIEU: ce qui signifie que tout le
» ciel, dans les transports et les flammes de l'amour, dit
» d'une seule bouche et d'une même voix: *Saint, saint,*
» *saint.*

» Or, la complaisance que DIEU prend au ciel dans ces
» louanges, le porte à inviter les prêtres, ses anges visibles,
» à s'associer pour le louer à leur tour. Il désire qu'ils
» s'enflamment aussi mutuellement de l'amour divin, parlant
» entre eux de ses perfections, admirant ses bontés, adorant
» ses grandeurs, et rendant tous ensemble des louanges à
» sa sainteté infinie. Donc, puisque DIEU désire se faire
» honorer par les sociétés, ne lui refusons pas, Messieurs,
» cette gloire: *Venite, exsultemus Domino, jubilemus Deo,*
» *salutari nostro;* et tous ensemble, tout d'un cœur, tout
» d'une voix et d'une bouche, rendons à la divine Majesté
» nos jubilations, nos respects et nos hommages (1). »

(1) *Mém. aut. de M. Olier,* t. VI. p. 298 etc.

RÈGLEMENTS DE LA COMMUNAUTÉ DE SAINT-SULPICE.

NOTE 5, p. 23. — Ces réglements ont été imprimés pour
la première fois en 1782, à Paris, un vol. in-8°. Comme ils
furent tirés à un très-petit nombre d'exemplaires, et seulement pour l'usage de la communauté, ils sont devenus
aujourd'hui extrêmement rares. M. de la Chétardie et
M. Leschassier en rassemblèrent les principaux articles, et
y firent des *additions* ou *remarques,* que l'on trouve imprimées avec le texte même des *règlements,* mais qui en
sont distinguées par des crochets. Plus tard, on ajouta à cette
compilation quelques articles omis, ou d'autres introduits
pour diverses circonstances. Ceux-ci sont distingués à la
table (1) les uns par deux étoiles, les autres par une. Les
chapitres de l'*Établissement de la communauté et de l'esprit*
qui lui est propre ont été composés par M. Leschassier et
M. de la Chétardie.

(1) P. 389, 390.

DÉDICACE DES ACTES DE L'ÉGLISE DE MILAN AUX

DOCTEURS DE SORBONNE.

NOTE 6, p. 26. — On lit, dans la dédicace des *Actes de*
l'Église de Milan, que M. Olier fit imprimer et qu'il mit
sous le patronage des docteurs de Sorbonne: « Vestrum in
» sinum se recipit sanctus Carolus Borromæus, Patres
» Sorbonici, et ea facta... vobis non solùm, sed etiam quod

» sperat, tuenda ac vindicanda proponit. Ubinam securior
» esset qui per se positus extra ictum omnem, hostes etiam
» nunc in terris eosdem habet, quos laboriosâ dum viveret,
» ac felici dimicatione contrivit? Neque enim ubique
» terrarum, vel omne ad tempus exstinxit scelus et igno-
» rantiam... Sorbónam igitur ingreditur æternam domum,
» firmitate doctrinæ, agendique constantiâ semper eamdem...
» Hâc fautrice et vindice, nonne adhuc in sæculi corrup-
» telam pugnabit vir sanctissimus? Nonne sacerdotes
» decusque populi imbuet scientiâ adversùs errorum tene-
» bras? »

MOTIFS DE LA PUBLICATION DES ACTES DE L'ÉGLISE

DE MILAN.

NOTE 7, p. 27. — L'Oratoire et le séminaire de Saint-
Sulpice, deux sociétés appelées à travailler au renouvellement du clergé de France, s'efforcèrent l'une et l'autre d'en
procurer la réforme en faisant revivre la mémoire et les
institutions de saint Charles Borromée. Le premier
ouvrage, imprimé par les prêtres de l'Oratoire, fut la *Vie*
de ce grand cardinal qu'ils traduisirent en français : et le
premier ouvrage donné au public par les prêtres de Saint-
Sulpice, fut le recueil précieux des *Actes de l'Eglise de
Milan.* En publiant cet ouvrage, M. Olier n'avait pas
seulement pour but de propager les principes de saint
Charles sur la pénitence, mais sachant, ainsi qu'il s'exprime
lui-même, « que ce grand archevêque avait été comme borné   (1) *Panégyri-*
» au clergé, par où Dieu voulait commencer à renouveler   *que de M. de Sa-*
» l'Eglise: *Tempus est ut judicium et pietas incipiat à domo*   *les, Ms. aut. de*
» *Dei* (1); » il voulut encore mettre sous les yeux des   *M. Olier.*
pasteurs, surtout des curés, les moyens tracés par ce grand
cardinal pour réformer les paroisses, en déraciner les abus
y remettre en vigueur la discipline, rétablir la décence du
culte de Dieu, appliquer enfin tous ces règlements salutaires
qui produisirent l'entier renouvellement de la paroisse de
Saint-Sulpice.

Aussi ce fut lui qui donna saint Charles Borromée pour   (2) *Arch. de*
patron aux prêtres de sa paroisse, et obtint même du Saint-   *l'Empire*, cart.
Siège indulgence plénière pour le jour de la fête de ce Saint (2)   1226, *Saint-Ger-*
quoiqu'il ne le considérât pas comme le modèle de la vie   *main, juridic-*
commune des pasteurs des âmes. Il leur proposait plus   *tion spirituelle,*
volontiers saint Martin: « Le premier, disait-il, a fait   p. 180.
» paraître une vertu miraculeuse et divine, mais inaccessible
» au commun, par son austérité et sa rigueur. Saint Martin
» se sert des biens présents et en prend selon sa nécessité,

(1) *Conférence* » quoique pourtant en abstinence telle que sa condition le
sur saint Char- » permet (1). » Enfin M. Olier proposa encore à ses prêtres,
les et saint Mar- pour modèles de la douceur et de la paix évangéliques,
tin, Ms. aut. de outre saint Martin si doux et si patient, saint Sulpice, sur-
M. Olier. nommé avec raison *le Débonnaire,* et le bienheureux évêque
(2) *Rem. hist.,* de Genève dont il était l'enfant spirituel (2).
t. i, p. 32.

LIVRE DEUXIÈME

M. OLIER ENTREPREND LA RÉFORME DU FAUBOURG

SAINT-GERMAIN.

La vie apostolique de M. Olier et de ses ecclésiastiques devait, en leur conciliant l'estime universelle, préparer le succès du ministère qu'ils avaient à remplir. Mais des exemples ne pouvaient suffire ni pour désabuser les esprits de tant d'athées, d'impies, d'incrédules, d'hérétiques, de libertins, qui infestaient la paroisse de Saint-Sulpice, ni pour toucher et convertir leurs cœurs. Afin de parvenir à faire de ce peuple le plus dépravé qu'il y eût alors, un peuple vraiment chrétien, il fallait à la vie apostolique, joindre la prédication même des Apôtres : cette prédication simple et populaire qui vainquit le monde, et l'assujétit à Jésus-Christ ; et c'est surtout en ce point que M. Olier peut servir de modèle à tous les pasteurs sincèrement désireux du salut de leurs ouailles.

I.

Pour convertir les pécheurs, M. Olier doit leur prêcher Jésus-Christ et ses mystères.

Laissant de côté les considérations générales sur la religion et certaines questions préliminaires auxquelles, de nos jours, on attache une grande importance, il alla droit à ce qui est proprement la doctrine chrétienne, et eut surtout à cœur de faire bien connaître les mystères du Verbe incarné, c'est-à-dire les principales circonstances de sa vie parmi les hommes. C'était là comme le fond de toutes les instructions que, par lui-même ou par ses collaborateurs, il adressait à son peuple; et ce genre de prédication simple et sublime tout à la fois, que tous les esprits peuvent entendre et goûter, qui convient aux ignorants comme aux savants, aux pauvres aussi bien qu'aux riches, qui est de tous les temps et de tous les lieux, fut si efficace sur la paroisse de Saint-Sulpice, qu'il y produisit des conversions sans nombre dans tous les rangs de la société, et l'effet en fut si prompt que dans l'espace de dix ans ce vaste faubourg fut entièrement renouvelé.

C'est qu'en envoyant sur la terre son Fils rendu semblable à nous, Dieu le Père a voulu que les actions divinement humaines de cet Homme-Dieu, qui sont devant lui d'un mérite infini, soient les seules sources, où tous les chrétiens trouvent la vraie sagesse pour éclairer et diriger leurs esprits, et la force pour triompher de leurs passions déréglées, et se rendre victorieux d'eux-mêmes. Aussi l'Église, qui ne chemine sur la terre que par la vertu de ces mêmes mystères, et qui jusqu'à la consommation des siècles y puisera sa vie (1), ne cesse de presser ses enfants de recourir à ces sources vivifiantes du Sauveur (2). Elle les rappelle chaque année à leur foi dans la suite de ses fêtes et dans le cours des Évangiles des dimanches, les rend sensibles par les cérémonies de son culte, et les fait expliquer du haut de la chaire par ses prédicateurs (3).

Ce fut là, comme on sait, l'objet de la prédication des Apôtres qui convertit l'univers; ce qui faisait dire à saint Paul : « Les Juifs demandent des miracles, » et les Grecs cherchent la sagesse; quant à nous, » nous prêchons aux uns et aux autres Jésus-Christ » crucifié, sujet de scandale pour les Juifs, et de » folie pour les gentils; mais qui est la puis- » sance et la sagesse de Dieu pour les Juifs et les » gentils appelés à le connaître, et dociles à son » appel (4). »

Dieu qui voulait se servir de M. Olier pour opérer la conversion des habitants du faubourg Saint-Germain et les faire entrer dans la pratique

(1)*Mém.part.*, an. 1641.
(2) *Isaï.* ch. XII, v. 3.

(3)*Mém.part.*, an. 1642.

(4) *I. Cor.*, c. I, v. 22, 23, 24. II.

M. Olier s'efforce d'attirer sur les pécheurs la grâce et l'esprit des mystères de Jésus-Christ.

de la vie chrétienne, ne lui imprima pas seulement un désir ardent de les bien instruire dans la
science des mystères de JÉSUS-CHRIST, il lui fit comprendre, de plus, qu'il était de son devoir comme
pasteur d'en attirer sur eux la grâce et l'esprit :
que les âmes ferventes, les prêtres surtout, pouvaient en vertu de la communion des Saints appliquer cette grâce aux pécheurs, en offrant à
DIEU pour leur conversion les mérites et le sang
de son Fils unique (1). Dans cette vue M. Olier, (1)*Mém.part.*, an.1641, 1642.
non content de s'abandonner pour les péchés de
son peuple à tous les sentiments d'humiliation,
de componction et de pénitence que le zèle du
salut des âmes peut inspirer, ne cessait de recourir aux *fontaines du Sauveur* pour obtenir la
grâce du pardon. Il conjurait JÉSUS-CHRIST par
les pas et les voyages qu'il avait faits, de détourner les pécheurs des chemins du vice ; par ses
jeûnes, sa faim et sa soif, de les dégoûter des plaisirs grossiers de la bonne chère ; par ses tristesses,
de les désabuser des joies criminelles du péché ;
par ses saintes paroles, de faire cesser leurs mauvais discours ; par ses anéantissements et son humilité, de détruire leur vanité et leur orgueil ;
par sa mort, de leur rendre la vie ; en un mot
d'appliquer aux pécheurs le bien qu'il avait fait
pour eux, et de mettre fin au mal qui régnait (2)*Mém.part.*, an. 1642.
dans sa paroisse (2), surtout aux vices qui y fai-
saient le plus de ravages, la gourmandise et l'im- (3) *Ibid.*, an. 1642.
pureté (3). Quelquefois, il s'enfermait le soir dans
l'église de Saint-Sulpice et y passait la nuit en (4) *Vie de M. Olier*, par le P. Giry, 2ᵉ partie, ch. VII. —*Rem.*, t. III, p. 562.
prières derrière le maître-autel, demandant mi-
séricorde pour son peuple (4) ; d'autres fois il se
couchait sur le carreau de sa chambre, et souvent on l'entendait pousser des soupirs et des
gémissements vers DIEU, durant la nuit ; quelquefois, il se relevait après deux ou trois heures
de sommeil, et demeurait en oraison jusqu'au lendemain. Il ajoutait à cela de rigoureuses macéra-

tions, ne laissant pas, quoiqu'il fût obligé de marcher et d'agir beaucoup pendant le jour, de porter des ceintures de fer très-meurtrières. Ses disciplines étaient aussi rudes que fréquentes, et l'on a trouvé quelquefois tout arrosés de son sang, les lieux où il les prenait (1).

(1) *Esprit de M. Olier*, t. III, p. 7, etc. 552.

III.
M. Olier doit faire connaître les mystères de Jésus-Christ d'abord aux enfans, par le moyen des séminaristes.

Mais pendant qu'il attirait ainsi en secret les miséricordes de Dieu sur sa paroisse, il ne négligeait aucun des moyens extérieurs qu'il devait employer, comme pasteur, pour procurer à chacune des classes de ses paroissiens, le genre d'instruction qui lui convenait, afin que tous pussent connaître Jésus-Christ, et participer aux grâces de ses sacrements et de ses mystères. Depuis longtemps, le ministère de la parole avait été si négligé à Saint-Sulpice, que même les pères et les mères, la plupart aussi peu instruits des choses du salut que leurs enfants, ignoraient jusqu'aux premiers éléments de la doctrine chrétienne; et qu'on eût dit, qu'ils n'avaient jamais entendu parler du symbole de la foi. Dieu fit connaître à M. Olier, que s'il voulait se servir de lui, pour former comme un nouveau monde dans ce faubourg, c'était premièrement et principalement par la jeunesse, et sur la jeunesse, que ce renouvellement devait commencer, c'est à dire, soit en formant au séminaire de jeunes clercs et de nouveaux prêtres, qui les uns et les autres se dévoueraient au salut de la paroisse; soit en donnant par les séminaristes l'instruction chrétienne aux enfants; et que ce moyen serait plus facile, plus efficace et plus prompt que ses travaux pour le peuple, dont il devait pourtant faire un peuple chrétien (2). « Je commence, écri-» vait-il, à comprendre le dessein de Dieu, » qui va réformer cette église : il veut que d'abord » on secoure la jeunesse, en lui donnant les » principes chrétiens, et en lui inculquant » les maximes fondamentales du salut, par » le moyen des jeunes clercs du séminaire, qui

(2) *Mém. part.*, an. 1643, 1644.

» iront porter cette instruction dans le fau-
» bourg (1). »

M. Olier ouvrit donc divers catéchismes, dans
son Eglise paroissiale (2); et lui-même, pour
donner l'exemple aux séminaristes, voulut exercer
le ministère de catéchiste à l'égard des plus jeunes enfants : ce dont il s'acquittait, disent les
mémoires du temps, *avec un amour et une humilité
admirables* (3). Toutefois pour que la distance où
plusieurs étaient de l'église, ne pût les priver du
bienfait de l'instruction chrétienne, il établit, dans
l'étendue du faubourg, douze autres catéchismes,
qu'il distribua suivant la population des quartiers,
et il en donna la conduite aux jeunes ecclésiastiques
du séminaire. Pour chaque catéchisme il nomma
deux séminaristes, dont l'un, connu sous le nom de
clerc qui était subordonné à l'autre, allait dans les
rues en surplis, la clochette à la main* (4), afin
d'appeler les enfants à l'instruction; et entrait
même dans les maisons, pour engager plus sûrement les parents à les y conduire (5). Enfin, d'autres
séminaristes se répandaient dans les écoles, qui
étaient déjà (6) en grand nombre sur la paroisse,
afin que par tous ces moyens, aucun des enfants
ne restât sans instruction. Outre ces quatorze catéchismes M. Olier en établit de particuliers pour disposer plus prochainement les enfants à leur première
communion, et qui sont connus sous le nom de
Catéchismes de semaine. Il en institua encore un
autre, destiné à les préparer au sacrement de Confirmation, et régla, contre la pratique commune,
que les catéchistes leur feraient subir à tous un
examen, avant de les admettre à la réception de
ce sacrement (7).

DIEU ne tarda pas à bénir ces premières entreprises de M. Olier pour la réforme de sa paroisse : car
chacun vit avec étonnement les fruits de grâce que les
catéchismes produisaient partout, non-seulement
dans les enfants, pour qui on les faisait, mais

(1) *Copie des
Mém. de M. O-
lier*, t. I, p.122.
IV.

M. Olier éta-
blit des caté-
chismes pour
les enfants.

(2) *Vie de M.
Olier, par le P.
Giry*, part. 1re,
ch. xv.

(3) *Vie de M.
Olier, par M. de
Bretonvilliers*, t.
I, p. 149.
* NOTE 1, p.
71.

(4) *Rem. hist.*,
t. I, p. 36. —
*L'Année Domi-
nicaine.*

(5) *Rem.* t. III,
p. 615, 616. —
*Vie de M. Olier,
par M. de Bre-
tonvilliers*, t. I,
p. 473.

(6) *Rem.*, t. I,
p. 171.

(7) *Ibid.*, t. III.
p. 616, 617. —
*Vie de M. Olier,
par M. de Breton-
villiers*, t. I, p.
475.

V.

Premiers
fruits des ca-
téchismes.

encore dans les personnes plus avancées en âge.
Car ces enfants touchés la plûpart des vérités chrétiennes qu'on leur avait apprises au catéchisme, et
résolus de pratiquer les vertus de leur âge, déve-
naient ensuite comme les premiers missionnaires
de leurs familles. Du moins, le changement qu'il
était aisé de remarquer en eux, faisait sur leurs
parents les impressions les plus favorables et les
plus heureuses, en les disposant à désirer pour
eux mêmes l'instruction chrétienne et à la recevoir
avec plaisir (1). D'ailleurs, comme on n'était pas
accoutumé à voir les ecclésiastiques se répandre
ainsi, parcourir les rues, et visiter les maisons pour
appeler les enfants à l'instruction chrétienne, ce
spectacle tout nouveau attirait au catéchisme grand
nombre de parents. Rien n'était plus édifiant que
la charité et le zèle de tous ces catéchistes, la plupart distingués par leur naissance ; rien aussi ne
consolait tant le zélé pasteur, que le changement
qu'opéra bientôt cette dispensation si bien ordonnée du pain de la parole, à laquelle quatre mille
enfants participaient à la fois (2).

VI.
Comme l'instruction qu'on leur donnait ainsi
dans les catéchismes, avait pour fin immédiate de
les préparer à recevoir avec fruit les sacrements
de Pénitence et d'Eucharistie, M. Olier désigna
des prêtres pour recevoir leurs confessions générale-
les ; et, se croyant redevable à toutes ses ouailles,
il ne refusait pas, malgré ses nombreuses occupations, de confesser lui-même les enfants qui voulaient s'adresser à lui. Il les accueillait avec une
bonté et une tendresse de mère et de nourrice ; et,
convaincu que ces jeunes cœurs, semblables à une
cire molle, reçoivent avec une égale facilité toutes
sortes d'impressions, il s'efforçait d'y graver les
premiers traits de l'homme nouveau, dont il leur
offrait le modèle dans l'ENFANT-JÉSUS, soumis et
obéissant à ses parents, et croissant chaque jour en
grâce et en sagesse. Une personne, qui, par un

(1) *Mém.part.*

(2) *Rem.hist.*,
t. III, p. 616.

VI.
M. Olier dé-
signe des con-
fesseurs pour
les enfants. Il
les confesse
lui-même.

effet de sa vénération pour M. Olier, se crut obligée,
après la mort de l'homme de Dieu, de mettre par
écrit ce qui l'avait le plus touchée dans sa conduite, insiste particulièrement sur ce point. Elle
rappelle avec admiration l'humilité et la charité
qu'il faisait paraître en accueillant et même en prévenant les petits enfants qui venaient s'adresser à
lui. « Quand je me rappelle ces souvenirs si tou-
» chants, ajoute-t-elle, je ne puis m'empêcher d'en
» être encore tout émue et attendrie* (1). » Les
heureux résultats des soins donnés ainsi aux
enfants du faubourg, parurent, dès la première
année, dans la communion générale qu'ils firent à
l'église paroissale : cérémonie singulièrement édifiante, qui devint pour plusieurs parents une douce
et touchante invitation de s'approcher eux-mêmes
des sacrements ; et pour d'autres, un puissant motif
d'estime à l'égard des ecclésiastiques, qui portaient
un si vif intérêt à leurs enfants.

* NOTE 2, p. 71.

(1) *Attestations aut.* p. 160,161.

Ce zèle ardent de M. Olier pour l'instruction
chrétienne et la sanctification de l'enfance, n'était
pas borné au faubourg Saint-Germain, dont il était
chargé comme pasteur : il embrassait aussi les
autres paroisses de la capitale, et même celles de
tout le royaume. Aussi, par ses prières assidues
et ferventes, et par d'autres pratiques que sa charité apostolique lui inspirait, demandait-il instamment à Dieu d'allumer dans le cœur de tous les
pasteurs, le zèle dont le sien était consumé, afin
qu'ils portassent l'instruction chrétienne dans les
écoles de leurs paroisses et s'appliquassent à la
sanctification des enfants (2). Dieu, qui lui inspirait ces saints désirs, daigna les exaucer. Il voulut
que les catéchismes établis par son serviteur, pro-
duisissent dans les autres paroisses, la même émulation que le reste de son ministère pastoral. Du
moins, les curés de Paris, à l'exemple de M. Olier
prirent cette œuvre à cœur, et en adoptèrent les
pratiques autant que les circonstances le permet-

VII.

M. Olier prie
pour que les
pasteurs se
vouent à l'œu-
vre des caté-
chismes.

(2) *Mém. part.*,
an. 1643, 1644,
1648.

taient. ,Enfin, un très grand nombre d'ecclésiastiques, formés par lui au séminaire, et employés
dans les catéchismes de sa paroisse, portèrent dans les
provinces les méthodes et les usages, qu'ils avaient
vus couronnés à Paris d'un succès si consolant.
Nous pouvons même ajouter que depuis M. Olier,
cette heureuse influence n'a pas cessé ; et qu'aujourd'hui encore, il existe en France et dans les
pays étrangers, un grand nombre de catéchismes
formés sur ce modèle ; on en compte même plus
de cent, la plupart dans de grandes villes, qui y sont
affiliés (2), afin de participer aux grâces spirituelles
que le Saint–Siège Apostolique a daigné attacher aux catéchismes de Saint–Sulpice, et qu'il a
bien voulu étendre à tous les autres qui suivraient
les mêmes règles, et qui y seraient unis (3).

(2) *Directoire des associées de S.-Sulpice,* in-18 1869, p. 236 et suiv.

(3) *Hist. des catéch. de Saint-Sulpice.*

VIII.
M. Olier forme des enfants aux cérémo-nies de l'É-glise. Confré-ries de filles établies.

Dès son entrée dans le ministère pastoral, M. Olier
qui de tout temps, avait eu en singulière affection,
l'instruction et la sanctification des enfants, choisit
dans les catéchismes et dans les écoles de sa paroisse,
ceux qui faisaient paraître plus de modestie, de
sagesse et d'application, et voulut qu'on les formât aux cérémonies de l'Eglise, auxquelles ils
pouvaient être employés, surtout à servir la sainte
messe avec modestie et religion. Il leur faisait considérer, qu'à cause de la grandeur ineffable de cet
auguste sacrifice, les anges s'estimeraient heureux
d'y exercer l'emploi de servant ; et que pour s'en
rendre plus dignes eux-mêmes, ils devaient se
faire remarquer par leur sagesse devant les hommes, et par la sainteté de leur vie devant Dieu.
Ce fut ce qu'on ne tarda pas à voir avec une singulière édification dans ces enfants. Ceux qui servaient
aux saints offices, montraient, malgré la légèreté
de leur âge, une piété inusitée jusqu'alors à
Saint–Sulpice ; et ceux qui y chantaient les
louanges de Dieu, le faisaient avec un accord
et une modestie qui ravissaient les assistants :
les uns et les autres inspiraient aux parois-

siens des sentiments de religion intérieure, qui
leur étaient comme inconnus auparavant (1). De
plus, dès cette première année, M. Picoté et
d'autres prêtres de Saint–Sulpice, commencèrent
de leur côté, à former de petites assemblées ou
congrégations de jeunes filles, sous le patronage
de la Très-sainte Vierge, afin de les unir ensemble
par les liens de la charité, et de les porter à vivre
chrétiennement dans leur condition (2); et ces
pieuses réunions, qui furent un nouveau sujet
d'édification pour les paroissiens parurent si utiles
qu'il s'en forma bientôt de semblables dans d'autres
paroisses de Paris.

M. Olier s'efforça aussi de subvenir à l'indigence
spirituelle des domestiques et des pauvres. Outre
les secours qui leur étaient communs avec les
autres paroissiens, et qu'ils trouvaient dans les
fréquentes exhortations qui se faisaient à l'église,
il établit pour eux des instructions et des catéchismes particuliers. Trois fois chaque semaine,
durant le Carême, il faisait rassembler les pages
et les laquais, extrêmement nombreux dans la
paroisse de Saint-Sulpice. Non content de faire
annoncer ce catéchisme dans toutes les chaires du
faubourg, par chaque prédicateur de Carême, il
remettait aux prêtres des quartiers, des billets
d'invitation, que ceux-ci devaient distribuer et
remettre eux-mêmes aux maîtres, en les suppliant
de veiller à ce que leurs domestiques se rendis-
sent assidus à ces instructions. Trois autres jours,
chaque semaine, il réunissait les mendiants,
pour leur apprendre les mystères de la foi, la manière de sanctifier leur condition, et les moyens
de recevoir avec fruit les sacrements de Pénitence
et d'Eucharistie. Chaque exercice, pour les mendiants, était suivi d'une distribution générale d'aumônes, proportionnées au mérite des réponses
qu'ils avaient données aux interrogations. C'était
ordinairement trois ou quatre cents pauvres à ins-

(1) *Mém. part.*,
an. 1642, 1643.

(2) *Ibid.* 1642.

IX.
Catéchismes
pour les la-
quais, les men-
diants et les
vieillards.

truire et à soulager, et quelquefois ils excédaient ce nombre. L'expérience avait appris à M. Olier que, parmi les fidèles arrivés à un grand âge, plusieurs avaient besoin d'être instruits, comme de nouveau, des vérités du salut, qu'on leur avait enseignées dans leur enfance. Il établit, dans cette intention, pour les vieillards, un catéchisme qui se faisait le vendredi de chaque semaine ; et pour les engager plus efficacement à en profiter, il leur faisait donner des secours, qui se mesuraient aussi sur la manière dont ils satisfaisaient tour à tour aux demandes qui leur étaient faites. S'il instruisait toujours les pauvres, avant de les assister corporellement, c'était pour se conformer à la conduite du Sauveur, qui, étant au désert avec une grande multitude de peuple, ne fit distribuer le pain matériel qu'après avoir rompu abondamment celui de la parole, et ne rassasia les corps qu'après avoir nourri les âmes (1)

(1)*Mém.part.,* an. 1642.

X.

Autre catéchisme. Distributions de feuilles imprimées accompagnées d'estampes.

Outre ces différents catéchismes, il en établit un autre dans l'église, pour toutes sortes de personnes ; mais, de peur que la honte n'en éloignât les plus âgées, qui avaient cependant besoin d'être instruites, il crut à propos de le faire dans un langage plus relevé, sans rien dire, toutefois, qui ne fût à la portée des esprits les plus simples (2). Enfin il envoyait de temps en temps plusieurs ecclésiastiques dans les familles, où il savait qu'on vivait dans l'ignorance des vérités du salut, sans oser venir aux instructions publiques. Il y faisait distribuer des feuilles imprimées, ornées de pieuses vignettes, et où étaient exposés les mystères de la religion, les principaux actes du chrétien, les prières du matin et du soir, l'offrande que tout fidèle doit faire à DIEU des actions de la journée, la manière de sanctifier les plus communes, comme le travail, le boire, le manger (3). « Il faut faire » imprimer les actes à côté d'une image qui leur en » facilitera l'intelligence, écrivait-il ; les sentiments

(2) *Rem.hist.,* t. III, *ibid.—Vie de M. Olier,par M. de Bretonvilliers,* t. I, pag. 475, 476.

(3) *Mém. aut. de M. Olier,* t.IV, p. 319.

» intérieurs qu'ils témoigneront à DIEU en lisant
» ces feuilles, leur deviendront plus aisés et plus
» faciles par la vue de quelque objet extérieur qui
» les soulagera (1). » Il recommandait aux pères
et aux mères d'attacher ces feuilles dans un endroit
apparent de leur maison, et d'en faire usage tous
les jours pour eux et pour leurs familles (2).
Enfin il établit, surtout en faveur des gens de
travail, une prédication familière, qui avait lieu dès
le grand matin (3), et, pour la fin du jour, une lecture glosée : usage qui fut bientôt adopté dans
toutes les paroisses de la capitale (4).

Dès son entrée dans la cure de Saint-Sulpice, il
s'occupa aussi, d'une manière spéciale, des maîtres
et des maîtresses d'école, et les assembla plusieurs
fois pour les instruire de ce qu'ils devaient enseigner eux-mêmes aux enfants (5). En vertu du
droit que lui donnaient les lois du royaume, il
réunit également les sages-femmes, pour s'assurer
si elles connaissaient suffisamment les rites et la
forme du baptême. Entre autres instructions qu'il
leur donna sur la manière de se conduire envers les
personnes auprès desquelles elles seraient appelées,
il leur recommanda de les exciter à invoquer le
secours de DIEU, pour supporter leur mal avec
résignation et patience ; à produire des actes de
contrition ; à accepter leurs douleurs comme
des châtiments infligés au péché ; et à les endurer
de bon cœur, comme étant plus agréables à la
justice divine qui les a ordonnées, que ne seraient
les jeûnes, les veilles, les disciplines, les haires, les
cilices et les autres austérités volontaires. Enfin,
il leur donna des avis fort détaillés, et même des
formules de prières, qu'elles devaient réciter avec
les femmes qu'elles assistaient, ou en leur nom si
celles-ci ne pouvaient les prononcer elles-mêmes.
Il recommanda surtout qu'avant leur terme, on les
avertît de s'approcher des sacrements de Pénitence
et d'Eucharistie, pour ne s'exposer point au péril

(1) *Copie des Mém. de M. Olier*, t. I, p. 222. — *Rem. hist*, t. III, p. 634, 635.

(2) *Ibid.*, p. 618. — *Vie par M. de Bretonvilliers*, t. I, pag. 476, 493.

(3) *Mém. de M. du Ferrier*, p. 286.

(4) *Vie de M. Bourdoise*, Ms. in-4°. — Voyez aussi. *Calend. hist.*, 1774, p. XXIII, XXIV.

XI.

M. Olier réunit les maîtres et maîtresses d'école et les sages-femmes pour les instruire de leurs devoirs.

(5) *Mém. aut. de M. Olier*, t. III, pag. 259. — *Rem. hist.*, t. III, p. 717.

(1) *Mém. aut.*
de M. Olier, t.
III, p. 255, 259. —
Rem. hist., t. III,
p. 713; t. I, p.
218.

XII.

Exhortations
de M. Olier à
son peuple.

(2) *Année Do-*
minicaine.

(3) *Rem. hist.,*
t. III, p. 628. —
Vie de M. Olier,
par M. de Breton-
villiers, t. I, p.
486, 147.

* NOTE 1, du
Vᵉ livre.

(4) *Rem. hist.,*
t. III, p. 619.

d'être surprises par la mort, sans s'être munies auparavant de ces secours, ordonnés de Dieu à tous ceux qui sont en danger de perdre la vie (1).

Le zèle que déployaient les prêtres de M. Olier occasionna bientôt un ébranlement général dans tout le faubourg. Les moyens de sanctification y étaient si abondants et si multipliés (2), qu'ils ressemblaient aux exercices d'une mission continuelle (3): ce qui était cause que plusieurs personnes prenaient ces ecclésiastiques pour des prêtres de la congrégation de la Mission.* M. Olier, instrument principal des miséricordes de Dieu sur cette paroisse, prêchait fréquemment et toujours avec un succès extraordinaire (4). Sa pratique était de n'apporter d'autre préparation à ses discours, qu'une oraison humble et fervente, qu'il faisait à genoux en présence du très-saint Sacrement; et de s'unir durant la prédication à Jésus-Christ, la vraie lumière du monde, pour recevoir de lui ce qu'il devait donner à ses auditeurs. La vue de tant de désordres dont il était environné, l'indifférence de tant de lâches chrétiens, l'obstination d'une multitude d'autres, pénétraient son âme de la plus vive douleur. Il aurait voulu, dans les élans de son zèle, ouvrir les yeux à tous ces aveugles, les désabuser de leurs illusions, briser les chaînes dans lesquelles le démon les tenait captifs : c'était le sujet continuel de ses gémissements devant Dieu ; et, parlant un jour à son peuple, il débuta par ces paroles de l'Apôtre, qui lui fournirent la matière de son exorde : « *Continuus dolor cordi meo :* C'est une dou- » leur continuelle à mon cœur de voir le peu d'estime » qu'on fait des biens véritables. Hélas ! le monde » court après de vains fantômes, il cherche à » avancer toujours de degrés en degrés dans la » vanité et le mensonge, et personne ne pense à » son salut éternel : *Non est qui recogitet in corde;* » *non est qui faciat bonum, non est usque ad unum.*

» Voyez, quelle foule ne font pas les avares, et avec
» quel empressement ils s'échauffent dans les salles
» du palais, chez les surintendants? Quelle foule
» ne font pas les ambitieux et les courtisans, dans
» les cours des princes? Quelle foule autour de
» nous, dans les places publiques de cette grande
» cité, dans les marchés, les réunions de commerce?
« Et pourquoi cet empressement, cette activité
» si remuante? Pour satisfaire les désirs de la
» chair. Je le dis en pleurant avec saint Paul,
» *flens dico*: tous ces hommes qui ne vivent que
» pour leurs plaisirs, ce sont les ennemis de la
» croix et de la vie de JÉSUS, qui condamne ces
» maudites recherches de soi–même, dont la fin
» est la ruine et la perte des âmes ; ils font leur
» DIEU de leur ventre ; ils ne travaillent qu'à leur
» éternelle perdition ! Grand Saint, protecteur de
» cette paroisse, vous n'avez point marché par
» ces voies, dans les jours de votre pèlerinage :
» vous, qui, maintenant, régnez avec DIEU dans la
» sainte Sion, soyez ici présent; donnez-moi
» quelque chose de l'esprit qui vous fut si pleine-
» ment communiqué ; donnez-moi, grand Saint,
» de quoi attirer ces cœurs à votre imitation, à la
» mort au péché, et à l'amour de la vertu ; se-
» courez-moi de votre esprit et de votre zèle (1). »

(1) *Pièce aut. de M. Olier.*

XIII.

M. Olier convertit un baladin.

Un jour que ce zélé pasteur visitait sa paroisse,
il rencontra sur une place publique une grande
multitude autour d'un baladin, qui la divertissait
par des bouffonneries indécentes. Affligé de voir
tant d'empressement à entendre le langage ob-
scène d'un histrion, et sentant son cœur agité par
ces violents élancements du zèle que l'Apôtre
éprouvait à la vue d'Athènes idolâtre, il se porta à
une action qui, tout inusitée qu'elle parut, ne
pouvait être blâmée dans un pasteur, établi de
DIEU pour arracher tant de scandales du milieu
de son peuple ; et la sainte hardiesse dont il usa,
lui réussit. Il s'arrête à quelque distance de cet

homme; là, après avoir appelé auprès de lui plusieurs de ceux qui l'environnaient, il leur adresse de son côté la parole, les prêche avec force, et, par le nombre de ceux qu'il captive auprès de lui, pique tellement la curiosité des autres, que tout le peuple attroupé autour du bouffon l'abandonne bientôt. Ce ne fut pas sans beaucoup de confusion et de dépit que le ministre de Satan vit tous ses admirateurs le déserter et le laisser seul; mais sa confusion lui devint salutaire, par la pénitence où elle le conduisit; à la scène scandaleuse qui venait d'être interrompue par l'homme de DIEU, succède un prodige de la grâce: le baladin lui-même s'approche de M. Olier, l'écoute et se convertit (1).

(1) *Vie de M. Olier, par Nagot,* liv. VII, ch. VII, p. 471, 471.

XIV.
Grande affluence aux offices. La Reine assiste aux prédications de M. Olier.

(2) *Vie de M. Olier, par M. de Bretonvilliers,* t. I, p. 486, 477.

L'affluence était si grande aux offices et aux prédications, que bientôt l'église ne put suffire à un empressement si général (2); en sorte que, quelques mois après avoir pris possession de la cure de Saint-Sulpice, M. Olier crut devoir exposer, dans une assemblée de fabriciens, la nécessité où l'on se voyait réduit de construire un vaisseau plus spacieux. Mais comme un pareil dessein ne pouvait être exécuté de longtemps, et que, les jours de dimanches, les paroissiens n'arrivaient que difficilement à l'église, dont les avenues étaient fort resserrées, on fit démolir plusieurs maisons pour la commodité publique. Cette précaution n'empêcha pas pourtant, que, pendant le Carême, la reine régente, Anne d'Autriche, ne fût contrainte, un jour qu'elle venait à l'église, de demeurer plus d'un demi-quart d'heure près la rue de *l'Aveugle,* aujourd'hui de Saint-Sulpice, † au milieu de la foule, où son carrosse était arrêté (3). Cette princesse avait déjà conçu pour M. Olier une estime très-particulière, et elle aimait à se trouver

(3) *Rem. hist.,* t. II, p. 134.

† La rue de l'Aveugle longeait l'église de Saint-Sulpice et finissait à la rue du Petit-Bourbon, c'est à dire au commencement de la rue Garancière.

à ses prédications. Dans une de ces rencontres,
Dieu voulut montrer à son serviteur combien il
était jaloux de le voir s'abandonner à son esprit,
par un entier renoncement à ses lumières propres.
Comme c'était en présence de la Reine qu'il devait
prêcher, et devant une assemblée considérable par
la qualité des auditeurs autant que par leur
nombre, il crut que l'honneur du ministère qu'il
allait remplir l'obligeait de prendre un soin particulier de préparer son discours, au lieu de suivre
sa méthode ordinaire ; mais il éprouva en chaire
la plus grande stérilité de pensées et de sentiments, avec une difficulté extrême de s'énoncer,
ne parlant qu'avec beaucoup de contrainte, depuis
l'exorde jusqu'à la fin. Il regarda cette conduite
de la Providence comme une grâce, et protesta
qu'il ne s'éloignerait jamais plus de sa pratique
ordinaire, qu'il savait être, de sa part, la seule
agréable à Dieu (1).

(1) *Vie de M. Olier, par M. de Bretonvilliers,* t. 1, p. 287, 288.

XV.

M. Olier tra-
vaille à réfor-
mer les con-
fréries de sa
paroisse.

Outre les moyens généraux de salut offerts à
tous les habitants de sa paroisse, M. Olier, qui
en avait fourni de particuliers à différentes classes,
comme aux enfants, aux vieillards, aux laquais et
à d'autres, eut la pensée d'en procurer aussi à
toutes les confréries qui étaient en grand nombre
dans le faubourg Saint-Germain. La plupart
d'entre elles se composaient des divers corps de
métiers, reconnus alors par les lois, comme des
corporations qui avaient leurs statuts, leurs priviléges et leurs coutumes. Ces confréries, si louables
dans l'origine, puisqu'elles avaient pour but de
lier ensemble, par des motifs de religion et de
charité, les hommes d'une même profession,
naturellement jaloux les uns des autres, étaient
bien dégénérées de leur esprit primitif. Elles
semblaient ne se perpétuer que pour autoriser
publiquement une multitude de superstitions et de
désordres, surtout à l'occasion de leurs fêtes
patronales, qui étaient moins de pieuses solennités

que des jours de débauche et de dissolution. Le moyen de réforme que Dieu inspira à son serviteur, fut de rassembler les différentes confréries avant la fête du patron, de les instruire sur la manière de la sanctifier, et surtout de les préparer à s'approcher des Sacrements (1). « Priant pour un » corps de métier de la paroisse, qui me paraissait » disposé à faire son devoir, écrivait-il, Dieu m'a » donné la vue de l'ordre qu'il fallait apporter » pour la réforme des familles : c'est d'assembler » les corps de métiers, qui sont en confréries, et de » les préparer à la confession générale : ce qu'ils » témoignent agréer. Un autre moyen, c'est de » leur donner des pratiques chrétiennes pour vivre » saintement dans leurs ménages. Le confesseur » de la communauté, qui est chargé de les in- » struire et de les servir dans leurs besoins, sera » soigneux d'y tenir la main, en les visitant de » temps en temps pour voir s'ils pratiquent ce qui » leur a été enseigné; il les visitera encore dans » leurs maladies, les consolera dans leurs afflictions, » et aura l'œil à maintenir la paix dans les familles. » Il veillera à ce que le père et la mère fassent la » prière en commun le soir, et, s'il se peut, aussi le » matin, et que les enfants et les serviteurs y assis- » tent tous ensemble (2). »

M. Olier faisait souvent ces visites en personne, prenant surtout plaisir à aller jusque dans les chaumières des habitants de la paroisse, les plus pauvres et les plus éloignées ; car elle s'étendait alors assez loin dans la campagne. Rien n'était plus touchant que l'affection avec laquelle il leur parlait. C'était un Père qui portait la nourriture spirituelle à ses enfants et qui mettait son plus doux plaisir à les entretenir de choses de Dieu. Aussi parvint-il en peu de temps à faire renaître la piété dans les familles, et à abolir les superstitions qui régnaient depuis si longtemps dans les corps de métiers (3). Un grand nombre de

(1) *Vie de M. Olier, par le P. Giry*, part. 1ʳᵉ, ch. xv. — *Rem. hist.*, t. I, p. 38.

(2) *Rem. hist.*, t. III, p. 633. — *Copie des Mém. de M. Olier*, t. I, p. 222. — *Vie de M. Olier, par M. de Bretonvil-liers*, t. I, p. 491, 492.

(3) *Année Dominicaine.*

confrères, qui y étaient fortement attachés, y renoncèrent solennellement, et, non contents de les avoir bannies de leurs maisons, ils travaillèrent efficacement à en purger beaucoup d'autres où elles s'étaient introduites. Pour donner plus d'autorité à la proscription de ces abus, M. Olier obtint même, des docteurs de Sorbonne, une déclaration qui la confirmait ; il la fit imprimer, et s'empressa d'en distribuer des exemplaires à tous les membres des diverses confréries (1).

(1) *Rem. hist.*, t. I, p.177 ; t. III, p. 634, 635. — *Vie de M. Olier, par M. deBretonvilliers*, t. I, p. 494.

Dès l'entrée de M. Olier dans le ministère pastoral, l'on vit bientôt que si un pasteur sans zèle est, pour le troupeau qu'il est chargé de conduire, un terrible châtiment de la justice de Dieu, un pasteur plein de sagesse et de vigilance est, au contraire, le plus riche présent de sa miséricorde. Comme les Protestants, les libertins et les athées répandaient dans le public une multitude de mauvais livres, M. Olier établit une librairie pour ses paroissiens, afin de leur donner la facilité de s'en procurer de bons. Il la plaça aux portes de l'église, voulant que là, où quelques années auparavant on vendait des instruments et des livres de superstition et de magie, chacun trouvât des remèdes contre ces sortes de poisons, et des préservatifs assurés contre tous les vices ; il en examinait lui-même tous les livres, ou les faisait examiner par quelqu'un de ses prêtres, afin de s'assurer qu'ils ne contenaient rien de contraire à la foi ou aux mœurs (2).

XVI.

M. Olier établit une librairie aux portes de l'église.

(2) *Rem. hist.*, t. I, p. 283.

La conversion des Protestants fut aussi l'un des premiers objets de sa sollicitude (3). On a dit que les Calvinistes et les Luthériens d'Allemagne étaient en grand nombre dans le faubourg ; et par leur crédit, leur esprit de prosélytisme, et leurs disputes, ils exposaient continuellement les catholiques à faire naufrage dans la foi. Les dispositions formelles de l'édit de Nantes défendaient aux Calvinistes de s'assembler à l'insu de la Cour, et

XVII.

Entreprises audacieuses des Calvinistes et des Luthériens.

(3) *Vie Ms. par M. Leschassier*, p. 17.

(1) *Saint-Vic-tor*, t. III, 1ʳᵉ part. p. 430.

ils n'avaient cessé jusqu'alors de tenir des assemblées secrètes (1). Bien plus, les Luthériens quoique non tolérés alors dans le royaume, ne laissaient pas de tenir aussi des assemblées sur la paroisse. On conçoit qu'un pasteur aussi zélé que l'était M. Olier, avait toute sorte de raisons pour invoquer contre eux les lois du royaume qu'ils violaient impunément (2). Mais les sacriléges aux-quels les Luthériens se portaient, au mépris de ce qu'il y a de plus saint dans l'Eglise catholique, l'autorisaient à prendre les moyens les plus effi-caces pour les réprimer. Ces hérétiques, en effet, ne voulant pas aller faire la cène à Charenton avec les Calvinistes, qui ne croient pas à la réalité du corps adorable de Jésus–Christ dans l'Eucharistie, et n'ayant point de prêtres pour le consacrer, venaient secrètement communier à Saint-Sulpice, où l'étendue de la paroisse, et le nombre des habi-tants empêchaient de les reconnaître (3).

(2) *Vie de M. Olier*, par le P. *Giry*, part. 1ʳᵉ, ch. xv.

(3) *Mém. de M. du Ferrier*, p. 238, 239.

Comme il fallait plus d'une sorte de remèdes à un mal si alarmant, le premier que M. Olier em-ploya fut d'ordonner qu'on lui fît connaître toutes les maisons occupées par les sectaires. Ses ordres furent exécutés, sans apporter néanmoins aucun remède au mal : longtemps une troupe clandestine de Luthériens se déroba adroitement à ses recherches, changeant souvent le lieu de ses réunions. Ayant appris un jour qu'ils devaient s'assembler pour le prêche, dans une maison de la paroisse qu'on lui désigna, il sollicita d'abord la protection du duc d'Orléans, et pour mieux assurer le succès de la démarche qu'il se proposait de faire, il le supplia de lui donner deux gardes. Le prince les ayant accordés, M. Olier se fait accom-pagner encore du bailli du faubourg Saint-Germain, et se transporte lui-même au lieu de l'assemblée où ayant trouvé le ministre en chaire avec trois ou quatre cents auditeurs de la secte, il mit le prédicant et tout l'auditoire en déroute.

Ils tentèrent encore de continuer leurs conventicules dans la paroisse, mais ils ne purent échapper à sa vigilance ; il les fit observer de si près, qu'enfin ils se virent forcés de s'en éloigner pour toujours (1).

M. Olier préférait néanmoins à tous les autres remèdes la voie de la douceur et de la persuasion, afin de gagner à l'Église les enfants rebelles, autant par l'évidence de la vérité que par les témoignages d'une charité sincère (2). Ils étaient entretenus alors dans leurs erreurs, par les sophismes de plusieurs docteurs de mensonge célèbres dans leurs sectes, surtout par les ministres Aubertin, Mestrézat et Drelincourt ; pour les préparer donc à la grâce qu'il désirait si ardemment leur procurer, il établit des conférences publiques et particulières (3) ; et la bénédiction de Dieu surpassa toutes ses espérances, sans doute pour récompenser sa rare et profonde humilité. « Je voudrais vous
» supplier en Notre-Seigneur, écrivait-il à saint
» Vincent de Paul, de permettre à M. Lucas de
» venir ici aujourd'hui à cause d'un hérétique qui
» doit s'y trouver, et qui m'interroge sur des
» points dont je ne suis pas bien instruit. J'espère
» de vous cette grâce, pour l'amour de Notre-
» Seigneur. Elle servira autant à l'édification du
» pauvre huguenot, qu'à ma propre instruction,
» car je suis très-ignorant ; je désirerais, par votre
» moyen, me rendre moins indigne et moins incapable de la charge que je porte. Dernièrement, j'avais prié M. Lucas de vous représenter que j'aurais
» grand besoin de converser avec lui pendant quinze
» jours sur les matières de controverse : peu de personnes les connaissent aussi bien que lui, au rapport du défunt Père de Condren. Il l'estimait beaucoup, et lui avait donné des instructions qui me seraient très-utiles à moi-même (4). »

Dieu exauça les vœux de M. Olier, en lui associant, dans l'exercice de son ministère, des contro-

(1) *Rem. hist. ;* t. iii, p. 626, 627, t. i, p. 177. — *Vie par M. de Bretonvilliers*, t. i, p. 484, 485.

XVIII.
M. Olier établit des conférences pour convertir les hérétiques.

(2) *Rem. hist.*, t. i, p. 177.

(3) *Année Dominic. — Vie par le P. Giry*, partie 1re, ch. xv.

(4) *Lettres aut. de M. Olier*, p. 34.

XIX.
M. Olier attire dans sa paroisse le Père Véron et d'autres célèbres controversistes.

versistes d'un mérite et d'une habileté incontestables. Le premier fut le célèbre Père Véron, à qui
l'âge n'avait rien ôté de son ardeur et de sa facilité
à disputer contre les hérétiques. Il passait, avec
raison, pour la terreur et le fléau des ministres de
France, étant accoutumé à les confondre, autant
par la parfaite connaissance qu'il avait des matières,

* NOTE 3, p.
70.

que par sa méthode * ; les réduisant à ne pouvoir prouver aucun article de leur doctrine, par
le seul secours de l'Écriture-Sainte, qu'ils assi-
gnaient cependant comme l'unique règle de foi.
Pour lui donner un champ de mission plus fine,
on l'avait établi curé de Charenton, à la porte du
plus fameux temple des Huguenots (1); et M. Olier
obtint, que, sans quitter sa paroisse, il vînt faire
des conférences à Saint-Sulpice sur les matières
du temps (2). Il s'y rendait chaque semaine, à des
jours fixes. Il continua long-temps de la sorte (3);
et comme sa méthode pouvait être d'un grand
secours à tous les ecclésiastiques, et que d'ailleurs
le Père Véron ne faisait pas difficulté de la communiquer (4), M. Olier le pria d'en donner des le-
çons à ceux du séminaire de Saint-Sulpice (5). Au
Père Véron il joignit successivement d'autres controversistes d'un mérite reconnu, ainsi que nous le
dirons dans la suite ; et, DIEU bénissant le zèle de
ce saint pasteur, un grand nombre d'hérétiques de
la paroisse de Saint-Sulpice, eurent le bonheur
d'embrasser la vraie foi.

(1) Supplém.
au traité des é-
dits, par le P.
Thomassin, in-
4°, 1702, p. 558.
(2) Rem. hist.,
t. 1, p. 225. — Ma-
tériaux par M.
Leschassier, p.
64.
(3) Mém. de M.
du Ferrier, p.
180.
(4) Essai sur
l'influence de la
religion en Fran-
ce, t. 1, p. 193.
(5) Rem. hist.,
t. III, p. 646. —
Vie de M. Olier,
par M. de Breton-
villiers, t. 1, p.
484.

XX.
Mort du mi-
nistre Auber-
tin.

Mais au milieu des effets de la miséricorde divine en faveur des Calvinistes qui cherchaient la
vérité de bonne foi, on vit éclater sa justice d'une
manière terrible sur d'autres qui avaient fermé les
yeux à la lumière. L'exemple le plus effrayant fut la
mort du ministre Aubertin. Il était malade à
l'extrêmité sur la paroisse de Saint-Sulpice,
et le bruit se répandit bientôt qu'il voulait faire
abjuration, mais que ses amis et ses proches
avaient résolu d'empêcher qu'on ne pénétrât jusqu'à

.lui. † Le récit d'une violence si injuste et si cruelle fut sans doute le motif qui porta M. Olier à se faire accompagner du bailli du faubourg Saint-Germain, et qui engagea aussi une troupe de paroissiens à se joindre à eux. Il était neuf heures du soir. Lorsqu'ils furent arrivés à la maison, on refusa d'abord de les laisser monter à la chambre du malade, en leur disant qu'il ne les avait pas demandés. On permit néanmoins à M. Olier et au bailli de s'approcher de son lit pour s'assurer par eux-mêmes de la vérité. Le malade n'avait donné, pendant la journée, presque aucun signe de vie, lorsque, entendant M. Olier, il ouvre ses yeux éteints, et, d'une voix distincte et sonore, proteste qu'il persévère dans la croyance qu'il avait défendue jusqu'alors. M. Olier, surpris de trouver le mourant dans ces sentiments n'insista pas, à cause des dispositions de l'édit de Nantes encore en vigueur, et qui défendaient de contraindre les religionnaires malades à recevoir les exhortations des prêtres catholiques(1). Il sortit donc sur-le-champ avec le bailli, en obligeant le peuple qui l'avait suivi à se retirer (2), et vint incontinent dans son église pour épancher au pied des autels la douleur de son âme.*

Il apprit avec une égale affliction la mort d'une autre personne de sa paroisse, qui avait quitté la religion catholique pour embrasser la secte de Calvin. Dès la première nouvelle de sa défection, il avait fait tous ses efforts pour la ramener, et comme on n'osait lui refuser l'entrée de la maison, il allait la visiter fréquemment, et demeu-

(1) *Répertoire de jurisprudence, par Merlin,* art.*Religionnaires.* § 1. *Edit de Nantes.*

(2) *Albertini de Euchar.præfat. à David Blondel.* — *Bayle,Dictionnaire,* art.*Aubertin.*

* NOTE 4, p. 72.

XXI.
Zèle de M. Olier pour ramener une de ses paroissiennes, qui néanmoins, meurt dans l'hérésie.

† Quoique ministre à Charenton, près de Paris, Aubertin faisait sa résidence ordinaire dans cette dernière ville, au faubourg Saint-Germain, alors la *petite Genève*, ce qui le fait qualifier aussi ministre de ce faubourg. Il y demeurait dans une maison, connue sous le nom de *Chapeau fort* (3); c'est là qu'il se trouvait dans sa maladie, et que M. Olier dut se rendre, pour lui offrir les secours de la religion.

(3)*Mém.part.,* 7 déc. 1642.

rait longtemps auprès d'elle ; mais ce fut sans au-
cùn succès, les personnes qui entouraient cette nouvelle calviniste l'empêchant même d'écouter les
avis de son charitable pasteur. Enfin, malgré les
soins de M. Olier, malgré ses prières et celles que
beaucoup de saintes âmes faisaient pour obtenir la
conversion de cette personne, elle mourut misérablement dans l'hérésie. Cette mort était bien
propre à atterrer un pasteur si dévoué au salut de
ses ouailles ; elle le plongea, en effet, dans la plus
profonde douleur. L'un de ses prêtres, pour le consoler, ayant voulu lui représenter qu'après avoir
employé tant de moyens, il ne répondrait pas de
cette âme : « Ah! mon enfant, lui dit-il, cessez, ces-
» sez de me parler de la sorte : vous ne savez pas
» ce que vaut une âme ; elle pouvait glorifier Dieu
» éternellement, et sa perte est irréparable ! hélas !
» quelle affreuse pensée ! » Ensuite, pour donner
un libre cours à sa douleur, il se retira dans l'église,
selon sa coutume en pareille rencontre (1).

(1) L'Esprit de M. Olier.

XXII.
Esprit de pro-
sélytisme des
Huguenots.

Dieu sembla permettre cet affreux malheur pour
inspirer à M. Olier une nouvelle vigilance ; il prit,
en effet, des moyens efficaces pour découvrir ceux
d'entre les catholiques qui fréquentaient les Huguenots ou leurs ministres. Dès qu'on lui avait fait
connaître que quelqu'un montrait de l'inclination
pour leurs erreurs, il le visitait lui-même avec bonté, ou le faisait visiter par plusieurs de ses prêtres,
pour l'affermir dans la foi (2). Ces précautions n'é-
taient pas, comme on pourrait le croire, l'effet d'un
zèle indiscret ; elles étaient commandées par les
manœuvres secrètes des ministres, qui, pour réparer les pertes de leur secte, s'efforçaient d'attirer à
eux les mauvais catholiques (3). Le trait suivant
en est une preuve frappante. « On vint m'avertir,
» rapporte M. du Ferrier, qu'une dame, tombée
» grièvement malade, demandait un confesseur;
» je voulus y aller pour des raisons particulières :
» et, comme je m'informais si elle avait demandé

(2) Vie de M.
Olier, par M. de
Bretonvilliers, t.
1, p. 483.

(3) Rem. hist.,
III, p. 625.

» à se confesser, car je la trouvai sans connaissance,
» Madame la duchesse d'Aiguillon, qui était
» accourue, et d'autres personnes de condition
» m'en assurèrent ; en suite de quoi je prononçai
» sur elle les paroles de l'absolution. Peu de temps
» après, elle ouvrit les yeux, témoigna revenir à
» elle-même : je lui dis que nous lui avions donné
» l'absolution, étant privée de sa connaissance ; et
» que je la lui donnerais encore si elle pouvait se
» confesser, ou faire du moins un acte de contri-
» tion. Elle ne répondit point, et parla de son
» mal ; la voyant libre, je la pressai de me dire si
» elle désirait l'absolution ; elle me dit : Non. Les
» assistants crurent qu'elle disait : Oui ; mais
» comme j'avais entendu le contraire, je leur dis :
» Vous vous trompez : et je l'interrogeai de rechef ;
» elle me répondit distinctement : Non. — Pour-
» quoi, dis-je, refusez-vous ce sacrement ? Ne
» croyez-vous pas avec l'Eglise qu'il est nécessaire
» pour obtenir le pardon des péchés ? — Non, dit-
» elle. — Quoi ! n'êtes-vous pas catholique ? — Non,
» je suis de la religion réformée. — Mon étonne-
» ment et celui des assistants fut grand, car elle
» vivait avec l'apparence de catholique. Son fils
» et sa fille, qui l'étaient et avaient beaucoup de
» piété, surpris de cette déclaration, lui repré-
» sentèrent avec larmes son mauvais état et leur
» affliction, la conjurant d'ouvrir les yeux à la
» vérité ; mais ils n'avancèrent rien. Madame d'Ai-
» guillon m'exprima son regret du témoignage
» qu'elle avait rendu, sur le rapport des domesti-
» ques. Enfin, cette pauvre créature dit qu'elle
» était calviniste dans son cœur, qu'un ministre
» venait lui donner la cène dans son cabinet, et
» qu'elle ne voulait pas mourir catholique. Néan-
» moins la bonté de Dieu accorda à la piété de la
» fille, qui, pendant trois jours que dura cette ma-
» ladie, fit dire six mille messes par tout Paris, la
» conversion de la mère, qui se confessa, et reçut

(1) *Mém.de M. du Ferrier*, p. 265, 266.

XXIII.
Zèle de M. Olier pour affermir la foi des nouveaux catholiques.

(2) *Rem. hist.*, t. III, p. 626. — *Vie de M. Olier, par M. Leschassier*, p. 17. — *Par M. de Bretonvilliers*, t. II, p. 484.

» le très-saint Viatique et l'Extrême-Onction, après
» avoir abjuré l'hérésie, nous laissant de quoi espé-
» rer son salut (1). »

On conçoit aisément, après cela, à quel danger devaient être exposés les nouveaux catholiques dans cette paroisse, et combien il était nécessaire de les affermir dans la foi. M. Olier. était surtout attentif à pourvoir aux besoins de ceux qui, après leur abjuration, n'avaient plus, pour subsister, d'autres ressources que les aumônes des fidèles. Il fournissait à tous avec une charité inépuisable (2); il faisait plus encore : lorsqu'il savait que quelque nouveau converti avait succombé à la séduction et était retourné à sa secte, il adressait à DIEU des prières si ardentes, il conjurait la très-sainte Vierge d'une manière si pressante, si vive, qu'il obtenait quelquefois, pour l'apostat, la grâce d'une sincère et solide conversion. Un jour de la Présentation de Marie au temple, on vint lui donner avis qu'un de ses paroissiens, nouveau catholique, n'avait fait aucun acte de religion depuis l'abjuration de son hérésie ; qu'il vivait encore dans le sein de sa famille, toute composée d'hérétiques, et, ce qui enflamma davantage son zèle, qu'il était au lit, malade à l'extrémité. Il accourut aussitôt, et se présenta pour lui parler, mais en vain : le malade, intimidé par la présence de ses parents déclarait qu'il ne voulait voir que des ministres de la secte.
« Ce me fut une douleur et un déplaisir très-sen-
» sibles, dit M. Olier ; et je n'eus de consolation,
» qu'en recourant à la prière, et au secours de la
» très-sainte Vierge. Etant à ses pieds, dans la
» dernière désolation, je la priai d'user de sa toute-
» puissance, pour lui conserver la vie, nous le
» mettre entre les mains, et le gagner à JÉSUS-
» CHRIST. Comme je la priais de vouloir le préparer
» à cette grâce, il me parut qu'elle se rendit (à mes
» désirs) ; aussi, après cela, attendais-je son chan-
» gement avec confiance. Elle ne tarda pas à lui en-

» voyer le secours que je sollicitais ; car , pendant
» un accès de fièvre violent, elle imprima , dans la
» volonté de cet homme, un désir si pressant de
» se convertir, qu'il demanda à ses parents un prê-
» tre ; et que , sans crainte d'être refusé ou d'être
» abandonné de ses proches, il déclara qu'il le vou-
» lait absolument. Toute la famille s'y oppose ; la
» mère pleure, les frères se désespèrent , les servi-
» teurs eux-mêmes éclatent de colère et de dépit,
» quatre ministres viennent les uns après les autres,
» pour le faire renoncer à son dessein. Il leur dit à
» tous, qu'il aura assez de force pour se traîner à
» la fenêtre, d'où il criera jusqu'à extinction de voix
» qu'il veut avoir un confesseur ; et que, s'il ne peut
» obtenir autrement ce qu'il demande, il se jettera
» plutôt dans la rue, que de mourir sans confes-
» sion. Enfin, ses frères se voyant obligés de se
» rendre, de peur qu'il n'exécutât sa résolution, en-
» voyèrent eux-mêmes chercher un prêtre, qui,
» après avoir fait transporter le malade hors de la
» maison, lui procura, avec un lieu de sûreté, les
» secours de l'Eglise (1). » Les parents du malade,
irrités de son abjuration, lui refusèrent toute espèce de secours ; ce fut pour M. Olier, une nouvelle occasion de déployer envers lui sa charité
pastorale, si généreuse dans ces rencontres : il considéra ce nouveau converti comme un don précieux
qu'il recevait des mains de la très-sainte Vierge, et
ne cessa depuis de pourvoir à tous ses besoins, avec
autant de joie que de libéralité (2). Un moyen que
M. Olier crut être obligé d'employer pour affermir
dans la foi les nouveaux catholiques, et auquel on
ne songe pas toujours, fut de leur faire recevoir le
sacrement de confirmation, après leur retour à
l'Eglise. Il était persuadé que ce sacrement ordonné
de Dieu à tous les chrétiens , devenait plus nécessaire encore aux protestants nouvellement convertis, qui n'ayant pu le recevoir dans leur secte,
avaient cependant besoin, après leur conversion,

(1) *Mém. aut.*
de M. Olier, t. VI,
p. 70.

(2) *L'Esprit de*
M. Olier.

d'être puissamment fortifiés, contre les assauts que leurs proches ou l'ennemi de tout bien, leur livraient d'ordinaire, pour les ramener à l'hérésie.

XXIV.
Excès de cruauté d'une dame hérétique, à l'égard de sa propre fille.

On n'imaginerait pas à quels excès de dureté, ou plutôt de cruauté barbare, se portaient alors certains hérétiques contre leurs parents convertis, si l'on n'en avait dans les monuments de ce temps, des preuves incontestables. Une dame protestante, demeurant au faubourg Saint-Germain, en vint jusqu'à cette fureur atroce, que de brûler la plante des pieds à sa fille, pour la punir de ce qu'elle allait à la sainte messe ; et ce moyen cruel n'ayant pas corrigé la jeune personne, elle essaya de l'étouffer dans une baignoire , et même de la tuer à coups de couteau. Longtemps après, cette fille tomba malade ; sa mère qui la voyait sur le point de mourir, et d'aller paraître devant leur commun juge , où elle craignait sans doute d'être accusée par elle , lui témoigna alors ses regrets ; et, pour la première fois, lui demanda pardon de l'avoir si cruellement traitée, dans sa jeunesse. Mais ce qui est vraiment digne d'admiration, et montre bien de quel esprit était animée sa généreuse et très-charitable fille : « Ma » mère, lui répondit-elle, avec un accent plein de » douceur, j'ai bien mérité d'autres maux pour » expier mes péchés ; peut-être, est-ce pour » votre conversion, que Dieu a permis que vous » m'ayez traitée de la sorte? qu'il le veuille par sa » bonté ! » Il ne paraît pas néanmoins que les prières de la fille aient obtenu cet effet. Malheureusement cette dame d'extraction noble et sans fortune, était soutenue à Paris par les secours, que des hérétiques de son pays lui envoyaient ; et tout porte à penser, qu'elle refusait de renoncer à sa secte, par la seule crainte d'être abandonnée d'eux, si elle devenait catholique ; ou de déchoir de sa condition, en ayant recours, comme tant d'autres, à la charité de son pasteur pour subsister (1).

(1)*Mém.part.*, an. 1648.

NOTES DU LIVRE DEUXIÈME

SUR L'USAGE D'APPELER LES ENFANTS AU CATÉCHISME

AU SON D'UNE CLOCHETTE

NOTE 1, p. 49. — Cet usage subsista longtemps à Saint-Sulpice; au moins il y était encore en vigueur lorsque M. de Montiers de Mérinville, depuis évêque de Chartres, y catéchisait les enfants. Il paraît que ses parents ne pouvaient lui pardonner d'avoir embrassé l'état ecclésiastique, » et j'ai ouï dire, ajoute son historien, que quand Madame » la duchesse d'Aumont le voyait appeler les enfants au ca- » téchisme avec une clochette, en passant devant ses fe- » nêtres, elle les refermait de dépit, pour ne pas le voir. (1).» *(1) L'Esprit et les vertus de François de Montiers de Mérinville, évêque de Chartres, in-12, 1765, p. 8.*

M. OLIER ÉTAIT ATTENTIF A CORRIGER LES ENFANTS DE

LEURS DÉFAUTS

NOTE 2, p. 51. — Quoique M. Olier fût plein de bonté pour les enfants, il ne négligeait pas de leur faire remarquer leurs défauts et de les en corriger, en employant toutefois les moyens qu'il croyait plus propres à faire impression sur leurs cœurs. Un jour qu'il était devant le très-saint Sacrement, une enfant de qualité vint, avec une naïveté charmante, lui demander une permission. M. Olier, qui remarqua quelque chose de trop étudié dans sa parure, lui en fit une douce réprimande avant de répondre à sa question, et, pour lui faire sentir combien cette affectation convenait peu à une chrétienne, il la traita depuis avec plus de réserve qu'auparavant, se servant du mot de *Mademoiselle* au lieu de celui de *mon enfant*, qu'il avait coutume de lui donner. Elle fut sensible à cette manière de reproche, et un jour qu'elle en témoignait sa peine à M. Olier, il lui répondit : « On vous traitera avec la même douceur, quand vous « vous conduirez en enfant chrétienne (2). » *(2) Attestations aut., pag. 159, 160.*

SUR LA MÉTHODE DU PÈRE VÉRON

NOTE 3, p. 64. — Voici, d'après M. du Ferrier, quelle était la méthode, d'ailleurs fort connue, du Père Véron. » Ce controversiste, fameux par son érudition et son zèle » proposait d'abord aux Huguenots la vérité catholique, et » exposait ensuite leur croyance. — Vous venez, disait-il, » nous réformer par l'autorité seule de l'Ecriture : nous voici

» prêts à vous écouter. Nous croyons, par exemple, que Jé-
» sus-Christ est réellement et substantiellement présent
» dans l'Eucharistie : vous croyez qu'il n'y est que par la
» foi, et non pas réellement, et vous vous obligez de nous
» le prouver par un texte formel de l'Ecriture. Rapportez-le
» donc, et nous vous croirons. — Le ministre protestant
» alléguait alors les paroles du chapitre VI de saint Jean :
» *La chair ne profite de rien, c'est l'esprit qui vivifie*; et le
» Père Véron les répétant après lui, disait : Ce n'est pas de
» quoi il est question : je vous demande un passage qui
» dise : *Le corps de Jésus-Christ n'est pas dans l'Eucharistie;*
» celui-ci ne le dit pas. Si les ministres ajoutaient ces autres
» paroles : *Ce que je vous ai dit, est esprit et vie,* il continuait
» à demander un passage qui dît : Le corps de Jésus-
» Christ n'est pas sous les espèces du pain, et les mettait
» hors d'état de prouver leur croyance. Lorsqu'ils allé-
» guaient ces paroles de saint Pierre : *Les cieux doivent con-*
» *tenir Jésus-Christ jusqu'à ce qu'il vienne* juger les vivants
» et les morts, et que, par conséquent, il n'en descend point
» pour venir se rendre présent dans l'Eucharistie : Je de-
» mande un passage qui dise : Jésus-Christ n'y est pas,
» répliquait-il, et vous m'alléguez des raisonnements et des
» conséquences. Avouez que vous n'avez aucun passage
» formel : nous viendrons ensuite aux conséquences. Il les
» forçait d'avouer qu'ils n'avaient aucun texte formel ; ce qui
» les irritait beaucoup.

» Il venait ensuite aux conséquences, et il les irritait en-
» core plus sur ce point. Vous annoncez dans votre qua-
» trième article de la *Confession de foi*, disait-il, que les rai-
» sonnements et les miracles ne vous persuadent pas, mais
» seulement l'Ecriture ; montrez-nous un endroit où elle
» dise : *Si les cieux doivent contenir Jésus-Christ jusqu'à ce*
» *qu'il vienne juger les hommes, il n'est donc point dans l'Eu-*
» *charistie.* Car, en matière de foi, nous ne nous fondons
» pas sur les règles des arguments et des syllogismes ; d'au-
» tant moins que nous, catholiques, croyons qu'il est et
» qu'il sera toujours dans les cieux, à la droite de son Père,
» sans laisser pour cela de se trouver dans l'Eucharistie,
» quoique d'une manière incompréhensible, mais réelle et
» corporelle (1). »

(1) *Mém. de M. du Ferrier*, p. 181, 182.

SUR LA MORT DU MINISTRE AUBERTIN

NOTE 4, p. 65. — Il est assez étrange que Bayle et
Blondel en rapportant les circonstances qui précédèrent la
mort d'Aubertin, aient censuré, comme ils l'ont fait, la conduite de M. Olier ; le premier se plaignant qu'Aubertin,
dans son agonie, ait été exposé aux *vexations de ce* curé, et
l'autre accusant son zèle d'inconsidération et de violence.

Au rapport de ces auteurs, on avait répandu le bruit d'a-
bord, qu'Aubertin demandait à faire abjuration entre les
mains d'un prêtre catholique ; et, en second lieu, que les
partisans de la secte avaient résolu de l'en empêcher.
Comme pasteur de la paroisse, M. Olier était donc obligé
de voler à son secours, et pensant que les portes lui seraient
fermées contre la volonté du malade, il pouvait recourir à
l'autorité des magistrats, comme l'y autorisaient les lois du
royaume. Car l'objet de sa démarche ne portait point atteinte à la liberté donnée aux Huguenots par l'édit de
Nantes : en se présentant chez le malade, il se proposait
seulement de lui demander, avec douceur et honnêteté,
quels étaient ses sentiments : *Ut quid animus ferret placidè
rogaret.* Ce sont les paroles mêmes de Blondel, et il ajoute
que dès qu'Aubertin eut répondu qu'il persévérait dans sa
religion, M. Olier et le bailli se retirèrent sur-le-champ, et
en silence : *Nec mora : præter spem percussi qui tentaturi
advenerant, conticuère, et retro pedem retulerunt.* Bien plus,
il rapporte que, de concert avec le bailli, M. Olier obligea
ceux qui étaient venus à leur suite, et qui étaient restés au
bas de l'escalier, de se retirer chez eux, quelque résistance
qu'ils fissent : *Exinde quantumvis reluctantes eduxére ;* et,
selon les expressions de Bayle, *ils eurent bien de la peine à
faire retirer la canaille.* Or, comment après cela, au lieu de
blâmer la conduite de M. Olier, ont-ils pu ne pas faire l'éloge de sa modération, de sa fermeté, de sa prudence ? Il
est vrai que, s'il faut en croire Blondel, les quarante personnes environ qui suivaient le bailli, étaient la plupart
armées (1). Mais il resterait à savoir si ce n'était point par
l'ordre du bailli, qui pouvait se présenter avec cette escorte dans une maison du ressort de son bailliage, où il
s'attendait à éprouver de la résistance. Et même, en supposant qu'ils se fussent armés sans aucune invitation, serait-il juste de rendre M. Olier reponsable de cette conduite irrégulière ? Qu'on juge après cela de l'équité de ces écrivains.

(1) *Albertini de
Eucharist. præ-
fat. à David
Blondel. — Bay-
le, Diction.,* art.
Aubertin.

Une partialité si marquée, pourrait les faire soupçonner
d'avoir supprimé à dessein , la circonstance rapportée par
les catholiques : qu'Aubertin, après avoir ainsi refusé le ministère de M. Olier, fut ensuite tourmenté de violents remords de conscience, et demanda de nouveau un prêtre
catholique, sans pouvoir l'obtenir. Cette même circonstance
autoriserait à penser, que la rumeur qui avait amené M.
Olier auprès de lui, n'était pas sans fondement; et qu'Aubertin ne refusa alors son ministère que par faiblesse pour
les larmes de sa femme, et les emportements de son fils ; et
par respect humain pour les autres ministres présents à
cette scène. Aussi, disait-on de lui, qu'il *était mort dans ce
délaissement, en punition de son orgueil intéressé* (2).

(2) *Mém. part.*

LIVRE TROISIÈME

I.
La dévotion au très-S. Sacrement, moyen de renouvellement pour une paroisse.

De tous les moyens que M. Olier employa pour réformer sa paroisse, et lui communiquer l'esprit de piété, les principaux furent la dévotion au très-saint Sacrement de l'autel, et le culte envers l'auguste Mère de Dieu. On a vu combien le Père de Condren l'avait puissamment exhorté à propager, toute sa vie, le respect et l'amour de la sainte Eucharistie. Ce saint personnage était en effet persuadé que le renouvellement de la piété, dans l'Église, ne s'opérerait qu'en ranimant partout cette dévotion. « Ce n'est ni un dessein » nouveau, disait-il, ni un moyen particulier, ni » une voie singulière. Jésus-Christ l'a établie » dès le commencement, pour unir son Eglise et » la faire vivre en sainteté (1). » M. Olier développe ainsi la même pensée *dans ses Mémoires :* « Dieu veut renouveler la piété, non par des prédi- » cations ou des miracles, qui sont plutôt les » moyens dont il se sert pour établir la religion ; » mais par la dévotion au très-saint Sacrement de » l'autel. C'est là qu'il est source de vie divine, » qu'il est ce vase immense, et cet océan sans fond, » de la plénitude duquel nous sommes tous sancti- » fiés. Par le très-saint Sacrement, il veut remplir » les prêtres de son esprit et de sa grâce, et » convertir les âmes par eux. C'est ce qui me fait » défaillir et tomber en langueur, tant sont vifs et » véhéments les désirs que je ressens de voir le » très-saint Sacrement révéré par les prêtres. Le

(1) *Lettres aut. du P. de Condren.*

» prêtre qui est assidu à l'honorer, à l'invoquer,
» et à le supplier pour les peuples, obtiendra tôt
» ou tard leur conversion. Il est impossible
» qu'étant assidu à la prière, et demeurant ainsi
» devant le très-saint Sacrement de l'autel, il ne
» communie aux sentiments, à la ferveur, à
» l'efficace de Notre-Seigneur, pour toucher,
» éclairer et convertir ses peuples. Car la vertu
» de Jésus-Christ ressuscité, qui habite mainte-
» nant dans l'Église, avec un zèle tout embrasé
» pour la gloire de son Père, doit produire de tels
» effets. Hélas! Seigneur, si vous vouliez me
» multiplier en autant d'endroits qu'il y a d'hosties
» dans le monde, pour y vivre et y mourir, pour
» y consumer mes jours et ma vie, que je serais
» heureux! Je meurs de douleur, de voir que
» Notre-Seigneur ne soit point honoré au très-
» saint Sacrement, ni par les prêtres, ni par les
» peuples (1). »

(1) *Mém. aut. de M. Olier.*

II.

M. Olier appelé à renouveler la dévotion envers le très-S. Sacrement à Saint-Sulpice et ailleurs.

Quand M. Olier écrivait ces paroles, tout annonçait en effet, dans sa paroisse le dépérissement de la piété chrétienne, qui trouve son plus délicieux aliment à la table sainte, et ses plus douces consolations au pied des autels. La communion n'était point fréquentée, et l'on ne connaisait presque plus la pratique si salutaire de l'adoration de Jésus-Christ, présent dans nos saints tabernacles. M. Olier était appelé cependant, non seulement à rétablir ces deux pratiques à Saint-Sulpice, mais encore à les y mettre en grand honneur: Dieu voulait, que dans cette paroisse, où Jésus-Christ au très-saint Sacrement, avait été si méprisé (2), il reçût de plus grands hommages; et que même le culte que M. Olier lui ferait rendre, contribuât à réveiller la religion des autres paroisses envers ce mystère adorable. Dès qu'il eut pris possession de la cure de Saint-Sulpice il s'efforça de préparer les esprits et les cœurs de ses paroissiens à ce rétablissement, en

(2) *Mém part.,* an. 1641, 1644.

relevant dans son église la majesté du culte divin et en y réglant si bien toutes choses, qu'elle pût servir de modèle à toutes les autres églises de la France. C'était ce que M. Bourdoise demandait à Dieu depuis longtemps. « Vous ne voyez presque
» point, disait-il avec amertume, et j'ose dire point
» du tout, d'église dans le royaume, ou, pour le
» moins, je n'en ai pas encore vu, ni entendu dire
» qu'il y en eût, où le service divin et toutes les
» choses qui regardent le bon ordre, les rubriques
» et les cérémonies, ou les vêtements et les orne-
» ments, tant des personnes que des autels, soient
» réglés et pratiqués selon les cérémoniaux et les
» règles de l'Eglise. Un de mes désirs serait de
» voir une église particulière réglée, ornée, meublée
» et desservie, selon que l'Eglise le veut et
» l'ordonne ; de sorte qu'il ne s'y fît rien et qu'il ne
» s'y vît aucune chose dont on ne pût rendre la
» raison, et dire par quelle règle elle s'y ferait ; et
» qu'ainsi cette église pût être la règle des autres.
» La vie d'un homme ne serait pas mal employée à
» ce bel ouvrage (1). »

(1) *Sentences chrétiennes et ecclés. de M. Ad. Bourdoise. Des fonctions ecclés.* n 1,in-4°, p.xiij

III.
M. Olier commence par rétablir la dignité du culte divin dans son église.

M. Olier s'efforça d'y travailler dès son entrée dans la cure de Saint-Sulpice. Tout annonçait dans son église, le dépérissement de la religion : il commença par en relever l'éclat et la pompe. Les autels étaient nus et sans décoration, plusieurs même étaient mutilés, à demi brisés, ou trop incommodes pour y célébrer dignement l'adorable Sacrifice : du consentement des marguilliers, il les fit démolir tous, même le maître-autel, et recon-

(2) *Rem. hist.,* t. II, p. 123.

struire avec la décence convenable (2). Il fit remplacer le pavé de l'église par un autre, uniforme et régulier ; la sacristie se trouvait dépourvue d'ornements, bientôt elle en fut richement fournie. Les vases sacrés y étaient en si petit nombre, que, pour le clergé nécessaire au service de cette vaste paroisse, et pour les messes qui devaient y être célébrées à toute heure, elle ne possédait que trois calices : il n'épargna ni ses propres revenus, ni les sollicitations et les démarches auprès des grands de la paroisse, pour en augmenter le nombre(1) ; et, en peu d'années, son église fut une de plus riches en mobilier de toutes celles de Paris. Il établit, pour les messes basses, une sacristie spéciale où tous les prêtres allaient prendre leurs ornements (2), et voulut qu'ils n'allassent jamais à l'église qu'en surplis, ou au moins en manteau long (3) †. Il régla qu'on ne laisserait jamais entrer de laïques dans le chœur, pour quelque raison que ce fût, exceptant seulement les princes et les princesses du sang, lorsqu'ils viendraient pour quelque cérémonie extraordinaire (4). Il régla aussi que le sacristain (5) et le clerc de l'œuvre seraient ecclésiastiques, et qu'on ne laisserait point porter le surplis aux chantres qui ne seraient point tonsurés.

(1) *Rem. hist.*, t. m, pag. 647 ; t. I, pag. 270. — *Vie, par M. de Bretonvilliers,* t. I, p. 505. — *Par le P. Giry* part., 1re, ch. xv. — *Par M. Leschassier*, pag. 18. — *Année Dominicaine.*
(2) *Vie de M. Olier, par M. de Bretonvilliers.*
(3) *Ibid.* — *Rem. hist.*
(4) *Ibid.* t.1, p. 217. — *Calend. hist.*,1778,p.36.
(5) *Ibid.*1774. pag. cm, civ. — *Rem. hist., ibid.*

Les pauvres, toujours en grand nombre dans une vaste paroisse, venaient en foule à l'église pour demander l'aumône, et y occasionnaient un si grand tumulte, que beaucoup de fidèles, fatigués de leurs poursuites, allaient assister aux offices dans les églises des communautés du faubourg. Pour mettre fin à cet abus, M. Olier établit deux suisses, dont la fonction primitive fut d'écarter tous les mendiants. Il fit défense aux employés de la sacristie de rien demander après les baptêmes ; il dressa pour l'organiste, qui ne distinguait ni les jours ni les temps de l'année, un réglement conforme à l'usage romain, alors observé dans le faubourg. Il en dressa un autre pour les sonneurs ; il s'occupa même des moyens de régler l'horloge de la paroisse, afin que les heures des

---

† Cette coutume a été constamment observée depuis au séminaire de Saint-Sulpice. Lorsque les ecclésiastiques de cette maison vont à l'église paroissiale pour les offices ou pour les catéchismes, ils sont toujours en surplis ou en manteau long.

offices ne variassent plus ; et, enfin, il dressa un
règlement pour le fossoyeur, que personne jusqu'alors n'avait surveillé dans l'exercice de sa
charge (1).

IV.
M. Olier rend
l'office canoni-
al plus solen-
nel dans son
église.

La majesté des offices divins se ressentait de
la décadence de tout le reste : afin de lui rendre
son éclat, M. Olier s'appliqua surtout à choisir
de bons prêtres pour chanter l'office canonial
déjà fondé dans son église (2). Une de ses plus
douces pensées était que la plupart des prêtres
de sa communauté se répandaient dans la paroisse pour le salut du prochain, pendant que
les autres, rassemblés dans le chœur de son
église, offraient à Dieu, au nom de tout son
clergé et de son peuple, le sacrifice de louanges
qui est dû sans cesse à la souveraine Majesté.
Voici ce qu'il en écrivait à son directeur, dès
son entrée dans la cure de Saint-Sulpice. « Main-
» tenant je viens de voir le grand soin qu'il
» faut prendre pour trouver de saints ecclésias-
» tiques qui résident au chœur continuellement,
» et chantent les louanges de Notre-Seigneur ;
» puisque, par providence, toutes les Heures cano-
» niales y sont fondées. On verra alors dans notre
» église une image du paradis, où retentissent sans
» cesse les hymnes et les cantiques des bienheureux.
» C'est le devoir des prêtres, qui ne vaquent point
» aux fonctions du zèle, de louer Dieu pour
» suppléer au peuple qui n'en a pas le loisir quoi-
» qu'il dût le faire, s'il le pouvait, à cause des
» grandes obligations qu'il a à Dieu(3). » Dans cette
vue, M. Olier recommandait à ses ecclésiastiques
de se rappeler, qu'en récitant l'office divin ils
agissaient au nom de l'Église, ou plutôt au nom de
Jésus-Christ, qui voulait se servir de leurs
bouches et de leurs cœurs, comme d'autant d'in-
strumens, afin de louer par son Esprit, répandu
en eux, la majesté de son Père. Pour leur rendre
sensible cette dévotion, à laquelle l'Église elle-

(2)Ibid. t. I, p.
159; t.III, p.408.
— Calend. hist.,
1774, p.XXV. —
Vie par M. de
Bretonvilliers,t.
I, p. 471.

PSALMODIE.

Imp.ᵉ Fir.ⁿ, Rue de la Harpe, 81, à Paris.

même invite tous les ecclésiastiques †, il fit graver sur les dessins de Le Brun, une estampe devenue fort rare aujourd'hui. Sous la figure de David, on y voit représenté JÉSUS-CHRIST, sur lequel l'Esprit-Saint semble se répandre en plénitude; il chante les louanges de DIEU sur sa harpe, et invite à s'unir à ses chants deux chœurs d'ecclésiastiques placés au-dessous, chantant aussi sur des harpes, et s'unissant de concert aux accords et à la voix de JÉSUS-CHRIST, l'unique louange de la divine Majesté (1) *.

(1) *Vie de M. Olier*, par M. de *Bretonvilliers*. * NOTE 1, p. 122.

Pour mettre ce bel ordre dans son église, il fut puissamment secondé par M. de Bassancourt, maître des cérémonies du séminaire. « La princi-
» pale grâce de cet ecclésiastique, dit M. Amelote
» dans l'éloge qu'il a laissé de lui, était l'amour du
» culte de DIEU. Le séminaire de Saint-Sulpice,
» ajoute-t-il, qui lui doit le travail très-assidu de
» sept années, pendant lesquelles il a beaucoup
» contribué à asseoir les fondements de la grâce et
» de tout l'édifice spirituel de cette communauté,
» peut rendre témoignage avec quelle étendue et
» quelle perfection il a possédé la vertu de religion.
» Elle lui inspirait un zèle ardent pour tout ce qui
» appartient au culte de DIEU, et on pouvait lui ap-
» pliquer, à juste titre, ces paroles du Prophète :
» *Seigneur, j'ai aimé la beauté de votre maison et le*
» *lieu où habite votre gloire* (2). » Comme personne ne prenait un plus vif intérêt que M. Bourdoise ††,

V.
Zèle de M. de
Bassancourt
pour le culte
divin.

(2) *Vie du P. de Condren*, 1657, livre II, ch. xxiv, n.9,10.

---

† C'est ce que l'Eglise exprime par la prière : *Domine, in unione illius divinæ intentionis, quâ ipse in terris laudes Deo persolvisti, has tibi horas persolvo;* et ce que d'ailleurs elle suppose toujours, en terminant chacune de ses oraisons par la conclusion ordinaire : *Per Dominum nostrum Jesum Christum.*

†† M. Bourdoise, dit son historien, nageait dans la joie de voir M. Olier entrer si volontiers dans tous les besoins de son troupeau, avec les inclinations et le zèle d'un véri-

aux heureuses réformes de la paroisse de Saint-Sulpice, M. de Bassancourt lui en écrivait en ces termes, le 4 février 1643 : « On vous a déjà mandé » quelque chose de nos affaires ; mais voici ce qui » est tout-à-fait assuré : l'office et toutes nos céré-» monies sont réglées et pratiquées assez exactement, » excepté que le peuple nous accable, et que nous » sommes contraints de lui donner entrée partout » à cause de la petitesse du lieu. Notre sacristie » est propre, nette et assez bien accommodée, garnie » de sa piscine, et de tout ce qui est nécessaire ; » tous les prêtres s'y habillent, et nous l'avons » rendue commune. On a ôté toutes les cloches » des chapelles, au lieu desquelles il n'y en a » qu'une à l'entrée de la sacristie, que l'on sonne à » la sortie de chaque prêtre qui va célébrer : de » façon que, depuis six heures du matin jusqu'à » midi, de quart d'heure en quart d'heure, il part » un prêtre de la sacristie. On a même supprimé » un honnête cabaret, qui était dans les charniers, » où, après avoir communié, chacun allait boire » un petit coup, et mangeait un petit morceau de » pain bénit, par grande dévotion. Il y a tout » plein de petits règlements établis, et beaucoup » de mauvaises coutumes abolies ; on travaille à » clore le cimetière. Nous avons aussi beaucoup » gagné sur six confréries qui nous chargeaient » d'offices ; nous les avons retranchés ; mais ce que » je trouve de meilleur, c'est que la piété prend » racine dans les cœurs, et je vois que chacun » s'excite à bien faire (1). »

(1) *Vie ma-nusc. de M. Bour-doise*, in-f°, livre IV, ch. IV ; in-4°, p. 518.

VI.
M. Olier ex-horte ses pa-roissiens à assister à la sainte messe.

L'un des premiers moyens dont se servit M. Olier, pour inspirer à ses paroissiens la religion envers JÉSUS-CHRIST, résidant au très-saint

table pasteur ; et il prenait un tel soin de la paroisse et du séminaire de Saint-Sulpice, que quand il était resté quelque temps sans aller voir comment toutes choses se passaient, il ne manquait pas d'y envoyer, pour en avoir des nouvelles (2).

(2) *Ms.* in-4°, p. 518.

Sacrement, fut de les inviter à entendre la sainte
messe, le plus souvent qu'ils le pourraient. Depuis
longtemps, presque personne n'y assistait à Saint-
Sulpice, que les jours d'obligation. Cet état de
choses blessait vivement le zélé pasteur, et pour y
mettre fin, il ne négligea ni les instructions publiques
ni les exhortations particulières, montrant que
toutes grâces abondent dans le saint sacrifice et
se répandent sur ceux qui y assistent avec assiduité ; qu'on y reçoit en particulier de grandes
lumières pour faire de bonnes confessions : qu'en
cela aussi l'on reconnaissait les personnes qui
aiment la maison du Seigneur et ceux qui ont à
cœur d'être marqués au livre de vie. La paroisse,
ajoutait-il encore, devait réparer ainsi le mépris
que depuis si longtemps on y faisait, du divin
sacrifice, en négligeant d'y assister. Ces exhortations de M. Olier ne s'adressaient pas seulement à
ceux qui avaient l'entière disposition de leur temps,
il s'efforçait aussi de faire comprendre aux ouvriers
et aux marchands que cette sainte pratique, s'ils y
étaient fidèles, ne nuirait point à leurs affaires et
ne les empêcherait pas de trouver du loisir pour
satisfaire à tous les devoirs de leur condition (1).

(1)*Mém.part.*,
10 déc. 1643.

Dès son entrée dans la cure, M. Olier excita aussi
ses paroissiens à la pratique de l'adoration de Jésus-Christ résidant sur nos autels, pratique entièrement négligée alors à Saint-Sulpice, et comme tombée en oubli depuis longtemps. C'était assez souvent
le sujet de ses prédications, qui n'étaient jamais si
pathétiques que lorsqu'il traitait de cette matière ;
et comme l'exemple des pasteurs a une très-grande
influence sur leurs ouailles, il jugea que l'assiduité
du clergé au pied des saints autels, serait de tous
les moyens le plus efficace, pour accréditer bientôt
cette dévotion. Ce fut peut-être dans ce dessein,
qu'il ne sollicita jamais des supérieurs ecclésiastiques, la faculté de conserver le très-saint Sacrement dans la chapelle du séminaire, où il ne com-

VII.

M. Olier veut
que ses ecclé-
siastiques
soient assidus
à la visite du
très-S. Sacre-
ment.

* NOTE 2, p. 124. mença à reposer qu'après plus de cinquante ans *. Tous ses ecclésiastiques allaient, chacun à son rang, l'adorer à l'église de la paroisse ; et ils continuèrent encore cette pratique lorsqu'ils eurent obtenu la

(1) *Rem. hist.*, t. i, p. 97. faculté de le posséder dans leur maison (1). « C'est » une des dévotions qu'il nous a laissée, dit M. de » Bretonvilliers, et qui se continue toujours avec » fidélité et bénédiction, que, depuis le matin jus- » qu'au soir, il y ait toujours devant le très-saint » Sacrement, quelques ecclésiastiques de la mai-

(2) *Esprit de M. Olier*, t. ii, p. 71. » son, qui l'honorent au nom de toute la commu- » nauté (2). » M. Olier aurait voulu que cet exercice servît de délassement à ses prêtres après leurs fati- gues, et d'unique occupation aux vieillards. « Il m'a » semblé, écrivait-il, que les personnes qui se des- » tinent particulièrement à servir JÉSUS-CHRIST au » très-saint Sacrement de l'autel (il désigne ses ec- » clésiastiques), doivent apporter grande assiduité » à l'adorer, et à y passer le plus de temps qu'il leur » sera possible, pour être fortifiés au service de » Notre-Seigneur, après le travail ; et, quand ils

(3) *Ibid.*, t. ii, p. 61. — *Vie de M. Olier*, par le P. Giry, part. ii, ch. v. » seront cassés de vieillesse, il faudra qu'ils viennent » se reposer en adorant le très-saint Sacrement, et » consumant leurs jours auprès de lui (3). »

VIII.
Il rétablit la confrérie du très-S. Sacre- ment.

Pour exciter les fidèles à la pratique de cette dé- votion il fit revivre, † ou plutôt il établit comme tout de nouveau une pieuse confrérie, qui subsiste encore aujourd'hui avec beaucoup d'édification, dont l'ob- jet est de rendre assidûment à Notre-Seigneur,

† On trouve dans les *Remarques historiques* d'intéressants détails sur la confrérie du très-saint Sacrement. L'origine n'en est pas connue, mais elle remonte sûrement audelà de 1552. Le pape Grégoire XV, par une bulle du premier Juin 1622, lui accorda de nombreuses indulgences. Malgré ces encouragements, elle se ressentit bientôt du relâchement général et tomba, comme tout le reste, dans un état voisin de la mort. « M. Olier, dit l'auteur des *Remarques*, fit tous » ses efforts pour la renouveler et l'augmenter dans sa pa- » roisse : et il donna un nouveau lustre à la confrérie en

(4) Tom. 1, p. 96. » établissant une adoration perpétuelle qui s'est toujours » soutenue jusqu'à présent (4). »

réellement présent dans le saint tabernacle, les hommages de l'esprit et du cœur, qui sont dus à son immense charité pour nous. D'abord, il fit choix des dames de la paroisse, qu'il jugea pouvoir le seconder efficacement, en accréditant, par leur exemple, la dévotion qu'il voulait établir. Les ayant réunies en grand nombre, dans la salle du presbytère, il détermina de concert avec elles, les pratiques auxquelles elles s'efforceraient de se rendre fidèles, surtout d'accompagner, avec des cierges allumés, le très-saint Sacrement, lorsqu'on le porterait en procession dans l'église ; et d'aller l'y adorer, dans l'après-midi, aux jours et aux heures que chacune d'elles aurait choisis (1). En vue d'éclairer et de nourrir la piété de ces dames, il fit graver par le célèbre Claude Mellan, graveur ordinaire du Roi, et sur les dessins de Le Brun, une estampe, qu'il leur distribua. Dans cette gravure sa piété ingénieuse a su rendre sensibles, les occupations intérieures de JÉSUS-CHRIST au très-saint Sacrement (2) ; et les vers français, qui sont au bas, expriment, avec autant de précision que de simplicité, l'esprit de cette dévotion et ses pratiques *. Enfin, il régla que tous les jeudis, ces dames se réuniraient dans l'église paroissiale, pour assister à une exhortation sur le très-saint Sacrement. Au commencement, cette confrérie fut particulière aux dames. L'ordre, en effet, que M. Olier devait suivre dans la réforme du faubourg Saint-Germain, était de ramener à la pratique du christianisme, d'abord les femmes et les enfants, et les hommes ensuite (3) : ce qui arriva en effet de la sorte, comme la suite le montrera. Dès son origine, la confrérie du très-saint Sacrement ne se composa même que de dames de condition, la plupart d'un esprit cultivé, qui toutes pouvaient disposer de leur temps ; et M. Olier, à qui DIEU avait donné une grâce particulière pour découvrir à son peuple les grandeurs de JÉSUS-CHRIST dans la sainte Eucharistie, crut devoir proportion-

(1) *Mém.part.*, an. 1643.

(2) *Ibid.*, an. 1642.

* NOTE 3, p. 124.

(3) *Ibid.*, an 1642, 1643.

ner ses premiers discours des jeudis, à la qualité de ses auditeurs.

IX.
M. Olier invite tous ses paroissiens, sans exception, à faire partie de cette confrérie.

Mais Dieu lui fit bientôt connaître, que cette dévotion devait être générale et s'étendre à tous ses paroissiens : aux pauvres aussi bien qu'aux riches, aux ignorants comme aux savants. Dès lors les discours relevés ne pouvaient suffire pour l'établir dans le cœur de tous ceux qui devaient l'embrasser; il fallait des instructions que les esprits incultes et qui n'ont que la foi pour connaître Dieu et ses mystères, pussent entendre et goûter, aussi bien que ceux qui avaient reçu la science en partage. Pasteur et père à l'égard de tous, il devait, lui et les siens, même quand ils parlaient de cet auguste sacrement, employer un langage qui fut accessible à tous; et de cette sorte les esprits moins cultivés, et les pauvres iraient plus librement et plus volontiers aux instructions, et en feraient leur profit, aussi bien que les personnes plus éclairées (1).

(1) *Mém. part.*, an. 1643.

Pour se conformer donc au dessein de Dieu, et offrir à chacun de ses paroissiens, la même facilité de faire partie de cette confrérie, M. Olier annonça à son peuple, le troisième dimanche de juin 1643, que tous étaient également invités à y entrer.† On ne l'avait composée d'abord, leur dit-il, que de personnes libres et indépendantes, dans la crainte que celles qui étaient appliquées au négoce, ou engagées en d'autres professions assujetissantes, n'eussent pas le loisir de visiter le très-saint Sacrement à des jours et à des heures fixes, selon l'ordre établi. Mais à l'avenir on y recevra avec joie et empressement, toutes celles qui se présenteront, pour se faire inscrire. Les personnes qui ne peuvent disposer de leur temps les jours ouvriers, choisiront les dimanches et les fêtes pour leurs jours d'adoration. Pour être inscrit, et pour demeurer membre de la

† Les principaux traits de l'exhortation que M. Olier fit en cette circonstance, nous ayant été conservés, il a paru utile d'en citer ici la substance.

confrérie, il ne sera rien demandé à personne et même chaque famille inscrite, recevra gratuitement à son domicile, par l'un des prêtres de la communauté, une estampe du très-saint Sacrement, qui lui fera connaître l'objet, la fin et la pratique de cette dévotion, en attendant qu'on puisse lui faire don d'un livre qui sera composé sur la même matière. La fidélité aux exercices de cette confrérie, n'est point incompatible avec les amusements honnêtes, qu'il est permis aux artisans de prendre les jours de repos; ainsi, après avoir fait leur adoration, toutes ces personnes pourront vaquer à leurs promenades et à leurs autres délassements ordinaires en pareils jours; et même, en récompense de leur religion envers JÉSUS–CHRIST au très-saint Sacrement, elles seront particulièrement assistées par leurs anges gardiens, qui les préserveront, dans leurs récréations, des fautes auxquelles un trop grand nombre d'autres se laissent aller ces jours là.

Cette invitation, faite ainsi sans distinction, à tous les paroissiens de Saint-Sulpice, eut tout l'effet que M. Olier s'en était promis. Un grand nombre de personnes de la classe commune, tinrent à honneur d'entrer dans la confrérie du très-saint Sacrement et d'en remplir exactement toutes les pratiques : elles le firent avec autant et souvent même avec plus de fidélité que ne s'en acquittaient les personnes de condition (1). Comme l'esprit de DIEU était le lien de cette société naissante, et semblait ne faire de tous ses membres qu'*un seul cœur et une seule âme* (2), ainsi qu'il est rapporté des premiers chrétiens, les dames les plus considérables par leur naissance et par leur rang, ne dédaignaient pas de se confondre avec le menu peuple aux instructions des jeudis, aux processions du très-saint Sacrement, et aux heures d'adoration, dans le temps de l'après-midi qu'elles avaient déterminé. M. Olier ayant une fois remarqué que plusieurs,

X.
Esprit primitif de cette confrérie. Humilité de la princesse de Condé.

(1)*Mém.part.*, an. 1643.

(2)*Actes.*, ch.v.

parmi les Grands, n'avaient pas été fidèles à visiter
ainsi Notre-Seigneur, dans la semaine qui venait de
s'écouler, se plaignit publiquement de cette négligence, dans l'une des réunions du jeudi, et montra
combien il était indécent que ce souverain Seigneur
ne fut point environné de ses vassaux aux jours et
aux heures où il voulait bien les admettre en sa
présence. La princesse de Condé, Charlotte Marguerite de Montmorenci, mère du grand Condé,
qui était dans l'auditoire, avait elle-même donné
tout récemment l'exemple de cette omission.
Voulant sans doute en prévenir les suites, qui
pouvaient être considérables à cause de son rang,
elle se leva, et dit tout haut avec une simplicité et
une humilité bien touchantes : *Monsieur, j'y ai
manqué samedi, étant allée faire ma cour à la Reine.*
M. Olier, qui n'avait jamais égard ni au rang, ni à
la naissance dans l'exercice de ses fonctions, reprit
incontinent : Vous en seriez plus louable, Madame,
si vous fussiez venue ici faire votre cour au Roi des
rois. La princesse avait néanmoins une excuse
bien légitime : Louis XIII était mort depuis peu, le
14 mai 1643 et la Reine, obligée, pendant les quarante
premiers jours de son deuil, de demeurer renfermée
dans ses appartements, continuellement éclairés
aux flambeaux, avait désiré qu'elle vînt la prendre
dans un de ses carrosses, et la conduisît *incognito* à
la promenade. A peine la princesse de Condé eut-
elle fait connaître ce motif, que M. Olier, voulant
lui offrir une sorte de réparation en présence de
toute sa paroisse, changea en compliment la correction qu'il avait voulu lui faire : il loua la piété et
l'humilité avec lesquelles une si grande princesse
voulait paraître sans aucune distinction, dans cette
nombreuse assemblée, se plaçant, dit-il, sur une
petite chaise de paille, comme les personnes du
commun (1). Une humilité si rare était sans doute
le fruit des conseils, que cette princesse recevait de
M. Olier, son directeur, à qui elle avait, en effet,

(1) *Attestat.
aut.* p. 158, 159.

donné toute sa confiance ; et qui, de son côté, ne
négligeait rien pour la sanctifier dans sa condition*.

* NOTE 4, p. 125.

Il se servit de ses heureuses dispositions et de ses
exemples, pour mettre la piété en honneur parmi
les dames de la paroisse, et, en particulier, pour
leur faire embrasser la dévotion envers le très-saint
Sacrement.

Une autre dame des plus illustres de la cour, la
duchesse d'Aiguillon n'y contribua pas moins par
ses pieuses largesses. Ce fut elle qui assigna des
fonds pour perpétuer plusieurs saluts solennels,
déjà établis par M. Olier depuis son entrée dans la
cure de Saint-Sulpice (1). L'usage des saluts, hors
le temps de l'octave de la Fête-Dieu, était encore
fort peu répandu en France (2), et bien des personnes ne les approuvaient pas, à cause de leur
nouveauté ; et aussi parce qu'ils leur semblaient
être contraires au respect dû à Notre-Seigneur dans
ce mystère (3). Ces considérations ne parurent pas
suffisantes à M. Olier, pour priver la piété de ses
paroissiens de cette cérémonie, la plus auguste de
la religion, après le saint sacrifice. On fonda donc à
Saint-Sulpice vingt-quatre saluts, qui devaient
être célébrés les premiers dimanches et jeudis de
chaque mois (4), avec procession et exposition ; et
les premiers jeudis il devait y avoir en outre, messe
solennelle et procession le matin. Ce furent les premiers saluts de cette paroisse ; car on ne commença
que plus tard à en établir successivement pour les
grandes solennités*. Mais, de peur que cette pratique ne portât préjudice à la dévotion qu'on se proposait d'accroître, et ne diminuât dans l'esprit des
faibles la religion envers le très-saint Sacrement, à
cause du peu de pompe qui accompagnerait ces
saluts, M. Olier ne consentit à leur fondation, qu'à
condition *qu'ils seraient célébrés à perpétuité avec le
plus d'honneur, de respect et de solennité qu'il se pourrait*. † Il exigea donc qu'on annoncerait ce salut

XI.
M. Olier in-
troduit l'u-
sage des sa-
luts dans sa
paroisse.

(1)*Rem. hist.*,
t. I, p. 173. *Ca-
lend. hist.*, 1774,
p. 29, 30. *Item*,
1778, p. 100.
(2) *Vie de M.
Bourdoise*, in-4°,
imprim. p. 478.
(3) *Ibid.*, pag.
678.

(4) *Vie de M.
Olier, par M. de
Bretonvilliers*, t.
I, p. 489.

* NOTE 5, p. 126

† Une personne de grande considération ayant voulu fon-

trois fois par le son des cloches; que le très-saint Sacrément y serait porté sous un dais, et précédé de deux thuriféraires qui l'encenseraient continuellement; qu'il y aurait toujours au moins trente-huit ecclésiastiques, dont quatre porteraient le dais, quatre autres seraient revêtus de chapes ou de tuniques, et les autres tiendraient à la main des cierges allumés. L'acte que nous avons sous les yeux exprime, pour motif de cette fondation, le désir « soit

* NOTE 6, p. 126.

(1) *Arch. du R., sect. hist., Confr. du S.-Sacr.*, L. 1117, p. 15.

» d'honorer la très-grande bonté de Notre-Seigneur » JÉSUS-CHRIST de s'être donné aux hommes par » l'institution du très-saint Sacrement de l'autel; » soit de réparer, autant que faire se peut, les irré- » vérences et les péchés qui se commettent dans le » monde contre cet auguste mystère *(1). »

XII.

Le très-S. Sacrement est honoré à St.-Sulpice à la grande satisfaction des âmes pieuses.

(2)*Mém.part.*, an. 1643.

Ce fut ainsi que M. Olier, par ces saluts, ces expositions, ces processions du très-saint Sacrement, et par la pompe religieuse dont il les accompagna, commença de donner dans Paris un nouvel éclat à ce mystère adorable, et d'en réveiller la religion dans les cœurs. M. de Bassancourt, écrivant à M. Bourdoise, peu porté d'abord, aussi bien que luimême (2), pour les saluts et les expositions du très-saint Sacrement, lui disait : « Ce que je trouve » le plus avantageux, c'est que la sainte Eucharistie » est honorée de plus en plus dans la paroisse, ce » dont nous attendons beaucoup de bénédictions. » Car encore que cela se fasse contre l'ancien usage » de l'Eglise, néanmoins comme la grâce change, et » que DIEU fait triompher ses mystères après qu'ils » ont été longtemps combattus; comme celui du » très-saint Sacrement a été le plus déshonoré dans » ce siècle, il semble que, en réparation de tant

(3)*Rem. hist.*, t. 1, p. 174. — *Vie par M. de Bretonvilliers*, t. I, p. 490.

der une grand'messe du saint sacrement et un salut pour tous les jeudis de l'année, M. Olier ne voulut jamais y consentir, craignant que dans ces commencements l'usage fréquent d'exposer le très-saint Sacrement n'attiédît la dévotion des fidèles (3). Exemple qui apprend à régler par la prudence les meilleures institutions, et à se précautionner contre tout ce qui peut les faire dégénérer en abus.

» d'affronts et d'humiliations que lui ont faits les
» hérétiques, il faut l'honorer et le faire honorer
» plus que jamais. C'est pourquoi nous en souffrons
» l'exposition et les processions plus souvent, et
» les dames de la paroisse viennent tous les après-
» dîners l'adorer, renfermé dans son tabernacle.
» Enfin je crois que, en ce temps, et le saint Sacre-
» ment, et les prêtres qui en sont les gardiens et
» qui le consacrent, doivent être beaucoup relevés.
» Priez, s'il vous plaît, Notre-Seigneur qu'il donne
» sa bénédiction à ces petits commencements* (3). »

Dieu les bénit en effet, et les grâces que cette dévotion attira sur son peuple engagèrent M. Olier à
ajouter de nouvelles pratiques aux premières, et à
perfectionner ou à étendre celles qui étaient susceptibles d'accroissement. L'adoration perpétuelle,
établie d'abord pour l'après-midi, le fut encore pour
la matinée, et même, plus tard, pour la nuit aussi
bien que pour le jour. Afin d'arrêter les désordres
qui se commettaient chaque année aux fêtes de
l'Épiphanie (1), et de saint Martin (2), il institua,
pour ces deux jours, l'exposition du très-saint Sacrement, qui fut bientôt suivie de diverses fondations, entre autres de celle des Quarante-Heures,
pendant les trois jours qui précèdent le Carême (3).
Dès son entrée dans la cure, M. Olier avait commencé à les célébrer avec beaucoup de solennité,
quoiqu'il n'y eût point encore de fondation (4). Mais
une famille de la paroisse, animée par l'exemple de
ce religieux pasteur, assigna des fonds pour assurer
à perpétuité la continuation de cette bonne œuvre.
« C'est, disent les pieux fondateurs, afin de rendre
» au très-saint Sacrement tout l'honneur possible,
» à l'imitation du très-digne curé et pasteur de
» cette église, qui, pour retenir l'effrénée li-
» cence et débauche du peuple, dans un temps
» où l'on doit se préparer à la pénitence, pour
» mieux passer la Quarantaine, a, depuis qu'il
» est curé, institué l'oraison des Quarante-Heures,

NOTE 7, p.
127.
(1) *Vie de M.
Bourdoise*, Ms..
in-fᵒ, liv. iv, ch,
iv.

XIII.
M. Olier éta-
blit les Qua-
rante-Heures
dans sa pa-
roisse. Diver-
ses pratiques
en l'honneur
du très-Saint
Sacrement.

(2) *Calend.
hist.*,1778,p 99.
—*ViedeM.Bour-
doise*, in-4°, (im-
primée.) liv.1, p.
15.

(3) *Ibid.*, p.
177.- *Rem.hist.*,
t. 1, p. 17.

(4) *Ibid.*,p.173.
— *Vie de M. O-
lier*, par M. de
Bretonvilliers,t.
1, p. 489.

(1) *Arch. du Royaume. Ibid.* L. 1117, p. 37. — *Rem. hist.*, t. III, p. 631.— *Calend. hist.*, 1778, p. 109.

» le dimanche de la Quinquagésime et les deux » jours suivants (1). »

Pour inspirer à tous ses paroissiens plus de respect envers la divine Eucharistie, il ordonna que ce fût toujours un prêtre qui portât la clochette lorsqu'on irait administrer le saint Viatique aux malades. L'office de ce prêtre l'obligeait à faire honorer Jésus-Christ sur son passage ; et si quelques-uns ne s'arrêtaient pas, ou négligeaient de fléchir le genou , il devait les en avertir : règle qui fut depuis constamment observée , jusqu'au commencement de la Révolution. † Ne pouvant se consumer lui-même dans les flammes de l'amour, devant Notre-Sei-

(2) *Rem. hist.*, t. III , p. 638 ; t. I, p. 174. — *Vie par M. de Bretonvilliers*, t. I, p. 497.

gneur présent au saint tabernacle , et étant obligé, par sa charge , de se répandre de toutes parts , il faisait brûler continuellement, aux deux côtés de l'autel, deux cierges pour le représenter (2) ; et il voulut en outre fournir encore , à ses dépens , les

(3) *Ibid.* p. 498. — *Rem. hist.*, ibid. t. III, p. 639.

flambeaux qu'il fit porter devant la sainte Eucharistie lorsqu'on allait l'administrer aux malades (3). Toutes les fois qu'il sortait du presbytère, il ne manquait jamais d'entrer à l'église pour adorer Notre-Seigneur ; et de choisir ensuite les rues où, sans s'écarter beaucoup de son chemin, il devait

---

† D'après l'usage constamment observé, depuis M. Olier, à Saint-Sulpice, les conducteurs de voitures s'arrêtaient au passage du très-saint Sacrement. Dans les dernières années du XVIIIᵉ siècle, un individu qui conduisait un cabriolet, ayant voulu passer outre, le prêtre qui agitait la sonnette, arrêta et retint le cheval par le mors; et la police informée du fait, obligea cet individu à faire réparation à l'église , en portant des excuses à la communauté. Ce jugement n'a rien qui doive surprendre, si l'on considère que la religion catholique était regardée alors comme la religion de l'État ; et si l'on se rappelle, qu'en semblables occasions, des rois très-chrétiens sont descendus de leur voiture, pour la céder au prêtre qui portait le Saint-Viatique. Encore aujourd'hui à Rome, le Souverain Pontife et les cardinaux mettent pied à terre dans ces rencontres, et accompagnent le très-saint Viatique.

Mr Olier exhorte les paroissiens de Saint Sulpice
à mettre leur confiance en Marie leur patrone
et à recourir à elle dans leur besoins.

rencontrer plus d'églises; et, avant de rentrer à la maison, il le visitait de nouveau (1).

La conduite de la divine providence ne paraît jamais plus admirable que lorsqu'on la considère opposant le bien au mal, et préparant déjà des remèdes ou des préservatifs, à mesure que l'ennemi de tout bien compose, en secret, ses poisons afin de perdre les âmes. Tandis que M. Olier, pour rallumer la piété dans sa paroisse, s'efforçait d'y mettre en honneur le culte du très-saint Sacrement, et surtout d'attirer les fidèles à la communion fréquente, le démon, de son côté, concertait sourdement les moyens de les en éloigner. Il se servit, pour y réussir, de cette nouvelle secte dont le Père de Condren, avant sa mort, avait prédit la naissance, et qui, dès son apparition, s'étudia à inspirer de l'éloignement pour l'Eucharistie, en exagérant les dispositions nécessaires pour s'en approcher avec fruit. Arnauld, le premier écrivain du parti, recueillit, dans un énorme volume, tout ce qu'il put trouver, dans les monuments de la tradition, de plus propre à effrayer les âmes, afin de tarir ainsi pour elles la source de la sanctification et de là piété. Et ce qui décèle le caractère de cette hérésie astucieuse, ce recueil fut publié sous le titre spécieux : *De la fréquente Communion.* « Les Jansénistes, disait la mère Eugénie de Fontaine, sont » comme les mauvais droguistes qui mettent le nom » des sirops sur les poisons, et qui, voulant persuader la rare communion, intitulent leur livre : » *De la fréquente.* Ils en ont fait de même sur la » dévotion à la sainte Vierge (2). » M. Olier, voulant donc préserver ses paroissiens d'un mal si funeste, déploya un nouveau zèle, pour les attirer à la fréquente réception de l'Eucharistie, sans qu'on pût l'accuser de s'écarter en ce point, des règles de la prudence et de l'esprit de l'Eglise. Le moyen le plus efficace qu'il employa, fut de leur inspirer, dès l'enfance, les sentiments de la religion la plus sin-

(1) *Ibid.*, t. III, p. 658. — *Vie, ibid. — Esprit de M. Olier*, t. II, p. 71.

XIV.
M. Olier exhorte ses paroissiens à la communion fréquente.

(2) *Vie de la vénérable Eugénie de Fontaine*, in-12, p. 113 et suiv.

cère et la plus tendre envers Jésus-Christ, résidant dans l'adorable Sacrement de nos autels, et de les bien instruire des dispositions que demande ce véritable pain de vie.

XV.

M. Olier établit les communions du mois.

Il voulut que les catéchistes chargés de préparer les enfants à leur première communion, apportassent à un ministère si important tout le soin et le zèle dont ils étaient capables; et, afin de faire contracter aux enfants la sainte pratique de la communion fréquente, il établit pour eux des communions générales, connues encore aujourd'hui sous le nom de *Communions du mois*, et qui furent, pour toute la paroisse, une source très-abondante de grâces. Le soin avec lequel on a préparé, depuis ce temps, les enfants à la première communion, et aux communions de chaque mois, a été effectivement regardé comme une des principales sources des bénédictions répandues sur la paroisse de Saint-Sulpice; et c'est, en y joignant

(1) *Vie de M. Olier, par M. Nagot. — Hist. des Catéchismes de S.-Sulpice.*

la dévotion très-particulière envers la sainte Vierge, la raison qu'on aime à donner ordinairement de la piété qui s'y est toujours soutenue depuis que M. Olier l'a gouvernée (1). Le culte envers le très-saint Sacrement de l'autel, et la piété envers Marie, les deux dévotions que l'hérésie de Jansénius a le plus attaquées, quoique d'une manière indirecte, furent celles que M. Olier s'efforça jusqu'à sa mort d'étendre et de propager; et elles sont le plus précieux héritage qu'il pût laisser à ses successeurs, soit pour leurs troupeaux, soit pour eux-mêmes. Aussi l'illustre archevêque de Cambrai, qui les avait puisées au séminaire de Saint-Sulpice, écrivait à M. Leschassier, troisième successeur de M. Olier : « La

-* NOTE 8, p. 128.

(2) *OEuvres de Fénelon. Correspondance, t. v, p. 228. Lett. 48.*

solide piété pour le saint Sacrement et pour la » sainte Vierge, qui s'affaiblit et qui se dessèche tous » les jours par la critique des novateurs, doit être » le véritable héritage de votre maison * (2). † »

† Au sujet de cette solide piété envers l'auguste Mère de Dieu, M. Tronson écrivait en effet l'année 1685: « Vous

Mr OLIER CONSACRE À LA TRÈS SAINTE
VIERGE LES ENFANTS DE LA PAROISSE
DE SAINT SULPICE.

Pour inspirer aux enfants cette piété solide envers l'auguste Mère de Dieu, M. Olier les accoutumait de bonne heure à recourir à elle avec confiance, à la considérer comme leur tendre mère, et à se conduire à son égard comme des enfants pleins de respect et d'amour. Lorsqu'il prit possession de sa paroisse, il la consacra solennellement à Marie; et il fut alors réglé que, à l'avenir, on porterait aux processions la bannière de la sainte Vierge, avec celle de Saint—Sulpice (1). Il voulut de plus que, chaque mois, les enfants se consacrassent à elle; et, dans ce dessein, il fonda une messe et une procession, qui avaient lieu le premier samedi du mois, et auxquelles assistaient tous les enfants qu'on instruisait sur la paroisse (2). Mais c'était le jour de leur première communion, qu'il aimait surtout à les consacrer à Marie. Depuis longtemps, dès qu'il avait quelque chose de beau ou de rare, il éprouvait une sorte de besoin de lui en faire hommage, comme à sa souveraine; et, dans ce jour heureux, il s'empressait de lui consacrer ces jeunes cœurs, que Jésus—Christ avait daigné remplir de son Esprit et de sa grâce, persuadé qu'il n'y avait pas d'instant dans la vie, où ils fussent plus dignes de lui être offerts. On conserve, au séminaire de Saint-Sulpice, un ancien tableau où il est représenté consacrant à la très—sainte Vierge, le jour de la première communion, le jeune Anne—Auger Granry, âgé de douze ans, et qui était alors page de la chambre du duc d'Orléans, oncle du roi Louis XIV. Cet enfant, d'une figure très—agréable (3), avait su conserver son innocence au milieu des piéges de la cour; et voulant persévérer dans cet heureux état jusqu'au dernier soupir de sa vie, il vint, âgé de quinze ans, faire une retraite au séminaire. Son dessein était d'y demander à Dieu de mourir, s'il

» savez que c'est une des principales dévotions de la maison, et que c'est ce que nos très-honorés Pères M. Olier et M. de Bretonvilliers *nous ont laissé pour héritage* » (4).

XVI.
M. Olier consacre les enfants de sa paroisse à la très-sainte Vierge.

(1) *Rem. hist.*, t. I, p. 170.

(2) *Ibid.* pag. 101, 58; t. II, p. 632. — *Calend. hist.*, 1778, p. 92.

(3) *Journ. spirituel de M. de Bretonvilliers*, t. II. — *Copie du même,* t. I, p. 38, 53.

(4) *Lettres de M. Tronson*, t. XIII, p. 408, 18 avril 1685 à M. Frémont.

* NOTE 9, p.
129.
(1) *Grandet,
Vies Ms. Vie de
M. de Bretonvil-
liers. — Regist.
des sépult.du sé-
minaire*, fol. 2.

XVII.
Amour de M.
Olier pour les
pauvres. Le
frère Jean de
la Croix.

prévoyait qu'il dût l'offenser jamais mortellement,
en retournant à la cour, ou en rentrant dans le
monde ; et à peine commençait-il sa retraite, qu'il
tomba malade et mourut en effet au bout de quelques jours *(1).

Après le très-saint Sacrement de l'autel, où Jésus-
Christ réside réellement, M. Olier ne trouvait pas
d'objet plus digne de son amour que les pauvres,
sous l'extérieur desquels il aime aussi à se cacher.
On a remarqué plusieurs fois, que lorsqu'il arrivait
dans une ville, où il devait s'arrêter, il visitait d'a-
bord le très-saint Sacrement, et ensuite l'hospice
des malades ou l'asile des pauvres. Nous avons vu
d'ailleurs, qu'il s'était engagé par vœu à leur soulagement ; et jusqu'à la fin de ses jours il leur rendit
comme aux enfants les plus chéris de son Maître,
tous les bons offices qu'ils pouvaient attendre de sa
charité. On voyait de ces pauvres se rendre en foule
à son presbytère, les uns traînant avec peine un
corps à demi brisé ; les autres presque sans vêtement, exhalant la mauvaise odeur qui s'attache à
l'indigence (2). Non content de les recevoir avec la
douceur et l'affabilité d'un père, qui fait accueil à
ses enfants, il les invitait, il allait au-devant d'eux
et les cherchait même, pour leur prodiguer toute
sorte de secours. A peine eut-il été mis en
possession de la cure de Saint-Sulpice, qu'il fit
dresser un rôle des pauvres honteux, dont le
nombre s'éleva à quinze cents, sans compter les
pauvres ordinaires. Mais un pasteur, accablé par
tant de sollicitudes diverses, ne pouvait guère
s'occuper par lui-même des détails qu'exigeait le
soulagement de plusieurs milliers d'indigents ; il
avait besoin d'un homme attentif et expérimenté,
sur qui il pût se reposer de cette obligation si importante de la charge pastorale, et il sembla que la
Providence eût préparé de longue main, un homme
doué de toutes les qualités nécessaires pour remplir sagement cette sorte d'emploi. Ce fut un pieux

(2) *Vie de M.
Olier, par M. de
Bretonvilliers*,t.
I, p. 42.

laïque, nommé Jean Blondeau, plus connu sous le nom de frère Jean de la Croix *. Il avait été domestique du Père Bernard dit le *pauvre Prêtre* (1), qui l'avait pris parmi les mendiants (2), ayant remarqué en lui un très-bon sens et une parfaite intégrité. Le frère Jean accompagnait toujours M. Olier dans les visites générales des pauvres.

Ce charitable pasteur savait se faire tout à tous ; il écoutait avec intérêt le détail de la position de chacun, de peur de laisser un seul de ses paroissiens dans le besoin, faute de bien connaître son état (3); et dans chaque visite générale, il distribuait pour le moins quinze cents livres. Comme en assistant corporellement les pauvres, il se proposait surtout de leur faire agréer plus sûrement les secours spirituels qu'il leur devait en sa qualité de pasteur ; il ne rebutait aucun de ceux qui, dans l'exposition qu'ils lui faisaient de leur misère, cherchaient à le tromper, pour tirer de lui des aumônes plus abondantes. Dieu lui avait fait connaître en effet, que si quelques uns usaient de dissimulation ou de ruses, pour surprendre sa charité, il devait saisir cette occasion pour guérir doucement leurs âmes, sans leur refuser, malgré leur fourberie, l'assistance corporelle que réclamaient leurs besoins réels ; et qu'en procurant le bien de leurs âmes, à l'occasion de celui qu'il ferait à leurs corps, les sommes qu'il aurait dépensées ainsi, seraient très-utilement employées (4).

Aimant les pauvres comme une mère aime ses enfants, il payait encore les mois de nourrice, plaçait les orphelins, procurait du travail aux filles qui manquaient de pain, et, à la fin de chaque semaine, leur faisait donner une somme réglée, par de charitables paroissiennes, chargées de veiller sur leur conduite et leurs nécessités (5). Deux jours de la semaine, il faisait donner la nourriture à un grand nombre de mendiants qu'on a vus quelquefois jusqu'à neuf cents (6), et souvent, pour les vêtir, il

*NOTE 10, p. 141.
(1) *Rem. hist.*, t. III, p. 641.
(2) *Ibid.* t. I, p. 129.

XVIII.
Générosité de M. Olier envers les pauvres.
(3) *Vie de M. Olier, par le P. Giry*, partie 1re, ch. X.

(4) *Mém. part.* an. 1644, 1647.

(5) *Rem. hist.*, t. III, p. 641, 642, t. I, p. 175.
(6) *Ibid.* t. III, p. 644. — *Vie par M. de Bretonvilliers*, t. I, p. 500, 501, 502.

faisait acheter de la toile et des étoffes. Toutes ces aumônes l'obligeaient à mettre des sommes considérables entre les mains du frère Jean, à qui il ne refusa jamais rien de ce qu'il demandait : tant il se confiait en la divine Providence. Quelquefois, à la vérité, il se voyait sans argent ; mais la foi vive avec laquelle il recourait alors à l'assistance de la très-sainte Vierge, faisait bientôt arriver les secours. « La bourse du Père des pauvres, disait-il, » est. inépuisable pour ceux qui se reposent sur » lui (1). » Il avait attaché aux sacs destinés à renfermer les sommes pour ses pauvres, une image de la sainte Vierge, qu'il avait établie leur avocate et la gardienne de leur trésor ; et l'on a plus d'une fois admiré comment ces sacs, qu'il vidait si souvent, semblaient cependant être inépuisables. Car lorsqu'on y songeait le moins, on apportait au presbytère de quoi les remplir de nouveau. Il disait un jour à quelques-uns de ses ecclésiastiques, en leur montrant cette image. « Voilà sur qui je me repose » pour le soin des pauvres de la paroisse : j'en laisse » la conduite et le maniement à la Mère de DIEU ; je » lui expose mes nécessités, et elle a la bonté d'y » pourvoir. Elle ne m'a jamais manqué : il n'y a qu'à » s'abandonner à elle pour tout (2). »

(1) *Rem. hist.* t. I, p. 175.

(2) *Vie ibid.*, p. 503, 504. — *Rem. hist.*, t. I, p. 174, 175, t. III, p. 644, 645, 646.

XIX.
M. Olier rétablit la confrérie de la Charité.

(3) *Abelly*, liv. I, ch. XXIII.

(4) *Rem. hist.*, t. III, p. 1, 649, 652, 653 ; t. I, p. 176. — *Vie de M. Olier, item,* t. II, p. 318.

M. Olier, dès la première année qu'il fut curé de Saint-Sulpice, rétablit et perfectionna la confrérie des dames de la Charité pour le soulagement des malades. Cette pieuse institution, formée depuis plus de dix ans sur cette paroisse par saint Vincent de Paul (3), n'existait déjà plus, ou était presque éteinte (4). Pour la ranimer, M. Olier réunit les dames de sa paroisse les plus zélées et les plus dévouées au soulagement des pauvres, et leur donna des règlements que saint Vincent de Paul lui avait communiqués. Les unes se taxèrent à quelque somme réglée, par mois ; d'autres se chargèrent de faire cuire à leur tour la viande destinée au service des malades ; d'autres enfin promirent d'aller les

A Monsieur

Monsieur Vincent superieur
de la Mission a St Lazare.

+ Vive Jésus a Tout

Monsieur,

Jose prendre la liberté pour la gloire
de Jésus Christ et le service de ses membres
de vous supplier sy votre comodité le
permet de voulloir prendre la peine
de venir encourager nos Dames dela
Charité, qui sassemblent aujourdhuy
extraordinairement pour trouver expediens
daller servir les pauvres Ellermesnes, et
dacomplir le reglement de la Compagnie
ausquel jusqu'à present Elles ne setoient
point assujeties, Je vous conjure au nom
de Nre Seigr et desa mere de ne me point
refuser cette grace. en lamour desquels
Je suis

Monsieur
Vre tres humble et tres
obeissant serviteur Olier

au soir ce Jeudy 11 heures.

visiter et de les consoler. On gageait pour le service journalier un certain nombre de filles, et si l'on ne trouvait pas de médecins ni de chirurgiens qui voulussent donner gratuitement leurs soins, on assignait à quelques-uns des émoluments sur les fonds de la confrérie (1). Enfin tout avait été prévu pour que les malades fussent toujours assistés, et les fonds de la compagnie administrés sagement. Il paraît toutefois que les dames de la confrérie ne suivirent pas d'abord ces règlements dans tous leurs points, et M. Olier les ayant ensuite déterminées à aller servir elles-mêmes les malades, crut devoir prier saint Vincent de Paul de venir les y animer encore lui-même dans une de leurs assemblées, et lui écrivit la lettre suivante: « J'ose prendre la liberté, pour la gloire de Jésus-Christ et » le service de ses membres, de vous supplier, si » votre commodité le permet, de vouloir prendre la » peine de venir encourager nos dames de la Cha- » rité. Elles s'assemblent aujourd'hui, pour trouver » moyen d'aller servir les pauvres elles-mêmes, et » d'accomplir le règlement de la compagnie, auquel » jusqu'à présent, elles ne s'étaient point assujetties. » Je vous conjure, au nom de Notre-Seigneur, et » de sa sainte Mère, de ne point me refuser cette » grâce (2). »

(1) *Rem. hist.*, t. III, p. 34.

(2) *Lettres aut. de M. Olier*, p. 43.

C'était le premier jeudi de chaque mois qu'elles s'assemblaient, ordinairement l'après-midi, dans la salle du presbytère, où M. Olier présidait leur réunion. Ce même jour elles assistaient à la messe dù très-saint Sacrement, pour obtenir *la grâce de se comporter courageusement dans l'exercice de la charité qu'elles avaient embrassé* (3); demande qui devait être d'autant plus agréable à Notre-Seigneur, qu'elle lui était adressée par des personnes nourries et élevées dans le luxe et la délicatesse, presque inséparables de l'opulence. Car la confrérie se composait des dames du faubourg-Saint-Germain, du rang le plus distingué. L'une d'elles, madame Les-

XX.

M. Olier détermine les dames de sa paroisse à servir elles-mêmes les malades.

(3) *Rem. hist.*, t. III, p. 5.

chassier, de l'illustre famille de Miron, portait le dévouement jusqu'à faire elle-même les lits des pauvres, à préparer leur nourriture, et à emporter leurs vieux haillons, qu'elle avait encore la force de nettoyer, dans quelque état qu'ils se trouvassent, et de raccommoder de ses mains. Un jour que mademoiselle Leschassier, digne fille d'une telle mère, la vit sur le point de peigner une petite fille dont la tête était extraordinairement couverte de gale, elle voulut tirer l'enfant à elle pour lui rendre ce service; mais la mère, non moins admirable, s'efforça de la retenir en disant : N'est-il pas convenable, ma fille, que vous me cédiez le meilleur (1)?

(1) *Vie de M. de Lantages*, in-8°, liv. I, n. 20.

XXI.
M. Olier établit sur sa paroisse les filles de la Charité. Avis à ses ecclésiastiques.

Malgré ce noble dévouement, les confréries de la Charité avaient peine à se soutenir; et ce fut pour les établir d'une manière solide, que Louise de Marillac, veuve Legras, essaya de faire assister les malades par de vertueuses filles, qui donnèrent commencement à la congrégation des Filles de la Charité. On dit que M. Olier fut le premier des curés de Paris qui les établit dans sa paroisse. Il les fixa d'abord rue du Pot-de-Fer, et les chargea du soin des petits enfants et de la visite des malades; elles devaient porter à ceux-ci la nourriture, les médicaments et leur donner tous les autres secours nécessaires (2). †

(2) *Rem. hist.*, t. I, p. 67, 221.— *Calendr. hist.*, 1774, p. lxxvi.

† Ce fut, sans doute, en faveur de l'une des filles de la Charité, donnée à M. Olier par Madame Legras, qu'arriva ce trait de Providence, rapporté par les historiens de saint Vincent de Paul. « Cette vertueuse fille étant allée porter » la portion à un malade, dans une maison du faubourg » Saint-Germain : à peine y fut-elle entrée, que cette maison » s'écroula de fond en comble, et écrasa près de trente per- » sonnes sous ses ruines. Par une protection visible du » Ciel, la sœur se trouva, durant cette catastrophe, sur un » coin de plancher qui ne tomba pas. Elle y resta immobile » avec un potager, qu'elle portait à la main : une grêle de » pierres, de poutres, de solives, de coffres, d'armoires, de » tables, se précipitaient des étages supérieurs tout autour » d'elle, sans qu'elle en fût même effleurée. Elle sortit ainsi de » cet amas de débris, au milieu des acclamations d'une multi- » tude de peuple, que le bruit et le fracas avait rassemblée (3). »

(3) *Vie par Abelly*, liv. III, p. 27, *par Collet*, t. I, p. 231.

Mais c'était à ses ecclésiastiques surtout, qu'il recommandait de donner aux pauvres et aux malades les témoignages d'une sincère et généreuse charité, et de les traiter toujours avec une grande douceur, comme étant les enfants chéris de Dieu. « Lorsque nous sommes appelés au service des in- » digents, leur disait-il, supportons avec une charité » à toute épreuve les incommodités qu'ils causent. » Souvenons-nous que Notre-Seigneur a choisi les » pauvres pour servir de témoignage à la divinité » de sa mission, et pour en tirer la preuve la plus » indubitable de la vérité de sa doctrine ; les plus » souffrants sont ses membres plus particulière- » ment que les autres : ils ont donc un droit de pré- » férence à notre tendresse et à notre affection (1). »

(1) *Vie de M. Olier, par M. de Bretonvilliers.*

Mais comme la charité doit être prudente et sagement ordonnée, M. Olier régla qu'aucun des confesseurs de la paroisse ne ferait jamais l'aumône à ses pénitents. « L'ordre était, dit M. du Ferrier, de » dire d'abord à ceux qui, dans le confessionnal, dé- » ploraient leurs nécessités : Aimez-vous mieux » vous confesser ou recevoir l'aumône? si je vous » confesse, je ne puis vous la donner (2). »

(2) *Mém. de M. du Ferrier*, p. 186.

Quelque sensible que fût M. Olier au sort des indigents, il était encore plus touché des désordres que la corruption des mœurs causait dans sa paroisse. Celui qui l'affecta le plus, fut la multitude des maisons qui servaient de retraite aux femmes de mauvaise vie et de rendez-vous aux libertins ; parce qu'il n'en connaissait point de plus désastreux, ni qui perdît un plus grand nombre d'âmes. Il serait impossible de rapporter ici tout ce qu'il entreprit pour délivrer son troupeau de cette contagion. Tantôt il exhortait ses paroissiens à ne pas louer leurs maisons aux personnes vendues au libertinage ; et lorsque les conseils ne suffisaient pas, il le leur défendait au nom du souverain juge, défense qu'il accompagnait des menaces les plus terribles, et qu'il appuyait des exemples les plus effrayants.

XXII. Son zèle pour délivrer sa paroisse des femmes de mauvaise vie.

Tantôt, pour proscrire les lieux de prostitution, aussi funestes à l'honneur et à la prospérité des familles, qu'au salut des âmes, il réclamait l'appui que lui devaient les magistrats; leur représentant avec toute la vigueur que donne le zèle apostolique, qu'à titre de protecteurs des lois, ils répondraient, au tribunal de Dieu, des scandales publics qu'ils entretiendraient par leur négligence, ou qu'ils autoriseraient par l'impunité (1); et ses avis eurent souvent tout l'effet qu'il avait lieu d'en attendre. Une troupe de ces malheureuses créatures s'étant logées près de l'église, et dans une des rues les plus fréquentées de la paroisse, le désordre était si grand, que tous ceux qui venaient par là aux offices, en étaient étrangement scandalisés. M. Olier s'en plaignit publiquement au prône, et ses paroles produisirent une si forte impression, que le bailli, voulant faire cesser le scandale, chassa ces personnes du faubourg, et changea même le nom de cette rue pour abolir jusqu'au souvenir de leurs désordres (2).

La punition ordinaire que ce magistrat leur infligeait, était une prison de quinze jours, au pain et à l'eau, à moins qu'il n'y eût à leur charge des circonstances particulières; et, dans ce cas, il les faisait comparaître à la chambre du conseil du bailliage, pour y demander, à genoux, pardon à Dieu, à l'église et à la justice. D'autres fois, il les condamnait à être fouettées publiquement, ou même à être bannies du faubourg pour un certain nombre d'années (3). Mais comme il en venait continuellement de nouvelles pour s'y établir, voici, dit M. du Ferrier, le remède qu'on trouva pour les éloigner de la paroisse. « Lorsqu'on savait qu'il y en était venu » quelqu'une, ceux qui étaient chargés d'y veiller, » écrivaient, dans un billet qu'on envoyait à M. le » bailli, le nom, la rue, la maison et la chambre de » cette misérable; et, dès le lendemain de grand » matin, il allait s'en saisir, et l'emmenait dans ses » prisons, donnant en proie à ses sbires tout ce

Notes marginales:

(1) *Vie de M. Olier, par M. de Bretonvilliers.*

(2) *Rem. hist.*, t.1, p.129; t. III, p.34. — *Recherches sur la ville de Paris*, par Jaillot, t.v, p.66.

XXIII.
Le bailli de St.-Germain seconde le zèle de M. Olier.

(3) *Rem. hist.*, t. I, p. 128.

» qu'elle avait dans sa chambre. Le motif de sa con-
» duite était que n'ayant pas le droit d'imposer de
» peines, au-delà d'une prison de quinze jours au
» pain et à l'eau, au moins il mettait ainsi la personne
» hors d'état de faire du mal, jusqu'à ce qu'elle se fût
» pourvue de nouveaux ajustements : ce qui allait
» loin, et l'empêchait d'ailleurs de revenir sur notre
» paroisse, aussi bien que celles qui en entendaient
» parler, et qui craignaient un pareil traitement (1). »

(1) *Mém. de M. du Ferrier*, p. 239, 240.

XXIV.
M. Olier travaille à la conversion des femmes de mauvaise vie et leur procure des secours.

Mais un moyen plus conforme à la douceur de M.
Olier, et qu'il employait de préférence, était d'essayer de les gagner, pour assurer ensuite leur salut.
On le trouvait toujours prêt à fournir de quoi lever
le plus grand obstacle à leur conversion, en leur
procurant quelque moyen de subsister. Tantôt, il
appelait à son secours, les personnes les plus vertueuses des différents quartiers de la paroisse, et les
engageait à prendre toutes les voies de la persuasion et de la douceur, pour retirer ces pauvres
pécheresses du gouffre, où la misère les avait préci-
pitées (2). Tantôt, il les confiait à des personnes
charitables, à qui il payait leur pension, afin de les
mettre ainsi à portée de recevoir des instructions
capables d'assurer leur retour à Dieu (3). Cette
œuvre ne lui coûtait pas moins de dépenses, que
de travaux et de soins (4). Mais, disait-il, si le Fils
de Dieu a donné, pour cette âme que je veux retirer du vice, sa vie et son sang ; et si, pour la sauver, il n'exige pas que je me sacrifie moi-même,
n'est-il pas raisonnable que j'y contribue au moins
de mon argent (5) ?

(2) *Rem. hist.*, t. III, p. 619.
(3) *Année Dominic.* 12 sept. p. 423. — *Rem. hist.*, t. I. p. 177.
(4) *Vie de M. Olier, par le P. Giry*, 1re partie, ch. XV.

(5) *Rem. hist*, t. III, p. 619, t. I, p. 38. — *Vie de M. Olier, par M. de Bretonvilliers*, t. I, p. 477.

Souvent il essaya de travailler par lui-même à
leur conversion, mêlant à propos l'huile avec le vin,
dans les corrections qu'il leur faisait, c'est-à-dire,
imprimant la terreur, et frappant par la crainte,
lorsqu'il ne pouvait réussir à émouvoir par le langage de la compassion et de la bonté (6). Sa pratique la plus ordinaire en leur parlant, était de
s'unir aux dispositions intérieures de Notre-Sei-

(6) *Ibid.*

gneur conversant avec la Samaritaine. « Aujour-
» d'hui, dit-il dans ses Mémoires, devant aller visi-
» ter, vis-à-vis le puits de l'abbaye, une femme
» séparée d'avec son mari, pour les réconcilier en-
» semble, j'ai parlé encore à une autre personne de
» mauvaise vie, pour tâcher de gagner quelque
» chose sur elle, et de la ramener; et j'ai vu que je
» devais me conduire dans cette circonstance,
» comme Notre-Seigneur à l'égard de la Samaritaine.
» Cette femme semble en être une véritable copie;
» car elle a eu plusieurs maris, qui ne l'étaient pour-
» tant point, et celui qu'elle a en ce jour n'est pas
» à elle. Je commençai mon discours par lui parler
» de Notre-Seigneur et de la soif qu'il avait du salut
» de son âme, m'unissant alors d'autant plus aisé-
» ment à ce divin Sauveur, qu'à son imitation j'allai
» parler à cette fille, étant déjà fatigué du chemin
» que j'avais fait, et ayant grand besoin de manger
» et de boire, quoique je dusse avoir plus de faim
» encore de son salut; il était bien plus de midi. Au
» peu de paroles qu'il plut à Notre-Seigneur de
» dire par ma bouche, elle s'est rendue, et s'est
» trouvée toute calmée de la mauvaise humeur où
» elle était d'abord. (1). »

(1) *Mém. aut.
de M. Olier*, t. III,
p. 547. 548.

XXV.
Belle réponse
de M. Olier sur
l'inutilité de
ses efforts
pour gagner à
Dieu ces pé-
cheresses.

Une personne de piété représentant un jour
à M. Olier, que tout ce qu'il entreprenait à si
grands frais, pour les pécheresses, était peine perdue, puisque tous les jours on en voyait qui,
après leur conversion, retournaient à leurs premiers désordres, il répondit avec douceur :
« Non, la peine que l'on prend pour Notre-
» Seigneur n'est point perdue. Elle n'a pas tou-
» jours le succès que nous nous proposons; mais
» elle ne laisse pas d'en avoir un autre, sur lequel
» nous pouvons toujours compter : c'est de nous
» avancer nous-mêmes dans le bien, d'augmenter
» nos mérites, de nous procurer une plus grande
» gloire dans le ciel, et sur la terre le plus haut
» point d'honneur auquel puisse aspirer une créa-

» ture, qui est de travailler pour Dieu. » Ensuite il demanda si toutes celles qui avaient été retirées du désordre y étaient retombées ; et comme on lui eut dit que non : « Ah ! reprit-il, » que vous devez être content ! si votre vie ne » servait qu'à sauver une âme, ne serait-elle pas » bien employée, puisque le Fils de Dieu eût » donné la sienne pour cette seule âme, quand » il n'aurait vu qu'elle dans le monde (1). »

M. Olier plaça plusieurs de ces pécheresses dans une communauté, connue alors sous le nom de la Madeleine, près du *Temple*, qui servait d'asile aux repenties. Mais le nombre de celles qu'il gagnait à Dieu devenant trop considérable, pour les réunir toutes dans cette maison, il résolut de faire un semblable établissement dans sa paroisse. C'était l'unique moyen de préserver du péril celles qui, faute de ressources assurées, retombaient par faiblesse dans leurs premiers désordres. Quelques-uns des grands et des riches, parmi ses paroissiens, applaudirent à ce projet, et offrirent d'y contribuer généreusement ; mais Dieu permit que son serviteur rencontrât des obstacles insurmontables : des personnes prévenues contre cette nouvelle fondation, sous prétexte qu'elle pouvait préjudicier beaucoup à l'établissement qui existait déjà, formèrent une opposition à laquelle il fut contraint de céder. Il n'en vint cependant à cette extrémité, qu'après avoir tenté toutes les voies possibles ; en sorte qu'il eut devant Dieu le mérite de l'entreprise, sans goûter dans cette vie la joie d'en recueillir les fruits. Cette contradiction donna lieu d'admirer combien son âme était établie dans la patience, et la parfaite conformité à la volonté de Dieu. Lorsqu'on vint lui annoncer, qu'enfin il ne fallait plus penser à ce projet : « Hé bien, répond-il, Dieu soit » béni : il est le maître ; sa très-sainte volonté soit » faite en toutes choses † (2). »

† M. de la Barmondière, disciple de M. Olier et l'un de

(1) *Vie de M. Olier*, par *M. de Bretonvilliers*, t. I, p. 479.—*Rem. hist.*, t. III, p. 621, 623.

XXVI.
M. Olier s'efforce d'établir une maison de repenties.

(2) *Vie, ibid.* t. I, 477, 478, 479.-*Rem. ibid.* p. 620, t. I, p. 177.

A la vue de tant de crimes et de désordres, dont il se voyait environné, il éprouvait une douleur si vive et si sensible, que souvent on le voyait répandre des larmes sur sa paroisse (1), comme autrefois Jésus-Christ sur Jérusalem. Il était vivement touché en songeant non-seulement à ceux de ses paroissiens qui méprisaient la miséricorde divine, mais généralement à tous les pécheurs ; et il disait quelquefois : « Je ne comprends point com-» ment l'on peut aimer Dieu, et n'être pas très-sen-» sible à la perte de ses créatures. » On vit dans mille rencontres combien les prières de ce tendre et généreux pasteur étaient puissantes auprès de Dieu, et avec quelle promptitude il était presque toujours exaucé. Un jour, ayant entendu parler pour la première fois d'un pécheur scandaleux, il offrit pour lui le saint Sacrifice ; et aussitôt ce pécheur vint de lui-même le trouver, renonça à ses dé-

sordres, se donna entièrement à Dieu et vécut saintement le reste de ses jours (2). Enfin, parmi le grand nombre de personnes qu'il dirigeait, ou dont il entreprit la conversion, il n'y en eut que très-peu, et, d'après M. de Bretonvilliers, deux seulement, qui moururent sans donner des marques de pénitence, qui pussent faire espérer leur salut.

La première fut une calviniste, dont nous avons déjà parlé ; la seconde, une fille âgée de vingt-deux ans, qui, ayant mené une vie fort licencieuse, fut attaquée d'une maladie qui, en peu de jours, la conduisit aux portes du tombeau. Il s'empressa de lui offrir les secours de son ministère, lui prodigua même toutes sortes de soins pour la gagner, et fit encore de rigoureuses pénitences. Mais n'obtenant rien sur son esprit, et attribuant à ses propres pé-

chés l'endurcissement de cette malheureuse, il laissa auprès d'elle plusieurs prêtres pour prier, dans la

ses successeurs dans la cure de Saint-Sulpice, réalisa un si utile dessein en 1684, par l'établissement de la communauté dite du Bon-Pasteur (3).

confiance que Dieu se laisserait plus aisément toucher à leurs instances. Ils n'omirent rien de ce qu'ils jugèrent propre à fléchir son obstination, se montrant même disposés à l'absoudre, si elle voulait faire le signe de la croix, prononcer le saint nom de Jésus ou celui de Marie, ou simplement baiser le crucifix. † Tout fut néanmoins inutile, et ces ecclésiastiques, espérant que la grâce de M. Olier et sa qualité de pasteur, toucheraient ce cœur endurci, le firent prier de venir l'exhorter de nouveau. Il était minuit, et la mourante allait rendre l'âme ; M. Olier s'y rendit sur-le-champ, mais sans aucun succès ; et l'infortunée méprisant les inspirations de la grâce, et refusant même d'écouter les paroles qu'il lui adressait, mourut devant lui, en poussant des hurlements et donnant des marques visibles de réprobation : car, ce qu'on ne peut dire sans horreur, elle porta l'impiété jusqu'à cracher, dans ce moment, sur le crucifix qu'on approchait de ses lèvres. Il est difficile de se représenter la désolation de ce zélé pasteur, après cette scène affreuse ; ses entrailles furent comme déchirées, et son cœur brisé par la douleur. On essaya vainement de le consoler, Dieu était seul capable d'apaiser cette douleur mortelle, et il y apporta en effet quelque adoucissement (1). La mort de cette malheureuse fit une grande sensation dans la paroisse ; on inhuma son cadavre dans la partie profane du cimetière sans

(1) *Esprit de* M. *Olier.*

----

† Il pourra paraître étonnant que ces ecclésiastiques voulussent bien donner à cette malheureuse l'absolution de ses péchés, si elle faisait le signe de la croix, ou baisait le crucifix. C'est sans doute qu'étant fort expérimentés dans la conduite des âmes, ils eurent lieu de soupçonner quelque obsession du malin esprit, et espérèrent qu'en obligeant la malade à donner des signes de religion, de quelque manière que ce fût, l'ennemi perdrait sa force, et qu'ils pourraient alors faire faire à celle-ci sa confession avec plus ou moins de détail, selon les règles que l'Église suit à l'égard des infirmes. Du moins, c'était la pratique de M. Meyster dans de semblables rencontres, comme on le voit dans les *Mémoires* de M. du Ferrier (2).

(2) P. 150, 151, 152.

(1) *Mém. de M. du Ferrier,* p. 152, 153.

qu'aucun ecclésiastique assistât à son enterrement (1).

XXIX.

Zèle coura-
geux de M. O-
lier pour déli-
vrer du péril
les âmes in-
nocentes.

Le serviteur de Dieu ne déployait pas moins de zèle pour préserver des dangers de la corruption les âmes qui étaient encore innocentes. Il se faisait informer des piéges auxquels se trouvaient exposées celles qui avaient le plus à craindre; et dès qu'il y avait du risque à courir, si elles étaient pauvres, leurs parents recevaient aussitôt de sa part, les secours nécessaires pour mettre leur salut et leur honneur en sûreté. On aurait peine à croire combien de jeunes personnes seraient devenues la proie de l'enfer, sans les soins de ce pasteur charitable. Il intéressa à cette bonne œuvre, l'une des dames les plus recommandables et les plus zélées de cette époque, Marie Lumague, veuve de Pollalion, digne émule de Madame Legras, et comme elle dirigée par saint Vincent de Paul. Elle avait pour M. Olier une estime singulière, et, dans les circonstances importantes, elle recourait à ses conseils. M. Olier ayant appris un jour, qu'une mère devait vendre sa fille pour une somme très-considérable, et que, dans un lieu marqué de sa paroisse, elle devait la livrer à un homme gagé pour exécuter le complot : il prit aussitôt ses mesures avec Madame de Pollalion, pour le faire échouer. D'abord, il demanda et obtint quelques gardes, qu'il envoya au lieu où devait se faire l'enlèvement, munis du pouvoir et des instructions nécessaires pour seconder ses vues. Madame de Pollalion s'y transporta de son côté. Tous s'étant trouvés à propos, au moment et au lieu du rendez-vous, cette innocente fille, moins coupable que malheureuse d'appartenir à une marâtre, fut au comble de la joie, de rencontrer une mère dans celle qui venait

(2) *Vie de M. Olier, par M. de Bretonvilliers,* t. 1, p. 481, 482. — *Rem. hist.,* t. III, p. 623, 624.

la délivrer; et, se jetant avec transport entre ses bras, après avoir échappé des mains de ses ravisseurs, elle alla mettre son âme et ses mœurs en sûreté, auprès de sa libératrice (2). Dans ces circonstances. M. Olier savait montrer un courage et une intrépidité à toute épreuve, sans être même arrêté par la crainte de la mort. Il était un jour dans sa chambre, au cœur de l'hiver, lorsque, entre sept et huit heures du soir, ayant entendu du tumulte dans la rue, on lui apprit que des soldats enlevaient une fille; sur-le-champ, ne consultant que son zèle, sans se mettre en peine du danger, il descend précipitamment, court après ces soldats, les atteint, et, avec un courage magnanime, qui déconcerte les ravisseurs, retire de leurs mains la jeune personne. Dans une autre circonstance tout-à-fait semblable, il poursuivit des soldats jusqu'à Montrouge, sans être arrêté par aucune considération (1). Ce ne sont là que quelques exemples, entre beaucoup d'autres qu'on pourrait citer. Inconsolable de la perte de tant d'âmes que la pauvreté seule jetait dans le précipice, il médita longtemps la fondation d'une communauté où les dames de charité pussent placer toutes les filles de la paroisse élevées chrétiennement, qui, faute de secours, seraient exposées aux derniers malheurs : mais il vécut trop peu pour former cet établissement; et lorsqu'il s'en occupait le plus, il fut attaqué de la maladie qui l'obligea de se démettre de sa cure (2), comme nous le dirons dans la suite.

(1) *Esprit de M. Olier.*

(2) *Vie par M. de Bretonvilliers* t. 1, p. 482. — *Rem. hist.,* t. III, p. 624.

Il s'efforça encore de bannir, du sein des familles, de graves désordres qui y régnaient. Ayant trouvé grand nombre de mariages nuls, il les valida, en usant de tous les moyens que la prudence pouvait lui fournir pour ne point donner connaissance au public de la nullité de ces mariages (3). Bien des personnes de sa paroisse vivaient ensemble sans être mariées : il ne négligea rien pour les mettre en état de recevoir le sacrement de mariage, en usant également de toutes les précautions, prescrites en pareil cas. Dans une paroisse aussi peu chrétienne que l'était celle de Saint-Sulpice, quand il en prit possession, la plupart des parents mariaient leurs

XXX.

M. Olier valide les mariages nuls, et réforme divers abus.

(3) *Vie, par M. de Bretonvilliers* t. III, p. 637. — *Vie, ibid.,* pag. 496.

filles sans leur rien apprendre de ce qu'elles auraient dû connaître, pour recevoir dignement ce
sacrement; et de leur côté, les prêtres qui la des-
servaient, ne se mettaient pas en peine de les en instruire (1). Obligé, comme pasteur, de retrancher ou
de prévenir ces abus, il fit sur une matière si importante, un règlement particulier qu'il répandit dans
sa paroisse, sous le titre : d'*Avertissement aux paroissiens de Saint-Sulpice qui désirent se marier* (2). Il soumit les futurs époux à un examen sur les principaux
points de la foi catholique; et il faisait en sorte que,
quelques jours avant leur mariage, ils s'approchaient
des sacrements de Pénitence et d'Eucharistie (3).

« Nous établîmes un règlement, dit à ce sujet
» M. du Ferrier, ce fut de ne marier personne, que
» les contractants ne fussent venus trouver M. Olier,
» afin d'apprendre leurs obligations et de répéter
» leur catéchisme. La mère conduisait sa fille, et le
» fiancé y venait seul. Ils récitaient les commande-
» ments de Dieu et les points nécessaires de la doc-
» trine chrétienne. Les grands seigneurs le faisaient
» avec beaucoup de civilité et de respect (4). »
M. Olier recommandait aux pères et aux mères de
veiller soigneusement sur les mœurs de leurs enfants, surtout de les faire coucher séparément; et,
afin de prévenir des maux irréparables que l'expérience lui avait fait connaître, il donnait des lits à
tous les pauvres qui en manquaient (5). Il institua
des offices solennels pour certains jours de l'année,
que le peuple du faubourg avait coutume de passer
en divertissements et en débauches; et il exhortait
puissamment ses ouailles à recevoir alors les sacrements, et à s'efforcer de rendre à Dieu autant de
gloire que le démon lui en ravissait. Nous verrons
dans la suite, que ces jours si indignement profanés
jusqu'alors, devinrent, dans peu de temps, des
jours consacrés à la piété et à la ferveur.

Les travaux continuels du serviteur de Dieu,
pour le renouvellement de la paroisse de Saint-

(1) *Mém.part.*,
an. 1642, 1643.

(2) *Rem.hist.*,
t. II, p. 627.

(3) *Ibid.*, t. II,
p. 628.—*Concil.
Trid. Sess.* XXIV,
c. 1, *De Ref. Ma-
trim.*

(4) *Mém. de M.
du Ferrier*, p.
325, 326.

(5) *Rem.hist.*,
t. III, p. 624, 625.

XXXI.
M. Olier re-
prend le des-
sein de réfor-
mer l'abbaye
de Pébrac. M.
Corbel.

Sulpice, ne lui avaient point fait perdre de vue les besoins de son abbaye de Pébrac. Comme il n'était plus possible d'y introduire la réforme de Chancellade, contre laquelle les religieux avaient protesté, en se donnant à celle de Sainte-Geneviève de Paris; et que d'ailleurs les ordonnances du cardinal de la Rochefoucauld (1) ôtaient à M. Alain de Solminihac le droit de réformer aucun monastère, M. Olier songea à un nouveau moyen. Son dessein avait toujours été de rétablir la règle primitive parmi eux : il eut même à ce sujet, avec le Père Faure, supérieur général de Sainte-Geneviève, plusieurs conférences, que cependant les religieux de Pébrac rendirent inutiles. Mais sachant que, sans commission particulière, il avait droit de rétablir l'ancienne règle dans cette abbaye, il eut la pensée d'y envoyer l'un de ses ecclésiastiques, pour qu'il y prît l'habit de novice, et disposât, en faveur de la réforme, l'esprit des religieux. C'était M. Corbel, homme d'oraison, versé dans la conduite des âmes, et très-capable par ses vertus, surtout par son humilité et son parfait détachement, de remplir cette mission difficile. Sa conduite dans cette circonstance, fut en effet au-dessus de tout éloge. « Lors- » que je lui communiquai, dit M. du Ferrier, le » dessein que M. Olier avait sur lui, il me répondit » aussitôt, qu'il n'aurait jamais d'autre volonté que » celle de Dieu, laquelle il verrait toujours dans celle » de son supérieur ; et cet homme, âgé de cinquante » ans, s'offrit à prendre l'habit de novice, le jour qu'on » lui marquerait. Il me demanda ce qu'il devait » faire de cent louis d'or, qu'il avait devers lui, avant » que d'entrer dans la communauté, pour s'en ser- » vir en cas de besoin ; je lui dis de les donner aux » pauvres : ce qu'il fit avant de partir. L'année de » son noviciat étant presque écoulée, il m'écrivit » pour savoir, s'il devait passer profès; j'en parlai » à nos Messieurs, qui, ne voyant pas de succès » touchant la réforme, trouvèrent à propos de lui

(1) *Règlem. du cardinal de la Rauchefoucauld* t. XIX , fol. 177, 178.

» écrire, qu'il fît encore une autre année de novi-
» ciat : ce qu'il fit sans rien répliquer. A la fin de
» cette seconde année, il me demanda, comme la
» première fois, l'ordre que nous voulions qu'il tînt ;
» nos Messieurs, après avoir reconnu qu'il ne fallait
» rien attendre pour la réforme des religieux, vou-
» lurent que je lui écrivisse de quitter l'habit de
» novice, et de revenir à Paris : ce qu'il fit avec au-
» tant de calme que s'il n'en eût point bougé. Il est
» même à remarquer qu'il ne dit jamais un mot des
» cent louis qu'il avait donnés, appuyé sur la con-

(1) Mém. de M. du Ferrier, pag. 225, 226, 227.

» fiance en DIEU, et le désir de mourir pauvre, dé-
» nué et abandonné comme JÉSUS-CHRIST (1) †. »

XXXII.

M. Olier veut donner son abbaye à St.-Vincent de Paul. Ses religieux s'opposent à ce dessein.

M. Olier eut alors un autre projet ; désespérant
de pouvoir introduire la réforme dans son abbaye,
il résolut de la céder à saint Vincent de Paul, et de
la convertir ainsi en maison de missionnaires pour
l'Auvergne et les pays voisins. Il paraît que saint
Vincent se prêtait à cet accord : du moins M. Olier
était déjà entré en accommodement avec les religieux, à qui il offrait des pensions considérables (2);

(2) Hist. des Chanoines régu-liers, t. III, ch. XLVII, p. 717.

et ce dessein aurait probablement réussi, sans les
démarches du prieur-mage pour le faire échouer.
Il agit si puissamment sur l'esprit des religieux,
qu'ils écrivirent au général de Sainte-Geneviève,
pour lui demander de nouveau d'être unis à sa ré-

(3) Règlem. du cardinal de la Roche'oucauld, t. XIX, fol. 178.

forme (3). Bien plus, sans perdre de temps, le prieur
se rendit à Évaux, au diocèse de Limoges, et fit, le
17 octobre 1644, un traité d'union avec le prieur de
cette maison, qui prétendait y être autorisé par le
Père Faure. On imagine aisément quelles pouvaient

† Quelques années après son retour de Pébrac, M. Corbel
fut appelé à la conduite d'une riche et grande paroisse, où
ses talents le rendirent très-utile. Lorsqu'il se vit avancé
en âge, et incapable, par l'épuisement de ses forces, de satisfaire à toutes les obligations de cet emploi, il choisit pour
son successeur un excellent homme qui gouvernait une

(4) Mém. de M. du Ferrier, p. 227.

petite paroisse, la prit, et lui donna la sienne, demeurant
curé, mais fort pauvre, et il continua toujours de même, ne
s'étant point réservé de pension (4).

en être les conditions : il était convenu que chacun des anciens religieux aurait une clef de l'église et du cloître, avec la liberté d'entrer dans l'abbaye et d'en sortir quand bon lui semblerait, sans que le nouveau prieur qui serait envoyé par le Père Faure, pût exercer sur eux aucune juridiction ; mais soit que ces conditions parussent trop extraordinaires ou que les pouvoirs du prieur d'Évaux n'eussent pas toute l'étendue qu'on leur donnait, le supérieur général refusa de ratifier le contrat. Il eût été d'ailleurs imprudent de conclure une affaire de cette nature, sans le consentement de M. Olier, qui avait déjà protesté de nullité, et qui probablement porta ses plaintes au général lui-même. Quoi qu'il en soit, « cette difficulté toucha si fort les religieux de Pé- » brac, dit l'historien des Chanoines réguliers, que » leur courage pensa en être abattu ; plusieurs » d'entre eux s'accordaient à prendre d'autres réso- » lutions, si le prieur ne les eût ramenés à son avis, » en leur persuadant de ne pas s'étonner de ren- » contrer ces obstacles (1). » Les choses demeu- rèrent en cet état, jusqu'au temps où M. Olier se démit de son abbaye, comme nous le dirons bientôt.

(1) *Hist. des Chanoines régu- liers*, t. iii, p. 718, 719, 720.

Il avait encore sur les bras une autre affaire non moins importante. La Reine régente, pour accom- plir le vœu qu'elle avait fait autrefois, d'élever à Dieu un temple magnifique, s'il donnait à la France un Dauphin, se proposait de faire achever les bâti- ments de l'abbaye du Val-de-Grâce, dont Louis XIV, encore enfant, posa en effet la première pierre, au mois d'avril 1645 (2). Cette pieuse princesse, pour maintenir l'esprit de ferveur dans ce monastère et en éloigner l'amour des nouveautés désirait en don- ner la direction à M. Olier ; et comme d'ailleurs elle venait souvent au Val-de-Grâce, pour s'occuper plus particulièrement de son salut (3), elle était bien aise de se ménager ainsi la facilité de l'avoir auprès d'elle, pour sa propre édification. Dans ce

XXXIII.
La Reine dé- sire que M. O- lier accepte la cure de Saint- Jacques.

(2) *Histoire de Paris, par Fé- libien*, t. ii, p. 1384.

(3) *Les Gran- deurs de sainte Anne, par Hu- gues de S.-Fran- çois*, 1657. *Epi- tre dédicat.* — *Mém. du P. Ra- pin*, t. i, p 38, 123.

dessein, elle lui proposa de permuter la curé de Saint-Sulpice, avec celle de Saint-Jacques-du-Haut-Pas †, dans l'étendue de laquelle était située l'abbaye du Val-de-Grâce. M. Olier aurait peut-être acquiescé à cette proposition, s'il n'eût été assuré qu'un tel changement entraînerait la ruine du séminaire, et anéantirait ainsi l'œuvre principale dont Dieu l'avait chargé. Ce fut la réponse que lui fit Marie Rousseau (1). Il prit donc le parti de remercier la Reine.

(1)*Mém.part.*, an. 1645.

Alors cette princesse, sans presser davantage M. Olier d'accepter la cure pour lui-même, lui fit un commandement exprès de la donner à quelqu'un de sa compagnie. Le curé de Saint-Jacques, M. Pons de Lagrange ††, joignit ses sollicitations aux ordres de la Reine, et les renouvela pendant six mois. Mais tout fut inutile ; le motif de son refus, que toutefois M. Olier ne fit point connaître, était la proximité de Saint-Magloire, où les Oratoriens avaient un établissement. Il jugea qu'il serait difficile de vivre en bonne harmonie avec ces Pères, tant à cause des opinions nouvelles de plusieurs d'entr'eux sur la grâce, qu'à raison de la peine qu'ils pourraient éprouver en voyant de nouveaux ouvriers entrer dans une moisson, dont ils paraissaient être en possession depuis longtemps. « Lorsque la » Reine, écrivait-il dans la suite, nous commanda » de prendre la cure de Saint-Jacques, proche Saint-

† La paroisse de *Saint-Jacques-du-Haut-Pas* tire son nom des religieux de *Saint-Jacques-du-Haut-Pas*, ou *Maupas*, par abréviation de *mauvais pas*, lesquels étaient établis à Paris anciennement. Ils avaient pris naissance en Italie, vers le milieu du XIIᵉ siècle ; et la principale fin de leur institut était de faciliter gratuitement aux voyageurs le passage des rivières, de les recevoir dans leurs hospices, et de les y nourrir (2).

(2)*Histoire de Paris, par Félibien*, t.II,p.1114.

†† Dans les précédentes éditions de cette vie, nous avions confondu ici, M. Pons de Lagrange, avec M. de Labarthé, qui ne fut que l'un de ses successeurs, dans la cure de Saint-Jacques-du-Haut-Pas.

» Magloire, je ne voulus jamais y consentir ; je crai-
» gnais de faire de la peine à ces bons Pères, sachant
» que notre approche leur serait suspecte et à charge.
» D'ailleurs, je me rappelai en cette rencontre la
» maxime du défunt Père général, d'aller toujours
» travailler de préférence dans les lieux abandonnés ;
» et comme les Pères de l'Oratoire exerçaient leur
» zèle dans le voisinage, je crus que nous ne devions
» pas aller porter la faulx dans leur moisson (1). »

(1)*Lettres aut. de M. Olier*, pag. 197.

La réputation de vertu dont jouissait M. Olier, le
bel ordre établi dans sa paroisse, l'édification que
répandaient sa communauté et son séminaire, lui
avaient concilié l'estime universelle, et même la
vénération de tous les gens de bien. Vers l'année
1644, M. Crétenet, saintement empressé, dit son
historien, à rechercher les plus vertueux personnages de son temps, vint à Paris, et contracta avec
M. Olier une amitié très-étroite. C'était un chirur-
gien de Lyon, engagé dans les liens du mariage, et
qui, néanmoins, par une vocation singulière, s'appliqua avec un succès inouï, à ranimer le zèle
parmi les ecclésiastiques, et donna naissance à l'institut des Missionnaires de Saint-Joseph. Il avait
pour M. Olier un respect et une vénération extraordinaires ; et, de son côté, M. Olier faisait tant
d'estime de M. Crétenet, que lorsqu'il en recevait
quelque visite, il le montrait aux prêtres de son séminaire comme un modèle de toutes les vertus (2).

XXXIV.
M. Crétenet et le P. Yvan visitent M. O-lier.

(2) *Vie de M. Crétenet*, in-4°, 1680, p. 68.

La même année, un autre grand serviteur de DIEU,
étant venu visiter M. Olier, voulut s'attacher à lui,
et l'aider, pendant quelque temps, dans la réforme
de sa paroisse. Ce fut le Père Yvan, instituteur des
religieuses de Notre-Dame de la Miséricorde, l'un
des hommes de ce temps les plus embrasés de zèle
pour la conversion des âmes, et très-éclairé dans les
voies de la perfection. Il vivait à la manière des pénitents les plus austères, et il était aisé de le remarquer dans toute sa conduite, même dans sa
manière de traiter avec le prochain. Il usait quel-

quefois d'une franchise qui aurait semblé tenir de
la rusticité dans un autre, et était fort enclin à faire
des réprimandes, pour éprouver ou pour corriger
ceux à qui il portait le plus d'affection.

Ayant entendu parler de M. Olier avec beaucoup
d'éloge, il voulut s'assurer par lui-même de la solidité de sa vertu, et alla le visiter dans cette intention. Il entra par hasard pendant que le serviteur
de Dieu prenait son repas; la table était servie,
comme l'est celle des prêtres qui vivent selon les
voies communes, c'est-à-dire, sans luxe ni sans
affectation d'austérité. Le Père Yvan, ayant considéré quelque temps M. Olier, lui dit ensuite d'un
ton grave et sévère : « Je suis fort étonné, Mon-
» sieur, de trouver en vous si peu de mortification,
» de voir que vous prenez votre repas avec l'avidité
» d'un gourmand. » Et il continua à lui parler de
la sorte, usant de toute la liberté que lui donnait
son grand âge; ajoutant encore d'autres paroles
également propres à le piquer. M. Olier l'écouta
jusqu'à la fin sans l'interrompre, et sans être choqué
ni même surpris de ce discours. Ensuite, il le re-
mercia affectueusement de ses avis, qu'il attribua à
une très-grande charité, et lui promit que, avec la
grâce de Dieu, il se les rendrait profitables. « On est
» vraiment heureux, mon Père, ajouta-t-il, quand
» on rencontre ainsi des personnes, qui ne nous
» flattent point, et qui nous avertissent de nos dé-
» fauts, avec une si grande charité, comme vous
» faites. » Le Père Yvan, pendant tout ce colloque,
avait les yeux fixés sur M. Olier, pour connaître les
divers mouvements de son âme, qui se peindraient
sur son visage; et voyant son égalité d'esprit, et la
douceur avec laquelle il recevait ses corrections si
brusques, il demeura tout interdit, et comme hors
de lui-même, avouant qu'en prenant ainsi ses repas,
M. Olier ne laissait pas d'être aussi mortifié, que
les pénitents les plus austères. La preuve qu'il eut
alors de ses vertus, lui inspira, pour sa personne, la

plus singulière estime, et, depuis, il ne cessait de dire en toute rencontre : « M. Olier est vraiment un » Saint : il est mort ; en lui la nature est éteinte(1). »

(1) *Esprit de M. Olier*, t. III, p. 352.

XXXV. Le Père Yvan s'attache à M. Olier et seconde son zèle.

De son côté, M. Olier, plein de respect pour le Père Yvan, le pria de venir prendre part à ses travaux, l'estimant très-capable de l'aider de ses conseils et de ses exemples dans les commencements du séminaire qu'il établissait alors. « Le Père Yvan » accepta cette invitation avec d'autant plus de joie » et d'amour, dit son historien, qu'il avait une plus » haute estime de la vertu de ce grand homme, l'un » des plus pieux et des plus zélés ecclésiastiques de » notre temps. Je ne saurais dire, ajoute-t-il, le » respect et l'amour qu'on lui portait, tant à la com- » munauté des prêtres, qu'au séminaire de Saint- » Sulpice. Il avait un respect profond pour M. Olier » et ses ecclésiastiques, qu'il considérait comme ses » maîtres et ses Pères. C'est pourquoi il s'attacha » au service de leur paroisse, comme s'il eût voulu » passer avec eux le reste de sa vie, et qu'il n'eût eu » autre chose à faire à Paris. » En effet, le Père Yvan, qui était venu dans cette ville, pour recueillir une succession, qu'on avait léguée à son institut(2),

(2) *Vie du P. Yvan*, in-4°, p. 408. — *Hist. de Paris*, t. II, p. 1441.

voyant qu'elle lui était contestée, y renonça généreusement ; et se livra tout entier au séminaire et au service de la paroisse. On l'invitait à parler dans toutes les conférences, et on l'écoutait comme un oracle de sagesse et de piété, malgré l'âpreté qui paraissait quelquefois dans sa conduite ; car on ne remarquait pas toujours en lui cette douceur et cette condescendance chrétienne, que M. Olier s'efforçait d'inspirer à ses disciples (3), et dont il leur offrait des exemples si touchants. Mais la grâce des Saints

(3) *Vie du P. Yvan*, *ibid.*, p. 409, 516.

n'étant pas la même dans tous, cette dureté apparente du Père Yvan ne diminuait rien de l'estime que chacun faisait de sa personne.

XXXVI. Charité de M. Olier pour ses confrères dans le sacerdoce.

Le zèle de M. Olier pour les ecclésiastiques, la charité sincère qu'il leur témoignait, la facilité qu'il leur offrait de se retirer dans sa communauté pour

s'y renouveler dans l'esprit de leur vocation, y attirèrent un grand nombre de prêtres, et même de
laïques, pour y faire sous sa conduite les exercices
spirituels. Il les accueillait tous avec affabilité, veillait à ce que rien ne leur manquât ; et ne souffrit
jamais que celui qui était chargé du temporel, de-
mandât rien à personne (1) †, quelque long séjour
que l'on eût fait dans la maison. Seulement il exigeait que les ecclésiastiques qui voulaient y être
reçus, fussent revêtus de l'habit de leur état, et
n'eussent rien dans leur extérieur, qui pût choquer
la modestie cléricale, dont on devait y faire hautement profession. Un abbé de qualité, M. Nicolas
de Vallavoire, qui laissait quelque chose à désirer
sur ce point, ayant été nommé par le Roi, le 10
mai 1650, à l'évêché de Riez (2), témoigna le désir
de faire une retraite à Saint–Sulpice. Le choix seul
de cette maison devait faire croire à ceux qui jugent
toujours en bien le prochain, qu'il était résolu de
se réformer tout–à–fait. Toutefois M. Olier, alors
absent de Paris, craignant qu'il n'en vînt pas jusque-là, écrivit à M. de Bretonvilliers, qui sans doute
l'avait consulté dans cette circonstance délicate :
« Pour Monseigneur de Riez, on ne doit pas lui re-
» fuser la maison, pourvu qu'il veuille se mettre en
» état de bienséance conforme à sa condition et à
» notre devoir. Il faut le lui faire proposer aupara-
» vant et lui témoigner qu'on ne peut pas absolu-
» ment le recevoir à moins de cela (3). †† » Parmi

(1) *Mém. de M. Baudrand*, p. 60.

(2) *Gallia chris- tiana. Edition* 1656, t. iii, p. 946.

(3) *Lettres aut. de M. Olier*, p. 111.

† M. Baudrand, qui écrivait du temps de M. Tronson,
ajoute : « C'est ce qu'on a toujours observé depuis le com-
» mencement du séminaire ; on ne refuse pas néanmoins
» ce qu'on offre librement. »

†† Quoique le séminaire de Saint-Sulpice fût connu,
comme étant tout-à-fait étranger aux nouvelles du temps,
et aux intrigues des partis qui divisaient alors la France,
(car on était encore dans les troubles de la Fronde) l'abbé
de Vallavoire ne laissa pas, durant la retraite qu'il y fit, de
s'occuper d'affaires politiques. Mademoiselle de Montpensier, qui se donnait alors à elle-même tout pouvoir dans

les ecclésiastiques mondains, à qui le séminaire de Saint-Sulpice fut utile, nous ferons ici mention d'un chanoine de Cologne, converti par M. de Foix, dans un entretien public. Ce chanoine vivait dans le luxe et la mollesse, et était fort répandu dans le monde. Il fut si touché de cet entretien où il se trouva par hasard, que, le jour même, il renvoya tous ses domestiques, à l'exception d'un seul, vendit ses équipages ; et étant ensuite retourné à Cologne, il répara, par une conduite édifiante, le scandale qu'il avait donné, et vécut conformément à la sainteté de sa profession (1). »

(1) *Vie de quatre Evêques*, t. II, p. 121.

Plusieurs ecclésiastiques, des plus vertueux de la capitale, dès qu'ils eurent connu M. Olier, désirèrent de conférer avec lui sur leurs besoins spirituels : de ce nombre fut M. Jean Poincheval, dont nous avons parlé déjà, et qui mourut en odeur de sainteté. L'auteur d'une notice sur ce vertueux prêtre, rapporte qu'il ne sortait de sa chambre, que pour aller à l'autel, au confessionnal, ou pour visiter M. Olier, « que son mérite, ajoute-t-il, a fait » rechercher des plus saintes âmes, pour se » mettre sous sa conduite (2). » L'affection que M. Olier témoignait à tous ces ecclésiastiques aurait dû, elle seule, lui attirer cette confiance ; car personne ne pouvait être plus dévoué que lui

(2) *Vie de la Mère Alvequin par Lacoux*, p. 155 etc. —*Arch. de l'Empire, section hist.*, **L.** 1142. *Annales des filles pénitentes*, p. 3.

Paris, ayant fait arrêter les lettres adressées à la Cour, pour en savoir le contenu, en trouva une de l'abbé de Vallavoire datée du séminaire, comme elle nous l'apprend dans ses Mémoires. « Il y en avait de Paris, et d'un lieu, où je n'au- » rais jamais cru, dit-elle, qu'on se fût avisé d'écrire à M. » le cardinal Mazarin. Voyant au-dessus qu'elle s'adressait » à lui, j'eus beaucoup de joie, et la trouvai datée de Saint- » Sulpice. C'était l'abbé de Vallavoire, frère de Vallavoire, » qui commande le régiment de M. le cardinal Mazarin. Cet » abbé faisait une retraite au séminaire ; madame de Saujeon » (dame d'honneur de la duchesse d'Orléans,) lui offrit un » expédient pour raccommoder Gaston avec la Cour. L'abbé, » en le mandant au cardinal, lui disait : *Je n'aurais cru, qu'en* » *ce lieu, j'aurais trouvé l'occasion de servir Votre Éminence ;* » *mais madame de Saujeon ayant su que j'y étais, a désiré de* » *me voir* (3). »

(3) *Mém. de Mademoiselle :* collection Péti- tot, t. XLI, an. 1652, p. 218.

à ses confrères dans le sacerdoce : et nous ne croyons pas devoir passer ici sous silence la charité généreuse qu'il fit paraître, au sujet d'un curé de la campagne injustement opprimé. Cet ecclésiastique était, selon toutes les apparences, le curé d'Arcueil, Gervais Bigeon, docteur en théologie, qui ayant empêché le juge seigneurial de ce lieu, de présider les comptes de ses Marguilliers, fut ensuite traité par le seigneur de la manière la plus injurieuse et la plus brutale. Celui-ci, Théodore de Berziau, outré de colère, l'ayant rencontré, le 30 mai 1643, éclata contre lui en imprécations, lui déchargea sur la tête dix ou douze coups de bâtons, qui l'étendirent par terre ; et, dans sa fureur, le frappa encore à coup de pieds, jusqu'à lui déchirer la soutane avec ses éperons (1) ; et cela, à la porte de l'église et à la vue des paroissiens. Le parlement de Paris se saisit de l'affaire ; mais la plupart des témoins intimidés par les menaces du seigneur, n'osant faire aucune déposition à sa charge, plusieurs d'entre eux allèrent consulter M. Olier, et le curé lui-même voulut prendre son avis. Le serviteur de Dieu ne se contenta pas de leur répondre, que l'honneur du sacerdoce, et le bien général de l'Eglise demandaient une prompte et sévère justice, et que, en conscience, ils étaient tenus de la solliciter : il prit l'affaire en main, et la poursuivit avec plus de chaleur, que ne l'eût fait aucun homme du monde, pour défendre ses intérêts propres. Il conjura ceux des Evêques dont il avait l'honneur d'être connu, de demander à la Régente la punition d'un attentat si inouï ; et, pour agir plus efficacement sur l'esprit de cette princesse, il en écrivit en ces termes à saint Vincent de Paul, entré depuis peu au Conseil de conscience :

(1) *Collect. des proc. verb. du clergé, assemblée de 1645, §. xv. Edit.1769, t. II, p. 270.*

XXXVII.
Lettre de M. Olier à Saint-Vincent de Paul, sur un curé opprimé.

« Qui a Jésus a tout.

« Monsieur,

» Je prie Notre-Seigneur de vivre en vous, pour » faire triompher son Eglise de l'impudence du siècle.

» J'oubliai hier de vous parler du principal sujet,
» qui m'amenait vers vous. C'était pour vous faire
» des plaintes du plus grand scandale, qui soit ar-
» rivé depuis longtemps dans l'Eglise de Dieu. Près
» Paris, un curé a été battu, et meurtri à coups de
» bâton, par le seigneur de son village, en présence
» de ses paroissiens, et à la porte de son église, avec
» le plus d'ignominie et de confusion qu'on puisse
» imaginer pour l'état ecclésiastique. Ce curé est
» un homme d'une grande intégrité, très-capable ;
» et il mérite pour sa personne, aussi bien que pour
» son caractère, d'être protégé. Je pense, Monsieur,
» que si, en commençant sa régence, la Reine vou-
» lait obliger ce gentilhomme à une satisfaction
» publique, elle relèverait l'autorité de l'Eglise, et
» réprimerait beaucoup l'audace et l'insolence que
» la noblesse a coutume d'exercer sur les ecclésias-
» tiques, violant ainsi impunément tous leurs droits,
» comme dans un temps de libertinage, et sous un
» règne d'impiété. Je priai hier Monseigneur du
» Puy d'en parler à Monseigneur de Beauvais †, pour
» apporter un remède à ce scandale, qui est déjà
» devenu public. Le Parlement en est informé, et il
» n'attend plus que les ordres de Sa Majesté, qui
» lui feront connaître son zèle à punir ces sortes de
» crimes. Ce bon prêtre ne peut aisément tirer des
» preuves de ses paroissiens, pour procéder en jus-
» tice contre le seigneur, qui, étant sur les lieux,
» les intimide par ses menaces. Plusieurs sont venus
» me trouver secrètement, pour me demander s'ils
» devaient déclarer ce qu'ils savent sur cet attentat,

---

† L'évêque de Beauvais, Augustin Potier, qui eut des rapports très-particuliers avec saint Vincent de Paul (1), était
grand aumônier de la reine Anne d'Autriche, et avait alors
tant de part aux affaires publiques, qu'on s'attendait à le
voir nommé ministre d'Etat et cardinal (2). M. Olier fit agir
M. de Maupas, évêque du Puy, auprès de l'Evêque de Beauvais, à cause des liaisons qui existaient entre ces deux
prélats : M. de Maupas, étant premier aumônier de la Régente (3).

(1) *Abelly*, liv.
1, ch. xxv.

(2) *Gall. chris-
tiana*, t. IX, col.
767.

(3) *Vie de M.
de Lantages*, liv.
II, n. 3.

» dont ils gémissent. Je les ai tous encouragés à
» remplir leur devoir, comme aussi le curé, qui a
» été sollicité par sa partie de ne point poursuivre
» l'affaire ; ce seigneur craignant le châtiment qu'il
» lui est aisé de prévoir, sous un règne qui veut
» faire triompher la religion et l'Eglise. Des per-
» sonnes de très-grand poids, et de très-haut mé-
» rite, m'ont témoigné que ce bon prêtre ne devait
» pas en venir à un accommodement ; qu'il y allait
» de l'intérêt universel de l'Eglise ; et qu'il était à
» propos que, dans le commencement de cette ré-
» gence, on vengeât d'une manière exemplaire un
» sacrilége si odieux ; que cet acte de justice as-
» surerait la paix et le repos à l'Eglise, pendant tout
» le reste de la régence ; et délivrerait les ecclésias-
» tiques de la vexation et de l'oppression où ils vi-
» vent, surtout dans les pays éloignés de la cour.
» Car les prêtres n'y ont point de bouches pour se
» plaindre, et ils semblent n'avoir que des épaules
» pour souffrir. Tous messeigneurs les Evêques ont
» grand intérêt à cela : ils frémissent pour leurs curés
» sans pouvoir remédier à cette oppression ; vous
» le savez mieux que personne, vous qui, à la
» campagne, dans les travaux des missions, avez
» été témoin oculaire de tous ces maux. Souvent
» DIEU vous a fait gémir de compassion sur leur sort,
» et désirer d'y apporter remède ; et maintenant il
» vous met en main l'autorité, et vous donne le pou-
» voir de délivrer le clergé de l'oppression. C'est,
» Monsieur, ce que l'Eglise et tout le corps des cu-
» rés vous demandent, et moi le premier, qui ai
» l'honneur d'être de leurs confrères : je gémis avec
» eux, ayant, par votre grâce, parcouru assez de
» pays pour connaître les peines et les maux qu'ils
» endurent loin de la capitale. Je me jette donc à
» vos pieds avec ce bon curé, pour vous demander
» le soulagement de l'Eglise, la liberté des prêtres,
» et la très-grande gloire de DIEU (1). » Les sollicitations pressantes de M. Olier, ses démarches réi-

(1) *Lettres aut. de M. Olier.* p. 39.

térées auprès des personnes d'autorité et des
Evêques furent enfin exaucées. Du moins l'assemblée générale du clergé de France fit sur ce sujet, à
la Reine, les remontrances les plus fortes et les plus
pathétiques (1) †, et l'on a lieu de croire qu'elles
produisirent leur effet, et consolèrent le serviteur
de Dieu, si zélé pour l'honneur du sacerdoce, puisqu'on lit dans le procès verbal des Evêques, du 9
février 1646 : que le curé d'Arcueil étant du diocèse
de Paris, l'archevêque de cette ville et son coadjuteur, s'étaient chargés de lui faire rendre justice (2).

(1)*Proc. verb.
de l'assemblée de*
1645. — 29 déc.
1645. — 9 fév. et
22 avril 1646.

(2) *Ibid*, 1646,
p. 573.

---

† Les prélats disaient dans leurs remontrances à la Régente: « Des prêtres de votre royaume ont été outragés et
» battus, invoquant en vain le nom de Dieu et le vôtre.
» Des gentilshommes, abusant de la force et de l'autorité
» que Votre Majesté leur a données, se sont oubliés jusqu'à
» ce point, que de chasser leurs propres pasteurs, et ont
» usé contre eux de la main et du bâton. Lorsqu'un
» ecclésiastique a été excédé par un gentilhomme, la même
» main sacrilége qui a bien osé frapper la personne sacrée
» du prêtre, est levée pour accabler les spectateurs de ces
» scandales, s'ils étaient si hardis que d'aller témoigner
» devant les tribunaux autre chose que ce qu'il plaît à ces
» petits tyrans; d'où il arrive que vos juges ne pouvant,
» par défaut de témoignages, asseoir leur justice, ils sont
» contraints de laisser le crime impuni. Qu'est-il besoin
» d'aller chercher des exemples dans les diocèses éloignés?
» Aux portes de votre ville de Paris, et sous les yeux
» mêmes de Votre Majesté, on exerce les violences les plus
» étranges, et ces excès persévèrent depuis plusieurs
» années. »

NOTES DU LIVRE TROISIÈME

NOTE 1, p. 89. — Rien n'est plus propre à occuper saintement les esprits, et à élever les cœurs à Dieu, dans la
récitation de l'Office divin, que les considérations suivantes,
proposées par M. Olier aux ecclésiastiques :

1° Esprit de
l'Office quoti-
dien : Matines
et Laudes.

« Les Matines et les Laudes, qui se disent la nuit, ex-
» priment les louanges du ciel, qui sont rendues à Dieu
» par les Saints et les Anges dans la gloire ; et font que nous
» regardons les autres Heures de la journée comme les prières
» de cette vie : à savoir, depuis Prime, à six heures du matin,
» jusqu'à Vêpres, à six heures du soir.

Les petites
Heures.

» Cette vie chrétienne, qui est une vie divine, est une vie
» du ciel commencée sur la terre : de là vient que les quatre
» petites Heures, qui occupent tout le jour, ne sont compo-
» sées que d'un psaume, à l'imitation du ciel, où il n'y aura
» qu'un psaume et une seule louange. Cet unique psaume est
» partagé en quatre Heures, qui représentent l'universalité
» de l'Eglise qui prie ; et ces quatre Heures se commencent
» à dire de trois en trois heures, et dans chacune on récite
» trois psaumes, ou plutôt on continue le même psaume
» qui se partage en trois. Et l'on doit bien remarquer ici le
» soin inexplicable de l'Eglise à respecter et à rappeler le
» saint mystère de la très-sainte Trinité. Car on voit, de
» trois en trois heures, trois psaumes qui tous trois ne font
» qu'un, comme les trois personnes ne sont rien qu'un seul
» Dieu.

» Le beau partage de ce psaume en toute la journée mon-
» tre bien l'institution de la vie divine et de la religion
» chrétienne en nous, qui est une imitation du paradis, où
» il y a une louange perpétuelle, où chaque moment est
» occupé en louange de Dieu. Pour cela donc on chante
» le grand et divin psaume de David : *Beati immaculati in via*,
» où l'on voit la vie cachée de Dieu en nous entièrement
» expliquée ; et ce psaume s'étend à toutes les petites Heures,

» pour dire qu'à toute heure nous devons demander à Dieu
» de vivre ainsi, et être incessamment remplis de cette vie
» divine pour agir en Dieu à tous les moments de notre vie.

» A six heures se finit le jour, et l'on commence à compter   Vêpres et
» sur la nuit. D'où vient que ces prières, selon le dessein de Complies.
» l'Eglise, se chantent au soir vers les six heures, qui est
» le temps où l'Etoile du soir, nommée *Vesper* commence à
» paraître, d'où vient le nom de *Vêpres.* Alors on commence
» à chanter les louanges de Dieu et de Jésus-Christ, monté
» dans sa gloire, qui est le commencement de toute la gloire
» des Bienheureux. Les Complies signifient l'achèvement
» des prières des hommes et de la vie présente en Jésus-
» Christ, qui nous a mérité, par la fin de la sienne et par
» sa mort, le bonheur et la gloire de la vie future. D'où
» vient que tous les psaumes de Complies ne parlent que
» de Notre-Seigneur souffrant, et qui, dans le ciel et dans
» la consommation de sa gloire, fait encore mention de son
» état pénible, comme étant le sujet de sa gloire, et de la ré-
» compense qu'il veut proposer aux hommes, la béatitude.
» Cette heure de Complies n'est pas mise proprement au
» nombre des prières particulières : elle ne fait qu'un avec
» Vêpres, dont elle est l'achèvement et l'accomplissement,
» *completorium*; c'est-à-dire la clôture et l'achèvement des
» prières.

» Toute l'année chrétienne est destinée à honorer Jésus-   2° Objet de
» Christ dans ses Mystères ou dans ses Saints; et dans tout l'Office cano-
» ce temps vous ne voyez qu'un seul jour pour adorer le nial pendant
» saint Mystère de la très-sainte Trinité, encore sans Octave, l'année.
» quoiqu'il en méritât une plus solennelle que tous les autres
» mystères ensemble. Et ce jour-là même, fait-on mémoire
» du Dimanche, ce qu'on ne fait point ni dans le Dimanche
» de Pâques, ni dans celui de la Pentecôte. S'il n'y a que
» ce seul jour spécialement consacré à honorer la très-sainte
» Trinité, c'est pour marquer que le culte que nous lui ren-
» dons n'est pas pour remplir pleinement nos esprits de
» son adoration, et que nous attendons à le faire dans le
» ciel, où étant consommés en Jésus-Christ, après l'avoir
» longtemps adorée et contemplée sur la terre, nous serons
» comme lui pour jamais une hostie de louange à la gloire
» de Dieu. En attendant, Dieu le Père se met comme en
» oubli dans le monde, comme s'il ne voulait recevoir d'hom-
» mages qu'en son Fils. Ce grand Dieu, reconnaissant de
» l'amour que ce cher Fils lui a témoigné par sa mort, veut
» le rendre participant de tous ses honneurs, et même se
» cacher sous lui pour ne les recevoir qu'en lui.

» Jésus-Christ fait voir en effet dans lui-même toutes les
» perfections de son Père, sa force, sa science, son amour,
» et toute son étendue : *In quo inhabitat omnis plenitudo divi-*

» *nitatis corporaliter.* Il est la principale image de la vie de
» Dieu, comme Dieu, ayant reçu toute la vie de son Père
» pour la conserver et la distribuer à tous les Saints. C'est
» pourquoi, après Jésus-Christ, les Saints sont exposés
» comme images de la perfection de Dieu et de sa vie di-
» vine; et pour cela on nous montre tous les jours les mar-
» tyrs, et leurs actes héroiques et divins, qui marquent la
» perfection de Dieu en eux. On nous fait voir en une image
» saint Martin coupant son manteau en faveur d'un pauvre,
» qui marque la charité de Dieu en lui; un saint Paulin qui
» se vend pour ses frères, qui marque encore l'amour de
» Jésus-Christ; une sainte Agnès dans les tourments, qui
» montre la force de Dieu dans sa faiblesse et dans l'infir-
» mité de son corps; dans saint Alexis caché sous les degrés
» de sa maison, devenu le jouet de ses valets : l'humilité de

(1) *Ecrits sur la très-sainte Vierge,* p. 175. — *Attributs divins,* ch. IX, sect. 1.

» Jésus-Christ humilié dans le monde, méprisé par ses
» serviteurs. En un mot, tout ce qui se voit dans l'Eglise
» n'est qu'un tableau des beautés et des perfections divines
» en leur état sublime et suréminent (1). »

NOTE 2, p. 82. — On a dit que M. Olier ne sollicita jamais le privilége de conserver le très-saint Sacrement au
séminaire; les choses persévérèrent de la sorte jusqu'en
l'année 1698, où l'archevêque de Paris accorda cette faculté,
ainsi que celle d'administrer les malades de la maison, et
d'enterrer les ecclésiastiques sans les présenter à l'église de
Saint-Sulpice (2). Jusqu'alors on avait apporté le saint Viatique de la paroisse au séminaire, comme on fit pour M. de
Bretonvilliers dans sa dernière maladie (3). M. Bourbon fait
remarquer qu'on en usa différemment à l'égard de M. Tronson, parce que, depuis plus d'un an, dit-il, on avait l'avantage de posséder le très-saint Sacrement dans la chapelle
du séminaire (4).

(2) *Rem. hist.,* t. I, p. 46, n. — *Invent. général du sém.* — *Arch. du Roy.,* art. Ad-ministration des sacrements.

(3) *Mém. sur M. de Bretonvil-liers,* p. 127.

(4) *Récit de la mort de M. Tron-son, Ms.* in-4°.

SUR LA GRAVURE DU TRÈS-SAINT SACREMENT

NOTE 3, p. 83. — M. Olier a su y exprimer avec autant de
vérité que de noblesse les occupations de Jésus-Christ
dans cet adorable Sacrement. Il paraît sous la forme d'un
agneau consumé dans des flammes, symbole de l'amour
dont le Saint-Esprit l'embrase; dans cet état, il s'immole à
Dieu son Père, et lui rend les devoirs de la religion la plus
parfaite, exprimés par des rayons qui s'échappent de toutes
parts. Le Père éternel contemple son Fils ainsi immolé à
sa gloire, et, les bras ouverts, il semble, dans cette contemplation, recevoir ses hommages avec des complaisances
ineffables. La très-sainte Vierge, la plus parfaite adoratrice
de Jésus-Christ, y paraît à genoux, les yeux élevés, transportée comme hors d'elle même, et s'unissant à tous les

Loué soit, aimé et adoré à jamais Jésus-Christ,

hostie de louanges de Dieu son père dans le

très saint sacrement de l'autel.

devoirs que son Fils rend à DIEU pour toute l'Eglise. Enfin saint Jean l'Evangeliste, à l'autre côté, exprime les mêmes sentiments, pour montrer que tous les chrétiens représentés par lui, doivent adorer aussi l'intérieur de JÉSUS-CHRIST, et offrir à DIEU le Père pour toutes les créatures, les hommages que son Fils lui offre sans cesse.

M. Olier a exprimé, par les vers suivants, l'esprit et la pratique de cette dévotion :

> Reconnaissez en ces rayons
> Les saintes occupations
> De JÉSUS-CHRIST, dans ce mystère;
> Qui veut vivre en ce Sacrement
> Comme l'unique supplément
> De nos devoirs envers son Père.

> Unissez-vous à JÉSUS-CHRIST,
> Et donnez-vous à cet Esprit,
> Qui le consomme dans ces flammes,
> Et le rend tout religieux
> De DIEU son Père dans les cieux,
> Sur nos autels et dans nos âmes.

> Ainsi vous rendrez en ce lieu,
> Tout ce qu'on peut offrir à DIEU
> D'amour, d'honneur et de louanges:
> Entrant par là dans l'unité
> Des vœux, qu'à toute éternité
> Lui rendent les Saints et les Anges (1).

(1) *Cabinet des Estampes de la Bibl. Roy. OEuvre de Melland.*

SUR LA PRINCESSE DE CONDÉ

NOTE 4, p. 87. — La princesse de Condé, Charlotte Marguerite de Montmorency, avait été contrainte de se condamner à l'exil, pour échapper aux poursuites d'un grand monarque, dont la puissance serait allée l'atteindre jusque dans une terre étrangère, si la Providence n'eût veillé d'une manière particulière à sa conservation. M. Olier faisant allusion à cette conduite de DIEU sur elle, lui écrivait : « Vous » ayant été donné de DIEU en la manière que je le suis, je » ne puis vous cacher la mesure de sainteté que DIEU demande de votre âme. Il y a bien longtemps, Madame, » qu'il vous y a préparée, en faisant paraître sur vous une » protection si extraordinaire, conservant votre personne à » la face de tout le monde, et montrant sensiblement par là, » qu'il désirait faire de vous comme un flambeau de piété » dans votre condition, et montrer en votre personne quelle » est la vocation et l'esprit d'une princesse chrétienne. C'est

» même dans cette vue que la sagesse et la bonté divines,
» agissant toujours avec tant de douceur et de suavité, vous
» ont conduite autrefois dans un pays étranger, pour mettre
» sous vos yeux un modèle de sainteté, la conduite admi-
» rable d'une femme sanctifiant sa qualité d'archiduchesse,
» afin que vous puissiez un jour retracer en vous ses rares
» exemples, et les montrer à ce royaume (1). »

(1) *Lettres spi-*
rituelles de M.
Olier, p. 497.

M. Olier parle ici de l'archiduchesse des Pays-Bas, Isa-
belle-Claire-Eugénie, infante d'Espagne, sœur de Philippe III, roi d'Espagne, et petite-fille de Charles-Quint,
qui avait épousé l'archiduc Albert. Elle reçut, à Bruxelles,
la princesse de Condé, que l'Espagne avait prise sous sa
protection, lorsqu'elle fut contrainte de sortir de France, et
la combla des marques de sa considération et de son amitié. Pendant plus de dix années de sa viduité, l'archiduchesse porta publiquement l'habit du tiers-ordre de Saint-
François (2). Elle fit prospérer ses Etats en les gouvernant
par les principes de la prudence et de la sagesse chrétiennes, et mourut saintement le 1ᵉʳ décembre 1633.

(2) *Règles du*
tiers-ordre de S.-
François, par le
P. Frassen, 1752
p. 287.

ORIGINE DES SALUTS DU TRÈS—SAINT SACREMENT

NOTE 5, p. 87. — Le chapitre de Notre-Dame de Paris
ne commença à déroger à l'ancien usage, touchant le salut
du très-saint Sacrement, qu'au mois d'octobre 1627; jusqu'alors on ne l'avait donné que pendant l'octave de la
Fête-Dieu (3). A Saint-Sulpice, on établit d'abord les saluts
des premiers dimanches et jeudis de chaque mois; et ce ne
fut que plus tard qu'on commença d'en établir aussi pour
les fêtes principales. Ceux des deux fêtes de Saint-Sulpice
(17 janvier et 27 août), furent institués en 1633 (4); on fonda
encore alors un salut pour la fête de l'Assomption, et un
autre pour celle de la Nativité. On trouve cependant, en
1644, un salut le jour de saint Barnabé, et l'exposition du
très-saint Sacrement, le jour de la Purification (5).

(3) *Vie de M.*
Bourdoise, in-4°,
imprimée, pag.
478, *bis.*

(4) *Arch. du*
Roy., sect. hist.,
L. 1117, p. 40.

(5) *Rem. hist.,*
t. II, p. 623.

NOTE 6, p. 88. — M. Olier établit les saluts des premiers
dimanches du mois, pour obtenir la grâce d'une bonne mort,
et ceux des premiers jeudis, pour implorer la miséricorde
de Dieu sur sa paroisse (6). Il régla qu'on y chanterait d'a-
bord une antienne de la très-sainte Vierge, une pour la
rémission des péchés, la prière pour le Roi, et l'antienne
pour la paix; comme aussi quelquefois une prose ou une
hymne en l'honneur du Mystère ou du Saint dont on célèbre
la fête. Il marqua encore que, pendant qu'on remettrait le
très-saint Sacrement dans le tabernacle, on chanterait à
genoux le Psaume *Laudate Dominum, omnes gentes:* et que
le célébrant avec ses assistants dirait alors à voix basse

(6) *Calendrier*
hist., 1774, p.
29. — *Rem. hist.,*
t. I, p. 173.

le *De Profundis*, avec l'oraison *Deus, veniæ largitor*, pour les
fondateurs des Saluts et les bienfaiteurs de la paroisse (1).

(1)*Rem. hist.*,
t. I, p. 173. —
Calend. p. 30.

CULTE QUI DOIT ACCOMPAGNER LES EXPOSITIONS ET
LES SALUTS DU TRÈS—SAINT SACREMENT

NOTE 7, p. 89. — M. Bourdoise, voyant que la discipline
changeait touchant les saluts du saint Sacrement, ne crut
pas devoir s'y opposer ; il était seulement attentif à en retrancher les abus. « Chose admirable, disait-il, quand on
» descend la châsse où sont les reliques de sainte Gene-
» viève, on commence dès la veille à dire les Vêpres pon-
» tificalement : après Complies, on chante Matines et Lau-
» des, avec la même solennité : depuis onze heures jusqu'à
» minuit, on sonne une petite cloche toute seule ; c'est le
» dernier signal : tous les religieux, les pieds nus, entrent
» en même temps au chœur. L'abbé et ses ministres mon-
» tent dans l'enceinte de l'autel, et les religieux dans le
» sanctuaire. On dit ensuite les sept psaumes de la Péni-
» tence, les Litanies et les Oraisons, et après que le chœur
» a dit le *Confiteor*, l'abbé prononce l'absolution, comme le
» jour des Cendres ; et pendant que toutes les cloches son-
» nent et qu'on chante un répons en l'honneur de la Sainte,
» deux prêtres, revêtus d'aubes, montent sur les colonnes
» où repose la châsse, pour la descendre avec l'aide des
» sacristains : quatre religieux des plus anciens la reçoi-
» vent sur leurs épaules, et la portent sur la table qui est
» préparée pour cela à la chapelle de sainte Clotilde. On
» chante aussitôt la messe sollennellement, tous les reli-
» gieux y communient, excepté celui qui doit dire la messe,
» pour ceux qui portent la châsse ; après la messe, les re-
» ligieux vont, selon l'ordre qui leur est marqué, réciter des
» psaumes devant la châsse, et demeurent ainsi à jeun, et
» les pieds nus, jusqu'à ce que la cérémonie soit achevée et
» que la châsse soit remise en sa place.
» On ne peut pas douter que les reliques de sainte Gene-
» viève ne méritent tous ces honneurs ; ... mais il est encore
» plus certain que Notre-Seigneur, qui est au saint Sacre-
» ment de l'autel, en mérite bien davantage, et qu'il faudrait
» à proportion faire beaucoup plus pour exposer le saint
» Sacrement, que pour exposer la châsse de sainte Gene-
» viève. ... Pourquoi donc expose-t-on si souvent, et avec
» si peu de cérémonie, le corps de Notre-Seigneur ? — On le
» voit avec deux bouts de cierge, tantôt au grand autel, tan-
» tôt à la chapelle du Saint dont on fait la fête, sans qu'il y
» ait un ecclésiastique pour lui faire compagnie. On dit des

(1) *Vie de M. Bourdoise*, in-4°, p. 678, 679. » messes basses devant le saint Sacrement, et un enfant mal
» fait et mal habillé les sert (1). »

EXHORTATION DE M. OLIER AUX ENFANTS, AVANT LEUR

PREMIÈRE COMMUNION

NOTE 8, p. 92. — Entre tous les exercices des catéchismes de Saint-Sulpice, il n'en est pas de plus propre à faire
honorer la religion, ni de plus attendrissant que le spectacle de la première communion qui se fait chaque année
dans l'église de cette paroisse. Aussi ne renouvelle-t-on
jamais cette cérémonie, où environ sept ou huit cents enfants, tant premiers communiants que renouvelants, se
rangent tour à tour à la sainte Table, sans que les assistants
toujours en grand nombre, n'en soient émus et attendris.
Nous rapporterons ici un fragment d'une exhortation que
M. Olier adressa aux enfants dans cette circonstance ; c'est
un monument remarquable de la religion vive et profonde
qu'il s'efforçait d'imprimer dans leurs jeunes cœurs :

« *Sinite parvulos venire ad me, talium est enim regnum cœ-*
» *lorum.*

» Je vous adresse aujourd'hui, mes enfants, ces mêmes
» paroles que Jésus-Christ disait lorsqu'il vivait sur la
» terre : *Laissez venir à moi les petits ; car eux et leurs sem-*
» *blables peuvent entrer au royaume du ciel.* Oui, c'est en ce
» jour que vous devez entrer dans ce divin royaume. Quelle
» journée de gloire et de bénédiction ! Aujourd'hui, sans
» quitter votre corps, sans deuil ni larmes pour vos parents
» ni pour votre famille, vous devez entrer dans le paradis.
» Vous savez que quand les enfants meurent après le saint
» Baptême, ils entrent dans le ciel ; et que l'Eglise, au lieu
» de pleurer et de s'affliger sur eux, solennise leur fête,
» parceque n'ayant point perdu le vêtement de l'innocence,
» ils entrent, en sortant de ce monde, au royaume du ciel.
» C'est, mes enfants, ce que Notre-Seigneur veut faire au-
» jourd'hui : vous introduire dans son royaume, vous trou-
» vant revêtus d'innocence. Ce jour est un jour de triomphe
» pour vous, c'est un jour d'immortalité, c'est un jour de
» royauté, un jour de sainteté. Voyez, mes enfants, si vous
» êtes en état de jouir de ce bienfait et de cette grâce divine.
» Souvenez-vous que rien de souillé ne peut entrer au roy-
» aume des cieux. C'est pourquoi au paradis terrestre,
» image du ciel, un ange tenait une épée flamboyante pour
» en défendre l'entrée à tous les pécheurs ; et Jésus-Christ,
» dans le temple de Jérusalem, qui était l'ombre du paradis
» ayant en main un fouet, chassa de cette maison de sainteté
» les gens avares et attachés aux biens de la terre : ce qui

» marque la sainte vengeance qu'il exerce contre ceux qui
» sont si insolents que de vouloir entrer en son royaume
» en état de péché. Et chose étrange! dans l'Evangile un
» homme ayant voulu entrer dans la salle du festin sans
» avoir sa robe nuptiale, le maître irrité de ce mépris et de
» cette insolence, commande qu'on le prenne, qu'on le sai-
» sisse, et que, pieds et mains liés, il soit jeté dehors dans
» les ténèbres, C'est la figure des pécheurs qui osent s'ap-
« procher de la sainte communion ... C'est pour cela que
» l'Eglise grecque faisait crier tout haut par ses diacres,
» avant la sainte communion : Si quelqu'un a quelque chose
» contre son frère, qu'il aille se réconcilier; et que dans
» l'Eglise latine, on se donnait le baiser de paix en signe
» de charité fraternelle. Mes enfants, on fera encore ce que
» pratiquait l'Eglise, au jour où DIEU introduira dans son
» royaume tous ses élus, pour les faire asseoir à la cène
» éternelle qu'il leur prépare: le grand héraut de DIEU dira
» alors: Hors d'ici, vous, colères, impudiques ; vous, avares,
» menteurs, et qui aimez le mensonge. Dans ce moment, je
» vous adresse à tous les mêmes paroles: Purifiez vos cœurs
» pour entrer à ce divin banquet. Il est établi pour aug-
» menter la vie de nos âmes ; mais il ne sert qu'à celui qui
» est déjà vivant, et qui a en soi le commencement de la vie
» de JÉSUS-CHRIST (1)... »

(1) *Ms. aut. de M. Olier.*

SUR LA MORT DE GRANRY

NOTE 9, p. 94. — M. de Bretonvilliers, qui confessa
Granry durant sa retraite, ne douta point du salut de cet
enfant, et se contenta de faire dire quelques messes pour
lui. Mais M. Olier l'ayant assuré qu'il avait encore besoin
de prières, il fit célébrer des messes de tous côtés, jusqu'à
ce que le serviteur de DIEU lui apprît que la justice divine
était satisfaite. « Ce matin, lui dit-il, célébrant la sainte
» messe à la chapelle, j'ai vu son âme resplendissante de
» lumière, et, montant au ciel, il m'a dit : Je m'en vais à
» l'amour (2). »

(2) *Grandet. Vies. Ms. Vie de M. de Bretonvil- liers.*

SUR LE FRÈRE JEAN—DE—LA--CROIX

NOTE 10, p. 95. — Par une disposition secrète de la
Providence, qui voulait sans doute sanctifier le Père Bernard
et le frère Jean, l'un par l'autre, ils ne sympathisaient pas
d'humeur entre eux. Ce fut ce motif qui porta le Père Bernard, dont la patience était souvent mise à de vives épreuves
par son domestique, à le surnommer *Frère Jean de-la-Croix.*
Rien n'était plus singulier que le sujet de leurs querelles,

car les extases du Père Bernard en étaient ordinairement l'occasion. Frère Jean allait même s'en plaindre au confesseur de son maître, et lui disait d'un ton animé : « Lorsque » je lui sers la Messe, il demeure ravi en extase trois heures » de suite; et cependant je suis nécessaire ailleurs, puis- » qu'il n'a que moi pour le servir. Quand je lui ai préparé à » manger et que je vais l'avertir , je le trouve extasié sans » pouvoir le faire revenir. Cela n'est-il pas insuppor- » table (1) ? » Le Père Bernard le garda néanmoins jusqu'à sa mort arrivée au mois de mars 1641 ; et ce fut peu après que le frère Jean vint s'offrir à M. Olier , pour l'aider dans le soin des pauvres de la paroisse , exercice de charité qu'il continua le reste de ses jours. Il se montra constamment un très-fidèle imitateur des vertus de son ancien maître, et ne cessa de faire pénitence des sujets de mérite qu'il lui avait fournis. Lorsqu'on lui parlait de la sainteté du Père Bernard : *Il est devenu un grand saint*, disait-il la larme à l'œil ; *mais ce qui fait ma confusion, c'est qu'au lieu d'avoir suivi ses exemples , j'ai contribué à le sanctifier en le faisant souffrir.* Comme on lui représentait qu'à cause de son grand âge il devait avoir plus de soin de sa personne : *Croyez-vous*, répondit-il, *que parce que je distribue aujourd'hui les aumônes des autres, j'ai oublié que je ne suis moi-même qu'un gueux* (2) ?

(1) *Vie du P. Bernard, par le P. Lempereur*, ch. III.

(2) *Ibid.*, ch. XXI.

LIVRE QUATRIÈME

PERSÉCUTION CONTRE M. OLIER : ON L'EXPULSE DE
SON PRESBYTÈRE, POUR L'EMPÊCHER DE POURSUIVRE
L'ŒUVRE DU SÉMINAIRE ET CELLE DE LA RÉFORME
DU FAUBOURG SAINT GERMAIN.

Malgré les conversions nombreuses, déjà opérées
par M. Olier, et tous les efforts de son zèle, durant
trois années consécutives, la réforme du faubourg
Saint-Germain faisait peu de progrès et n'était encore qu'à l'état de simple ébauche, à cause de
l'exemple pernicieux que donnaient aux autres paroissiens les princes et les grands seigneurs, de
qui on aurait pu dire, comme des princes des juifs :
« La lumière est venue dans le monde; et ils ont
» mieux aimé les ténèbres que la lumière (1). » Il
est vrai, que le rétablissement du culte divin à
Saint-Sulpice et la pompe religieuse qui l'accompagnait, commençaient à attirer une foule de personnes aux offices; mais tandis que les uns s'y
rendaient par esprit de religion, d'autres en plus
grand nombre y venaient comme à un spectacle
profane, pour voir et pour être vus (2). Un trait
suffit du reste pour faire connaître le peu de fruit
que M. Olier avait retiré de ses travaux. Depuis
qu'il avait établi l'exercice des quarante heures pour
les trois derniers jours qui précèdent le carême, cette
pratique religieuse faisait encore si peu d'impression sur la masse de ses paroissiens, que ces jours
là, il y avait moins de monde à l'église de Saint-
Sulpice, qu'on n'en voyait dans les autres paroisses
de Paris, quoique la population y fût incompara-

I.
Imperfection
de la réforme
du faubourg
St.-Germain,
les trois pre-
mières années

(1) *Evangile
de saint Jean*, ch.
III, v. 19.

(2) *Mém. part.*,
an. 1643, 1645.

(1)*Mém.part.*, an. 1645.

blement moins nombreuse (1). Cet état de chose ne devait pas durer : mais pour être connu et aimé à Saint-Sulpice, par les grands aussi bien que par les petits, DIEU exigeait que M. Olier, à l'exemple de JÉSUS-CHRIST sanctifiant le monde par ses humiliations et par sa mort, souffrît une persécution violente; et, que ses souffrances personnelles, fussent la condition de l'entière réforme du faubourg Saint-Germain.

II.

DIEU fait connaître à M. Olier la persécution qu'il souffrira.

(2)*Vie, par M. de Bretonvilliers* t. II, p. 110. — *Giry, ibid.*, ch. XVII. — *Rem. hist.*, t. I, p. 40. — *L'An. Dom.* 12 sept. p. 424.

Nous avons dit qu'avant de prendre possession de la cure, et pendant la retraite qu'il fit pour s'y préparer, il reçut de DIEU une vue anticipée de cette persécution. Il apprit alors, qu'avant que trois ans se fussent écoulés, il verrait tout le monde se soulever contre lui, qu'il serait chassé honteusement de son presbytère (2), et que toutefois cette violente persécution, au lieu de mettre obstacle à l'établissement du séminaire et à la réforme du faubourg, serait au contraire le moyen assuré pour consommer ces deux œuvres et en assurer la stabilité. On ne saurait méconnaître ici la conduite de la divine Providence. Elle daigna manifester cette persécution à M. Olier, longtemps avant qu'elle arrivât, non-seulement afin qu'il se tînt prêt lui-même à la souffrir, mais aussi pour qu'il l'annonçât clairement à ses disciples, comme le Sauveur en avait usé à l'égard des siens. Les ecclésiastiques de M. Olier, auraient sans doute été exposés à une tentation bien étrange, si cette persécution eût fondu sur eux, sans qu'ils en eussent été avertis. Le voyant en butte à l'animadversion publique, plusieurs auraient pu douter que la main de DIEU fût encore avec lui; au lieu que, après cette prédiction, l'événement ne devait servir qu'à affermir leurs cœurs dans la confiance.

III.

Combien M. Olier est traversé dans la réforme de sa paroisse.

Déjà il avait éprouvé comme les préludes de cette opposition, en voyant son zèle sans cesse traversé par des personnes puissantes. Pour arracher tant de scandales que causaient dans le faubourg l'hérésie, l'impiété et le débordement des mœurs, il n'avait épargné ni recommandations, ni sollicitations, ni instantes prières, auprès de ceux qui pouvaient l'aider de leur autorité. Mais plusieurs n'entrant pas dans ses vues, et même s'irritant de son zèle, lui suscitèrent souvent des difficultés, tantôt cachées, et tantôt ouvertes. Les libertins surtout et les sages du monde, étaient si irrités contre lui, qu'ils faisaient retentir leurs plaintes en toute rencontre ; et il n'y avait pas jusqu'à ses proches, qui ne censurassent sa conduite, et n'improuvassent hautement ses desseins *. Nous ne pouvons entrer ici dans le détail des mauvais traitements qu'il eut à endurer pendant les premières années de son ministère (1). M. de Bretonvilliers les a ensevelis la plupart dans le silence, pour imiter la charité de M. Olier, et s'est contenté de raconter quelques traits de ce genre, qui étaient alors d'une notoriété publique. Pour tout dire en un mot, M. Olier se voyait à la fois en butte à la haine de ses proches, au mécontentement de plusieurs anciens prêtres de sa paroisse, au mépris de quelques Grands de l'Etat, à l'opposition ou plutôt aux hostilités journalières de ses marguilliers (2), au murmure de plusieurs magistrats, à la persécution de quelques autres qui lui suscitaient sous main des procès pour le condamner, à l'indignation et à la fureur des libertins, enfin à l'improbation de l'abbé de Saint-Germain, son supérieur naturel. Pour établir le séminaire de Saint-Sulpice d'une manière stable, il fallait d'abord que l'abbé l'érigeât en communauté, et que le Roi en confirmât ensuite l'érection par ses lettres-patentes ; mais ce prélat s'étant laissé prévenir contre le nouvel établissement (3), toutes les démarches que M. Olier avait pu faire, depuis l'année 1643, étaient restées infructueuses (4).

Cependant il se voyait dans la nécessité de construire un bâtiment, assez vaste pour recevoir les nouveaux sujets qui se présentaient à lui, chaque

* NOTE 1 et 2 p. 157, 158.

(1) *Esprit de M. Olier*, t. III, p. 347, 351, 357, 3, 9.

(2) *Délibération de S.-Sulpice.* Ms. de la Bibl. Roy., f° 1, 2. — Reg. de la Conf. du S.-Sacr. Arch. du roy., sect. hist. L. 1117, 35.

(3) *Vie Ms. par M. Leschassier*, p. 19.
(4) *Vie, par le P. Giry*, part. 1re, ch. XVI.

IV.
M. Olier se propose de construire un bâtiment pour le séminaire.

jour. Dans la disposition où étaient alors les esprits, tout ce qu'il put obtenir de l'abbé de Saint-Germain et des marguilliers, ce fut la permission pure et simple de bâtir à ses propres frais, dans le jardin du presbytère, trois corps de logis, à condition, toutefois, que le tout appartiendrait à la fabrique; qu'une partie serait destinée pour le logement des officiers du bas-chœur et de la sacristie; et qu'enfin, il veillerait lui-même à l'entretien de ces bâtiments (1). Les princes Henri de Bourbon-Condé, Louis de Bourbon, surnommé dans la suite le grand Condé et Gaston duc d'Orléans, oncle du Roi, tous trois paroissiens de Saint-Sulpice, qui approuvèrent cette autorisation, n'étaient pas plus favorables au serviteur de Dieu, quoique le duc d'Orléans parle du projet en termes très-honorables. Dans ses lettres, données à Fontainebleau le 16 octobre 1644, il déclare que pour seconder le pieux et très-noble dessein de l'abbé Olier, relatif à l'institution des clercs et des prêtres qui viennent à lui de toutes parts, pour être formés aux fonctions de leur état, lui Gaston, n'ayant pu se trouver à l'assemblée des marguilliers, a approuvé néanmoins tout ce qui s'y est fait, voulant contribuer de tout ce qui dépend de lui, à la perfection d'une œuvre si sainte, si utile et si avantageuse à toute l'Eglise. (2).

Il était difficile d'imposer à M. Olier des conditions plus onéreuses; et plusieurs faisaient même de sa facilité à les accepter un sujet de plaisanterie. † Il

(1) *Rem. hist.,* t. II, p. 22; t I, p. 12, 128.

(2) *Ibid.,* t. II, p. 25.

V.

M. Olier achète un terrain, pour y bâtir le séminaire.

† Ces constructions, dont on ne voyait pas l'importance, alors qu'on n'avait encore bâti aucun grand séminaire en France, étaient regardées par la plupart comme une entreprise ruineuse pour M. Olier, et une dépense à pure perte. M. de Fiesque qui, pour rentrer dans son ancienne cure, préparait déjà les voies à la persécution dont nous allons parler, faisait de ce projet des sujets de moquerie, sachant la gêne où se trouvait M. Olier, pour soutenir ses autres œuvres, et ne comprenant pas d'ailleurs comment il pouvait se priver de l'agrément du jardin de la cure en y construisant ce bâtiment (3).

(3) *Mém. part.,* an. 1644.

les agréa néanmoins, par zèle pour le clergé ; et en attendant qu'il les eût accomplies, il fit construire des cellules pour les séminaristes (1), s'engageant à les démolir, lorsque les grands corps de logis auraient été achevés. On en avait déjà jeté les fondements, lorsque les marguilliers, tant pour contrarier M. Olier, que pour faire plaisir à M. de Fiesque, qui sans doute désirait que le jardin de la cure fût conservé dans son entier, firent naître des difficultés touchant ces nouvelles constructions. D'autre part, les amis de M. Olier lui représentaient, qu'il allait faire des dépenses considérables, sur un fonds étranger, sans avoir l'assurance que l'édifice servirait au séminaire ; et qu'il ferait beaucoup mieux de bâtir sur un terrain qui lui appartînt en propre (2). Sur ces représentations, M. Olier changea en effet de dessein, fit cesser les travaux commencés, couvrir les fondements, et ne songea plus qu'à trouver, proche de l'église paroissiale, un lieu commode pour bâtir. La Providence voulut qu'il s'en présentât un tel qu'il pouvait le souhaiter, soit pour la proximité de la cure, soit pour son étendue (3). Cet emplacement était situé rue du Vieux-Colombier, vis-à-vis celle des Cannettes, appelée aussi alors de Saint-Sulpice, et appartenait à l'un de ses parents, M. Méliand, procureur général du Parlement de Paris, de qui il l'acheta conjointement avec MM. de Poussé et Damien, le 27 mai 1645, pour le prix de soixante-quinze mille livres (4), quoiqu'ils fussent alors dans l'impuissance de compter cette somme. Il y avait dans ce local un grand jardin clos de murailles, et trois corps de maisons (5) ; et en attendant le temps favorable pour bâtir, M. Olier plaça dans ces maisons une partie des ecclésiastiques, qu'il avait, tant à Vaugirard qu'au presbytère (6).

Comme il pensait que ce nouveau dessein animerait contre lui la haine de ses ennemis, et que d'ailleurs il était impossible de prévoir jusqu'à quelles violences ils pourraient se porter, il désira de re-

(1) *Délibérations de S.-Sulpice*, ibid., fº 1.

(2) *Mém. aut. de M. Olier*, t. v, p. 55.

(3) *Mém. de M. Baudrand*, pag. 25.

(4) *Rem. hist.*, t. 1, p. 45.

(5) *Acte d'acquisition. Arch. du roy.*, M, 421.
(6) *Mém. de M. Baudrand*, p. 25.

VI.
Nouvelle consécration à Montmartre.
M. Olier et ses compagnons offrent à Dieu le terrain qu'ils ont acheté.

nouveler avec deux d'entre ses ecclésiastiques, probablement MM. de Poussé et Damien, le même
engagement qu'il avait contracté avec les premiers
compagnons de sa retraite, à Vaugirard, en 1642,
de ne point abandonner l'œuvre du séminaire. En
conséquence, le 2 du mois de mai, il les conduisit à
Montmartre, où le Père Bataille se rendit aussi. « A
» la gloire de Dieu, écrit M. Olier, le jour de saint
» Athanase, étant allé à Montmartre avec deux de
» nos Messieurs, nous avons fait promesse sur
» l'Evangile, entre les mains du révérend Père Ba-
» taille, de ne nous départir jamais du dessein qu'il
» a plu à Dieu de nous inspirer, de nous lier en-
» semble pour lui servir d'organes et d'instruments,
» et lui disposer des prêtres qui le servissent en
» esprit et en vérité, qui honorassent aussi son Fils
» sur les autels, et s'employassent avec charité au
» service de ses membres (1). » Par un autre acte
bien digne de leur religion, M. Olier et ses deux
co-propriétaires, se considérant, en qualité de serviteurs de Jésus-Christ et de l'Eglise, comme incapables de posséder en propre cette maison, s'empressèrent d'en faire hommage à Dieu, comme à
son véritable maître. « A l'honneur et à la gloire de
» la très-sainte Trinité, renfermée dans le très-
» auguste Sacrement de l'autel, » disaient-ils dans
l'acte qu'ils dressèrent, « trois prêtres consacrés à
» l'honneur des trois Personnes adorables, désirant,
» en la vertu du très-saint Sacrement, être con-
» sommés en un, et n'avoir rien entr'eux qui ne soit
» commun à tous, abandonnent, dans un même es-
» prit, à la très-sainte Trinité, une maison qu'ils ont
» acquise, destinée à loger les serviteurs qu'elle a
» choisis pour son honneur, et leur donner la faci-
» lité d'y prendre l'instruction nécessaire pour son
» divin service. C'est au pied de ce très-saint et
» très-auguste Sacrement, votre arche, où vous ha-
» bitez parmi nous, que nous déposons tout le droit
» que, à la mode du monde, on pourrait nous don-

(1) *Mém. aut.
de M. Olier*, t. v,
p. 79.— *Vie, par
M. de Bretonvil-
liers*, t. ii, p. 157.

» ner sur cette maison. Des esclaves, ô divin Maître,
» n'ont point de bien à eux; nous n'avons point,
» par conséquent, de droit sur ces lieux que l'on
» nous cède et qu'on dit nous appartenir; mais, ô
» mon Dieu, nous vous cédons et transportons cet
» extérieur et cette apparence de droit, que l'on
» nous donne. Que vous soyez donc connu pour
» l'unique Seigneur titulaire et propriétaire du tout,
» et que ce soit par votre seule permission que vos
» pauvres sujets y trouvent leur couvert, pour s'y
» instruire et vous servir ; enfin, qu'ils y vivent sans
» cesse sous vos yeux, et y marchent dans la dépen-
» dance de vos volontés divines (1). »

(1) *Divers écrits spirituels de M. Olier*, t. i, p. 37, 38, 39.

VII.

Les paroissiens murmurent contre M. Olier. Dieu le fortifie.

Ce que M. Olier avait prévu arriva ; dès qu'on sut qu'il avait renoncé au plan arrêté dans l'assemblée des marguilliers, et qu'il s'agissait d'en dresser un nouveau, qui serait incomparablement plus dispendieux, il essuya bien des reproches sur la témérité prétendue d'une entreprise si difficile et si hasardeuse. On ne se lassait pas de lui dire, qu'à peine il aurait jeté les fondements de l'édifice, qu'il serait dans la nécessité de l'abandonner. Aux plaintes et aux murmures, quelques-uns ajoutaient les railleries les plus indécentes; mais sa réponse était toujours la même : « Jésus-Christ Notre-Seigneur,
» qui a commencé l'œuvre, disait-il, l'achèvera par
» sa miséricorde. Il ne faut pas se défier de sa bonté;
» ses trésors sont toujours pleins, et jamais ils ne
» s'épuisent; prenons courage, la sainte Vierge
» nous secourra (2). » — « Le jour de l'Ascension,
» 25 mai, ajoute-t-il, voyant l'opposition que les
» Grands et les princes mettaient à l'œuvre de Dieu,
» j'en étais à l'extérieur un peu abattu. La Bonté
» divine, si attentive à fortifier ma faiblesse, me dit
» par sa miséricorde infinie : *Ton œuvre se fera*. Ces
» paroles me remplirent d'une confusion extrême,
» surtout celle-ci : *Ton œuvre*. Je lui disais alors :
» Non, mon Dieu, ce n'est point la mienne, c'est la
» vôtre : et toutefois ces paroles portaient avec elles

(2) *Vie, par M. de Bretonvilliers.*

» une vive lumière dans mon esprit ; elles me fai-
» saient comprendre que j'étais, à l'égard de tous
» ces Messieurs, que Dieu amène dans sa maison,
» leur pauvre petit serviteur et leur domestique ;

(1) *Mém. aut. de M. Olier*, t. v, p. 117, 118.

» que je devais user de beaucoup de douceur pour
» gagner leurs esprits (1). »

VIII.
M. de Fiesque demande à rentrer dans la cure de St.-Sulpice.

Contre toutes les apparences, le coup fut porté à M. Olier par celui-là même, de qui il devait craindre le moins une persécution. Les premiers qui se liguèrent contre lui furent des amis et des parents de M. de Fiesque, qui lui avait résigné sa cure. Irrités de voir entre ses mains, un bénéfice qu'ils désiraient pour un d'entre eux, ils cherchèrent long-temps une occasion d'agir contre lui, et de lui susciter une affaire, qui l'obligeât d'abandonner sa paroisse. Mais n'en trouvant point qui secondât leurs vues, ils la firent naître, en persuadant, à force de flatteries et d'importunités, à M. de Fiesque lui-même, quoiqu'il eût tant pressé M. Olier d'accepter sa cure, que le bénéfice qu'on lui avait donné, lors de sa démission, était d'un revenu fort inférieur à

(2) *Vie de M. Olier*, par le P. Giry, part. 1ʳᵉ, ch. xvii. — *Rem. hist.*, t. i, p. 39.

ce qu'il avait droit d'attendre ; qu'on l'avait trompé ; et qu'il était de son honneur, autant que de son intérêt, de revenir sur ses pas (2). Parmi les ecclésiastiques que M. de Fiesque avait laissés après lui, et que M. Olier avait conservés pour servir la paroisse à titre d'habitués, sans qu'ils fussent membres de la communauté, plusieurs, dont la vie ne répondait pas à la sainteté de leur état, osèrent bien se mettre de la partie. Ce n'était parmi eux que plaintes et que murmures, contre celui qu'ils auraient dû chérir et respecter comme leur père. Ils étaient venus à bout de persuader à l'ancien curé, que, depuis sa démission, tout était bouleversé dans sa paroisse, et qu'il avait perdu son troupeau en l'abandonnant. Ils prétendirent qu'il avait été joué, et lui firent entendre que s'il demandait justice, ce qu'il ne pouvait différer davantage, il ne manquerait pas d'amis qui l'appuieraient. Trop crédule et trop peu en garde contre la séduction, M. de Fiesque donna dans le piége (1). Il eût été facile de l'apaiser d'abord, en faisant réparer les bâtiments du prieuré de Clisson, qu'il avait reçu en échange pour la cure de Saint–Sulpice; mais M. du Ferrier, chargé du temporel de la communauté, et peut-être un peu trop exact à le conserver, refusa à M. de Fiesque quatre cents livres (2) pour ces réparations qu'il venait de faire. M. Olier, de son côté, dans l'état de gène extrême, où étaient le séminaire et la communauté, ne crut pas, d'après l'avis d'un serviteur qui avait sa confiance dans les affaires temporelles, devoir faire ce remboursement, auquel il ne se croyait pas obligé, quoique M. de Fiesque pût avoir ses raisons pour penser le contraire (3); et ce refus ayant donné lieu à une rupture ouverte de la part de M. de Fiesque (4), les ennemis de M. Olier, dès ce moment, ne gardèrent plus de mesure à son égard.

Les plus animés de tous étaient, sans contredit, les sieurs Bouchardeau père et fils, parents de M. de Fiesque, et paroissiens de Saint–Sulpice. Le fils, fort peu retenu dans ses discours et qui fréquemment y mêlait des blasphèmes, alla à Rome dans ces circonstances (5), probablement pour solliciter le rétablissement de M. de Fiesque dans la cure, et la déposition de M. Olier. Un autre paroissien, nommé Barbier, en vue d'exciter le peuple à la sédition, tenait contre son pasteur les discours les plus violents et les propos les plus étranges : allant même jusqu'à dire dans ses emportements, qu'il fallait le chasser de la cure, l'exposer au carcan, le jeter en prison. Il ne craignait pas de tenir ces propos publiquement, et jusques dans les charniers de de l'église paroissiale (6), encouragé, sans doute, par le vicaire de M. de Fiesque et quelques autres prêtres de l'ancien clergé de Saint–Sulpice; qui semblaient provoquer, par leur propre exemple, des discours si injurieux. Il paraît que les saluts du très–saint Sacrement, établis par M. Olier,

(1) *Vie, par M. de Bretonvilliers.*

(2) *Mém. de M. Baudrand,* p. 21.

(3) *Mém. part.,* an. 1642, 1645.

(4) *Mém. de M. Baudrand,* p. 21.

IX.

Plusieurs anciens prêtres de la paroisse et d'autres ne gardent plus aucune mesure à l'égard de M. Olier.

(5) *Mém. part.,* an. 1647.

(6) *Mém. part.,* an. 1645.

étaient pour ces prêtres, l'un des prétextes de leurs plaintes et de leurs murmures ; c'est du moins ce que l'on croit pouvoir conclure du fait suivant. Le 2 mars 1645, premier jeudi de ce mois, après le salut, et avant que le très-saint Sacrement eût été remis dans le tabernacle, quatre de ces prêtres et quatre laïques âgés, réunis alors devant la chaire du prédicateur, se mirent à proférer tout haut contre M. Olier et les siens, des paroles de moquerie, et avec tant d'impudence et d'irreligion, que l'un d'eux s'oublia jusqu'à dire aux autres ces paroles que nous avons honte de rapporter : « Ne vous inquiétez pas : » vous verrez que bientôt nous leur cracherons au » visage ; » et ces paroles furent accueillies avec de grands éclats de rire, par les interlocuteurs (1).

Ce qui les enhardissait ainsi, à s'élever contre l'établissement des saluts, c'était que les marguilliers eux-mêmes cherchaient alors des prétextes pour les abolir ; et que tout récemment, ils venaient de demander la suppression de ceux que, par un contrat du premier septembre 1644 (2), la duchesse d'Aiguillon avait fondés, afin d'en assurer l'usage à la paroisse. Quoique ces saluts n'occasionnassent aucune nouvelle dépense à la fabrique, les marguilliers d'alors s'assemblèrent le huit décembre suivant, avec plusieurs de leurs anciens collègues ; et après s'être plaints, en présence de M. Olier, de ce que les officiers de la confrérie du très-saint Sacrement avaient accepté, sans leur consentement, la fondation de la duchesse, ils les firent assigner devant le lieutenant civil de Paris, en demandant que cette fondation fût déclarée nulle, et que défense leur fût faite d'en accepter aucune à l'avenir, qu'en la présence et sous l'autorité des marguilliers (3). En attaquant ainsi les officiers de la confrérie, qui n'avaient rien fait dans cette acceptation, que de l'avis de M. Olier, c'était lui personnellement que les marguilliers prétendaient poursuivre : attendu surtout l'acte de fondation qui portait expressément,

(1) Mém. part., an. 1645.

X.
Les marguilliers demandent la suppression des saluts, établis par M. Olier.

(2) Archives de l'Empire. Eglise S.-Sulpice ; confrérie du saint Sacrement, L. 1117, p. 15.

(3) Bibl. imp., Ms. Baluze, 943. C. R. 10395, 2. Délibération des marguilliers de S.-Sulpice, jeudi, 8 déc. 1644.

que la duchesse d'Aiguillon avait agi de concert avec M. Olier, et qu'elle s'en rapportait à lui, pour déterminer la pompe religieuse qui accompagnerait ces saluts(1). Il est vrai que la sentence rendue plus tard, ne fut pas conforme aux prétentions des marguilliers ; et qu'au contraire, elle autorisa la confrérie à accepter, sans leur concours, des legs et des fondations (2); mais cette coalition des anciens et des nouveaux membres de la fabrique contre M. Olier, fait assez comprendre les oppositions de plus d'une sorte, que son zèle rencontrait, dans la réforme de la paroisse.

(1)*Arch.imp.*, *Ms. Baluze,*943, p. 15.

(2)*Ibid.*,p.33, 35.

L'exemple du Prince de Condé, Henri de Bourbon, était bien propre aussi à enhardir les mécontents et à les exciter à la révolte. Parmi les Grands de la paroisse, ce prince se montrait l'un des plus ardents contradicteurs du serviteur de Dieu, quoique la princesse de Condé, sa femme, pénétrée pour ce digne pasteur d'une vénération profonde, entrât avec zèle dans tous ses pieux desseins. Accoutumé à regarder les ecclésiastiques comme des serviteurs, qui, dans l'ordre de leurs fonctions, devaient se conformer à ses caprices, le Prince de Condé improuvait publiquement les pratiques établies par M. Olier, pour la réforme de la paroisse ; et il paraît que la longueur des offices solennels était l'un de ses griefs contre lui. † Enfin il appuyait

XI.
Le Prince de Condé et l'abbé de St.-Germain ardents adversaires de M. Olier.

† Ce prince aimait à chanter dans les saints Offices (3) et, le jour de la Toussaint, qui précéda la sédition, dont nous parlerons bientôt, il assista aux vêpres de la paroisse, et se plaça dans le chœur, pour mêler sa voix à celle des ecclésiastiques. Mais comme toutes leurs réformes le choquaient et qu'il ne pouvait souffrir la gravité de leur chant, malgré la solennité de la fête; il se mit à les presser du geste et de la voix, pour les obliger d'aller plus vite ; et voyant que nonobstant ses efforts, ils gardaient toujours la même mesure, il revint plusieurs fois à la charge, quoique sans plus de succès, troublant ainsi le chant des louanges de Dieu, en présence des nombreux assistants qu'avait attirés la solennité du jour (4). Cette particularité doit servir de correc-

(3) *Orais. funèbre du prince de Condé par Bourdaloue.* — *Sermons pour les fêtes,Paris*1723, in-12, t.ii,p.447.

(4)*Mém.part.*, an. 1644.

de tout son pouvoir les ennemis de la réforme et
leur promettait son concours personnel, soit pour
obliger M. Olier d'abandonner la cure, soit pour y
faire rentrer M. de Fiesque, dont il se déclarait
hautement le protecteur (1). *

(1)*Mém part.*,
an. 1644.
* NOTE 3, p.
159.

Le supérieur ecclésiastique du faubourg, Henri de
Bourbon, abbé de Saint-Germain des prés, au lieu
de faire cesser ces scandales, les favorisait sous
main. Parmi les prêtres qui avaient quitté volontairement le service de la paroisse à l'arrivée de M.
Olier, se trouvait un cordelier, sorti de son ordre,
puis entré dans le clergé séculier; et comme ce religieux apostat paraissait très-propre à seconder
les mécontents, en troublant l'ordre établi à la paroisse, l'abbé de Saint-Germain voulut qu'il rentrât
dans le clergé paroissial. Il paraît même que, pour
avoir quelque prétexte contre le nouveau curé, dont
la conduite était d'ailleurs irréprochable, l'abbé vit
en particulier les séminaristes, en vertu sans doute
de son droit de visite, et les interrogea sur la manière dont on les formait aux vertus de leur état (2).
S'il persistait, depuis trois ans, à lui refuser des
lettres patentes pour le séminaire, c'est qu'il voulait par là forcer M. Olier de transférer et de fixer
cet établissement hors du territoire de l'Abbaye et
l'empêcher ainsi de poursuivre la réforme de la
paroisse. Dans cette vue aussi, les mécontents
pour l'obliger lui et les siens à abandonner l'œuvre
de la réforme, s'opposaient de leur côté à l'établissement du séminaire : persuadés que, si cette maison
était une fois légalement établie dans le faubourg,
M. Olier y laisserait après lui des disciples et des
successeurs, qui, animés de son esprit, maintien-
draient et continueraient par la suite ce qu'il aurait commencé (3).

(2)*Mém. part.*,
an. 1645.

(3) *Ibid.*, an.
1645.

tif, à ce qu'on lit dans le panégyrique du prince Henri
de Bourbon-Condé, sur son zèle et sa religion, dans le
chant des divins offices. Voyez ci-après la note deuxième du
livre sixième.

Au milieu de toutes ces oppositions, M. Olier sachant par des voies surnaturelles que cette persécution aurait pour fruit immédiat, l'établissement solide du séminaire et le renouvellement du faubourg, ne fit jamais rien pour la détourner ; il ne dit pas même une seule parole pour sa justification, tant auprès de l'abbé de Saint-Germain, que de ses autres contradicteurs : assuré que pour mériter le succès de ces deux œuvres, il devait boire en silence le calice, qui lui était présenté, et l'épuiser jusqu'à la lie, quelqu'amer qu'il fût pour lui. L'unique défense qu'il employa, fut la prière pour ses ennemis, surtout pour l'abbé de Saint-Germain, et M. de Fiesque. Il offrait à DIEU le saint Sacrifice à leur intention, lui demandant avec instance d'éclairer leurs esprits et de toucher leurs cœurs ; et répétant avec amour ces paroles de JÉSUS-CHRIST en croix : « Mon
» père, pardonnez leur, car ils ne savent ce qu'ils
» font, en conspirant ainsi contre vous, et en traversant vos voies divines (1). Durant mon action de
» grâces, écrivait-il, je sentais des désirs extrêmes
» de donner mille vies pour le salut de tous, j'acceptais toutes ces peines pour la conversion des
» prêtres, comme JÉSUS-CHRIST les accepta au
» jardin des Oliviers. Me trouvant par hasard devant un tableau qui le représentait dans la circonstance de sa passion où l'ange lui offrit le calice, il me semblait que Notre-Seigneur me disait :
» *Veux-tu boire aussi ce calice ?* Et je lui disais alors
» de tout mon cœur : *O mon Tout, mille et millions*
» *de vies pour votre amour* (2). Je comprenais cependant que, quoique par un juste jugement, DIEU
» voulût m'immoler comme une victime, ce châtiment n'irait pas jusqu'à la mort.... Je voyais en
» esprit mon DIEU me châtier d'une main si douce
» et d'une verge si agréable, que je ne puis rien concevoir de plus aimable que cet état. Si j'eusse pu
» baiser alors mille et mille fois cette main et ces
» verges si douces, je l'eusse fait sans balancer ; et

XII.
M. Olier s'abandonne à DIEU, pour souffrir cette persécution en union avec JÉSUS-CHRIST.

(1) *Mém. part.*, an. 1645.

(2) *Copie des Mém. de M. Olier*, t. 1, p. 188, 189. — *Mém. aut.* t. IV, p. 257.

» comme cette vue était sans mélange de figures » sensibles, je n'éprouvais au cœur qu'amour pur » pour la main de mon Dieu, et pour les châtiments » qu'il me réserve (1). »

(1) *Mém. aut. de M. Olier*, t. v, p. 4, 5.

XIII.

M. Olier se soumet d'a-vance à tout ce qu'il plaira à Dieu de per-mettre.

Malgré toutes les assurances qu'il avait du succès, M. Olier s'efforçait néanmoins de se mettre dans la disposition de souffrir tout ce qu'il plairait à Dieu de permettre ; même son expulsion de la paroisse, et l'entière impuissance de travailler à la sanctifier (2), si tel était son bon plaisir. « Je me vois, écrivait-il,

(2)*Mém.part.*, an. 1643.

» dans les traverses de tout genre, dont Dieu veut » se servir pour m'immoler à sa gloire, les peines » du dedans, les contradictions du dehors : *Foris* » *pugnæ, intus timores.* Considérant qu'un juge qui » suscite le monde pour me plaider, venait de me » condamner, à la sollicitation des moindres de mes » paroissiens, condamnation qui m'attirerait les » mépris et les rebuts des Grands de la paroisse :

(3) *Mém. aut. de M. Olier*, t. iv, p. 257, 437.

» j'appris de là, que je devais vivre dans l'oubli, la » honte et la confusion (3). De plus ayant laissé » entrer dans mon esprit quelques pensées de l'ave- » nir, me demandant ce que je deviendrais, si les » desseins de mes adversaires réussissaient : j'eus » le bonheur de connaître que ces préoccupations » étaient contraires à la confiance que je devais avoir » en Dieu. Je vis clairement qu'elles lui déplaisaient » beaucoup, et que l'âme qui lui est abandonnée, » doit ne regarder que le présent, et vivre dans une

(4) *Mém. aut. de M. Olier*, t.iv, 437, 438.

» confiance entière en lui, comme un enfant qui re- » pose dans le sein de son père (4). Toutefois, pour » dissiper la crainte que j'avais de la ruine du sémi- » naire, la Bonté divine me disait : *L'œuvre subsis-* » *tera en moi.* »

XIV.

M. Olier et ses prêtres in-juriés, avec menace d'être bientôt chas-sés du fau-bourg.

Cependant les trois années, avant la fin desquelles M. Olier devait être chassé de la cure, approchaient de leur terme ; et de temps en temps, il disait lui-même à ses disciples : « préparons-nous à ce que » Dieu nous réserve, et demandons beaucoup son » esprit, afin de porter saintement la croix qu'il

» nous à destinée. « Nous en étions tellement cer-
» tains, » dit M. de Bretonvilliers, parlant de trois
ou quatre prêtres avec qui il était plus particulièrement lié, « que nous nous en entretenions assez
» souvent, quoique nous ignorassions la manière
» dont elle devait arriver. Plusieurs fois nous lui
» avons entendu dire : *De bon cœur, mon* DIEU, *de*
» *bon cœur, je ne suis pas digne de cette grâce ; non,*
» *je ne mérite pas cette miséricorde, avec laquelle*
» *vous voulez me traiter, par le grand désir, que vous*
» *avez de faire du bien au plus ingrat des hommes* (3). »
Quoique les disciples de M. Olier ne sussent pas
comment leur arriverait cette persécution, ils ne
pouvaient douter qu'elle n'eût pour résultat de les
chasser tous du faubourg, pour mettre fin par là à
l'établissement du séminaire et à la réforme de la
paroisse. Les ennemis de ces deux œuvres en vinrent, en effet, au mois de mars 1645, à cet excès
d'impudence et d'effronterie, que d'attacher de la
manière la plus ignominieuse, à la porte de la cure,
cet écriteau : *Maison à louer ;* et celui-ci : *Valets à*
louer, sur la porte de la communauté des prêtres
de la paroisse (2). Des procédés si injurieux et si
révoltants, que l'autorité publique du faubourg
laissait impunis, navraient de douleur les âmes
vraiment religieuses ; et faisaient craindre avec raison aux disciples de M. Olier, qu'après les avoir
menacés longtemps, l'on n'en vînt enfin aux dernières violences. La plûpart d'entre eux, désespérant même du succès de l'œuvre, éprouvaient de
fortes tentations de se séparer de lui ; et les oppositions devenant chaque jour plus hostiles et plus
fréquentes, à mesure que le terme des trois années
approchait, l'abattement devint aussi plus général,
soit à la communauté des prêtres, soit au séminaire,
et il gagna enfin tous les disciples de M. Olier sans
exception. Il avait accepté la cure de Saint-Sulpice,
au mois de juin 1642 ; et le premier jour du même
mois 1645, le découragement s'était emparé même

(1) *Vie de M.*
Olier, par M. de
Bretonvilliers, t.
II, p. 110, 111,
112.

(2) *Mém. part.,*
an. 1645.

XV.
Tous les dis-
ciples de M.
Olier sont ten-
tés d'abandon-
ner l'œuvre du
séminaire et la
réforme de la
paroisse.

de ses premiers compagnons, qui jusqu'alors avaient
partagé tous ses travaux. Car ce qui est bien étonnant, M. du Ferrier, M. Picoté, M. de Bassancourt
et M. de Sainte-Marie, regardés justement depuis
la promotion de M. de Foix à l'épiscopat, comme
les plus fortes colonnes de la nouvelle société, étaient
tentés eux mêmes de tout abandonner, tant à cause
des efforts qu'on opposait chaque jour à leur zèle
qu'à raison de l'impuissance où ils étaient de soutenir plus longtemps les dépenses exigées par le
séminaire et par la cure. Ils se voyaient en effet réduits à un extrême dénuement, étant d'ailleurs
chargés de grosses dettes, qu'ils n'avaient pu acquitter encore. On comprend quel surcroît d'affliction
le découragement de tous ses disciples, devait être
pour M. Olier. Par ses rapports intimes avec chacun
d'eux, il connaissait à fond leurs tentations et leurs
peines intérieures ; et en ressentait très-vivement
le contre-coup. Il voyait, que les uns, pensaient à
le quitter ; que d'autres, songeaient à aller chez
leurs parents ; que ceux-ci, changeaient d'avis
d'heure en heure ; que ceux-là, lui demandaient de
quoi pourvoir à leurs besoins : et il était au milieu
d'eux, comme un pauvre patient, qui portait les
peines de tous (1). « Je voyais, dit-il, qu'à l'exemple
» de mon Maître, je devais souffrir seul, sans être
» assisté ni soulagé de personne; et il me faisait
» entendre qu'il établirait son œuvre sur ma con-
» fusion, me montrant par là, qu'il fallait désirer
» d'être détruit et anéanti pour l'établissement de
» la gloire de Dieu, et que, pourvu que son œuvre
» se fît, nous devions être contents. »

(1) *Mém. part.,* an. 1645.

XVI.
Avantages que la persé-cution pro-cure aux dis-ciples de M. Olier et à la paroisse.

Toutefois, en permettant que les disciples de M.
Olier fussent ainsi tentés de se séparer de lui, Dieu
ne voulait que les éprouver et les rendre plus
humbles par l'expérience de leur faiblesse. Après
les avoir purifiés dans la tribulation et les angoisses
du cœur, il devait les remplir d'un nouveau zèle pour
le salut des âmes, les affermir dans leur vocation et

les unir plus étroitement que jamais à M. Olier.
C'est ce qu'a produit, sur eux et sur ceux qui depuis
ont été appelés à continuer leur œuvre, cette persécution qui paraissait devoir tout ruiner. Dieu a voulu que les mauvais traitements qu'y endura son
serviteur fussent une source de grâces pour ses disciples de tous les temps, et qu'ils servissent à les
encourager en leur faisant comprendre le prix et le
mérite des souffrances (1).

(1)*Mém.part.*,
an. 1644.

Un autre dessein de la Providence dans cette persécution, durant laquelle tous les paroissiens de
Saint-Sulpice, si l'on en excepte Marie Rousseau
et quelques dames de condition, jugèrent l'œuvre
de M. Olier impossible, fut de les obliger, après
qu'elle aurait été accomplie, de croire sans hésiter
qu'elle venait de Dieu. En réveillant au fond des
cœurs la foi en sa toute-puissance, ce succès inattendu et désespéré devait faire glorifier son nom
dans tout le faubourg, tandis que le souvenir des
violences exercées sur M. Olier et supportées avec
tant de douceur, servirait à l'édification de la postérité.

Voici enfin comment arriva cette persécution.
Dieu qui voulait associer M. Olier aux souffrances
de son divin Fils, permit qu'il fut trahi par deux de
ses serviteurs qu'il avait jusqu'alors traités avec la
bonté d'un père. L'un d'eux surtout se rendit coupable à son égard de la plus noire perfidie. Craignant apparemment de perdre l'emploi qu'il avait à
l'église, si M. Olier était contraint d'abandonner
la paroisse, il commença par lui dérober de l'argent
et alla ensuite offrir ses services à l'ancien curé, des
mains du quel il reçut une somme pour laquelle il
lui vendit son Maître (1). Par suite de sa trahison,
qui consista peut-être dans la soustraction de quelque papier essentiel, un dévolu † fut pris secrète-

XVII.
M. Olier est
vendu à M. de
Fiesque qui
publie contre
lui un *factum*.

(2)*Mém.part.*,
an. 1641, 1642,
1643, 1644.

† Prendre un *dévolu* dans le style de la jurisprudence, c'est
obtenir un bénéfice qu'on prétend vacant de droit quoique
rempli de fait.

ment sur le prieuré de Clisson, et cette tentative qui
jeta un grand trouble dans tout le faubourg, détermina les ennemis de M. Olier à en venir contre lui
aux dernières violences.

M. de Fiesque, pour rentrer alors en possession
de sa cure, publia contre M. Olier un *factum* des
plus sanglants, où il l'accusait d'en être l'injuste
détenteur, en vertu d'une permutation nulle et ob-
tenue par surprise. On a vu que M. de Fiesque, qui
était de Bretagne, avait lui-même demandé le prieuré de Clisson, qu'il connaissait déjà, et où il avait
dessein de se retirer. C'était un bénéfice simple,
depuis que, en 1626, il avait cessé d'être occupé par
les religieux de l'abbaye de Saint-Jouin, au moyen
d'un accommodement ménagé par M. Olier père;
et, à partir de ce moment, quatre prêtres séculiers
y avaient fait et y faisaient tous les jours le service
divin. M. de Fiesque, voulant trouver un vice de
nullité dans la permutation, prétendit que ce bénéfice, au lieu d'être simple, était réellement conven-
tuel; et ce qui donna à cette allégation une apparence de vérité, ce fut la tentative que firent alors
les religieux de Saint-Jouin. Ils entreprirent de rentrer dans le prieuré de Clisson, où deux de ces religieux se présentèrent en effet, l'un avec la qualité
de sous-prieur, l'autre avec celle de sacristain; et
enfin un chapelain se fit pourvoir du prieuré, comme
s'il eût été vacant, sans que M. de Fiesque fît contre
eux la moindre démarche. Bien plus, les juges roy-
aux, invités à se rendre à Clisson, pour déclarer
l'existence de la prétendue conventualité, la fon-
dèrent sur deux raisons qu'on n'imaginerait pas
aisément. La première fut que, en compulsant les
archives, on avait trouvé que, dans son institution,
ce prieuré était régulier : d'où ils concluaient qu'il
devait l'être encore; la seconde, que la disposition
des lieux montrait qu'il l'était en effet, puisqu'on
y voyait un cloître, un chapitre, un dortoir, des
cellules, un réfectoire et des bancs au chœur. En

conséquence, les juges saisirent le revenu du prieuré, tant pour la provision adjugée aux religieux, que pour les arrérages, qu'ils faisaient remonter apparemment jusqu'au temps où la conventualité avait été abolie. Les choses en étaient venues à ce point, lorsque M. de Fiesque répandit le *factum* où il demandait justice.

Cet écrit, dans la disposition où étaient alors les esprits, devait produire une vive sensation, et intéresser tous les cœurs en faveur de l'ancien curé de la paroisse. Il y était représenté comme dépouillé du prieuré de Clisson, poursuivi par les religieux de Saint–Jouin, attaqué encore par leur prétendu prieur, privé enfin, de la cure de Saint–Sulpice, en vertu d'une permutation pleine de surprise, de déguisement et de nullité (1). Aussi les ennemis de M. Olier, munis de cette pièce si favorable à leurs desseins, ne gardèrent plus aucune mesure. Pendant que les amis et les parents de M. de Fiesque échauffaient les esprits, en faisant sonner bien haut, de tout côté, l'injustice prétendue, dont ils chargeaient M. Olier, il se forma contre lui une autre faction. Les libertins, dont il était le fléau le plus redoutable et le plus inflexible, trouvèrent la circonstance très–favorable pour se venger, et résolurent sa perte. Il avait déjà banni de sa paroisse beaucoup de filles vendues au crime, qui y avaient multiplié les lieux de débauche; mais il n'avait pu guérir tout le mal. Plusieurs de celles qui restaient encore, furieuses de se voir continuellement surveillées et poursuivies par l'homme de Dieu, firent aussi leur complot, et engagèrent dans la sédition, une multitude de laquais et de domestiques, tous disposés aux coups de main. Les émissaires des deux factions, quoique dirigés par des intérêts fort différents, après s'être enhardis mutuellement durant plusieurs jours, en vinrent jusqu'à ameuter la populace, et à faire un seul parti de tous les mécontents. En moins d'une semaine, l'esprit de révolte

XVIII.
Deux factions se forment contre M. O-lier.

(1) *Factum pour maître Julien de Fiesque, Bibl. R. Ms. Dupuy,* 651, f° 132, *et suiv.*

(1) Vie de M. Olier, par M. de Bretonvilliers, ibid. Mém. de M. Baudrand, p. 21.

s'accrut et se communiqua, au point de former contre la personne de M. Olier, une conjuration qui mit sa vie dans le plus grand danger (1), et fut comme le prélude des barricades de la Fronde. M. de Poussé, espérant sans doute d'en être la victime, fit même son testament six jours avant que la sédition éclatât, le 2 juin 1645, et *laissa au séminaire, que*

(2) Testament de M. de Poussé. —Arch. du Roy., ibid.

M. Olier fondait, tous ses biens, et spécialement sa terre de Beaume, qui était d'un revenu considérable (2).

XIX.
La conjuration éclate. Le presbytère est envahi.

Le jeudi après la Pentecôte, 8 juin 1645, dès le matin, un gentilhomme du duc d'Orléans, M. du Four, vint apprendre à M. Olier, qu'il se tramait

(3) Vie de M. Olier, ibid., t. II, p. 113, 115.
(4) Attest. aut., p. 163.

une conjuration contre lui (3); et une autre personne l'assura, qu'une troupe de gens armés s'étaient réunis dans une maison voisine, avec dessein de se porter contre sa personne aux dernières violences (4). Il profita de ces avis, non pour écarter le coup, mais pour s'y préparer. Il se rendit à l'église en surplis, selon sa coutume, et y célébra ensuite le saint Sacrifice, s'offrant avec Notre—Seigneur, pour être immolé à la gloire de son Père, et se réjouissant de participer enfin à ce calice, après lequel il avait si ardemment et si longtemps soupiré. Il était à peine rentré au presbytère, environ vers huit heures du matin, qu'une troupe de factieux fondent en armes

(5) Vie de M. Olier, par M. Leschassier, p. 20.

sur la maison, avec un bruit et un tumulte qui mettent l'alarme dans le quartier, et en criant qu'on faisait injustice au véritable titulaire de la cure (5). En même temps, une multitude d'autres, accourus de toutes les rues voisines, et parmi eux beaucoup de jeunes garçons, font voler contre la maison du presbytère une grêle de pierres, et tout ce qui leur tombe sous la main. M. de Bretonvilliers s'étant

(6) Extraits de la vie de M. de Bretonvilliers, par M. Baudrand, p. 142.

présenté à une fenêtre pour essayer de les apaiser, au même instant, on lui lance un pavé, qui heureusement ne fait que l'effleurer légèrement à la tête (6).

Au milieu de ce grand tumulte, on s'empresse de fermer les portes de l'église de Saint—Sulpice, pour empêcher les factieux de s'y introduire ; quelques-uns y pénétrent néanmoins ; les autres entrent dans le presbytère, qui est bientôt envahi par la populace.

Pendant que les uns brisent et enfoncent les portes des chambres : les autres montent en furieux à l'appartement de M. Olier. La Providence, pour lui donner un nouveau trait de ressemblance avec le Sauveur, permit qu'un des anciens prêtres habitués de la paroisse, qui avait méprisé les avis de ce charitable pasteur, le livrât, comme un autre Judas à ses ennemis (1). Ce prêtre qui connaissait les êtres de la maison curiale, s'était mis à la tête des factieux, et ce fut lui qui les conduisit à la chambre de M. Olier, dans le dessein de se saisir violemment de sa personne. Dès que le serviteur de DIEU les vit entrer, il se mit à genoux, comme JÉSUS-CHRIST au jardin des Oliviers, et adressa à DIEU la même prière : » Mon père, si c'est possible ; faites que ce calice » s'éloigne de moi : Néanmoins, qu'il en soit fait » comme vous voulez, et non comme je le veux moi- » même. » Puis, semblable à une victime, prête à être immolée à la gloire de DIEU, et pour le salut de son peuple, il se laisse prendre, imitant la conduite du Sauveur, lié et garrotté par les juifs, n'ouvrant pas même la bouche pour se plaindre. Les factieux se saisissent de lui, le tirent avec violence de son appartement ; et, sans nul égard ni pour son caractère et sa qualité de pasteur, ni pour le saint habit dont il était encore revêtu, mettent son surplis en pièces, se jettent sur lui avec emportement, le traînent sur l'escalier ; puis, animés par l'exemple du prêtre sacrilége qui s'était déclaré leur chef, et qui, dans l'escalier même, le frappait du pied (2), ils l'accablent de coups, lui font souffrir les traitements les plus indignes ; et, après l'avoir jeté rudement hors du presbytère en le frappant, et en lui montrant un pistolet prêt à être tiré sur lui, le donnent en spectacle à un peuple nombreux que

XX.
M. Olier est jeté hors du presbytère, traîné dans les rues et meurtri par les conjurés.

(1) *Mém. part.*, an 1642.

(2) (*Mém. de M. Baudrand.* p. 22. — *Vie de M. Olier par M. de Bretonvilliers*, t. II, p. 113, 115.

(1) *Vie de M. Olier, par le P. Giry*, partie 1ʳᵉ, ch. XVII.

cette scène tragique venait de rassembler (1). On le traîna de là dans les rues voisines, toujours en l'accablant de coups et d'injures ; et, avec une fureur si universelle que, de cette grande multitude, il n'y avait personne qui ne proférât contre lui des paroles

(2)*Vie, par M. de Bretonvilliers*, t.II, p.116.

injurieuses, ou ne lui fît éprouver quelque autre mauvais traitement (2).

Dans cette extrémité Dieu ne délaissa pas entièrement son serviteur qui, pour son amour, s'abandonnait ainsi à la fureur des factieux ; au rapport de M. de Bretonvilliers, Il daigna même le fortifier sensiblement par une apparition du B. patron de son église. Saint Sulpice le consola dans ce moment en lui faisant connaître de nouveau que cette persécution, loin de ruiner l'œuvre qu'il avait commencée,

(3) *Ibid.*

ne servirait qu'à la perfectionner et à l'affermir(3).

XXI.

Charité héroïque de St.-Vincent de Paul et du curé de Saint-Jacques du Haut-Pas.

Une autre consolation bien précieuse lui fut encore ménagée par la Providence. Saint Vincent de Paul, informé du tumulte, survint en toute hâte, résolu de défendre la vie de son ami (4), au péril même de la sienne propre. Il courut, en effet, le plus grand danger, en se jetant au milieu de ces furieux ; car personne parmi eux ne pouvait ignorer que si M.

(4) *Summarium ne pereant probationes (in causa V. Vencentii)*, p. 140. — *Epist. ad Clementem* XI. Romœ, 1709, p. 93.
(5) *Beatificationis et canonizationis S.-Vincentii de Paulis, positio super introductione causæ*. Romœ, in-f°, 1709, cap. III, *Heroicitas Virtutum Omnium*, c. XLI, p. 31.

Olier était à la tête de cette paroisse, dont ils le regardaient comme le tyran, c'était à saint Vincent de Paul qu'on devait s'en prendre. Aussi, dès qu'on le vit dans la foule, on ne se contenta pas de l'accabler de reproches : aux paroles on joignit bientôt les coups, sans respect pour son caractère et sa vertu, et sans aucun égard aux immenses services qu'il rendait déjà au peuple de la capitale. A tous leurs mauvais traitements, il opposait la douceur d'un agneau, sans proférer un mot de plainte, se contentant de répéter ces paroles, dignes de sa rare charité : *Frappez hardiment Saint–Lazare, et épargnez Saint–Sulpice* (5). †

† Ce fut M. Courret de la Barthe, dans la suite curé de Saint-Jacques du Haut-Pas, qui se trouvant dans la foule des conjurés à côté de saint Vincent de Paul l'entendit pro-

Un autre ami de M. Olier ne se montra pas moins empressé que saint Vincent de Paul à porter secours au serviteur de Dieu, ce fut M. Pons de la Grange, curé de Saint–Jacques du Haut-Pas, dont on a parlé plus haut. Arrivé sur le lieu du tumulte il se jeta avec un dévouement et une intrépidité héroïques au milieu des conjurés et parvenu auprès de son saint ami, il lui fit comme un rempart de son propre corps. C'est ce qui faisait dire plus tard à Marie Rousseau, lorsque ce vertueux ecclésiastique eût été préservé de la mort qu'on avait voulu lui donner au moyen du poison (1), que le démon n'avait suggéré le dessein atroce de ce crime que pour se venger du service que M. de Pons avait rendu au pasteur et à la communauté des prêtres de Saint–Sulpice, mais que Dieu lui avait sauvé la vie en récompense de son dévouement (2).

Cependant les plus animés des séditieux, après avoir eux–mêmes traîné quelque temps M. Olier, dans les rues voisines de l'église, l'abandonnèrent ensuite à la populace, pour aller profiter du dégât que les autres faisaient dans le presbytère. Ce fût alors que quelques amis du serviteur de Dieu, accourus à son secours, se mêlèrent dans la foule, et le conduisirent à travers les huées du peuple ; se joignant ainsi eux-mêmes aux séditieux, qui le traînaient comme un malfaiteur public, quoique leur dessein fût de le mettre en sûreté contre la fureur et la violence (3). Ceux qui s'étaient saisis de lui étant donc retournés au presbytère, s'emparent de tout ce qu'ils trouvent, volent l'argent, et même un dépôt confié à un ecclésiastique, logé dans la maison ; brisent ou emportent les meubles ; se saisissent des

(1) *Mém. du R. P. Rapin*, t.i, 38.

(2) *Mém.part.*, an. 1646.

XXII. Le presbytère est pillé par les furieux.

(3) *Vie,par M. de Bretonvilliers*, ibid., p. 122. - *Giry,ibid.* —*Baudrand*, p. 22.—*Année Dominic.*, 12 sept., p.424.—*Recueil sur M. de Lantages*, p. 11. — *Rem.hist.*,t.i,p. 39.

férer ces paroles de charité. Un autre ecclésiastique également ment présent à ce tumulte, M. Nicolas Boutillier qui devint recteur du collège de Bauvais à Paris, les avait apprises de la bouche de M. de la Barthe, comme il l'attesta sous la religion du serment dans les procédures pour la canonisation de saint Vincent de Paul (4).

(4) *Ut suprà,* n. 5.

provisions de la communauté ; et, après s'en être rassasiés, abandonnent le reste au peuple. Comme le projet de construire les bâtiments du séminaire, était l'un des griefs que l'on reprochait à M. Olier, et qu'il avait résolu d'abord de les élever dans le jardin du presbytère, ainsi qu'on l'a rapporté : les factieux, au milieu de ce tumulte, s'empressèrent de murer deux ouvertures, qu'il avait fait percer aux murs de clôture, pour faciliter l'arrivée des matériaux dans ce jardin ; et n'ayant point sous la main le mortier nécessaire, ils en vinrent à cet excès de fureur que de répandre des pièces entières de vin, et de le mêler avec la terre et le plâtre pour s'en procurer (1).

(1)*Attest. aut.*, p. 164. — *Rem. hist.*, t. i, p. 225. — *Vie, par M. de Bretonvilliers*, t. ii, p. 125, 126.

XXIII.

M. Olier est conduit au Luxembourg, où M. de Bretonvilliers va le trouver.

Le palais du Luxembourg s'étant trouvé sur le chemin que les séditieux avaient pris, en traînant M. Olier dans les rues, ses amis, pour le soustraire à la fureur du peuple, le firent entrer comme par hasard dans ce palais. Nous ne lisons pas que le duc d'Orléans lui ait fait quelqu'accueil particulier, dans cette circonstance ; mais la maréchale d'Estampes, qui demeurait au Luxembourg, le reçut avec tout le respect que méritait sa vertu, l'accueillit dans son appartement, lui donna à dîner, et se signala par les bons offices qu'elle s'efforça de lui rendre. Lorsque M. Olier avait été saisi par les factieux, et traîné dans les rues, tous ses disciples, dans l'impuissance où ils se voyaient de s'opposer à la violence, l'avaient abandonné, et s'étaient retirés çà et là, sans savoir ce qu'était devenu leur maître, ni même s'il vivait encore. L'un d'eux, M. de Bretonvilliers, ayant appris qu'il était au Luxembourg, s'y rendit incontinent pour savoir dans quel état on l'avait laissé. Il le trouva dans un calme aussi parfait que s'il n'avait eu que des sujets de consolation et de joie. « Il ne me parut nullement ému, dit-il, » et je n'aperçus pas en lui la moindre altération. » Ce fut pour moi une très-forte conviction de la » plénitude de l'Esprit de Dieu qui le possédait ;

» mais ce qui m'étonna singulièrement, ce fut la
» manière dont il parlait des auteurs de la persé-
» cution. Pendant que chacun les condamnait, et
» qualifiait leurs procédés comme ils le méritaient,
» non-seulement il les excusait, mais il témoignait
» tant d'estime et d'affection pour leurs personnes,
» que j'en conçus de la peine (1). Je crus même de-
» voir lui dire à l'oreille, que les louanges qu'il leur
» donnait, étaient capables de faire retomber sur
» lui tout le blâme de cet événement : m'ayant en-
» tendu, il se contenta de sourire à ce que je lui
» disais, et continua de parler d'eux aussi favora-
» blement (2). » Ce calme inaltérable était le fruit
des peines intérieures qu'il avait autrefois éprou-
vées. Se jugeant digne de toutes sortes de rebuts
et de mépris devant Dieu et devant les hommes, les
affronts les plus sanglants ne pouvaient altérer en
rien la paix de son cœur (3). « Hélas ! misérable que
» je suis ! disait-il, c'est moi qui, par mes grandes
» infidélités, fais naître tous ces obstacles au service
» de Dieu : mon indignité en est la seule cause. »

Les autres prêtres de M. Olier, et les séminaristes,
s'étant dispersés de côté et d'autre, la plûpart, ou
du moins plusieurs ignorèrent pendant quelques
jours, le lieu de sa retraite, n'osant pas sans doute
s'en informer, ni aller le joindre, à cause de la
crainte que leur inspirait, pour eux-mêmes, la grande
irritation des esprits. Cependant, après que ce grand
tumulte eut été un peu apaisé, l'abbé de Saint-
Germain se rendit à la cure de Saint-Sulpice, pour
s'assurer par lui-même que M. Olier en était sorti,
craignant peut-être qu'il n'y fût encore. D'autres
personnes de condition s'y rendirent aussi, pour
un motif bien différent. Touchées d'une tendre compassion pour leur pasteur, au récit des violences
qu'on venait d'exercer contre sa personne, elles
allaient à la cure, pour lui offrir leurs sentiments
de condoléance et leurs services ; mais elles ne l'y
trouvèrent pas non plus (4). Le presbytère était

(1) *Vie, par le
P. Giry*, part. 1ᵐᵉ,
chap. xvii.

(2) *Vie, par
M. de Bretonvil-
liers*, t. i, p. 127.

(3) *Mém. de M.
Baudrand*, p. 77.

XXIV.
Le service di-
vin interrom-
pu pendant
trois jours à
l'église parois-
siale.

(4) *Mém. part.*,
an. 1645.

occupé par les factieux, et il continua de l'être, depuis le jeudi, jusqu'au samedi suivant. Durant ces trois jours le service divin cessa entièrement à l'église de la paroisse, restée ainsi sans pasteur. Néanmoins, on ne laissa pas de porter le saint Viatique aux malades, quoique sans appareil et secrètement, pour prévenir les excès auxquels on aurait pu se porter (1), si l'on eut vu des prêtres de M. Olier, exercer encore leurs fonctions dans la paroisse. Jamais l'église de Saint–Sulpice n'avait ainsi été fermée durant trois jours, et cette cessation totale du culte divin, qui obligeait d'aller aux chapelles des communautés pour entendre la sainte messe, jeta la consternation dans les âmes pieuses.

(1) *Attest. aut.*, p. 163, 164.

NOTES DU LIVRE QUATRIÈME

SUR LA MORT DE FRANÇOIS OLIER.

NOTE 1, p. 133. — Le frère aîné de M. Olier fut l'un de
ceux qui censurèrent le plus vivement sa conduite ; et, un
jour, après lui avoir parlé de la manière la plus rude, il
s'emporta jusqu'à refuser de l'entendre, et à fermer brusquement sur lui la porte de son cabinet. M. Olier, accoutumé à rendre le bien pour le mal, eut le bonheur de convertir ce même frère et de le disposer à la mort. Il paraît que Dieu
lui en avait fait connaître le moment précis, comme nous
l'apprenons de M. de Bretonvilliers. « Il eut soin, dit-il,
» d'après la connaissance que Notre-Seigneur lui en avait
» donnée, de l'avertir quelque temps avant sa maladie, qu'il
» n'avait plus que peu de temps à vivre ; et il s'appliqua
» avec toute l'assiduité possible à le préparer à la mort (1),
» qui arriva au mois de mars 1644 (2). † » M. Olier fit, pendant
plusieurs années, des prières ardentes pour le repos de son
âme, et crut enfin que Dieu les avait exaucées (3).

(1) *Esprit de*
M. Olier, t. 1, p.
742.

(2) *Registre des*
sépultures de la
paroisse Saint-
Paul.

(3) *Discours*
sur les vies de
plusieurs véné-
rables mères, etc.
p. 528. — *Mém.*
aut. de M. Olier.

Le 8 novembre 1647, voyageant alors par l'ordre des médecins, il écrivait de Montpellier, à la Mère de Saint-Michel,
Supérieure des religieuses Visitandines d'Avignon, aux
prières de laquelle il avait recommandé l'âme de son frère,
en passant par cette ville : « Notre défunt frère, dont la
» divine Providence voulut que je vous parlasse le jour de
» la Toussaint, ou des morts, lequel s'était rendu à la me-
» nace de la parole de Dieu, par le ministère de ce chétif
» et misérable ouvrier : ce même frère, dis-je, m'est apparu
» en songe ce matin, environ les six heures, et m'a témoi-

† Nous avons déjà vu que l'ecclésiastique, chargé de tenir les
registres de la paroisse Saint-Paul, avait la singulière coutume d'y relater quelquefois des particularités locales, qui
sont une preuve de la bizarrerie de son esprit. Voici comment est conçu son acte de décès de François Olier. « Sa-
» medi 5 mars 1644, convoi général de Messire François
» Olier, seigneur de Verneuil, Ivoy, maître des requêtes et
» président au grand Conseil, décédé en sa maison, rue du
» roi de Sicile, où nous fûmes fort mouillés de grêle et de
» pluie. A six heures du soir, mis dans le caveau de la cha-
» pelle ; le service fait le jeudi suivant 10, fort pompeuse-
» ment. »

» gné avoir été délivré et être entré dans la gloire depuis
» hier. Me recommandant à lui avec foi et révérence, comme
» étant plein de la gloire de Dieu, il m'a répondu qu'il me
» protégerait et qu'il le devait, m'assurant qu'il m'était obli-
» gé de son salut en Jésus-Christ. La bonté divine a même
» voulu qu'il m'ait délivré de deux doutes, que j'avais au
» fond de l'âme, dont je ne lui découvrais rien : l'un était
» sur mon voyage qu'il m'a témoigné être agréable à Dieu ;
» et sur le deuxième ce bon frère m'a satisfait entièrement
» et donné un repos parfait à mon âme.

» J'oubliai de vous marquer encore que, comme je lui
» disais, que je remerciais Dieu de la gloire qu'il lui avait
» donnée, dont je me sentais surtout obligé : il m'a prié de
» le remercier encore de toutes les grâces qu'il lui avait
» faites en sa vie, entre autres de l'avoir porté à l'aumône.
» Et comme je lui donnais le divin sacrifice ce matin, pour
» lui mettre entre les mains de quoi remercier le père éter-
» nel, il m'a fait voir quelle est la charité des saints du ciel.
» Car il m'a fait entendre qu'il désirait qu'il fût encore à
» tous les bienheureux pour le même dessein ; et notez que
» nous faisons, en ce jour, l'octave de tous les saints. Mon
» Dieu, que les chrétiens sont heureux, d'avoir entrée dès
» la terre au royaume du ciel, et de converser avec les
» saints qui y règnent ! C'est là la conversation que saint
» Paul demande de nous et qu'il désirait être ordinaire aux
» chrétiens.

» Je vous dirai encore, que ce bon frère a eu la bonté de
» m'assurer du repos de l'âme de feu mon père, mais de
» la souffrance de ma sœur, que je vous recommande, et que
» je veux remettre entre vos mains, comme vous m'avez
» remis M. votre frère, que j'ai présent devant l'esprit, et
» que je recommanderai à mon frère (1). » Marie Olier dont
il parle ici était morte, comme on l'a raconté, en 1637, sans
que depuis ce temps il eût eu la pensée de prier pour elle.
Il nous apprend lui-même qu'au bout de dix ans, et sans
doute à l'occasion de l'avertissement qu'il reçut le 8 novembre 1647, il se mit à prier pour elle avec ardeur, et
qu'il obtint enfin sa délivrance (2). Lorsqu'il écrivit cette
lettre à la Mère de Saint-Michel, son jeune frère Edouard
Olier et sa mère vivaient encore, ainsi que ses deux belles-
sœurs qui tous lui survécurent, notamment Marie Roger,
veuve de son frère aîné, qui mourut au mois de janvier
1665, en son château d'Ivoy en Berry (3).

(1) *Discours sur les vies de plusieurs mères et sœurs de la Visitation. Avignon* 1689, in-8°, p. 526, 527 etc.

(2) *Mém. aut. de M. Olier*, t. v, p. 393.

(3) *Les Généalogies des Maîtres des Requêtes. Ms. de l'arsenal,* art. *Olier.*

PATIENCE DE M. OLIER DANS LES MAUVAIS TRAITEMENTS

NOTE 2, p. 133. — Une personne du peuple et d'un naturel extrêmement violent, abusant un jour de la douceur et
de la charité dont M. Olier lui avait donné à elle-même les

preuves les plus touchantes, l'outragea de paroles dans une grande assemblée, et avec tant d'emportement qu'il n'y eut personne qui n'en témoigna son indignation. M. Olier seul ne perdit rien du calme habituel de son âme, et ne se souvint des mépris qu'il venait de recevoir, que pour rendre à cet homme, en retour, toutes sortes de bons offices. Le premier fut de s'employer peu de temps après pour le délivrer des poursuites de la justice ; et il fit tant par ses sollicitations et ses instances, qu'il obtint enfin sa liberté.

Un jour que, dans une compagnie, on avait chargé l'homme de DIEU de la calomnie la plus flétrissante, une personne qui le connaissait à fond, lui dit de faire connaître la vérité comme il le pouvait facilement. « Oh ! non, répondit M. Olier, » buvons le calice de JÉSUS-CHRIST, tel qu'il lui plaît de » nous le donner ; faisons un saint usage de la croix, et » n'en descendons point, jusqu'à ce que JÉSUS-CHRIST lui- » même nous en détache. » Il demeura ainsi dans le silence, sans vouloir dire une seule parole pour sa justification. Par amour pour les mépris, il découvrait même avec sincérité et sans affectation tout ce qu'il jugeait être blâmable dans sa conduite. On l'a vu s'accuser de ses fautes de la manière la plus humiliante ; et quoique ces fautes prétendues pussent passer pour des vertus dans un autre, il avait l'adresse de leur donner un tour qui lui procurait toujours à lui-même quelque confusion.

SUR LES RAPPORTS DU PRINCE DE CONDÉ, HENRI DE BOURBON, AVEC M. OLIER

NOTE 3, p. 142. — Les détails sur le Prince de Condé, rapportés dans cette Vie, se concilient difficilement avec l'idée que le Père Rapin, dans ses *Mémoires*, nous a donnée des rapports de ce prince avec M. Olier. Il assure qu'ils avaient fréquemment des entretiens ensemble sur l'hérésie du Jansénisme ; et qu'ils s'étaient souvent animés l'un l'autre à la combattre sans ménagement (1). [marginal: (1) *Mém. du P. Rapin*, t.I, p. 136.]

Nous n'avons pu trouver aucune trace de relations fréquentes qu'ils auraient eues entre eux. Nous voyons seulement, que presque jusqu'à sa mort, le Prince de Condé fut l'un des plus ardents adversaires du fondateur de Saint-Sulpice. Le Père Rapin, ayant écrit longtemps après la mort de ce prince, aura fondé sans doute ces rapports présumés sur l'opposition bien connue de l'un et de l'autre à l'égard du Jansénisme ; et sur ce que le prince de Condé était le paroissien de M. Olier, comme il le fait remarquer à ses lecteurs. Nous pensons donc, que c'est ici une conjecture hasardée de l'historiographe : inconvénient presque inévitable pour tout écrivain qui compose des mémoires généraux sur le temps où il a vécu, et que le Père Rapin n'a pas évité toujours, notamment en parlant de M. Meyster, ainsi que son éditeur en fait judicieusement la remarque (1).

    Peut-être n'est-il pas mieux fondé, en assurant et en répétant que le pape Innocent X offrit au prince de Condé le chapeau de cardinal, pour le prince de Conti, son second

(2) *Ibid.*, t. 1, p. 158, 312.

fils (2), dont nous aurons à parler plusieurs fois en cette Vie. S'il en eut été ainsi, on aurait de la peine à comprendre comment le prince de Condé, si avide d'honneurs et de bé-

(3) *Mém. part.*, an. 1642.

néfices pour ce même fils (3), aurait refusé de lui procurer le cardinalat; et il nous semble que le Père Rapin n'a eu pour fondement de cette assertion, que le bruit vague de certaines démarches, faites autrefois par la famille de Condé elle-même, quoique sans succès, pour obtenir le chapeau en faveur de ce jeune prince. Deux ans après la mort de Henri de Bourbon-Condé, la Reine ayant désigné pour le cardinalat l'abbé de la Rivière, sur les instances du duc d'Orléans, son protecteur, le prince Louis de Condé, fils aîné du défunt, exigea de son côté que la Reine fît la même demande pour le prince de Conti, son frère : cette princesse

(4) *Mém. de Madame de Mottville*, an. 1648. — *Collection de Petitot*, t.xxxviii p. 97 *et suiv.*

qui se vit dans la nécessité de le satisfaire, de peur que son refus ne compromît la tranquillité de l'état, révoqua la nomination de l'abbé de la Rivière, et nomma alors le prince de Conti à la place de l'autre : ce qui amena une sorte de rupture entre la reine et le duc d'Orléans (4), et fut cause que celui-ci demanda en son propre nom à Innocent X un chapeau pour son favori. Toutefois ces demandes n'eurent aucun résultat ; et il était à désirer qu'il en fût ainsi pour l'honneur du sacré collége : l'un et l'autre des candidats n'ayant aucune des qualités que demandait la dignité de cardinal. On voit par la correspondance de l'am-

(5) *Arch. du ministère des affaires étrangères. Rome depuis mai 1648 jusqu'en juillet 1649,*t.iv,*lettres du roi au pape.* — *Lett. de M. de Fontenai au card. Mazarin, autre lettre du* 1 *mars* 1649.

bassadeur français à Rome, M. de Fontenai Mareuil, que bien que la demande pour le prince de Conti, eût été faite au nom du jeune Roi, et par voie extraordinaire, en alléguant que le cardinalat n'avait jamais été refusé aux princes de la maison royale, qui entraient dans le clergé: néanmoins Innocent X la refusa nettement, aussi bien que celle du duc d'Orléans en faveur de l'abbé de la Rivière. Enfin, la Reine n'étant plus satisfaite du prince de Conti, devenu généralissime des troupes de la Fronde, elle se désista l'année suivante 1649 de sa demande en faveur de ce prince ; et, cette fois, sollicita, au nom de son fils, pour l'abbé de la Rivière (5), qui pourtant ne fut jamais élevé au cardinalat, malgré ses démarches souvent réitérées et celles de ses protecteurs.

LIVRE CINQUIÈME

RÉTABLISSEMENT DE M. OLIER DANS SON PRESBYTÈRE.
LA PERSÉCUTION DEVIENT L'OCCASION DE L'AFFERMIS‑
SEMENT DU SÉMINAIRE, ET DE LA RÉFORME TOTALE DU
FAUBOURG SAINT‑GERMAIN.

Les violences, exercées à main armée, contre le curé et les prêtres de Saint-Sulpice, étaient trop criantes, trop contraires à l'ordre public; l'occupation du presbytère par les factieux, favorisait trop la révolte des peuples, surtout dans un temps de régence, pour que les marguilliers, et plusieurs des notables de la paroisse, quoique peu favorables à la cause de M. Olier, ne se joignissent à lui, et ne présentassent requête au conseil d'état, afin de le faire rentrer, au moins provisoirement dans sa cure. L'abbé de Saint-Germain lui-même, comme seigneur du faubourg, ne pouvant approuver de tels excès, se trouva dans la nécessité de faire de son côté la même demande. Mais le conseil n'était pas favorable à M. Olier; du moins plusieurs courtisans paraissaient résolus à le traiter avec rigueur, comme étant la cause d'une sédition, qui avait mis en mouvement tout un grand faubourg de la capitale. D'autres en rejetaient, par erreur, tout le blâme sur saint Vincent de Paul, qu'ils croyaient être le supérieur de M. Olier : et cette imputation donna lieu d'admirer combien la charité avait jeté de profondes racines dans le cœur de ce saint prêtre. Depuis la mission prêchée à Saint-Sulpice, en 1641, par les ecclésiastiques de la *Conférence de Saint-Laʒare*, que

I.
L'affaire est portée au conseil d'Etat. On en rejette le blâme sur St. Vincent de Paul.

l'on appelait indistinctement du nom de *Missionnaires*, quoiqu'ils ne fussent point membres de la congrégation de la mission, on avait continué de donner ce nom aux prêtres de M. Olier, * qui, par leurs prédications, leurs catéchismes, leurs conférences, et par toutes les œuvres de zèle auxquelles ils se livraient, semblaient faire, dans la paroisse, une mission continuelle. Comme donc saint Vincent de Paul était le chef des conférences de Saint-Lazare et des prêtres de la Mission, plusieurs, à la ville et à la cour, murmuraient hautement contre lui, le regardant comme la cause de ce grand tumulte, quoiqu'il n'y eût eu aucune part; et dans le conseil de la reine, on censura vivement sa conduite (1).

* NOTE 1, p. 197.

(1) *Vie de saint Vincent, par Collet*, t. I, p. 413

II.
Saint Vincent prend sur lui tout le blâme de cette émeute.

« Il lui eût été facile, dit Abelly, de se mettre à
» couvert de ce blâme, en déclarant que les prêtres
» de Saint-Sulpice n'étaient point de sa congrégation
» et qu'ils n'avaient aucune dépendance de lui;
» comme il était vrai, et comme il le déclarait tou-
» jours, en d'autres occasions, quand on voulait lui
» attribuer le bien qu'ils faisaient. Néanmoins, en
» cette fâcheuse rencontre, quoiqu'il n'eût aucune
» part dans le différend qui était le sujet du va-
» carme, il ne voulut pourtant jamais dire un seul
» mot, pour désabuser ses accusateurs, et se justi-
» fier sur les reproches qu'il en recevait. Au con-
» traire, pour pratiquer l'humilité, et, tout ensemble,
» faire paraître l'estime qu'il avait de M. Olier, et la
» part que sa charité lui faisait prendre en tous ses
» intérêts, qu'il estimait très-justes, il prit son parti
» et celui de ses ecclésiastiques. Il défendit leurs
» intérêts plus hautement, et bien mieux qu'il n'eût
» fait les siens propres. Et lorsqu'on les blâmait, et
» qu'on leur donnait le tort, il leur servait d'apo-
» logiste, et il disait tout le bien qu'il pouvait de leur
» vertu, de la sainteté et de l'utilité de leurs em-
» plois : en sorte que, pour conserver leur réputa-
» tion, il exposa volontiers la sienne, et il ne fit
» point de difficulté de mettre, en quelque façon,

» sa compagnie à la merci de cet orage, pour tâcher
» d'en exempter M. Olier et les siens, et leur pro-
» curer la paix et la tranquillité. Ce procédé de M.
» Vincent, qui semblait si contraire à la prudence
» humaine, étonna diverses personnes; et quel-
» qu'un de ses amis lui ayant demandé pourquoi il
» avait agi de la sorte, il lui répondit : Qu'il pensait
» que tout chrétien y était obligé; et qu'il croyait
» qu'en se comportant comme il avait fait, il avait
» suivi les maximes de l'Evangile. C'était l'estime
» très-grande qu'il avait de la vertu de M. l'abbé
» Olier, qui lui donnait ces sentiments, et qui lui
» faisait regarder ses saintes entreprises, non comme
» un ouvrage particulier, mais comme un bien pu-
» blic, à la conservation et à la défense duquel cha-
» cun était obligé (1). »

(1) *Abelly, Vie Ms.* liv. 1, chap. XXXII.

Cependant le Conseil d'Etat ne voulant point terminer cette affaire, de peur, sans doute, de compromettre l'autorité de la Régente, si son jugement
n'apaisait pas la sédition, la renvoya au Parlement,
le lendemain 9 juin, en ordonnant d'informer. Dès
que les ennemis de M. Olier, surent que le Parlement devait prononcer d'une manière définitive,
ils s'efforcèrent de grossir leur parti, et y firent
entrer plusieurs personnes des plus qualifiées du
faubourg Saint-Germain, qui mirent tout en œuvre
pour prévenir contre lui l'esprit de ses juges : jusque là que le prince Henri de Condé alla lui-même
au Parlement, et sollicita publiquement contre M.
Olier, avec une chaleur capable d'ébranler ceux
mêmes qui lui auraient été le plus favorables. Au
plus fort de l'orage, et lorsque tout semblait être
désespéré pour M. Olier, Dieu prit en main sa défense. La princesse de Condé, tandis que son mari
poursuivait le serviteur de Dieu, alla elle-même
visiter les juges, et prit ses intérêts avec autant de
zèle et d'affection, que s'il se fût agi de quelqu'un
de ses proches (2). La duchesse d'Aiguillon, et
d'autres dames de la plus haute qualité, joignirent

III.

L'affaire est renvoyée au Parlement. Le prince de Condé sollicite contre M. Olier ; la Reine prend sa défense.

(2) *Vie de M. Olier, par M. de Bretonvilliers,* t. II, p. 128.

leurs instances à celles de la princesse. Dom Tarrisse adressa au premier président des paroles puissantes (1). Enfin la Reine elle-même fit solliciter le
Parlement en faveur de M. Olier. « Au milieu de
» ces excès, commis contre nous et nos prêtres,
» écrivait-il, toute créature s'est armée pour nous
» punir. Dieu a voulu manifester à l'extérieur sa
» colère, en la personne de M. le Prince, qui tenait
» comme la place du Roi, et qui alla au Parlement
» pour solliciter la vengeance des juges. Mais s'il y
» a eu quelques personnes qui m'aient soutenu, ce
» sont celles qui tenaient pour moi la place de la
» très-sainte Vierge, l'avocate des pécheurs, et
» qu'elle remplissait de sa charité et de sa miséri-
» corde. Sainte Anne, à qui j'ai toujours confié le
» temporel de mes affaires, a eu compassion de moi,
» en la personne de la Reine ; et sans les sollicita-
» tions de ces dames auprès des juges, images de la
» justice de Dieu, il n'y eût point eu de paix pour
» moi (2). »

(1) *Mém.part.,* au. 1645.

(2) *Mém. aut. de M. Olier,* t. v, p. 133, 134, 135.

IV.
M. Olier cher-
che son appui
en Dieu. Sa
charité pour
ses ennemis.

Selon la pratique de ce temps, M. Olier (3) alla
de son côté informer ses juges, pour leur exposer
toutes les circonstances sur lesquelles ils devaient
asseoir leur sentence †. Mais on eut lieu d'admirer
en cette rencontre la parfaite tranquillité de son
âme, et son entière confiance en Dieu. Passant devant l'église Notre-Dame, en se rendant au palais,
il pria l'ecclésiastique qui l'accompagnait, de lui
permettre d'y entrer, selon sa coutume ; et s'étant
mis à genoux, devant la chapelle qui était dédiée à
la très-sainte Vierge, il y demeura l'espace de deux
heures immobile et en oraison (4). Il était convaincu, qu'il ne devait point mettre sa confiance dans le
secours des hommes, et que l'empressement, dans
les affaires de cette nature, est plus propre à les
ruiner qu'à les faire réussir. Il vaquait alors plus

(3) *Abelly,* liv. II, ch. XVII.

(4) *Esprit de M. Olier,* t. III, p. 9. — *Vie, par M. de Bretonvil-liers,* t. II, p. 130, 131. — *Giry,* p. I, ch. XVII.

---

† Saint Vincent de Paul en usait quelquefois de la sorte
dans les procès un peu considérables que sa compagnie était
obligée d'avoir. *Abelly, ibid.*

assidûment à l'oraison, non-seulement pour trouver en Dieu la force et le courage nécessaires dans ces épreuves, mais aussi pour ne pas recourir aux créatures, ni s'épancher en elles, dans le temps où la nature, privée des consolations d'en haut, est si portée à rechercher celles des hommes. Il aurait cru même se rendre coupable d'une grande infidélité, s'il se fût alors appuyé sur eux le moins du monde (1). Une personne, qui allait recommander la cause de M. Olier à l'un des premiers magistrats, demanda au serviteur de Dieu ce qu'elle pourrait alléguer contre ses parties adverses, qui ne cessaient de le colomnier « Dites, répondit-il, que ce sont des » personnes à qui j'ai de très-grandes obligations. » L'autre insista, sans que M. Olier voulût lui dire autre chose. Enfin, voyant que la personne refusait de porter une telle réponse, qu'elle savait être contraire à la vérité des faits : « Oui certainement, » ajouta M. Olier, je leur ai de très-grandes obli- » gations, car ils me servent à gagner le paradis (2). »

Sa confiance ne fut point vaine. Le Parlement, chargé de l'affaire le 9 juin, s'assembla le lendemain. Heureusement pour M. Olier, l'un des juges qui lui était le plus opposé, et dont l'avis aurait pu entraîner celui d'un grand nombre de ses confrères, alla le jour même à la campagne, espérant qu'il l'y suivrait, pour essayer de le fléchir par des prières et de pressantes sollicitations (3). Cette petite politique, qui devait contribuer à humilier M. Olier, ne servit qu'à faire triompher sa cause ; car l'absence de ce magistrat assura au serviteur de Dieu tous les suffrages que sa présence aurait pu lui enlever. Le samedi, 10 juin, à la requête du procureur-général, M. Méliand, le Parlement ordonna que M. de Fiesque comparaîtrait en personne, et qu'on tâcherait de se saisir des principaux auteurs de la sédition, pour les mettre dans les prisons de la conciergerie. L'arrêt du Parlement désigne quatre individus, dont le premier était ecclésiastique, et

(1) *Esprit de M. Olier*, t. III, p. 10.

(2) *Vie, par M. de Bretonvilliers. Giry*, part. II, ch. IV.

V.

Le Parlement ordonne que M. Olier soit remis en possession de sa cure.

(3) *Mém. aut. de M. Olier*, t. V, p. 135.

(1) *Histoire de Paris, par Félibien,* t. v, p. 122 et suiv. — *Registres du Conseil du Parlement, Ms. Bibl. Sainte-Geneviève,* t. xx. — *Arch. judiciaires. Conseil secret, registre B.* — *Journal du Parlement, Ms. de la Bibl. R.* — *Registre du Conseil, Bibl. de la ville de Paris.*

(2) *Vie de M. Olier, par M. de Bretonvilliers,* t. II, p. 130.

attaché à la paroisse ; il ordonne ensuite que, sans préjudicier aux droits de personne, les choses soient remises dans le même état où elles étaient avant la sédition ; qu'en conséquence M. Olier soit rétabli dans la maison curiale, et qu'on oblige ceux qui s'en étaient emparés, de l'évacuer sur-le-champ (1). A peine cet arrêt eut-il été rendu, que les conseillers Payen et Le Nain, accompagnés de l'un des substituts du procureur-général, se transportèrent sur les lieux, et remirent publiquement en possession de la maison curiale, et de l'église de Saint-Sulpice, M. Olier, et quelques-uns de ses prêtres, les autres étant encore dispersés çà et là. Ils exécutèrent cette commission avec une véritable joie (2), et prirent les mesures qu'ils jugèrent convenables, pour procurer la tranquillité publique, et assurer à M. Olier la possession paisible de sa maison. Mais cet acte d'autorité, qui fit renaître l'allégresse parmi les gens de bien, irrita étrangement les factieux, surtout lorsqu'ils apprirent que le Parlement avait ordonné de saisir les coupables ; et, s'ils ne paraissaient point dans l'espace de trois jours, de séquestrer leurs biens jusqu'à ce qu'ils eussent obéi. Aussi M. Olier était à peine rentré au presbytère, que la sédition recommença.

VI.

Dès que M. Olier est rétabli, la sédition recommence.

Une nouvelle troupe, ramassée de la lie du peuple par les principaux auteurs de la première émeute, vint en armes à la maison curiale, pour chasser de force, et destituer de fait, celui qu'ils ne voyaient qu'avec une sorte de rage, rétabli publiquement par les ministres de la justice. Sans respect pour le jugement des magistrats, ni pour les personnes laissées au presbytère, afin d'en assurer l'exécution, les séditieux investissent de nouveau la maison, dont on ferme aussitôt les portes. Ils s'efforcent de les renverser ; mais ne pouvant y réussir, à cause de la résistance qu'on faisait du dedans (3), quelques-uns des plus audacieux crient, qu'il faut y mettre le feu. Au même moment, M. Le Gauffre

(3) *Ibid.,* p. 131, 132. — *Attest. aut.,* p. 164.

étant survenu, une grande troupe d'hommes et de
femmes l'environnent, devant le portail de l'église,
et demandent par leurs cris, que M. de Fiesque
leur soit rendu pour curé. M. Le Gauffre était tout
dévoué à M. Olier, à qui il venait porter secours,
et il désirait avec ardeur de voir réussir l'établissement du séminaire et la réforme de la paroisse : persuadé néanmoins, comme tous les
autres, que ces deux œuvres si universellement
combattues, ne pourraient subsister plus longtemps, il crut devoir céder à la force et pour apaiser
l'émeute, il répondit à la foule : Oui, mes enfants.
vous aurez votre curé, retirez-vous en paix (1); on
vous rendra M. de Fiesque. Mais les conjurés
étaient trop échauffés, et trop engagés dans la révolte, pour être apaisés par de simples discours. Ils
essayent donc de mettre le feu à la porte ; et ce
moyen étant rendu inefficace, ils s'efforcent enfin,
quoique sans succès, d'escalader le mur du jardin,
qui avoisinait la maison. On reconnut alors que,
dans leur première émeute, Dieu ne leur avait permis de se livrer à toute leur fureur, que pour protéger, par ce moyen, celui dont ils avaient juré la
perte. En effet, comme le jeudi précédent ils avaient
muré, ainsi qu'on l'a dit, les deux ouvertures que
M. Olier avait fait pratiquer à ce mur, et qu'ils
ne pouvaient plus pénétrer que très-difficile-
ment dans l'intérieur du presbytère, une sorte de
combat s'engagea alors entre ceux qui gardaient la
maison, et les séditieux qui en formaient le siége (2)
tout autour du jardin.

Sur-le-champ, des personnes dévouées à M. Olier
vont, en toute hâte, informer les magistrats d'une
violation si manifeste de leurs ordres (3). M. Picoté
court au Palais-Royal, où résidait la Reine, pour
l'avertir du danger ; et aussitôt cette princesse envoie quelques compagnies du régiment des gardes,
qui arrivent au moment même où ce peuple irrité,
et transporté de fureur, allait mettre le feu à la

(1) *Mém. part*,
an. 1645.

(2) *Vie, par M.
de Bretonvil-
liers*, t. II, p. 132.

VII.
M. Olier et
les siens sont
promptement
secourus con-
tre cette se-
conde sédi-
tion.

(3) *Attest. aut.*,
p. 164.

(1)*Mém. de M. Baudrand*, p. 21. *Rem. hist.*, t. I, p. 40. — *Année Dominic.*, 12 sept., p. 424.

maison (1). Ce secours ne pouvait venir plus à propos ; car ceux qui soutenaient le siége, épuisés par une résistance de trois heures, étaient sur le point de succomber. Pendant tout ce tumulte, M. Olier ne permit pas que ses ecclésiastiques employassent d'autres armes, pour leur défense, que la prière ; et lui–même ne cessa de prier pour ceux qui en vou-

(2) *M. R.*, 1re janv. 1645, p. 2.

laient à sa vie (2), demandant instamment à Dieu leur conversion et leur salut. Il ne fut pas toutefois

(3) *Vie, par le P.Giry*, part. 1re, ch. XVII. — *Vie, par M. de Bretonvilliers, ibid.* p. 133.

nécessaire de répandre le sang, pour dissiper l'é-meute : à peine commença-t-on à entendre le bruit des tambours, que tous les factieux prirent la fuite (3). Au plus fort de cette sédition, le lieute-nant civil, et le lieutenant criminel de la Prévôté de Paris, s'étant rendus en grande hâte au Parle-ment, informèrent la Cour de ce qui se passait au faubourg Saint-Germain, au mépris de l'arrêt ren-du, le jour même. Le Parlement s'assembla extra-ordinairement, et ordonna aux officiers de la justice de se transporter sur les lieux, pour procéder contre ceux qu'ils trouveraient assemblés et attroupés. Cet arrêt fut lu et publié dans tous les carrefours et faubourgs de Paris, afin que personne n'en pût

(4)*Histoire de Paris*, t. V, *ibid.*

prétexter ignorance (4) ; et enfin, pour assurer la vie de M. Olier et celle de ses ecclésiastiques, on établit, dans le presbytère même, un détachement de soldats, qui faisaient la garde tout autour de la maison.

VIII.

M. Olier prê-che le lende-main. Apos-trophe que lui adresse une de ses parois-siennes.

Au milieu d'un si grand tumulte, M. Olier était aussi paisible que s'il eût joui dans sa paroisse de la plus parfaite tranquillité. Malgré sa vivacité et sa promptitude naturelles, il fut toujours d'une humeur égale, et jamais on ne remarqua en lui la moindre altération, tant il était maître de tous ses mouvements ! « La croix, disait-il, ne doit jamais » nous faire perdre la paix, puisqu'au contraire c'est » elle seule qui nous la procure : c'est la croix qui » a donné la paix au monde, c'est elle qui doit la

(5) *Esprit de M. Olier*, t. III.

» porter dans nos cœurs (5). » Le lendemain, qui

était le jour de la Trinité, il monta en chaire, et
parla à son peuple, avec autant de dignité que d'affection et de zèle. A voir la paix et la présence d'esprit, qui se faisaient remarquer dans tout son extérieur, on eût dit qu'il ne lui était rien arrivé de
pénible ; et commentant ces paroles de l'Evangile
du jour : *Toute puissance m'a été donnée dans le ciel
et sur la terre ;* il s'exprima avec tant de force et
d'éloquence, que, quoiqu'il ravît ses auditeurs dans
tous ses prônes, il sembla se surpasser lui-même
dans celui-ci. Il arriva néanmoins dans cette occasion un incident que nous rapporterons ici, et dont
la singularité ne servira qu'à faire mieux connaître
jusqu'où le serviteur de Dieu savait posséder son
âme dans la patience. Depuis plusieurs années, l'u-
sage de la paroisse était de faire la bénédiction de
l'eau, à la première grand'Messe du dimanche, afin
qu'après le prône on pût commencer plus tôt la seconde, qui avait paru trop retardée à un grand
nombre, et qu'il ne restât plus alors que l'aspersion
à faire. M. Olier l'avait réglé ainsi, d'après l'avis des
paroissiens les plus sages, et de concert avec tout
son clergé. Comme il était en chaire, et qu'il faisait
le prône, une femme courbée de vieillesse, enhar-
die par les scènes qui venaient d'avoir lieu, se leva
du milieu de l'auditoire, et, prenant la parole, lui
fit d'une voix tremblante de vives plaintes sur ce
qu'il avait, disait-elle, *ôté l'eau bénite à ses paroissiens.* Elle ajouta, qu'il eût beaucoup mieux fait de
laisser l'ancienne coutume, et de n'y rien changer.
Toute cassée qu'était la voix de cette femme, M.
Olier ne perdit rien de l'apostrophe qu'elle lui
adressa. Encouragée par le silence de toute l'assemblée, qu'elle prit pour une approbation, elle ne se
tut qu'après avoir déchargé tout ce qu'elle avait sur
le cœur ; puis, regardant à droite et à gauche,
comme pour s'applaudir, et recevoir les applaudis-
sements de l'auditoire, elle se remit sur son siége,
fort satisfaite de la leçon qu'elle avait bien osé faire

publiquement à son pasteur. Celui-ci édifia autant qu'il étonna tous les assistants, par sa douceur et sa modestie. Il la laissa parler jusqu'au bout, sans témoigner en aucune manière son mécontentement ; et ayant attendu qu'elle se fût assise, il se contenta de lui répondre tranquillement : *Hé bien, ma bonne amie, on y pensera.* Puis, il reprit son discours, comme s'il n'eût point été interrompu. Plus les gens de bien furent surpris d'une scène si étrange, plus ils admirèrent le grand empire que M. Olier avait acquis sur lui-même ; et la douceur qu'il fit paraître en cette circonstance, augmenta encore la haute opinion qu'ils avaient conçue de sa vertu (1).

(1) *Vie de M. Olier, par M. de Bretonvilliers,*t. 1:, p. 133, 134.

IX.

Malgré l'irritation des esprits, M. Olier ne néglige aucun des devoirs de sa charge.

Voyant les esprits si irrités, les ecclésiastiques de Saint-Sulpice supplièrent M. Olier, de ne point se montrer au dehors, pour ne pas mettre sa vie en péril ; mais leurs instances ne purent enchaîner son zèle. Quoiqu'il fût si sage et si prudent en toute sa conduite, il ne voulut rien omettre, dans cette circonstance, des fonctions de sa charge ; et le trait que nous allons rapporter montre évidemment que cette résolution lui était inspirée d'en haut. On vint l'avertir qu'une jeune personne, logée dans une maison qui s'était déclarée contre lui, était malade à l'extrémité. Il y vole aussitôt, sans prévenir ses confrères, que son absence jette dans les plus vives appréhensions. La malade, consumée par une fièvre ardente, était sans connaissance quand il entra ; néanmoins, jugeant à propos de l'administrer, il envoya quelqu'un à l'église pour avertir d'apporter, sans délai, le très-saint Sacrement. Les parents de la jeune personne voulaient l'en dissuader, lui représentant que, dans son délire, elle n'était point en état de communier. Il insiste d'une manière ferme et assurée ; et lorsque le prêtre est arrivé avec le saint Viatique, prenant alors entre ses mains le corps de Notre-Seigneur, et se tournant vers la malade, il commanda à la fièvre, avec l'accent de la foi la plus vive, et par la puissance de Jésus-Christ réellement présent, de se retirer, ou de lui laisser assez de liberté d'esprit pour recevoir la sainte Eucharistie. Ensuite il s'adresse à la malade elle-même et lui demande si elle ne désire pas de communier. Chacun fut surpris d'entendre sa réponse, et de voir qu'à l'instant même elle avait repris sa liberté d'esprit. M. Olier la communia ; et la visite de ce zélé pasteur, dans ces circonstances, fut si agréable à Dieu, qu'elle sembla avoir mérité la guérison de la malade, car elle recouvra pleinement la santé (1).

(1) *Attest. aut.*, p. 162.

X.
Les femmes de mauvaise vie demandent sa destitution, et vont remplir de leurs clameurs la salle du Palais.

Cependant les femmes de mauvaise vie, qui restaient encore sur la paroisse, craignant de ne pouvoir y subsister, si M. Olier en reprenait la conduite, concertèrent, avec la plupart de celles qu'il en avait chassées, un dernier effort pour demander son éloignement. Elles eurent la hardiesse de s'assembler, au nombre d'environ trois cents, de se parer magnifiquement, et de se rendre ainsi au palais du Luxembourg, pour porter leurs plaintes contre leur pasteur à la maison d'Orléans, demandant avec instance son changement, parce que, disaient-elles, il devenait tous les jours plus incommode aux paroissiens, par ses vexations ; et troublait, lui seul, tous les habitants du faubourg. En se revêtant de ce qu'elles avaient de plus précieux, elles espéraient qu'on les prendrait pour des personnes des plus considérables de la paroisse ; et qu'on aurait égard à leurs désirs. Mais, comme la vertu a des caractères distinctifs, qui la font reconnaître, le vice a aussi les siens ; et cette démarche insensée eut tout le résultat qu'on devait en attendre (2). Cependant, toute mal concertée qu'elle était, elle fit connaître que M. Olier avait grand nombre d'ennemis dans sa paroisse, et que la fermentation y était extrême.

(2) *Vie, par M. de Bretonvilliers* t. ii, p.135, 136.

Cette troupe méprisable, quoique repoussée avec indignation, ne fut pas pour cela déconcertée. Elle ne put se porter le jour même au Parlement, qui

ne s'assemblait pas le dimanche; mais le lendemain, 12 juin, il se forma de grand matin, dans la
salle du palais, et au mépris de l'arrêt rendu-le
samedi soir, un rassemblement de femmes et d'autres personnes, qui, ne pouvant obtenir par la ruse
l'éloignement de M. Olier, crurent y mieux réussir
en employant l'audace. C'était le jour même où tous
les membres du Parlement devaient aller à Notre-
Dame, avec le Roi et les princes, pour assister au
Te Deum, à l'occasion de la prise de Roses, en Espagne, par le comte du Plessis-Praslin (1). A l'entrée des magistrats, elles remplirent la salle de leurs
clameurs et de leurs menaces, se flattant d'intimider ainsi la cour.

(1) *Registre du Conseil du Parlement*, an. 1645, t. xx, *Bibl. Ste-Geneviève.*

XI.
Arrêt du Parlement qui dissipe cette émeute. Procession de la Fête-Dieu escortée par des gardes.

Ce n'était pas le moyen de se la rendre favorable.
Se voyant insultée dans le sanctuaire même de la
justice, elle rendit sur-le-champ un arrêt, qui fut
publié dans la ville et les faubourgs, et dont la sévérité était capable de contenir dans le devoir, les
plus audacieux de cette troupe. Il y eut ordre d'informer, à l'instant même, contre les auteurs de
cette nouvelle sédition; et défense, sous peine de la
vie, à toute personne de s'attrouper, sous quelque
prétexte que ce fût; comme aussi, défense aux
parties intéressées, et également sous peine de la
vie, de venir au Parlement en plus grand nombre
que quatre. La cour commanda encore, sous la
même peine, à toutes les femmes et autres personnes
qui les assistaient, de se retirer sur-le-champ dans
leurs maisons, déclarant qu'on allait procéder, sans
aucune forme de justice, contre les contrevenants,
comme perturbateurs du repos public. Tous les
officiers de la justice, le Lieutenant civil, le Lieutenant criminel, le Prévôt de l'île, le Prévôt des marchands, le Prévôt des archers, et les commissaires
du Châtelet, reçurent ordre de procurer l'exécution
de cet arrêt, et de saisir tous ceux qui tiendraient
des discours tendant à provoquer quelque sédition (2).

(2) *Histoire de Paris*, t. v, *ibid.*

La rigueur de ces arrêts, et la sévérité avec laquelle on devait y tenir la main, intimidèrent les ennemis de M. Olier. Ils n'osaient plus se montrer le jour ; mais, plus d'une fois, ils tentèrent, durant la nuit, de se venger sur sa personne ; et ce fut alors qu'on prit le parti de laisser nuit et jour les gardes au presbytère, jusqu'à ce qu'il n'y eût plus pour lui et pour les siens aucune apparence de danger. Cependant la Fête-Dieu approchait : l'agitation des esprits étant encore très-vive, M. Olier, dans la crainte de quelque grand scandale, résolut de ne point porter le Saint-Sacrement à la procession ; et, du consentement de la Reine, il fit prier l'archevêque d'Athènes, M. Bagni, nonce apostolique en France, de présider pour lui à cette cérémonie. † Ce prélat plein d'estime et d'amitié pour le serviteur de Dieu, dont il avait pris hautement la défense dans cette persécution (1), se rendit volontiers à sa demande (2) ; et M. Olier se contenta d'assister à la procession, qui pourtant par le commandement de la Reine, fut escortée de la deuxième compagnie des gardes du Roi (3). C'était le 15 du mois de juin, et le huitième jour depuis la première émeute.

(1) *Lettres aut. de M. Olier*, p.2.

(2) *Vie de M. Olier, par M. de Bretonvilliers*, t. II, p. 138, 139.

(3) *Rem. hist.*, t. II, p. 630. — *Délibérations de S.-Sulpice, Bibl. R. Ms.*, f° 6. — *Mém. part.*

XII.

Tous les disciples de M. Olier rentrent au presbytère, ou au séminaire.

Les hostilités qui ne laissaient pas de continuer toujours, étaient cause, que plusieurs des disciples de M. Olier, encore dominés par la crainte n'osaient rentrer au presbytère, quoique les gardes veillassent nuit et jour à sa sûreté. Le serviteur de Dieu, pour leur obtenir à tous la grâce de surmonter leurs tentations de frayeur et de découragement, offrait en secret le saint sacrifice dans la chapelle du presbytère ; et demandait en même temps, avec instance à Notre-Seigneur, la conversion de ses persécuteurs, la cessation des troubles, la persévérance des pécheurs déjà convertis, enfin, les bénédictions du ciel pour les personnes zélées qui prenaient haute-

(4) *Arch. du ministère des affaires étrang. Registre des ambassadeurs.*

(5) *Mém. du P. Rapin*, t. I, p. 22.

† Nicolas Bagny fut créé nonce pour la France, par le souverain pontife, le 7 mai 1644 (4) ; et non en 1647, comme on l'a écrit dernièrement (5).

ment sa défense, parmi lesquelles étaient en première ligne saint Vincent de Paul, le curé de Saint-Jacques-du-Haut-Pas, M. Le Gauffre et M. Laisné de la Marguerie, conseiller d'Etat. Il s'adressait aussi avec confiance et ferveur à la très-sainte Vierge, lui offrant cette petite société, qu'elle avait formée elle même, et qui était si éprouvée, la priant de la préser- ver de tout mal et de l'aimer toujours. Ses prières furent promptement exaucées (1); car dans un espace de temps assez court, et, à ce qu'il paraît, durant l'octave du très-saint Sacrement, tous ces messieurs rentrèrent successivement, tant au séminaire, qu'à la communauté de la paroisse ; en sorte qu'à la fin de cette octave, c'est-à-dire, au bout de quinze jours, depuis l'expulsion de M. Olier, les choses se trouvèrent rétablies dans leur premier état (2). Ce fut même immédiatement après cette crise, et lorsque l'œuvre du séminaire semblait être encore à deux doigts de sa ruine, que M. Gabriel de Queylus vint s'offrir à M. Olier, le jour de la fête de sainte Anne, 26 juillet 1645, pour être membre de sa compagnie (3). Il avait été l'un de ses premiers séminaristes à Vaugirard, sans penser alors à entrer dans la société naissante. Sa famille qui lui avait procuré l'abbaye de Loc-Dieu, lorsqu'il n'avait encore que onze ans, † s'empressa, pour l'élever aux honneurs, de le mettre à la cour, où bientôt il

(1) *Mém. part.,* an. 1641, 1644, 1649.

(2) *Ibid.* 1642.

(3) *Catalogue d'entrée de MM. du sémin.,* an. 1645.

† L'abbaye de Loc-Dieu de l'ordre de Citeaux, était située près de Villefranche, non loin du château de Privezac, en Rouergue, où résidait la famille de Tubières de Queylus. Jean de Lévis, aumônier de la Reine Marguerite de Valois, et grand-oncle maternel de M. Gabriel de Queylus, possédait cette abbaye en commande, depuis 1605, lorsqu'il donna un exemple d'autant plus édifiant, qu'il était plus rare dans les abbés de ce temps. Il se démit de son abbaye en 1623, et fit profession comme simple religieux dans cette même communauté dont pendant dix-huit ans il avait été abbé commandataire. Mais par un mélange d'attachement trop naturel pour ses proches, dont sa ferveur n'était pas exempte, il se démit en faveur de Gabriel de Queylus, son petit-neveu, qui étant né en 1612, se trouva par là

fut fort considéré du cardinal Mazarin(1), qui dans
ce temps disposait souverainement de toutes les
grandes charges. Mais, ayant reçu le sacerdoce, le
15 avril, de cette même année, des mains de Paul
de Gondy, coadjuteur de Paris, et archevêque de
Corinthe(2) : il fut si touché de la grâce de son ordination ; qu'il renonça généreusement au monde ;
et se donna à M. Olier, dans le seul désir de l'aider
à former des prêtres, vraiment animés de l'esprit
sacerdotal. Ce dessein qu'il exécuta dans la suite
avec plus de bénédiction, qu'aucun des autres disciples du serviteur de Dieu, ne pouvait que lui être
inspiré d'en haut ; et il sembla en donner dès lors
des gages assurés, par sa rare mortification, sa parfaite exactitude à tous les exercices de la communauté, et son empressement à remplir les offices
réputés les plus bas aux yeux du monde (3).

Cependant, les ennemis de M. Olier ne laissaient
pas d'agir encore pour l'obliger de se démettre de
sa cure, persuadés que, par leurs vexations conti-
nuelles, ils le forceraient enfin à l'abandonner. On
ne lui épargna pas surtout les mépris et les moqueries ; et ce qui est bien étrange, à l'occasion de ces
troubles, ayant été obligé de paraître à la cour du
prince Henri de Bourbon-Condé, celui-ci, qui ne
l'avait vu qu'avec dépit rétabli dans ses fonctions,
prit plaisir à s'en faire un sujet de risée. M. Olier
reçut cette humiliation, comme on devait l'attendre
de sa part, c'est-à-dire, avec les sentiments de la
plus vive reconnaissance, pour celui qui en était
l'auteur, s'unissant durant ce temps, comme il nous
l'apprend lui-même, aux dispositions intérieures du
Sauveur, moqué devant la cour d'Hérode. « Je
» n'eusse jamais désiré un si grand honneur, écri-
» vait-il ; je bénis et je loue Dieu, de tout mon cœur,
» d'une telle grâce. Quant à la personne que vous
» savez, je ne pouvais pas lui avoir plus d'obliga-
abbé commandataire de Loc-Dieu, quoiqu'âgé seulement
de onze ans (4).

(1) *Vie de M. Olier, par M. Nagot*, p. 263.

(2) *Arch. de l'E-tat civil de Paris. Ordinations* 1645.

(3) *Vie de M. Olier, ibid.*

XIII.

M. Olier est moqué à la cour du prin-ce de Condé. Sa charité en-vers M. de Fiesque.

(4) *Bibl. Ma-zarine. Ms. gé-néalogie de Cay-lus.*

» tion, que de m'avoir servi dans cette précieuse
» rencontre. J'en porterai toujours la reconnais-
» sance dans mon cœur, et je promets à DIEU que
» je prierai pour elle tous les jours de ma vie (1). »
Il éprouvait les mêmes sentiments, à l'égard de tous
ceux qui lui fournissaient quelque occasion de souffrir (2), surtout envers M. de Fiesque, qui le traita
d'une manière si injurieuse et si révoltante, que les
ennemis de M. Olier ne purent s'empêcher d'en témoigner eux-mêmes de l'étonnement. Il en écrivait
en ces termes, le 28 de juin : « DIEU m'a fait traiter
» avec furie par la personne de M. de Fiesque, que
» je devais honorer comme DIEU lui-même, irrité
» contre moi. Aussi, la bonté divine n'a jamais per-
» mis que j'aie éprouvé contre lui le moindre res-
» sentiment intérieur. Au contraire, lorsqu'on vint
» me dire qu'on le menait en prison, ce qui, toute-
» fois, n'arriva pas entièrement, les larmes m'en
» vinrent aux yeux, tant j'en sentais de chagrin et
» d'affliction dans mon âme. Je ne fus pas moins
» affligé, que si le traitement qu'il essuya fût arrivé
» à la personne du monde que j'aimais le plus ; et,
» en effet, je le considérais comme celui que je de-
» vais honorer davantage, me tenant la place de
» DIEU armé contre moi (3). » M. Olier rappelle ici
ce qui arriva peu de jours après la sédition, dont on
vient de parler. M. de Fiesque, ayant offensé une
personne de condition du faubourg, celle-ci obtint
contre lui un décret de prise de corps. Mais dès que
M. Olier eut appris que sa maison était investie par
les archers, dans le dessein de se saisir de lui, il se
transporta, à l'instant, chez la personne offensée,
et lui fit tant d'instances, qu'il obtint enfin que M.
de Fiesque fût épargné.

XIV.
M. Olier solli-
cite la grâce
de ceux qui
avaient été
mis en prison
à cause de lui.

Par son arrêt du 10 juin, le Parlement avait ordonné de mettre dans les prisons de la conciergerie
tous ceux des perturbateurs que M. Olier désigne-
rait ; mais, loin de poursuivre l'arrestation des
coupables, le serviteur de DIEU cherchait, au con-

(1) Lettres spi-
rituelles de M.
Olier, p. 128.

(2) Esprit de
M. Olier, t. III,
p. 19.

(3) Mém. aut.
de M. Olier, t. v,
p. 131. — Vie de
M. Olier, par M.
de Bretonvilliers
t. II, p. 117.

traire, à faire mettre en liberté tous ceux qui étaient
déjà détenus à cause de lui. Une personne voulant
lui persuader qu'au lieu de les protéger de la sorte,
il devait plutôt user de son crédit pour les faire
châtier, il lui répondit ces paroles, bien dignes d'un
pasteur des âmes : « Je dois les aimer, et prier pour
» eux, à l'exemple de Jésus-Christ, qui a prié pour
» ceux qui le mettaient à mort. Ils n'en sont pas
» venus si avant, par la miséricorde de Dieu ; ce
» qu'ils m'ont fait n'est rien ; et puis, quoiqu'ils
» aient témoigné quelque mauvaise volonté contre
» moi, ne sont-ils pas toujours mes enfants ? Dieu
» me les a donnés ; je tâcherai, avec le secours de
» sa grâce, de conserver pour eux un cœur de père.
» David ne voulut jamais qu'on fît aucun mal à son
» fils Absalon, quoiqu'il cherchât sa vie et son
» royaume ; pourquoi ne l'imiterais-je pas ? Ils n'ont
» jamais eu la volonté de me faire un si grand mal.
» Ah ! si leur salut dépendait de ma vie et de mon
» sang, et si Dieu me conservait le désir qu'il m'a
» donné de leur procurer ce grand bien, ils seraient
» tous assurés du paradis (1). » Ayant appris qu'on
avait conduit en prison un homme qui s'était montré l'un des plus ardents pendant l'émeute, ce
charitable pasteur s'empressa d'aller le visiter ; et,
quoiqu'il en fût reçu avec des paroles insolen-
tes, accompagnées d'injures et de moqueries, il ne
laissa pas de lui témoigner une tendresse et une
douceur excessives, en sorte qu'à le voir, on eût cru
que ce prisonnier était son meilleur ami. Il n'en
demeura pas là : il saisit toutes les occasions pour
demander sa grâce à la Reine. Cette princesse se
montra d'abord inflexible, répondant qu'il était dé-
tenu pour des raisons d'Etat. Mais, à la fin, se
voyant si importunée par le serviteur de Dieu, et
par les personnes puissantes qu'il faisait encore
agir, elle accorda la liberté du coupable. M. Olier
en eut depuis toute sorte de soins, jusqu'à ce que,
ne pouvant plus lui continuer lui-même ses bons

(1) *Esprit de*
M. Olier. — Vie
par M. de Bre-
tonvilliers, t. II,
p. 120, 122.

offices, à cause de ses infirmités, il en chargea M.
de Bretonvilliers, son successeur. Une autre personne, qui lui avait fait aussi tout le mal qu'elle
avait pu, étant tombée malade à l'extrémité, il se
présenta pour l'assister à la mort, ravi de trouver
cette occasion de lui témoigner sa charité, et il la
disposa à mourir saintement (1). On a vu que deux
de ses serviteurs l'avaient indignement trahi; l'un
d'eux, l'ayant même vendu à M. de Fiesque, pour
de l'argent, M. Olier qui n'ignora rien de la noirceur de leur procédé, le souffrit avec une héroïque
patience, sans le leur reprocher, ni sans renvoyer
l'un ou l'autre de son service; et cette incomparable
douceur les toucha si vivement, que pressés par les
remords de leur conscience, ils allèrent lui demander pardon. Il ne leur pardonna pas seulement de
bon cœur, mais pour encourager en son repentir
celui qui était le plus coupable des deux, il lui accorda
un privilége particulier d'honneur dans le service
de l'église. Enfin, il donna constamment, surtout
à l'occasion de cette sédition, des marques si éclatantes et si publiques de son amour envers ses
ennemis, qu'on disait, dans le faubourg, qu'un
moyen d'en recevoir certainement des bienfaits,
c'était de lui faire du mal à lui-même (2).

Il était convaincu que la reconnaissance, aussi
bien que la charité, l'obligeaient à se conduire de
la sorte envers tous ceux qui lui faisaient quelque
mauvais traitement, les regardant comme les instruments de la bénédiction divine sur lui. « Si le
» grain de froment ne pourrit, disait-il, il ne sau-
» rait fructifier. Pour gagner des âmes à Notre-Sei-
» gneur, il est nécessaire d'être comme jeté en
» terre par les rebuts, enfoui par les humiliations,
» pourri par les mépris. On est alors en état de por-
» ter quelque fruit. Il faut acheter le bien par les
» souffrances. Dieu se plaît à le tirer de ce qui pa-
» raît y être le plus contraire; et, dans ces rencon-
» tres, nous devons nous remettre à ses ordres,

(1) *Esprit de M. Olier.*

(2) *Esprit de M. Olier.*

XV.
Il considère cette persécu-
tion comme l'occasion de la bénédiction de Dieu sur lui et sur le séminaire.

» avec d'autant plus d'affection, qu'il n'a en cela
» d'autre dessein que d'éprouver notre fidélité et
» notre amour.» Il écrivait, le 8 juillet 1645, et pendant que les hostilités fomentées par M. de Fiesque
et sa faction duraient encore : « J'étais beaucoup
» affligé de voir deux personnes, d'ailleurs capables
» de servir Dieu, traverser néanmoins ses desseins
» les plus visibles, et s'efforcer de ruiner l'œuvre
» qu'il nous a confiée. Alors notre bon Maître me
» fit voir en esprit un lis, au milieu d'épines ; et me
» dit qu'il fallait que je conservasse mon cœur,
» aussi pur que ce lis, au milieu des calomnies et
» des persécutions que j'avais à souffrir. Une autre
» fois, sa bonté me faisait voir, que je devais être
» comme un arbre, dont le pied serait environné de
» fumier, et qui néanmoins n'en porterait que plus
» de fruits. Que, dans ce dessein, il permettait que
» l'une de ces personnes parlât mal de moi en mon
» absence, et dît beaucoup de choses humiliantes,
» qui me remplissaient de confusion dans l'esprit
» des Grands de la paroisse ; et que l'autre, au con-
» traire, me dît à moi-même mille choses fâcheuses,
» et s'efforçât de me piquer et de me harceler ou-
» vertement ; l'un servant à me procurer l'humilia-
» tion, l'autre à me faire pratiquer la pureté de
» cœur et la patience (1). »

Quoique le plus fort de la tempête fût apaisé,
plusieurs amis de M. Olier, effrayés des suites que
pouvait avoir la scène affreuse, qui venait de se
passer, et des mouvements que faisaient encore les
partisans de M. de Fiesque, voulurent l'engager à
se démettre de sa cure. Ils lui représentaient les difficultés insurmontables qu'il rencontrerait dans l'établissement de son séminaire, soit à cause de l'autorité de ceux qui étaient contraires à ce dessein, soit
à cause de l'opposition de plusieurs anciens prêtres,
et du grand nombre de personnes qui le combattaient ouvertement. « Jamais nous ne devons aban-
» donner les œuvres de Dieu pour les oppositions

(1) *Mém. aut.*
de M. Olier.

XVI.

On conseille
à M. Olier d'a-
bandonner sa
cure, pour
trouver par là
le repos. Sa
réponse.

» qui s'y rencontrent, leur répondait–il ; au con-
» traire, ces oppositions doivent augmenter notre
» courage. Si l'on avait égard aux contradictions,
» on ne ferait jamais rien pour Dieu. La croix n'est-
» elle pas l'apanage des œuvres dont il est l'auteur?
» Elles ne se font jamais sans elle. Jésus-Christ n'a
» pas fondé autrement son Église ; et il ne faut pas
» espérer de rien faire par d'autres voies. Laissons
» le monde et le diable s'irriter ; Jésus-Christ qui
» les a autrefois vaincus, ne peut–il pas en triom-
» pher encore ? Je n'ai embrassé cet emploi que
» pour sa gloire, je ne le quitterai que lorsque je
» saurai que c'est sa volonté (1). »

(1) Vie par M. de Bretonvilliers.

XVII.
On propose à M. Olier de quitter sa cure pour prendre l'évêché de Rodez.

(2) Mém. de M. Baudrand, p. 22.

Cependant, la Reine ayant entendu dire, qu'on conseillait à M. Olier de renoncer à sa cure, voulut d'abord qu'il la conservât (2), tant par la grande estime qu'elle faisait de sa personne, que par la considération des services qu'il pourrait rendre au faubourg Saint-Germain et au clergé ; mais peu après, elle se désista à l'occasion que nous allons dire. M. de Corneillan, évêque de Rodez, informé des difficultés que M. Olier rencontrait dans le gouvernement de sa paroisse, envoya son neveu en poste à Paris, pour lui proposer d'accepter son siége dont il envoyait la démission en sa faveur. Il y avait déjà plus d'un an que ce prélat avait résolu de le choisir pour son successeur ; et toutes les circonstances semblaient se réunir pour déterminer M. Olier à accepter ses offres : l'opposition générale qu'il rencontrait dans sa paroisse, les instances de plusieurs de ses amis, l'invitation d'un évêque qui n'avait en vue que la gloire de Dieu, enfin l'approbation et le désir prononcé de la Reine régente. Car cette princesse, dès qu'elle connut le dessein de M. de Corneillan, ne se contenta pas de l'approuver ; elle daigna encore té-moigner à M. Olier, qu'elle désirait beaucoup de le voir accepter ce siége (3), afin de lui procurer le calme et le repos, dont il ne paraissait pas

(3) Vie par le P. Giry, part. 1re, ch. xvi.

qu'il pût jamais jouir dans le faubourg Saint-Germain.

Dans ces circonstances, le Père Bataille rendit un nouveau service à M. Olier, dont il était encore directeur. Après avoir prié et fait prier pour connaître la volonté de Dieu sur la proposition qui lui était faite, il déclara le 23 Juillet de cette année 1645, que Dieu voulait qu'il conservât la cure de Saint-Sulpice (1). Marie Rousseau lui donna la même assurance. Mais comme ces réponses devaient rester secrètes, les amis de M. Olier, se fondant sur les règles de la prudence ordinaire, lui firent de vives instances, pour le déterminer à accepter l'évêché de Rodez, lui représentant de nouveau les fatigues et les croix de plus d'une sorte qu'il aurait inévitablement à porter dans l'administration de la paroisse de Saint-Sulpice, s'il persistait à la retenir, malgré les scènes de désordre qui venaient d'avoir lieu. « Ces fatigues et ces croix, leur répon-
» dait–il, seraient au contraire, pour moi, un nou-
» veau motif de demeurer attaché à cette église.
» Quand nous considérons Jésus–Christ en croix,
» abattu sous le faix de ses souffrances, couvert de
» mépris et de confusions, qui ne se peuvent ex-
» primer, il semble que toutes les nôtres doivent
» paraître douces et aimables. Si le Fils de Dieu
» n'avait considéré que soi, il n'aurait pas em-
» brassé les peines qu'il a endurées ; mais le dé-
» sir de la gloire de son Père et du salut du
» monde, lui a fait oublier ses propres intérêts ;
» c'est pourquoi l'Ecriture nous dit que jamais il
» ne s'est recherché ni satisfait en rien. Il faut
» suivre l'exemple qu'il nous a donné, et chérir
» les peines qui sont attachées à l'emploi, dont il
» a plu à la bonté divine de nous charger. Quand
» on s'y consomme, c'est une mort glorieuse, puis–
» qu'on meurt dans l'accomplissement des volon-
» tés de Dieu sur nous (2). »

Comme les amis de M. Olier lui représentaient

(1) *Mém. part.*, an. 1645.

(2) *Vie de M. Olier*, par M. de *Bretonvilliers*, t. ii, p. 139.

pour ébranler sa résistance, que, s'il était placé à la tête d'un diocèse, il procurerait bien plus efficacement la gloire de Dieu, que dans une cure, il leur répondit : « Le service du prochain, ni l'ex-
» cellence des œuvres, ni même la vue du fruit
» que nous pourrions faire dans l'Eglise, ne doivent
» point être la règle de notre conduite ; mais bien la
» seule volonté de Dieu, à laquelle nous devons être
» attachés uniquement et invariablement. Quand
» je serais assuré de faire des miracles ; quand je
» verrais à ma disposition le moyen d'entreprendre
» les plus grandes œuvres dans l'Eglise, et la faci-
» lité pour y réussir ; quand même en les faisant,
» je me rendrais le plus grand de tous les saints,
» je ne les entreprendrais jamais qu'autant que ce
» serait la volonté de Dieu. Et si j'étais certain de sa
» volonté, je ne m'y porterais pas dans la vue de
» la grandeur de ces œuvres, ou de la gloire du
» ciel, qui ne sont pas les règles les plus parfaites
» de notre conduite, mais parce que ce serait la
» volonté de mon Maître, que je veux exécuter
» invariablement (1). »

(1) *Esprit de M. Olier*, t. III, p. 652.

XVIII.
L'abbé de St.-Germain détermine M. Olier à conserver sa cure, et lui accorde sa protection.

Se voyant cependant pressé de toutes parts, M. Olier crut devoir examiner si Dieu n'aurait pas suggéré lui-même à M. de Corneillan la pensée de quitter son siége en sa faveur ; et si ce n'était pas un moyen ménagé par la Providence, pour qu'il renonçât à la cure de Saint-Sulpice (2). En balançant ainsi sur le parti qu'il avait à prendre, il ne doutait pas d'avoir exécuté les ordres de Dieu dans l'établissement du séminaire déjà commencé : Dieu l'avait assez assuré par lui-même, et par le conseil de directeurs très-expérimentés, de sa volonté à cet égard. Mais sa règle invariable avait toujours été, de soumettre à ses supérieurs les lumières qu'il recevait de Dieu, et d'exécuter ponctuellement leurs ordres, quoiqu'ils pussent être entièrement opposés aux lumières d'en haut, qui lui paraissaient les plus assurées (3). Il résolut donc, dans ces circonstances,

(2) *Vie, par le P. Giry*, part. 1re, ch. XVI.

(3) *Lettres de M. Tronson*, t. XIV, p. 2.

de s'en rapporter à la décision pure et simple de l'abbé de Saint–Germain, son supérieur naturel. Il alla en conséquence lui faire part de ses dispositions, l'assurant que, si ses services lui étaient agréables, il continuerait de les employer pour le salut du troupeau dont il était chargé, et ne penserait nullement à l'évêché de Rodez ; que si, au contraire, il ne le jugeait pas propre à gouverner la paroisse de Saint–Sulpice, il s'en retirerait aussitôt, n'ayant rien plus à cœur que de se conformer aux ordres de la Providence, qu'il reconnaîtrait pour les siens. On eut lieu d'admirer, dans le changement soudain que ces paroles opérèrent sur l'esprit et le cœur de l'abbé, les prémices des fruits de grâce, que devaient produire bientôt dans le faubourg les prières ardentes, que M. Olier avait adressées à Dieu, et les souffrances qu'il venait d'endurer dans cette persécution. Quoique l'abbé de Saint–Germain lui eût été très–opposé jusqu'alors, un langage si désintéressé lui inspira la plus grande estime pour sa personne. Il admira son humilité, lui témoigna la plus grande joie de le voir curé du faubourg, le pria de ne point penser à un changement, l'assura de sa protection pour l'établissement du séminaire, et lui promit de la manière la plus expresse de seconder cette œuvre, l'assurant même qu'il lui tardait d'en accélérer l'exécution (1). Un dénouement si inattendu surprit tout le monde ; et les amis du serviteur de Dieu eurent lieu d'admirer comment cette même persécution, qui paraissait faite pour ruiner le séminaire, était devenue le principe auquel il devrait son solide établissement. Ce qui faisait dire dans la suite à M. Olier, « ce petit corps a été engendré dans » la persécution et au milieu des traverses du dé– » mon et du siècle (2). »

Toutes les difficultés étant donc ainsi aplanies du côté de l'abbé de Saint–Germain, M. Olier ne s'occupa plus que des moyens de consommer cette œuvre. Pour ne pas s'écarter des formes ordinaires, il jugea

(1) *Vie, par M. de Bretonvilliers. — Vie du même, par le P. Giry*, part. 1re, ch xvi. — *Rem. hist.*, t. i, p. 45, 223.

(2) *Lettres aut. de M. Olier*, p. 2.

XIX.

Acte légal pour la fondation de la société de Saint-Sulpice.

nécessaire avant tout, de passer avec quelques-uns
de ses prêtres, un acte d'association qui servît de
base à tout le reste, et qui fît connaître la fin de la
société. Il choisit pour cela ceux mêmes qui avaient
acquis, conjointement avec lui, la maison Méliand,
MM. de Poussé et Damien; et, le mercredi, 6 septembre, ils signèrent cet acte dans le presbytère,
en présence de deux notaires publics, selon l'usage
de ce temps. En voici les dispositions principales :
Ils y déclarent que, reconnaissant les effets visibles
des bénédictions, qu'il a plu à la Bonté divine de
répandre sur le dessein qu'ils ont déjà conçu de
l'établissement d'un séminaire ; et voyant que, de
toutes parts, des personnes signalées en doctrine et
en vertu, se joignent à eux, pour concourir à une
si bonne œuvre, ils ont jugé que si ce séminaire
était érigé en corps de communauté, avec toutes les
approbations convenables, il augmenterait de jour
en jour, et produirait les fruits que l'Eglise, les conciles, les ordonnances royales, et les assemblées du
clergé ont attendus de cette sorte d'établissement :
qu'en conséquence, estimant ne devoir pas retarder
davantage l'exécution de ce dessein, qui a pour objet la gloire de Dieu et l'honneur de son Eglise,
sous la direction et disposition de nosseigneurs les
Evêques, dans la juridiction desquels se feront de
semblables établissements ; après avoir invoqué
l'assistance du Saint-Esprit, ils promettent de faire
un corps de communauté, pour vaquer à toutes les
fonctions d'un séminaire, aux termes et selon l'esprit des saints canons : le tout sous les articles,
statuts et réglements qui seront convenus entr'eux,
et ceux qui s'uniront à eux, pour composer tous
ensemble le corps du séminaire. Ils entendent n'être
aucunement à charge à nosseigneurs les Evêques,
chapitres, abbés, dans les diocèses ou juridictions
desquels ils feront de tels établissements ; mais
seulement y contribuer de leur chef, et par les libéralités, purement volontaires, de ceux qui désire-

raient concourir à cette bonne œuvre, lorsque le séminaire sera rendu capable d'acquérir. A cette fin, ils chargent M. Olier de se pourvoir par-devant l'Evêque de Metz, abbé de Saint-Germain, pour obtenir de lui l'autorisation du présent concordat; auprès du Pape, pour en obtenir une bulle de confirmation, et du Roi Très-Chrétien, pour des lettres patentes (1).

(1) *Actes de Marreau, notaire*, 6 sept. 1645. — *Arch. du Roy. Sect. hist., cart. M.* 421.

L'abbé de Saint-Germain autorisa en effet cette association, le 23 octobre 1645, et l'érigea en communauté ecclésiastique (2). « Comme nous désirons » de tout notre pouvoir, dit-il dans ses lettres, con- » tribuer au progrès et à l'avancement d'un si pieux » et si louable dessein, espérant que la miséricorde » divine y continuera ses grâces et ses bénédictions, » pour le faire réussir à sa gloire, à l'honneur de » son Eglise, à l'édification du public et à la conso- » lation des âmes chrétiennes ; pleinement informés » d'ailleurs de la vertu, du mérite, et des autres » bonnes et recommandables qualités des sieurs » Olier, Raguier (de Poussé) et Damien, dont la » piété, la doctrine et la vie exemplaires ne peuvent » qu'attirer et convier beaucoup d'autres personnes, » portées du même zèle, pour se joindre avec eux, » et concourir à leurs bonnes et saintes intentions : » nous, par l'avis de notre conseil, avons approuvé, » loué et ratifié leur association ;† ... permettant, » à cet effet, audit sieur abbé et à ses associés de » s'établir dans l'emplacement par eux acquis, d'y » construire tous les bâtiments convenables pour » leur communauté, et d'y avoir une chapelle. Leur » donnant pouvoir de faire entr'eux tous statuts et » réglements, qu'ils jugeront convenables et néces- » saires pour la direction, la police et la subsis- » tance de leur communauté... Le tout, néanmoins, » sous la conduite et supériorité dudit sieur abbé

XX.
L'abbé de St.-Germain approuve l'établissement de la société et du séminaire de St.-Sulpice.

(2) *Rem. hist.*, t. I, p. 45, 46.

† L'auteur du *Pastoral de Paris* attribue par erreur à l'archevêque de cette ville, l'approbation donnée à l'établissement du séminaire de Saint-Sulpice (3).

(3) *Pastorale parisiense. D.D. Le Clerc de Juigné*, t. I, in-4°, p. CXLIII.

(1) Arch. du Roy., sect. hist., cart. M. 421. — Gallia christiana, édit. 1656, t. IV, pag. 988. — Hist. des antiquités de Paris, par Sauval, t. I, p. 435.

» Olier, duquel, comme nous avons dit, le grand » zèle pour le service de DIEU, la piété, la doctrine » et la capacité nous sont pleinement connus.; et, » après son décès ou sa démission, pareillement » sous la direction et supériorité de celui du sémi- » naire, qui sera élu par le corps du même séminaire, » à la pluralité des voix, dont sera dressé acte en » leur assemblée (1). » †

XXI.
Lettres patentes du Roi qui approuve le dessein de M. Olier.

Enfin la Reine régente, qui avait pris si hautement la défense de M. Olier dans la sédition, s'empressa pour lui donner une nouvelle marque de son estime, de joindre les lettres patentes du Roi, à l'autorisation de l'abbé de Saint-Germain, et de faire jouir le séminaire de Saint-Sulpice de tous les priviléges, que la protection du monarque accordait aux communautés du royaume (2). Ces lettres

(2) Rem. hist., t. I, p. 46.

sont un monument trop honorable à la piété du Souverain, et à celle de la Régente, pour n'en pas donner ici un aperçu. Le Roi y rappelle que M. Olier et ses ecclésiastiques lui ont exposé le dessein que la bonté divine leur avait inspiré, de se réunir en communauté; et d'employer leurs biens, leurs

---

† Non content d'avoir approuvé l'établissement du séminaire de Saint-Sulpice, l'abbé de Saint-Germain voulut encore être l'un des premiers bienfaiteurs de cette maison, en renonçant à la somme de 7500 livres, qui lui était due, comme seigneur temporel du faubourg, pour les lods et ventes des maisons et de l'emplacement, où elle fut construite. M. Olier, de son côté, reconnut, par le même acte, que l'abbé à titre particulier de bienfaiteur, participerait à toutes les prières et bonnes œuvres qui se feraient à l'avenir dans le séminaire; et s'engagea, en outre, à faire célébrer tous les ans, à l'intention de l'abbé et de ses successeurs, une messe à laquelle assisteraient tous les prêtres de la maison. Cette messe devait être célébrée le 14 du mois de mai; et il est probable que l'abbé de Saint-Germain, Henri de Bourbon, avait fixé lui-même ce jour, comme étant celui où Henri IV, son père, avait été assassiné et était mort; car M. Olier promettait, par le même acte, de faire dire à la fin de la messe, un De Profundis, avec les prières ordinaires pour l'âme de Henri IV, dit le Grand (3).

(3) Arch. de l'Empire. S. Sulpice. M. 422; 4 mai 1649, f° 7.

soins et leurs travaux à l'instruction des jeunes gens qui aspirent aux ordres sacrés, ou qui y sont déjà parvenus, afin de les former au culte divin, au chant et aux cérémonies de l'Eglise, à l'administration des sacrements, et à la prédication de la parole de Dieu. Il rappelle pareillement les services qu'ils avaient rendus en quelques diocèses, spécialement dans celui de Paris, à Vaugirard, et au faubourg Saint-Germain. «Etant bien informé, dit-il, en quelle » recommandation les rois nos prédécesseurs ont eu » ces établissements, qui tendent à la gloire de Dieu, » et à l'avancement de son service; et à quoi nous » oblige le glorieux titre de protecteur de l'Eglise; » sachant d'ailleurs avec quel zèle, quelle sagesse et » quelle affection particulière, la Reine régente, » notre dame et mère très-honorée, a maintenu et » favorisé M. Olier et les autres exposants : voulant » aussi, de notre part, contribuer aux fruits que » nous nous promettons d'un si louable établisse— » ment, faisons savoir que Nous, de l'avis de la » Reine régente, notre dame et mère, de notre pleine » puissance et autorité royale, confirmons et approu— » vons l'association desdits exposants, pour eux » et pour ceux qui, dans la suite, voudront se » joindre à leur compagnie, avec pouvoir d'accepter » legs, fondations et donations, ainsi que les autres » corps et communautés reçus dans notre royaume; » aux conditions de prier Dieu pour nous, pour » notre dame et mère, nos successeurs rois, et pour » la paix et tranquillité de l'Eglise et de notre » Etat (1). » Ces lettres furent expédiées à Paris, vers la fin de l'année 1645*, et signées par le jeune Roi, alors âgé de sept ans, en présence de la Reine régente. L'année suivante, elles furent enregistrées au grand conseil, et celles de l'abbé de Saint-Germain, à l'officialité de cette abbaye (2).

On a vu déjà que le séminaire de Saint-Sulpice devait donner l'impulsion aux évêques du Royaume, pour former dans leurs diocèses de semblables éta—

(1) *Arch. du Roy. sect. hist.,* cart. M. 421.

* NOTE 2, p. 221.

(2) *Arch. du Roy., sect. hist.,* cart. M. 421.

XXII.

Lettres patentes du Roi pour exciter les évêques de France à établir des séminaires.

blissements ; nous dirons ici en passant, qu'après l'approbation royale, donnée à cette maison, la Reine régente sembla seconder ce dessein de la Providence, autant que pouvait le faire une reine très-chrétienne, qui s'honorait de ce nom. Au commencement de sa régence, touchée des premiers fruits que produisait déjà le séminaire de Saint-Sulpice, elle avait résolu de n'élever personne à l'Episcopat, qui n'eut passé par cette maison, ou par celle de saint Vincent de Paul ; et au mois d'avril 1646, quelques mois seulement après la concession des lettres patentes en faveur du séminaire de Saint–Sulpice, cette princesse voulut étendre, autant qu'il était en elle, le bienfait de l'éducation ecclésiastique à tous les diocèses du royaume. Dans ce dessein elle adressa à tous les archevêques et évêques de France des lettres patentes, également signées par le jeune roi, où elle les exhortait à tenir des conciles provinciaux de trois ans, en trois ans, afin de pourvoir à la réformation des mœurs, et à l'institution des séminaires, selon la forme des saints décrets. Et ce qui n'est pas moins remarquable, elle défend à tous les juges d'empêcher la célébration de ces conciles dans ses états. Les lettres dont nous parlons furent envoyées par la reine, le 26 avril 1646, au parlement de Paris, qui les enregistra, selon les formes ordinaires (1).

Par tout ce que nous venons de raconter de cette persécution, il est manifeste que le séminaire et la compagnie de Saint–Sulpice, furent établis contre toutes les apparences humaines et par un effet visible de la puissance de Dieu (2). « Ne nous appuyons qu'en Dieu, » disait M. Olier, après un acte si éclatant de la protection divine, « et ne nous » confions qu'en lui seul, pour le succès de l'œuvre » dont il nous a confié l'établissement. Ne regardons » jamais que lui, et il nous conduira sûrement au » milieu de toutes les tempêtes. Plus elles auront » été violentes, plus elles feront éclater sa sagesse,

Marginal notes:

(1) *Arch. de l'Empire. Reg. du Parlem. de Paris.* 26 avril 1646.

XXIII. L'établissement du séminaire de St.-Sulpice ne peut être attribué qu'à Dieu seul.

(2) *Rem. hist.,* t. I, p. 47. — *Vie, par le P. Giry,* part. 1, ch. XVI. — *L'Année Dominic.* — *Piganiol de la Force,* t. VII, p. 352. — *Hurtaut et Magny,* t. IV, p. 621.

» sa puissance et son amour. Ses aimables perfec-
» tions ne paraissent jamais davantage, que lorsque
» les œuvres qu'il a commencées réussissent malgré
» la rage de l'enfer, et la persécution de l'homme.
» Abandonnons-lui toutes choses , et demeurons
» tranquilles dans l'attente de son secours. Quand
» nous verrions tout le monde soulevé contre nous,
» jamais il ne faudrait quitter l'œuvre où il nous
» appelle puisqu'il peut, en un moment, dissiper
» tous ces nuages, et faire de nos plus grands per-
» sécuteurs, nos plus fidèles amis. O! qu'il faut peu
» se fier aux Grands, et aux enfants des hommes. Il
» fallait que je visse ce que j'ai expérimenté, pour
» être confirmé dans cette vérité, autant que je dois
» l'être. Qu'il est doux de faire l'œuvre de Dieu en
» son Fils, et par les voies de l'esprit d'humilité, de
» pauvreté et de simplicité. Notre-Seigneur m'a
» appris une bonne fois, comment il voulait que je
» me retirasse des Grands, et que je prisse garde
» d'établir ma confiance en leur crédit. La jalousie
» de Dieu, pour l'œuvre qu'il m'a commise, a paru
» en ce qu'il a toujours écarté les Grands, et qu'il
» les a rebutés toutes les fois qu'ils se sont présen-
» tés pour y prendre part ; afin que lui seul fût re-
» connu pour l'auteur de cet ouvrage, qui serait
» attribué aux hommes , s'ils y avaient donné leur
» protection (1). »

Mais tandis que la Reine régente, et l'abbé de
Saint-Germain, s'efforçaient, d'assurer, autant qu'il
était en eux, la stabilité du séminaire et de la compagnie de Saint-Sulpice, M. Olier se voyait obligé,
pour pouvoir se maintenir dans sa cure, et poursuivre la réforme du faubourg, d'en venir à un nouvel accommodement avec M. de Fiesque, qui refusait absolument de reprendre le prieuré de Clisson.
Ses prétentions étaient même si déraisonnables et
si injustes, qu'elles semblaient ôter à M. Olier tout
moyen de le satisfaire, quoiqu'il ne mît aucune
borne à sa générosité, tant dans cet accommode-

(1) Lettres spi-
rituelles de M.O-
lier, p. 50.

XXIV.
M. de Fiesque
exige que M.
Olier se dé-
pouille de ses
biens en sa fa-
veur.

ment, que dans un autre plus onéreux encore que
M. de Fiesque l'obligea de faire deux ans après. En
dédommagement de la prétendue injustice dont il
se plaignait partout, il osait bien exiger par ce dernier accommodement, non plus une pension de
mille écus, comme en 1642 ; mais une rente viagère
de dix mille livres, somme qui représenterait aujourd'hui environ quatre-vingt ou cent mille
francs de notre monnaie ; et il était si défiant au
sujet des garanties qu'on lui offrait, pour assurer
la solidité de cette rente, qu'il paraissait comme
impossible de le contenter. On eût dit que l'ennemi de tout bien avait suscité ces difficultés, pour
empêcher la réforme du faubourg, en mettant
M. Olier dans la nécessité de quitter sa cure, et
en y faisant rentrer M. de Fiesque et tout l'ancien
clergé.

XXV.
Efforts pour
engager M. O-
lier à renoncer
à sa cure.

La mère de M. Olier vint, de son côté, lui livrer
de nouvelles attaques. Les avanies dont son fils
venait d'être le sujet, avaient renouvelé en elle avec
plus d'amertume, le dépit et le chagrin, qu'elle fit
éclater trois ans auparavant, lorsqu'elle le vit devenir simple curé, après avoir refusé l'évêché de
Châlons et la pairie. Le nouveau refus qu'il venait
de faire de celui de Rodez, l'avait exaspérée davantage encore ; mais quand elle apprit que pour conserver sa cure, il était disposé à se dépouiller de ses
biens, elle mit tout en œuvre pour le faire changer

(1)*Mém.part.*,
an. 1646.

de résolution (1). Les amis de M. Olier, et même
plusieurs de ses confrères parmi les plus jeunes,
révoltés des prétentions si excessivement injustes
de M. de Fiesque, lui conseillaient aussi d'abandonner la cure, et de borner son zèle au gouvernement
du séminaire, dont l'avenir leur paraissait assuré,
depuis que le roi et l'abbé de Saint-Germain l'avaient
solennellement approuvé. Ils ajoutaient que s'il se
dépouillait de tout pour conserver sa cure, il serait
dans l'impuissance de soutenir l'œuvre du séminaire, qu'il avait cependant si fort à cœur, en raison

des fruits qu'elle avait produits et de ceux qu'elle faisait espérer dans la suite.

Mais quelque apparence de sagesse qu'il y eût dans ces avis, M. Olier ne pouvait les suivre, car DIEU lui avait fait connaître que, loin de nuire à son œuvre, ce dépouillement total serait au contraire la condition de l'entier renouvellement de la paroisse et de la conservation du séminaire ; qu'il y puiserait lui et ses collaborateurs une nouvelle vie dans le ministère pastoral ; et des grâces abondantes pour toucher et convertir les âmes (1). Il connut encore qu'en se dépouillant ainsi, outre qu'il obligerait la divine Providence à lui procurer tout ce qui était nécessaire au séminaire, il mériterait de donner à l'Eglise de dignes enfants et de saints ministres. Tels furent les motifs secrets qui déterminèrent M. Olier à faire le sacrifice entier que M. de Fiesque exigeait de lui : sans les découvrir à ceux qui voulaient le détourner d'un accommodement si ruineux en apparence, il se contentait de leur dire : « Si JÉSUS-» CHRIST veut que nous donnions notre tunique, à » celui qui nous demande notre manteau, pourquoi » ne nous dépouillerions-nous pas de quelque chose » en faveur de celui qui nous demande trop et sans » raison ? Comment serions-nous prêts de donner » notre vie pour l'amour de Notre-Seigneur, si nous » appréhendons de nous défaire de choses qui nous » touchent beaucoup moins ? (2) D'ailleurs, l'argent » doit être regardé comme rien, quand il s'agit des » intérêts de JÉSUS-CHRIST ; et ses véritables servi» teurs n'ont jamais plus de joie, que lorsqu'ils en » sacrifient davantage pour son service. A quoi » peut-on mieux employer tout ce qu'on possède, » qu'à procurer la gloire d'un si grand seigneur ? (3) »

Mais les exigences de M. de Fiesque semblèrent s'augmenter avec la générosité de M. Olier. Ce n'était plus assez pour lui d'obtenir la promesse d'un revenu annuel de dix mille livres, il se montrait si difficultueux qu'on ne trouvait aucun moyen de le

contenter. Craignant apparemment que ce revenu ne fût pas assez assuré, s'il le recevait en numéraire de la main de M. Olier, qui pouvait mourir avant lui : il mettait pour condition, qu'il proviendrait de bénéfices simples ; et on n'en trouvait presqu'aucun, qui fût à sa convenance, parmi ceux de cette espèce qu'on lui offrait. Au milieu de ces difficultés, qui pouvaient amener de nouveaux troubles dans la paroisse, les personnes de piété qui désiraient voir M. Olier continuer l'œuvre de la réforme, adressaient à Dieu des prières ferventes, pour qu'il lui plût de terminer ce différend. Enfin, la reine qui en désirait avec ardeur l'heureuse conclusion, donna ordre à saint Vincent de Paul de s'entremettre pour la ménager : ce qui, par la bénédiction de Dieu, arriva en effet de la sorte, au mois de juillet de l'année 1647. Toutefois, malgré la générosité de M. Olier et celle de plusieurs de ses disciples qui cédèrent leurs propres bénéfices à M. de Fiesque, on ne serait point parvenu à le satisfaire, si M. de Barraut, neveu de l'archevêque d'Arles de ce nom, et disciple du Père de Condren, n'eût fait un acte de générosité, qui mérite de trouver place dans cette Vie. « La Reine, dit M. du Ferrier, ayant obligé
» M. Vincent à terminer ce différend, celui-ci voulut que je l'assistasse. Après avoir beaucoup travaillé assez inutilement, sans pouvoir contenter
» M. de Fiesque, je m'avisai de lui dire : Voulez-
» vous le prieuré de Saint-Gondon, si on vous le
» donne ? Lui, qui connaissait ce bénéfice honorable
» et riche, situé sur la Loire, l'accepta aussitôt, et
» l'affaire fut terminée. M. Vincent me dit, le
» voyant satisfait : Mais avons-nous ce prieuré,
» que vous avez promis ? — Il est, dis-je, à M. Barrault, qui ne me le refusera point ; et ensuite j'allai le voir pour le disposer. D'abord il me demanda
» des nouvelles de cette affaire. — Elle est, dis-je,
» comme terminée, si vous agréez ce que j'ai
» avancé. — Vous savez, répliqua-t-il, comment je

» suis vos sentiments en tout. — C'est que j'ai pro-
» mis votre prieuré de Saint-Gondon, pour termi-
» ner ce grand désordre : je ne sais ce que vous en
» direz. Il vint se jeter à mon cou, et, m'embras-
» sant : Voilà, dit-il, la plus obligeante et la plus
» véritable marque d'amitié que vous m'ayez jamais
» donnée : car elle me témoigne que vous me croyez,
» comme je le suis parfaitement, votre ami ; et sur
» l'heure il fit sa démission, qui donna autant d'ad-
» miration que de joie à tous les gens de bien (1). »
La duchesse d'Aiguillon en fut si touchée, que
quelques années après, elle donna en dédommagement à M. de Barraut un prieuré de mille écus de
rente (2).

Parmi les disciples de M. Olier qui se dépouillèrent
généreusement pour contenter M. de Fiesque, nous
devons nommer ici M. Picoté, M. de Sainte-Marie,
M. de Lantages ; et parmi ses amis, M. l'abbé de
Sève, oncle maternel de M. Tronson (3). Il paraît
que saint Vincent de Paul, non content d'avoir ménagé cet accord par la douceur et la sagesse de ses
conseils, y contribua encore en donnant de ses
biens (1), afin de procurer par là à M. Olier la facilité de continuer à Saint-Sulpice les œuvres dont la
Providence l'avait chargé. Enfin, des évêques, des
hommes de justice, et d'autres encore se démirent
de divers bénéfices, moyennant des pensions que M.
Olier leur assura. Nous avons raconté, qu'au plus
fort de la persécution, M. Le Gauffre, doutant alors
que M. Olier pût jamais conserver sa cure, et continuer l'œuvre du séminaire, avait comme promis
aux séditieux, que M. de Fiesque leur serait rendu
pour pasteur. Il fut si vivement frappé et touché
du rétablissement de M. Olier, que pour réparer la
faute d'incrédulité, qu'il se reprochait à lui-même,
il fit peu de temps après de grandes largesses à
l'Eglise (5).

A l'occasion de la persécution qu'on vient de raconter, et des prétentions si excessives de M. de

(1) *Mém. de M. du Ferrier*, p. 149.

(2) *Mém. de M. Baudrand*, p. 23.

(3) *Rem. hist.*, t. 1, p. 223.

(4) *Mém. part.*, an. 1647.

(5) *Mém. part.* XXVIII. M. Olier per- mute l'abbaye de Pébrac a- vec celle de Cercanceau.

Fiesque, M. Olier permuta son abbaye de Pébrac avec celle de Cercanceau, de l'ordre de Cîteaux au diocèse de Sens, que possédait alors M. Félix Via-lar, évêque de Châlons. Il voulut, en lui cédant Pébrac, bénéfice d'un revenu plus considérable que Cercanceaux, dédommager ce prélat, qui s'était dépouillé dans le premier accommodement, fait en 1645 avec M. de Fiesque. Mais dans celui de 1647 il augmenta les embarras de M. Olier, en lui imposant des conditions extrêmement onéreuses. Dieu l'ayant ainsi permis, pour purifier de plus en plus son serviteur, et le dénuer de tout appui sur les créatures (1). En cédant ainsi son abbaye de Pébrac, M. Olier espérait que l'évêque de Châlons parviendrait à établir la réforme dans ce monastère, comme il fit, en 1649, en y introduisant les Génovéfains (2). Pour ménager ce dernier accommodement, M. Olier augmenta le revenu de l'abbaye, au moyen d'un bénéfice qu'il y joignit, et procura par là que le nombre des religieux, réduit par son père à dix-huit, fût porté à vingt-un, comme le supposaient les anciens titres (3). Il regarda même la violente persécution suscitée contre lui, à l'occasion de M. de Fiesque, comme un moyen dont Dieu avait voulu se servir, pour venger sur lui une autre faute que son père avait commise, en lui procurant l'abbaye de Pébrac, ainsi que nous l'avons déjà raconté. « Dans ce traité de l'abbaye, dit-il, mon père s'était » comporté avec une grande inadvertance, ayant usé » de conseils très-larges, donnés par des casuistes ; » et il a fallu que la punition en soit retombée sur » moi (4). Il me semble que c'est une justice si ad-» mirablement conduite, qu'il ne se peut rien dire » davantage. Il est vrai que, regardant les choses par » les dehors et selon l'extérieur, il y a eu une grande » rigueur partout ; mais selon Dieu et sa justice, il » n'y a eu que douceur et modération. Il faut même » adorer cette clémence avec grand amour, et s'y » soumettre avec une particulière révérence (5). »

* NOTE 3, p. 198.

(1) *Mém. part.*, an. 1647.

(2) *Hist. des Chanoines réguliers*, t. III, ch. XVLII, p. 723. — *Réglem. du cardinal de la Rochefoucauld*, t. XX, f° 443, 762, 986 — *Gallia christ.*, 1re édit., t. IV, p. 136.

(3) *Mém. aut. de M. Olier*, t. V, p. 136.

(4) *Ibid.*, pag. 133.

(5) *Mém. aut. de M. Olier*, p. 137.— Copie des Mém. de M. O-lier, t. II, p. 180, 181, 182.

Après la conclusion de cette grande affaire, M. Olier ne pensa plus qu'à solliciter la grâce des coupables dont on poursuivait la punition. Pendant qu'il disposait en leur faveur les juges de la terre, il priait ardemment le souverain Juge de changer la disposition de leurs cœurs. C'était là toute la vengeance qu'il tirait de leurs excès. Mais Dieu qui frappe souvent dès cette vie ceux qui l'outragent dans la personne de ses ministres, au mépris de cette défense : *Gardez-vous de toucher à mes oints* (1), vengea son serviteur d'une manière éclatante, par les châtiments qu'il exerça sur plusieurs (2). Je n'en rapporterai qu'un exemple, dit M. de Bretonvilliers, pour ne pas rappeler ici le souvenir de plusieurs personnes qui ont éprouvé visiblement les rigueurs de la justice divine. Un an, jour pour jour, après l'horrible scène qu'on a rapportée, comme un de ceux qui avaient montré le plus d'acharnement contre le saint prêtre, entrait dans une maison de la paroisse, un chien qui n'avait jamais blessé personne, se jeta sur lui avec fureur, sans avoir été irrité, et le déchira si cruellement que cet homme en fut malade à l'extrémité. Le danger devint en peu de jours de telle nature, qu'on lui administra les derniers sacrements. M. Olier le visita souvent dans sa maladie, le traita avec la bonté d'un ami et d'un père, pria pour lui avec tant de charité et de larmes, que la santé lui fut rendue ; mais il n'en jouit pas long-temps. Lorsqu'il passait un jour, à l'entrée de la nuit, dans la rue des Cannettes, voisine de la cure, il rencontra un cavalier, qui, dans un accès d'emportement dont on ignore la cause, lui déchargea dans la tête un coup de pistolet, dont il mourut sur-le-champ ; et cette mort tragique jeta M. Olier dans une peine dont il lui fut plus difficile de se consoler que des affronts et des violences dont elle lui rappelait le souvenir (3).

Le dernier accommodement conclu par M. Olier. pour conserver la cure de Saint-Sulpice, aigrit de

XXIX.
Dieu venge M. Olier en châtiant plusieurs de ses persécuteurs.

(1) Ps. 104, v. 15.

(2) *Vie de M. Olier, par le P. Giry*, part. 1re, ch. XVII.

(3) *Vie, par M. de Bretonvilliers* t. II, p. 142.

XXX.
Conduite de M. Olier envers sa mère, que cet accommodement aigrit de nouveau contre lui.

plus en plus contre lui l'esprit de sa mère. Mais quelque mécontentement qu'elle lui témoignât, M. Olier ne diminua rien du respect parfait qu'il lui portait en toute rencontre. Lorsqu'il se trouvait en sa présence, on n'était point en peine, dit M. de Bretonvilliers, de savoir qui il était : sa contenance modeste et pleine de révérence, faisait suffisamment connaître qu'il ne pouvait être que son fils. Comme il regardait toujours DIEU en elle, ses respects étaient d'autant plus sincères et profonds, que la vue continuelle de cette adorable Majesté, le portait à des sentiments tout religieux. Malgré ses nombreuses occupations, il ne laissait pas de la visiter de temps en temps; il était ravi de pouvoir lui parler de Notre–Seigneur; il se servait de toute sorte d'occasions pour la faire penser à son salut : et quoique souvent, au lieu de l'écouter, on l'accablât de reproches, et qu'on lui mît devant les yeux les grandeurs qu'il avait méprisées, les évêchés qu'il avait refusés, les ignominies dont il avait été couvert, il ne laissait pas de réitérer ses visites avec le même esprit de zèle et de dévouement. Nous dirons encore ici, pour ne plus revenir sur cette matière, que sa mère étant tombée en apoplexie, dès qu'il en eut reçu la nouvelle, il partit incontinent de la campagne où il était, pour venir à Paris, et lui offrit ses services, quoiqu'alors il fût paralytique, et que, dans cette maladie dont il mourut, il eût besoin lui-même des plus grands ménagements(1).†

(1) *Esprit de M. Olier*, t. III, p. 740.

† Sa mère lui survécut un peu plus de deux ans; elle mourut à Paris en son hôtel, rue du roi de Sicile, le 1er. Juin 1659; et fut inhumée le lendemain dans la chapelle de Sainte Anne, à Saint-Paul, sa paroisse (2).

(2)*Registre de l'Etat civil de Paris, paroisse, S.-Paul* 1659, juin.

SUR LE NOM DE MISSIONNAIRES

NOTE 1, p. 162. — On a dit que les prêtres de M. Olier étaient regardés par plusieurs comme faisant partie de la congrégation de la Mission : aussi leur donnait-on le nom de *Missionnaires,* quoique M. Olier eût désiré d'abord qu'on les appelât simplement *Prêtres de la communauté de Saint-Sulpice.* On voit, par divers monuments du temps, qu'on donnait le nom de *Missionnaires* à une multitude d'associations vouées au service spirituel du prochain, sans doute pour indiquer qu'elles étaient *envoyées* ou *suscitées* de Dieu, pour la réforme de l'Eglise. « Si c'est un mal qu'on prenne » ce nom, écrivait saint Vincent de Paul, il semble être » nécessaire, et nous ne pouvons l'éviter (1). » Le Père Yvan, par le grand amour qu'il portait à la très-sainte Vierge, sous le titre de *Notre-Dame de Miséricorde,* aurait désiré que M. Olier donnât ce nom à ses ecclésiastiques, en l'ajoutant à celui de Missionnaires qu'ils avaient déjà. « Vous » êtes *missionnaires,* lui écrivait-il en 1647, vous n'avez qu'à » ajouter *de Notre-Dame de Miséricorde,* pour différer de » tant de compagnies de Missionnaires (2). » Mais le serviteur de Dieu, qui d'abord avait trouvé bon qu'on les appelât du nom de *Missionnaires,* comme le public le faisait alors (3), préféra ne leur donner aucun nom qui les distinguât du corps du clergé, ainsi qu'on le verra dans la suite.

(1) *Recueil des lettres de saint Vincent,* t. I, p. 266, 83.

(2) *Lettres du P. Yvan,* t. I, p. 341.

(3) *Lettres de saint Vincent, ib.*

SUR L'APPROBATION DONNÉE A L'ÉTABLISSEMENT DU SÉMINAIRE

NOTE 2, p. 187. — La paroisse de Saint-Sulpice, dépendant alors de l'abbé de Saint-Germain, c'était de ce prélat seul que le séminaire devait recevoir son approbation ; et l'on ne voit pas sur quel fondement a pu s'appuyer l'auteur du *Pastoral de Paris,* publié par M. Le Clerc de Juigné, en affirmant que cette communauté fut approuvée par l'archevêque (4).

Le Père Giry (5) suppose que la persécution qu'essuya M. Olier, eut lieu après l'approbation de l'établissement du

(4) In-4°, t. I, p. 148.

(5) *Vie,* 1re, p. ch. XVII.

séminaire ; ce fut le contraire. Il dit encore qu'elle fut donnée deux ans après que M. Olier eut pris possession de la
cure de Saint-Sulpice, c'est-à-dire en 1644, comme l'assurent
aussi le Père de Saint-Vincent (1) et le Père Hilarion de
Nolay (2), sans doute d'après le Père Giry, qu'ils citent l'un
et l'autre. Mais l'approbation de l'abbé de Saint-Germain
ne fut donnée qu'en 1645, le 23 octobre, comme on le voit
par les lettres originales.

> (1) *Ann. Dom.*
> 12 sept., p. 424.
> (2) *La Gloire*
> *du tiers-Ord. de*
> *S.-Franç.*, 2ᵉ p.
> ch. xxxi, p. 256,
> 258.

Les lettres-patentes du Roi, expédiées la même année, ne
portent la date ni du jour, comme c'est la coutume, ni même
du mois, dont la place est demeurée en blanc. L'année suivante, 1646, au mois de juin, elles furent renouvelées dans
les mêmes termes, et c'est apparemment ce qui a porté
quelques auteurs à dire que l'établissement du séminaire
fut approuvé par le Roi, au mois de juin 1645 (3).

> (3) *Arch. du*
> *Roy., sect. hist.*
> *Sém. de S.-Sul-*
> *pice, M. 421.*

M. OLIER PERMUTE SON ABBAYE POUR CELLE DE CERCANCEAU

NOTE 3, p. 194. — Louis XIV approuva, le 23 janvier
1646, la permutation que M. Olier fit de l'abbaye de Pébrac
pour celle de Cercanceau, et en demanda la confirmation
au Pape (4), qui l'accorda sans doute peu après. Car, dans
les *actes de Marreau, notaire à Paris*, M. Olier se trouve
qualifié abbé de Cercanceau, le 24 novembre de la même
année. Dans un autre acte du 24 mai 1647 (5), il est appelé
abbé *des Cauteau*, ce qui est visiblement une altération du
mot *Cercanceau*, que l'on aura mal lu sur la minute qui servit pour la rédaction de cet acte. *Cercanceau* est composé
des mots latins : *sacra-cella*. Si nous insistons sur cette
permutation, c'est qu'elle a échappé aux auteurs du *Gallia
christiana* ; ils n'ont pas seulement omis M. Olier dans leur
liste fort incomplète des abbés de ce monastère; ils ont
même supposé faussement que, avant la fin de l'année 1640,
M. Vialar possédait déjà cette abbaye et celle de Pébrac, et
qu'ayant été nommé alors à l'évêché de Châlons, il se démit
de celle de Cercanceau.

> (4) *Arch. du mi-*
> *nistère des affai-*
> *res étrangères.*
> *Rome iv, premier*
> *mois de 1646.*

> (5) *Arch. du*
> *Roy.*

On a parlé aussi fort inexactement de l'époque à laquelle
M. Olier se démit de l'abbaye de Pébrac. Dans la première
édition du *Gallia christiana*, on lit que M. Vialar en devint
abbé l'an 1640 (6), et c'est la source d'où est venue la même
erreur, dans la seconde édition de cet ouvrage. L'auteur de
la *Vie de M. Vialar*, dont on connaît assez la liberté, a
même inventé sur ce sujet un petit conte: « M. Vialar, dit-
» il (7), sut que quelques ecclésiastiques avaient entrepris
» plusieurs missions dans quelques-unes de nos provinces;
» il se joignit à eux ... Ce fut au milieu de ces courses

> (6) Tom. iv, p.
> 734.

> (7) Pag. 5.

apostoliques, qu'on lui donna, en 1640, l'abbaye de Pébrac. Il n'avait point sollicité ce bénéfice, il ne l'accepta que par obéissance, lorsqu'il lui fut donné. » Quelques auteurs ont avancé, sans plus de fondement, que M.
Olier se démit de cette abbaye en 1642, avant d'accepter la
cure de Saint-Sulpice. D'autres qu'il la permuta avec cette
cure ; c'est ce qu'assurent la Mère Gauchet, dans son *Recueil*
sur M. de Lantages, l'historien de M. Bourdoise (1), ainsi
que Grandet, dans sa notice manuscrite sur M. Olier (2) ; et
cette erreur a eu pour fondement la permutation de l'abbaye
de Pébrac, en 1646, en faveur de M. Vialar, faite principalement pour satisfaire M. de Fiesque. Enfin, dom François
Boudier, religieux Bénédictin, a imaginé une autre explication : il a écrit que M. Olier, après s'être démis de la cure
de Saint-Sulpice, en 1652, ne garda d'autre bénéfice que
l'abbaye de Pébrac (3).

La mémoire de M. Olier est encore en bénédiction dans
le bourg de Pébrac. L'on y montre la chambre de l'abbaye
qu'occupait le serviteur de Dieu ; elle a été transformée en
oratoire. Sur une petite tourelle, à l'entrée de la cour, on
distingue ses armes ; ce qui semblerait indiquer qu'il fit
construire cette tour, et, peut-être aussi, quelqu'une des
parties de l'édifice qui lui sont contiguës. Ce fut probablement avant l'établissement de Vaugirard ; car il cessa dès-
lors, de porter les armes de sa famille, et y substitua les
monogrammes de Jésus, Marie, Joseph.

(1) *Vie* M. in-
4°.

(2) T. 1, p. 133.

(3) *Recueil*
d'hommes illus-
tres, in-4°, t. v,
p. 7. *Ms. Bibliot.*
Mazarine.

LIVRE SIXIÈME

M. OLIER FAIT HONORER PAR LES GRANDS LES MYS-
TÈRES DE NOTRE—SEIGNEUR, SURTOUT SA PRÉSENCE
RÉELLE AU TRÈS-SAINT SACREMENT.

I.
Ce que Dieu exigeait de M. Olier pour la conversion des Grands.
Après avoir été éprouvé par cette violente persécution, comme l'or dans le creuset, M. Olier reprit
la conduite de sa paroisse avec un nouveau zèle, et
se livra tout entier à la sanctification des Grands.
Dieu aurait pu, sans doute, les attirer à son service
par des ministres d'une naissance obscure, comme
avaient été les apôtres, mais pour condescendre à
leur faiblesse, il voulut que M. Olier et la plupart de
ses coopérateurs, appelés à remplir auprès d'eux
les plus humbles fonctions du ministère pastoral,
fussent aussi distingués par la naissance que par la
vertu. C'est ainsi qu'il en use quelquefois, pour
faire paraître sensiblement les soins qu'il prend de
son Eglise, après surtout qu'elle a été longtemps
dans le mépris. De plus Dieu fit connaître à ces
ecclésiastiques, que dans l'exercice de leur ministère, ils devaient faire une profession ouverte du
plus parfait désintéressement, afin de pouvoir dire
à chacun la vérité avec une liberté entière, à l'exemple
de l'Apôtre des gentils, qui pour ne rien perdre de
son indépendance à l'égard de ceux qu'il avait à
instruire, vivait de son propre travail, sans rien
demander pour ses besoins à personne (1). Les
prêtres de M. Olier ne devaient donc accepter quoi
que ce fût de leurs paroissiens, ni pour la maison
de Saint-Sulpice, ni pour eux-mêmes; et dans les
visites qu'ils avaient à faire sur la paroisse, il leur

(1) *Mém. part.*,
an. 1646.

était enjoint de couper court, et de se retirer, dès
que le but qui les amenait était atteint ou qu'ils
avaient répondu à ce qu'on voulait leur dire; se
montrant néanmoins très-affables et grâcieux envers tous, mais comme en fuyant (1).

S'ils devaient prendre ces précautions à l'égard
des Grands, c'est qu'il y avait plus à faire pour les
ramener à DIEU, que pour convertir le simple
peuple (2), à cause des excès auxquels ils se livraient
alors, et qui surpassaient ceux mêmes du règne de
Henri IV (3). Ce n'est pas que DIEU ne leur eût
offert, déjà, des moyens très-propres pour opérer
leur conversion, s'ils eussent été dociles aux invitations de sa grâce. Les Pères de Bérulle et de Condren, extraordinairement suscités en leur faveur,
avaient fait retentir aux oreilles des courtisans de
Louis XIII, les vérités du salut avec une liberté
tout apostolique; mais ils n'avaient pas été écoutés (4). Le Père de Condren en particulier avait exhorté, dans le tribunal de la pénitence, beaucoup
de grands seigneurs, et de grandes dames : mais
ses saintes paroles étaient tombées dans leurs cœurs
comme une semence de bien, qui ne devait lever
que plus tard (5); et c'était par M. Olier, que DIEU,
selon le conseil de sa Providence, voulait achever
l'œuvre ainsi ébauchée de leur conversion.

Pour cela il lui avait donné les qualités les plus
propres à les gagner, et surtout un cœur naturellement doux, charitable, compatissant, indulgent.
Cette disposition aidée et perfectionnée par la grâce,
était même en lui à un degré si éminent, que M.
de Maupas crut devoir la signaler dans l'oraison
funèbre de saint Vincent de Paul, et rendre à l'un
et à l'autre ce beau témoignage : «Je n'ai jamais rien
»vu de comparable à feu M. l'abbé Olier et feu M.
»Vincent : avez-vous quelque peine extraordi-
»naire ou d'esprit, ou de cœur? Adressez-vous à
»M. Vincent, ou à M. l'abbé Olier; et je dirai de
»l'un et de l'autre, ce que saint Anselme et Théo-

(1) *Mém. part.*,
an. 1645.

II.
M. Olier de-
vait achever
l'œuvre de la
conversion
des Grands
commencée
par les PP. de
Bérulle et de
Condren.

(2) *Mém. part.*,
an. 1641.
(3) *Ibid.*, an.
1642.

(4) *Ibid.*, an.
1642.

(5) *Ibid.*, an
1642.

III.
Qualités dont
DIEU avait
doué M. Olier,
pour gagner
les Grands.

» philacte disaient de saint Paul : *patitur suas, et si-*
» *mul aliorum infirmitates, tolerat et solatur ; tolerat*
» *infirmitates singulorum, et simul de communi salute,*
» *et de toto orbe, sollicitus est.* Il souffre ses peines,
» et en même temps il a soin de soulager celles de
» tout le monde. Combien de fois a-t-on dit, en
» sortant de leur conversation : *Notre cœur n'était-*
» *il pas embrasé, pendant qu'il nous parlait !* Combien
» de fois n'a-t-on pas dit, en adorant l'infinie bonté
» de notre DIEU ? O que le cœur de DIEU est bon !

(1) *Oraison funèbre, par M. de Maupas*, in-4°, p. 35.

» O que le cœur de DIEU est aimable, puisqu'il a
» formé de si bons courages ; puisqu'il a logé de si
» bons cœurs dans la poitrine des hommes ? (1). »

A de si rares dispositions de l'âme, DIEU, comme
pour préparer les voies à la grâce, avait encore
ajouté en M. Olier, les qualités extérieures les
plus propres à gagner les cœurs. M. Baudrand, son
quatrième successeur dans la cure de Saint-Sulpice,
nous a tracé son portrait en ces termes : « Il était
» d'une taille médiocre, avait le port libre, dégagé,
» avantageux ; sa complexion était sanguine, déli-
» cate, quoique forte et robuste, s'il ne l'eût altérée
» par ses jeûnes, ses longues veilles et ses rigou-
» reuses pénitences. Son teint était blanc, mêlé de
» vermeil, son visage plein, son nez aquilin, son
» front large et serein. Il avait les yeux vifs, remplis
» d'un feu doux et engageant, la physionomie fine,
» la bouche d'une grandeur médiocre, les lèvres
» vermeilles, la voix belle, argentine, flexible ; la
» prononciation libre, insinuante ; le geste naturel
» et dévot, soutenu d'une éloquence mâle, élevée,
» et si heureuse que, sur-le-champ, sans étude, il
» ravissait les esprits et enlevait les cœurs. Enfin il
» avait le visage beau, agréable et bien proportionné,
» accompagné d'un air rempli de tant de grâce, de
» majesté et de modestie, qu'il était impossible de
» l'approcher, sans en concevoir de l'estime et du
» respect, et sans en être élevé à DIEU (2). » † Toutes

(2) *Mém. de M. Baudrand*, pag. 70, 71.

† « M. Olier, ajoute M. Baudrand, avait l'esprit vif, bouil-

ces belles qualités devaient être d'autant plus appré-
ciées des grands de sa paroisse, que pour leur continuer ses services, en qualité de curé, il avait fait
paraître, à l'occasion de la persécution, un dévouement plus désintéressé et plus héroïque; s'exposant
à toute sorte d'humiliations, de périls, de mauvais
traitements; se dépouillant de tout, et refusant
même avec tant de résolution la dignité épiscopale
qui lui avait été de nouveau offerte.

Aussi la Providence sembla-t-elle vérifier en sa
personne, la promesse que le Sauveur fait dans
l'Evangile, d'exalter celui qui s'humilie. En récompense des affronts et des mépris dont il avait été
couvert, il commença à être l'objet de l'estime et de
la vénération universelle de sa paroisse, de ceux
mêmes qui avaient paru le plus envenimés contre
lui (1) chacun le proclamant à l'envi, le père des
pauvres, l'ami le plus sincère de ses paroissiens,
un saint pasteur, tout dévoué au salut de ses ouailles. Profitant donc des dispositions favorables où
étaient les Grands, il reprit le cours de ses prédications; et elles furent couronnées d'un succès extraordinaire. On eut dit que Dieu versait sur cette
paroisse sa grâce par torrents: jamais on n'avait vu
un si grand empressement à assister aux saints
offices, ni autant d'ardeur pour entendre la parole
de Dieu (2). On pourra se former une idée des effets
que produisaient les discours du serviteur de Dieu,

» vermeilles, la voix belle, argentine, flexible; la
» prononciation libre, insinuante; le geste natu-
» lant, pénétrant, prompt à concevoir, et d'une étendue fort
» vaste pour les sciences. Les vues que la lumière divine
» lui communiquait dans l'oraison, étaient bien d'une autre
» élévation que celles qu'il avait acquises par son travail.
» Il semblait, en l'entendant parler, que ce n'était plus un
» homme sur la terre, qui s'énonçât sur les mystères les
» plus relevés de notre religion, mais que c'était un saint
» Paul dans le ciel, ou saint Jean l'Evangéliste dans son
» désert. Ses conceptions étaient hautes, et il avait le don
» de les exprimer avec tant de lumière, de netteté et de
» grâce, qu'on y reconnaissait quelque chose de plus qu'hu-
» main (3). »

† « M. Olier, ajoute M. Baudrand, avait l'esprit [...]

IV.

M. Olier re-
prend le cours
de ses prédi-
cations.

(1) Rem. hist,
t. 1, p. 40. —
Vie par le P.
Giry, part. 1, ch.
XVII. — L'Année
Dominic. p. 424.

(2) Ibid., t. III,
p. 628. — Vie,
par M. de Bre-
tonvilliers, t. II,
p. 141, t. 1, p.
486.

(3) Mém. de M.
Baudrand, pag.
70, 71.

si l'on considère qu'il les proférait sans préparation,
en s'abandonnant aux impressions de la grâce, et
qu'alors, l'Esprit-Saint semblait augmenter la beauté
naturelle de son organe, la force et la douceur de sa
voix, la noblesse de son maintien, et lui communiquer quelque chose de divin et de céleste. Le feu
dont son âme était embrasée, se répandait même
quelquefois sur ses sens, et lui faisait éprouver des
émotions si vives, que, ne pouvant les soutenir
longtemps, il était obligé d'interrompre son discours. « Comme il prêchait un jour, avec un zèle
» extraordinaire, rapporte une personne qui était
» présente, à peine eut-il parlé un quart d'heure,
» que cette sainte ardeur du salut de son peuple,
» s'allumant de plus en plus dans son cœur, sa voix
» baissa tout à coup ; et enfin, la parole lui man-
» quant, il fut obligé de descendre de chaire. Cha-
» -cun était ravi d'admiration ; et j'ai entendu des
» personnes dire dans cette rencontre : Non, ce n'est
» point un homme, c'est un ange qui nous parle(1). »

(1) *Attestat.*
aut., p. 162.

V.
M. Olier
prêche aux
Grands le my-
stère de la pas-
sion renouve-
lé par les pé-
cheurs.

C'était surtout en rappelant et en exposant aux
Grands du faubourg les mystères du Verbe incarné, unique source du salut des hommes, que M.
Olier devait toucher efficacement les cœurs. Sa paroisse était alors une vive image de Jérusalem déi-
cide, à cause des désordres qui y régnaient, principalement dans les grandes maisons, où chaque
jour l'on crucifiait JÉSUS-CHRIST ; et jamais M. Olier
n'était plus éloquent ni plus pathétique dans ses
prédications, que lorsque s'abandonnant aux saintes
ardeurs de son zèle, il représentait à ses auditeurs,
avec l'accent de la douleur la plus amère et de la
compassion la plus tendre, qu'en renouvelant par
leurs péchés la cause de la mort de JÉSUS-CHRIST,
ils le crucifiaient de nouveau dans leurs cœurs,
selon l'énergique expression de saint Paul, et foulaient aux pieds son sang adorable. Ces vérités
que les Grands n'étaient pas accoutumés à entendre, et que DIEU, en considération des prières

ardentes de ce saint pasteur, leur faisait la grâce
d'écouter avec docilité, étaient pour la plupart
d'entre eux, comme autant de coups de foudre, qui
les réveillant du sommeil profond du péché, les
remplissaient des plus vifs sentiments de douleur
et de pénitence. Il n'était pas rare de les voir fondre
en larmes devant lui, et même tomber spontanément à genoux, pour demander à Dieu miséricorde.
Après l'avoir entendu, plusieurs étaient si vivement touchés, et si fortement convaincus de l'horreur du péché qu'ils allaient se jeter aux pieds des
confesseurs, avec des démonstrations extraordinaires de pénitence (1).

(1) *Rem. hist.*, t. III, p. 619, t. III, p. 629, 630. — *Vie de M. Olier*, par M. de Breton- villiers, t. I, pag. 487.

Il est vrai que M. Olier avait le don de représenter sous les couleurs les plus fortes et les plus naturelles, et de mettre comme à découvert, devant
les yeux de ses auditeurs, l'affreux malheur de
l'homme qui se laisse emporter au dérèglement de
ses passions. Il ne sera pas hors de propos de l'entendre ici parler lui-même, pour se former une juste
idée de la puissance que Dieu donnait à ses paroles :
« O malheureux péché ! C'est toi, qui, des plus
» pures et des plus parfaites créatures, que la main
» de Dieu eut formées, as fait les démons, ces
» monstres horribles. C'est toi qui, après avoir per-
» du la nature angélique, as produit un semblable
» désordre dans l'homme devenu aussi horrible
» que les démons, par le renversement et la per-
» turbation que tu as mis dans toutes ses puissances.
» Que vois-je ? La tête est sous les pieds, et les
» pieds sur la tête, et les bras sont enfoncés dans
» la poitrine ! L'esprit de l'homme, qui devait être
» au-dessus, pour contempler Dieu, est par le pé-
» ché déprimé en bas et soumis aux appétits gros-
» siers qui l'aveuglent et l'enfoncent dans la matière.
» Les passions et les désirs, les plus infâmes, do-
» minent avec empire sur l'esprit : l'orgueil, l'im-
» pureté, l'avarice, la paresse ont le dessus ; et les
» plus capitaux ennemis de l'homme sont devenus

VI.

M. Olier mon-
tre la dépra-
vation de
l'homme par
le péché.

(1) *Attributs divins*, ch. IV, n. 2.

» ses maîtres. Les regards livides de l'envie pa-
» raissent dans ses yeux ; la rapine est dans ses
» mains, la gloutonnerie dans sa bouche ; tout son
» corps est en proie à la concupiscence (1).
» O monstre effroyable que l'homme, depuis le
» péché ! O épouvantable malice ! O composition
» misérable, remplie de passions désordonnées, qui
» s'échappent à toute heure et en tout sens, pour peu
» qu'on leur lâche la bride. Il me semble voir une
» multitude innombrable de bêtes farouches, fré-
» missant dans leurs loges, et toujours prêtes à
» sortir avec furie. Oui, l'homme est tout pétri
» d'inclinations perverses, qui sortent les unes des
» autres, s'enchaînent les unes dans les autres, et
» s'engendrent mutuellement. Ainsi l'orgueil sup-
» pose l'amour déréglé de soi-même ; et l'un et
» l'autre produisent ce désir insatiable des biens
» terrestres, causé dans l'homme par le sentiment
» profond de son indigence, joint à l'aveuglement
» qui l'empêche de voir que Dieu seul peut le
» rendre heureux. De là vient que l'amour-propre
» est un fonds originel et inépuisable d'avarice.
» Cette dernière passion n'est jamais sans produire
» la jalousie et la haine : jalousie de n'avoir pas tout ;
» haine de ceux qui ont ce que l'on n'a pas soi-même.
» La colère suit, qui s'allume pour acquérir le diffi-
» cile, ou pour défendre ce qu'on a déjà. Puis l'or-
» gueil qui naît de la possession, comme le déses-
» poir de la privation ; ensuite la complaisance de
» posséder, c'est-à-dire un commencement d'at-
» tachement de l'âme à la créature, qui conduit à la
» dernière impureté (2).

(2) *Ibid.*, n. 3.

VII.
Il montre que l'Eucharistie, répare dans l'homme les dégradations du péché.

» Voilà l'ouvrage du péché, qui, de l'homme, cette
» belle image de Dieu, a fait la plus hideuse et la
» plus infâme de toutes les créatures ; et comme il
» était le plus bel ouvrage de la main divine dans
» les œuvres visibles, de là vient que sa chute et
» son renversement l'ont abaissé au dessous de tout.
» Son désordre a été si grand, que pour le réparer,

» il a fallu des prodiges de puissance et de miséri-
» corde : il a fallu que le Verbe éternel s'incarnât,
» pour rétablir cette créature déchue : il a fallu
» qu'un Dieu fait homme, vînt montrer à l'homme,
» dans sa personne sacrée, le modèle de cette per-
» fection, à laquelle il voulait le rappeler : il a fallu
» enfin, que le divin réparateur se fît lui-même dans
» l'adorable Eucharistie, notre nourriture et notre
» breuvage, pour s'insinuer et se mêler en nous,
» afin, qu'habitant dans nos âmes, il les rétablît
» dans leur état primitif, et les reformât selon les
» premiers desseins du créateur (1). » Ce plan divin, qu'indique ici M. Olier, fait assez connaître,
pourquoi, parmi tous les mystères de l'homme-Dieu,
il n'en est aucun, qu'il désirât de faire honorer avec
de plus profonds sentiments de religion ; ni avec
plus d'éclat, que celui de sa présence réelle dans la
très-sainte Eucharistie. Dieu lui avait d'ailleurs
appris d'une manière spéciale, que Jésus-Christ
dans ce mystère pouvait seul être la source et le
fondement de toute la réforme du faubourg Saint-
Germain, tant pour les Grands que pour le peuple,
les doctes et les ignorants ; et c'est ce qui nous
oblige d'entrer ici dans quelques détails, qui peuvent
n'être pas sans utilité pour les pasteurs des âmes.
Nous laisserons encore Mr Olier exposer lui-même
ce dessein de la sagesse et de la miséricorde divine.

« Notre-Seigneur , dit-il, voulant attirer les
» hommes à son père, s'est donné deux fois à eux :
» une fois, dans l'infirmité de la chair, par son in-
» carnation ; l'autre, dans la force de sa vie divine,
» par le très-saint sacrement. Par le premier état,
» il est venu pour établir son Eglise, et mériter sa
» grâce ; l'autre pour la renouveler et la perfectionner.
» Le premier était un état de faiblesse, et par con-
» séquent ne comportait pas qu'il usât sur les
» hommes de sa puissance absolue. Voilà pourquoi
» il n'agissait alors que faiblement , se servant de
» raisonnements, de miracles, de prophéties pour

(1) *Attributs di-*
vins., ch. IV, n. 2.

VIII.

Par l'Eu-
charistie Jé-
sus-Christ
donne aux
hommes ses
propres senti-
ments.

» tâcher de les convaincre, sans faire usage de la
» vertu toute-puissante du Saint-Esprit, qui eût
» converti en un moment les cœurs les plus endur-
» cis du monde. Pour triompher ainsi, il attendait
» le jour de son Ascension, qui devait l'établir dans
» le trône de sa dignité royale. Alors il commença
» à se donner une seconde fois aux hommes dans le
» très-saint Sacrement, il leur communiqua par ce
» moyen sa vie divine, et les rendit semblables à lui.
» Cette transformation commence par le Baptême,
» elle s'augmente par la Confirmation; mais elle
» s'achève par la très-sainte Eucharistie, l'aliment
» divin, qui nous donne réellement sa propre vie et
» ses sentiments, nous met en participation de son
» intérieur adorable, et nous fait une même chose
» avec lui : *Celui qui mange ma chair demeure en*
» *moi, et moi en lui.* Ainsi le Fils de Dieu s'est mis au
» très-saint Sacrement, pour continuer sa mission
» jusqu'à la fin du monde; et aller par ce moyen
» dans tous les coins de la terre, former à son père
» des adorateurs, qui publient sa gloire et l'adorent
» en esprit et en vérité. C'est ce que l'Eglise con-
» fesse avec étonnement et reconnaissance dès les
» premiers mots de l'office du très-saint Sacrement.
» *Adorons Jésus-Christ, le dominateur des gentils, qui*
» *donne à ceux qu'il nourrit de sa chair l'abondance de*
» *sa vie divine.* Comme si elle disait : Voilà la mer-
» veille de ce mystère et le triomphe de Jésus-
» Christ : les peuples les plus farouches, les nations
» les plus barbares, qui n'avaient point cédé à la
» force, ni reconnu l'empire des Romains, sont
» maintenant assujetis par ce Roi qu'ils adorent.
» Sa chair qu'il leur donne en nourriture les trans-
» forme intérieurement en lui, leur imprime ses
» propres sentiments; et ainsi il triomphe dans
» leurs propres cœurs, par sa douceur, par la pureté
» de sa vertu, par le secret et les charmes de sa
» puissance, et les rend avec lui de parfaits adora-
» teurs de son père, par cette transformation. Vou-

» lant donc en ce siècle, non plus établir son église,
» mais la renouveler, il doit agir d'une manière qui
» soit en rapport avec ce second état (1).

(1) *Mém. aut.
de M. Olier*, t. II,
p. 105, 314, t. III,
p. 221.

IX.

M. Olier spé-
cialement sus-
cité pour re-
nouveler la pi-
été envers le
très-saint Sa-
crement.

» Toutefois, comme il ne peut plus apparaître sen-
» siblement, pour réchauffer la piété quand elle est
» refroidie, il suscite de siècle en siècle, des hommes
» qu'il remplit plus singulièrement de la grâce des
» mystères, qu'il veut répandre de nouveau par
» eux dans les cœurs. Tel fut saint François d'As-
» sise, qui reçut si pleinement l'esprit de sa passion,
» que cet esprit rejaillissant sur sa chair et se fai-
» sant voir par ses sacrés stygmates, renouvela dans
» l'Eglise l'amour de la croix, et apprit aux hommes
» charnels l'obligation qu'ils avaient de ressembler
» dans leurs mœurs à Jésus-Christ crucifié. Ainsi
» Notre-Seigneur m'a fait voir, que voulant renou-
» veler de nos jours l'esprit primitif de l'Eglise, il
» avait suscité deux personnes pour commencer ce
» dessein, Monseigneur de Bérulle, pour se faire
» honorer dans son incarnation ; le Père de Condren,
» dans toute sa vie, sa mort et surtout sa résurrec-
» tion ; mais qu'il restait à le faire honorer après sa
» résurrection et son Ascension, tel qu'il est au très-
» auguste sacrement de l'Eucharistie, et à renou-
» veler par là les sentiments de sa vie divine dans
» les cœurs (2).

(2) *Mém. aut.
de M. Olier*, t III,
p. 370.

» Hélas ! je ne le dis qu'à la gloire de Dieu, et de
» ses desseins sur la plus chétive et la plus misé-
» rable créature qui soit au monde : Il a voulu me
» donner à moi-même comme succédant au Père
» de Condren, la grâce et l'esprit de ce mystère
» adorable, afin que j'apprisse aux âmes à vivre
» conformément à cet état. Est-il possible que Dieu
» désire faire de son esclave, d'un de ses ennemis,
» tel que je suis, une image de son Fils unique, de
» son Fils, hostie au très-saint Sacrement, en me
» faisant éprouver les sentiments de ce divin inté-
» rieur, pour les communiquer par moi sensible-
» ment aux âmes ? * (3) »

* NOTE 1, p.
236.

(3) *Mém. aut.
de M. Olier*, t. III,
p. 4, 400.

Dès l'enfance Dieu avait préparé M. Olier à un si grand dessein, comme on l'a vu dans la première partie de cet ouvrage. On peut se rappeler que dès l'âge de sept ans, il lui imprima pour la divine Eucharistie une dévotion si vive, si profonde, que par la suite il ne pouvait se l'expliquer à soi-même, qu'en la regardant comme l'indice de quelque vue particulière de Dieu sur lui. Cette dévotion, allant toujours croissant dans son âme, lui fit sans cesse désirer, dans ses missions et ailleurs, de pouvoir consacrer sa vie à former à Jésus-Christ des adorateurs dans cet auguste Sacrement. Aussi, lorsqu'en 1642, on lui proposa la cure de Saint-Sulpice, il crut aussitôt avoir trouvé l'occasion si longtemps désirée de satisfaire cette sainte ardeur, « je pense tant, écrivait-il, avoir mille sujets pour
» les envoyer partout porter l'honneur du très-
» saint Sacrement ! Et quand je considère que la
» cure qu'on me propose pourra servir à cela, et
» communiquer ce zèle à Paris et à toute la France,
» je suis ravi de joie, ne désirant plus autre chose,
» que de faire glorifier mon maître, surtout dans ce
» mystère, où il a été si méprisé. Combien de fois
» considérant l'oubli où l'on laisse le très-saint Sa-
» crement dans cette paroisse, je me disais à moi
» même : O si jamais je devenais pasteur de cette
» église, que je voudrais y faire honorer ce très-au-
» guste Sacrement ! Je me dévouerais tout entier à
» son service, je veillerais volontiers devant lui,
» comme une lampe ardente à l'imitation de Saint-
» Jean-Baptiste, afin de montrer à ces aveugles la
» grandeur du Dieu qu'ils ne connaissent pas (1). »

X.

Comment M. Olier parti-cipe à l'état de Jésus-Christ au très-saint Sacrement?

M. Olier parlait alors de la sorte, parce que, dès ce temps même, Dieu l'ayant fait entrer dans l'état surnaturel dont nous parlons, imprimait à son cœur des désirs plus ardents que jamais, de procurer à Jésus-Christ des adorateurs dans ce mystère. « Oui, » je le dis à ma honte, écrivait-il un jour, long-» temps avant mon entrée dans la cure de Saint-

» Sulpice, Notre-Seigneur qui me préparait à être
» l'image de lui même, comme hostie au très-saint
» Sacrement, avait bien voulu, sortir d'un ciboire,
» sous la forme d'un enfant de feu, tenant une croix,
» et venir habiter en moi, se proposant d'opérer
» par moi visiblement dans les âmes, ce qu'il fait
» dans ce Sacrement d'une manière insensible (1).
» Toutefois, ce fut au temps de la fête du très-saint
» Sacrement, en juin 1642, lorsqu'il s'agissait de la
» cure de Saint-Sulpice, qu'il me rendit plus abon-
» damment participant de son état d'hostie. Cette
» grâce de *participation au mystère du très-saint Sa-*
» *crement*, ou de *communion à ce mystère*, me fit sen-
» tir mon cœur tout en feu, tout consommé dans
» l'amour et la louange de Dieu ; et depuis ce temps,
» je me trouve devant Dieu comme une pauvre vic-
» time, chargé des péchés de tout le monde, et ap-
» pliqué à Dieu, pour en demander pardon, étant
» prêt, pour y satisfaire, de souffrir tous les martyres
» du monde. Parfois, je sentirai mon esprit s'en
» aller dans tous les cœurs des hommes, pour en-
» trer dans leurs besoins, et les demander à Dieu.
» D'autres fois, je sentirai mon âme comme multipliée
» en autant d'endroits, où mon maître se trouve
» présent ; ou bien, tout rempli de louanges, comme
» j'ai vu celui de Jésus-Christ ; ou encore vouloir
» offrir le sacrifice de la sainte messe, pour honorer
» Dieu en toutes les manières qu'il peut être ho-
» noré. Tous ces sentiments et d'autres semblables,
» sont ceux de mon Jésus dans ce mystère. Ils sont
» sans nombre, et infiniment plus grands que je ne
» puis les comprendre, ni les ressentir. Aussi sa
» bonté m'en fait participant de temps en temps, me
» les communiquant les uns après les autres, selon
» ma portée. Pour moi, je n'ai point de peine à par-
» ler de ceci : je vois ce que je dis plus clair que le
» jour (2). »

M. Olier était dans ces dispositions, quand il prit
possession de la paroisse de Saint-Sulpice. De là ce

(1) *Mém. aut.
de M. Olier,* t. II,
p. 479 ; t. III, p.
4 ; t. II, p. 105,
124, 333, 106.

(2) *Ibid.,* t. II,
p. 140, 172 etc.

XI.

Les trois pre-
mières années
le très-saint
Sacrement est
peu honoré à
St.-Sulpice.

zèle fervent et comme insatiable qu'il déploya tout
d'abord pour y faire honorer JÉSUS-CHRIST dans la
sainte Eucharistie ; les saluts et les expositions qu'il
en établit ; la confrérie de ses adorateurs qu'il fit
revivre, et créa comme tout de nouveau; et tant
d'autres moyens qu'il employa tour à tour pour rallumer le feu sacré de cette dévotion dans sa paroisse. Mais durant les trois premières années, ces
moyens n'eurent pas tout le succès que souhaitait
son ardente religion. Il les vit même souvent tra-
versés par les personnes qui auraient dû seconder
ses efforts ; et toutes ces oppositions, jointes à la
tiédeur d'un grand nombre de ses paroissiens, surtout à l'indifférence des grands, remplissaient son
âme d'amertume, et, selon son expression, le faisaient mourir de douleur (1). Néanmoins, pour le
consoler, et l'encourager tout ensemble, DIEU lui
fit connaître, qu'après que les trois premières années de son ministère seraient écoulées, et qu'il aurait souffert les mépris et les autres épreuves, dont
il devait être l'objet, cette dévotion serait enfin reçue,
goûtée et pratiquée dans tout le faubourg Saint-
Germain, par les grands et par les petits, et devien-
drait même un moyen assuré et efficace de renouvellement pour toute sa paroisse. Il lui montra qu'il
l'appelait à y faire spirituellement ce que le patriarche Jacob, figure du Sauveur, fit dans sa famille lorsque DIEU lui commanda d'aller à Béthel.
« Après en avoir banni les idoles et tout ce qui tenait
» au culte des faux Dieux, lit-on dans l'Ecriture, Ja-
» cob ordonna que chacun se purifiât et changeât
» de vêtements. Il alla ensuite avec eux dans la terre
» de Chanaan, au lieu où DIEU lui était apparu, il
» y éleva un autel au Seigneur et nomma ce lieu, la
» maison de DIEU (2). » † De même après avoir

(1) *Mém. aut. de M. Olier.*

(2) *Mém. part.,* an. 1643.

---

† Jacob vero, convocata omni domo sua ait : abjicite deos
alienos qui in medio vestri sunt et mundamini ac mutate
vestimenta vestra ... Venit igitur Jacob Luzam, quæ est in

banni du faubourg Saint—Germain, les impiétés,
l'athéisme, la magie, l'hérésie, les débauches et
tous les désordres qui le désolaient, après avoir
purifié ses paroissiens par la pénitence et leur avoir
fait prendre, par leur conversion totale, comme des
cœurs nouveaux ; M. Olier devait élever un autel
à DIEU dans cette nouvelle terre de Chanaan, en
relevant le culte du très-saint Sacrement dans son
église paroissiale, dont il ferait ainsi une nouvelle
Béthel : JÉSUS-CHRIST dans sa grande miséricorde,
ayant résolu d'y établir son séjour d'une manière
spéciale, et d'exaucer tous ceux qui viendraient avec
foi l'y invoquer à l'avenir (1).

(1) *Mém. part.*,
an. 1645.

Etant donc heureusement sorti de la persécution
en 1645, il s'appliqua avec une ferveur nouvelle, à
faire honorer JÉSUS—CHRIST au très-saint Sacrement;
et DIEU toujours fidèle à ses promesses, couronna
les travaux de son serviteur des plus abondantes
bénédictions. Car ce ne fut à proprement parler,
que dans cette seconde période du ministère pastoral de M. Olier, que le très—saint Sacrement fut
universellement honoré à Saint—Sulpice par les
grands aussi bien que par le peuple ; mais dès lors,
cette dévotion jeta de si profondes racines dans les
cœurs, qu'en très-peu de temps la paroisse du faubourg Saint—Germain put être proposée pour modèle à toutes les autres paroisses de Paris et du
reste de la France ; et cette dévotion, ainsi que celle
envers la très—sainte Vierge, devint, pour nous servir de l'expression de Fénelon, son *véritable héritage* (2), et comme son caractère distinctif. Une
multitude de personnes nouvellement converties,
entrèrent avec ferveur dans la confrérie du très-
saint Sacrement, s'estimant heureuses d'aller aux
heures qui leur étaient assignées, adorer JÉSUS-
CHRIST au nom de toute la paroisse ; et surtout

XII.

Après la per-
sécution M. O-
lier propage
dans tout le
faubourg la
dévotion en-
vers le très-
saint Sacre-
ment.

(2) *OEuvres de
Fénelon. Corres-
pond.* t. v, p. 228,
lettre 48.

terra Chanaan, cognomento Bethel, ipse et omnis populus
cum eo : ædificavitque ibi altare, et appellavit nomen loci
illius : *Domus Dei*. (3).

(3) *Genes.*, cap.
xxxv, v. 2, 6.

d'être en cela, comme les y exhortait M. Olier, le supplément de ceux, qui occupés à travailler pour gagner leur vie, ne pouvaient que rarement avoir le même bonheur. Au commencement de son ministère pastoral il avait, comme on l'a dit, fait répandre parmi ses paroissiens, une estampe remarquable, destinée à les aider dans cet exercice de religion, et leur avait promis un petit livre, qui pût leur en faciliter la pratique. Après la persécution, il tint sa promesse, et composa pour leur usage, sous le titre d'*Exercice pour la visite du très-saint Sacrement*, un petit écrit qu'il inséra plus tard dans sa *Journée chrétienne*. Il y montre les grandeurs de Jésus-Christ dans l'Eucharistie ; les motifs qui doivent exciter les fidèles à l'y visiter ; les moyens de s'occuper dans ces précieuses visites, et surtout, les divers actes qu'on peut y produire, en union avec Jésus-Christ, pour honorer par lui Dieu son père (1).

(1) *Journée chrétienne*. 1655 1. part., p. 144 et suiv.

Dès son entrée dans la cure, M. Olier avait essayé d'opposer un remède aux dissolutions, qui avaient lieu chaque année, la veille des fêtes de saint Martin et de l'Epiphanie, et les trois derniers jours de carnaval. La veille de l'Epiphanie surtout, les grands seigneurs du faubourg, aussi bien que les hommes du peuple se livraient à des excès monstrueux, qu'on aurait de la peine à croire, s'ils n'étaient attestés par les monuments du temps. * Mais après la persécution, le progrès si rapide de la piété envers le très-saint Sacrement, délivra presque subitement la paroisse de ce désordre, regardé jusqu'alors comme incurable. On vit un nombre extraordinaire de paroissiens de toutes les conditions, recevoir la sainte communion dans ces deux fêtes et au dimanche de la Quinquagésime. Le jour de l'Epiphanie en particulier, devint, comme il l'était au temps de l'ancienne discipline un jour de communion générale : ce que le souverain Pontife daigna bénir et encourager en accordant l'indulgence plénière à ceux qui s'approchaient de la sainte table ces jours-là (2).

* NOTE 2, p. 237.

(2)*Archives de l'Empire. Reg. de la juridiction spirit. de l'abbaye Saint-Germain.* Cart.1226 *p.* 180.

Jamais peut-être dans aucune autre paroisse, la sainte communion n'avait été plus universellement fréquentée, ni avec plus de fruit ; et cela fut à M. Olier un nouveau et puissant secours pour avancer l'œuvre de la réforme dans le faubourg. Du moins, recommandait-il aux âmes ferventes d'offrir à Dieu le fruit de leurs communions pour la conversion des pécheurs : les assurant qu'elles pouvaient les aider très-efficacement à obtenir cette grâce ; en leur appliquant ainsi les mérites du sang adorable de Jésus-Christ. Et comme les jansénistes, pour tarir la source de la piété, ne se contentaient pas d'éloigner les fidèles de la sainte table, ainsi qu'il a été dit ; mais s'efforçaient encore de leur persuader, que le fruit de la communion n'était utile qu'à celui qui communiait, et ne pouvait être appliqué ni aux vivants ni aux morts ; M. Olier avait soin dans ses instructions, de prémunir ses paroissiens contre les attaques perfides de ces novateurs.† Par le zèle de

† Ils en disaient autant du saint sacrifice de la messe, offert pour le soulagement des âmes du purgatoire. En 1647, le Père Desmares de l'oratoire, que nous ferons plus particulièrement connaître dans la suite, prêchant le jour des morts dans la chapelle du Petit-Bourbon : (cet hôtel occupait l'espace renfermé entre les rues de Tournon et Garancière(1),) il osa bien dire : que ceux pour qui l'on fait célébrer des milliers de messes, n'étaient pas plutôt délivrés de leurs peines, que ceux pour qui l'on n'en offrait point. La régente qui fut informée de ce discours, s'en plaignit le lendemain au maréchal de Schomberg ; mais le 2 février 1648, le Père Desmares qui devait prêcher le carême à Saint-Merry(2), ayant, selon sa coutume, commencé sa station par le sermon de la purification de la très-sainte Vierge, il voulut se justifier dans son exorde des erreurs qu'on lui imputait. « Si » les vérités que j'ai prêchées jusqu'à présent dans Paris, » ajouta-t-il, passent pour nouveautés, je ne puis me dis-» penser de dire, que j'aurai bien des nouveautés à exposer » à mon auditoire, pendant tout le carême. » Pour prévenir ce mal la Reine pressa instamment, M. Jean-François de Gondi, archevêque de Paris, d'interdire la chaire au Père Desmares. Mais ce prélat, son protecteur déclaré, ayant fait difficulté de l'interdire ; une lettre de cachet fut expédiée

(1) *Tableau de Paris, par M. de Saint-Victor*, t. IV, p. 363.

(2) *Mém. du P. Rapin*, t. I, p. 225 et p. 100, n. 1.

ce fervent pasteur, la sainte communion fut si généralement fréquentée par des personnes de tout rang et de tout âge, et l'ardeur de se nourrir de la divine Eucharistie devint si universelle, que dans cette paroisse, où la sainte table semblait être déserte autrefois, on comptait chaque année jusqu'à deux cent mille communions, faites dans la seule église paroissiale, quoiqu'il y eût dans le faubourg environ trente églises de communautés ouvertes au public (1).

(1) *Rem. hist.*, t. III, p. 361, 379, 380.

XIV.
Don de sept lampes, offert par les paroissiens pour honorer le très-saint Sacrement.

Rien ne montre mieux les progrès de la dévotion envers le très-saint Sacrement, parmi les paroissiens de Saint-Sulpice, que le don offert par eux de sept lampes d'argent, destinées à demeurer toujours allumées devant le maître autel de leur église (2). Voici quelle en fut l'occasion. Il n'y avait dans cette église qu'une seule lampe, † quoique le très-saint Sacrement reposât toujours à l'autel principal et à celui de la chapelle de la sainte Vierge, située derrière le chœur. Un ecclésiastique de cette paroisse ayant un jour insinué dans son prône, qu'il était à désirer qu'il y eût une lampe devant chacun de ces autels, ce jour-là même un pieux paroissien en offrit une d'argent du prix de soixante écus, et un autre touché de cet exemple donna deux lampes

(2) *Vie de M. Olier*, par M. de Bretonvilliers, t. I, p. 496.

(3) *Continuation de l'histoire de Fleuri. Ms. Original du P. Fabre*, liv. 219, n. LXXVI.

pour reléguer le prédicateur à Quimper-Corentin (3). On le chercha en vain à l'oratoire, à l'hôtel de Liancourt où il demeurait alors, à Saint-Cloud chez le président Le Coigneux, son ami, et il fallait que toutes ces perquisitions eussent été faites très-sérieusement, pour que l'un des annalistes du parti ait pu dire : que si le Père Desmares y échappa, ce fut par une sorte de miracle (4). Nous verrons que plusieurs années après, le Père Desmares fut interdit par l'archevêque de Paris, à la demande de la Reine, pressée par les instances de M. Olier.

(4) *Histoire de l'église*, liv. IV, ch. 22, p. 3 et suiv. *Ms. de la Bibl. de l'arsenal, hist. Fran.* p. 38.

† La lampe, dont parle M. du Ferrier, la seule qui brûlât alors devant le très-saint Sacrement à Saint-Sulpice, n'était que d'étain (5) : C'est une preuve de plus de l'état d'abandon où le culte divin était tombé dans cette paroisse, avant que M. Olier en prît la conduite.

(5) *Mém. part.*, an. 1664.

de même matière et du prix de six cents écus cha-
cune†. Toutes trois furent placées devant le maître-
autel. M. Olier, dans une exhortation aux dames
de la paroisse, en prit occasion de leur dire que,
puisqu'il y avait sept lampes allumées devant
l'arche d'alliance, et sept esprits devant le trône de
Dieu (1), il serait à souhaiter qu'il y eût aussi sept
lampes qui brûlassent jour et nuit devant le trône
qu'il s'était choisi dans cette église. A peine l'exhortation fut-elle terminée, que ces dames résolurent (2)
d'ajouter quatre lampes pour compléter ce nombre.
La princesse de Condé en offrit une de mille écus;
trois autres dames, dont l'une madame Claude de
Sève, veuve de M. Tronson (3), que nous ferons
connaître dans la suite, †† se réunirent pour en
donner deux de six cents écus chacune, et M. Olier
voulut en donner une de même valeur (4). « Lors-
» qu'on les vit brûler devant le maître-autel, cha-
» cun, dit M. du Ferrier, honora la religion des
» bienfaiteurs et leur magnificence. Le vertueux
» paroissien qui avait offert la première, considérant

(1) *Mém. de M. du Ferrier*, pag. 283 et suiv.

(2) *Esprit de M. Olier*, t. II, p. 72.

(3) *Baluze*, *ibid.*, col. 22, verso. — *Arch. de l'Empire, paroisse St-Sulpice. Nécrologe* L. 1112, avril 1657, p. 92.

(4) *Mém. de M. Baudrand*, p. 74. — *Vie, par M. de Bretonvilliers*, t. I, p. 437. — *Rem. hist.*, t. III, p. 659, 638; t. I, p. 174.

(5) *Mém. de M. du Ferrier*, pag. 283.

† Ce fut M. Marreau (5), ††† notaire, l'un des marguilliers
en charge, qui donna la première lampe. La seconde et la
troisième furent offertes par M. Morel, Maître d'hôtel ordinaire du Roi et secrétaire de ses finances. Il était pareillement l'un des marguilliers de Saint-Sulpice et faisait partie,
ainsi que M. Marreau, de l'assemblée de fabrique qui, le 8
décembre 1644, fut tenue, ainsi qu'on l'a vu plus haut, pour
faire casser par le lieutenant-civil de Paris la fondation de
plusieurs saluts du très-saint Sacrement, faite à la persuasion de M. Olier par la duchesse d'Aiguillon. L'empressement si spontané, avec lequel ces deux marguilliers offrirent
ces trois lampes en 1647, montre, d'une manière frappante,
le changement qui s'était opéré dans les esprits depuis la
persécution, et combien la religion envers Jésus-Christ
avait déjà jeté dans les cœurs de profondes racines (6). (6) *Mém. part.*

†† Madame Tronson fit plus encore : elle fonda l'entretien
de l'une de ces sept lampes (7). (7) *Baluze, ibid.*

††† Dans les *Remarques historiques* il est appelé Muret,
sans doute par aberration de l'imprimeur (8). (8) *Rem. hist.*, p. 271.

» la disproportion de la sienne, et pressé d'un mouve-
» ment de piété, demanda permission de la retirer,
» et d'en mettre une de six cents écus à la place de
» celle qui, semblable au grain de sénevé, ou au
» petit levain de l'Evangile, avait produit toutes les
» autres(1). » Si M. Olier, en exhortant les membres
de la confrérie du très-saint Sacrement, leur dit
que ces lampes au nombre de sept, auraient quelque rapport avec les sept esprits qui sont devant
le trône de Dieu, et qui, au témoignage de Saint-
Jean, sont envoyés de là dans toute la terre (2) : il
paraît qu'il avait en vue quelque chose de plus élevé
qu'une simple allusion matérielle, fondée sur le
nombre de sept ; mais que dans sa pensée, ces sept
lampes ardentes devaient être un symbole des sept
dons du Saint-Esprit que Jésus-Christ, résidant
au très-saint Sacrement, comme dans le trône de
sa miséricorde et de son amour, répandait alors
avec tant d'abondance sur la paroisse de Saint-Sulpice * (3).

XV.
Sacrilége commis à St.-Sulpice par douze voleurs

Un autre témoignage bien touchant de la piété
vive, et de la religion profonde, que M. Olier avait
inspirées à toutes les classes de ses paroissiens, envers la sainte Eucharistie, parut dans les sentiments
de douleur qu'ils firent éclater, à l'occasion d'un
horrible sacrilège, commis dans leur église, la nuit
du 28 juillet 1648. † Vers deux heures du matin,
des voleurs au nombre de douze, entrèrent par une
fenêtre dans l'église de Saint-Sulpice, pour en enlever une très-riche chapelle d'argent, qui appartenait à la confrérie des portefaix. Mais comme ce
jour-là était la fête de sainte Anne, ces derniers
avaient prêté le soir même, à ceux de la succursale
de ce nom, au Pré-aux-Clercs, dont il sera parlé

(1) *Mém. de M. du Ferrier, ibid.*

(2) *Apocalypse,* v. 5, 4.

* NOTE 3, p. 239.
(3) *Mém. part.,* an. 1642.

† Le manuscrit de la Bibliothèque royale, Baluze 943 où
l'histoire de ce sacrilége est rapportée, la fixe au 28 août (4).
C'est une aberration du copiste, puisqu'on y lit que cet
évènement arriva le jour même de la fête de Sainte Anne
qui, à Paris, se célébrait le 28 juillet (5).

(4) Fol. 16.

(5) *L'art de vé-rif. les dates,* Ste Anne.

bientôt, les chandeliers d'argent et la croix, en sorte
que cette seule fois, depuis dix ans, ces objets ne se
trouvaient pas dans le meuble destiné à les renfermer. Les voleurs l'ayant enfoncé, et ne les y
voyant pas, pensèrent que l'argenterie était au fond
du meuble; et sans se donner le loisir de le vider,
ils le renversèrent tout d'un coup, et, par ce moyen,
n'aperçurent ni le calice, ni les burettes et le bassin
qui étaient entre les chasubles. Irrités de ce mé-
compte, ils enfoncèrent le tabernacle de l'autel de
la sainte Vierge, et prirent le saint ciboire, dont ils
vidèrent les sacrées hosties sur l'accoudoir du confessionnal de la chapelle, par où ils étaient entrés.
Mais, par un mélange d'impiété et de religion assez
étrange, ne voulant pas emporter les parcelles attachées au ciboire, ils le secouèrent si fortement, en
le frappant contre l'accoudoir, que l'impression des
bords y paraissait en plusieurs endroits, et quel- *(1) Mém. de M.*
ques hosties ayant roulé par terre, ils n'osèrent les *du Ferrier, p.*
relever (1). *285,286.—Bibl.*
du Roi, Ms. Ba-
luze 43, f° 16.

Dès que les paroissiens apprirent la nouvelle de
cet horrible attentat, ils en furent consternés; les
divertissements cessèrent aussitôt dans le faubourg,
et chacun se mit en devoir d'apaiser la justice divine. On ne vit que prières, qu'œuvres de piété et
de mortification, depuis les plus grands jusqu'aux *(2) Recueil des*
plus petits, tous s'efforçant, autant qu'il leur était *vertus de la ba-*
ronne de Neuvil-
possible, d'effacer par leur pénitence ce crime dont *lette, par le P.*
ils attribuaient la cause à leurs propres péchés. La *Cyprien de la Na-*
tivité, p. 107.
baronne de Neuvillette se condamna à ne manger *NOTE 4, p.*
plus que du pain bis, et à ne boire que de l'eau (2)*, *239.*
et plusieurs, prenant pour un signe de la colère de *(3) Mém. de M.*
du Ferrier, ibid.
DIEU, la patience avec laquelle il voulait souffrir des *— Gazette de*
impiétés si horribles, s'attendaient aux derniers *France, 10 août*
1648, n. 120, p.
malheurs (3). Aussi, lorsque le dimanche suivant, *1037.*
M. Joly, prêtre de la communauté, et plus tard
évêque d'Agen, voulut exposer au peuple les circonstances de ce sacrilége, des larmes d'attendris-
sement et de douleur coulèrent de tous les yeux (4). *(4) Ibid.*

XVI.
M. Olier s'ef-
force d'expier
cette profana-
tion. Jeûne.
Procession en
habit de deuil.

(1) *Hist. véri-
table de tout ce
qui s'est passé à
la mort d'un des
voleurs*, *etc.* —
Rem. hist., in-12,
p. 947.
(2) *Mém. de M.
du Ferrier*, pag.
286.

(3) *Esprit de M.
Olier* t. II, p. 68.

(4) *Gazette de
France, ibid.* —
Bibl. du Roi, Ms.
ibid., f° 16.

Personne n'en conçut une douleur aussi profonde que M. Olier. Ce zélé pasteur, toujours brûlant pour la gloire de son Dieu et le salut de ses ouailles (1), après avoir gémi amèrement au pied de l'autel, où le crime venait d'être commis, résolut de le réparer par une cérémonie éclatante. « On pria durant quel- » ques jours, afin d'obtenir de Dieu la lumière né- » cessaire pour lui rendre une réparation propor- » tionnée à la grandeur de l'offense ; et avec le conseil » des curés de Paris, on fit la satisfaction publique, » en la manière dont elle est décrite dans un petit » livre composé à cette occasion (2). † » Du consen- tement de l'abbé de Saint-Germain, M. Olier publia au prône l'ordre qu'on suivrait, et annonça que les trois jours suivants on ferait abstinence dans la pa- roisse, avec jeûne (3) : ce qui fut rigoureusement observé. Le lundi, 3 du mois d'août, dès que le son lugubre des cloches se fit entendre, le peuple, en habit de deuil, se porta en foule à l'église, sans que la pluie, qui tombait continuellement, arrêtât personne, pas même les dames de la plus haute condition ; et de là on se rendit, en chantant des psaumes, dans l'église de l'abbaye Saint-Germain (4), où l'on célébra une messe haute, *pro remissione peccatorum*, les ministres de l'autel étant revêtus d'ornements violets. Il y eut un concours innom- brable, et ce fut une véritable procession de péni- tence : car la pluie tombant en abondance, les grandes dames, aussi bien que le reste, ne mar-

† Outre la relation de la *Gazette de France*, où l'on trou- vera les moindres particularités de cette réparation, on en imprima un autre récit circonstancié, qui a pour titre : *Le violement du sanctuaire ou le sacrilége commis sur le saint Sacrement de l'autel, à Saint-Sulpice, avec la réparation d'hon- neur qui lui a été faite, et tout ce qui s'est passé en la proces- sion générale faite le six août 1648.* On trouve un exemplaire de cette relation aux *Archives du royaume. Abbaye Saint- Germain, L. 1224, Inventaire des titres et papiers concernant la juridiction spirituelle sur le faubourg Saint-Germain, liasse* 35, *page* 357.

chaient que dans l'eau, † et avec tant de modestie
et de religion, qu'on n'entendait que le chant des
psaumes.

Les jeudi, vendredi et samedi suivants, le saint
Sacrement fut exposé dans la paroisse, avec une
magnificence sans exemple. Toute la cour voulut
y contribuer, en faisant servir à cette cérémonie ce
que chacun avait de plus rare en tapisseries, tableaux, cristaux, chandeliers, lustres d'or et d'argent.
La marquise de Palaiseau (1), sachant qu'on avait
dessein de mettre au-dessus du saint Sacrement un
lit à la romaine, pour y former une espèce de dôme,
offrit le sien qui avait coûté vingt mille livres; et
comme on le refusait, parce qu'il devait recevoir la
fumée de plus de trois cents cierges, elle demanda,
avec prières, que ce lit, fait par vanité, fût sacrifié
à la gloire de Jésus-Christ. On se rendit à ses
pieuses instances, et quand la cérémonie fut achevée, il ne se trouva gâté ni terni en aucune façon (2).
M. Olier avait fait tendre la nef d'une tapisserie
brodée d'or; et le chœur, d'une autre de velours
incarnat, sur laquelle paraissaient des portiques
en relief, des colonnes avec leurs chapiteaux brodés,
les uns en or, les autres en argent, et disposés avec
tant d'art, qu'on les aurait pris pour des ouvrages
d'orfèvrerie. Enfin, sur un trône élevé en forme de
pyramide, tout couvert de vases d'or et d'argent,
paraissait le très-saint Sacrement, surmonté d'une
couronne étincelante de pierreries; et tous ces objets rehaussés par l'éclat d'une multitude innombrable de flambeaux, qui brûlèrent durant trois
jours, donnaient à ce temple l'aspect le plus majestueux et le plus imposant. ††

(1) *Isabelle Fa-
vier-du-Boulay.
Lebeuf, t.* viii, p.
11.

(2) *Mém. de M.
du Ferrier*, p.
287, 288.

† Il faut prendre à la lettre ce que dit ici M. du Ferrier:
dans ce temps-là, où les moyens d'écoulement pratiqués de
nos jours, dans la plupart des rues, n'existaient point encore,
il ne pleuvait jamais d'une manière un peu considérable,
sans que les rues n'en fussent tout inondées.

†† « Que ceux-là se taisent, qui blasphèment contre les

XVII.
Procession
solennelle du
très-saint Sa-
crement. Mo-
numents expi-
atoires.

(1) *Mém. de M.
du Ferrier*, p.
288. — *Hist. ec-
clésiastique du
17ᵉ siècle*, t. III,
liv. XI, ch. XIX, p.
128, *Ms.* in-4°.

(2) *Esprit de M.
Olier*, t. II, p. 68.
— *Rem. hist.*, t.
III, p. 655, et t. I,
p. 23. — *Histoire
de Paris, par Fé-
libien, etc.*, t. II,
p. 1397.
* NOTE 5, p.
241.

(3) *Paul Milay.*

(4) *Gazette de
France, ibid.*

Le premier et le second jour de cette cérémonie, les plus célèbres prédicateurs y prêchèrent (1) en présence de la Reine régente, que M. Olier avait invitée à venir contribuer à l'édification publique ; et la foule fut si grande, qu'elle remplissait même toutes les rues d'alentour. Le troisième jour, les boutiques étant fermées, et toute œuvre servile interrompue dans la paroisse, on fit une procession composée de tout le clergé séculier et régulier du faubourg, et où le très-saint Sacrement fut porté par le Nonce du Pape. Leurs Altesses royales, le duc et la duchesse d'Orléans, signalèrent leur piété par un magnifique reposoir qu'elles firent dresser à l'entrée de leur palais du Luxembourg. La Reine, qui avait assisté aux saluts des deux jours précédents, suivit le dais accompagnée des princes, des princesses et d'une grande partie de sa cour, en habits de deuil, ainsi que d'une multitude innombrable d'autres personnes. La cérémonie se termina enfin par une amende honorable, que M. Olier prononça avec tant de ferveur et des mouvements si tendres, qu'il répandit beaucoup de larmes, et en fit verser en abondance à tous les assistants (2). *

Trois mois après la cérémonie dont nous parlons, un des auteurs du crime (3), soldat du régiment des gardes, fut saisi et mis en jugement. Depuis le vol il s'etait retiré dans sa compagnie à Saint-Germain-en-Laye ; étant ensuite revenu à Paris, et demeurant dans la rue des Vieilles-Tuileries, il fut soupçonné par son hôte. On appela le capitaine du quartier, qui trouva, dans les coffres du prévenu, le ciboire de Saint-Sulpice, et beaucoup d'autres objets, que le coupable, accoutumé à ces sortes de vols, avait dérobés en diverses églises. Le Parlement

» cérémonies dans le service divin, dit un auteur du temps ;
» car il faut confesser, ajoute-t-il, que tant d'ornements
» brillants sur terre, représentaient aux plus stupides, la
» merveille des cieux, et servaient grandement à échauffer
» le zèle des plus tièdes (4). »

RÉPARATION DES INJURES

Établie par Mr Olier pour réparer le scandale commis dans l'ancienne Église de St Sulpice, la nuit du 28 Juillet 1648

de Paris condamna ce voleur sacrilége à fonder une lampe, qui brûlerait à perpétuité devant le saint Sacrement, dans la chapelle de la sainte Vierge, où le crime avait été commis ; † à faire amende honorable devant le grand portail de Saint-Sulpice ; enfin, à la peine de mort avec les circonstances usitées alors, et qu'il subit en effet au carrefour de la rue de Tournon, le 16 juin 1649(1). M. Olier voulut l'assister lui-même, et l'accompagna sur l'échafaud (2).

(1) *Rem. hist.*, *etc* ,in-12,p.945 et suiv.

(2)*Ibid.*,t.ı, p. 23. — *Bibl. du Roi,Ms. Baluze.* 943, fᵒ.

Depuis le jour où le crime avait été commis, on avait cessé de dire des messes à la chapelle de la sainte Vierge ; elle était restée sans aucun ornement, avec son tabernacle brisé ; et elle demeura dans le même état jusqu'à ce que M. Olier y eût porté le très-saint Sacrement, et l'eût renfermé dans un nouveau tabernacle magnifiquement orné(3). Il accompagna cette translation de toute la pompe que put lui inspirer sa religion ; et elle fut rehaussée encore par la piété dont la reine, qui voulut y être présente, donna de nouveaux et touchants témoignages à toute la paroisse (4). Pour perpétuer à jamais la mémoire de cette réparation, M. Olier fit entourer d'un balustre le lieu même où les saintes hosties avaient été répandues , et écrire en lettres d'or, sur une table de marbre, les principales circonstances du sacrilége et de l'expiation. Enfin, devant ce monument il plaça une lampe d'argent qu'il donna lui-même, et qui devait y brûler jour et nuit * (5). Mais désirant d'offrir à JÉSUS–CHRIST un hommage plus digne encore de l'amour qu'il nous témoigne dans ce mystère , il régla que, chaque année, le premier dimanche d'août serait consacré, par une solennité particulière et par l'exposition du très-saint Sacrement, à renouveler cette amende

(3)*Bibl.du Roi, Ms. Baluze, etc.* fᵒ 16, 17.

(4)*Rem. hist.*, in-12, p. 944.

* NOTE 6, p. 241.
(5) *Calendrier. hist.*, p. 59, 60.

† C'est en conséquence de cet arrêt, dit M. Symon de Doncourt, qu'il y a toujours une lampe allumée à la chapelle de la sainte Vierge, non comprise celle qui est d'obligation (6).

(6)*Rem.hist.*, in-12, p. 949, n. 1.

honorable, sous le nom de Réparation des injures faites à Jésus-Christ dans la sainte Eucharistie. †

XVIII.
Pour conti-
nuer cette ré-
paration, M.
Olier établit
l'adoration
perpétuelle.

Il fit plus encore : voulant rendre au Sauveur, s'il l'eût pu, mille fois plus d'honneur que ce sacri-lége ne lui en avait ravi, il établit, à cette occasion, l'adoration perpétuelle du très-saint Sacrement (1). On sera bien aise de l'entendre rapporter lui-même le dessein d'une institution si religieuse, qu'il dési-

(1) *Esprit de M. Olier*, t. II, p. 69, 70.

rait voir se répandre dans Paris. « Ces jours passés, » dit-il, dans l'église de Saint-Sulpice, Notre-Sei-» gneur et adorable Maître a bien voulu souffrir » l'attentat effroyable de douze voleurs qui ont » porté leurs mains sacriléges sur le saint ciboire, » et, par un mépris horrible de sa personne, ont » jeté par terre son sacré Corps. C'est ce qui a ins-» piré à douze personnes, la dévotion de s'unir en » esprit aux douze Apôtres, pour réparer ce crime » abominable, par tout ce que leur inspirera la reli-» gion, dont leur cœur est rempli. Elles se sont as-» socié douze autres adorateurs pour doubler leur » réparation ; et, par cette réunion de vingt-quatre, » elles ont voulu imiter la fonction religieuse des » vingt-quatre vieillards de l'Apocalypse, qui ado-» rent continuellement Jésus-Christ, prosternés et » abîmés devant son trône. Ces vingt-quatre per-» sonnes se partageront les vingt-quatre heures » du jour, demeurant chacune, l'une après l'autre,

(2) *Copie des Mém. de M. Olier*, t. III, p. 145. — *Rem. hist.*, t. III, p. 656.

» l'espace d'une heure devant le très-auguste Sacre-» ment de l'autel, afin d'y être en adoration perpé-» tuelle (2). » On demeura persuadé à Saint-Sulpice que la divine sagesse avait permis un tel sacri-lége dans cette église, où la piété envers le très-saint

† Outre la cérémonie expiatoire, établie par M. Olier, et qui a lieu encore tous les ans, on en célèbre une seconde, le dernier dimanche d'octobre, (ou l'avant dernier, lorsque le dernier tombe la veille de la Toussaint), en réparation des outrages commis envers le très-saint Sacrement, dans la nuit du 25 octobre 1665, M. Raguier de Poussé étant curé de Saint-Sulpice (3).

(3) *Gazette de France*, n. 133, p. 1091. — *Rem. hist.*, in-12, p. 945.

Sacrement était alors si vive, si tendre et si universelle, afin de porter les pieux fidèles de cette paroisse,
à se représenter et à réparer, tous les autres affronts
que Jésus-Christ avait à souffrir ailleurs dans ce
mystère de son amour pour les hommes, soit de la
part des gens de guerre qui le profanaient alors en
pillant et en ravageant les églises, soit dans les
cœurs des mauvais chrétiens qui le recevaient indignement. (1).

(1)*Mém.part.,*
an. 1648.

Ce fut ce qui suggéra à M. Olier, de se proposer,
en établissant l'adoration perpétuelle dont nous
parlons, de réparer également tous ces outrages;
en sorte que le sacrilége commis à Saint-Sulpice,
outre les honneurs solennels qu'il fit rendre à Jésus-Christ, dans l'expiation publique qu'on s'efforça d'en faire, devint encore comme la cause, ou
l'occasion d'hommages non interrompus de réparation universelle, qu'il reçut dès ce moment des
paroissiens, à toutes les heures de la nuit, aussi
bien qu'à celles du jour, et que vraisemblablement,
il n'aurait pas reçus, si ce sacrilége n'eut pas été
commis dans leur église. Voici comment M. Olier
expose lui-même la fin générale que devaient se
proposer ces pieux associés : « Leur dessein ne sera
» pas seulement de réparer l'injure commise exté-
» rieurement contre Jésus-Christ dans l'église de
» Saint-Sulpice, et en tant d'autres lieux où il a
» souffert le même attentat; mais les injures, les
» crimes et les sacriléges sans nombre commis dans
» les âmes, et connus de Dieu seul. Elles se con-
» sacreront à Jésus-Christ comme autant de vic-
» times qui font amende honorable perpétuelle,
» pour les profanations de la très-sainte Eucharistie,
» commises par les hérétiques, et par les catho-
» liques eux-mêmes. A cette association, qui est
» plus en esprit que de corps, sont admises des
» personnes de toutes conditions, qui, prenant
» chacune dans son particulier une des vingt-quatre
» heures, se joignent aux vingt-quatre premières,

XIX.
Cette adora-
tion perpétu-
elle a aussi
pour fin la ré-
paration de
tous les autres
sacriléges.

(1) *Copie des Mém. aut. de M. Olier*, t. III, p. 145.-*Rem.hist.*, t. III, p. 656.

» pour entrer dans leur dévotion, et suppléer aussi » celles qui, par infirmité ou par une nécessité pressante, ne pourraient remplir actuellement l'heure » d'adoration (1). »

XX.
Effets du zèle de M. Olier pour le très-saint Sacrement à Paris et ailleurs.

Cette réparation si magnifique produisit un autre avantage : ce fut d'inspirer, dans les provinces, le même zèle pour venger les outrages faits à Jésus-Christ, au très-saint Sacrement de l'autel. Elle fit, en effet, une trop vive sensation à Paris, pour pouvoir être ignorée de personne dans le royaume ; on eut soin d'ailleurs d'en envoyer partout des relations imprimées, qui entraient dans les moindres détails ; et il arriva que sept ans plus tard, en 1655, un pareil sacrilége ayant été commis à Grenoble, dans l'église paroissiale de Saint-Laurent, on suivit autant qu'on put, pour le réparer, l'ordre observé à Saint-Sulpice (2). Mais ce fut surtout à Paris que la profonde et ardente religion de M. Olier envers la très-sainte Eucharistie, fit rendre à Jésus-Christ dans ce mystère, les hommages qui sont dus à sa présence adorable parmi nous. Car insensiblement, les autres curés adoptèrent pour leurs églises les pratiques et les témoignages d'honneur et de respect qu'il lui faisait rendre si religieusement dans la sienne ; bien plus l'assemblée générale du clergé les recommanda à tous les archevêques et évêques du royaume ; et enfin, le prieur de l'abbaye Saint-Germain, en sa qualité de vicaire général, les rendit, en partie du moins, obligatoires pour toutes les églises et chapelles du faubourg (3). Ainsi, il défendit d'y exposer jamais le très-saint Sacrement, même pendant l'octave de la Fête-Dieu, à moins qu'il n'y eût toujours un ou deux ecclésiastiques en oraison devant l'autel, tant pour la garde du très-saint Sacrement, que pour l'édification du peuple et le respect dû à la personne adorable de Jésus-Christ (4).

(2) *Mém. de M. du Ferrier*, p. 186, 187.

(3) *Bibl. Mazarine. Vie Ms. de M. Bourdoise*, in-fº, p. 1163.

(4) *Arch. de l'Empire. Saint-Germain, juridict. spirit.*, L. 1226, fº 108.

XXI.
A St.-Sulpice, le très-saint Sacrement honoré par les Grands et la Cour.

L'influence du ministère pastoral de M. Olier pour le rétablissement du culte divin se voit encore

par la grande réputation que l'église de Saint-Sulpice acquit de son temps, et qu'elle conserva toujours depuis. Avant qu'il en fût curé la reine Anne
d'Autriche n'était jamais allée dans cette église tant
à cause du peu de solennité qu'on y donnait aux
saints offices, qu'à raison de l'exiguité du bâtiment
qui l'assimilait, comme on l'a dit, à une église de
village. On ne voit pas non plus que jusqu'alors
aucun roi de France y eût jamais paru. Ce fut donc
un spectacle bien extraordinaire de voir spontanément réuni dans cette modeste église tout ce qu'il
y avait de plus grand dans le royaume : La Reine
régente, le duc et la duchesse d'Orléans, la princesse
de Condé, qui vint même tout exprès de Chantilly,
la princesse sa belle fille, le prince de Conti, la duchesse de Longueville, mademoiselle de Montpensier, la duchesse d'Aiguillon, la comtesse de Brienne,
la maréchale de Schomberg, le duc d'Uzès et une
foule d'autres personnes de la cour (1) : de les voir
dans cette église adorer Jésus-Christ au très-saint
Sacrement, s'humilier devant lui, et confesser ainsi
sa puissance et son règne (2) : ce qu'ils firent non
pas seulement dans cette solennelle réparation,
mais dans beaucoup d'autres circonstances, comme
la suite le montrera. Si dans la cérémonie religieuse
dont nous venons de parler, le roi lui-même ne
parût pas à Saint-Sulpice, avec la reine sa mère et
les princes du Sang, ce fut à cause de son jeune âge,
qui ne lui permettait guères de porter dans cette
réparation, le caractère de gravité imposante, qui
eût convenu à la personne auguste du monarque.
Mais deux ans après, à la fête de Noël, il s'y rendit
en personne, accompagné du duc d'Anjou, son frère,
et de son oncle le duc d'Orléans. C'était l'anniversaire du jour où, l'année précédente, ce jeune monarque avait fait sa première communion, et peut-
être voulut-il assister aux offices de Saint-Sulpice,
pour se renouveler dans la ferveur d'une action si
importante. Il y fut reçu par le serviteur de Dieu,

(1)*Rem. hist.,*
in-12, p. 943.

(2)*Mém. part.*

(1) *Ms. de Ba-luze. Délibérat. etc.*, f. 20, verso.

(2) *Rem. hist.*, t. I, p. 132.

qui, après l'avoir harangué à l'entrée de l'église, le conduisit sous un dais dressé au milieu de la nef(1). Il assista au sermon prêché par M. Jolly, prêtre de la communauté, et ensuite aux Vêpres (2), où il fit paraître une piété et une modestie qui furent, pour les spectateurs, une seconde prédication non moins éloquente que la première.

XXII.
M. Olier participe au mystère du saint Sacrement. — Effets sensibles de cette faveur.

M. Olier va nous apprendre lui-même par quelle grâce merveilleuse il prit tant d'empire sur les grands et les petits et put leur inspirer une religion si profonde envers le très-saint Sacrement. Il écrivait à son directeur : « Depuis que Notre-Seigneur
» a daigné me rendre participant de son état d'hostie,
» à vrai dire ce n'est plus moi qui vis : c'est lui-même
» qui vit en moi. Chaque jour après la sainte com-
» munion, je le sens répandu par tout moi-même,
» comme si je sentais sa présence dans tous mes
» membres, quoique par la sainte communion il
» n'épouse pas le corps, qui ne sera purifié qu'au
» jour du jugement. Il me conduit, il m'anime,
» comme s'il était mon âme et ma vie. Il fait en
» quelque sorte à mon égard, ce qu'il faisait envers
» la sainte humanité, me conduisant, m'arrêtant,
» m'ouvrant les lèvres, me les fermant, dirigeant et
» réglant ma vue ; en un mot faisant tout en moi.
» Voulant que je le représente dans son sacrement
» adorable, il ne s'est pas contenté de venir ainsi
» dans mon cœur pour le consommer en lui ; mais
» il réside en moi pour produire dans les âmes des
» effets de communions divines, et se répandre de
» là en elles comme par une hostie et un sacrement.
» Et parce que dans la sainte communion, il vient
» changer nos dispositions naturelles dans les
» siennes propres, il plaît à sa bonté, que la plupart
» de ceux qui s'approchent de moi, remportent
» avec eux, le désir de vivre de sa vie divine, et se
» sentent touchés très-efficacement. Enfin, comme
» les fidèles et les plus saintes âmes vont puiser
» leurs vertus et leurs grâces au très-saint Sacre-

» ment., qui est un lien et un sacrement d'unité :
» ainsi pour rendre sensible ce divin mystère, Dieu
» veut que les plus grandes âmes de cette capitale
» viennent vers moi et s'approchent de moi avec
» une sainte et religieuse avidité. Elles voudraient,
» disent-elles, me faire passer en elles : ce sont les
» termes dont elles usent pour exprimer ce qu'elles
» éprouvent. C'est Jésus-Christ en moi qui
» produit ces effets : car en parlant à ces per-
» sonnes, je sens sa vertu sortir de moi et se
» porter en elles, pour leur communiquer ses lu-
» mières et ses grâces, comme il fait par la sainte
» Eucharistie (1).

(1) *Mém. aut.*
de M. Olier, t. III,
p. 5, 23, 24, etc.

   » C'est ce qui s'est passé, il y a fort peu de temps,
» en la personne d'un abbé de condition, sans par-
» ler ici d'un grand nombre d'autres. Dernièrement,
» je donnai l'extrême onction à un jeune ecclésias-
» tique de la maison, M. de Villars ; et pendant que
» je lui adressais les paroles que Notre-Seigneur
» me mettait à la bouche (2), il sentait cette faim
» spirituelle dont j'ai parlé. L'un des principaux
» magistrats du Parlement de Paris, M. Molé, pre-
» mier président, dans une visite que je lui fis, me
» dit, dans la joie de son cœur : *j'ai senti une vertu*
» *sortir de vous, qui a réjoui et conforté mon âme ;* ce
» qu'il dit pareillement à l'un de nos Messieurs, qui
» m'accompagnait chez lui. Quelques jours après, je
» retournai visiter le même magistrat, pour la véri-
» fication de nos lettres patentes, auxquelles on
» avait trouvé jusqu'alors des difficultés insurmon-
» tables. Mais à peine lui eus-je dit un mot, que
» sentant son cœur s'épanouir, il se jeta sur moi à
» bras ouverts, et me dit : Oui je le ferai : Je vous
» remercie de l'occasion que vous me donnez de
» terminer heureusement ma charge, par cette
» bonne œuvre. Ce grand homme sortait effective-
» ment de sa charge (pour passer à celle de garde
» des sceaux); et en me disant ces paroles, il était
» tout transporté en Dieu, et tout rempli de lui (3).

(2) *Mém. aut.*
de M. Olier, t. IV,
p. 266, 267, t. V,
p. 391, 392.

(3) *Mém. aut.*
de M. Olier, t. VI,
p. 20.

» Le jour de la Septuagésime, confessant un de nos
» Messieurs, je sentais une certaine influence, qui
» sortant de ma poitrine, se répandait en lui. Je de-
» meurai longtemps sans lui parler, laissant influer

(1) *Mém. aut.*
de M.Olier, t. IV,
p. 247.

» ces effets dans son âme ; et lui aussi demeurait en
» silence durant ce temps (1). Le jour de l'Annon-
» ciation , M. de Bretonvilliers venant se confesser
» à moi, ressentit en lui, dès qu'il fut à genoux, une
» substance qui le remplissait, et sortait de ce ser-
» viteur misérable ; et n'étant pas accoutumé à ces
» expériences divines, il ne savait ce que c'était. Il
» demeurait auprès de moi, sans pouvoir se retirer,
» et me disait, par étonnement : *Vous êtes en moi :*

(2) *Ibid.,* t. V,
p. 214, 215.

» *je vous sens en mon âme* (2). Hier, ayant été appelé
» auprès d'une personne qui se mourait, et à laquelle
» je fus obligé de parler quatre ou cinq heures sans
» relâche : tout se passa avec une bénédiction si
» abondante, que j'en étais moi-même tout surpris.
» Dans cette rencontre, je n'agis presque point moi-
» même ; et je vis que ces effets surprenants venaient
» de la vertu du très-saint Sacrement, qui de moi
» se répand dans les âmes. Le jour du grand saint
» Basile, étant allé à Chelles, célèbre abbaye de filles,
» (ordre de saint Benoît) , pour visiter le corps de
» sainte Bathilde , reine de France : l'abbesse qui
» est une âme pure, et profonde en humilité, éprou-
» va cette vertu de Jésus-Christ , qui sortant de
» mon âme, entrait dans la sienne ; et tout à coup
» remplie de l'esprit de Dieu, elle se vit forcée d'ap-
» peler sa communauté pour venir entendre la parole
» de Dieu, qui illuminait et enflammait son cœur,
» et celui de quelques assistantes. Et cette bonne
» âme, après l'exhortation, que je fis à la commu-
» nauté, sans m'être préparé, se mit à genoux, pour
» me conjurer de revenir la voir , afin de lui com-

(3) *Mém. aut.*
de M. Olier, t. V,
p. 283.

» muniquer quelqu'opération divine, par *la présence*
» *de Jésus-Christ que,* disait elle avec une joie ex-
» trême, *elle ressentait dans ma personne* (3). » †

---

† L'abbesse, dont parle ici M. Olier, était Madeleine de

« Cette fécondité qui s'échappe de mon cœur,
» émane de Jésus-Christ, depuis qu'il y vint sous
» la forme d'un enfant de feu, pour y faire sa rési-
» dence; et de temps en temps je ressens sa pré-
» sence sensible, tout impur et misérable que je
» suis. Ces jours passés, conversant avec M. de Bre-
» tonvilliers, il me dit qu'il savait que Notre-Sei-
» gneur habitait dans mon âme, comme un enfant
» de feu, d'après ce que lui avait dit la personne qui
» lit mes papiers. Je fus tout attristé de ces paroles ;
» et toutefois, je sentis, aussitôt après Notre-Sei-
» gneur se dilater en tout mon cœur, dans un feu
» divin, qui me semblait être un brasier (1). C'est
» la présence de ce divin enfant dans mon âme, qui
» produit tous ces effets au dehors sur les per-

XXIII.
Vénération
qu'on a pour
M. Olier : au-
tre effet de cet-
te faveur.

(1) *Mém. aut.
de M. Olier*, t. v,
p. 284, t. iv, p.
268, 273, etc.

la Porte de la Meilleraye, sœur du Maréchal de ce nom. Née
dans l'hérésie de Calvin, elle avait eu le bonheur d'embrasser la foi catholique ; et, après quelque temps passé à la
cour de Marie de Médicis, était entrée chez les filles du Calvaire. Elle en fut retirée au bout de sept ans, pour être
mise à la tête d'une abbaye, qu'elle édifia par ses vertus ;
et deux ans après, Louis XIII informé de son mérite, la
nomma abbesse de Chelles lorsqu'elle avait trente-deux ans.
L'extérieur pauvre et mortifié avec lequel elle voulut y
faire son entrée solennelle, fit présager ce qu'on devait espérer de la solidité des vertus de la nouvelle abbesse. Pour
tout appareil, elle se présenta couverte de vils habits, le
voile baissé, et tenant un crucifix dans ses mains. Son administration abbatiale, source abondante de bénédictions
pour sa communauté, fut accompagnée d'un si grand nombre
de miracles, opérés par les reliques de sainte Bathilde, que
l'archevêque de Paris permit de célébrer tous les ans, le 13
de juillet, une fête particulière de ces prodiges dans l'église
de cette abbaye. Ce fut probablement la circonstance de
cette solennité qui amena M. Olier à Chelles en 1646. Madeleine de la Porte mourut en odeur de vertu en 1671 âgée de
soixante-quatorze ans. Le Père Senault de l'oratoire
prononça son oraison funèbre. On trouve une notice édifiante sur cette abbesse dans les éloges des religieuses
bénédictines du XVIIᵉ siècle (2), comme aussi dans le
Gallia christiana (3) ; et tous ces éloges confirment la haute
idée que M. Olier avait conçue de ses vertus et de son
mérite.

(2) *Eloges des
plusieurs per-
sonnes illustres
de l'ordre de S.-
Benoît, Paris*
1679, t. ii, in-4°,
p. 400 etc.
(3) *Gallia chris-
tiana, prov.
Paris*, t. vii, col.
571, 572.

» sonnes qui m'approchent. Je ne me souviens pas
» d'avoir abordé aucune sainte âme, qui ne m'ait
» témoigné avoir pour moi plus de sentiment de
» respect, et de charité, qu'elle n'en avait jamais
» éprouvé pour personne. Cela a paru en sœur
» Marie de Valence, au rapport de sa compagne ;
» en sœur Agnès, au rapport de toute sa commu-
» nauté ; en un mot, dans toutes les âmes, avec les-
» quelles Dieu a voulu me mettre en rapport. Je ne
» dis pas que toutes aient éprouvé pour mon inté-
» rieur d'aussi grandes tendresses ; mais seulement,
» que ces tendresses pour moi étaient plus grandes
» que pour toutes les autres personnes, qu'elles
» eussent encore vues. La raison qui fait que Notre-
» Seigneur est plus vivement senti et aimé en moi
» que dans les autres, c'est cet état d'enfant, où il
» veut bien reposer dans mon cœur, qui est l'état
» de la plus grande tendresse des saints. J'ai vu un
» effet de cette communication plus extraordinaire
» dans la personne d'un religieux des plus éclairés
» que je connaisse. Depuis l'effet de grâce que
» Notre-Seigneur lui a fait éprouver par moi, il
» est plus dévoué au dessein du séminaire, qu'à
» toute autre bonne œuvre, qu'on pourrait lui pro-
» poser, même en faveur de son ordre. C'est que
» Jésus-Christ à qui il est uni en moi, est le lien le
» plus intime qui puisse être. Il s'approprie et
» transforme en lui-même toutes les âmes dont il
» s'empare (1).

(1) *Mém. aut.*
de M. Olier, t. III,
p. 23, 24, *etc.*

XXIV.
M. Olier a part
à toutes les
grandes œu-
vres : autre
effet de cette
faveur.

» Au très-saint Sacrement Notre-Seigneur sou-
» tient toute son Eglise : de son cœur amoureux, et
» de ses mains toutes-puissantes il fait tout ce qu'il
» y a de bien, sans que l'on croie qu'il y pense, et
» que tout le bien vienne de lui. Il prie, il demande,
» il obtient ; il éclaire, il échauffe, il fortifie, il nourrit
» intérieurement toutes les âmes. Il répand partout
» son esprit ; tout est uni à lui, et sans lui rien ne
» serait. C'est ce que l'on ne considère pas assez, et
» ce dont Notre-Seigneur désire que je voie visible-

» ment les effets, presqu'à tout moment, afin que
» j'enseigne et répande cette doctrine. Et pour me
» montrer que tous les biens qui se font dans l'é-
» glise, prospèrent ainsi par le très-saint Sacrement,
» dont la bonté divine veut que je sois la figure ex-
» térieure ; l'esprit de Dieu permet que toutes les
» grandes entreprises qui se font dans Paris, se con-
» certent et se concluent dans notre maison ; que,
» quoiqu'indigne, je sois appelé pour y être présent,
» et que toutes se fassent avec moi. Hier matin,
» deux personnes des plus considérables du ro-
» yaume, qui m'étaient l'une et l'autre inconnues,
» vinrent chez nous, pour conclure une affaire de la
» plus haute importance (1). Hier encore, les per-
» sonnes qui ont le soin des charités de tout Paris
» étaient assemblées dans notre maison, pour une
» œuvre que l'on doit entreprendre. Hier aussi, il
» se fit un accord entre deux personnes de haute
» condition, qui étaient en dispute. Tous ces effets
» de grâce s'opèrent en ma présence, comme devant
» la figure du très-saint Sacrement ; pour montrer
» que tous les secours, toutes les grâces, tous les
» accords, toutes les réconciliations procèdent en
» effet de ce sacrement adorable, comme source
» effective de tous les dons faits à l'église (2). Ce
» n'est pas pour l'amour de moi, qu'on me témoigne
» tous ces sentiments : je n'ai pas plus de sujet
» de m'en glorifier, que les espèces sacramen-
» telles, qu'un tabernacle, ou un ciboire, s'ils
» voyaient le monde à genoux devant eux, et
» tant de cœurs amoureux de ce qu'ils renfer-
» ment. Ce n'est pas en effet pour l'amour de ces
» vases, de leur or, ou de leur argent qu'on s'ap-
» proche d'eux, mais pour l'amour de Jésus qui y
» habite. C'est donc l'amour de celui que je porte,
» qui attire auprès de moi tant de personnes de
» toute condition (3). »

L'état surnaturel et extraordinaire dont parle ici
M. Olier et dont il fait connaître les effets avait des

(1) *Mém. aut. de M. Olier*, t. III, p. 3.

(2) *Mém. aut. de M. Olier*, t. III, p. 2, 18, 19, 20, 21.

(3) *Mém. aut. de M. Olier*, t. III, p. 569, 553, t. IV, p. 22, etc.

XXV.

M. Olier apprend aux prêtres à vivre conformément à Jésus-Christ au très-saint Sacrement.

rapports frappants de convenance avec sa principale vocation qui était la sanctification des clercs.
Les prêtres ne peuvent être saints qu'en confor-
mant leur vie à celle de JÉSUS-CHRIST résidant au
très-saint Sacrement, ainsi qu'on les en avertit dans
la cérémonie de leur ordination : *Imitamini quod
tractatis.* Participant lui-même si parfaitement aux
dispositions de JÉSUS-CHRIST hostie dans ce mystère et les éprouvant d'une manière sensible, il n'a-
vait qu'à parler de l'abondance de son cœur pour
faire comprendre la nécessité et les caractères de cette
conformité à JÉSUS-CHRIST prêtre et hostie au saint
Sacrement. C'était le sujet ordinaire de ses instructions aux ecclésiastiques du séminaire, et il y revenait encore fréquemment dans ses écrits, comme on
le voit par le *traité des saints Ordres* et par l'opuscule intitulé : *Pietas seminarii sancti Sulpitii.* * « Hé-
» las ! écrivait-il, quelle vocation que la mienne !
» moi pauvre et aveugle pécheur, qui mériterais
» d'être jeté au feu, comme un arbre sans fruit, mi-
» sérable que je suis d'occuper si malheureusement
» la terre, où DIEU m'a planté, et qui abuse de ses
» biens et de sa vie ! Hé ! seigneur, faites que je
» possède les qualités qui vous accompagnent dans
» ce sacrement auguste, et les dispositions qui rem-
» plissent votre cœur. Mettez en moi votre divin
» amour pour l'église, et pour les âmes que vous
» me confiez. En vain, seigneur, aurais-je l'honneur
» de vous représenter extérieurement sur la terre,
» si je n'étais revêtu des qualités nécessaires
» pour communiquer aux âmes les biens que vous
» leur donnez par votre esprit au très-saint Sacre-
» ment (1). »

* NOTE 7, p.
242.

(1) *Ibid.*

Cette humble et ardente prière du serviteur de
DIEU fut exaucée d'une manière remarquable. Parmi
tant de personnes, dont il entreprit par lui-même
la conversion, deux seulement, rapporte M. de
Bretonvilliers, rendirent inutiles les efforts de son
zèle. En dix ans la paroisse la plus nombreuse et

la plus dépravée qui fût au monde, devint le modèle de toutes les paroisses de la France, et M. Olier, malgré les humiliations dont il fut couvert, acquit un ascendant si irrésistible sur le peuple, sur les Grands et même sur les hommes de guerre, qu'il pouvait tout en obtenir, comme on le verra en détail dans les livres suivants.

NOTES DU LIVRE SIXIÈME

SUR LA RÉSIDENCE SPIRITUELLE DE NOTRE-SEIGNEUR,

DANS LES PÈRES DE BÉRULLE ET DE CONDREN

NOTE 1, p. 209. — M. Olier suppose ici que Notre-Seigneur résidait d'une manière spéciale dans le Père de Bérulle, pour communiquer par lui aux âmes, comme par un instrument, l'esprit qu'il avait apporté au monde par le saint mystère de son incarnation; et cette persuasion n'était pas particulière au fondateur de Saint-Sulpice, quoiqu'il assure l'avoir reçue de Dieu même; nous la retrouvons équivalemment dans les écrivains de la vie du vénérable cardinal, dans ceux mêmes qui furent étrangers à l'Oratoire. Aussi rapportent-ils, qu'il avait le don de communiquer (1) *Vie du card.* l'amour pour Notre-Seigneur aux personnes, avec lesquelles *de Bérulle, par* il avait à traiter. « Il ne pensait qu'à Jésus, il ne parlait *le P. Lerat, liv.* » qu'à Jésus ou de Jésus, il n'agissait que pour Jésus. Il iv, ch. 2, *Ms.* » entreprenait tout, il souffrait tout pour Jésus (1). » L'abbé de Cérisy fait remarquer qu'il voulait pour cela que toutes les maisons de l'Oratoire fussent particulièrement dédiées à quelqu'un des états et des mystères de Notre-Seigneur: (2) *Vie du card.* « qu'ainsi, entre autres, il consacra la maison de la rue St. *de Bérulle, par* » Honoré, en l'honneur de toutes les grandeurs que Jésus *Germain Ha-* » s'est acquises au moment de son incarnation; celle du fau- *bert, abbé de Ce-* » bourg Saint-Jacques, au repos ineffable et immuable de *risy, Paris* 1646, » Jésus en Marie; celle d'Orléans, à son enfance; celle de liv. III, ch. 2, p. » Rouen à la conversation de Jésus, Marie, Joseph (2). » Une 634, 635, in-4°. religieuse carmélite, qui l'avait particulièrement connu, et dont le témoignage en cette matière doit être d'un grand poids, la Mère Madeleine de Saint-Joseph, ne doutait pas que Notre-Seigneur ne résidât d'une manière toute spéciale dans ce saint cardinal. « Il fut assuré de la part de Jésus- » Christ, dit-elle, que dans cette pauvreté où il se croyait, » et dans le sentiment petit et humble qu'il avait de soi- » même, sa sainte et divine personne y résidait, par pré- » sence: ce qui lui fut réitéré par diverses fois. Et les effets » de sa vie ont bien témoigné, que cette lumière était véri- » table. Car il ne pouvait agir que pour Notre-Seigneur;

» ni penser et parler que de lui et de ses mystères. Il en
» était si plein et si continuellement occupé, que cela serait
» incroyable à qui ne l'aurait point connu, et n'aurait point
» vu les actions grandes et saintes que cela produisait(1). »
On peut juger de la vérité de ce témoignage, par les écrits
du Père de Bérulle, dont la fin est de découvrir de plus en
plus aux fidèles les grandeurs du saint mystère de l'incarnation; et qui même lui ont fait donner par le Souverain
Pontife, Urbain VIII, le titre d'*Apôtre du Verbe incarné* (2).

Ces réflexions font assez comprendre aussi la portée des
paroles de M. Olier, déjà citées dans cet ouvrage, relativement au Père de Condren : « Il n'était qu'une apparence et
» une écorce de ce qu'il paraissait être, étant au dedans
» tout un autre lui-même, étant vraiment l'intérieur de Jé-
» sus-Christ et sa vie cachée; en sorte que c'était plutôt
» Jésus-Christ vivant dans le Père de Condren, que le
» Père de Condren vivant en lui-même. Il était comme une
» hostie de nos autels : au dehors, on voit les accidents et
» les apparences du pain, mais au dedans c'est Jésus-Christ.
» De même en était-il de ce grand serviteur de Notre-Sei-
» gneur, singulièrement aimé de Dieu. Notre-Seigneur qui
» résidait en sa personne, le préparait à prêcher le christia-
» nisme, à renouveler la première pureté et piété de l'Eglise;
» et c'est ce que ce grand personnage a voulu faire dans le
» cœur de ses disciples, pendant son séjour sur la terre, qui
» a été inconnu, comme le séjour de Notre-Seigneur dans
» le monde (3). »

(1) *Ibid.*, liv.
iii, ch. 1, p. 618,
619.

(2) *Vie du card.
de Bérulle, par
Tabaraud*, t. i.

(3) *Copie des
Mém.de M.Olier*,
t.iii,p.31. *Esprit
de M. Olier*, t. ii,
p.333.

SUR LES DÉSORDRES AUXQUELS ON S'ABANDONNAIT

LES VEILLES DE LA SAINT-MARTIN ET DE

L'ÉPIPHANIE.

NOTE 2, p. 214. — Parmi les dissolutions publiques et
les pratiques superstitieuses les plus accréditées, que M.
Olier s'efforça de bannir de sa paroisse, on doit compter
celles qui avaient lieu chaque année les veilles de la Saint-
Martin et de l'Epiphanie (4). Les vigiles des fêtes, que la
piété des premiers chrétiens sanctifiait par la prière et le
jeûne, devinrent bientôt, pour les libertins, des occasions
de dissipation et de péché. De ce nombre fut celle de la
Saint-Martin: abus bien ancien, puisque nous voyons un
de nos conciles le proscrire dès le sixième siècle (5). Il persévéra néanmoins; et au temps de M. Olier, ces dissolutions
étaient même si excessives, qu'on les comparait à celles de
la veille de l'Epiphanie (6).

D'après tous les monuments, il paraît démontré que ces
dernières étaient un reste des anciennes Saturnales des

(4) *Rem. hist.*,
t. i, p. 173.
(5) *Concil. An-
tissiod.*,an.578.
(6) *Discours ec-
clesias. contre le
pagan. du Roi-
boit, par M.Des-
lyons* , 1er dis-
cours, pag. 20,
1664.

(1). *Ibid. Instructions sur les discours, etc. — Traités singuliers et nouveaux contre le pagan. du* Roi-boit, *par* M.*Deslyons*, in-12, 1670.

Romains, qui avaient lieu chaque année à peu près à l'époque où nous célébrons la fête des Rois. La coutume était d'y élire un roi, qui ordonnait ensuite aux convives mille extravagances indécentes ; et de là vint, dit-on, chez les chrétiens dissolus, l'usage du roi de la Fève, ou du gâteau des Rois, et de toutes les dissolutions qui accompagnaient cette pratique (1). Au XVII⁰ siècle, elles étaient portées à un point qu'on aurait peine à croire, s'il n'était attesté par les monuments du temps. « Qui pourra nombrer, dit un » auteur contemporain, les ivrogneries des artisans et » des corps de métiers, sous prétexte de leur gâteau, et de cette » royauté ridicule? qui pourra décrire les turpitudes et les » impudicités des garçons de boutiques, des écoliers, de » tous les gens brutaux, et toutes les œuvres qu'enfante

(2)*Ibid.*, p.139, 140.

» cette nuit, dont Satan est le premier roi, qui commande » et qui met en train tous les autres (2) ? » A ces excès se joignaient des superstitions aussi révoltantes qu'insensées. L'une des plus invétérées paraît avoir été l'usage de réserver des tisons et du bois du feu de ce jour-là, pour s'en servir contre la peste. Guillaume d'Auvergne, évêque de Paris, s'en plaignait de son temps (3). La plupart avaient

(3) *Ibid.*, p. 240.

soin aussi de garder la fève du gâteau, comme un gage de quelque heureux événement qui devait leur arriver, et d'autres la conservaient afin de s'en servir pour des malé-

(4)*Traités singuliers*, p. 251.

fices (4). Ce n'est pas que les pasteurs des âmes ne s'élevassent avec force contre ces abus. « Les prédicateurs ca- » tholiques, disait M. Camus, évêque de Belley, crient assez » contre les désordres qui se commettent à cette occasion.

(5)*Ibid.*,p.140. *Variétés histor. La royauté gracieuse hist.*, p. 36.

» Néanmoins le torrent est trop fort, ajoutait-il, pour être » arrêté par les digues de leurs remontrances, et la tyrannie » de la coutume l'emporte sur la raison (5). »

Tels furent entre plusieurs autres, les excès et les superstitions que M. Olier s'efforça d'abolir, dès son entrée dans la cure de Saint-Sulpice. Il les combattit avec d'autant plus de ferveur et de zèle, que les hérétiques, en si grand nombre dans sa paroisse, les faisaient passer pour des dévotions de l'Eglise catholique, et qu'à Charenton, les ministres

(6)*Traités singuliers*, p. 138, 139, 141.

avaient même l'impudence de débiter en chaire une si atroce calomnie (6). Par sa douceur, sa charité et sa patience, il parvint à les supprimer, et à changer ces jours de dissolution, en des jours consacrés aux œuvres de la piété chrétienne.

Six ans après la mort de M. Olier, les ecclésiastiques de Saint-Sulpice, pour imiter son exemple, résolurent de faire tous leurs efforts afin d'abolir partout, s'ils pouvaient, les pratiques superstitieuses de la veille de l'Epiphanie, et prièrent M. Jean Deslyons, docteur de Sorbonne, et doyen de Senlis, de se joindre à eux et de composer un ouvrage pour en désabuser les peuples (1). Ce docteur qui eut des liaisons étroites avec le séminaire de Saint-Sulpice (2), tant qu'il demeura attaché à la saine doctrine, entra volontiers dans leurs vues. « Je me sens extraordinairement pressé, dit-il, » par le zèle de ces ecclésiastiques, qui m'ont fait écrire » pour me solliciter de me joindre à eux dans la sainte » guerre qu'ils ont entrepris de faire eux-mêmes au paga- » nisme, par lequel les chrétiens charnels profanent ordi- » nairement cette solennité (3). » M. Deslyons, qui sans doute n'avait point assez étudié l'origine de ces pratiques, composa d'abord deux discours qu'il prêcha à Senlis, et qu'il fit imprimer l'année suivante ; mais l'ayant ensuite appro- fondie, et ayant même réformé ses opinions sur quelques points, il publia ses *Traités singuliers et nouveaux contre le paganisme du Roi-boit* (4), qu'il adressa aux Théologaux de toutes les églises de France, et qui durent contribuer beau- coup à abolir des superstitions dont il semble qu'on ne voit plus de traces aujourd'hui.

(1) *Instruction, ibid.* 1er *discours, ibid.*, p. 4. — *Homélie de M. Deslyons*, Ms., in-4°. *Arch. du sémin. de S.-Sul- pice.*

(2) *Journaux de M. Deslyons*, Ms. *de la Bibl. Ro- yale.*

(3) 1er *discours, ibid.*

(4) *Paris*, in- 12, *chez la veuve Savreux*, 1670.

SUR LES SEPT LAMPES OFFERTES PAR LES PAROISSIENS

DE SAINT-SULPICE

NOTE 3, p. 218. — M. Olier fit faire un lampadaire d'ar- gent à sept branches, pour soutenir les sept lampes qui devaient brûler nuit et jour devant le très-saint Sacrement (5). Pour subvenir aux besoins de l'Etat, on fut obligé, le 30 mai 1691, de porter ce lampadaire à la monnaie, avec cinq de ses lampes. On y substitua un lampadaire et des lampes de cuivre, que M. Languet supprima en 1732. Il fit alors poser sept lampes autour du chœur, et ensuite huit dans la nef (6).

(5) *Rem. hist.*, t. I, p. 174.

(6) *Calendrier hist.*, 1774, p. 73, 74.

SUR LA BARONNE DE NEUVILLETTE

NOTE 4, p. 219. — Madeleine Robineau, née à Paris en 1610, avait épousé, à l'âge de 25 ans, Christophe de Cham- pagne, baron de Neuvillette. Les six années qu'elle passa dans l'état du mariage, furent entièrement consacrées à l'amour du luxe et de la vanité. Rien ne surpassait son excessive délicatesse pour la table ; son carrosse était un des plus beaux de la cour, et approchait même de ceux des princesses. Ses soins et ses pensées de chaque jour, son occupation habituelle, avaient pour objet le luxe et la parure : pour tout dire en un mot, elle était considérée comme un objet de curiosité à la cour, et c'était elle qui donnait les modes.

Après la mort de son mari, tué au retour du siége d'Arras qui avait eu lieu en 1640, elle se sentit pressée de se donner à Dieu, et le baron de Renty, l'aidant de ses conseils et de ses prières, elle eut le bonheur de n'être pas infidèle à cet appel. Elle réduisit son train à quatre domestiques, avec lesquels elle vivait plutôt comme la servante, que comme la maîtresse ; et se livra aux œuvres de charité les plus rebutantes, telles que le soin des malades, des galériens, des prisonniers, des criminels condamnés à mort. On pouvait dire d'elle, ce que M. Olier disait de madame de Fénélon, qu'en peu de temps elle s'était rendu familières les maximes et les pratiques de la paroisse de Saint-Sulpice ; car elle avait un respect souverain pour les prêtres, une dévotion sans bornes envers le très-saint Sacrement, et un abandon parfait à la très-sainte Vierge. « La regardant, écrivait-elle, » comme ma Reine et ma Maîtresse, je lui dis que je vais » faire toutes les choses qui se présentent, comme si elle » me les ordonnait de la part de son Fils, et que je la visse » de mes yeux ; je ne puis rien faire où elle n'ait part. » Une de ses pratiques les plus habituelles, était encore de vivre en esprit d'esclavage envers Notre-Seigneur.

Pour étouffer en elle tout reste d'orgueil et d'estime des créatures, elle alla visiter une dame de qualité, au palais du Luxembourg, et se revêtit à dessein d'une robe composée d'une multitude de pièces. A peine fut-elle entrée dans la cour du palais, qu'une foule de petits enfants l'environnèrent, et la conduisirent jusqu'à l'escalier en la saluant du nom de *Reine* et de *Reine des guenilles*. L'humiliation devait être plus grande encore, en présence de la personne qu'elle allait ainsi visiter ; mais ce cœur magnanime se montra, dans cette rencontre, supérieur à lui-même, en foulant généreusement aux pieds les maximes du monde, en en donnant à la nature le coup de la mort. Néanmoins elle gémissait encore d'une attache qui l'humiliait beaucoup : la maison qu'elle occupait avait son entrée sur le jardin du Luxembourg, où elle allait souvent méditer, et où elle reçut de Dieu des faveurs extraordinaires. Le calme dont elle y jouissait, la facilité qu'elle avait de s'y rendre, les pieux mouvements qu'elle y éprouvait, et mille charmes divers lui avaient inspiré pour ce jardin un attrait particulier qu'elle se reprochait, comme une faiblesse condamnable, et dont même elle se plaignait à Notre-Seigneur. « La miséricorde » divine, disait-elle, m'a détachée des créatures ; et il n'y » en a pas une avec qui j'aie des entretiens, ni avec qui je » désire en avoir ; je me trouve même détachée de mes di- » recteurs, et des personnes les plus vertueuses : et, après » tout cela, je sens que j'aime un jardin. »

Pour expier le sacrilége commis à Saint-Sulpice, elle se

condamna à ne manger que du pain bis, et à ne boire que
de l'eau. Mais après avoir passé de la sorte environ cinq
ou six semaines, elle en tomba malade, et fut presque réduite
à l'extrémité ; ce qui porta son confesseur à lui défendre de
continuer ces pénitences. Elle mourut en odeur de grande
vertu, huit jours après M. Olier, le 10 avril 1657. *Voyez le
recueil des vertus et des écrits de madame la baronne de Neuvillette*, in-8°.

PRÉSÉANCES A LA PROCESSION DE 1648

NOTE 5, p. 222. — On lit dans le récit de la *Gazette de
France*, « qu'à la procession pour la réparation des injures
» commises envers le très-saint Sacrement, en 1648, le
» clergé de la paroisse de Saint-Sulpice et du séminaire
» précédait les religieux de Saint-Germain en chapes, et
» M. Olier, revêtu de l'étole, venait après eux, ayant à son
» côté le curé de Saint-Jacques-du-Haut-Pas. » Il paraît
que M. Olier marchait avec tant de recueillement, que, par
inadvertance, il quitta cette place, et vint se mettre au milieu
des religieux de l'abbaye. Ils en furent sérieusement alarmés ; craignant que, par la suite, les curés de Saint-Sulpice
ne tirassent de là quelque induction contre l'autorité des
religieux, ou ne voulussent se soustraire à la juridiction de
l'abbé de Saint-Germain. Pour calmer leurs inquiétudes,
M. Olier leur donna, au mois de décembre suivant, une déclaration par écrit, dont ils furent satisfaits. C'est ce que
nous apprend l'un des *Registres de la juridiction spirituelle
de l'abbaye Saint-Germain*, où ce fait a été inséré. « Et d'au-
» tant, y lit-on, que le sieur curé de Saint-Sulpice, dépendant
» en tout de notre juridiction, par inadvertance, marcha
» en icelle procession, pêle-mêle parmi lesdits religieux
» contre toutes coutumes, droit et raison: il a donné décla-
» ration écrite et signée de sa main, du 9 décembre suivant,
» par laquelle il reconnaît qu'en cela, il n'a eu aucune pré-
» tention de préséance sur les religieux. Lequel acte ou
» déclaration se garde au Chartrier, en la layette de la ju-
» ridiction spirituelle, pour s'en servir ainsi que l'on jugera
» bon (1). »

(1) *Arch. du
Royaume*, sect.
hist. *Abbaye S.-
Germain*, L.
1226. *Juridic-
tion spirituelle
depuis* 1640 *jus-
qu'à* 1652, f° 80.

MONUMENT EXPIATOIRE EN L'HONNEUR DU TRÈS-

SAINT SACREMENT

NOTE 6, p. 223. — En mémoire des honneurs qu'il s'était
efforcé de procurer à la très-sainte Eucharistie, M. Olier fit
placer une table de marbre dans la chapelle de sainte Barbe.

où le sacrilége avait été commis. Après qu'on eut démoli la partie de l'ancienne église où se trouvait cette chapelle, et qu'on eut construit le nouveau chœur, on plaça cette table de marbre à côté de la grande sacristie. C'était à peu près l'endroit qu'avait occupé ce monument. On y lisait cette inscription :

« L'an 1648, le jour de sainte Anne, à deux heures du ma-» tin, le saint ciboire fut dérobé dans le tabernacle de la » chapelle Notre-Dame, par des voleurs qui jetèrent en ce » lieu les hosties sacrées, lesquelles furent recueillies avec » le plus de respect possible.

» Peu de jours après, en réparation de ce sacrilége, fut » fait par toute la paroisse un jeûne de trois jours, accom-» pagné d'une procession lugubre, qui alla de Saint-Sulpice » à l'abbaye, et ensuite le très-saint Sacrement fut exposé » dessus le maître-autel, trois jours entiers, avec une ma-» gnificence extraordinaire, et honoré du continuel concours » de tous les peuples de Paris, qui assistaient les uns aux » prédications, et les autres aux prières solennelles. Enfin » le jour de la Transfiguration, fut faite une procession » auguste, où se trouvèrent tous les corps religieux du » faubourg, avec les prêtres de Saint-Sulpice, qui avaient » tous des flambeaux à la main, devant le très-saint Sacre-» ment, porté en triomphe par monseigneur le Nonce du » Pape, et suivi de la Reine, de madame la Princesse et de » toute la cour, avec grand respect : leurs Altesses royales » l'attendirent au reposoir du palais d'Orléans, avec toute » la pompe nécessaire pour honorer une si sainte cérémo-» nie (1). »

(1) *Rem. hist. sur l'église et la paroisse de S.-Sulpice*, in-12, p. 945. — *Esprit de M. Olier*, t. ii, p 7

COMMENT M. OLIER EXHORTAIT LES PRÊTRES A IMITER

JÉSUS-CHRIST AU TRÈS SAINT SACREMENT

NOTE 7, p. 234. — Pour faire passer dans le cœur des prêtres, par la foi, les propres sentiments que JÉSUS-CHRIST lui faisait ressentir par sa présence sensible, il montrait à ses disciples, que si Notre-Seigneur, l'unique prêtre de DIEU, est vivant comme tel par son esprit dans ses ministres, ils devaient s'efforcer, pour être dignes d'une si sublime vocation, de participer à ses dispositions d'hostie, dans le mystère adorable qu'ils célébraient. Qu'au très-saint Sacrement JÉSUS-CHRIST est hostie d'expiation, demandant continuellement pardon à DIEU pour les péchés du monde; qu'il y est hostie de louange, le louant, l'aimant, l'adorant au nom de tous; hostie d'actions de grâces, le remerciant pour tous les biens accordés à l'Eglise; enfin hostie d'impétration, demandant toutes les grâces corporelles et

spirituelles dont elle a besoin pour le service de son Père.
Qu'ainsi le vrai pasteur devait demander pardon à Dieu,
pour les péchés des âmes qu'il avait sous sa conduite; le
louer, l'adorer pour elles, lui rendre grâces pour tous ses
bienfaits et lui demander pour leur soulagement tous les
secours spirituels et temporels, utiles ou nécessaires. Il
leur faisait remarquer que comme Jésus-Christ, caché au
saint Tabernacle, est la source de tout bien dans l'Eglise;
ainsi ce bon pasteur, retiré en Dieu, éclairé de sa lumière
et tout embrasé de son amour, secourait tout par le moyen
de la divine Providence, qu'il donnait ordre à tout, qu'il
soulageait tout.

« Les prêtres, ajoutait-il, sont comme des Tabernacles
» vivants où Jésus-Christ habite, pour sanctifier son Eglise.
» Car, pour être véritablement prêtres, ils doivent porter
» en eux Jésus-Christ, en travaillant de toutes leurs forces
» à se rendre conformes à lui dans ce mystère, à son exté-
» rieur et à son intérieur. Pour l'extérieur, ils doivent être
» morts entièrement à eux-mêmes, comme les espèces du Sa-
» crement, se laissant injurier, s'il le faut, fouler aux pieds,
» percer de coups de couteau, comme Jésus-Christ l'a été
» mille fois dans ce Sacrement par les hérétiques. Notre-
» Seigneur ne fait point usage de ses sens, de ses mains,
» de ses oreilles, de ses yeux : ainsi faut-il que ses prêtres
» s'abandonnent en tout à Dieu, pour qu'il use de leurs sens
» et de tout eux-mêmes, comme il voudra. Quant à son in-
» térieur, Notre-Seigneur est dans ce Sacrement tout trans-
» formé en Dieu, tout changé en Dieu; il n'est plus sujet
» aux atteintes des infirmités et de la corruption; il est re-
» vêtu d'incorruptibilité, d'immortalité, d'agilité, de subti-
» lité : C'est ce que doivent imiter les prêtres appelés à
» participer à cet auguste mystère; ils doivent avoir un
» intérieur tout divin, tout transformé dans les perfections
» divines, quoique dans l'extérieur ils soient très-communs
» et morts à toutes choses. Les espèces du très-saint Sa-
» crement, quoique saintes par l'approche du Fils de Dieu,
» ne sont pas pourtant en elles-mêmes des sources de grâce.
» C'est le fond de leur substance changée, transformée et
» transubstanciée en Jésus-Christ, source de la vie di-
» vine : ainsi les prêtres sanctifient l'Eglise, non par leur
» extérieur, mais par le fonds de leur âme transformée en
» Jésus-Christ, vivifiant les âmes.

» Les espèces du pain et du vin au très-saint Sacrement
» n'ont pas sujet de se glorifier des grâces qu'elles con-
» tiennent, et du bien qu'elles opèrent dans les âmes; elles
» n'en sont point la cause, n'étant que des écorces fragiles
» et légères qui se corrompent aisément, quoiqu'elles ap-
» prochent si près de la divinité. Il en est de même des

» âmes les plus saintes : elles sont des couvertures et des
» écorces, qui en peu de temps peuvent se gâter et se cor-
» rompre. Et de même que dans la corruption des espèces
» du pain et du vin, le corps et le sang de Notre-Seigneur
» cessent d'être présents : ainsi à la première corruption, le
» Saint-Esprit s'éloignerait de ces pauvres vases pourris et
» les laisserait dans leur corruption. Qu'on juge donc si
» l'âme doit toujours prendre garde de ne point donner à
» ce divin Esprit aucun sujet de la quitter ? »

LIVRE SEPTIÈME

M. OLIER EST L'INSTRUMENT DE LA SANCTIFICATION DES GENTILSHOMMES ET DES MILITAIRES

Rien ne montre mieux les fruits étonnants de la dévotion envers le très-saint Sacrement dans le faubourg Saint-Germain, et l'empire que par ce moyen M. Olier obtint sur les cœurs, que la facilité avec laquelle il établit une association de gentilshommes voués publiquement et ouvertement aux pratiques de la vie chrétienne, à la cour, à l'armée et dans tout le royaume. Suivant ce dessein, si difficile à réaliser dans tous les temps et surtout alors, ces gentilshommes devaient, en travaillant à leur propre sanctification, contribuer à celle de toute la noblesse, profitant de toutes les occasions pour empêcher le mal et procurer le bien selon les moyens que Dieu leur en donnerait. Quelque impraticable que parut un tel projet, Dieu qui l'inspirait à son serviteur, lui en facilita l'accomplissement en lui communiquant dans un haut degré le don d'inspirer le goût de la vertu, et de faire embrasser les pratiques de la piété aux hommes les plus engagés dans le monde, ou les plus exposés à en prendre l'esprit. Aussi ne craignit-il pas de composer cette société d'environ cent gentilshommes de la première distinction, la plupart connus par des exploits militaires, et encore engagés dans l'armée ou à la cour. Ils se proposaient « de faire revivre en eux, » par l'union la plus sincère et la plus cordiale, l'es- » prit des premiers chrétiens. » À la persuasion de M. Olier, ils pratiquèrent tous de concert les exercices de la retraite, et ils s'engagèrent à faire « une » profession publique, mais discrète, de renoncer

I.
Pour autoriser la piété parmi les militaires, M. Olier établit la *Compagnie de la Passion.*

» aux maximes du monde, contraires à celles de
» l'Evangile ; menant toutefois à l'extérieur une vie
» commune, chacun selon ses obligations particu-
» lières, eu égard à son état, à sa condition et à ses
» emplois. » Comme c'était en réveillant dans les
esprits et dans les cœurs la foi et la confiance aux
mystères de notre rédemption, que M. Olier devait
procurer le renouvellement et la sanctification des
diverses classes de sa paroisse, ces gentilshommes
convinrent d'honorer, par une dévotion particulière, le mystère de la passion de Notre-Seigneur ;
ce qui leur fit prendre le nom de *Compagnie de la
Passion*. Cette dénomination devait les faire ressouvenir d'être toujours prêts à « condamner, à
» l'exemple de Jésus-Christ, les maximes du monde,
» aux dépens même de leur sang, afin de s'opposer
» avec force à tous ceux qui, pour les soutenir, sont
» si prompts à répandre le leur. » Ce sont les termes
du réglement qui fut dressé à ce dessein, et dont
tous les articles, au nombre de trente-six, ne res-
pirent que piété et sagesse. L'emploi principal et
le plus ordinaire de ces gentilshommes devait être
de ne rien négliger « pour abolir les duels, les blas-
» phèmes et les jurements, si communs dans leur
» profession. » On leur recommandait encore de
« fortifier les faibles contre la honte qui les em-
» pêcherait de se déclarer pour le service de Dieu, »
surtout dans le commerce de la cour, et contre la
tyrannie du siècle, qui semblait faire du libertinage
une nécessité, pour vivre et paraître dans le monde.
Un serviteur de Marie, aussi zélé que M. Olier, ne
pouvait oublier les intérêts de cette Reine du ciel
dans le plan de vie qu'il leur donna. Les membres
de la compagnie ne devaient point « faire de voyage,
» soit à l'armée, soit dans les provinces, sans aller,
» en partant de Paris, implorer son assistance à
» Notre-Dame. » Ils devaient y aller encore à leur
retour, pour la remercier des grâces et des faveurs
qu'ils en avaient reçues. Les principaux membres

de cette compagnie furent le baron de Renty, le duc de Liancourt, le maréchal de Fabert, le marquis de Fénelon, le vicomte de Montbas, maréchal-de-camp, le comte de Brancas, le marquis de Saint-Mesmes, le compte d'Albon, M. Desgraves, M. d'Alzan, M. de Bourdonnet, mestre-de-camp, M. du Four, M. de Souville, M. du Clusel (1).

Dans la formation de cette association d'un genre si nouveau, on vit s'accomplir ce que le Père de Condren avait annoncé : Que les grands se retireraient de la maison de l'oratoire, pour aller se mettre sous la conduite de M. Olier ; et que regardant son rétablissement dans la cure de Saint-Sulpice, après la persécution, et les bénédictions répandues depuis avec tant d'abondance sur son ministère, comme un effet visible de la puissance de DIEU, et des intercessions très-efficaces de Marie, ils se diraient : « Allons à la sainte Vierge, qui a donné » lieu à reveiller la gloire de DIEU dans cette pa- » roisse (2). » Aussi, celui de ces gentilshommes, qui seconda le plus M. Olier, dans la formation de cette association, avait-il été sous la conduite du second général de l'Oratoire. C'était le baron de Renty dont la vie édifiante a été donnée au public, et que le docteur Burnet met parmi les plus grands modèles que la France ait fournis en ce siècle (3). Quelques années après la mort du Père de Condren, il se mit sous la conduite de M. Olier, † et eut avec lui, dès ce moment, les rapports les plus intimes. Comme il avait obtenu cette grâce en faisant intervenir la sœur Marguerite du Saint-Sacrement, religieuse Carmélite de Beaune, dont nous parlerons dans la suite, il écrivit à M. Olier, après la mort de cette grande servante de DIEU : « Je ne lui ai pas » une petite obligation de vous avoir prié de me » souffrir. Vous le ferez encore pour l'amour de » Notre-Seigneur, et celui que vous portez à cette

(1) *Vie Ms. de M. Olier, par M. de Bretonvilliers.*

II. M. Olier dirige le baron de Renty, qui le seconde dans la conversion des Grands.

(2) *Mém. part.*

(3) *Vie de saint Vincent de Paul, par Collet, t. I, p. 215, note.*

(4) *Vie de M. de Renty. Avertiss.*

† Ce fut peut-être en l'absence du Père de Saint-Jure son directeur ordinaire (4).

» sainte âme; et je serai à votre égard pénétré de
» tout le respect que je vous dois, ou qu'au moins
» ma faiblesse me permettra de rendre au règne de

(1) *Attest. aut. touchant M. Olier*, p. 254.

» Dieu en vous. Je vous supplie de souffrir l'alliance
» de ce pécheur (1). » Quoique M. de Renty ne fût
point paroissien de Saint–Sulpice, il s'était offert à
M. Olier pour travailler, sous sa direction, à gagner
des âmes à Jésus–Christ, et à répandre dans le

* NOTE 1, p. 275.

monde les maximes de la piété chrétienne *. Plusieurs autres qui n'étaient pas non plus ses paroissiens, allaient pareillement se mettre sous sa
conduite; et nous pouvons remarquer ici qu'un
gentilhomme, qui joignait à une ardente dévotion

(2) *Bibl. imp. Ms. Baluze*, 943. *Délibération des marguilliers de S.-Sulpice*, f° 1, verso et fol. 2.

envers le très–saint Sacrement, un zèle prudent et
fervent pour la sanctification des militaires et des
généraux d'armées, M. de Laistre, conseiller secrétaire du roi (2), vint de Chaumont en Bassigny,
comme s'il eût été envoyé de Dieu sans le savoir,

(3) *Mém. part.*, an. 1644.

pour prendre part à cette œuvre importante (3). †

III.
M. Olier con-
vertit le mar-
quis de Féne-
lon.

Antoine de Salignac, marquis de la Motte-Féne-
lon, fut l'un des gentilshommes qui profitèrent le
plus des conseils et des exemples du baron de Renty;
et qui à son tour exerça une très–grande influence
sur les autres, étant regardé, avec raison, comme
l'un des plus braves militaires de son temps. †† Le
désir de se distinguer par des entreprises hardies,
ne l'avait porté que trop souvent à exposer témé-
rairement sa vie, sans épargner davantage celle de

† M. de Laistre se faisait remarquer aussi par une grande
charité envers les pauvres, et une intelligence particulière
pour les assister. Ce fut lui que M. Olier et ses marguilliers
élurent *Commissaire des pauvres* de la paroisse, le premier

(4) *Ms. de Baluze, ibid.*

janvier 1645 (4).

†† A l'âge de seize ans, Antoine de Salignac, ayant appris
que son frère aîné avait été emporté par une volée de canon, au siège du Catelet, alla demander sa compagnie à

(5) *Vie de la mère Gautron*, liv. III.

Louis XIII; et comme le monarque faisait observer qu'il
était bien jeune : « Sire, répondit-il, j'en aurai plus de temps
» pour servir Votre Majesté (5). »

ses soldats. Mais par un fond de religion, que la dissipation des camps n'avait pu éteindre, il allait enlever les blessés sous le feu même des ennemis, les chargeait sur ses épaules, et les rapportait à la tranchée, pour leur procurer les derniers sacrements. L'ambition, et une sorte de fureur pour les duels, ternirent toutes ses belles qualités : non content de se battre pour des querelles particulières, il soutenait que le duel était permis, et il savait donner des couleurs si séduisantes à ses sophismes, qu'il embarrassait sans peine la plupart des ecclésiastiques qui essayaient de le détromper. Dieu se servit de M. Olier pour l'éclairer et le convertir. Le marquis de Fénelon, ayant entendu parler de sa vertu et de son zèle, vint le prier de le prendre sous sa conduite. « Comment pourrai-je me charger de » vous, dit M. Olier, si vous n'êtes dans la résolu- » tion de renoncer au duel? — Eh! quel mal y a-t-il » donc? un homme de qualité peut-il souffrir une » injure sans en tirer raison? — Puisque vous n'en » connaissez pas le mal, reprit M. Olier, demandez » à Dieu qu'il vous le fasse connaître et promettez- » lui qu'après que vous en serez convaincu, vous » combattrez vous-même le duel, et travaillerez à » la conversion des duellistes (1). » Il parut qu'en exigeant cette promesse, M. Olier avait déjà quelque vue surnaturelle de l'avenir. Le marquis de Fénelon la donna avec sa franchise ordinaire; bientôt il se sentit ébranlé (2); et, à la fin d'une campagne, il revint tout autre, avec une forte résolution de renoncer publiquement au duel. Non-seulement il y renonça pour lui-même, mais nous verrons, dans la suite, avec quel zèle il seconda M. Olier pour l'extinction de ce fléau (3). Jugeant bien que la carrière militaire était trop dangereuse pour le salut d'un homme si prompt et si vif, M. Olier lui conseilla de quitter pendant quelques années le service. Le marquis de Fénelon se retira en effet pour un temps, et refusa plusieurs charges importantes

(1) *Vie Ms. de Grandet*, t. i, p. 135.

(2) *Vie de la mère Madeleine Gautron*, in-12, 1689, liv. iii, p. 505 et suiv.

(3) *OEuvres de Fénelon. Correspondance*, t. iii. *Lettres diverses. Lettre 126 au pape Clément XI*, 20 avril 1706, p. 104.

dont voulait le gratifier la Reine-mère, qui l'estimait beaucoup, le regardant comme un homme également propre pour la conversation, le cabinet et la guerre : ses talents militaires lui avaient d'ailleurs mérité l'estime, et l'amitié des plus grands capitaines de son temps [1]. Il s'attacha entièrement à l'affaire de son salut, et épousa Catherine de Monberon, à cause de sa piété extraordinaire. Etant devenu veuf à l'âge de trente-trois ans, il eut la pensée d'entrer dans l'état ecclésiastique. M. Olier le détourna de ce dessein, persuadé qu'il ne travaillerait pas moins efficacement au bien des âmes, en demeurant dans le monde, qu'il le pourrait faire dans l'Eglise ; le marquis de Fénelon se soumit à sa décision. Il eut toujours l'affection la plus tendre et la plus respectueuse pour M. Olier, et fut jusqu'à sa mort sincèrement dévoué au séminaire ; ce qui a fait dire à l'illustre archevêque de Cambrai son élève et son neveu : « Saint-Sulpice, où j'ai été » nourri, est une maison que ma famille a toujours » chérie et vénérée, longtemps avant que je fusse » au monde. [2] » †

† Cette remarque prouve que *François de Fénelon*, missionnaire de Saint-Sulpice en Canada, n'était point l'Archevêque de Cambrai, quoiqu'on lise le contraire dans *l'histoire de l'Eglise catholique en France*, où l'on a confondu les deux en un seul [3], comme l'avait fait précédemment M. de Bausset [4]. Le missionnaire n'aurait pu faire une telle remarque, étant né en 1641, avant que la maison de Saint-Sulpice existât ; au lieu que François de Fénelon, son frère consanguin, né le 6 août 1651, neuf ans après l'établissement du séminaire de Saint-Sulpice, a pu dire avec vérité que sa famille *avait chéri cette maison, ayant qu'il fût au monde*. Celui-ci devint membre de la communauté de la paroisse de Saint-Sulpice à Paris ; l'autre qui était entré dans la compagnie des prêtres de ce nom, avait été envoyé en Canada, où il demeura, malgré les vives réclamations de *François de Fénelon*, son oncle, évêque de Sarlat, reçut les ordres sacrés, et travailla avec beaucoup de zèle dans les missions Iroquoises. Plus tard, M. de Bretonvilliers, successeur de M. Olier, le rappela en France, où il mourut en 1679 [5] ; et non en Canada, comme on l'a écrit [6].

Notes marginales :

[1] *Hist. de Fénelon, par M. de Bausset*, liv. I, t. I, p. 8.

[2] *Corresp. de Fénelon*, t. v. Lettre 46, p. 226.

[3] Tom. xvii, p. 345, 346.
[4] *Hist. de Fénelon*, liv. I, ch. xiii, xiv, *Lebel* 1817, p. 33 et suiv.

[5] *Hist. de la colonie Française en Canada*, t. iii.
[6] *Hist. de Fénelon*, Lecoffre. 1850, t. i, p. 485.

Un autre militaire, qui s'était aussi rendu trop célèbre par son empressement à faire briller sa valeur dans les combats singuliers, et que M. Olier employa dans la suite à abolir cette détestable pratique, fut le célèbre Abraham de Fabert, depuis maréchal de France (1). Personne n'était plus propre que lui à autoriser, parmi les hommes de sa profession, les maximes du christianisme; car il s'était déjà acquis, par environ trente-cinq ans de service, une réputation de bravoure, la plus justement méritée, ayant été présent à cinquante-neuf sièges de places conquises, et ayant fait des prodiges de valeur admirés de toute l'armée. Ce fut le témoignage solennel que lui rendit Louis XIV, dans les lettres de lieutenant-général de l'armée de Flandre qu'il lui accorda pour suppléer à l'absence du maréchal du Plessis-Praslin, que nous verrons aussi figurer dans l'affaire des duels (2). Enfin, parmi ces pieux laïques dont le zèle et la charité semblaient faire autant d'apôtres, nous ne devons pas passer sous silence M. du Four, gentilhomme ordinaire du duc d'Orléans, et que M. Olier employa pour négocier un grand nombre d'affaires importantes (3). Considérant ces fervents disciples comme un corps auxiliaire, il les appliquait à diverses œuvres, selon la condition et la grâce particulière de chacun; et ils s'y portaient avec un si grand zèle, que quelquefois il se voyait obligé d'y mettre lui-même des bornes. « J'attends encore de vos nouvelles pour voir M.
» Vincent, écrivait-il à M. du Four, et n'en recevant pas, j'ai eu appréhension de votre santé. Je
» vous prie de vous conserver pour Dieu, et de
» prendre des forces pour son divin service. Notre-
» Seigneur a tant besoin d'ouvriers, qu'il n'est pas
» juste de les estropier dans sa moisson, et de lui
» ravir les serviteurs qu'il s'était préparés. Vivez et
» mourez à Jésus, et mourez si souvent à vous-
» même, que cela tienne lieu du dernier sacrifice,
» par l'honneur égal que vous rendrez à Dieu.

IV.
Le maréchal de Fabert et M. du Four entrent dans les vues de M. Olier.

(1) Hist. de Fénelon, par M. de Bausset. Pièces justificatives du 1er livre, n. 2, p. 386.

(2) Arch. du ministère de la guerre, Expéditions de 1650, 2e vol., pièce 24.

(3) Vie Ms. de M. Olier, par M. de Bretonvilliers, t. II, p. 146.

» Obligez-le par là à conserver longtemps la vic-
» time. Si vous vous immolez vous-même en esprit,
» si le glaive spirituel vous égorge, si l'amour vous
» consomme à sa gloire, Dieu ne sera pas obligé de
» vous mortifier extérieurement (1). »

(1) *Lettres aut.
de M. Olier*, p.
405, 407.

V.
Confession
et conversion
inopinée d'un
gentilhomme.

Le trait suivant montre avec quel zèle ces gentilshommes exerçaient le genre d'apostolat auquel ils
s'étaient voués. L'un d'eux raconte ainsi une conversion inopinée dont il fut l'instrument. « Comme
» je venais un jour en mon particulier chez M. Olier,
» je rencontrai, sur le Pont-Neuf, un gentilhomme
» de mes plus familiers amis. Sans lui dire où je
» voulais le mener, je fis arrêter son carrosse, et le
» priai de monter dans le mien. Mais lorsque la
» portière fut levée, je lui déclarai en riant que je
» le conduisais chez M. Olier, afin qu'il tînt la pa-
» role, qu'il lui avait donnée depuis longtemps,
» d'aller le voir. Sur cela, il fit tous les efforts imagi-
» nables pour remettre cette visite à un autre jour,
» feignant même de vouloir se jeter hors du car-
» rosse ; mais je le fis aller si vite qu'il ne put en
» sortir. A mesure que nous approchions du sémi-
» naire, ses résistances devenaient moins vives.
» Enfin je l'amenai dans la chambre de M. Olier, et
» je commençai à voir les effets salutaires de ce lieu
» sur mon ami. M. Olier confessait dans ce moment
» un commandeur de l'ordre du Saint-Esprit,
» homme de grande vertu. Nous l'attendîmes assez
» longtemps, et lûmes, durant cet intervalle, un
» bon livre qui était là. † M. Olier nous trouvant
» sur cette lecture au sortir de sa chapelle, je lui
» présentai mon ami, qui fut si saisi de respect en
» sa présence, que M. Olier crut à sa posture toute
» contrite qu'il venait aussi se confesser. De sorte
» qu'il le mena sur-le-champ dans sa chapelle, sans

† Saint Charles Borromée avait aussi la pratique de
mettre de bons livres dans ses antichambres, afin d'occuper
utilement et saintement les personnes qui attendaient le
moment de lui parler.

» songer à lui faire d'autre compliment ; que de le
» faire passer devant lui. Lorsqu'ils furent entrés,
» M. Olier se mit à genoux, et mon ami en fit au-
» tant de son côté, après quoi, persuadé toujours qu'il
» voulait se confesser, M. Olier s'assit sur un siége
» près de lui, et dit les prières usitées avant la con-
» fession. Il les récita avec un si grand recueille-
» ment, qu'il ne s'aperçut pas de l'embarras où était
» mon ami. De sorte qu'ils entrèrent en matière,
» comme si c'eût été la chose du monde la plus con-
» certée. Elle eut en effet un succès incroyable.
» Pour moi, qui ne savais rien de cette confession,
» j'attendais cet ami, que M. Olier m'avait comme
» ôté d'entre les mains, et je ne pouvais même com-
» prendre comment il demeurait si longtemps avec
» lui, après avoir eu tant de peine à le venir voir.
» Enfin je vis sortir M. Olier pleinement satisfait
» de la dévotion de son pénitent, puis celui-ci, rem-
» pli de joie du grand succès d'une confession si
» inopinée. Je l'abordai, lui demandant la cause de
» ce grand retardement, et me plaignis de ce qu'il
» avait refusé de me faire part des bonnes choses
» que lui disait M. Olier. Il me répondit d'abord en
» poussant un grand soupir ; puis, avec le sentiment
» d'une joie extraordinaire, il me dit : « Je n'avais
» nullement la pensée de faire une confession, et
» néanmoins je ne me suis jamais si bien confessé
» de ma vie. Là-dessus il me raconta les circons-
» tances que je viens d'exposer, et dont il était lui-
» même aussi étonné que moi. Nous en rîmes beau-
» coup l'un et l'autre ; et, à quelque temps de là,
» n'ayant pu nous empêcher de raconter le fait à
» M. Olier lui-même, il rit beaucoup du pénitent,
» et se moqua bien plus encore du confesseur. Cette
» aventure singulière ne laissa pas d'être un coup
» de grâce pour mon ami, qui, depuis ce jour, me
» l'a répété souvent. »

Le gentilhomme, qui rapporte ce trait, fait cette
réflexion parlant de lui-même. « Dès le commence-

» ment que j'eus l'honneur de connaître M. l'abbé
» Olier, je remarquai en lui une grâce extraordi-
» naire pour attirer à Dieu les hommes de notre
» profession. Lui en ayant amené plusieurs dans
» diverses circonstances, ils sont toujours sortis
» d'auprès de lui extraordinairement touchés, entre
» autres l'un de mes amis, qui s'est acquis beau-
» coup de mérite à l'armée et à la cour, et qui con-
» çut une très-profonde estime pour ce grand ser-
» viteur de Dieu (1). »

(1) Attest. aut. touchant M. O- lier, p. 149.

VI.

M. Olier ex- pose à ces gen tilshommes les moyens de se perfection- ner au milieu du monde.

Dans les réunions de ces pieux gentilshommes, il parlait à chacun avec l'affection d'un père et la confiance d'un ami ; il répondait à leurs questions, éclaircissait leurs doutes, et inspirait à tous un zèle courageux pour la pratique des maximes de la perfection chrétienne. Un jour qu'il les exhortait à ne considérer jamais que Dieu en tout, l'un d'eux, prenant la parole, lui dit que la pratique constante de cette maxime était bien difficile au milieu du commerce du monde. M. Olier ayant répondu qu'on pouvait, à l'imitation des premiers chrétiens, vivre dans le monde sans affection pour le monde, le gentilhomme lui objecta que cette conduite était presque impraticable, à cause des exemples et de la conversation des méchants, au milieu desquels on est obligé de demeurer. « C'est pour cela même, » reprit M. Olier, que ceux qui vivent dans le monde » ont plus d'obligation d'être unis à Dieu, afin qu'ils » trouvent en lui la pureté et la sainteté, nécessaires » aux chrétiens, et qu'étant rendus participants de » son être divin, toujours parfaitement saint au » milieu des pécheurs, ils ne contractent eux- » mêmes aucune tache, ni aucune souillure, parmi » les vices et les impiétés des méchants. Et d'ail- » leurs, ajouta-t-il, ce n'est pas la présence du » corps qui nous unit au monde, mais bien l'at- » tache et l'affection à ses misérables vanités ; de- » mandons sans cesse à Dieu qu'il nous en inspire

(2) L'Esprit de M. Olier.

» le mépris (2). »

Selon le dessein de M. Olier, ces pieux militaires devaient s'efforcer de propager l'esprit chrétien, non seulement dans le monde, mais encore à l'armée et à la cour ; et nous ferons remarquer ici, entre autres exemples, que l'un deux, non moins admirable que le centenier, à la foi du quel le Sauveur rendit témoignage, se servait de l'ascendant qu'il avait sur ses soldats, pour leur inspirer ses propres sentiments de religion. Il exerçait même avec tant de bénédiction cette sorte d'Apostolat, que dans l'intervalle des exercices militaires, on voyait sans cesse entre les mains de ses soldats, les œuvres de Grenade, ou celles du père de Saint-Jure ; et que pour honorer Notre-Seigneur présent sur les autels, l'un des soldats était toujours en adoration devant le très-saint Sacrement : chacun d'eux s'y rendant à son tour. Cette ferveur fut aussi durable qu'elle était éclatante : Car plus de quinze ans après la conversion de ce militaire, l'un des prêtres de Saint-Sulpice, ayant été obligé de passer par une ville de guerre, où il était en garnison, eut la consolation d'y voir observer religieusement ces pratiques par les soldats que ce même capitaine y commandait. Entre autres exemples plus frappants donnés à la cour, nous ne devons pas oublier celui d'un seigneur, qui de mondain qu'il était, devint un modèle achevé de la perfection la plus sublime. Il s'affectionna si singulièrement à la pratique de l'oraison mentale, qu'il y employait quatre ou cinq heures chaque jour, dans l'église de Saint-Sulpice, où il avait encore le bonheur de communier. Quoiqu'il ne fût pas riche, jamais il ne refusait l'aumône à aucun pauvre. Enfin, il se donna si parfaitement à Dieu par la pratique généreuse des conseils évangéliques, qu'il vécut depuis, et jusqu'à sa mort, dans une mortification continuelle de ses sens et de ses passions, se faisant à lui même une guerre sans relâche ; jusques là que pour réduire plus sûrement son corps en servitude, il portait sous ses habits

VII.

Exemples remarquables de deux de ces gentilshommes.

une haire et une ceinture de fer. Aussi, le grand éclat qu'il jeta à la cour, fit regretter à plusieurs, qu'après sa mort, aucun écrivain n'eût recueilli, et transmis à la postérité, les détails édifiants d'une si sainte vie (1).

(1) *Vie de M. de Lantages. Lyon* 1833, in-12, liv. I, p. 37. 38, 39.

VIII.

Doctrine spirituelle proposée par M. Olier à ces gentilhommes.

Pour former ainsi dans ces gentilshommes l'esprit des premiers disciples du Sauveur, M. Olier les ramenait sans cesse à ces deux points fondamentaux de toute la vie chrétienne : la mortification des passions, et l'établissement de la vie de JÉSUS-CHRIST dans les âmes. C'était le sujet ordinaire des instructions publiques ou privées qu'il leur adressait ; et c'est ce qu'il a exposé méthodiquement, dans son *catéchisme chrétien pour la vie intérieure*, composé spécialement pour eux, quoiqu'offert à tous en général. Il y propose par demandes et par réponses la nécessité d'abord de mourir à la vie d'Adam, c'est-à-dire, à l'orgueil, aux plaisirs, à l'amour des richesses ; et de vivre ensuite de la vie de Notre-Seigneur, en aimant comme lui, l'humilité, la mortification et la pauvreté ; et en participant à la grâce de ses mystères. C'est l'objet de la première partie. Dans la seconde, il montre que la prière est le moyen principal pour acquérir cet esprit, et pour le conserver. Il composa aussi un autre opuscule, qui paraît avoir été directement écrit pour l'usage des gentilshommes de la *Compagnie de la passion*, comme on peut le conclure de certaines prières, qui leur étaient propres et qu'on a eu soin de joindre à l'une des plus anciennes éditions de cet ouvrage : c'est l'*introduction à la vie et aux vertus chrétiennes*, qui est la suite et le complément du premier. M. Olier y apprend à son disciple à pratiquer, par l'esprit de Notre-Seigneur, les véritables vertus ; celles surtout qui sont le plus nécessaires pour détruire les désirs corrompus du vieil homme, comme l'humilité, la patience, la mortification, la pauvreté, l'obéissance. En un mot, la mortification des passions et l'établissement de la vie de JÉSUS-CHRIST,

Imp. Dumas Vernet.

HENRI DE MAUPAS

Evêque du Puy, ensuite d'Evreux
où il est mort le 12 Août 1680.

résument toute la spiritualité de M. Olier, que pour cela le père Hilarion de Nolay, appelle avec tant de raison : la *Moelle et la quintessence de l'Evangile* (1). « Il n'y a quasi point de maximes, dit Bossuet, que » les saints docteurs de l'église, aient plus souvent » inculquées, que celles qui établissent la nécessité » de cette nouvelle vie ; et qui ôterait des écrits de » l'Apôtre, ajoute-t-il, les endroits où il explique » cette doctrine, non seulement il énerverait ses » raisonnements invincibles ; mais encore il effacerait » la plus grande partie de ses divines Epîtres (2). »

Au moyen de cette doctrine, M. Olier, profitant de la confiance universelle qu'on lui témoignait dans sa paroisse, eut le bonheur de conduire à une solide perfection les âmes choisies que Dieu lui adressait en grand nombre (3) ; et même, par la bénédiction que la bonté divine donna à ses efforts, il vint à bout d'en rendre l'étude en quelque sorte commune et populaire non seulement parmi les personnes séparées du monde, mais encore dans tous les rangs de la société. C'est ce qui explique pourquoi les écrits dont nous parlons, et les autres qu'il composa pour la sanctification des âmes, furent si généralement goûtés vers la fin du XVIIᵉ siècle. « Ils sont dans les mains de toutes les » personnes spirituelles, disait le Père Giry ; » et Herman, écrivain très-favorable au jansénisme, par conséquent non suspect de partialité envers M. Olier, dit aussi que de son temps les personnes dé-votes et spirituelles en faisaient une grande es-time (4). Aussi ses écrits ont-ils fait ranger M. Olier parmi les maîtres de la vie spirituelle les plus éclairés et les plus sûrs ; (5) et plusieurs graves per-sonnages, entre autres M. de Maupas, évêque du Puy, dans l'*Approbation* qu'il donna à l'un de ses ouvrages, ne craignent pas de les comparer à ceux d'A-Kempis, de Blosius, de saint François de Sales(6). Enfin, dans l'espace de quinze ans, ils furent pu-bliés plusieurs fois en diverses villes du royaume

(1)*La Gloire du tiers-ordre de S.-François*, 2ᵉ par-tie, ch. VI, p. 37.

(2) *OEuvres de Bossuet*, t. XIII, p. 535, 536, 1ᵉʳ *sermon pour le jour de Pâques.*

IX.

Combien la doctrine spi-rituelle de M. Olier fut gou-tée au XVIIᵉ siècle.

(3) *Vie Ms. de M. Olier, par M. Leschassier*, p. 22. - *Rem.hist.*, t. III, p. 648. — *Vie, par M. de Bretonvilliers*,t. I, p. 507.

(4)*Hist. des Or-dres religieux*, 1710,in-12,t.IV, p. 183.

(5) *Ibid. Mys-tici in tuto*, part. 1ʳᵉ, cap. XXX, t. XXIX, p. 141; t. XXXVIII, p.616.— *Gallia christ.*, t. VII, col. 1019. — *Vie de Mᵐᵉ de Pol-lalion*, ch. XXIII, p.90, n.*A.* — *Ca-lend.hist.et chro-nol. de l'église de Paris, par Lefè-vre*, in-12, p.36.

(6)*Vie de M.O-lier, par le P.Gi-ry*, part. 2ᵉ, ch. XIV. — *Le P. de Vienne. Année Myst.*, t.II, p.14. *M. de Maupas, Approbat. de l'Introduction à la vie et aux ver-tus chrétiennes.*

(1)*Lettres spirituelles de M. Olier*, 1672. *Privilége du Roi.*

X.

Combien les duels étaient fréquents sur la paroisse de S.-Sulpice.

à Paris, Lyon, Rouen, Toulouse, Bordeaux, Grenoble, Avignon, etc. (1).

Mais pour en revenir à l'influence étonnante du ministère pastoral de M. Olier sur les plus braves militaires de son temps, nous exposerons ici ce que son zèle lui fit entreprendre, pour les guérir d'un affreux délire, qui depuis trop longtemps n'enlevait une multitude de gentilshommes à leurs familles et à l'état, que pour les faire tomber sous les coups de la justice divine : nous voulons parler de la fureur des duels. Jusqu'ici nous avons différé de rapporter ce qu'il fit, pour cela, dès son entrée dans la cure, afin de ne pas interrompre la suite des événements qu'on vient de raconter, nous proposant d'exposer dans une même suite de discours, comment la divine miséricorde se servit de lui, pour opposer enfin à ce terrible mal, un remède efficace.

(2) *Vie de M. Olier, par le P. Giry*, part. 1re, ch. xv, p. 68. — *Ibid., par M. de Bretonvilliers.*

Cette frénésie avait fait de si affreux progrès, que dans une semaine, comme on l'a déjà rapporté, on compta, sur la seule paroisse de Saint-Sulpice, jusqu'à dix-sept personnes tuées dans ces malheureux combats (2), et que plusieurs gentilshommes ne voulaient pas même y renoncer à la mort. M. du

(3)*Arch. du minist. de la guerre. Expéd.*1651, part. 2e. *Dépôt général de la guerre*, 95e pièce.

Ferrier en rapporte un exemple qui dut faire, au cœur de M. Olier, la plaie la plus profonde. « M.
» de La Roque-Saint-Chamarant, maréchal-de-
» camp (3), qui passait pour l'un des plus braves
» de la cour, était néanmoins si peu chrétien, dit-
» il, que, me promettant de ne jamais se battre en
» duel, il mettait cette clause : Pourvu qu'un tel sei-

(4)*Mém. de S.-Simon.*t.1, ch.x, dernière édition.

» gneur, mon ami, ne m'emploie pas pour second (4).
» J'eus beau lui représenter l'injure qu'il faisait à
» Dieu, à qui il préférait un homme ; et le tort qu'il
» se faisait à lui-même, par une supposition qui ne
» pouvait arriver, puisque cet ami avait renoncé au
» duel : je n'en sus jamais venir à bout ; et, quelque
» temps après, il mourut dans cette brutalité. Celui
» qui l'assistait, l'entendant soupirer et gémir,
» comme il était près de sa fin, lui en demanda la

» cause, afin de le consoler en le portant à Dieu.
» Hélas ! répondit-il, faut-il que La Roque-Saint-
» Chamarant meure ainsi dans un lit, après avoir
» témoigné son courage en tant d'occasions ? Voilà
» de quelle sorte il mourut (1). » †

(1)*Mém. de M. du Ferrier*, p. 336.

M. Olier, inconsolable de ne pouvoir remédier à cette frénésie, après avoir tonné en chaire contre les maximes diaboliques qui l'accréditaient depuis si longtemps, usa de toute la sévérité des canons contre les duellistes et leurs fauteurs ; et plusieurs, qui avaient péri dans ces détestables combats, furent privés, par ses ordres, de la sépulture ecclésiastique (2). Ne voulant rien négliger de ce qui était en son pouvoir, il adressa une requête au vicaire général de l'Abbaye, et le conjura d'user de toute son autorité contre les duellistes. Il lui représenta, combien les duels étaient fréquents dans le faubourg, au mépris de la police ecclésiastique, et à la ruine des âmes ; ajoutant que lui-même n'avait pu jusqu'alors, par ses remontrances et ses menaces, faites en public et en particulier à plusieurs coupables, apporter un remède efficace à ce mal ; et qu'en conséquence, il suppliait ce religieux d'employer l'autorité spirituelle et temporelle qu'il avait sur le faubourg, pour essayer d'intimider, par la crainte, ceux en qui il pouvait rester quelque sentiment de foi. Touché de ces remontrances le vicaire général déclara, le 10 juin 1650, que les prêtres du faubourg ne pourraient donner l'absolution sacramentelle aux duellistes, excepté en cas de mort ; leur ordonnant de les renvoyer au vicaire-général lui-même, ou au pénitencier de l'abbaye, pour être absous de l'excommunication par eux encourue ; et défendant, faute de cette absolution, de leur administrer la sainte Eucharistie, et de les inhumer en terre sainte (3).

Il paraît que la facilité d'un grand nombre de confesseurs contribuait à rendre ce mal plus incurable.

XI.
M. Olier entreprend de remédier à la fureur des duels.

(2) *Rem. hist.*, t. I, p. 176.

(3) *Arch. du Royaume*, sect. hist., L. 1226, depuis 1640, fol. 107.

(4)*Mém. de S.-Simon, ibid.* — *Arch. de la guerre, ib.*

† M. du Ferrier appelle ce gentilhomme *La Roche*-Saint-Chamarant, son nom était *La Roque*-Saint-Chamarant (4).

« L'inutilité des confessions des duellistes, dit M.
» du Ferrier, me toucha si fort, qu'après avoir pra-
» tiqué, durant plusieurs années, ce que les casuistes
» estiment suffisant, je compris que c'était moins
» que rien. Je me déterminai enfin à exiger des pé-
» nitents une déclaration expresse, non-seulement
» de faire leur possible pour ne point se battre,
» mais de refuser le duel, et de ne jamais y appeler,
» quoi qu'on pût leur dire ou leur faire. Je commu-
» niquai ma pensée et mon dessein à M. l'abbé
» Olier, qui n'eut pas de peine à y entrer. Sa grande
» piété et son humilité lui firent espérer tout de
» Dieu. Nous voyions bien l'extrême difficulté de
» guérir une maladie de cette sorte, et qui avait in-
» fecté toute la France ; mais la grandeur du remède
» nécessaire et notre faiblesse s'accordaient bien,
» afin que toute la gloire appartînt à Dieu, qui
» choisit ce qu'il y a de plus vil et de plus abject
» pour faire ses grandes œuvres ; et, après avoir vu
» réussir avec tant de facilité l'établissement du sé-
» minaire, estimé impossible, rien ne nous parut
» désespéré. On donna ordre, dans la communauté,
» à tous les confesseurs, d'interroger les pénitents
» sur cet article, et d'exiger d'eux la parole de ne
» se battre jamais en duel. Au commencement,
» cela surprit les pénitents. Ils dirent qu'on ne leur
» avait jamais fait une telle proposition. Il y en eut
» qui demandèrent du temps, pour y penser. Les
» curés de Paris, assemblés par le grand-vicaire,
» déclarèrent, comme docteurs, qu'il fallait néces-
» sairement interroger et exiger la parole de ne se
» battre point. » Enfin, M. Olier obtint que quel-

XII.

M. Olier sup-
plée à l'insuffi-
sance des lois
contre les du-
els.

ques seigneurs des plus braves de la cour le pro-
missent (1) ; et cette résolution produisit, dans la
noblesse, la révolution la plus étonnante et la plus
heureuse, comme nous allons le raconter.

Jusqu'alors, on avait essayé de réprimer la fureur
des duels par de grands exemples de sévérité ; et,
néanmoins, cette espèce de démence sanguinaire se

montrait toujours avec la même frénésie. M. Olier, pensant donc à y apporter quelque autre remède, imagina de suppléer à l'insuffisance des lois, en opposant l'honneur à l'honneur même. Il conçut le projet hardi de former une association de gentils-hommes éprouvés par leur valeur, et de les engager, sous la religion du serment, et par un écrit signé de leur main, à ne jamais donner ni accepter aucun appel, et ne point servir de seconds dans les duels qu'on leur proposerait (1). Le maréchal de Fabert et le marquis de Fénelon, furent ceux sur qui il jeta les yeux, pour les mettre à la tête de cette association d'un genre si extraordinaire. La réputation de bravoure et d'intrépidité, dont l'un et l'autre jouissaient, n'était pas le seul motif qui inspirait ce choix à M. Olier : le marquis de Fénelon, comme nous l'avons dit, aussi bien que le maréchal de Fabert, avaient eu le tort de se rendre trop célèbres par leur empressement à montrer leur valeur dans les combats singuliers (2). On affecta même de n'admettre, dans cette association, que des militaires connus par des actions brillantes à l'armée ; et M. Olier les persuada si parfaitement, par la bénédiction que Dieu donna à ses paroles, qu'ils résolurent de donner le plus grand appareil à cet engagement (3). Ils choisirent, pour le prononcer, le jour de la Pentecôte (4), afin que l'Esprit-Saint, qui, à pareil jour, avait rempli les Apôtres d'un courage invincible, pour détruire le règne de Satan dans le monde, leur donnât à eux-mêmes la force d'être fidèles jusqu'au dernier soupir à ce serment (5). Dans ces dispositions, et au milieu d'un grand concours de témoins distingués, ils firent cette promesse dans la chapelle du séminaire de Saint-Sulpice (6), entre les mains de M. Olier (7), par un acte qu'il leur en avait dressé lui-même (8), et que chacun signa. Il était conçu en ces termes :

« Les soussignés font, par le présent écrit, décla-
» ration publique et protestation solennelle de

(1) *Hist. de Fénelon, par le cardinal de Bausset* t. I, p. 9.

(2) *Ibid.*, t. I, p. 386.

(3) *Rem. hist.*, t. I, p. 38.

(4) *OEuvres de Fénelon. Coresp.* t. III, *lettres à Clément XI*, p. 104.

(5) *Vie Ms. de M. Olier, par M. de Bretonvilliers*, t. II, p. 145.

(6) *Essai sur l'influence, etc.*, t. I, p. 357. — *Histoire de Fénelon.*

(7) *Vie de la mère Gautron*, l. III, p. 507.

(8) *Rem. hist.*, t. II, p. 629. — *L'Année Dominic.*, 12 sept., p. 423.

XIII.

Protestation rédigée par M. Olier et approuvée par la noblesse, les maréchaux, les princes, la Sorbonne et les évêques.

» refuser toute sorte d'appels, et de ne se battre
» jamais en duel, pour quelque cause que ce puisse
» être et de rendre toute sorte de témoignages de
» la détestation qu'ils font du duel, comme d'une
» chose tout-à-fait contraire à la raison, au bien et
» aux lois de l'Etat, et incompatible avec le salut et
» la religion chrétienne ; sans pourtant renoncer
» au droit de repousser, par toutes voies légitimes,
» les injures qui leur seront faites, autant que leur
» profession et leur naissance les y obligent ; étant
» aussi toujours prêts, de leur part, d'éclairer de
» bonne foi ceux qui croiraient avoir lieu de ressen-
» timent contre eux, et de n'en donner sujet à per-
» sonne (1). »

Cette protestation fit un éclat extraordinaire. Le
grand Condé, fut surtout étonné de la démarche
du marquis de Fénelon, et ne put s'empêcher de
lui dire : « Il faut, Monsieur, être aussi sûr que je
» le suis de votre fait sur la valeur, pour n'être pas
» effrayé de vous avoir vu rompre le premier une
» telle glace. » Mais son étonnement fit bientôt
place à l'admiration (2). Le marquis, ayant été provoqué, refusa le duel avec une noble intrépidité,
que toute la cour regarda comme un acte de vertu
héroïque ; et cet exemple fit tant de sensation, qu'il
accoutuma peu à peu les autres gentilshommes à
mépriser le préjugé du faux point d'honneur, qui
jusqu'alors avait fait un si grand nombre d'esclaves (3). Il put contribuer aussi à accréditer la déclaration de M. Olier contre les duels, laquelle fut
bientôt approuvée et reçue dans tout le royaume.
Les maréchaux de France ne l'approuvèrent pas
seulement, ils exhortèrent encore tous les gentilshommes du royaume à la souscrire et à l'observer
dans tous ses points ; comme aussi à conférer ensemble sur les moyens de satisfaction qu'on pourrait tirer raisonnablement, sans recourir au duel,
et d'en dresser des mémoires, « afin, disent-ils, que
» les ayant lus et examinés, nous puissions en faire

(1) Ibid., p. 629, 630.—Essai sur l'influence, ibid. —Rem. hist., ib. —Hist. de Féne- lon, t. I, p. 387.

(2) Hist. de Fé- nelon, t. I, p. 10.

(3) Vie de la mère Gautron, p. 510.

» rapport à Sa Majesté, pour être, si elle le juge à
» propos, confirmés par un nouvel édit à l'avantage
» de la religion et de l'Etat. » Ce jugement est signé
par les maréchaux d'Estrée, Schomberg, Plessis-
Praslin et Villeroy (1). Des personnages illustres
par leur naissance, leurs charges et leur réputation,
s'empressèrent de faire, à leur tour, cette protestation ouverte et publique ; et le prince de Condé †
les ayant appuyés de ses éloges, le souverain Pontife lui en écrivit un bref de félicitation (2). Le prince
de Conti mit le plus grand zèle à faire adopter le
même engagement par la noblesse du Languedoc :
exemple qui fut bientôt suivi dans plusieurs autres
provinces (3), en particulier dans le Querci, par le
zèle d'Alain de Solminihac (4). Les Etats de Bretagne, à l'imitation de ceux de Languedoc, privè-
rent même du droit de séance, dans leurs assemblées, tous les gentilshommes qui se battraient en
duel. Enfin le Roi fit adopter, à sa maison, la
même protestation (5), et voulut que le marquis de Fénelon reçût lui-même les signatures
de la cour (6).

Pour donner plus d'autorité encore à cette déclaration, les évêques de l'assemblée du clergé y joignirent leurs suffrages, le 28 du mois d'août 1651 (7),
et les docteurs de Sorbonne l'approuvèrent à leur
tour. Ces derniers ne craignent pas de l'appeler une
sainte et magnanime résolution inspirée de Dieu,
et ils exhortent toute la noblesse à imiter un si bel
exemple. « Lesdits docteurs, ajoutent-ils, sont en-
» core d'avis, que tous ceux qui recourent au sacre-
» ment de la Pénitence, et ne sont pas, à l'égard
» des duels, dans la disposition exprimée en ladite
» déclaration et protestation, sont incapables du
» bienfait de l'absolution, et de tous les sacrements
» de l'église (8). » Cette délibération fut signée par

(1) *Essai sur l'influence, etc.*, t. I, p. 549, 550, 551.

(2) *Mém. de M. du Ferrier*, p. 194.

(3) *Hist. de Fénelon*, t. I, p. 387.

(4) *Vie de M. Alain de Solminihac*, liv. II, ch. x, p. 242, 243.

(5) *Vie de saint Vincent de Paul*, par Collet, t. II, an. 1656.

(6) *Vie de la rêver, mère Gautron*, liv. III, p. 508. — *Vie, par le P. Giry*, part. 1re, ch. xv, p. 68, 69.

(7) *Essai sur l'influence, etc.*, t. I, p. 551, 552, 557, 558.

(8) *Essai sur l'influence, etc.*, t. I, p. 553, 554, 555.

† M. du Ferrier l'appelle *M. Le Prince d'Anguien*, du premier nom qu'il porta avant la mort de Henri de Bourbon-Condé, son père.

cinquante docteurs, du nombre desquels étaient les plus célèbres de ce temps. †

[XIV.
M. Olier de-
mande à la Ré-
gente de punir
les duels et les
blasphèmes.

Mais pour rendre plus ferme encore et plus stable le bien si heureusement commencé, M. Olier désirait que l'autorité royale rendît un nouvel édit contre les duels, espérant que les dispositions si favorables où étaient alors les Grands et en général la noblesse, en assureraient l'exécution. Il s'adressa à la Reine régente, dans ce dessein, et fit aussi agir auprès d'elle tous ses amis. Écrivant à un religieux, qui paraît avoir été le Père Dinet, confesseur du Roi, il lui disait : « Monsieur de Fénelon et moi » avons pensé qu'il était de la dernière importance » de prier votre Révérence de remettre à dimanche » qui vient, à parler à la Reine de l'affaire des duels, » afin que nous fassions, en attendant, quelque » chose tout-à-fait nécessaire pour qu'elle réussisse » à la gloire de DIEU, et que nous la disposions au » point que vous pouvez souhaiter pour en voir le » succès et la bénédiction entière de Notre-Sei- » gneur JÉSUS-CHRIST (1). » Saint Vincent de Paul, de son côté, usa de toute l'activité de son zèle pour assurer un si noble dessein (2).

La religion vive et ardente de M. Olier lui faisait désirer aussi de voir réprimer les blasphèmes, qui demeuraient impunis, malgré les ordonnances de nos rois. On sait, en effet, que le Père Bernard, qui ne se possédait pas lorsqu'il entendait blasphémer, s'autorisait de ces ordonnances pour tomber lui-

(1) *Lettres aut.
de M. Olier*, p. 73.
(2) *Vie de la
mère Gautron*,
liv. III, p. 508. —
*Vie de saint Vin-
cent de Paul, par
Collet*, t. II. — *Vie
du même, par
Abelly*. - *Lettres
de Fénelon à Clé-
ment XI*, p. 104.

(3) *Hist. de Fé-
nelon*, t. I, p. 386.
(4) *Vie de saint
Vincent de Paul*,
t. II, p. 23 et n.
(5) *Mém. de M.
du Ferrier*, p.
190.

† Il paraît que le souverain Pontife confirma aussi l'association des gentilshommes, formée par M. Olier, pour abolir le duel. Le cardinal de Bausset rapporte, en effet, qu'en 1656, saint Vincent de Paul écrivit à Rome pour la faire approuver par un bref (3); et quoique Collet n'ait point trouvé, dans les lettres de saint Vincent, de traces de cette intervention de l'autorité apostolique (4), M. du Ferrier semble supposer qu'elle intervint réellement, puisqu'il rapporte que le duel fut ôté de là France et de l'Eglise, par le soin du souverain Pontife et l'autorité du Roi Très-Chrétien (5).

même sur les blasphémateurs et les terrasser dans
les rues, ayant coutume de dire : « N'est-il pas
» pitoyable qu'il n'y ait qu'un pauvre prêtre qui
» fasse observer les ordonnances du Roi et les com-
» mandements de Dieu (1)? » M. Olier saisit donc
cette occasion pour représenter à la Reine la nécessité de réprimer aussi ces désordres. Dans une lettre
à cette princesse, il ose bien lui rappeler les deux
obligations indispensablement attachées à l'exercice
d'une grande puissance : « l'une de procurer de
» grands biens dans l'Etat, l'autre d'y détruire, dit-
» il, les vices et les crimes publics, les duels, les
» blasphèmes, les impiétés et autres maux sem-
» blables, pour la ruine desquels Dieu a mis dans
» vos mains le glaive de sa justice et de sa venge-
» ance ; et, sans cela, vous ne pouvez être sauvée,
» quand vous seriez, d'ailleurs, la plus sainte per-
» sonne du monde (2). »

La pieuse Reine entra volontiers dans ces sentiments ; mais comme son autorité avait été affaiblie
par les troubles politiques, il fut résolu que ce serait le Roi lui-même qui, le jour où il déclarerait
sa majorité, rendrait deux édits, l'un contre les
blasphèmes, l'autre contre les duels, et commen-
cerait, par cet acte de religion, l'exercice de l'autorité royale. La circonstance ne pouvait être plus
heureuse : les Grands et le peuple soupiraient après
le moment où l'on verrait le Roi commander en
personne, et prendre enfin les rênes du gouvernement ; et la pompe qui accompagna cette cérémonie, l'une des plus magnifiques qu'on eût vues de
longtemps à Paris, sembla réveiller, dans les cœurs
des Français, le respect pour la personne auguste
du monarque. Il se rendit au Parlement, le 7 du
mois de septembre, où il tint, à cet effet, son lit de
justice, déclara qu'il prenait la conduite de l'État ;
et, à peine les princes, les pairs, les grands officiers
de la couronne et les présidents du Parlement
l'eurent ils salué, qu'on fit lecture des deux édits dont

(1) *Vie du P.
Bernard*, ch. xii.
*Son zèle pour la
gloire de* Dieu.

(2) *Lettres aut.
de M. Olier*, p.
390.

XV.
Le Roi décla-
re sa majorité
et rend un édit
contre les
blasphèmes.

(1) *Hist. de Pa-ris*, t II, p. 1421, 1422.

nous parlons, et qui furent enregistrés sur l'heure (1). On ne peut rien voir de plus chrétien, et il ne sera pas hors de propos d'en rapporter ici les motifs.

Dans celui contre les blasphèmes, le Roi s'exprimait ainsi : « Depuis le temps qu'il a plu à Dieu de » nous appeler à la couronne, nous avons reçu tant » de grâces singulières de sa bonté..., que nous » serions coupables d'une extrême ingratitude en-» vers la Majesté divine, si nous ne lui rendions des » louanges et des grâces immortelles, en faisant » régner sur nos sujets ses saints commandements, » et en imprimant dans leurs esprits la même révé-» rence de son très-saint nom, qu'il nous a gravée » dans le cœur. Et parce que nous savons qu'il n'y » a rien qui déroge davantage à sa bonté, ni qui » s'oppose à son honneur avec plus de témérité que » le blasphème, nous avons cru que nous ne pou-» vions choisir un meilleur moyen, pour nous con-» cilier ses bénédictions, que d'imiter, dès l'entrée » de notre majorité, le zèle et la dévotion des rois » nos prédécesseurs, qui ont laissé des ordonnances » dignes de leur titre de Très-Chrétiens, pour ré-» primer ceux qui, méconnaissant leur Créateur, » blasphèment contre son saint nom, contre l'hon-» neur de la très-sacrée Vierge sa mère, ou des » Saints. » A ces causes, le Roi ordonne que les coupables seront condamnés à des amendes ou à la prison, les cinq premières fois qu'ils seront tombés dans ce crime ; que la sixième fois on leur coupera la lèvre supérieure avec un fer chaud ; la septième, la lèvre de dessous, et que, la huitième fois, on leur coupera la langue, comme étant incorrigibles (2).

(2) *Arch. du mi-nist. de la guer-re.—Mém. de M. Le Tellier*, 1651. *Minut.* part. 1re, 15e vol. fos 418, 420.

XVI.
Edit de Louis XIV contre les duels.

L'édit contre les duels n'est pas moins digne de la religion du monarque. Les dispositions princi-pales en furent proposées par l'association des gen-tilshommes dont nous avons parlé ; et il est à pré-sumer que le zèle de M. Olier n'eut pas une médiocre part à des délibérations si chrétiennes. « Les avis » de ce saint prêtre, et l'éclat que fit alors l'asso-

» ciation formée par lui, dit le cardinal de Bausset,
» laissèrent une impression si profonde dans l'esprit
» de Louis XIV, que, pendant tout le cours de son
» long règne, aucune considération de naissance
» ou de faveur ne put le fléchir, ni le faire consentir
» à accorder des grâces en matière de duels (1). »

(1)*Hist. de Fénelon, par M. de Bausset*, t. 1, p. 10.

Il fallait, en effet, que les avis de M. Olier eussent
été bien puissants, pour avoir pu inspirer au monarque les beaux sentiments qu'on lit dans cet édit
mémorable : « Toutes les lois devenant inutiles, dit
» le Roi, si elles ne sont exécutées, nous comman-
» dons très-expressément à nos cousins les maré-
» chaux de France, de tenir la main exactement à
» l'observation de notre présent édit, nonobstant
» toutes lettres closes et patentes, et tous autres
» commandements qu'ils pourraient recevoir de
» nous, auxquels nous leur défendons d'avoir
» aucun égard... A cette fin, nous jurons et pro-
» mettons, en foi et parole de Roi, de n'exempter
» à l'avenir aucune personne, pour quelque cause
» et considération que ce soit, de la rigueur du pré-
» sent édit ; et si des lettres de rémission étaient
» présentées à nos cours souveraines, nous voulons
» qu'elles n'y aient aucun égard, quelque clause *de*
» *notre propre mouvement* et autres dérogations qui
» puissent y être apposées. Défendons très-expres-
» sément, à tous princes et seigneurs, d'intercéder
» près de nous pour les coupables, sous peine d'en-
» courir notre indignation. Protestons que, ni en
» faveur d'aucun mariage ou naissance de princes
» de notre sang, ni pour quelque autre considération
» générale ou particulière que ce puisse être, nous
» ne permettrons sciemment être expédiées au-
» cunes lettres contraires au présent édit duquel
» nous avons résolu de jurer expressément et solen-
» nellement l'observation au jour de notre prochain
» sacre et couronnement, afin de rendre plus au-
» thentique et plus inviolable une loi si chrétienne,
» si juste et si nécessaire * (2). »

* NOTE 2, p. 276.

(2)*Arch. du minist. de la guerre. — Ibid. Expéd. de 1651*, 2ᵉ part., septembre.

XVII.
M. Olier et
le marquis de
Fénelon ont
eu une très-
grande part à
l'abolition des
duels.

Nous sommes entrés dans ces détails, afin de montrer la conduite de la divine Providence, qui se servit du zèle de M. Olier pour donner naissance à un changement si utile à la religion et à l'Etat. M. de Bretonvilliers dit sur ce sujet, à la louange du serviteur de Dieu : « Nous pouvons assurer qu'il
» a donné autant d'âmes à Dieu, et ravi autant de
» proies au démon, qu'il a retiré de personnes
» de ce fâcheux désastre ; et comme, d'après saint
» Augustin, celui qui a refusé de nourrir un pauvre,
» l'a véritablement tué, et, par conséquent, celui
» qui, au contraire, l'a empêché de mourir, lui a
» donné la vie, notre serviteur de Dieu a procuré à
» autant de personnes la vie de la grâce, qu'il en a
» empêché de se porter sur le lieu du combat, et la
» vie de la gloire à tous ceux qui y eussent péri mi-
» sérablement. Il est vrai qu'il ne les a pas empê-
» chés par lui-même. Nous pouvons toutefois
» assurer qu'il en a la récompense, et qu'ils lui
» en sont obligés, puisqu'il a été le premier qui
» a eu ce dessein et a contribué à le mettre en
» vigueur *(1). »

* NOTE 3, p.
276.
(1) Vie M. de
M. Olier, par M.
de Bretonvil-
liers, t. II, p. 147,
148.

L'abolition des duels attira des ennemis au marquis de Fénelon, parce qu'on lui attribuait les peines dont furent punies quelques personnes. On le déchira par des calomnies ; on le traita de dévot indiscret (2) et ambitieux ; on dit qu'il voulait surprendre la piété de la Reine par de beaux prétextes, et faire sa cour aux dépens d'autrui. Il se souvint alors de cette parole que M. Olier lui avait dite plusieurs fois : « Si Dieu vous aime, il vous humi-
» liera ; et, en élevant l'ouvrage, il abaissera l'ou-
» vrier. » Pendant plusieurs années, il eut à souffrir une persécution presque continuelle, dont une vertu médiocre aurait été ébranlée. On disait qu'il était de la cabale et de la faction des dévots : c'était ainsi qu'on appelait les gentilshommes voués à la piété, en s'efforçant de les faire passer pour des hommes remuants et dangereux (3). *

(2) Mém. de Mlle
de Montpensier.
Petitot, t. XLII, p.
129.

(3) Vie de la
mère Gautron,
liv. III, p. 509.
* NOTE 4, p.
277.

Cette persécution dura jusqu'à la campagne de 1667, dans laquelle, pour veiller davantage sur la conduite de son fils, qui suivait le métier des armes, le marquis de Fénelon voulut servir en qualité de simple volontaire. La valeur, l'intrépidité, la sagesse et la capacité qu'il y fit paraître, lui attirèrent une estime si universelle de la part du Roi, des généraux et de toute l'armée, qu'elles effacèrent, dans tous les esprits, les mauvaises impressions qu'on avait données de sa conduite. Mais un trait bien remarquable de son zèle et de son amour paternel, ce fut qu'après la conclusion de la paix, il conduisit ce fils unique au siége de Candie contre les Turcs, non pour avancer sa fortune, mais pour le soustraire aux dangers que courait son salut. Louis XIV, qui comprit le dessein d'un si vertueux père, lui dit avant son départ : Avouez-moi la vérité, vous faites ce voyage pour retirer votre fils des débauches de la cour. Il est vrai, Sire, répondit-il ; et, quand j'y pense, je trouve que Candie n'est pas encore assez loin. Il partit pour cette expédition, conduisant encore avec lui quatre cents jeunes gentilshommes, qui l'honoraient et l'aimaient comme s'il eût été leur père. Avant le jour, il les préparait au combat par plusieurs heures d'oraison, et marchait lui-même à leur tête dans toutes les sorties. Son fils ayant été blessé mortellement, il le fit porter dans sa tente, sans quitter le combat; il vint ensuite, après l'action, l'assista lui-même à la mort, reçut son dernier soupir : et peu de temps après il repassa en France avec son corps, qu'il fit inhumer dans sa terre de Magnac (1). * La Providence lui ménagea cependant la plus douce consolation, en substituant au fils qu'il avait perdu, un neveu qui fut depuis l'illustre archevêque de Cambrai, et qui devint, avec sa fille, l'objet de ses soins et de ses affections les plus tendres (2).

L'exemple d'une vertu si héroïque peut faire juger des fruits que produisirent les travaux de M. Olier,

XVIII.

Conduite héroïque du marquis de Fénelon à l'égard de son fils.

(1) *Vie de la mère Gautron*, p. 312 et suiv. * NOTE 5, p. 279.

(2) *Hist. de Fénelon, par le cardinal de Bausset*, t. 1, p. 12.

XIX.

Après la mort de M. Olier, ces gentilshommes se réunissent encore au séminaire.

en faveur de la noblesse. « Il ne se contenta pas,
» dit M. de Bretonvilliers, d'avoir ôté le mal, en
» procurant l'extinction des duels, il s'efforça en-
» suite de porter à la piété et à la dévotion tous les
» gentilshommes dans lesquels il trouvait quelque
» disposition. C'est pour cela qu'il leur parlait si
» volontiers pour les gagner à Dieu, et qu'il priait
» si ardemment Notre-Seigneur de les vouloir at-
» tirer à son service. Il a fait même des réglements
» pour la noblesse chrétienne, et a servi à son avan-
» cement par plusieurs moyens qu'il serait trop long
» de rapporter ici. Notre-Seigneur, ajoute-t-il, a
» tellement béni le zèle de son serviteur, que non-
» seulement il a voulu qu'il ait servi lui-même à la
» sanctification de ces gentilshommes, mais même
» qu'après sa mort, la bénédiction ait été continuée
» dans ses enfants ; puisque nous en voyons, par la
» miséricorde de Dieu, un si grand nombre venir
» au séminaire de Saint-Sulpice, y faire les exer-
» cices spirituels, et chercher le moyen d'assurer
» leur salut, en alliant ensemble la vertu chrétienne
» et la noblesse. Dans une seule année, on en a
» compté plus de cent qui les y ont pratiqués, et
» qui ont paru être changés ensuite en des hommes
» nouveaux, par le genre de vie qu'ils ont embrassé,
» et par le mépris qu'ils ont su faire de tout ce qui
» pouvait être un obstacle au généreux dessein
» qu'ils avaient formé d'être tout à Dieu (1). »

(1) *Vie Ms. de M. Olier, par M. de Bretonvilliers*, t. II, p. 148.

XX.
Après la mort de M. Olier des gentilshommes se réunissent en communauté, sur la paroisse.

Un autre effet de leur ferveur, fut l'établissement de la communauté dite des *gentilshommes* qui se forma vers la fin de la vie de M. de Bretonvilliers. Elle était composée d'anciens militaires et d'autres hommes de qualité ; les jeunes gens de famille qui venaient se former à Paris, pouvaient aussi y être reçus, afin de se préserver des occasions de dérangement, si fréquentes dans cette ville. Ces gentilshommes suivaient un réglement commun ; et quoiqu'ils fussent sous la conduite spirituelle de l'un des directeurs du séminaire, ils choisissaient parmi

eux le supérieur de leur communauté. Les dimanches et les fêtes, ils assistaient religieusement
à tous les offices de la paroisse; cependant ils
avaient dans leur maison une chapelle particulière,
où l'un des prêtres de la communauté leur disait
la sainte messe les autres jours. Pour unir entre
elles la valeur et la religion, ces pieux militaires
avaient dédié leur chapelle à Saint-Maurice; et,
dans la suite, ayant fait élever à leurs frais, l'une
des nouvelles chapelles de l'église de Saint-Sulpice,
dans la reprise de travaux par M. Languet, ils
mirent pour condition, que cette chapelle serait
dédiée à leur patron Saint-Maurice; et telle est
l'origine de ce vocable qu'elle porte encore a présent. Chaque jour, ils vaquaient en commun à l'oraison mentale, pendant trois-quarts d'heure; ils
récitaient le petit office, faisaient avant le dîner
l'examen particulier, et l'après-midi, une demi heure
de visite au très-saint Sacrement dans l'église paroissiale. Pendant les repas, on lisait quelque livre
édifiant; et tous devaient garder un profond silence
après la prière du soir. † Dans l'intervalle de leurs
exercices de piété, ils employaient une grande partie de leur temps à visiter les prisons, les hôpitaux,
à panser les malades; et, surtout, ils étaient d'un
très-grand secours aux curés de Saint-Sulpice, en
visitant les pauvres honteux et en s'informant de
leurs vrais besoins. Par une vie si édifiante, ces
fervents gentilshommes, accréditèrent de plus en
plus la piété dans toutes les classes de la société, ††

† Le règlement de la communauté des gentilshommes a
été imprimé dans les *Remarques historiques sur la paroisse
de Saint-Sulpice,* édition in-12, p. 597, mais avec quelques
modifications, que la diminution de la première ferveur
avait fait introduire : ainsi le temps de l'oraison y est réduit à une demi-heure. Un ancien manuscrit, conservé au
séminaire de Saint-Sulpice, offre le texte primitif de ce règlement, ainsi que les formules de prières en usage parmi
ces gentilshommes.

†† La communauté des gentilshommes occupa quelque

et donnèrent même lieu, avant la fin du XVIIᵉ siècle, par la sainte émulation qu'ils excitèrent, à l'établissement de deux autres semblables communautés dans le faubourg Saint–Germain (1). †

(1) *Rem.hist.*, t. 1, p. 84, 288.

Enfin, cette impulsion imprimée par le serviteur de DIEU, produisit en peu d'années un changement si universel dans les esprits, que durant tout le reste du XVIIᵉ siècle, le petit nombre de ceux qui négligeaient la pratique de la religion, encouraient le blâme général, comme manquant non seulement à ce qu'ils se devaient à eux–mêmes, mais encore à ce qu'exigeait d'eux l'honneur de leurs familles, et celui de la société. En 1696, trente-neuf ans après la mort de M. Olier, le comte de Gramont qui n'avait jamais passé pour fort religieux, étant tombé dangereusement malade, Louis XIV eut la délicate et religieuse attention de lui envoyer le marquis de Dangeau, pour le visiter et lui dire de sa part: *Qu'il fallait songer à Dieu.* L'avertissement fut suivi de l'heureux succès qu'en avait attendu le monarque; M. de Gramont recouvra même la santé; et cet évènement donna lieu à un écrivain non suspect de partialité en cette matière, M. de Saint–Evremond, dont on a parlé déjà, de faire un aveu,

temps l'hôtel de Sourdeac, situé rue Garancière. Plus tard elle acheta, pour son usage, une maison, rue du Pot de Fer, aujourd'hui de Bonaparte, acquise ensuite par les sœurs de l'Instruction, qui y construisirent des bâtiments occupés, après la Révolution, par le séminaire de Saint-Sulpice, et démolis depuis. Le corps de logis occupé par les gentilshommes, était situé immédiatement avant la partie haute du jardin actuel du séminaire. Leur communauté subsista jusque vers le milieu du XVIIIᵉ siècle, où par un effet du refroidissement si universel de la piété à cette triste époque, elle finit par se dissoudre. Le président Aunillon en fut le dernier supérieur, malgré les efforts que fit pour la rétablir, M. le comte de Cherbourg, l'un de ses anciens membres (2).

(2) *Rem.hist.*, *ibid.*

† L'une de ces communautés, composée de douze à treize personnes, était établie rue de Vaugirard, et avait le Père Guilloré pour confesseur; l'autre, rue de Sèvres, avait pour supérieur laïque un Monsieur d'Aubusson (3).

(3) *Ibid.*

qui montre de la manière la plus incontestable, la réalité du changement opéré généralement dans les esprits depuis le ministère pastoral de M. Olier. Saint-Evremond, banni autrefois du royaume, était alors en Angleterre depuis plus de trente ans; et une personne peu attachée à la religion, lui ayant appris par lettre la conversion et le rétablissement du comte de Gramont, il lui fit remarquer, par sa réponse, le grand changement dans les idées religieuses, survenu en France, depuis sa jeunesse. « J'ai appris avec beaucoup de plaisir, lui disait-il, » que M. le comte de Gramont a recouvré sa première » santé, et acquis une nouvelle dévotion. Jusqu'ici » je me suis contenté grossièrement d'être homme » de bien; il faut faire quelque chose de plus, et je » n'attends que votre exemple pour être dévot. Vous » vivez dans un pays, où l'on a de merveilleux avan- » tages pour se sauver. Le vice n'y est guères moins » opposé à la mode, qu'à la vertu : pécher, c'est » ne savoir pas vivre, et choquer la bienséance au- » tant que la religion. Autrefois, pour se damner » en France, il ne fallait qu'être méchant : présen- » tement, il faut être de plus malhonnête homme. » Ceux qui n'ont pas assez de considération pour » l'autre vie, sont conduits au salut par les égards » et les devoirs de celle-ci(1).» M. de Saint-Evremond eût été sans doute de ce nombre, s'il eût quitté le milieu où il vivait, et fût repassé en France, comme il en avait alors la liberté. Du moins, dans ses *stances sur l'amour de la vie,* il dit au sujet de l'événement que nous venons d'indiquer :

    « Sans besoin du secours de la Philosophie
    » Dont on fait trop d'honneur au vieux Saint-
                         [Evremond,
    » Il serait fort content, s'il achevait sa vie,
    » Comme a pensé mourir le comte de Gramont(2).»

En racontant jusqu'ici l'histoire de la réforme du faubourg Saint-Germain, nous n'avons parlé en dé- tail, que du changement survenu dans les gentils-

(1) *OEuvres de S.-Evremond. Londres* 1711, in-12, t. I, p. 104, 105. *Vie de S.-Evremond.*

(2) *Ibid.,* p. 106.

hommes et les militaires ; pour montrer de plus
en plus la part que Dieu voulut donner à M.
Olier dans cette révolution religieuse, il nous reste
à exposer l'influence de son ministère pastoral
sur les autres classes de la société : ce qui sera la
matière des livres suivants.

SUR M. DE RENTI

NOTE 1, p. 248. — Le baron de Renti, l'un des plus saints personnages de son siècle, était naturellement bouillant, prompt, altier, moqueur (1). Le livre de l'*Imitation de Jésus-Christ*, que son libraire le pressa de lire, le détrompa de toutes les illusions du monde (2). Dès lors il fut un modèle d'édification à la guerre et à la cour, aussi bien que dans l'intérieur de sa famille. Personne ne montrait plus de sagesse que lui dans les conseils de guerre, ni plus de résolution et de courage au milieu des périls (3). Ayant un jour été provoqué en duel, il répondit que Dieu et le Roi lui défendaient de repousser une injure par les armes, mais que si son adversaire l'attaquait à force ouverte, il le mettrait en état de s'en repentir. La chose arriva en effet de la sorte : le perfide agresseur fut blessé par M. de Renti, qui le fit porter dans sa tente, lui prodigua toutes sortes de soins et lui rendit son épée (4). C'était un homme sans respect humain, incapable du moindre déguisement ; et quoiqu'il fût toujours uni à Dieu, il était néanmoins très-civil et plein de prévenance (5). Il fut l'un de ces fervents laïques que Dieu suscitait alors pour rallumer le zèle attiédi du clergé. Voyant la vie lâche et inutile des ecclésiastiques, il en avait le cœur navré de douleur, et demandait ardemment à Dieu des hommes apostoliques (6). Il était même comme le directeur d'un grand nombre d'ecclésiastiques et de séculiers (7). Il sut associer M. de Fénelon à tous les genres de bonnes œuvres auxquelles il se livrait lui-même : les séminaires, les associations pieuses, tous les projets utiles à la religion et à l'humanité obtenaient son appui et son concours. Les catholiques anglais réfugiés en France, les captifs de Barbarie, les Missions du Levant, l'église du Canada, trouvèrent en lui un protecteur actif et généreux. Ce fut surtout à Paris qu'il déploya tout l'héroïsme de sa charité envers les indigents, les malades, les étrangers pauvres et les ouvriers, dont il s'était fait le nourricier, l'ami et le frère (8).

(1) *Vie de M. de Renti, par le P.* S.-*Jure*, in-12, p. 251, 184.

(2) *Ibid.*, p.5.

(3) *Ibid.*,p.15, 17.

(4) *Ibid.*,p.19.

(5) *Ibid.*,p.252.

(6) *Ibid.*,p.396.
(7) *Ibid.*,p.248.

(8) *Essai sur l'influence.*

SUR LA PROTESTATION DE LOUIS XIV TOUCHANT LES
PEINES PORTÉES CONTRE LES DUELLISTES

NOTE 2, p. 267. — La protestation solennelle que Louis XIV fit de ne jamais accorder de lettres de grâce aux duellistes, était le seul moyen de procurer la cessation des duels, ou au moins d'en voir diminuer le nombre. Depuis longtemps il existait des lois pour les réprimer; mais par la trop grande facilité de nos rois, ces lois toutes sévères qu'elles étaient, ne pouvaient apporter un remède au mal. Henri IV, dans l'espace de six ans, avait accordé plus de sept mille lettres de grâce, quoiqu'il eût péri sept ou huit mille gentilshommes dans cette sorte de combats (1); et sous la Régente, la modération dont on avait cru devoir user à l'égard des duellistes, semblait avoir rendu cette licence plus effrénée (2). Aussi les maréchaux, consultés par la Reine régente, avaient-ils répondu que le seul moyen de l'arrêter, était cette déclaration solennelle que le Roi confirmerait encore par serment, le jour même de son sacre (3). Louis XIV fit en effet ce serment, et ordonna d'en insérer la formule dans le cérémonial du sacre des rois de France, afin qu'à son exemple tous ses successeurs s'y engageassent solennellement (4).

(1) *Hist. de Paris*, t.II, p.1279.
(2) *Edit de Louis XIV contre les duels, ib.*
(3) *Histoire de France, sous le règne de Louis XIV, par M. de Larrey*, t. II, p. 208.
(4) *Cérémonial du sacre des rois de France*, in-8°, 1775.

DE LA PART QUE LE MARQUIS DE FÉNELON EUT A L'ABO-
LITION DES DUELS. LE COMTE DE DRUY

NOTE 3, p. 268. — Ce qui a été dit, dans cette Vie, sur le marquis de Fénelon, que M. Olier détourna pour toujours de la détestable pratique des duels, montre dans quel sens l'archevêque de Cambrai, son neveu, semble lui attribuer le dessein de l'association pour les abolir. Il s'exprime de la sorte, dans sa lettre au pape Clément XI, touchant la canonisation de saint Vincent de Paul : *Patruus Olerio charus Vincentium familiarissimè novit. Utroque autem propositum confirmante, ipse juvenis dux et auctor fuit, ut multi secum viri, bello et genere clari, impium duelli furorem in Sancti-Sulpitii seminario, solemni die Pentecostes, ejurarent.* Il fut le promoteur de ce dessein, en sollicitant les gentilshommes à y entrer, et en les y déterminant par son exemple (5).

Le comte de Druy doit être regardé aussi comme l'un des hommes qui contribuèrent le plus à l'abolition du duel. Il composa, contre cette malheureuse coutume, un ample recueil, qu'on peut considérer comme un précis des instructions adressées par M. Olier à ces militaires, pour sanctifier en eux le courage et la valeur. Il a pour titre : *La beauté de*

(5) *Vie de la mère Gautron*, p. 508.

la valeur et la lâcheté du duel, par le comte de Druy, Paris, Bessin, 1658, in 4°. Entre les approbations dont il est revêtu, on remarque celle de Bossuet, alors jeune docteur de Navarre.

SUR LA PERSÉCUTION CONTRE LES GENTILSHOMMES,

CONVERTIS PAR M. OLIER

NOTE 4, p. 268. — Le cardinal Mazarin, s'étant laissé prévenir dans une occasion, contre le marquis de Fénelon, ne put s'empêcher de lui parler contre les *dévots*, voulant désigner par là les gentilshommes qui faisaient, comme lui, profession ouverte de piété. « Votre Eminence a un bon » moyen pour les attraper, lui répondit-il très à propos : » ils le méritent bien : c'est de ne les employer jamais ni » dans les charges, ni dans les affaires (1). » D'après le Père Rapin, les principaux de ces gentilshommes furent le marquis de Fénelon, le comte de Brancas, le marquis de Saint-Mesmes, le comte d'Albon, tous hommes de qualité, et de la cour. « Ils commencèrent, ajoute-t-il, à se liguer » pour exterminer les duels dans le royaume, et pour dé- » truire les blasphèmes parmi les gens de qualité; et DIEU » versa bien de la bénédiction sur leur zèle (2). » Ce religieux ne laisse pas pourtant de les traiter lui-même d'une manière assez peu favorable, et ne craint pas de les désigner sous le nom odieux de *secte des dévots* : Ce qui montre que même parmi les hommes de bien, ces gentilshommes ne laissaient pas d'avoir des adversaires. M. de Chantelauze assure que le Père de la Chaise, confesseur du Roi, était de ce nombre ; et que l'aversion bien déclarée de ce religieux contre les dévots, était la cause de la froideur que faisait paraître à son égard, Madame de Maintenon (3). Cette opposition est d'autant plus surprenante, surtout dans un temps où les questions sur les prérogatives du saint siège commençaient à agiter les esprits en France, que ces gentilshommes étaient connus par leur extrême attachement au souverain Pontife. On lit dans un écrit composé par l'ordre de Colbert en 1663 pour désigner ceux qui en cette matière donnaient le plus d'ombrage au gouvernement : « Les prin- » cipaux sont : MM. d'Albon, de la Mothe-Fénelon, et quel- » ques autres que l'on connaît assez (4). »

Bien plus, le Père Rapin qui, dans ses *Mémoires*, n'est pas toujours l'écho fidèle de la vérité, rapporte au sujet de ces gentilshommes, un conte assez mal imaginé. Il assure que Louis XIV, à qui le cardinal Mazarin les aurait rendus suspects, les fit jouer quelques années après par

(1) *Vie de la mère Guutron*, liv. III, p. 513.

(2) *Mém. du P. Rapin*, t. I, p. 293, 294.

(3) *Ibid.*, n.

(4) *L'assemblée de 1682, par Gérin. Appendice* n. 3, p. 524, 2e édit. 1870.

(1)*Mém. du P. Rapin*, t. I, p. 294.

(2) *Vie de la mère Gautron*, liv. III, *ibid.*

(3) *Collect. de Mém. par Petitot* t. XXXIII, p. 170.

(4)*Réplique de Racine à Dubois et à Barbier d'Aucourt. Ibid.*, p. 170.

Molière sur le théâtre, sous le nom de *Tartufe* (1). Assertion que l'éditeur de cet historiographe n'a pu s'empêcher de blâmer, et avec beaucoup de raison. Elle est, en effet, tout-à-fait invraisemblable et démentie d'ailleurs par les monuments du temps. Assurément si Molière avait eu dessein de décrier ces gentilshommes, comme se l'est imaginé le Père Rapin, il n'aurait pas manqué de donner une épée à son faux dévot. Aussi est-il rapporté dans la vie de la Mère Gautron, que lorsque le Tartufe parut, des adversaires de ces gentilshommes dirent à l'auteur, qu'il aurait bien mieux fait de lui donner une épée qu'une soutane : ils voulaient surtout désigner le marquis de Fénelon (2). C'est vraisemblablement ce mot altéré qui aura donné lieu au Père Rapin de dire que Louis XIV les fit décrier par cette pièce, parcequ'elle fut jouée la première fois devant lui. Mais loin d'avoir excité Molière à la composer, Louis XIV, après que les trois premiers actes en eurent été joués dans une fête qu'il donna lui-même au commencement de l'année 1664, fit cesser la pièce, et défendit provisoirement, sur les représentations de quelques personnes de piété, qu'elle parût sur le théâtre (3).

Une pareille défense devait exciter, et excita en effet vivement la curiosité du public, au point que Molière, qui n'avait pas encore livré son Tartufe à la presse, se vit sollicité à en faire des lectures de toutes parts : ce qui donna lieu à un événement assez singulier. Comme le bruit courait alors, que c'étaient les Jésuites qu'il avait voulu attaquer par cette pièce : il n'en fallut pas davantage aux casuistes de Port-Royal, quoique si prononcés contre la comédie en général, pour permettre à leurs disciples de se donner ce divertissement, dans ce cas particulier. Molière fut donc appelé par une grande dame, qui avait réuni pour l'entendre une nombreuse compagnie. C'était le 26 août de cette même année 1664, jour où douze religieuses de Port-Royal devaient être retirées de leur couvent par ordre du Roi, pour être transportées dans d'autres monastères. Mais au moment où Molière allait commencer sa lecture, un homme arrive tout essoufflé, qui s'approche de la dame et lui dit à l'oreille : « Quoi, Madame, vous entendrez une co- » médie, le jour où le mystère de l'iniquité va s'accomplir : » ce jour qu'on nous ôte nos mères ! » La compagnie fut congédiée à l'instant même ; et Molière, remarque l'écrivain qui nous a transmis cette particularité, s'en retourna bien étonné de l'empressement qu'on avait eu pour le faire venir, et de celui qu'on avait pour le renvoyer (4). Il est probable, que ce bruit si injurieux aux Jésuites, était répandu alors par leurs adversaires, sans aucun fondement, car le janséniste Deslyons, qui les ménage assez peu, écri-

vait en 1665 : « On disait que Molière avait composé le
» Tartufe ou l'hypocrite, pour décrier l'abbé Roquette, par
» un effet de l'envie qu'il avait conçue autrefois contre cet
» abbé, lorsqu'ils demeuraient tous deux chez le prince de
» Conty (1). » Quoi qu'il en soit, après trois ans de refus,
le Roi se voyant importuné de toute part, permit verbale-
ment à Molière de faire jouer sa pièce ; mais après la re-
présentation, le premier Président ayant défendu d'en
donner une seconde : ce ne fut qu'au bout de deux ans, que
Molière obtint du Roi la permission, par écrit, de remettre
sa pièce sur le théâtre (2). Ces refus si persévérants de la
part du Roi, font assez comprendre, que le Tartufe n'avait
pas été composé sur la demande de ce prince.

(1) *Journaux de M. Deslyons.* Bibl. *impériale* Fr. 24998, pag. 493, 567, 577.

(2) *Biographie de Michaud. Article Molière.*

MORT ÉDIFIANTE DU JEUNE DE FÉNELON

NOTE 5, p. 269. — La mort de ce gentilhomme, arrivée au
siége de Candie, fut précédée des marques les plus sensibles
de la miséricorde divine. « J'avoue, dit-il à son père, que
» j'ai eu une extrême répugnance pour ce voyage : il m'é-
» loignait des plaisirs de Paris et de la cour ; je ne croyais
» point qu'il pût servir à ma fortune ; je le regardais comme
» un voyage indiscret, qui me sacrifiait à la dévotion ; mais
» ce qui me faisait le plus de peine, était que j'ai toujours
» cru n'en revenir jamais. J'avais sans cesse dans l'esprit,
» que je ne pouvais me sauver dans le monde, et que Dieu
» me ferait mourir dans ce voyage pour me sauver malgré
» moi. J'étais assez malheureux pour craindre un si grand
» bien : maintenant j'en connais le prix : j'en remercie
» Dieu et je meurs content (3). »

(3) *Vie de la mère Gautron,* p. 515, 516.

LIVRE HUITIÈME

M. OLIER EST L'INSTRUMENT DE LA SANCTIFICATION
DES DAMES DE CONDITION, ET DE CELLE DES
PRINCES ET DES PRINCESSES

I.
M. Olier ex-
horte les da-
mes au mépris
des choses du
monde.

M. Olier qui avait pris sur les plus braves militaires de son temps, l'empire dont on vient de voir
les effets, exerça une influence au moins égale, pour
ne pas dire plus grande, sur les personnes de condition et particulièrement sur les dames qui étant
naturellement plus portées à la piété, et allant à
Dieu moins par l'esprit que par le cœur, sont plus
promptes à se rendre aux invitations de la grâce.
Aussi, est-il à remarquer, que dans la réforme du
faubourg Saint-Germain, elles devancèrent les
hommes, et leur donnèrent ce bon exemple, comme
elles-mêmes l'avaient reçu des enfants, qui furent
les heureuses prémices du ministère pastoral de M.
Olier. Le premier moyen qu'il employa pour préparer les femmes mondaines, à la considération religieuse et à l'amour des mystères du Sauveur, fut
de les détromper de l'illusion des richesses, des
honneurs et des plaisirs : il avait reçu de Dieu un
don particulier pour porter cette conviction dans
les âmes. « Si tout le monde doit passer, dit-il un
» jour dans l'ardeur de son zèle, à quoi consume-t-
» on misérablement le temps : après des vanités qui
» doivent être détruites et ruinées, qui ne seront
» plus rien un jour, et ne sont rien maintenant? O
» monde! ton or n'est que de la terre, et elle sera
» fondue. Ta vanité et ton honneur ne sont que

» fumée, et ils ne seront plus. Ton plaisir n'est que
» corruption, et il sera passé ; et tout le monde pas-
» sera comme une ombre. Si le feu doit dévorer
» tout ceci, à quoi nous y amusons nous ? Hélas !
» ne nous laissons point juger ; jugeons-nous les
» premiers. Si tout doit pourrir, à quoi tant l'es-
» timer ? (1) » Ces exhortations et d'autres semblables, par la bénédiction de Dieu, opérèrent des
conversions éclatantes ; et l'on vit bientôt, parmi
les dames les plus engagées dans le monde, des
Madeleines repentantes, courageuses, audacieuses
même dans la promptitude et la générosité de leur
retour à Dieu, fouler aux pieds le respect humain,
et se déclarer hautement pour le parti de la vertu.

(1) *Mém. aut. de M.Olier*, t.iii, p. 431.

Toutes cependant ne se rendirent pas si prompte-
tement ; plusieurs, trop peu généreuses encore pour
se déterminer à une parfaite conversion, et pour
oser découvrir l'état malheureux de leur conscience,
mirent à une rude épreuve la douceur et la patience
du serviteur de Dieu. L'obstacle le plus difficile à
vaincre, était, comme toujours, et surtout alors,
l'idolâtrie de l'esprit propre qui était commune
parmi les dames du grand monde en ce temps là.
Sous la régence d'Anne d'Autriche, où les femmes
exerçaient la principale influence à la cour, un grand
nombre cherchaient à se distinguer, moins par
l'éclat de la parure, et les soins excessifs du corps,
que par les délicatesses de l'esprit, et les finesses du
goût. Ce genre d'attrait leur servant comme d'un
puissant ressort pour la politique ou pour exercer
un certain empire dans les sociétés, elles l'avaient
en grande estime et le préféraient à tout le reste.

II.
Il s'élève con-
tre l'idolâtrie
de l'esprit pro-
pre, chez les
femmes de
qualité.

Cette disposition orgueilleuse s'opposait plus que
toute autre passion à l'établissement de la vie de la
foi dans leurs cœurs, et souvent c'était un mal
comme incurable. Aussi, ne craignait-il pas quelquefois, pour essayer de guérir les âmes qui en étaient
atteintes, d'employer des remèdes violents, soit en
leur rappelant les grandes vérités du salut, soit en

leur mettant sous les yeux le néant d'où elles
avaient été tirées. « Je pense parfois, dit-il un jour,
» en signalant ces personnes, je pense parfois à ces
» femmes, qui mettent tant de temps à ajuster leurs
» beaux cheveux. † Si j'ouvrais leur tombeau, trois
» mois après leur mort ; et que je les prisse par ces
» mêmes cheveux, qu'elles ont tant soignés : j'em-
» porterais leur crâne avec leur chevelure. Et alors
» je me dirais : C'est là cette tête si vaine ; c'est là
» cette femme si hautaine et superbe, qui marchait
» égale aux astres ; et, comme dit Isaie, dont le
» port était si vain, si ambitieux? C'est donc là cette
» hypocrisie, ce mensonge trompeur, cette vaine
» apparence, cette fausseté qui trompait le monde,
» et vous trompait vous-même? Ah! cette cervelle,
» dont vous vous piquiez, sera peut-être demi-pen-
» dante au crâne ; et voilà donc votre capacité, ce
» maudit instrument de vanité, dont vous vous
» serviez pour attirer à vous les esprits et les cœurs,
» en les détournant et les éloignant de Dieu (1). O
» larcin sacrilége ! ô amour propre insolent ! ô au-
» dace incroyable, d'oser détourner la créature de
» son auteur, pour la fixer à soi ! O Dieu, toutes les
» choses créées doivent conspirer à votre gloire : et
» cependant par l'abus qu'on en fait, elles ne servent
» qu'à la diminuer. Chacun travaille à attirer les
» créatures à soi, et à se faire le centre de tout ce

(1) *Mém. aut. de M. Olier*, t. III, p. 431.

---

† Ce que dit ici M. Olier du temps excessif, que les femmes
employaient alors, à *ajuster leurs beaux cheveux*, doit être pris
à la lettre. On conserve encore dans la chapelle souterraine
de Notre-Dame de Lorette à Issy, la dépouille mortelle de
Marie Olier, sœur du fondateur de Saint-Sulpice, de laquelle
il ne reste plus que les os et les cheveux. Et il est à considérer que cette chevelure, remarquable pour son état de
parfaite conservation, a été tressée avec un soin et une justesse, dont on ne se fait guères d'idée aujourd'hui. Elle se
partage en deux grandes tresses, qui descendaient jusqu'aux
pieds, et aux quelles viennent se joindre d'autres tresses
plus petites, qui ont été enlacées avec autant de régularité,
de précision et de symétrie qu'on en remarque dans les cor-
dons plats le plus artistement tissus.

» qui l'entoure ; et ce qui n'est fait que pour vous,
» chacun se l'approprie à soi. O figures enchantées,
» ô beautés corruptrices ! ô traits empoisonnés !
» Vous perdez ceux que vous deviez sauver ; au lieu
» de les porter à leur auteur, vous les arrêtez à vous-
» mêmes : et au lieu d'adorateurs du vrai Dieu, vous
» en faites des idolâtres (1). »

Cette immodestie dans les vêtements que M.
Olier signale ici et qui donna un grand exercice à
son zèle, était encore un mal des plus répandus et
des plus funestes aux bonnes mœurs. Ce désordre
scandaleux, après avoir commencé par les dames du
rang le plus élevé, était descendu insensiblement
dans les classes inférieures ; et lorsque le serviteur
de Dieu entra dans la cure de Saint-Sulpice, il était
porté à ses derniers excès ; ce qui était l'occasion
inévitable d'une multitude de péchés (2). Les prédicateurs et les confesseurs n'osaient guères s'élever
contre cette licence, à cause de la qualité des personnes qui s'en rendaient coupables, et qui, pour
l'excuser à leurs propres yeux, la regardaient généralement comme une concession qu'elles ne pouvaient refuser à l'usage, et une sorte de nécessité
attachée à la condition et au rang. M. Olier, en sa
qualité de pasteur, se regardant comme chargé des
péchés de son peuple, s'était efforcé, dès son entrée
dans la cure de Saint-Sulpice, de gémir devant
Dieu de ces outrages faits à la pudeur, de s'offrir
comme victime publique pour les expier, d'exercer
pour cela sur lui de rudes macérations, et surtout
de souffrir en esprit d'amende honorable, les humiliations et les violences de plus d'une sorte qu'il
avait eues à endurer dans la persécution. Mais pour
ne rien omettre de ses devoirs sur une matière si
importante, il s'éleva dans la chaire de son église,
et au confessionnal, contre ces scandales ; et aussi
contre les tableaux et les figures obscènes des maisons des grands. Dans ses instructions, il montrait
avec force l'outrage qu'on faisait à Jésus-Christ

(1) *Attributs de Dieu.* ch. v, § 1.

III.

M. Olier prêche contre l'immodestie dans les vête-ments.

(2) *Mém. part.,* an. 1641, 1642.

par ces libertés criminelles, puisque pour les expier, il avait bien voulu, lui la pureté même, et tout Dieu qu'il était, souffrir devant les juifs, l'ignominie de son propre dépouillement.

IV.
Dévotion à l'Ange gardien, remède contre les immodesties.

A la pensée de Jésus-Christ portant sur sa personne adorable la peine des immodesties que tant de chrétiens se permettent, M. Olier aimait à joindre celle de l'Ange gardien qui, donné de Dieu à chaque âme pour veiller sur elle et l'avertir de son devoir, était malgré lui le témoin de ces indécences si opposées à la sainteté du christianisme et à la pureté des esprits célestes. A la suite de plusieurs saints docteurs, il disait que ces immodesties criminelles contraindraient ces charitables gardiens de se faire les dénonciateurs et les accusateurs devant Dieu de ceux qu'ils n'auraient pu corriger. †

(1) Mém. aut. de M. Olier, t.vi, p. 329.

(2) Mém.part., an. 1647.

Pour donner plus d'efficacité à cette considération, M. Olier se fit un devoir d'inspirer aux paroissiens de Saint-Sulpice une dévotion spéciale envers les Anges gardiens. Dans ce dessein, non content d'en faire lui-même la fête, ce qu'il pratiquait depuis quelque temps déjà (1), par suite de l'autorisation que Paul V en avait donnée, il voulut qu'on la célébrât publiquement dans son église. Cela eut lieu pour la première fois le mardi 1er octobre †† 1647 (2), avec l'édification de la paroisse à qui on avait soigneusement fait connaître le but de la fête et que l'on avait pressée d'y prendre part en assistant aux offices ce jour-là.

† Tirinus in I ad Cor. cap. XI, v. 10. Jubet Paulus velari mulieres in ecclesiâ, propter angelos, ubique assistentes, pudoris aut impudentiæ ipsarum testes et accusatores, inquiunt S. Chrysostomus, Theod., Theop., Anselm. et S. Thomas. Cornelius a lapide dit aussi : Mulieres angelos habent testes honesti pudoris aut impudentiæ.

(3) Novæ observationes Merati, t.ii, part.i, 1740, in-4°, August Vindel, p. 327.
(4) Thesaurus s. rituum a Gavanto, 1685, Lugd., in-4°, t.ii.

†† On sait que la fête des Anges gardiens n'est obligatoire que depuis le décret de Clément X qui l'a fixée au 2 octobre (3). Au temps de M. Olier ceux qui voulaient la faire, devaient la placer le 1er jour libre après le 29 septembre qui, dans le faubourg Saint-Germain, était ordinairement le 1er octobre (4).

Cependant, comme malgré ses avis et les efforts de son zèle, plusieurs dames ne laissaient pas de se vêtir encore de la même manière qu'auparavant : (ce qui était presque inévitable dans une aussi populeuse paroisse que la sienne), le serviteur de Dieu ordonna à ses prêtres de refuser la sainte communion à toutes celles, qui oseraient se présenter pour la recevoir, sans être mises selon les règles de la modestie chrétienne (1) ; et lui-même ne mollit jamais sur ce point, quelle que fût leur condition dans le monde. Un jour de fête solennelle, où il officiait dans son église paroissiale, une jeune dame de qualité se présenta à l'offrande pour rendre le pain bénit, dans une parure peu modeste ; M.Olier l'ayant aperçue, et descendant les marches du sanctuaire, jeta sur elle un regard grave et sévère, et lui fit, en présence de tout le peuple, la correction que la publicité de ce scandale demandait. Interdite et déconcertée, elle retournait à sa place, tenant toujours à la main le cierge qu'elle était venue offrir ; et comme l'écuyer qui l'accompagnait, selon la coutume de ce temps, † lui faisait signe d'aller le porter au sanctuaire : « N'y venez pas derechef, dit » alors M. Olier ; votre offrande ne serait pas re- » çue (2). » Par respect pour la présence et les avis de ce digne pasteur, il n'y avait presque personne qui ne vînt à l'église dans une mise tout-à-fait conforme aux règles de la plus sévère modestie ; et l'on voyait même des dames de la première condition se dépouiller auparavant de certains ornements que les personnes chrétiennes, de leur rang, ne faisaient pas difficulté de porter.

Il est vrai que, comme un pasteur vigilant, il ne négligeait jamais de donner des avis particuliers toutes les fois qu'il en avait l'occasion favorable, de peur qu'au tribunal de Dieu, on ne lui reprochât

V.
Zèle de M. O- lier pour faire garder la mo- destie dans les vêtements.

(1) *Mém.de M. du Ferrier*, p. 146.

(2)*Attest. aut. touchant M. O- lier*, p. 157.

---

† D'après l'étiquette d'alors, toutes les dames de qualité devaient être accompagnées d'un vieux serviteur, qui avait le titre d'écuyer.

de n'avoir pas fait, pour une seule de ses ouailles, ce à quoi sa charge l'obligeait. Mais, à moins d'un scandale public., ses avertissements étaient accompagnés de tant de charité et de douceur, qu'ils n'offensaient jamais personne. Faisant un jour une conférence aux membres de la confrérie du très-saint Sacrement, il aperçut une dame d'honneur de la Reine, que la princesse de Condé avait amenée à l'église et qui n'était pas vêtue avec assez de décence. Pour l'en reprendre, il s'avisa d'un expédient, que, dans un autre, on aurait pu trouver bizarre, et qui, néanmoins, eut tout l'effet qu'il s'en était promis. Ce fut de lui envoyer une épingle, en lui faisant dire agréablement que c'était pour attacher le mouchoir qu'elle avait au cou. L'aménité qui accompagna la correction, le ton de douceur que le serviteur de Dieu sut y mêler, en tempérèrent toute l'amertume, et les assistants ne furent pas moins édifiés de la soumission et de la reconnaissance que témoigna cette dame, que de la charité et du zèle de ce vigilant pasteur (1).

(1) *Attest. aut.* p. 159.

S'il était nécessaire de justifier la conduite que tint M. Olier dans cette rencontre, on ferait remarquer, d'après un écrivain du temps, que la duchesse d'Orléans et la Reine régente, qui avaient adopté pour elles-mêmes cette sainte réforme, faisaient dire aux dames qu'elles invitaient à se rendre à leurs cours, quand on y recevait des ambassadeurs ou d'autres personnes de marque, de n'y venir qu'entièrement couvertes (2). M. Olier était donc bien autorisé à faire cette correction à une dame d'honneur de la Reine qui semblait oublier à l'église l'étiquette qu'elle gardait scrupuleusement à la cour.

(2) *Mém. de M. du Ferrier*, p. 146.

Ce furent ces exemples de modestie, donnés d'abord par les dames du plus haut rang et par la régente elle-même, qui achevèrent la réforme tant désirée par M. Olier et à laquelle ses prières, ses exhortations et les diverses industries de son zèle eurent une grande part. « Alors, dit M. du

» Ferrier, tout Paris était dans une modestie sin-
» gulière (1). »

(1) *Mém. de M. du Ferrier*, p. 146.

On ne s'étonnera pas que M. Olier ait pu obtenir
d'un grand nombre de personnes entièrement engagées dans le monde, les sacrifices les plus coûteux
à la vanité, si l'on se rappelle le grand ascendant
que lui donnait sa vertu, et surtout si l'on considère
que Dieu, pour le rendre plus propre à ramener ses
paroissiens à leur devoir, se plaisait quelquefois à
autoriser son ministère, par des actes frappants de
sa puissance qui semblaient tenir du prodige. La
connaissance qu'en avaient ses paroissiens les remplissait d'une secrète et profonde vénération pour
sa personne, et leur inspirait la plus respectueuse
soumission pour ses moindres avis. Le trait suivant,
dont il fait lui-même le récit, en est une preuve remarquable.

« Dernièrement, je fus appelé avec instance, pour
» consoler une mère désolée de la mort de sa fille.
» Après lui avoir suggéré quelques dispositions
» chrétiennes, et quelques sentiments, que Dieu
» m'inspirait, j'allai voir sa petite, qui était comme
» abandonnée, et percluse de ses sens, ne donnant
» aucun signe de vie. Je me tenais debout auprès
» d'elle, immobile ayant toujours les yeux arrêtés
» sur cette enfant, et sans pouvoir ni me mouvoir,
» ni parler. Durant ce temps, je sentais qu'une
» vertu qui sortait de moi, se répandait sur cette
» fille ; et j'entendis par trois fois ces paroles : *C'est*
» *la vie*. Je ne savais ce que c'était que cette influ-
» ence, sinon qu'elle sortait de Jésus-Christ pré-
» sent en moi, et qu'elle était purement de lui, n'y
» ayant moi-même pas plus de part, que n'en au-
» raient les espèces du très-saint Sacrement, sous
» lesquelles Jésus-Christ résidant, opère sur les
» corps et sur les âmes. Après cela, l'enfant revint
» en santé ; et depuis elle se porte bien, grâces à
» Dieu. Cela ne s'est pas su ; mais les parents de
» cette fille disent : Que les prières de ce pécheur

» *l'ont ressuscitée*; ce sont les termes dans lesquels » ils en parlent. »

Ce que M. Olier ajoute n'est pas moins digne d'attention, et montre que les bénédictions dont Dieu couronnait ainsi son ministère, loin de l'exposer à quelque retour de complaisance, le remplissaient au contraire d'humiliation, en lui mettant toujours plus vivement devant les yeux, la vue de sa misère et le fond de son néant. « Cela fait voir, » dit-il, combien les ministres de Jésus-Christ ont » peu de part aux opérations de sa bonté et de sa » puissance. Il produit des effets très-saints, par » des sujets souvent très-imparfaits et très-impurs, » dont il n'attend point le secours, ni les désirs. Ce » fut ce qui arriva à l'humanité de Notre-Seigneur, » au sujet de la femme qu'il guérit d'un flux de sang. » L'humanité, sans demander la guérison de cette » femme, sentit la personne du verbe opérer au » travers d'elle, et porter sa vertu sur un corps » étranger. Dieu, par un mouvement, qui prenait » sa source en lui-même, voulut faire cette opéra- » tion par lui en l'humanité de son Fils, quoiqu'elle » ne l'en eût pas sollicité intérieurement, et être en » cela la source, et donner l'exemple des opérations » qu'il produit dans son église, par ses ministres, » quoique sans eux (1). »

(1) *Mém. aut. de M. Olier.*

VII.
M. Olier délivre Mlle Le Roguée de ses peines intérieures.

Dans d'autres circonstances, M. Olier opérait sur les cœurs mêmes des personnes qui recouraient à son ministère, des effets si étonnants, qu'elles ne pouvaient avoir aucune sorte de doute, que la main de Dieu ne fût avec lui. Voici un trait de ce genre, arrivé en la personne de mademoiselle Le Roguée,† et certifié par elle-même après la mort du serviteur de Dieu. « Lorsque je fus assez heureuse pour entre- » tenir M. Olier, notre bienheureux Père, il y avait » cinq ou six mois que je souffrais des peines

(2) *Archives du Royaume, sect. hist., Ms. 437. Instruction, etc. f⁰ 14.*

† Cette demoiselle entra depuis chez les *Sœurs de l'instruction chrétienne,* et en fut élue dans la suite *sœur aînée* ou supérieure (2).

» intérieures, les plus sensibles que l'on puisse en-
» durer : opposition à Dieu, pensées contre la foi, ten-
» tations de toute espèce. J'en étais venue au point
» de croire que Dieu m'avait abandonnée, et, dans
» mon désespoir, je pensais que tout fût perdu pour
» mon salut ; j'étais tombée dans un état de mélan-
» colie, que l'on aurait peine à imaginer, et d'autant
» plus étrange, que jusqu'alors, ayant été conduite
» par une voie fort douce et une dévotion tendre et
» sensible, je ne connaissais nullement ces sortes de
» peines. Au milieu de cette affreuse désolation, je
» parlais à mon confesseur, plus par mes larmes
» que par mes paroles ; et tout ce qu'il pouvait me
» dire était insuffisant pour me consoler. Il arriva
» pendant ce temps que mademoiselle de Richelieu, †
» allant voir au séminaire notre bienheureux Père,
» M. Olier, me mena avec elle. Lorsqu'elle eut fini
» de parler, je m'approchai pour lui demander sa
» bénédiction, et il me demanda si j'avais envie de
» servir Notre-Seigneur : je lui répondis que je le
» désirais depuis longtemps, mais que je n'avais pas
» commencé encore. — Si je puis vous aider, reprit-
» il, je le ferai de tout mon cœur. — Alors, me re-
» gardant assez fixement, il me dit : Ma fille, je veux
» vous parler en particulier ; quand je le pourrai,
» je vous ferai avertir. — En effet, quelques jours
» après, il me fit dire d'aller lui parler à Issy, près
» Paris. Mon confesseur à qui je demandai cette
» permission, en fut ravi, et me recommanda de bien
» dire toutes mes peines à M. Olier, m'assurant qu'il
» avait une grâce admirable pour soulager les âmes.
» Je m'en allai fort résolue à le faire ; mais dès que

† Mademoiselle de Richelieu, dont il est parlé dans cette
relation, était, selon toutes les apparences, Marie-Marthe de
Vignerod de Richelieu. Elle avait elle-même une si haute
estime et une vénération si profonde pour M. Olier, son
directeur, qu'elle demanda par son testament, que son
cœur fût déposé aux pieds de l'homme de Dieu, décédé
avant elle ; ce qui fut exécuté le 4 septembre 1665 (1).

(1) *Sépultures
du séminaire de
Saint-Sulpice. -
Arch. du Roy.,
sect. dom. S.
7041. Q. n. 3.*

» je fus avec ce saint homme, il se mit à me parler
» de l'intérieur de la très-sainte Vierge et des
» moyens de l'honorer. Les choses qu'il me disait
» étaient si ravissantes, que toutes mes peines s'en
» allaient à mesure qu'il me parlait, à peu près
» comme si on me les avait ôtées avec la main, et
» que l'on eût mis à la place la paix et la joie des
» bienheureux. Cette paix toute céleste m'inondait
» des plus ineffables consolations, au point que
» j'oubliai entièrement mes peines, et ne lui en dis
» pas un mot. Je restai même plusieurs mois sans
» me souvenir de ce qui m'avait si.étrangement
» tourmentée, et depuis je n'en ai plus rien ressenti.
» A ces dispositions si accablantes, dont j'ai parlé,
» succédèrent un amour pour Notre-Seigneur et sa
» très-sainte Mère, et une joie intérieure que je
» ne saurais expliquer ; et ce que M. Olier me dit
» alors m'est demeuré au cœur aussi présent depuis,
» que je l'avais dans cette entrevue. Il me permit
» de parler seulement à mon confesseur de ce qu'il
» venait de me dire, et me recommanda d'aller à la
» chapelle de la sainte Vierge à Saint-Sulpice, me
» consacrer à cette bonne Mère. Après être demeu-
» rée une heure et demie avec ce grand serviteur de
» Dieu, et lui avoir demandé sa bénédiction, je m'en
» revins à Paris à pied, si touchée et si occupée de
» ce que je venais d'entendre, que les deux demoi-
» selles qui m'accompagnaient ne pouvaient tirer
» de moi une parole. Ma joie était si grande, que je
» ne la pouvais presque supporter ; et, revenant par
» la campagne, je ne me sentais pas marcher, en
» sorte que ces personnes avaient peine à me suivre.
» Je m'en allai tout droit à la chapelle de la sainte
» Vierge à Saint-Sulpice, me vouer et me consacrer
» au service de cette divine Mère, comme notre
» bienheureux Père venait de me le recommander ;
» et ensuite chez mon confesseur, pour lui rendre
» compte de cette visite. Il fut fort surpris, surtout
» en voyant le transport de ma joie, et ne m'enten-

» dant parler que d'amour et de reconnaissance en-
» vers Notre-Seigneur. Il me demanda si j'avais
» parlé de mes peines. Je lui dis que non ; mais que
» je n'en avais plus. Et comme je ne parlais que de
» la bonté de Dieu, moi qui auparavant n'avais que
» des pensées de damnation et de réprobation éter-
» nelle, il me dit : — Dieu ne vous damnera donc
» pas, puisqu'il est si bon ? — Oh ! je l'espère de
» toute mon âme, lui répondis-je. — La chose qui
» m'a paru le plus extraordinaire, c'est que notre
» bienheureux Père, M. Olier, ne m'ait rien dit
» touchant mes peines, et que cependant j'en ai été
» sur-le-champ délivrée. Ce que je viens d'écrire
» est si véritable, que je serais prête à le signer de
» mon sang.

(1) *Attest. aut. touchant M. Olier*, p. 141 et suiv.

» BARBE LE ROGUÉE (1). »

VIII.

M. Olier connaît les secrets des cœurs. Exemple d'une jeune personne, qui entre chez les Carmélites.

Une jeune personne de condition, étant convaincue, après beaucoup de prières, de sa vocation à la
vie religieuse, M. Olier, qui la dirigeait, leva tous
les obstacles, en obtenant qu'elle eût la liberté d'entrer chez les Carmélites, où elle désirait vivement
d'être reçue. Mais au moment d'en venir à l'exécution, elle fut attaquée de la tentation la plus violente. Elle alla, dans la compagnie d'une personne
de qualité, à la promenade, dans un lieu appelé le
cours qui était le rendez-vous de la noblesse ; † et
là, l'esprit tentateur, faisant un dernier effort pour
retenir cette victime prête à lui échapper, étala à
ses yeux tout l'appareil des vanités du monde, et
lui persuada qu'il n'y avait pour elle aucune obligation d'entrer en religion. Cette pensée, à laquelle
elle eut la faiblesse de s'arrêter, fit même tant d'impression sur son esprit, qu'elle commença à mettre

† Le *cours* était un lieu destiné à la promenade, situé le
long de la rivière, au dessous de la porte dite de la conférence. Il avait été planté d'arbres, en 1616, par ordre de la
reine Marie de Médicis, ce qui le fit appeler le *cours la Reine*.
On y voyait quatre rangs d'ormes, qui formaient trois allées :
dans celle du milieu, plus large que les deux autres, six
carrosses pouvaient rouler de front (2).

(2) *Hist. de Paris*, par Féli-bien, t. II, p. 1378.

en doute si elle continuerait à avoir M. Olier pour
directeur ; mais l'illusion ne dura pas longtemps.
Dès le lendemain matin, le serviteur de Dieu pria
un gentilhomme de grande piété d'aller l'avertir,
qu'il avait un avis important à lui donner. Elle vient
aussitôt, et à peine M. Olier l'a-t-il saluée, qu'il
débute par ces paroles, dont elle demeura toute
saisie : « Il n'est pas question, ma fille, si vous vous
» sauverez aussi bien dans le monde que chez les
» Carmélites, mais uniquement de faire la volonté
» de Dieu, et d'accomplir les desseins qu'il a sur
» vous. Allons, allons, ma fille, il n'y a point de
» temps à perdre ; il ne faut plus différer. » Puis
il lui dit en détail et avec la dernière précision tout
ce qui s'était passé dans son esprit. Elle en fut si
frappée et si vivement émue, que le jour même, ou
le lendemain (1), elle entra chez les Carmélites. Sa
vocation fut aussi solide qu'elle avait paru d'abord
chancelante ; elle pratiqua avec courage les exercices les plus austères de sa règle, et mourut après
dix-sept ans de fidélité et de ferveur (2).

M. Olier ne souffrait pas que, dans la célébration
des saints Mystères, on se mît à genoux sur des
chaises ou sur des bancs. Dans ses prônes, il parlait quelquefois contre cet usage, qu'il regardait
comme une irrévérence ; souvent il parcourait en
personne toute l'église, pour s'assurer de la modestie des fidèles. Il chargea même quelques-uns de
ses prêtres d'examiner, pendant les saints Offices,
si les assistants avaient un maintien religieux, et
de contenir dans le devoir ceux qui ne garderaient
pas le silence (3). Les dames de qualité avaient alors
la sotte vanité de faire porter les longues queues
de leurs robes, même dans l'église : il parvint à réformer cet abus, en leur faisant comprendre que,
dans la maison de Dieu, grands et petits, tous doivent s'humilier profondément, et ne paraître que
comme de vils serviteurs, indignes d'être admis en
sa présence (4).

(1) *Vie de M. Olier, par le P. Giry*, part. 2ᵉ, chap. x.

(2) *Bretonvilliers*, t.ɪ, p.411, 412. —*Esprit de M. Olier*, t.ɪɪ, p. 627.

(3) *Calendrier hist.*, 1778, p 35, 36. — *Rem. hist.*, t.ɪ, p. 223.

(4) *Vie Ms. de M. Olier, par M. de Bretonvilliers.* — *Rem. hist.*, t.ɪ, p. 223.

Entre autres personnes de condition madame de Rantzau, femme du célèbre maréchal de ce nom, donnait des exemples frappants d'humilité aux paroissiens de Saint-Sulpice. Après avoir abjuré l'hérésie de Luther, elle alla s'adresser à M. Olier, qui, ne pouvant se charger de sa conduite, à cause de ses nombreuses occupations, l'adressa à l'un de ses ecclésiastiques; et celui-ci s'attacha surtout à lui faire comprendre que, plus elle était élevée dans le monde, plus elle devait s'abaisser devant Dieu. Au commencement, il allait la confesser dans une chapelle, où elle avait coutume d'assister au saint Sacrifice; mais voulant un jour l'éprouver, il vint se placer près de l'escalier de la chaire, entre un pilier et un passage très-fréquenté; et, madame de Rantzau lui ayant envoyé son page pour le prier de vouloir bien se rendre dans la chapelle, il lui fit dire qu'elle prît elle-même la peine de venir le trouver. La maréchale obéit sur-le-champ, en suivant son écuyer, qui la fit passer au milieu d'une foule de pénitents, qui attendaient le moment de se confesser, et la plaça tout près du confessionnal. Cette circonstance fournit au confesseur l'occasion qu'il cherchait d'humilier sa pénitente. Dès qu'elle eut achevé sa confession, il lui reprocha son orgueil, lui témoignant qu'il ne l'avait vue qu'avec douleur passer la première, et fouler aux pieds tous ceux qui attendaient déjà avant qu'elle vînt, au lieu de s'approcher avec humilité, et d'attendre elle-même comme les autres. Cette correction fit répandre des larmes à madame de Rantzau, et produisit son effet. Car depuis, elle ne s'approcha jamais du confessionnal qu'en se traînant peu à peu sur les genoux, à mesure que les premiers en étaient sortis. Elle avait un carreau devant elle; mais au lieu de s'y agenouiller, elle avait l'adresse de le couvrir, en sorte qu'elle était immédiatement sur le pavé (1).

Pour la faire avancer dans la vie parfaite, son confesseur lui prescrivit une heure d'oraison mentale

IX.
Vertus de la maréchale de Rantzau.

(1) *Mém. de M. du Ferrier*, p. 203, 204.

le matin, à quoi elle ne manquait jamais ; de plus il
lui défendit le bal, la comédie, et tout ce qui peut
contribuer à la vanité, excepté ce que son mari
exigeait d'elle absolument, comme saint Augustin
le marque à Ecdicie (1). Elle s'appliquait avec soin
à la conduite de sa famille, et à l'instruction de ses
domestiques, qui étaient pour la plupart luthériens.
Elle les conduisait elle-même, chaque dimanche,
au catéchisme à la paroisse, se plaçant au milieu
d'eux : ce qui leur devint si salutaire, qu'en moins
de deux ans il y en eut soixante qui firent leur abjuration ; † et qu'enfin toutes ses demoiselles, ses
pages et ses laquais, à l'exception d'un très-petit
nombre, embrassèrent la religion catholique. La
Reine-mère, qui estimait beaucoup madame de
Rantzau, ne doutait pas que Dieu ne lui accordât la
conversion de son mari, comme la chose arriva en
effet. * †† De l'avis de son confesseur, elle s'appliqua
même à la conversion des hérétiques, en quoi elle
réussit avec un fruit admirable. Elle était secondée
par deux dames très-instruites, madame de Treuille,
femme d'un capitaine des mousquetaires, et madame
de la Rochejacquelein, à qui Dieu avait donné une
grâce particulière pour convertir les huguenots (2);

(1)*Sancti Aug.
Epist.*cclxii,*ali-
às* cxcix. *Edit.
Benedict.*, t. ii,
col. 891, n° 9.

* NOTE 1, p.
338.

(2) *Mém. de M.
du Ferrier*, p.
201, 202.

---

† On sait que les grands seigneurs de ce temps se faisaient gloire d'avoir un nombre considérable de serviteurs.
Il n'y a rien de plus vain, disait à ce sujet Bossuet, que
les moyens que l'homme recherche pour se faire grand.
« Il se trouve tellement borné et resserré en lui-même, que
» son orgueil a honte de se voir réduit à des limites si
» étroites. Mais comme il ne peut rien ajouter à sa taille ni
» à sa substance . . . . il s'imagine qu'il s'accroît . . et qu'il
» s'agrandit en quelque façon par cette suite pompeuse de
» domestiques, qu'il traîne après lui pour surprendre les
» yeux du vulgaire (3). »

(3)*OEuvres de
Bossuet. Edit. de
Versailles*, t. xi,
*sermon sur la
nativité de N.-S.*,
3° *point*, p. 320.

†† Il paraît que les Jansénistes s'efforcèrent d'attirer madame de Rantzau à leur parti ; mais n'ayant pu ébranler sa
foi, et l'ayant même trouvée très-instruite sur les matières
de la grâce, ils en prirent occasion de faire de son érudition le sujet d'indécentes railleries (4).

(4) *Histoire de
l'abbaye de Port-
Royal, par Be-
soigne,*t.ii,p.99,
100.

et toutes ces dames contribuèrent ainsi, à leur manière, et avec beaucoup de succès, à ramener à la
vraie foi, principalement des personnes de leur sexe
du faubourg Saint-Germain, que le malheur de leur
naissance avait engagées dans l'hérésie.

« J'aurais une grande matière, dit M. du Ferrier,
» si je parlais des vertus et des libéralités de ma-
» dame la duchesse d'Aiguillon. Je puis dire que sa
» générosité et sa charité allaient au-delà de ce qu'on
» saurait penser; et jamais elle ne refusa aucune
» des bonnes œuvres, que nous lui proposâmes. Je
» me contente de rapporter ici une seule action, qui
» fera juger du fond de sa piété. Une nuit, j'allais
» dans l'église de Saint-Sulpice, après avoir pris
» mon repas à onze heures et demie, comme c'était
» mon ordinaire; j'étais devant le saint Sacrement,
» et j'entendis qu'on ouvrait la porte de l'église : je
» ne m'en mis pas en peine, sachant que, dans cette
» paroisse, on est souvent obligé d'administrer les
» sacrements aux malades la nuit. Un peu après,
» quelqu'un vint se mettre à genoux derrière moi
» fort doucement. Lorsque j'eus achevé mes prières,
» je me levai, et trouvai que c'était madame d'Ai-
» guillon toute seule. Je lui témoignai mon étonne-
» ment de la voir là, à une heure après minuit, et
» lui en demandai la raison. Elle me dit qu'après
» avoir été toute la journée dans les affaires, reve-
» nant du Palais-Royal (où était alors la cour), elle
» avait voulu faire son oraison, n'ayant su trouver
» du temps durant le jour; et que, pour être plus
» recueillie que chez elle, en s'en retournant, elle
» avait prié le sonneur de lui ouvrir l'église. J'ho-
» norai sa piété, et m'en allai pendant qu'elle conti-
» nua (1). »

Nous ne devons pas omettre de parler ici d'une
des filles spirituelles de M. Olier, dont la vertu jeta
un grand éclat dans la paroisse. Ce fut Catherine
de Monberon, fille du comte de Fontaine-Chalan-
drai, que le marquis de Fénelon avait épousée,

X.
La duchesse
d'Aiguillon.
Sa haute piété.

(1) *Mém. de M.
du Ferrier*, p.
206.

XI.
Exemples de
la marquise de
Fénelon.

comme on l'a dit, principalement à cause de sa piété et de ses rares qualités. Elle contribua beaucoup à lui faire corriger l'impétuosité de son naturel, et l'aida dans la pratique des bonnes œuvres. Elle mourut âgée seulement de vingt-sept ans (1), en grande odeur de sainteté. « Notre chère fille, ma-
» dame de Fénelon, écrivait M. Olier, est honorée à
» présent comme une sainte, par un concours mer-
» veilleux des peuples qui visitent son corps : tant
» est forte l'impression de la vraie piété et sainteté
» que Dieu met dans les cœurs. Je vous en envoie
» une marque, qui est la copie d'une lettre qu'elle
» écrivait en pleine santé à son mari, où vous verrez
» comme elle connaissait sa mort prochaine, dans
» une vue bien sainte et bien chrétienne. Vous y
» remarquerez des vestiges et des impressions de
» toutes les vertus, en un point éminent très-solide.
» C'est une joie, à Saint-Sulpice, de voir l'effet que
» les maximes et les pratiques de la paroisse ont fait
» en son esprit dans si peu de temps, étant reçues
» dans un fond de grâce admirable, et suivies d'une
» merveilleuse fidélité (2). »

Ce zélé pasteur était fort opposé à la maxime, si universellement autorisée dans le monde, que la perfection n'est que pour les ecclésiastiques, ou pour les personnes consacrées à Dieu par les vœux de la religion ; et, pensant qu'une erreur si perni-cieuse ne pouvait avoir que l'esprit de ténèbres pour auteur, il ne cessa, pendant tout son ministère, ou plutôt jusqu'à son dernier soupir, de la combattre et de la détruire (3). Il disait qu'il n'y avait rien dans l'Evangile, que les grands ne pussent prati-quer, s'ils veulent vraiment assurer leur salut, même la pauvreté volontaire, qui consiste moins dans la séparation extérieure des biens de ce monde, que dans le dégagement du cœur. Il engageait les personnes qui n'éprouvaient pas d'attrait particulier pour le mariage, ou pour la vie de communauté, à pratiquer la vie parfaite au milieu du monde. Ce

(1) *Vie de la R. mère Madeleine Gautron,* liv. III, p. 511.

(2) *Lettres aut. de M. Olier,* p. 402.

XII.
M. Olier enga-ge plusieurs personnes de qualité à vivre dans le célibat.
Mlle Leschas-sier.

(3) *L'Esprit de M. Olier,* t. II, p. 652.

fut le conseil qu'il donna, en 1646, à mademoiselle Leschassier, recherchée en mariage par plusieurs riches partis. Il prévit dès-lors les grands fruits que cette vierge prudente ferait dans le monde (1), et l'événement montra, avec la dernière évidence, que cette décision était venue d'en haut (2). « La » défiance de ses propres lumières, dit M. Leschas- » sier, frère de celle dont nous parlons; était en effet » récompensée en lui par une discrétion et une » prudence toutes célestes. De trois personnes qui » avaient toutes un grand désir de servir Notre- » Seigneur et de se retirer du monde, il conseilla à » l'une d'entrer en religion, à l'autre de se marier, » et à la troisième de vivre dans le célibat sans sor- » tir du monde. La suite a fait voir que chacune » ayant suivi son conseil, avait embrassé sa véri- » table vocation (3). »

M. Olier décida, entr'autres, une vocation de cette dernière espèce, qui fit beaucoup de bruit dans tout le royaume. Le marquis de Portes, oncle ma- ternel du duc de Montmorency, décapité sous Louis XIII, avait laissé en mourant une fille unique, héritière de son nom et de ses biens, Marie Félice de Budos, qui, dès l'âge de dix ans, s'était consa- crée à Dieu par le vœu de chasteté perpétuelle (4). Sa mère, mariée en secondes noces au duc de Saint- Simon crut, lorsqu'elle eut connaissance de ce vœu, que sa fille voulait entrer en religion; mais sachant bientôt qu'elle était résolue à vivre dans le célibat au milieu du monde, elle en fut piquée au vif (5). En femme qui veut absolument faire réussir le projet de son ambition, elle traita ce vœu de puérilité; et, sous prétexte de calmer la conscience de sa fille, alors âgée seulement de seize ans, elle réunit un certain nombre de docteurs en théologie, qui usèrent de toutes les subtilités de l'Ecole, pour persuader à la jeune personne qu'elle n'avait pas su ce qu'elle promettait, et que, par conséquent, ce vœu était nul. Mais comme mademoiselle de Portes n'avait

(1) *Petit recueil ou mémoire Ms. de la mère Gau- chet*, in-4°, p. 27.

(2) *Vie de M. de Lantages*, in-8°, p. 35 et suiv.

(3) *Vie Ms. de M. Olier, par M. Leschassier*, p. 34.

XIII.

Vœu célèbre de la marquise de Portes. M. Olier lui don- ne des con- seils.

(4) *Vie de Mme la duchesse de Montmorency, supérieure de la Visitation ....* liv. II, p. 89, 90, 96, 104.

(5) *Lettres aut. de M. Olier*, p. 467.

pas moins de justesse que de solidité d'esprit, la conférence ne produisit pas sur elle l'effet qu'on avait
cru pouvoir s'en promettre. Dans son dépit, la duchesse de Saint-Simon tint alors sa fille comme
renfermée chez elle, espérant de la réduire par ce
moyen. Cet événement eut un grand éclat. La duchesse de Montmorency, retirée au monastère de
la Visitation, à Moulins, se croyant obligée comme
cousine et marraine de la jeune marquise de Portes,
de la fortifier contre cette injuste persécution,
s'adressa à M. Olier, et le pria de l'encourager à
persévérer dans son généreux dessein et de l'assister de ses lumières (1). Il parvint, en effet, malgré
la vigilance de la duchesse de Saint-Simon, à communiquer, par lettres, avec mademoiselle de Portes,
et lui marqua dans toutes les occasions difficiles la
route qu'elle devait tenir. Sa mère, qui désirait lui
faire embrasser l'état religieux (2), revint sur la validité du vœu, et voulut réunir une seconde commission de docteurs † : ce que mademoiselle de
Portes craignait beaucoup. Pour lui fournir un
moyen de répondre à la difficulté de ces casuistes,
qui regardaient comme nul le renouvellement d'un
vœu déjà nul selon eux, dans son origine, M. Olier
lui écrivit avant le second interrogatoire : « Soyez
» dans la paix, mademoiselle ; le Fils de Dieu, votre
» fidèle et véritable docteur, triomphera des seconds
» docteurs, s'ils se présentent, comme il a fait des
» premiers (3). Vous pouvez renouveler encore une
» fois votre vœu de virginité perpétuelle, sans dé-
» pendance et sans rapport au premier, afin de les
» tirer de tout doute (4). » Elle suivit ponctuellement cet avis, et de la manière du monde la plus

(1) *Vie de Mme
la duchesse de
Montmorency*, t.
II, p. 91, 92.

(2) *Lettres aut.
de M. Olier*, p.
453.

(3) *Lettres aut.
de M. Olier*, p.
453.

(4) *Ibid.*, p.464.

---

† L'auteur de la *Vie de madame de Montmorency*, t. II, p.
90, suppose qu'on soumit la validité de ce vœu *à deux docteurs de Sorbonne;* il fallait dire à deux commissions de docteurs. On voit même, par les *lettres de M. Olier*, p. 464, que
M. Péreyret, docteur de Navarre, faisait partie de la première commission.

heureuse. Lorsque les docteurs furent réunis, à peine leur eut-on exposé le sujet de la difficulté, c'est-à-dire, le défaut d'âge et de connaissance dans la jeune personne, que celle-ci, se mettant à genoux au milieu de l'assemblée, dit à haute voix : *Mon Dieu, si le vœu que j'ai fait ne m'engage point par défaut d'âge, je le fais de nouveau aujourd'hui pour toute ma vie.* Cette action mit fin à la conférence ; et tous les docteurs, remplis d'admiration, se retirèrent, déclarant qu'il n'y avait plus lieu à délibérer. La duchesse de Saint-Simon en conçut une si grande peine, qu'elle ne voulut plus voir sa fille dès ce moment.

Cependant, sur la demande de madame de Montmorency, elle la laissa partir pour le monastère de la Visitation de Moulins (1), peut-être dans l'espérance qu'elle y embrasserait l'état religieux, et lui laisserait ainsi la disposition de sa fortune. « L'esprit » du monde, sans y penser, écrivait M. Olier à » mademoiselle de Portes, vous a fait faire la vo- » lonté de Dieu, qui se sert de tout pour accomplir » ses desseins sur les âmes.... Priez-le qu'il vous » purifie par cette voie, et vous rende digne d'être » immolée en sacrifice pour son amour (2). » Toutefois ne voyant point dans mademoiselle de Portes les marques ordinaires de vocation à la vie religieuse, et considérant d'ailleurs que Dieu lui avait inspiré, dès l'enfance, un grand zèle pour le soulagement des pauvres, et pour le salut des huguenots, M. Olier décida qu'elle devait suivre son attrait, et demeurer dans le monde (3). Elle s'appliqua, en effet, à rétablir le règne de Dieu dans ses terres des Cévennes, toutes remplies d'hérétiques ; et le plus bel éloge qu'on puisse faire de sa charité, c'est de dire qu'elle lui a mérité les invectives des religionnaires. M. Olier, en ayant écrit quelques traits aux directeurs du séminaire de Saint-Sulpice, leur disait : « Vous pourriez, sous nom emprunté, vous servir » de cet exemple d'une fille, pour encourager et

XIV.
M. Olier conseille à la marquise de Portes de servir Dieu dans le monde.

(1) *Vie de la duchesse de Montmorency,* t. II, p. 90, 91, 92.

(2) *Lettres aut. de M. Olier,* p. 463.

(3) *Ibid.,* p. 465 et suiv.

» enflammer nos enfants. Elle m'a écrit une lettre » de feu * (1). »

XV.

M. Olier fait honorer Dieu par les Grands

Les princes et les princesses éprouvèrent aussi les effets du zèle pur et désintéressé de ce charitable pasteur. Jamais peut-être personne n'honora plus sincèrement les Grands que ne le fit M. Olier ; jamais aussi on ne vit plus de vrai zèle pour faire honorer Dieu par les grands du monde. Dans les cérémonies ecclésiastiques, telles que l'adoration de la croix, la distribution des cierges bénits ou des rameaux, il régla que tous les membres du clergé auraient le pas sur les paroissiens, de quelque rang qu'ils fussent, même sur les princes du sang (2). Tous applaudirent à ce réglement, et les princes furent les premiers à l'appuyer de leur suffrage (3). On aurait peine à concevoir le grand ascendant que sa vertu lui donnait sur eux. Un jour que le duc d'Orléans assistait aux Vêpres, M. Olier, par un motif que nous ignorons, n'alla point l'encenser, contre la pratique commune, qui déférait cet honneur aux princes. Il se rendit néanmoins chez le duc pour lui porter des excuses ; mais celui-ci, le voyant entrer, lui dit avec l'expression de la bienveillance la plus respectueuse : « Je n'ai point » de satisfaction à recevoir, puisque c'est vous, Mon- » sieur, qui en avez usé de la sorte ; » et, en même temps, il commanda qu'on lui remît une somme d'argent, en le priant de l'accepter pour les pauvres de sa paroisse (4). Nous raconterons dans la suite ce que fit M. Olier pour la conversion de ce prince et celle de sa maison, et le succès dont il plut à Dieu de couronner son zèle.

(2) *Vie Ms. de M. Olier, par M. de Bretonvilliers.*

(3)*Rem. hist.*, t. I, p. 224.

(4)*Attest. aut. touchant M. Olier* p. 199.

XVI.

Conversion d'Henri II, prince de Condé.

Nous avons vu, que dans la persécution de 1645, le prince de Condé, Henri II, s'était très-fortement déclaré contre le serviteur de Dieu ; et depuis ce temps, celui-ci par reconnaissance pour ce prince n'avait cessé de prier chaque jour pour sa sanctification : son grand esprit de foi lui découvrant dans les mépris et les affronts dont on le chargeait, autant de grâces précieuses (1). Ce fut sans doute à la pureté et à la ferveur de ses prières, non moins qu'aux aumônes abondantes que fit là princesse de Condé pour l'entière conversion de son mari (2), que celui-ci dut le bonheur de revenir à de meilleurs sentiments l'année suivante 1646, qui fut la dernière de sa vie. Se sentant atteint de la maladie dont il mourut, il songea sérieusement à mettre son salut en assurance, et reçut avec reconnaissance et consolation le ministère de M. Olier. Il lui témoigna son vif et sincère repentir de s'être opposé à l'œuvre de DIEU, et la satisfaction qu'il avait de le voir curé de Saint-Sulpice. Il s'excita au regret de ses fautes, reçut avec piété les derniers sacrements, et donna des marques de pénitence si indubitables, que chacun demeura convaincu de la sincérité de sa conversion(3). On ne peut douter, que pour le disposer à paraître devant le juge suprême, M. Olier ne lui ait fait détester, outre les écarts de sa vie comme chrétien, la conduite politique qu'il avait tenue sous la minorité précédente, lorsque possédé par la passion de dominer, il avait osé se liguer avec les huguenots, et prendre les armes contre Louis XIII son souverain (4). " Aussi est-il à remarquer, qu'entre autres derniers avis qu'il donna au prince Louis surnommé plus tard le grand Condé, au prince de Conti, et à la duchesse de Longueville ses enfants, il leur recommanda de ne jamais manquer à ce qu'ils devaient au monarque, et les assura, que le plus grand malheur qui pût arriver à un prince du sang, était de faire un parti contre le souverain (5) : avertissement trop tardif qui malheureusement ne produisit pas son effet, comme nous le verrons dans l'histoire de la Fronde.

Ce fut sans doute en vue de désavouer et de réparer, autant qu'il le pouvait alors, sa propre conduite envers Louis XIII, que le prince mourant, chargea M. Olier, de porter de sa part à la Reine régente un avis important au maintien de l'autorité

(1) *Lettres spirit. de M. Olier,* in-3°, p. 128.

(2) *Mém. part.,* an. 1641.

(3) *Mém. part.*

(4) *L'art de vérifier le dates,* 3ᵉ *race,* 1615. * NOTE 3, p. 343.

(5) *Mém. de Mᵐᵉ de Motteville,* an. 1646. *Collect. petitôt,* t. xxxvii, p. 205.

du Roi, son fils. C'était que la cabale de la nouvelle secte, qui se formait à Port-Royal, serait peut-être un jour capable d'enlever la couronne de dessus la tête du monarque, si elle n'avait une grande application pour s'opposer à son progrès et pour la détruire (1). † Comme dans le dernier moment le prince tenait beaucoup à faire porter à la reine ces paroles, les seules dont on donna connaissance au public; et que peut-être il voulait de plus lui faire un désaveu solennel, quoique secret, de la conduite politique qu'il avait à se reprocher : il chargea simultanément de la commission dont nous parlons, deux autres ecclésiastiques, en grande estime auprès de cette princesse, le nonce Apostolique, M. Bagni, et M. de Pons de la Grange, curé de Saint-Jacques-du-Haut-Pas, qui le lendemain de la mort de ce prince, 27 décembre 1646, allèrent en effet, avec M. Olier, faire à la reine cette importante communication (2).

XVII.

M. Olier engage la princesse de Condé à prier pour l'âme de son mari.

Quelque repentir que le défunt eût témoigné en mourant, le serviteur de Dieu ne se contenta pas d'offrir ses propres prières à Dieu pour le repos de l'âme de ce prince, son paroissien et le bienfaiteur de son Eglise; †† il exhorta encore puissamment la Douairière à satisfaire pour lui à la justice divine ; et comme cette princesse l'avait prié de lui suggérer quelques considérations chrétiennes, sur ses devoirs personnels, il lui écrivait : « Vous êtes demeurée » en cette vie, après celui qui était la moitié de vous- » même, et dont les péchés doivent vous toucher » comme les vôtres propres, puisque vous n'étiez » qu'un avec lui, par la sainte condition du mariage. » Aussi les femmes des princes sont quarante jours

(1) *Mém. du P. Rapin*, t. 1, p. 157.

(2) *Ibid.*

(3) *Arch. de l'Empire ; sect. hist. Nécrol. de S.-Sulpice,* L. 1113, p. 85.

---

† Cette prévision n'était que trop fondée, ainsi qu'il parut par les troubles politiques, qui éclatèrent deux ans plus tard.

†† Ce prince donna par son testament 6000 livres pour le bâtiment de la nouvelle église de Saint-Sulpice (3).

» enfermées dans leur chambre, où la lumière du
» jour n'a point d'entrée, mais seulement celle des
» flambeaux, pour faire voir l'unité du défunt, avec
» celle qui reste, qui étant comme renfermée elle-
» même dans un tombeau, soupire et pleure à la
» place de celui, qui ne peut plus gémir pour ses
» péchés. Car le dessein de Dieu dans le deuil, qui
» de l'église passe dans les maisons des fidèles, est
» d'obliger les chrétiens à la pénitence. Pour cela,
» Madame, ces longs vêtements de deuil dont vous
» êtes environnée, et qui s'étendent autour de vous,
» vous font connaître que vous pleurez les désordres
» de ceux qui vous ont précédée, et qui ayant été
» puissants dans le monde, ont laissé après eux de
» longues suites d'afflictions, et de grandes obliga-
» tions de faire pénitence (1). »

(1) *Lettres spi-rit. de M. Olier,* lettre cc.

Ayant choisi M. Olier, pour qu'il travaillât à la
sanctification des Grands, Dieu lui donnait sur
leur condition des lumières spéciales, afin qu'il
leur découvrît le vrai dessein que sa Providence
s'était proposé, en les élevant ainsi au-dessus du
reste des hommes, et leur apprît d'une manière
nette et précise, ce qu'ils avaient à faire ou à éviter,
pour trouver dans l'usage même de la grandeur les
moyens d'assurer leur salut éternel. Cette matière
fort délicate, est assez peu connue dans ses vrais
principes et dans leur juste application ; et nous ne
pensons pas nous éloigner de notre but, si, en exposant les travaux de M. Olier pour la sanctification des grands, nous rapportons ici quelque chose
de ce qu'il écrivit sur ce sujet à la douairière de
Condé, sa pénitente, qui, après la mort de son
mari, avait désiré de recevoir de sa main une règle
de conduite, où elle apprît à se sanctifier dans sa
condition. C'est une très-ample instruction sur les
devoirs des princesses chrétiennes : nous ne pouvons que l'effleurer ici, en nous bornant à quelques
vues générales, sur les vrais sentiments que le
christianisme exige des princes et des grands.

XVIII.

M. Olier fait connaître aux Grands, le dessein de la providence sur eux. La princesse de Condé.

Pour faire comprendre à la douairière l'excellence de cette condition, il lui rappelle qu'en créant l'homme, Dieu avait eu dessein d'exprimer en lui une image de sa grandeur, et qu'après le péché qui réduisit les enfants d'Adam à une misère extrême, il avait conservé quelque chose de cette première splendeur dans la personne des Grands : révélant par eux sa puissance aux yeux grossiers et terrestres, aussi bien que par le spectacle de l'univers ; qu'enfin Jésus-Christ venant tout réparer, avait sanctifié ces deux états : celui de la misère, commune à la plupart des hommes, par sa vie pauvre et souffrante ; et celui de la grandeur, par sa vie glorieuse, étant, depuis sa résurrection, le roi des princes et des rois de la terre (1). « Je ne suis pas, Madame, lui dit-il, » de l'opinion de ceux qui, mal fondés sur la parole » de Notre-Seigneur, prétendent que la condition » des Grands est en abomination devant Dieu. Il » est vrai que l'abus d'un état si auguste et si » saint en lui-même, devient une abomination aux » yeux de Dieu, lorsque des hommes osent bien attirer à eux la gloire et l'honneur, se faire passer » pour les dieux de la terre ; et que, comme d'autres » Nabuchodonosor, ils voudraient d'un coup de » trompette faire fléchir le genou à toute créature, » et être adorés comme des idoles (2). Dans ce sens, » la condition des Grands est une abomination ; et » c'est ainsi qu'Esther parlait de sa couronne, parce » qu'elle la partageait avec Assuérus, véritable suppôt du démon, qui se faisait rendre des honneurs » divins, et tenait la place d'une idole dans le temple » du monde. Mais à considérer la grandeur en elle-» même, surtout depuis qu'elle a été réparée en Jésus-Christ, je ne trouve rien de plus beau, de » plus aimable, ni de plus saint ; car si les chrétiens » doivent contempler, dans les Grands, la grandeur » et la royauté de Jésus-Christ, et l'honorer en leurs » personnes ; les Grands doivent être revêtus de » sainteté, de douceur, de bonté, et de toutes les

(1) *Lett. spirit. de M. Olier, lettre* cc, p. 498, 499, 500.

(2) *Lettre aut. Pièce détachée.*

» perfections de Dieu , dont ils expriment la gran-
» deur par leur état. Souvenez vous donc, Madame,
» que vous êtes sur la terre une participation de la
» Divinité, qui prend plaisir d'habiter en vous, non-
» seulement pour faire paraître sa majesté aux yeux
» des hommes, mais pour recevoir leurs hommages
» et les combler de ses bienfaits. Je vous supplie
» donc de ne jamais rien recevoir qu'au nom de Dieu,
» et pour Dieu que vous représentez ; et de vouloir,
» au contraire, que tout ce qu'on vous offre de res-
» pect passe à lui , sans s'arrêter à vous. L'image
» de Dieu dans le temple ne reçoit rien pour elle-
» même, mais seulement pour Dieu qu'elle figure ;
» ainsi en doit-il être des honneurs qu'on vous
» rend (1).

(1)*Lettres spi-rit.*, *lettre* cc, *p.* 500, 501.

» Faites-en de même, lorsque vous donnez : ne
» désirez point qu'on vous regarde dans vos pré-
» sents ; mais souhaitez que Dieu seul soit reconnu
» comme l'origine de vos dons. Ainsi Dieu fait sou-
» vent des miracles par les images ; mais elles ne
» prétendent pas qu'on leur en ait la moindre obli-
» gation. Au contraire, si elles étaient douées de
» sentiment, elles s'estimeraient trop heureuses,
» au lieu d'avoir été brûlées, comme un bois com-
» mun, ou appliquées à quelque usage profane , de
» se voir élevées à cet honneur, et d'être les instru-
» ments par lesquels Dieu opère des merveilles (2).

(2)*Ibid.*, p.502.

» Quand vous verrez votre cour qui vous environne,
» souvenez-vous que vous devez être en cela l'image
» de Dieu, environné de ses Anges et de ses Saints.
» Dites souvent à Dieu : C'est à cause de vous, Sei-
» gneur, et de ce que j'ai de vous , que ce monde
» m'honore ; et, comme je ne puis sans larcin prendre
» quelque chose de ces honneurs , que toute cette
» cour fasse hommage à votre grandeur, et que
» votre pauvre créature s'anéantisse (3). Votre train

(3)*Ibid.*, p.512.

» doit être l'image de la majesté de la gloire de Dieu :
» il faut le vouloir en Dieu et pour Dieu, et non en
» vous-même ni pour la vanité (4). Si vous allez vi-

(4)*Ibid.*,p.513.

» siter le Roi ou la Reine, faites-le dans l'intention
» des principautés du ciel, qui rendent hommage
» de leur grandeur à la majesté de DIEU, et le recon-
» naissent pour Souverain. Si vous visitez quelque
» grandeur inférieure à la vôtre, honorez-y toujours
» la participation de la grandeur de DIEU, qui désire
» être honoré en elle; et lorsque vous visitez des
» personnes de moindre condition, allez-y dans la
» disposition de DIEU même, visitant les petits, et
» descendant avec bonté, douceur et charité, dans
» le dessein de les aider, de les consoler et de les
» servir. Recevez alors pour DIEU l'honneur qu'ils
» vous rendront, afin que, lui rapportant ce qu'ils
» ne pensent pas à lui donner, vous fassiez votre
» devoir et le leur tout ensemble (1). »

(1) *Lettres spi-rit.*, p. 514.

Dans cette même instruction, M. Olier, comme
un fidèle ministre de JÉSUS-CHRIST, ne dissimule
rien à la douairière de ce qu'elle doit pratiquer dans
sa condition de chrétienne, de veuve et de mère,
pour assurer son propre salut; et la liberté toute
apostolique avec laquelle il lui parle, n'est pas moins
honorable au ministère qu'il remplit comme directeur, qu'à l'humilité de son illustre pénitente. Ainsi
à l'occasion des quarante jours de son grand deuil,
qui touchaient alors à leur terme, il lui disait :
« Maintenant, Madame, que vous allez bientôt re-
» paraître, vous porterez avec vous dans le monde
» l'esprit de pénitence; et dans votre cœur, l'impres-
» sion et la vérité de ce que le deuil vous exprime :
» qui est la douleur et la peine de vos péchés et de
» ceux de votre famille; vu que vous êtes comme
» l'église, veuve de son époux, et chargée des pé-
» chés de ses enfants, pour lesquels elle prie et de-
» mande incessamment miséricorde. Le coup de
» tonnerre laisse une noirceur qui rappelle aux
» hommes le souvenir du désordre qu'il a fait : le
» deuil de même renouvelle à la famille la mémoire
» du coup sévère de la justice de DIEU sur elle; et
» oblige à trembler, dans l'assurance que cette même

XIX.
Liberté apos-
tolique de M.
Olier. Usage
chrétien du
deuil chez les
Grands.

» condamnation s'accomplira sur ceux qui restent.
» Vous devez donc, Madame, vous considérer dans
» votre carrosse de deuil, comme dans un cercueil,
» dans le quel vous commencez d'être portée, pour
» vous approcher du tombeau : ne faisant pas
» comme la plupart des chrétiens, qui cherchent
» dans cet extérieur de pénitence le sujet de leur
» vanité ; et qui, par un détour malin, trouvent dans
» les pompes sacrées du deuil, et dans la nouveauté
» de çet habit et de cet état, une matière de péché,
» ou de propre complaisance (1). »

(1) *Lett. spirit.* XX.
Sur les humiliations attachées à la grandeur.

Pour désabuser les Grands des illusions de la vanité, M. Olier leur signalait les sujets d'humiliations, attachés à leur condition même, en tant qu'elle les tient dans la dépendance de tant de personnes et de tant de nécessités, qui sont comme le cortége inséparable de la grandeur. Il leur faisait remarquer, que s'ils n'étaient pas animés de sentiments chrétiens, ils seraient malheureux dans leur grandeur, toutes les fois que les personnes de qui ils dépendaient, ou les choses nécessaires à leur état, ne répondraient pas à leurs désirs, comme il n'est que trop ordinaire, ou viendraient à leur manquer ; et il leur enseignait les moyens de se faire de ces occasions même un exercice de vertu devant DIEU, et en général un sujet de mérite de ces sortes d'humiliations. *

* NOTE 4, p. 343.

XXI.
Devoirs des Seigneurs, envers les pauvres de leurs terres, et les ignorants.

Il ne leur laissait rien ignorer de leurs devoirs, comme seigneurs des terres qu'ils possédaient ; leur faisant remarquer que s'ils en percevaient les droits, c'était pour qu'ils nourrissent corporellement et assistassent spirituellement, autant qu'il était en eux, les pauvres de ces terres : tel ayant été le dessein de la divine Providence en les établissant seigneurs. Il leur montrait, qu'il était de leur devoir de faire profiter leurs terres, comme avaient fait autrefois les religieux, afin que le produit qui en reviendrait, par la bénédiction de DIEU, retournât au bien des pauvres de ces villages. Qu'enfin, outre l'assistance corporelle, ils leur devaient l'aumône spirituelle, en procurant qu'ils fussent instruits de leurs obligations de chrétiens et de celles de leur état : pour cela, ils étaient obligés de les visiter de temps en temps, de leur donner l'exemple, de s'informer prudemment s'ils connaissaient les choses nécessaires au salut, et de désigner aux curés des lieux ceux qui avaient besoin de les apprendre(1). Touchées des exhortations de ce sage et vigilant pasteur, des dames du faubourg Saint-Germain, qui savaient la gêne où était madame de Villeneuve pour faire subsister ses maîtresses d'école de la congrégation de la Croix, s'offrirent à les assister, afin qu'elles allassent faire des espèces de mission parmi les filles et les femmes de leurs seigneuries, et leur apprissent les vérités essentielles de la foi, la manière de faire de bonnes confessions, et de se sanctifier dans leur état par une vie vraiment chrétienne. Ce zèle donna même lieu à la fondation de maisons de filles de la Croix, dans plusieurs seigneuries, où M. Olier avait prêché des missions. Nous lisons dans l'histoire de leur congrégation (2), qu'elles en formèrent à Ruel, au Lorreau, à Illiers, à Epernon, qui avaient été le théâtre de ses prédications ; comme aussi à Charonne, à Villepeinte, qui probablement avaient aussi participé aux bienfaits de ses missions. Enfin d'autres dames désireuses de satisfaire d'une autre manière au devoir de leur conscience, chargèrent, à l'exemple de la duchesse d'Aiguillon (3), des compagnies de missionnaires, d'évangéliser les paroisses dépendantes de leurs seigneuries.

XXII. Le baron de Renti, qui embrassait tant d'œuvres diverses pour le bien spirituel et corporel du prochain, pouvait être proposé comme modèle à tous les autres seigneurs de ce temps, par le zèle qu'il déployait en faveur de la sanctification des peuples de ses terres ; et DIEU montrait manifestement combien cette sollicitude lui était agréable, par les bé—

(1) *Mém. part.*, an. 1643.

(2) *Histoire des filles de la croix* 1754, in f°, p.40. *Ms. de ces filles à Limoges.*

(3) *Fondations de la mission*, t. I, f° 106.

XXII.
Zèle de M. de Renty et de M. de Fénelon pour le salut de leurs sujets.

nédictions dont il la couronnait. Ayant invité le
Père Eudes à prêcher une mission dans sa seigneurie de Citry, il écrivait, le 16 Juin 1648, à M. Olier.
« Le révérend Père Eudes travaille ici avec une bé-
» nédiction incroyable. La puissance de sa grâce à
» exposer les vérités du salut, à découvrir l'amour
» de Dieu pour nous en Jésus-Christ, et l'horreur
» du péché, a tellement pénétré les cœurs, que les
» confesseurs sont accablés ; les pécheurs demandent
» pénitence avec larmes, restituent le bien d'autrui,
» se réconcilient et protestent hautement de pré-
» férer la mort au péché. Ses sermons sont des
» foudres qui ne donnent point de repos aux cons-
» ciences qu'elles ne se soient ouvertes de leurs pé-
» chés recélés ; en sorte que les confesseurs travail-
» lent plus à consoler qu'à émouvoir.

   » Au premier sermon de l'ouverture de la mission,
» le jour de la Pentecôte, un des auditeurs qui, au
» sortir de l'église se moquait de la prédication, et
» tournait la mission en raillerie pour en détour-
» ner les autres, se trouva si fortement touché du-
» rant la nuit et si changé qu'il vint dès le jour,
» s'adressa à l'un des missionnaires, déclara vouloir
» se convertir et se confessa. Un homme de Châ-
» teau-Thierri, ville à quatre lieues d'ici, assura
» hier qu'une personne qui vivait mal, étant venue
» à Citry, s'en est retournée pour rompre son mau-
» vais commerce, et manifester sa pénitence et sa
» conversion. Enfin les cœurs sont amollis et tout
» touchés de connaître leur Dieu et Seigneur et ce
» qu'il demande d'eux. Ils embrassent les pratiques
» chrétiennes, les exercices, les prières qu'on leur
» enseigne pour l'avenir. Outre les choses générales
» qui sont la cessation des blasphèmes et des jure-
» ments ordinaires, les prières publiques et en com-
» mun dans les familles, j'aurais quantité de parti-
» cularités à noter. Je dis seulement ceci pour vous
» donner sujet de bénir Notre-Seigneur, qui depuis
» si longtemps réservait cette mission, pour triom-

(1) Lett. aut. de M. de Renty à M. Olier. Attest. aut. p. 253, 254, 255.

» pher du démon, rompre tous ses efforts, et dé-
» truire le grand empire qu'il exerçait en ces
» quartiers (1). »

Le marquis de Fénelon, digne émule du baron de Renty, conçut un projet plus utile encore au bien spirituel des habitants de sa seigneurie de Magnac, petite ville de la Marche, dans le diocèse de Limoges; ce fut la fondation d'une communauté de missionnaires en ce lieu. M. Olier, son directeur, applaudit à un dessein si apostolique et lui promit même plusieurs de ses prêtres pour commencer cet établissement, quoique son intention fût de le remettre ensuite à d'autres ouvriers, sachant que lui et les siens devaient se livrer entièrement et uniquement à l'œuvre des séminaires. Il rappela donc, pour en jeter les fondements, plusieurs de ses ecclésiastiques, que quelques années auparavant il avait envoyés à Clermont-Lodève, à la prière de M. Plantavit de la Pause, évêque de cette ville; et en leur donnant cette nouvelle destination, il écrivait à M. Couderc leur supérieur : « Abandonnons-nous aux ordres de Dieu; adorons sa divine providence et la pureté de sa conduite; ne pensons point à nous, ni aux voies que nous avons préméditées. Soyons à l'Esprit saint, qui à conduit les Apôtres par sa sagesse, et non par la leur : *Ubi erat impetus Spiritûs, illuc gradiebantur; nec revertebantur cùm incederent.* L'établissement d'une communauté à Magnac sera un bien fort avantageux à ce grand et vaste diocèse de Limoges. Il faut suivre l'Esprit et la conduite de Jésus-Christ Notre-Seigneur sur ses disciples, qu'il envoyait de lieu en lieu pour produire des fruits dont la vertu se conservait et se répandait dans les âmes. *In hoc vocati estis, ut fructum afferatis, et fructus vester maneat* (2). »

(2) Lett. aut. de M. Olier, p. 226.

XXIII.
Communauté de missionnaires à Magnac : origine du Petit-Séminaire de cette ville.

Le zèle que déployèrent les missionnaires répondit à l'abondance de la moisson, en sorte que M. Olier, apprenant le détail de leurs travaux, craignit

qu'ils ne succombassent à tant de fatigues. Il écrivit à M. Couderc pour le conjurer de modérer son ardeur, et de ne pas travailler jusqu'au bout de ses forces. Dans une autre lettre, il le supplie d'arrêter le zèle impétueux des jeunes ouvriers qu'il avait sous sa conduite, et de les appliquer aux exercices de la retraite spirituelle, tant pour les renouveler dans l'esprit intérieur, que pour leur procurer ainsi quelque relâche. « J'apprends, lui écrivait-il, que
» vous et tous nos très-chers frères êtes présente-
» ment harassés de travail, quoique non pas décou-
» ragés. Je vous supplie, au nom de Dieu, de les
» arrêter, et de leur conseiller de ma part de prendre
» du repos. Le Fils de Dieu, qui n'avait pas besoin
» de la prière pour se fortifier et pour se renouveler
» en son Père, après ses travaux évangéliques, se
» retirait sur la montagne pour y faire oraison, ap-
» prenant par là à tous ses disciples à faire la même
» chose. Tant que nous serons en ce monde, nous
» souffrirons beaucoup de déchet dans les forces
» intérieures de l'esprit par l'exercice extérieur, et
» pour cela nous aurons toujours besoin de nous
» renouveler en Dieu. Ainsi, je vous demande, pour
» le bien de nos frères et le vôtre, d'en user de la
» sorte ; et quelque presse qui vous assiége, il ne
» faut pas céder à la tentation, qui vient ordinaire-
» ment avec la ferveur. Le démon ne demanderait
» pas mieux que de vous accabler, vous et ces jeunes
» ouvriers, dans leurs premiers travaux. Il n'y a
» rien plus à craindre que les premiers efforts de la
» jeunesse, qui abattent et qui accablent pour le
» reste de la vie (1). Pour ce qui regarde votre com-
» munauté, examinez bien les sujets qui doivent y
» entrer, il n'en faudrait qu'un seul pour tout dé-
» courager dans les commencements (2). » Le marquis de Fénelon, voulant perpétuer dans ses terres les bénédictions que les missionnaires y répandaient avec tant d'abondance, assigna des fonds pour la subsistance de leur communauté qu'ils cédèrent à

(1) *Lett. aut. de M. Olier*, p. 241.

(2)*Ibid.*,p.223.

d'autres ouvriers, et qui fut l'origine du petit séminaire de Magnac. Cet établissement, uni en 1679, par le marquis, au séminaire des prêtres de Saint-Sulpice de Limoges, a subsisté jusqu'à la révolution (1).

(1) *Vie de M. de Lantages*, in-8°, p. 431, note.

XXIV.
Commencements du prince Louis Stuart, abbé d'Aubigny.

Nous ne saurions parler de la grâce spéciale que Dieu donnait à M. Olier pour attirer les grands à son service, sans rapporter ici ce que son zèle lui fit entreprendre en vue de ramener à la foi catholique, Charles Stuart, deuxième du nom, roi d'Angleterre. Mais avant d'en faire le récit, il est à propos de parler de ses liaisons avec l'abbé d'Aubigny, qui lui procura, comme nous le pensons, l'occasion d'entrer en relation avec Charles. Louis Stuart, c'est le nom de cet abbé, était issu du sang des rois d'Ecosse, et en sa qualité de fils d'Edmé Stuart II, duc de Lénox, il avait eu en partage la terre d'Aubigny, en Berri, donnée, en 1422. par Charles VII, roi de France, à Jean Stuart, pour lui et ses descendants, en récompense de ses services (2). Par une disposition particulière de la divine Providence en faveur de Louis, son apanage fut cause qu'on le porta en France dès l'âge de cinq ans, pour y vivre des revenus de cette seigneurie ; et qu'on le plaça au pensionnat de Port-Royal (3), composé seulement d'une vingtaine d'enfants de condition (4). † Il fut élevé dans les principes de la religion catholique, de la vérité de laquelle il demeura pleinement convaincu tout le reste de sa vie. Se sentant même attiré, dès l'enfance, au ministère des autels, il entra de bonne heure dans l'état ecclésiastique, sans en connaître encore les devoirs. Après qu'il eut achevé ses études, on plaça auprès de lui deux docteurs, que ses premiers maîtres lui avaient sans doute donnés, pour l'attirer un jour à

(2) *Lett. pat. de Louis XIV*, décemb. 1673. *Lingard*, t. XII, pag. 453.
(3) *Œuvres de saint Evremond*, in-4°, t. I, p. 247. — *Vie de saint Evremond*, par *des Maizeaux*, in-12, *la Haie* 1711. — *Diction. de Morery*. Edit. de 1759, art. *Aubigny* et *Stuart*.
(4) *Abrégé de l'hist. ecclésiast.* 1754. *Cologne*, in-12, t. XI, p. 504.

† Cette école placée tantôt à Port-Royal des champs, tantôt au Chenai, près de Versailles, chez M. de Bernières, conseiller au Parlement, puis maître des requêtes ; et tantôt à Paris dans l'impasse Saint-Dominique de la rue d'Enfer, fut enfin supprimée en 1661, par ordre du gouvernement.

leur parti, l'abbé de Lalane, assez connu dans les querelles du jansénisme, et un ancien religieux. Au lieu de l'instruire des devoirs de son état, ces docteurs, ne lui remplissaient l'esprit que des questions de controverse relatives à la doctrine de Jansénius, auxquelles pourtant, par une grâce particulière de Dieu, il ne prenait d'autre intérêt, que d'y trouver pour lui-même un sujet de divertissement, comme faisaient aussi beaucoup d'esprits curieux de ce temps-là. Il était dans ces dispositions, lorsqu'en 1645, la Providence le lia avec le séminaire de Saint-Sulpice, à l'occasion du mariage que la princesse Anne de Gonzague, fille du duc de Nevers et de Mantoue, et sœur de la reine de Pologne (1), contracta avec l'un des fils de Frédéric V, ancien roi de Bohême, Edouard, prince palatin du Rhin, réfugié alors en France, par suite des malheurs de sa maison (2).

(1) *Mém. de M. du Ferrier*, pag. 310.

(2) *OEuvres de Bossuet. Edit. de Versailles*, t. xvii p. 432.

Ce prince ayant pour mère Elisabeth Stuart, fille de Jacques Ier, roi d'Angleterre, se trouvait être parent avec l'abbé d'Aubigny ; et comme la religion protestante qu'il professait, formait un obstacle à son mariage avec la princesse Anne, l'abbé saisit cette occasion pour l'instruire de la religion catholique, et eut le bonheur de le convertir. Il restait une autre difficulté ; c'était d'empêcher que les princes, qui n'étaient pas du sang royal n'y missent obstacle, dans la crainte d'être précédés à la cour par le prince palatin, qui aurait dû avoir le pas sur eux, à cause de la grandeur de sa maison. Pour prévenir toute opposition de leur part, M. d'Aubigny voulut se pourvoir d'abord du consentement de la reine, et il crut l'avoir suffisamment obtenu, en usant à son égard d'une sorte de jeu agréable. Après quoi, on ne songea plus qu'à procéder à la célébration des noces ; et comme les contractants, aussi bien que l'abbé d'Aubigny, demeuraient au faubourg Saint-Germain, cette circonstance les mit en relation avec les prêtres de Saint-Sulpice. D'abord,

XXV.

Affaire du mariage d'Edouard de Bavière avec la princesse de Gonzague.

ceux-ci firent difficulté de bénir le mariage, avant de savoir s'il était agréable à la cour : mais l'abbé d'Aubigny ayant assuré, que la reine d'Angleterre, alors retirée en France, et la reine régente y consentaient : les difficultés cessèrent et le mariage fut célébré (1), le 24 avril 1645 (2).

Cependant, ce que M. d'Aubigny avait craint ne tarda pas d'arriver. Les princes de Lorraine se montrèrent très-émus de ce mariage ; et dès que la reine Anne d'Autriche, dont on avait surpris le consentement, en eut connaissance, elle protesta le 30 du même mois, devant le parlement, contre cette union, contractée sans son agrément par la princesse Anne sa filleule, avec un prince étranger et protestant ; et en conséquence, il y eut ordre à celui-ci de sortir immédiatement du royaume (3). Il partit incontinent de Paris, accompagné d'un gentilhomme de la cour, qui devait le conduire, et le voir s'embarquer pour la Hollande, où Elisabeth sa mère, qu'il allait rejoindre, résidait alors.

Ce départ affligea vivement l'abbé d'Aubigny, par la crainte bien fondée, que le prince Edouard, âgé seulement de vingt-un ans, ne retournât au protestantisme, s'il allait retrouver sa mère, calviniste passionnée ; et pour empêcher ce malheur, il alla supplier les prêtres de Saint–Sulpice d'interposer leur médiation auprès de la régente. Ils s'adressèrent pour cela à saint Vincent de Paul, à cause de son grand crédit auprès de cette princesse ; et celui-ci, apprenant que le prince Edouard s'était fait catholique, circonstance que la régente avait ignorée d'abord, s'employa auprès d'elle et obtint le rappel de ce prince. On dépêcha aussitôt un courrier, qui l'atteignit à Dieppe, lorsqu'il allait quitter la France. Le prince se retira d'abord à Aubigny, et six mois après il revint à la cour (4), où la reine lui rendit ses premières faveurs, ainsi qu'à la princesse son épouse (5).

(1) *Gazette de France*, 15 juillet 1684.

(2) *Mém. de M. du Ferrier*, p. 311, 312.

(3) *Mém. du P. Rapin*, t. 1, p. 5, note.

(4) *Mém. de M. du Ferrier*, pag. 312, 313.

(5) *Mém. de Mlle de Montpensier. Collect. Petitot*, t. XLI, p. 16.

Celle-ci fut si touchée, de l'intérêt que les prêtres de Saint-Sulpice lui avaient témoigné dans cette rencontre, qu'elle leur envoya l'abbé d'Aubigny, pour leur témoigner sa reconnaissance et leur faire toutes les offres de service qui seraient jamais en son pouvoir. Le genre de service qu'ils lui demandèrent, et qu'on n'imaginerait pas aisément, est une preuve remarquable de la sainte liberté, avec laquelle ils en usaient, à l'égard des grands de la paroisse. On sait qu'Anne de Gonzague, destinée dès le bas âge à la vie monastique, par d'injustes calculs de famille, et renfermée pour cela dans un couvent, ne s'était rendue que trop célèbre dans le monde, dès qu'elle avait pu jouir de sa liberté (1). Ils répondirent à l'abbé d'Aubigny, qu'elle pouvait les obliger beaucoup ; et comme il les pressait de lui en faire connaître le moyen : C'est, lui dirent-ils, que connaissant la conduite qu'elle a tenue jusqu'à son mariage, nous la conjurons de nous donner la joie d'apprendre qu'elle ait fait une bonne confession générale de toute sa vie ; ce qui attirera la bénédiction de Dieu sur elle et sur sa maison. L'abbé d'Aubigny, qui ne connaissait pas encore M. Olier, ni ses ecclésiastique, fut touché de leur désintéressement, et prit fort bien cette proposition, quelque délicate qu'elle pût paraître. Il en fit aussitôt le rapport à la princesse, et avec tout le succès qu'on pouvait désirer. Car, non seulement elle accepta la proposition, mais après s'être préparée pendant toute une semaine à sa confession générale, elle voulut encore aller la faire dans l'église de Notre-Dame des vertus, au village d'Aubervilliers, près de Paris, où la paroisse de Saint-Sulpice allait tous les ans en pélerinage ; elle s'y rendit même à pied, par esprit de pénitence, n'étant accompagnée que de l'abbé d'Aubigny (2). Depuis qu'elle eut connu M. Olier, la princesse palatine témoigna toujours une grande vénération pour sa personne, et voulut même que ses enfants reçussent de ses mains l'eau baptismale,

(1) *Bossuet, oraison funèbre d'Anne de Gonzague.*

(2) *Mém. de M. du Ferrier*, p. 313.

dans la chapelle de son hôtel (1). Il est vrai qu'elle se démentit des résolutions généreuses qu'elle avait prises à Notre–Dame des vertus, et ne donna à la ferveur et l'édification des paroissiens de Saint-Sulpice, que les douze dernières années de sa vie *(2). Néanmoins cette confession générale, faite avec tant de soin et de sincérité, par une princesse jusque–là si livrée au monde et à ses plaisirs, ne laisse pas d'être une nouvelle preuve de l'influence du ministère pastoral de M. Olier et des siens, pour la sanctification des grands du monde.

XXVII.
M. d'Aubigny se lie avec le séminaire et reçoit les saints ordres.

La circonstance de ce mariage procura à l'abbé d'Aubigny lui-même un avantage plus solide et plus constant, en lui donnant l'occasion d'entrer dès ce moment dans les sentiments et les pratiques d'une vie vraiment cléricale. Par les rapports qu'il eut alors avec les prêtres du séminaire de Saint-Sulpice, il se sentit particulièrement touché de l'esprit de Dieu ; il alla même les prier de vouloir bien se charger de sa conduite spirituelle et s'adressa d'abord à M. du Ferrier. L'abbé de Lalane, et l'autre docteur dont nous avons parlé, le pressaient déjà depuis quelque temps de prendre un directeur, dans l'espérance, peut–être, qu'il s'adresserait à quelqu'un des jansénistes, dont ils lui avaient parlé avantageusement. Mais, quand il leur annonça, qu'il avait pris un directeur au séminaire de Saint–Sulpice, ils lui en témoignèrent l'un et l'autre leur étonnement ; et comme il leur en demanda la raison : « Hélas, lui répondirent–ils, que vous serez » heureux, si en vous coupant les cheveux que » vous portez, il ne vous coupe pas les oreilles. Je » me suis mis entre ses mains, répartit M. d'Aubigny : » s'il me dit de couper mes cheveux aussi ras qu'un » enfant de chœur, je le ferai sans peine. » En effet, au bout de quelque temps, son directeur l'ayant averti de donner ordre à son valet de chambre de les accourcir peu à peu, il se mit tout-à-fait dans la modestie cléricale. Il lui persuada ensuite de renoncer aux disputes du temps, dont ces messieurs l'entretenaient sans cesse, et de s'adonner à la lecture de l'Écriture-Sainte et à la pratique de l'oraison. Il s'y appliqua en effet ; et peu de temps après, ces deux docteurs, désespérant sans doute de lui faire goûter la nouvelle doctrine, le quittèrent de leur propre mouvement, sans qu'il leur eût donné congé, ce que déjà M. d'Aubigny aurait fait , s'il n'en eût été empêché par son directeur(1). *(1)Mém. de M. du Ferrier*, p. 313, 314.

Ainsi délivré des empêchements que leur présence et leurs discours pouvaient apporter à son avancement spirituel, il profita de ses relations avec le séminaire pour prendre l'esprit ecclésiastique et se préparer à recevoir dignement les ordres sacrés. Quoiqu'il fût abbé commendataire de Hautefontaine, en Champagne, il n'avait encore reçu que la tonsure et les ordres de portier et de lecteur. Après plusieurs années employées à cette préparation, il reçut les deux autres ordres moindres et le sous-diaconat, le 21 décembre 1652, samedi des Quatre-Temps, des mains de M. Richard Smith, évêque de Calcédoine, qui était alors l'ordinaire de l'Angleterre et de l'Ecosse. Le lendemain, dimanche, le même prélat, en vertu d'une dispense du pape, lui conféra le diaconat ; et enfin le jeudi suivant, fête de saint Etienne, l'ordre de prêtrise (1). Ce fut un spectacle bien touchant pour les Anglais catholiques, qui se trouvaient à Paris, de voir un prince de la famille royale d'Angleterre recevoir ainsi les ordres sacrés ; et M. d'Aubigny, pour ne pas priver de ce sujet de consolation et d'encouragement les religieuses anglaises réfugiées en France, et établies alors au faubourg Saint-Victor, voulut que toutes les ordinations lui fussent conférées dans leur église. *(2) Arch. de l'état civil de Paris. Reg. des ordinations*, an. 1652.

XXVIII.
Vie fervente de M. d'Aubigny devenu chanoine de Notre-Dame.

Avec l'onction sacerdotale, il sembla avoir reçu comme en plénitude l'esprit de religion qui est la vertu propre des prêtres. Dès ce moment, se considérant comme voué au culte divin, il fit des exercices religieux son occupation capitale ; et pour y vaquer avec plus de facilité, il se démit de son abbaye de Hautefontaine, qu'il permuta de l'agrément des directeurs du séminaire de Saint–Sulpice, avec un canonicat de l'église de Notre–Dame de Paris, que possédait M. l'abbé le Roi. Le 5 novembre, qui suivit son ordination au sacerdoce, il fut reçu par le Chapitre dans sa nouvelle dignité (1) ; et commença dès lors à faire sa résidence ordinaire au cloître de Notre–Dame, comme un simple chanoine (2), afin de se trouver à proximité de l'église métropolitaine et d'y remplir ponctuellement ses fonctions. Il devint en effet le modèle du chapitre par sa modestie, son grand esprit de religion et sa constante assiduité au chœur : n'omettant jamais aucune des heures de la nuit ou du jour ; et quittant tout, aussitôt que les cloches l'appelaient à l'office, quelque grande que fût la compagnie, ou la condition de ceux qui le visitaient. A la cour de France, où il était considéré comme prince, loin de trouver mauvais qu'il eût abandonné ainsi les grandeurs de la terre pour DIEU, on l'en estimait davantage ; et ce fut aussi le jugement que portèrent de lui non seulement la reine Henriette d'Angleterre, mais encore le roi Charles II, son fils, quoique protestant. Enfin il répandit une si grande odeur de vertu, par sa conduite vraiment sacerdotale, que M. du Ferrier, dans ses mémoires, ne craint pas de mettre « la piété singulière de M. » d'Aubigny, entre les plus considérables fruits de » Saint–Sulpice (3). »

XXIX.
M. d'Aubigny contribue à la conversion de Charles II.

Il était dans ces ferventes dispositions, lorsque Charles II, roi d'Angleterre, son parent, vint se réfugier à Paris, durant la tyrannie de Cromwel. M. d'Aubigny, toujours plein de zèle pour la religion catholique, et d'affection pour le salut de ses proches, égarés dans les voies de l'erreur, profita du séjour de Charles à Paris, pour lui procurer le même avantage, dont il avait fait jouir le prince palatin,

(1)*Diction. de Moréri. Edit. de* 1759,*art.Stuart*

(2)*Mém. du P. Rapin*, t. III, p. 109.

(3)*Mém. de M. du Ferrier*, p. 309.

ou du moins pour lui ménager des conférences secrètes avec les hommes qu'il croyait être les plus
propres à opérer sa conversion au catholicisme ; et
après ce que nous venons de dire de ses relations
intimes de confiance et de piété avec le séminaire
de Saint-Sulpice, il est naturel de penser qu'il
proposa lui-même au roi d'Angleterre les conférences
que ce prince eut alors avec M. Olier, et qui, comme
nous le raconterons bientôt, amenèrent cet heureux
événement. La Providence, pour rendre sans doute
l'abbé d'Aubigny un instrument plus propre à faire
accepter ces conférences à Charles, inspira pour
lui à ce monarque, dès qu'il le connut de près, des
sentiments tout particuliers d'estime, de confiance
et d'affection. C'est ce qui fait dire à Burnet, écrivain contemporain et non suspect que « Charles
» l'aimait et le considérait à un haut degré, que
» personne n'était plus avant dans la confiance de
» ce prince et n'avait plus de crédit sur lui (1). » Il
ajoute, enfin, qu'il contribua beaucoup à la conversion de Charles au catholicisme (2) : circonstance
qui ne permet guères de douter, qu'il n'ait été l'en-
tremetteur des conférences, dont le résultat fut cette
importante conversion.

(1) *Histoire de mon temps*, t. I, p. 304, in-8°, Paris 1824.

(2) *Ibid.*, t. I, p. 159.

DIEU semblait avoir préparé de loin M. Olier à
cette œuvre en lui inspirant un ardent désir de se
dévouer à la conversion de l'Angleterre, et de prier
pour le salut de cette nation. Il écrivait en 1642,
lorsqu'il jetait à Vaugirard les fondements de sa
compagnie : « Je me souviens que le 12 mars, jour
» de saint Grégoire le Grand, je me sentis transporté
» à m'offrir à DIEU comme victime pour l'Angle-
» terre, et à donner ma vie pour ce royaume
» malheureux, dont saint Grégoire a été l'apôtre.
» A l'issue de l'Office, j'éprouvai le mouvement
» d'engager notre jeunesse à communier ce jour-là,
» en l'honneur de ce grand saint, au lieu du jeudi,
» jour ordinaire de leur communion ; et aussi pour
» demander à DIEU la conversion de l'Angleterre,

XXX.
Zèle de M. O-
lier pour la
conversion de
l'Angleterre.

(1) *Mém. aut.*
de M. Olier, t.i,p.
167, 168.

(2) *Esprit de*
M. Olier, t.ii, p.
425.

(3) *Ibid.*, p.
118.

(4)*Lett. spirit.*
de M. Olier, p.
135, 136.

» où j'avais ouï dire, ces jours passés, que quelques
» prêtres, et d'autres, venaient de souffrir le mar-
» tyre (1). » Depuis ce temps, M. Olier n'avait cessé
de demander à DIEU le retour de ce royaume à
l'unité catholique, et il joignait à ses ferventes prières de rudes macérations (2). « Je lui ai ouï dire,
» rapporte M. de Bretonvilliers, que s'il n'avait pas
» été retenu en France par la volonté de DIEU, il se
» serait transporté en Angleterre, au péril même
» de sa vie, et se serait volontiers sacrifié pour le
» salut de cette nation (3). » M. Olier écrivait en
effet : « Si j'osais aspirer encore à quelque chose de
» la solide gloire qu'on trouve dans le service du
» divin Maître, en donnant sa vie et en répandant
» son sang pour lui, je regarderais l'Angleterre
» comme mon espérance (4). »

XXXI.
M. Olier en-
treprend la
conversion de
Charles II, roi
d'Angleterre.

(5) *Hist. d'An-*
gleterre, par Ra-
pin de Thoyras,
avec les notes de
*Tindal,*t.x, in-4°
p.68.-*Lingard,*
traduct. de Rou-
*joux,*t.xi,p.316.

(6) *Lett. aut.*
de M. Olier, p.
123.

Aussi, dès qu'il eut appris que Charles II venait
se réfugier à Paris, chercha-t-il l'occasion d'entamer
avec lui des conférences sur la religion. Charles,
à ce qu'il paraît, refusa d'abord d'être instruit; il ne
laissa pas cependant d'accorder son estime à M.
Olier, sans doute pour les bons offices qu'en reçurent plusieurs de ses courtisans tous réduits à
un état d'indigence si extrême, que les plus aisés ne
savaient comment se procurer la nourriture et les
vêtements (5) : le cardinal Mazarin, qui régnait en
souverain à la cour de France, les laissant manquer
de tout pour plaire à Cromwel. M. Olier eut, à cette
occasion, de fréquents rapports avec Edouard de
Sommerset, marquis de Worcester, qui avait suivi
Charles II en France (6). Ce seigneur s'engagea
même par un acte signé de sa main, et déposé par
lui au séminaire de Saint-Sulpice, le 22 avril 1650,
à fonder l'entretien d'un prêtre pour travailler au
bien de la religion catholique, s'il pouvait être rétabli dans une partie de ses terres. † On ne peut

---

† Edouard de Sommerset, pendant la détresse de Charles II,
reçut de M. de Bretonvilliers une somme, à titre de prêt,
dont il donna une reconnaissance signée de sa main. Après

douter qu'un autre seigneur anglais de la suite de
Charles II, n'ait ressenti aussi les effets du zèle de
M. Olier : nous parlons du comte de Bristol, qui à
de grands dons naturels joignait beaucoup de
science, et qui eut le bonheur d'embrasser la foi
catholique pendant son exil, non sans l'officieuse
intervention de M. du Ferrier (1). Toutefois, la conversion que M. Olier avait surtout à cœur, était
celle du Roi lui-même, à cause des grandes suites
qu'elle pouvait avoir pour l'Angleterre, l'Ecosse et
l'Irlande.

(1) Mém. de M. du Ferrier, p. 500, 505.

Mais ce prince ne songeait guères alors à embrasser la religion catholique. Au milieu des amusements de Paris, il se livrait à ses passions, avec une
publicité, qui désespérait ses courtisans ; et avec une
ardeur, qui devait le rendre sourd aux invitations
de la grâce. Aussi, le souverain Pontife, Innocent X,
lui ayant fait dire, qu'il se contenterait de son abjuration secrète, en attendant que la situation de
ses affaires, lui permît de se déclarer ouvertement,
Charles avait refusé ce moyen, quoique si facile alors
pour lui, de mettre son salut en assurance. Néanmoins, se voyant sans argent et sans crédit, il prit
le parti d'écrire au souverain Pontife, ainsi qu'au
cardinal Chigi, secrétaire d'état et au cardinal Pam-
phile, pour leur demander du secours, afin de pouvoir conquérir son royaume. Mais comme dans
toutes ces lettres, il se bornait à demander d'être
secouru, sans parler de religion, et sans faire même
aucune offre avantageuse pour les catholiques per-
sécutés de ses Etats, ni donner espérance d'un avenir
meilleur : le pape et les deux cardinaux, sachant
d'ailleurs qu'il n'avait jamais montré d'inclination
à devenir catholique, ne jugèrent pas à propos de
lui répondre. Il est bon de faire connaître ici les dispositions où il était alors, afin de mettre plus à dé-

XXXII.
Difficultés
que présentait
alors la con-
version de ce
prince.

le recouvrement de ses domaines, il oublia apparemment cet
écrit ; du moins le séminaire de Saint-Sulpice ne reçut, ni
ne réclama jamais cette somme (2).

(2) Arch. du Royaume, sect. dom. S. 7041, Q. n. 1.

Tom. ii.   21

couvert les difficultés que M. Olier avait à surmonter, pour amener à la foi catholique un prince si
prévenu contre elle. Charles, qui avait écrit au pape
de sa propre main, fut grandement irrité de son silence ; et il paraît que la reine Henriette de France,
sa mère, retirée au couvent de la Visitation de Chail-
lot-les-Paris, y fut aussi fort sensible. Elle s'en ouvrit à la supérieure de cette communauté, qui était
sa confidente et celle du Roi son fils ; et cette religieuse, à la demande sans doute de l'un et de l'autre,
fit écrire en 1654 au Père Duneau, jésuite, résidant
à Rome, en relation de lettres avec le cardinal Mazarin, pour l'informer, de la grande irritation du
Roi, et savoir la cause du silence du pape. Sa lettre
ayant été communiquée au secrétaire d'Etat, ce cardinal répondit : Que Sa Sainteté ne voulait pas favoriser un prince hérétique, en l'aidant à reconquérir
un royaume, sans avoir de lui de bonnes assurances
des avantages que la religion catholique en tire-
rait (1) ; et cette réponse, dans les dispositions de
ressentiment où Charles II était alors, dut l'irriter
davantage encore, et contribuer sans doute, à lui
inspirer pour la religion catholique, plus d'éloignement que jamais.

(1) *Arch. du ministère des affaires étrangères Rome* 1654, t. II, 22 juin 1654. — *Lett. du P. Duneau au cardinal Mazarin.*

XXXIII.
M. Olier ins-
truit Charles
II:proposition
qu'il fait à ce
prince.

(2)*Lingard*, t. XIII, p. 454.

Malgré ce fâcheux contre-temps, M. Olier ne
désespéra pas d'adoucir l'esprit de ce prince, naturellement affable, familier et communicatif, quoique
d'un extérieur singulièrement dur et austère (2). Il
parvint en effet à lier avec lui des conférences, et
commença à l'instruire sur les matières de la religion. Mais, sachant que Dieu seul peut changer les
dispositions des cœurs, il fit beaucoup prier durant
ce temps. « Je demande avec instance à tous nos
» frères, écrivait-il aux directeurs du séminaire du
» Puy, de recommander à Notre-Seigneur, en notre
» divine Mère, l'affaire du roi d'Angleterre, dont la
» Providence m'a encore chargé, lequel présente-
» ment se laisse éclaircir des difficultés de la religion.
» J'eus encore le bien de lui parler hier. Autant que

» je puis vous recommander une chose à tous en
» général, et à chacun en particulier, je le fais de
» celle-ci. Quelques prières, quelques vœux et in-
» tentions aux divins Sacrifices, tous les jours, sont
» absolument nécessaires pour un bien de cette im-
» portance. Je laisse le tout à l'amour que vous avez
» pour Jésus et pour Marie, qui avait autrefois ce
» royaume pour douaire. Je ne vous dis plus rien
» après cela (1). »

(1) *Lett. aut. de M. Olier*, p. 147.

Le succès qui accompagna ses premiers efforts,
fit juger que M. Olier était l'instrument suscité par
la Providence, pour opérer cette grande réunion.
On ne saurait imaginer tout ce que sa foi vive, et
son zèle ardent lui inspirèrent, pour le succès d'une
si belle entreprise, jusques là que sachant les désirs,
du Roi et les démarches qu'il avait faites auprès du
pape, pour obtenir du secours, il promit à ce prince
de mettre à sa disposition dix mille hommes de
troupes réglées, pour rentrer en possession de son
royaume, s'il voulait s'engager à y rétablir la foi
catholique (2). Une proposition si extraordinaire

(2) *Grandet. Vies Ms.* t. 1, p. 137.

pourrait être taxée de témérité, et devrait même
être regardée comme une pieuse extravagance de
zèle, si l'on n'avait vu déjà, à l'occasion des duels,
l'ascendant que l'Esprit de Dieu donnait à M. Olier
sur les plus braves militaires de son temps. Lui,
qui avait su leur faire fouler aux pieds le préjugé de
l'opinion la plus tyrannique, lorsqu'une pareille résolution était encore regardée comme une lâcheté,
indigne d'un homme d'honneur; quel courage n'eût-
il pas allumé dans ces cœurs généreux, en leur proposant cette fois l'expédition la plus glorieuse, puisqu'elle aurait eu pour fin, de soumettre l'Angleterre
à Dieu et à son souverain légitime? Le trait que
nous avons rapporté du marquis de Fénelon, conduisant au siége de Candie, contre les Turcs, quatre
cents gentilshommes en qualité de volontaires, suffit
pour montrer que cette proposition n'était point impossible à réaliser. Mais Dieu, dont les conseils sont

impénétrables, n'accorda pas à son serviteur la consolation de voir sa proposition acceptée. La politique du cardinal Mazarin lui faisant rechercher alors l'alliance de Cromwel, pour venir par là plus aisément à bout de l'Espagne, il ne pouvait favoriser d'aucune façon cette entreprise militaire, qui eût armé encore l'Angleterre contre lui; et il n'était pas possible qu'elle eût lieu sans le concours de la France, dans l'état où les affaires de Charles étaient alors.

XXXIV.
Charles II, abjure secrètement l'hérésie, comme le pape l'avait demandé de lui.

Néanmoins DIEU, qui avait inspiré à M. Olier un très-grand désir de travailler à la conversion du roi d'Angleterre, lui donna entrée dans l'esprit de ce prince. Ils eurent entre eux de nouvelles conférences, et M. Olier lui exposa la beauté et la vérité de la religion catholique avec tant de grâce, de force et d'énergie, que Charles II fut contraint d'avouer ensuite à l'un de ses amis, que, bien que de grands personnages lui eussent parlé sur ces matières, il n'y en avait aucun qui l'eût éclairé comme l'avait fait M. Olier; que dans ses paroles *il avait reconnu et ressenti une vertu toute extraordinaire ;* qu'enfin il l'avait satisfait pleinement (1). Sur quoi M. de Bretonvilliers, qui rapporte ces précieux détails, ajoute de lui-même ces paroles très-significatives : *Pour le présent, je n'en puis pas dire davantage* (2). Cette réticence suppose manifestement de la part du roi d'Angleterre, et en faveur de la religion catholique, une démarche qu'il n'était pas encore temps de publier ; et cette démarche ne pouvait être que son abjuration, qu'il avait faite secrètement, avec promesse de la rendre publique, après son rétablissement dans ses Etats, † ce dont le Pape voulait bien se contenter alors.

(1) *Esprit de M. Olier*, t. II, p. 425,426. - *Mém. hist. sur M. Olier par M. de Bretonvilliers*, t. II : son amour pour l'Eglise.

(2) *Mém. hist.*, ibid.

† Le secret qu'il convenait de garder sur cette affaire, pour ne pas compromettre les espérances de Charles II, est apparemment le motif qui a porté M. de Bretonvilliers, dans la copie de ses *Mémoires* sur M. Olier, qu'il se proposait de donner au public, à supprimer le nom du roi d'Angleterre,

En effet Rapin de Thoyras, quoique ennemi du catholicisme, rapporte que le bruit se répandit en France et en Angleterre, que Charles II, dans son exil, avait *abjuré secrètement* ; et lui–même tient ce fait pour incontestable. « Charles II, dit-il, avait » embrassé la religion catholique, avant de retour– » ner en Angleterre. Ce secret qui n'était connu que » du comte de Bristol et du chevalier Bennet, (l'un » et l'autre catholiques), demeura si bien caché, » que le public n'en fut informé qu'après la mort » du roi, lorsqu'il plut à Jacques II, son successeur, » de le divulguer. Mais aujourd'hui ce n'est plus » une chose dont on ait le moindre doute (1). »

XXXV.
L'abjuration de Charles II, certifiée par les contemporains.

(1) *Hist. d'Angleterre, par Rapin de Thoyras*, in-4°, *La Haie* 1749, t. x, liv. xxiii, an. 1660, p. 151.

Burnet, évêque de Salisbury, contemporain de Charles, et non moins passionné protestant que Thoyras, assure expressément, que Charles II, avant de quitter Paris, *changea de religion* (2) : ce qui signifie qu'il fit en effet son abjuration dans cette capitale, puisqu'il ne put changer de religion, sans abjurer, au moins en secret, celle qu'il avait professée jusqu'alors. Après avoir dit que *le roi Charles changea de religion*, il ajoute : *mais on ignora par les soins de qui. La chose fut tenue fort secrète. On sait seulement que lord Aubigny y contribua beaucoup.* M. de Bretonvilliers donne donc la clef du mystère, en nommant M. Olier ; et, de leur côté, Burnet, Thoyras et d'autres, en assurant que Charles, dans son exil, fit son abjuration en secret et se convertit au catholicisme, expliquent cette réticence de M. de Bretonvilliers : *pour le présent*

(2) *Histoire de mon temps, par Burnet , évêque de Salisbury*,t.i, in-8°, *Paris*1824 *de l'imprimerie de Belin*, p.159.

en rapportant les impressions de grâce que les discours de M. Olier firent sur ce prince, et à le qualifier simplement : *un grand seigneur du royaume d'Angleterre*. Nous avions suivi cette copie des *Mémoires*, dans nos deux premières éditions de la *Vie de M. Olier*, où en effet nous n'avons pas déterminé quel était *ce grand seigneur*. Mais ayant eu recours à l'autographe même de ces *Mémoires*, nous y avons trouvé que ce *grand seigneur* était le *roi d'Angleterre* luimême, et c'est d'après cette source que nous avons fait la correction qu'on voit ici.

je n'en puis pas dire davantage. D'après une confidence faite à Burnet, dans la plus grande intimité, l'abjuration de Charles aurait eu lieu au château de Fontainebleau. On la tint fort secrète, même aux courtisans qui avaient suivi le roi dans son exil. Le chancelier Hyde en eut cependant quelques soupçons ; mais il ne se permit jamais de le croire entièrement : c'est la remarque de Burnet. Il ajoute que *le cardinal de Retz était* aussi *du secret* ; ce qui a fait croire à plusieurs, que ce cardinal avait lui-même reçu l'abjuration de Charles : opinion insoutenable, puisque l'abjuration eut lieu en 1655, et que depuis le 19 décembre 1652, où le cardinal de Retz fut enfermé à Vincennes, jusqu'en l'année 1664, il ne parut plus à Paris (1). S'il était dans le secret, c'est que peut-être Charles l'y avait mis lui-même, lorsque ce cardinal alla le visiter à Londres et qu'il eut avec lui une conférence seul à seul. Quoi qu'il en soit, il en était si bien instruit, qu'il dit un jour au marquis de Roussy, son parent, comme le rapporte Burnet, « qu'il savait à n'en pouvoir dou-
» ter, que le roi Charles et son frère étaient déjà
» réunis à l'Eglise Romaine (2).

(1) *Collection de Petitot,* t. xliv, p. 66.

(2) *Histoire de mon temps,* ib. p. 159.

XXXVI.
Charles II obligé de quitter la France. Les ducs de Montmouth et de Richemont.

Mais Charles ne put jouir jusqu'à son rétablissement dans ses états de l'asile que le jeune roi lui avait ouvert en France. On sait que le cardinal Mazarin conclut avec Cromwel, le 2 novembre 1655, une ligue offensive et défensive, dont une des conditions fut, que les fils du roi Charles I sortiraient de France ; et ce ministre voulant exécuter fidèlement cette ignominieuse condition (3), ce fut une nécessité pour Charles de quitter le royaume. Avant de partir, il remit son fils naturel, Jacques Scot, encore enfant, qui fut plus tard le duc de Montmouth, à l'abbé d'Aubigny, en le priant de se charger de son éducation et d'en faire un homme d'honneur ; et cette circonstance donna lieu à Charles de faire une réponse, qui confirme de plus en plus le fait de sa conversion secrète au catholicisme. Car l'abbé

(3) *L'art de vérifier les dates. Angleterre* 1655.

d'Aubigny lui ayant représenté, avec respect, que sa conscience ne lui permettrait pas d'en prendre soin, à moins qu'il n'en fît un catholique : le Roi eut cette demande pour agréable (1). En conséquence, l'abbé plaça cet enfant d'abord au pensionnat de Port-Royal ou des Chenai, près de Versailles, dans lequel il avait reçu lui-même son éducation ; et ensuite au collége de Juilly, chez les Pères de l'Oratoire (2). Il y fut élevé dans la religion catholique ; et les belles espérances qu'il donna d'abord dans sa jeunesse, engagèrent même Charles II à l'élever aux premières dignités de la couronne (3), quoique la suite ait démenti ces commencements. Bien plus, environ vingt ans après la mort de M. d'Aubigny, Charles II envoya de lui-même en France, pour jouir de la terre que cet abbé avait possédée, le jeune Charles de Lenox, duc de Richemont, son fils naturel, qui fut également élevé dans les principes de la religion catholique (4).

Depuis ses conférences avec M. Olier, Charles conserva toujours pour lui une cordiale amitié, et une vive reconnaissance : et lorsque, au bout de quelques années, il apprit sa mort, il ne put s'empêcher d'en témoigner un regret très-sensible, assurant, rapporte M. de Bretonvilliers, que dans la personne de M. Olier, *il avait perdu l'un de ses meilleurs amis* (5). Ce témoignage spontané d'estime et d'affection, montre que le serviteur de Dieu, par ces conférences sur la religion, était entré bien avant dans l'esprit et le cœur de ce prince. Il fallait, en effet, que les convictions qu'il y avait imprimées eussent été bien profondes, pour qu'elles l'aient obligé, dès son rétablissement sur le trône d'Angleterre, et après la mort de M. Olier, à faire en faveur du catholicisme, et contre l'avis de son conseil, une multitude d'actes, aussi hardis que mémorables, qui confirmèrent de plus en plus les bruits répandus touchant le fait de sa conversion. Comme on a écrit depuis peu, sans en donner pourtant aucune

(1) *Mém. de M. du Ferrier*, p. 315.

(2) *OEuvres d'Arnauld*, t. II, p. 561, *lettre* 532⁰ *à M. de Vauca.*

(3) *Gazette de France*, 1685, n° 42, p. 489.

(4) *Diction. de Moréri*, 1759, t. I, *art. Aubigny.*

XXXVII. Affection que Charles conserva depuis pour M. Olier : effets des instructions qu'il reçut de lui.

(5) *Mém. hist. sur M. Olier, par M. de Bretonvilliers*, t. II : *son amour pour l'Eglise.*

(1) *Etudes reli-*
gieuses hist. et
littéraires, t. v,
1864, p. 47.

preuve, que Charles, à la suite de ses conférences avec M. Olier, n'avait pas abjuré l'hérésie dans son exil * (1), nous ne pensons pas nous écarter de notre objet, en rappelant ici, pour confirmer ce point d'histoire, quelques uns de ces actes, assez peu connus, qui furent comme autant de fruits de sa conversion au catholicisme. Ces actes qui, par leur nature, devaient provoquer et provoquèrent en effet contre lui, les plus vives oppositions des deux chambres de son Parlement, ainsi que celles de toutes les sectes protestantes, seraient tout à fait inexplicables, si Charles n'eût été alors catholique en secret, et ne se fût considéré lui-même comme tel, par l'abjuration qu'il avait faite de l'hérésie protestante.

XXXVIII.
Actes mémo-
rables de
Charles II, en
faveur des ca-
tholiques de
ses états, con-
formément à
la volonté du
pape.

(2) *Lingard*,
t. XII, p. 104.
(3) *Histoire de*
mon temps, t. I,
p. 373, 374, 375.

Ainsi, il tint à épouser une princesse catholique, quoique pour des raisons d'Etat, le roi d'Espagne lui proposât une protestante, fille du roi de Danemark, ou de l'Electeur de Saxe, ou du prince d'Orange, à son choix; et offrît de la doter à ses propres frais, aussi richement que l'eût été une infante d'Espagne. Charles refusa ses offres, et par sa répulsion insurmontable pour toutes les princesses du Nord (2), donna à conclure à ses propres sujets, comme Burnet l'assure, qu'il ne voulait pas d'une princesse protestante (3). Il leva le séquestre, mis sur les biens d'une multitude de catholiques; il suspendit l'exécution des lois pénales portées contre eux; † fit élargir tous les prêtres et les religieux in-

---

(4) *L'art de*
vérifier les dates.
Angleterre 1645.

† Pendant les troubles politiques, qui amenèrent sa catastrophe, Charles I, père de Charles II, avait déjà promis d'abolir toutes ces lois, et de donner ainsi la liberté de conscience s'il recevait des catholiques quelque assistance, qui, le mit en état d'exécuter cette résolution. C'est ce qu'il écrivit à la reine d'Angleterre, qui s'était réfugiée en France, en 1644 (4). On lit dans le procès verbal de l'assemblée générale du clergé de France, du 19 février de l'année 1646 : « Il n'y a plus de danger maintenant de déclarer cette pro- » messe, qu'on avait tenue secrète jusqu'ici, puisque les » parlementaires ayant surpris la copie de cette lettre, l'ont

carcérés ; et mit un frein aux perquisitions des gens du fisc pour découvrir les prêtres cachés. Il procura que des Lords catholiques entrassent en assez grand nombre dans la chambre haute du Parlement, avec des droits égaux à ceux des membres protestants, ce qui, à commencer du règne d'Elisabeth, n'avait jamais eu d'exemple. Il éleva des catholiques à de hautes dignités, modifia la formule du serment usité, en y supprimant ce qui concernait l'autorité du pape , comme contraire à la conscience des catho- liques : il employa les plus vives instances , pour faire conférer le cardinalat à l'abbé d'Aubigny, afin de lui procurer par là plus de facilité pour servir la cause de l'Eglise en Angleterre ; * il fit enfin d'autres actes semblables, que nous ne rapporterons pas ici, et qu'on trouve exposés en seize articles , dans un écrit, qu'il adressa lui-même, très-secrètement, en 1662, au Souverain Pontife Alexandre VII , sous ce titre : *Bienfaits dont les catholiques d'Angleterre sont redevables à sa Majesté Britannique* (1). Un tel écrit, intitulé de la sorte, avait évidemment pour but, dans la pensée de Charles , de satisfaire aux justes désirs que ce pape lui avait fait exprimer avant sa conversion ; comme aussi de justifier la vérité des promesses qu'il avait dû lui faire en lui envoyant son abjuration ; il était , enfin , une preuve qu'il voulait lui donner de la sincérité de son retour à la foi catholique.

* NOTE 7, p. 350.

(1) *Etudes etc.*, t. v, p. 202.

Au surplus rien n'atteste mieux le fait et la sincérité de la conversion de Charles II, au catholicisme, que la démarche qu'il osa faire cette même année 1662, en envoyant secrètement un ambassadeur à Rome, pour poser les bases d'un concordat avec le Saint- Siége, dans l'espérance, où il était alors, de pouvoir établir la liberté de conscience dans ses Etats. Il déclarait, entre autres choses, à Alexandre VII, qu'on recevrait en Angleterre le concile de Trente, et tous

XXXIX.

Projet de con- cordat propo- sé au pape par Charles II. Op- position de ce prince pour le protestantis- me.

» fait imprimer et publier, pour rendre ce prince plus odieux, » et les catholiques plus suspects (2). »

(2) *Procès ver- bal de l'assem- blée de* 1646, *Vi- tré*, p. 587.

les autres décrets concernant la foi et les mœurs,
notamment les définitions récemment émanées du
Saint–Siége contre le jansénisme. Nous pouvons
même remarquer ici, que la teneur de ce projet de
concordat suppose assez manifestement, que Charles
avait déjà abjuré l'hérésie, puisque, parlant de ses
propres sentiments à l'égard du protestantisme, il
s'exprime avec toute l'énergie du catholique le plus
fortement convaincu. « Sa Majesté, dit-il, déclare
» détester souverainement, le schisme déplorable,
» et l'hérésie que firent naître Luther, Zwingle,
» Calvin, Memnon, Socin, Browin, et autres secta-
» teurs également pervers. Mieux que personne,
» elle sait, et elle voit, par tout ce que l'expérience
» lui a révélé de maux dans ses propres états, quel
» déluge de calamités, quels profonds bouleverse-
» ments, quelle confusion toute babylonienne, cette
» réformation prétendue, qu'on eût bien mieux
» appelée déformation, a trainés avec elle, en poli-
» tique, autant qu'en religion : à tel point, que les
» trois royaumes (unis), surtout l'Angleterre, n'of-
» frent plus aux yeux de tout le monde, pour les
» choses civiles, comme pour les sacrées, qu'un
» théâtre d'affreuses perturbations (1). » Le roi
d'Angleterre en tenant donc un langage si énergique
à Alexandre VII, qui lui avait autrefois reproché
de n'avoir pas voulu abjurer secrètement cette
même hérésie protestante ; et en ne lui témoignant
ici aucun désir de l'abjurer, nous donne manifestement à conclure qu'il avait déjà fait cette démarche,
et était réellement devenu catholique, de la manière
que le Saint–Siége l'avait désiré.

Il est vrai qu'au milieu des vives et constantes
oppositions de son Parlement, qui paralysaient tous
ses projets en faveur du catholicisme, ce malheureux prince, toujours livré à d'étranges dérégle-
ments de mœurs, qui obscurcissaient sa raison, se
persuadait faussement, que pour se maintenir sur
son trône, il pouvait feindre à l'extérieur d'être

(1) *Etudes etc.*,
t.v, 1864, p.209,
210.

XL.
Au milieu de
ses dissimula-
tions, Charles
II demeure
toujours con-
vaincu de la
vérité de la re-
ligion catho-
lique.

protestant, et se contenter d'être catholique dans le
secret de sa conscience, en attendant un avenir meilleur, qui lui permît de déclarer ses sentiments ; et
en cela, il était certainement inexcusable. Néanmoins, la certitude de la vérité du catholicisme, qui
malgré cette opposition constante entre sa croyance
intime et ses actes extérieurs, ne s'affaiblit jamais
en lui, montre de plus en plus, combien les convictions que M. Olier lui avait imprimées, étaient profondes et ineffaçables. En 1668, il écrivait très-secrètement au général des Jésuites, le R. P. Oliva :
« Nous faisons semblant d'être attaché à la religion
» protestante, quoique devant Dieu, qui connaît les
» cœurs, nous l'abhorrions, comme très-fausse et
» pernicieuse ; et lorsque le temps et les affaires le
» permettront, nous ferons connaître à Sa Sainteté,
» l'obéissance que nous lui portons, comme au vi-
» caire de Jésus-Christ (1). Il lui disait encore : Si
» nous agissons ainsi, c'est pour ne donner ombrage
» à qui que ce soit de notre cour que nous soyons
» catholique (2). » Toutefois, malgré ses dissimulations, plusieurs de ses courtisans le soupçonnaient
de l'être ; et à la cour de France, on savait certainement qu'il l'était. « Depuis quelque temps, dit Bur-
» net, la conversion de Charles n'était plus un mys-
» tère à la cour de France. L'archevêque de Reims
» me dit sans détour, que ce prince était aussi bon
» catholique que son frère, mais qu'il était seule-
» ment moins consciencieux (3). » Charles persévéra
en effet dans cette dissimulation pour conserver sa
couronne, et eut même la criminelle faiblesse de
consentir à tout ce que son Parlement exigea de lui,
jusqu'à signer, malgré les vifs remords de sa conscience, des arrêts de proscription contre les catholiques, dans la persécution qui se ralluma (4).

Pourtant, il savait très-bien qu'en abjurant ainsi
sa foi extérieurement par ses actes, quoique de
cœur il détestât l'hérésie, il offensait Dieu et l'Eglise
très-grièvement. Il n'ignorait pas que par cette

(1) *Lettre de Charles II. Etu-des, t. v, p.* 610.

(2) *Ibid., lett.* du 3 août 1668, p. 470.

(3) *Histoire de mon temps etc.,* t. III, p. 405.
(4)*Etudes, ibid.,* p. 216. —*Ibid.,* t. VI, p. 199.
XLI.
Troubles de conscience de Charles II, il veut rétablir le catholicis-me en Angle-terre.

conduite criminelle, il encourait les peines portées
contre les hérétiques ; et qu'en rougissant ainsi de
Jésus–Christ devant les hommes, il se mettait de
lui–même hors de la voie du salut. Aussi dans cet
état éprouvait–il de vives alarmes de conscience.
On en voit quelque chose dans ces paroles qu'il écrivait au général des Jésuites. « Il y a longtemps que
» nous prions Dieu de faire naître l'occasion de pou-
» voir trouver une seule personne dans nos roy-
» aumes, de qui nous pussions nous fier tou-
» chant l'affaire de notre salut, sans donner om-
» brage que nous fussions catholique (1). » Si
Charles parlait de la sorte en 1668, c'est que
déjà depuis près de trois ans, il était privé de la
présence et du secours de l'abbé d'Aubigny, son
confident le plus intime, décédé le 11 novembre
1665. Cet abbé s'était transporté auprès de Charles
après son rétablissement, pour l'aider de ses conseils ; et étant devenu grand aumônier de la reine
d'Angleterre, il avait pu offrir au roi lui–même
les secours de l'Eglise catholique, sans aucune
sorte de danger. « Il était, dit Burnet, dans le
» secret de la religion de Charles, qui l'avait infor-
» mé plus que personne de tous les projets qu'il
» méditait pour le rétablissement du catholicisme
» en Angleterre (2). » Charles II se croyant donc
privé de tout secours et voulant trouver un moyen
pour sortir de cet état et apaiser les justes remords
de sa conscience, tint très–secrètement l'année suivante 1669, un conseil avec quelques affidés, auxquels il exposa tout ému et les larmes aux yeux, la
douleur qu'il éprouvait de ne pouvoir professer la
foi à laquelle il était attaché (3). La conclusion fut
que Charles ferait alliance avec Louis IV, pour que
ce monarque l'aidât à rétablir le catholicisme en
Angleterre ; ce qui amena en effet le traité secret
de 1670. A l'article 2, Charles s'exprimait en ces
termes : « Le roi de la Grande–Bretagne étant con-
» vaincu de la vérité de la religion catholique, et

(1) *Lettre de Charles II du 3 août 1668. Etudes,* t. v, p. 469.

(2) *Hist. de mon temps,* t. 1, p. 304.

(3) *Hist. d'Angleterre, par Lingard, Paris 1834,* t. XII, p. 253.

» résolu d'en faire sa déclaration et de se réconcilier
» avec l'Eglise romaine, aussitôt que le bien des
» affaires de son royaume le pourra permettre, a
» tout lieu de se promettre que ceux mêmes de ses
» sujets qui ne seraient pas disposés par cet exem-
» ple si auguste à se convertir, ne manqueront ja-
» mais à l'obéissance qu'ils lui doivent. Sa Majesté
» a cru que le meilleur moyen d'empêcher que son
» gouvernement ne fût altéré sous prétexte de re-
» ligion, serait d'être assuré, en cas de besoin,
» de l'assistance de Sa Majesté très-chrétienne,
» laquelle voulant contribuer au succès d'un des-
» sein si glorieux, si utile à toute la religion ca-
» tholique, promet au roi de la Grande Bretagne,
» la somme de deux millions et six mille hommes
» de pied, entretenus à ses propres frais, tant que
» le roi de la Grande Bretagne jugera en avoir besoin,
» pour l'exécution de son dessein (1). »

(1) *Traité se-cret de* 1670, *Lingard*, t. XII, p. 444, 445.

XLII.

Charles abjure de nouveau l'hérésie à sa mort.

Pour en venir immédiatement à l'exécution, Charles publia de nouveau son Bill touchant la liberté de conscience. Mais se rendant indigne de l'assistance divine par ses mauvaises mœurs, il se vit contraint, l'année suivante, de le retirer une seconde fois; et peu après les deux chambres du Parlement, ayant passé le fameux acte du Test qui prescrivait des serments anticatholiques (2); ce malheureux prince, qui voulait à tout prix se maintenir sur le trône, renouvela ses protestations hypocrites d'adhésion à l'anglicanisme. Enfin, après s'être ainsi donné pendant vingt-cinq ans à ses sujets pour protestant, sans avoir persuadé personne qu'il le fût : apprenant de ses médecins, qu'il n'avait plus que peu d'heures à vivre, et que la mort allait le mettre à l'abri de tous les revers de fortune, il eut recours alors au ministère d'un prêtre catholique, protesta qu'il voulait mourir dans la communion de l'Eglise Romaine, déclarant qu'il se repentait sincèrement d'avoir renvoyé jusqu'alors sa réconciliation (3). Il fit son abjuration entre les mains du Père Huddles-

(2) *L'art de vérifier les dates. Angleterre*, an. 1606—1672.

(3) *Lingard*, p. 455, 462.

ton, bénédictin, en présence du comte de Bath, premier gentilhomme de la chambre, du comte de Feversham, capitaine des gardes, l'un et l'autre protestants, et du duc d'York son propre frère et son successeur * (1).

Quoique Charles II n'eût jamais osé se déclarer, par la crainte bien fondée de perdre la couronne et la vie, s'il était reconnu pour catholique, les conférences de M. Olier avec ce prince ne furent pas sans résultat pour les catholiques d'Angleterre. Car dans tout le cours de son règne, les protestants lui reprochèrent toujours la protection secrète qu'il donnait aux catholiques, en n'appliquant pas contre eux les loix pénales, malgré les instances réitérées du Parlement. « On s'apercevait de plus en plus, » dit Rapin de Thoyras, que les proclamations pu- » bliées contre les catholiques à la réquisition du » Parlement, n'étaient rien moins que rigoureuse- » ment exécutées (2). Le roi persistait toujours dans » sa dissimulation à l'égard de sa religion (le catho- » licisme), et dans le dessein de faire accroire à ses » sujets, qu'il était fort zélé pour la religion protes- » tante : c'était à cela proprement que ces sortes » de proclamations étaient destinées; mais leur in- » exécution faisait un effet tout contraire (3). Ce » qu'il y avait de pire pour l'Angleterre, c'est qu'il » n'y avait guères que des catholiques... qui eussent » du crédit à la cour. (Bennet) comte d'Arlington, » secrétaire d'état, était de cette religion, quoiqu'à » l'exemple du roi, il feignit d'être protestant; » Cliffort était catholique ; le duc d'York, frère du » roi, était non seulement catholique, mais encore » extraordinairement zélé pour sa religion, et fai- » sait à la cour ce qu'il voulait (4). Le comte de Bris- » tol était catholique déclaré (5). Les deux chambres » commençant à s'apercevoir que les catholiques » avaient de grandes influences dans le conseil du » Roi, et que leur religion faisait de sensibles pro- » grès, lui présentèrent (diverses) adresses pour le

* NOTE 8, p. 393.

(1) Traité dogmatique et hist. des édits, par le P. Thomassin, in-4°, 1703, t. II, p. 515.

XXLIII.
Combien la conversion de Charles fut utile aux catholiques pendant son règne.

(2) Tom. x, an. 1667, p. 249.

(3) Ibid., p. 258.

(4) Ibid., 1668, p. 266.

(5) Pag. 209.

» prier de faire exécuter les loix contre les prêtres
» romains et les jésuites, qui travaillaient avec une
» ardeur infatigable à pervertir ses sujets;...mais
» autant les proclamations publiées contre eux
» étaient rigoureuses, autant l'exécution leur était-
» elle favorable (1). On ne savait pas alors que le roi
» fût catholique, ni qu'il eût le dessein de rétablir
» la religion catholique en Angleterre; aujourd'hui
» qu'on est mieux instruit, on peut mieux juger de
» ses intentions (2). » Ces remarques, et ces récri-
minations de l'historien protestant, que nous ci-
tons ici, montrent donc que le zèle de M. Olier,
ses austérités et ses prières, pour Charles II et
pour l'Angleterre, ne furent pas destitués de tout
résultat.

(1) *Ibid.*, 1666, p. 239.

(2) 1663, p. 208.

Ajoutons, que cette conviction parfaite de la divinité du catholicisme, restée toujours immuable
dans l'esprit de Charles, peut passer pour un
des effets merveilleux que JÉSUS-CHRIST, résidant,
par un privilége spécial, dans M. Olier, comme dans
un tabernacle, se plaisait à produire sur les cœurs.
Ce privilége, dont nous avons parlé au sixième livre,
était analogue à celui dont jouirent tant d'autres
ouvriers apostoliques, qui, comme saint Paul,
pouvaient dire avec assurance : *Jésus-Christ vit en
moi* (3); *Jésus-Christ parle par ma bouche* (4). Nous
avons vu en effet que des personnes instruites et de
grand sens, firent maintefois l'heureuse expérience
de cette merveille, en conversant avec M. Olier;
entre autres, ce célèbre président du Parlement de
Paris, dont la haute sagesse, la force invincible, et le
rare désintéressement, ont attaché à son nom l'idée
d'un magistrat accompli : Matthieu Molé, qui ne
put s'empêcher de lui dire : *J'ai senti une vertu sortir de vous, qui a réjoui et conforté mon âme.* On ne
peut donc douter, que Charles II, en déclarant aussi
de son côté, que dans les paroles de M. Olier, *il
avait ressenti et reconnu une vertu toute extraordinaire,*
n'ait été éclairé et touché par le même principe sur-

XLIV.

M. Olier a jus-
tifié ainsi sa
vocation, de
représenter
Notre-Sei-
gneur au très-
saint Sacre-
ment.

(3) *Galat.* c. II, v. 20.
(4) *II. Corint.* c. XIII, v. 3.

naturel. C'est ce qu'il faut dire également de tous ces gentilshommes, ces grands seigneurs, ces militaires, qu'il gagna si efficacement par sēs paroles, et dont il fit autant de fervents chrétiens. Enfin, ce qui est particulièrement remarquable, et justifie à la lettre ce dessein de Dieu sur lui : tous ces effets étonnants de son zèle, racontés dans les deux livres précédents, il les opéra presque sans paraître. Personne jusqu'ici ne l'avait regardé comme l'instrument premier et radical, de tout le bien que Charles II procura aux catholiques d'Angleterre ; et ce secret dont parlait Burnet, de son temps : *On ignora par les soins de qui* ce prince embrassa le catholicisme, était resté caché non seulement aux protestants, mais aux catholiques eux-mêmes : tant est vraie cette parole de M. Olier : « Ma vocation est de ne » paraître en rien, comme Jésus-Christ au très-saint » Sacrement. A ce sujet Notre-Seigneur m'a dit, » ajoute-t-il, que dans ses œuvres, il fallait paraître » le moins qu'on pouvait ; que moins on y aurait » paru devant les hommes, plus on en reluirait de- » vant lui dans l'éternité ; et que le sacrifice de tout » cet éclat extérieur, était un holocauste très-agré- » able à Dieu. Je voyais un exemple de ceci dans » Notre-Seigneur même au très-saint Sacrement, » qui me doit servir en tout de règle et de modèle. » Il est la source de tout bien dans l'église ; pour- » tant il ne paraît presque pas. Il fait tout en secret » dans le saint tabernacle : il paraît bien moins » qu'un Evêque, ou un Apôtre ; et toutefois c'est » lui qui fait tout. Ainsi veut-il régner en moi et » par moi produire toutes choses avec force et sa- » gesse ; mais sans éclat, toujours en cachette, et à » couvert des yeux du monde. Il m'était dit par la » bonté divine : Qu'à l'exemple de Notre-Seigneur, » toujours caché au très-saint Sacrement, où néan- » moins il opère avec force et efficace, ma vocation » était de ne paraître en rien, et de servir Dieu dans » le secret. C'est ainsi que sa bonté me disait au-

XLV.
M. Olier devait opérer le bien sans paraître, à l'exemple de Jésus-Christ au très-saint Sacrement.

» jourd'hui, au sujet d'une affaire importante pour
» sa gloire : Il faut que tu sois comme le cœur de
» mes œuvres, et que tu donnes la vie et le mouve-
» ment à tout, sans qu'on s'en aperçoive. Les mem-
» bres doivent paraître beaucoup ; et pourtant ils
» n'ont rien que par dépendance du cœur, qui de-
» meure caché. Ainsi sa bonté permet que, sans y
» penser, je me trouve toujours des premiers dans
» toutes ses œuvres, que j'aie part à tout, et que je
» travaille à tout par des prières, des écrits, des pa-
» roles, qui procèdent de l'esprit de DIEU, sans me
» montrer, ni me produire, afin que par moi Notre- (1) *Mém. aut.*
» Seigneur exprime et rende sensible sa manière *de M. Oli·r*, t. III,
» d'opérer dans l'Eglise, au très-saint Sacrement(1).» p. 22, *etc.*

Telle était la grâce de M. Olier : de son vivant
et après sa mort, durant longtemps du moins, il
devait demeurer caché, nonobstant les services qu'il
a rendus à l'Eglise et ceux qu'il ne cesse de lui rendre encore aujourd'hui par ses œuvres toujours
subsistantes. C'est dans ce dessein de la Providence
qu'il faut voir, à notre avis, les raisons du silence
que tant d'écrivains ont gardé et gardent encore * NOTE 9, p.
sur ce saint prêtre. « Le fondateur de Saint-Sulpice, 356.
» disait M. Tronson, a désiré d'être caché ; c'est à (2) *Lett. div.*
» DIEU à le manifester dans son temps (2). » *de M. Tronson,*
t. II, p. 134, 181.

NOTES DU LIVRE HUITIÈME

CONVERSION DU MARÉCHAL ET DE LA MARÉCHALE DE

RANTZAU

NOTE 1, p. 294. — M. et Madame de Rantzau, nés l'un et l'autre dans le Holstein, professaient la religion luthérienne, à laquelle ils étaient fort attachés. Madame de Rantzau surtout cherchait continuellement l'occasion d'instruire ses coreligionnaires, et de former de nouveaux prosélytes. Ayant l'esprit droit et la mémoire heureuse, elle étudiait avec soin la controverse; et pour s'y rendre plus habile, elle conférait avec les ministres Drelincourt et Mestrezat. Comme elle n'était encore âgée que de dix-neuf ans, M. de Rantzau, qui avait beaucoup lu, la traitait d'enfant et la confondait chaque jour, en lui rapportant les réponses des catholiques aux arguments des sectaires. Mais elle ne se rebutait pas ; et ayant repris des forces avec ses ministres, elle revenait le soir à la charge. Pendant deux ans elle combattit ainsi contre la vérité. Enfin, elle commença à concevoir des doutes, et s'adressa au curé de Saint-Germain l'Auxerrois pour avoir des conférences avec lui. Pendant douze ou quinze jours qu'elles durèrent, elle jeûna toujours et pria pour obtenir de Dieu la lumière qu'elle cherchait. Enfin étant pleinement convaincue de la vérité de la religion catholique, elle abjura l'erreur sans attendre le retour de son mari, qui était alors à l'armée. Ce changement le mit dans une colère étrange ; elle se prépara aux mauvais traitements qu'elle prévoyait de son naturel farouche et fit des prières et des jeûnes à cette intention. Dès qu'il fut de retour, il l'accusa d'abord de folie, pour s'être laissée séduire comme un enfant incapable de discernement, et se plaignit qu'elle eût agi dans une occasion si importante, sans l'avoir consulté, la menaçant de l'en faire repentir. Elle lui répondit fort humblement que, comme c'était lui qui lui avait appris à douter de sa religion, elle pouvait dire qu'il avait la première part à ce changement de croyance ; qu'en toute autre affaire, elle n'eût jamais agi sans le consulter, mais qu'en celle-ci il ne pouvait pas y avoir d'apparence d'attendre son avis, pour quitter une religion qu'il professait lui-même. Elle le pria de croire qu'elle n'avait pas été séduite, que l'évidence de la vérité seule l'avait persuadée ; et que, s'il voulait, elle lui en rendrait compte, afin qu'il connût qu'elle n'avait rien fait par légèreté. Il le voulut bien et l'ayant mise sur les points de controverse, elle lui répondit si solidement, que changeant de ton et de sentiment, il lui dit : J'avais cru, Madame, que vous ne saviez pas ce que vous faisiez en changeant de religion ; mais puisque vous l'avez fait avec connaissance, je ne vous en sais plus mauvais gré, et je n'ai qu'à vous prier de vivre en véritable catholique (1). (1)*Mém. de M. du Ferrier*, p. 201, 202.

Sa vie put, en effet, servir de modèle à toutes les dames de sa condition. Dès que le maréchal de Rantzau était parti pour l'armée, elle faisait enfermer toutes les glaces chez elle, ne se frisait plus jusqu'à son retour, et pour obtenir sa conversion, elle vivait dans la pénitence et adressait à Dieu de ferventes prières. Enfin son mari se convertit au siége de Bourbourg, se croyant blessé mortellement d'un coup de mousquet. La nouvelle de la blessure s'étant répandue à Paris, le confesseur de madame de Rantzau alla la voir pour la consoler. Elle vint le recevoir sur les degrés avec un visage riant et lui dit : Je sais, Monsieur, pourquoi vous venez. Il crut la nouvelle fausse, et lui témoigna en être bien aise. Non, dit-elle, cela est vrai ; mais voici le sujet de ma joie : lisez, s'il vous plaît, la lettre que M. de Rantzau m'écrit. Il y trouva ces belles paroles : *Madame, vous serez affligée, en apprenant que j'ai reçu un coup de mousquet, dont la balle est entrée par l'oreille et sortie par la bouche ; mais vous devez être consolée sachant que Dieu m'a parlé au cœur, et qu'il m'a fait connaître l'erreur de ma religion, et la vérité de celle de l'Église catholique, dans laquelle je suis entré.* Elle était si transportée de joie, que la perte de son mari et le renversement de sa maison et de son état ne lui étaient rien. Elle ne pouvait pas douter de la ruine de sa fortune, après l'épreuve qu'elle avait déjà subie, lorsque le Roi assiégeant Perpignan, et le bruit s'étant répandu à Paris que M. de Rantzau avait été tué, à l'instant ses créanciers firent mettre le scellé chez lui, en sorte qu'elle se vit privée de l'usage des choses même les plus nécessaires. Comme on lui demandait ce qu'elle ferait en pareille occasion : J'ai pensé, répondit-elle, que j'entrerai en religion ; et si l'on ne me croyait pas appelée, je me mettrais au service de quelque dame (2). Le maréchal de Rantzau, qui guérit de sa blessure, pratiqua depuis la religion catholique, sans aucun respect humain, et la fit respecter par ses troupes. Il mourut le 4 septembre 1650. (2) *Ibid.*, p. 204, 205.

Après cette mort, madame de Rantzau entra chez les Annonciades célestes, parcequ'elles ne parlaient jamais à personne du dehors. Mais le Pape voyant que, par là, le

(1) *Mém. de M. du Ferrier*, p. 201, 202, *etc.*

(2 *Essai sur l'influence de la religion en France, etc.*, t. 1, p. 404.

(3) *Histoire de la ville de Paris, par Félibien, etc.* t. II, p. 1322.

talent qu'elle avait pour la conversion des hérétiques serait caché et inutile, il lui ordonna par un bref de parler à tous les hérétiques allemands qui demanderaient à la voir : ce qui produisit la conversion de plusieurs (1). Elle passa dix ans dans cette maison, occupée de la prière et travaillant à la conversion de ses compatriotes qui venaient la visiter. Son zèle lui inspira même la résolution d'aller fonder un couvent d'Annonciades à Hildesheim, afin d'y répandre la foi dans sa famille et parmi ses amis ; elle exécuta ce généreux projet (2) en 1636, et mourut dans une exacte observance de la règle, à l'âge de quatre-vingts ans (3).

SUR LA MARQUISE DE PORTES

NOTE 2, p. 300. — Lorsque la duchesse de Saint-Simon tenait sa fille dans une sorte de prison, et la pressait vivement d'embrasser la vie religieuse, M. Olier écrivait à celle-ci : « L'avis que je vous donne aujourd'hui, c'est de ne vous » point inquiéter de l'avenir, ni de votre vocation. Ce n'est pas » ici le temps de vous déterminer. Notre-Seigneur vous dé-

(4) *Lett. aut. de M. Olier*, p. 453.

(5) *Vie de Mme la duchesse de Montmorency*, t. II, p. 94.

(6) *Lettres aut. de M. Olier*, p. 453.

» fend de prendre une résolution dans ce trouble ; attendez » le calme et la sérénité (4). » Ce fut sans doute pour examiner plus à loisir sa vocation qu'elle demeura pendant quatre ans chez les religieuses de la Visitation à Moulins, où elle se montra aussi ponctuelle aux exercices de la communauté, que la plus fervente novice (5). Durant ce temps, elle continua d'écrire à M. Olier, pour lui faire part de ses dispositions (6). Enfin, plusieurs religieuses de cette maison se persuadant qu'elle était appelée à entrer dans leur institut, et la pressant de prendre un parti, elle s'en rapporta encore à la décision de M. Olier, qui la fixa par la réponse suivante. « Notre sœur ne doit et ne peut se déterminer » avec la précipitation qu'on lui impose ; car quoique cette » promptitude soit juste du côté des religieuses qui la de- » mandent, conformément à leur règle, elle ne l'est pas à » l'égard de notre sœur. Elle ne peut se déterminer elle- » même ; et par conséquent, puisque Dieu lui cache sa vo- » lonté, et la tient en balance, elle doit prendre le temps et » le loisir nécessaires pour la connaître. Quant aux marques » de vocation, les raisons générales tirées de la perfection » de l'état religieux, ne suffisent pas pour l'embrasser. Au- » trement toute personne qui voit ces raisons, serait obligée » à y entrer, et il y aurait vocation à la religion pour tout » chrétien persuadé de la beauté et de la sainteté de l'Evan- » gile. Il faut quelque chose de plus que ces raisons exté- » rieures ; c'est un mouvement que la Bonté divine imprime » à notre cœur, et par lequel elle nous persuade et nous » convainc d'entrer dans la religion, nous y excitant, nous » y portant avec paix et avec joie. Notre sœur n'a point

» l'expérience de s'être sentie appelée à cela par aucune
» puissante persuasion intérieure. Elle n'a que ces raisons
» extérieures qui laissent l'âme sans vie, sans joie, sans paix,
» ou plutôt, en quelque sorte, dans la tristesse et l'embar-
» ras. Au contraire, elle éprouve un désir intérieur qui la
» porte à servir le prochain : son cœur vole quand elle
» pense à assister les pauvres dans un hôpital. Elle se sen-
» tirait portée par l'esprit intérieur à verser son sang et à
» donner tout ce qu'elle a de bien, de temps, de santé et de
» vie pour gagner à Dieu l'âme d'un seul des huguenots
» dont ses terres sont remplies. Elle a reçu de tout temps
» une impression forte et un attrait efficace pour le service
» des pauvres et du prochain, et s'y est même exercée avec
» une bénédiction abondante. D'ailleurs, elle se souviendra
» qu'un de ses motifs, en faisant son vœu de virginité, était
» d'avoir par ce moyen la liberté entière de servir les pauvres,
» et qu'elle n'avait aucune vue de la religion, dont Dieu
» apparemment lui eût donné alors la pensée, s'il l'y eût
» appelée ; tellement que la grande contestation de ses pro-
» ches sur son vœu, venait de ce qu'elle ne voulait point
» être religieuse, et désirait demeurer dans l'état de virgi-
» nité, au milieu du monde.

» Elle remarque, il est vrai, qu'elle craint le siècle, qu'elle
» se connaît, qu'elle se méfie d'elle-même, et autres choses
» semblables : c'est un sujet de consolation, Dieu la prépa-
» rant par là à opérer son salut avec crainte, et à faire les
» œuvres de Jésus-Christ en esprit d'humilité ; ce qui est
» le grand principe de notre force et de notre confiance.
» Enfin, dans le genre de vie qu'elle veut embrasser, elle ne
» se désiste point du désir de se sacrifier totalement à Dieu ;
» elle ne se retire en effet de la clôture, que pour se conser-
» ver la seule liberté de servir le prochain, dans les temps
» qui lui seront prescrits par l'obéissance (1). »

Cette réponse fit renaître la paix dans le cœur de la marquise de Portes. Elle quitta la communauté de Moulins,
pour travailler à établir le règne de Dieu dans ses terres des
Cévennes, surtout à Térargues, Saint-Jean, Genouillac,
Saint-Germain de Calberte. Elle établit à Térargues un
monastère de la Visitation, afin qu'en qualité de fondatrice,
elle pût, par une clôture volontaire, se conserver dans le
calme et la paix (2). Elle joignait cependant aux exercices
de la vie contemplative les œuvres du zèle pour la conversion des huguenots, usant de toute son autorité pour affai-
blir et pour éteindre, si elle l'eût pu, cette secte dans ses
terres. Benoît, dans son *Histoire de l'Edit de Nantes,* se plaint
vivement de mademoiselle de Portes, qu'il blâme d'avoir
mis une garnison de cent arquebusiers dans une de ses seigneuries, appelée *Taraux,* pour y faire cesser l'exercice de

(1) *Lettres aut.
de M. Olier,* p.
465, 466, 467.

(2) *Discours sur
les vies de plu-
sieurs vénérables
mères et sœurs
de l'ordre de la
Visitation, etc.,*
par *Marie-Claire
de Mazelli,* in-8°,
1689, p. 303. —
*Mém. de M. Fey-
deau,* Ms. de la
Bibl. Mazar., in-
4°. *Ibid. Abrégé
de la vie de M.
l'abbé de la Ver-
gne,* p. 82.

la religion prétendue réformée. Il était sans doute peu instruit de ce qui concernait son caractère et ses inclinations; car il lui prête des motifs incompatibles avec ce que nous avons rapporté. Cette marquise non encore mariée, dit-il, voulait peut-être mériter un époux par des marques d'un zèle éclatant (1).

(1) Tom. III, p 188, 291.

Il paraît que les Jansénistes s'efforcèrent d'attirer à eux mademoiselle de Portes. Pour la prémunir contre la visite d'une dame fort dévouée au parti, M. Olier lui écrivit : « J'ai » cru expédient de vous envoyer ce mot pour prévenir vôtre » esprit, de peur que madame de Luynes, qui va vous voir » en passant, et qui est dans les embarras des opinions, ne » vous aille embrouiller l'esprit, et le tirer de la netteté dans » laquelle Notre-Seigneur l'avait mis; je prie ce bon Maître » de vous l'y conserver. » Cette prière n'était pas sans quelque fondement; car il semble qu'avant la bulle d'Innocent X, mademoiselle de Portes était assez favorable aux opinions nouvelles. Dans une lettre du 19 juillet 1653, M. Olier dit à son sujet : « Je n'écris pas à mademoiselle de Portes ; c'est » que j'attends de savoir comment elle aura reçu les nou- » velles de la bulle : » il ajoute ces mots, qu'il a lui-même effacés : *et sa soumission parfaite* (2). On ne craint pas cependant d'assurer qu'elle se soumit au jugement du Saint-Siége, et qu'elle persévéra dans son attachement à la doctrine de l'Eglise jusqu'à sa mort arrivée en Février 1693 (3), ou selon d'autres en 1702 (4). La preuve en est, soit dans sa profonde et constante vénération pour la mémoire de M. Olier, vénération qui lui faisait conserver avec soin les lettres qu'il lui avait écrites; soit dans l'envoi qu'elle fit au séminaire de Saint-Sulpice, des originaux mêmes de ces lettres, probablement après la publication des *lettres spirituelles* du serviteur de DIEU, faite en 1680 par M. Tronson. Son dessein était sans doute, en s'en dessaisissant ainsi, de les voir ajoutées à ce recueil dans une édition nouvelle. Au reste, comme dans l'une de ces lettres, M. Olier lui montre la conduite artificieuse des novateurs, et l'horreur qu'il avait de leur doctrine, on doit conclure que si mademoiselle de Portes eût fait cause commune avec eux, elle aurait certainement détruit cette lettre. Et puisqu'au contraire, elle l'a conservée précieusement, et l'a envoyée dans la suite au séminaire de Saint-Sulpice, pour qu'elle fût connue et même un jour rendue publique, comme elle l'a été par le fait (5) : c'est une preuve, à notre avis, que madame de Portes était restée sincèrement attachée à la vraie foi. Ce qui le prouve encore c'est la haute estime que les religieuses de la Visitation du Pont-Saint-Esprit, et celles d'Avignon eurent constamment pour elle, jusqu'à lui dédier, en 1689, les *Vies* de leurs mères qu'elles firent alors imprimer (6).

(2) *Lettres aut. de M. Olier*, p. 455, 123.
(3) *Grands officiers de la couronne, par le P. Anselme*, t. IX, p. 154.
(4) *Abrégé de la vie de l'abbé de la Vergne, ibid.*

(5) *Vie de M. Olier*, part. 2ᵉ, liv. IX, nᵒ IX.
(6) *Discours sur les vies de plusieurs vénérables mères, etc., dédicace.*

SUR LE PRINCE DE CONDÉ, HENRI II, ET LE PÈRE
BOURDALOUE SON PANÉGYRISTE

NOTE 3, p. 301. — On a de la peine à comprendre comment le Père Bourdaloue, dans l'oraison funèbre de Henri II, prince de Condé, a pu dire, en faisant allusion à la guerre de ce prince contre Louis XIII, que jamais *il n'aurait pris ce parti, si sa raison, quoique séduite, ne lui en avait répondu, comme du plus juste et du plus avantageux au souverain* (1). Frappée de ce paradoxe, madame de Sévigné écrivait, dans ces circonstances mêmes : « Eussiez-vous jamais cru, que le » Père Bourdaloue, eût fait (sur le prince de Condé), la plus » belle oraison funèbre, qu'il est possible d'imaginer ? Il a » pris ce prince dans ses points de vue avantageux, et a com- » posé le plus chrétien panégyrique (2). » Ce panégyrique montre de plus en plus, que les éloges funèbres, sous quelque forme qu'ils se présentent, ne sont pas des documents bien sûrs, pour servir de base à une histoire impartiale et véridique (3).

Mais comme le Père Bourdaloue était incapable d'offenser la vérité, et que d'ailleurs il déclare expressément, dans cette oraison funèbre même, qu'il ne sait *ni flatter, ni déguiser* (4), nous pensons qu'il n'a donné ces éloges si excessifs à son héros, que parce que n'ayant pu le connaître par lui-même, puis qu'il n'avait que quatorze ans quand le prince de Condé mourut, il s'en est rapporté de trop bonne foi aux renseignements qu'on lui a fournis, et qui peut-être venaient de la famille de Condé elle-même. Aussi, dans son oraison funèbre du grand Condé, fils du précédent, qu'il prononça en présence de toute cette famille, n'a-t-il rien pallié des taches de la vie de ce prince, dont il avait été contemporain, et qu'il avait connu personnellement. Il les a même montrées plus à découvert que n'a osé le faire Bossuet.

(1) *Sermons du P. Bourdaloue, pour les fêtes,* etc., Paris 1723, t. II, in-12, p. 458.

(2) *Lettres de Mme de Sévigné.* Paris 1820. *Blaise* in-8°, t. VII, *lettre* 834, 16 décembre 1683, p. 136.

(3) *Etudes religieuses,* XIV année, août 1869, p. 176.

(4) *Sermons, ibid.,* p. 457.

CONSIDÉRATIONS CHRÉTIENNES DE M. OLIER SUR LES
HUMILIATIONS DE LA GRANDEUR

NOTE 4, p. 307. — « L'homme, le plus magnifique de tous » les ouvrages de Dieu, parceque tout est fait pour lui, est » néanmoins le plus nécessiteux de tous ; et pour l'humilia- » tion de la grandeur, les plus élevés dans le monde sont » aussi les plus nécessiteux, étant mendiants du secours de » mille créatures, dont les pauvres se passent. La puissance » des Grands est bornée à si peu de chose, qu'ils ne peuvent » subvenir au moindre de leurs besoins, sans mille autres » personnes, qui les aident pour avoir ce qui leur est né-

» cessaire dans leur condition. Ainsi il faut cent gardes aux
» princes, qui leur sont très-souvent importunes, et sans
» tous ces secours ils ne sont pas en assurance. Les Grands
» auront besoin de six chevaux sur un carrosse, sans quoi
» ils ne peuvent marcher avec le train qui doit les accom-
» pagner; si bien qu'au milieu de leur attirail de superbe,
» ils se voient dans la dépendance de tant de chevaux, de
» laquais, de valets dont ils ne sauraient se passer : pareil-
» lement dans leur maison, leur cuisine, leur écurie. Tous
» ces laquais, ces valets d'étable, ces employés de cuisine,
» sont l'achèvement du prince et du grand seigneur et
» ses véritables membres, puisqu'ils font ce qu'il devrait
» faire lui-même pour son parfait contentement, et qu'il ne
» peut faire.

» Voilà d'étranges nécessités et des humiliations bien
» honteuses. Mais que dis-je ? J'offense le sens du grand
» Saint Jacques, qui conseille aux riches du monde de
» se consoler *dans leur exaltation*, puisqu'elle est si hon-
» teuse et pleine de confusion; et que la confusion est
» toujours estimable aux yeux de la foi, en quelque état
» qu'elle puisse être. Quand le riche verra tant de chevaux,
» tant d'équipages, au lieu donc de s'enorgueillir, qu'il
» considère sa misère, d'être dans la nécessité et la dé-
» pendance de tant de choses pour marcher, pour aller à
» son aise. Qu'il s'humilie au-dessous de tant de pauvres
» paysans, qui vivant hors de cette dépendance, vont si à
» leur aise, sans suite, sans train, sans équipages, sans che-
» vaux. Si le grand veut donc vivre en chrétien, qu'il con-
» sidère ce qui l'humilie en sa condition : ces dépendances
» honteuses, ces misérables assujétissements à l'égard de
» tant de personnes.

» Misérable grandeur, de quoi te glorifies-tu ? Où est le
» sujet de ta superbe ? Regarde ce que tu es en tes membres;
» regarde ce de quoi tu dépends pour être parfait et accom-
» pli dans la joie. Et quand tu reçois quelque sujet de fâ-
» cherie de on monde, ce qui t'arrive tous les jours ; humi-
» lie-toi, et dis alors : Dieu m'a assujéti à cette honteuse
» dépendance, pour me faire connaître ce que je suis, et ce
» que je serais par moi seul. Ne te fâche donc pas, si tu es
» chrétien; mais dis en toi même : je suis pécheur, et je mé-
» rite que tout secours me soit ôté. Hé bien, c'est un de mes
» membres qui est paralytique, qui ne fait pas ses fonctions.
» Je ne le couperai pas, j'en aurai compassion, je tâcherai
» d'y porter remède, de le fortifier, comme une chose mienne,
» comme une partie de moi.

» Si parfois ce grand seigneur trouve qu'il manque quel-
» que chose à sa délicatesse, comme dans le boire, le manger,
» le coucher et autres choses : qu'il s'humilie de se voir dé-

» pendant de tant de misérables vétilles, pour être parfaite-
» ment content, et que sa satisfaction soit attachée à si peu
» de chose. O fragile paix, qui peut être troublée par de si
» petites rencontres ! O misérable félicité, qui peut être si
» facilement interrompue ; félicité qui n'est jamais solide
» ni entière, puisque tant de créatures doivent y concourir;
» et tant de créatures si légères, si imparfaites, si défectu-
» euses : *glorietur dives in humilitate suâ* (1).

(1) *Mém. aut.* de *M. Olier*, t. 1, p. 530.

» Mon Seigneur Jésus, par esprit de sainteté, vous n'avez
» pas voulu être dans la dépendance de tant de choses ; vous
» avez voulu vous servir vous-même, et vous passer de tant de
» créatures ; vous étiez pauvre en cela aux yeux du monde :
» mais, aveugle qu'il était, il ne voyait pas que c'était une
» marque de vos richesses et de votre indépendance (2). »

(2)*Journée chré-tienne*, 2ᵉ part.

SUR LA PRINCESSE PALATINE

NOTE 5, p. 316. — Anne de Gonzague, devenue veuve en
1662, se laissa entraîner à une nouvelle suite d'égarements,
qui rendirent sa conversion plus éclatante, comme le fait
remarquer l'évêque de Meaux, dans l'oraison funèbre de
cette princesse. Son heureux changement eut lieu en 1672,
et fut aussi constant cette fois, qu'il avait été généreux et
sincère. Avant de quitter la cour, elle eut le courage de s'y
montrer avec la simplicité et la modestie, dont sa conversion lui faisait un devoir. Non seulement elle se réforma,
mais avec elle, elle réforma toute sa maison. Renfermée
dans son hôtel, comme dans un monastère, elle s'y livra à
la piété, à la pénitence et aux bonnes œuvres (2). Nous verrons bientôt que plusieurs veuves de qualité, de la paroisse
de Saint-Sulpice, après avoir vaqué à leurs exercices de
piété et à leurs devoirs d'état, employaient le reste de la
journée à travailler de leurs mains, pour vêtir les pauvres,
ou pour orner les autels. Entre autres, Madame de la Plesse,
veuve du marquis de Laval, ancien marguillier de Saint-
Sulpice (3), avait dans sa maison jusqu'à cent domestiques,
dont aucun, rapporte l'auteur de la *Vie* de la mère Gautron,
n'était oisif : presque tous travaillant pour le service des
pauvres (4). Ce fut sur de tels exemples, que la princesse
palatine se forma un plan de vie nouvelle, pour elle et pour
sa maison. « La règle qu'elle se fit, dès les premiers jours,
» fut immuable, dit Bossuet ; toute sa maison y entra : chez
» elle on ne faisait que passer d'un exercice de piété à un
» autre. Jamais l'heure de l'oraison ne fut changée, ni in-
» terrompue, pas même dans les maladies. Si le travail
» semblait l'interrompre, ce n'était que pour la continuer
» d'une autre sorte. Par le travail on charmait l'ennui, on
» ménageait le temps, on guérissait la langueur de la pa-

(3) *Biographie de Michaud. Art. Gonzague. Dic-tion. de Moréri,* *édit. de* 1759.

(4) *Rem. hist. Edit.* , in-12, p. 105.

(5)*Vie de la mère Gautron*, liv. III, p. 499.

» resse et les pernicieuses rêveries de l'oisiveté. L'esprit se
» relâchait, pendant que les mains industrieusement occu-
» pées, s'exerçaient dans des ouvrages, dont la piété avait
» donné le dessein : c'étaient ou des habits pour les pauvres,
» ou des ornements pour les autels. Dans les nécessités ex-
» traordinaires, sa charité faisait de nouveaux efforts. Le
» rude hiver des années dernières, acheva de la dépouiller
» de ce qui lui restait de superflu ; tout devint pauvre dans
» sa maison et sur sa personne (1). » Elle donna enfin des
témoignages de sa charité à sa mort, par plusieurs legs en
faveur des malheureux (2).

(1) *Œuvres de Bossuet, édit. de Versailles*, t.xvii

(2) *Gazette de France*, 15 juillet 1684.

« Douze ans de persévérance, au milieu des épreuves les
» plus difficiles, dit encore Bossuet, l'ont élevée à un éminent
» degré de sainteté : *aimant mieux,* disait-elle, *vivre et mourir*
» *sans consolation, que d'en chercher hors de Dieu.* Elle a porté
» ces sentiments jusqu'à l'agonie ; et prête à rendre l'âme, on
» l'entendit qu'elle disait d'une voix mourante : je m'en vais
» voir comment Dieu me traitera ; mais j'espère en ses miséri-
» cordes (3). » M. de la Barmondière, l'un des successeurs
de M. Olier dans la cure de Saint-Sulpice, eut plus d'occasions que personne d'apprécier les rares mérites de cette
princesse, pendant sa vie et à sa mort ; et Bossuet parle de lui
quand il ajoute : « Je ne m'étonne donc pas, si le saint Pas-
» teur qui l'assista dans sa dernière maladie, et qui recueillit
» ses derniers soupirs, pénétré de tant de vertus, les porta
» jusques dans la chaire, et ne put s'empêcher de les célébrer
» dans l'assemblée des fidèles (4). »

(3) *Bossuet, ibid.*, p. 462.

(4) *Ibid.*, p. 464.

A la mort de cette princesse, la cour de Londres prit le
deuil, à cause de sa parenté avec Charles II, par la princesse Elisabeth, tante de ce monarque, et le deuil dura
deux mois (5). Par son testament la princesse palatine laissa
à l'abbaye Saint-Germain des prés, une relique insigne de
la vraie croix, conservée aujourd'hui au trésor de Notre-
Dame de Paris. Elle fut transférée le 29 septembre 1684, de
l'hôtel de la princesse à l'abbaye par l'archevêque, accompagné du clergé de Saint-Sulpice et de toutes les communautés religieuses du faubourg (6). C'est du nom de la do-
natrice que cette relique est désignée sous le nom de
croix palatine.

(5) *Gazette de France*, 19 juillet 1684.

(6) *Ibid.*, 7 oc- tobre 1684.

La princesse Anne de Gonzague laissa trois filles, dont
l'une qui épousa Henri Jules de Bourbon, prince de Condé,
fils du grand Condé (7), faisait sa résidence au Petit-Luxembourg ; et ce fut par honneur pour cette dernière princesse
qu'on appela *palatine,* la rue qui longe le côté méridional
de l'église Saint-Sulpice (8). Enfin ce nom, donné à la rue,
a fait appeler *Hôtel palatin,* la maison qui en occupe la plus
grande partie, quoique ni Anne de Gonzague, ni sa fille ne
l'aient jamais habitée.

(7) *Ibid.*, 15 juil- let 1684.

(8) *Tableau de Paris, par M. de S.-Victor,* t.iv, p. 300, 301, 520.

SUR LA PREMIÈRE ABJURATION DE CHARLES II. FRUIT
DES CONFÉRENCES DE M. OLIER AVEC CE PRINCE

NOTE 6, p. 328. — La crainte bien fondée de perdre le
trône et la vie, s'il venait à être reconnu catholique (1),
empêcha toujours Charles II, depuis son rétablissement en
Angleterre, de faire aucun acte extérieur de sa religion; et
lui fit pratiquer constamment le protestantisme, jusqu'à
s'en déclarer le protecteur et même à devenir, dans plus
d'une occasion, le persécuteur des catholiques. Enfin, malgré les vives alarmes de sa conscience, il n'osa jamais depuis la mort de l'abbé d'Aubigny, son parent, recourir
au ministère de quelqu'un des prêtres catholiques, cachés
en Angleterre, de peur que le secret de son catholicisme
ne fût éventé, quelque précaution qu'il pût prendre (2).
Il persévérait dans ce malheureux état depuis près de
trois ans, lorsqu'il apprit qu'un de ses fils naturels, inconnu
du public, et même de sa cour, âgé de vingt-un ans, qui
venait d'abjurer le protestantisme, était entré au noviciat des Jésuites à Rome. Aussitôt il écrivit très-secrètement à leur général, pour le supplier de le lui envoyer immédiatement et déguisé. Surtout il désirait qu'il fût ordonné prêtre, espérant que par lui il pourrait être absous, tant
de l'hérésie que de ses autres péchés, et recevoir la sainte
communion.

L'écrivain qui a publié sur cet incident historique, des
pièces d'un grand intérêt jusqu'alors inédites, a cru pouvoir
conclure de ces documents, que Charles II n'avait point
fait abjuration à la suite de ses conférences avec M. Olier;
que par conséquent, les écrivains contemporains de ce
prince ont été mal informés, en assurant qu'il abjura dans
son exil; et qu'enfin nous avons excédé nous-même, dans
nos précédentes éditions de la Vie de M. Olier, en les prenant pour guides (3). Les deux raisons sur lesquelles il se
fonde sont :

I. Que Charles ne pouvait avoir abjuré l'hérésie au temps
de M. Olier, puisqu'en 1668 il désirait d'être réconcilié à
l'Eglise (4).

Nous regrettons, bien sincèrement, d'être obligé de contre-
dire ici cet estimable écrivain, malgré toute la reconnaissance que nous lui devons, pour les documents nouveaux
qu'il nous a fait connaître. Mais, à notre avis, la réconciliation à l'Eglise, par l'absolution des censures, n'imprime
pas un caractère ineffaçable, non plus que l'absolution sacramentelle, qui réconcilie le pécheur avec Dieu; et comme
on peut retomber dans le péché, et avoir encore besoin de
l'absolution sacramentelle après l'avoir d'abord reçue; de

(1) *Lettre de Charles II du 29 août 1668. Etudes religieuses hist. et litté-raires* t. v, p. 605.

(2) *Lettre de Charles II, du 3 août 1668, ibid.* p. 469, *etc. etc.*

(3) *Etudes, etc.*, t. v, p. 45, 47.

(4) *Ibid.*, p. 47.

même on peut retomber dans les censures portées contre les hérétiques, pour la rechute dans l'hérésie formelle, ou pour la profession publique de l'hérésie, et être ainsi dans la nécessité de recourir de nouveau aux clefs de l'église, pour être délié. C'est ce qui arrive à tous les relaps en matière d'hérésie, et à ceux qui par faiblesse, ont extérieurement abandonné la foi catholique, et professé publiquement l'hérésie, surtout avec serment d'y adhérer toujours, quoique de cœur ils l'aient désavouée. Ce dernier cas était l'état malheureux, où Charles persévérait volontairement depuis son retour en Angleterre, en sa qualité de chef suprême de la religion anglicane, attachée à la Royauté. La demande qu'il faisait, en 1668, d'être réconcilié à l'Eglise catholique, ne prouve donc pas, qu'il n'eût pas déjà abjuré l'hérésie, environ douze ans auparavant.

II. Charles, ajoute l'écrivain des *Etudes*, n'avait point abjuré l'hérésie dans son exil, puisqu'en 1668 il réclamait la présence de son fils, pour être instruit par lui de la religion catholique, dont il n'avait pas une connaissance assez approfondie (1).

(1)*Ibid.*,p.47.

S'il était constant, comme on l'affirme ici, que Charles, en 1668, eût désiré de prendre une connaissance plus approfondie de la religion catholique, on ne pourrait pas conclure de ce désir, qu'il n'eût pas abjuré l'hérésie auparavant, puisqu'il aurait pu désirer de s'instruire plus à fond de la croyance catholique, pour s'y affermir davantage. Mais nous ajoutons et nous affirmons, que dans toutes les lettres de Charles II, publiées sur cette matière, ce prince ne dit nulle part, qu'en demandant le renvoi de son fils, il eût dessein de s'*instruire de la religion catholique*, ni qu'il n'eût pas de cette religion *une connaissance assez approfondie ;* par conséquent, cette conclusion ne repose sur aucun fondement, non plus que la précédente, et c'est à tort qu'on les oppose l'une et l'autre aux écrivains contemporains et à nous, en donnant ces lettres de Charles comme un *témoignage* contradictoire *du monarque Anglais* lui-même.

Bien loin d'exprimer rien de semblable ce prince y déclare assez ouvertement qu'il désire, non de se faire instruire, mais uniquement de se faire absoudre. Il demande pour cela que son fils soit ordonné prêtre, et montre par les détails où il entre, qu'il ne désire en lui que le caractère de la prêtrise, pour recevoir de ses mains l'absolution et les sacrements. « Si notre fils n'est prêtre, dit-il, et ne peut l'être (à Rome) » sans déclarer son véritable nom, et sa naissance, qu'il se » présente à Paris au roi de France, ou à notre très-honorée » sœur, Madame la duchesse d'Orléans, qui savent assez ce » que nous avons dans le cœur; et ils auront le pouvoir de » le faire (ordonner) prêtre. S'il aime mieux venir à nous » sans être prêtre : nous pourrons faire la même chose, par

» le moyen de la Reine, notre très-honorée Mère, ou
» la Reine régnante, qui pourront avoir à leur volonté
» évêques, missionnaires ou autres, pour faire la fonction
» (de l'ordination) sans que l'on s'aperçoive de quoi que ce
» soit (1). »

(1) *Etudes, etc.*, p. 472 *Lettre de Charles II, du 3 août 1668.*

Enfin comme le jeune novice alors âgé de vingt-un ans,
n'avait fait encore aucune étude théologique, et venait d'abjurer lui-même l'hérésie (2), Charles, se doutant bien qu'il
n'était pas aussi instruit des matières de religion, que pouvaient l'être des prêtres catholiques cachés en Angleterre,
déclare d'avance que s'il demande son fils, ce n'est pas pour
être instruit par lui. «Et bien que plusieurs personnes, peut-
» être plus versées dans les mystères de la religion catho-
» lique, que n'est pas encore notre cher fils, se pourraient
» trouver pour notre service en ce rencontre, nous ne pou-
» vons toutefois nous servir d'autres que de lui, qui sera
» toujours assez capable pour nous administrer en secret les
» sacrements de la confession et de la communion, que
» nous désirons recevoir au plus tôt (3). »

(2 *Ibid.*, p. 461, 464, 469, 613.

(3) *Ibid.*, 470. *Lettre de Charles II, du 3 août 1668.*

Il s'agissait donc pour Charles, non de se faire instruire
plus à fond de la religion catholique, mais bien d'abjurer
entre les mains d'un prêtre l'hérésie anglicane, dans laquelle
il était censé être relaps, par sa conduite extérieure ; et de
recevoir les sacrements de pénitence et d'Eucharistie, afin
de mettre son salut en sûreté. Si en demandant pour cela
son fils, il dit qu'il a dessein de *devenir catholique par sa réconciliation avec l'Eglise* (1), il parle comme devait le faire
un relaps, qui étant d'abord devenu catholique, par l'abjuration de l'hérésie, était censé avoir mainte fois apostasié
le catholicisme, par la profession extérieure et affectée de
l'hérésie anglicane. Aussi, dans ces mêmes lettres, il dit et
répète qu'il est *catholique.* On l'a vu par les paroles que nous
avons citées de lui dans le texte; et c'est ce qu'il répète encore dans d'autres endroits. Ainsi dans sa lettre du 3 août
1668 : « Comme notre fils, dit-il, n'est ici connu en aucune
» façon, nous pouvons en toute assurance converser avec
» lui, et exercer en secret les mystères de la religion catho-
» lique, sans donner ombrage à qui que ce soit de notre
» cour, que *nous soyons catholique* : Ce que nous ne pouvons
» faire avec aucun autre missionnaire (2) ; dans celle du
» 29 août suivant : La preuve que *nous soyons catholique*, in-
» failliblement nous causerait la mort ; il n'est donc pas éton-
» nant que nous prenions tant de précautions (3). » Charles
ne pouvait ainsi se dire *catholique*, et se regarder comme tel
avant l'arrivée de son fils, que parcequ'à la suite de ses conférences avec M. Olier, il avait une première fois abjuré
l'hérésie dans son exil, comme le rapportent les historiens;
par conséquent les lettres de Charles, au lieu de démentir

(4) *Lettre du 3 août, ib.*, p. 471, 472.

(5) *Lettre du 3 août 1668*, p. 470.

(6) *Ibid.*, p. 605.

le témoignage de ces écrivains sur le fait de son abjuration.
le supposent au contraire et le confirment.

SUR LA PROMOTION DE M. L'ABBÉ D'AUBIGNY AU CAR—

DINALAT

NOTE 7, p. 329. — Dans nos précédentes éditions de cette
Vie, nous avions dit, en peu de mots, que Charles II, voulant procurer le cardinalat à l'abbé d'Aubigny, celui-ci avait
(1) *Vie de M. O-* répondu, qu'il aimerait mieux mourir, que d'être soutenu,
lier, part. 2ᵉ, liv. s'il était cardinal, par les bienfaits d'un roi qui ne serait pas
ix, n° 8.   catholique (1). Sur quoi, l'auteur des articles relatifs à
(2) *Etudes re-* Charles II, insérés dans les *Etudes religieuses*, a cru pouvoir
ligieuses, hist., taxer ce refus d'*anecdote inventée à plaisir*, par M. d'Aubigny,
etc., t. v, p. 206. *pour se faire le héros d'une scène imaginaire (2).* Il est à regretter,
que l'écrivain n'ait pas consulté les Mémoires de M. du
Ferrier, où sont exposées en détail les circonstances de ce
refus, et celles qui amenèrent ensuite M. d'Aubigny, à consentir au désir de Charles. Nous les rapporterons ici, comme
autant de particularités curieuses de la vie de ce prince, que
ses historiens ont ignorées ; elles montreront, de plus en
plus, le désir sincère qu'il avait de rétablir la religion catholique en Angleterre, et par conséquent la vérité de son
abjuration.

Le 16 mai 1660, ce prince étant à la Haie, reçut la célèbre
(3)*L'art de vé-* ambassade du Parlement d'Angleterre, qui lui apprit, que le
rifier les dates, 8 il avait été proclamé roi à Londres, et l'invita à partir
*Angleterre*1660. pour ses états : ce qu'il fit le 23 suivant (3). L'abbé d'Aubigny
étant alors à Paris, et l'un des Chanoines de Notre-Dame,
Charles s'empressa de lui écrire de sa propre main, l'heureuse nouvelle de son rétablissement, comme à son ami le
plus intime; et dans sa lettre il lui disait : qu'il avait déjà
fait prier le pape de l'élever au cardinalat. M. d'Aubigny dans
sa réponse, le supplia de ne pas lui faire conférer cette
charge, lui déclarant qu'il s'en reconnaissait indigne et incapable. Mais le Roi insistant, M. d'Aubigny lui représenta,
qu'outre les raisons qu'il lui avait exposées, il ne pouvait
accepter une dignité, dont il n'aurait pas le moyen de soutenir l'éclat, avec son petit revenu. Le roi lui répondit, qu'il
n'eût aucune inquiétude à cet égard, et que le revenu de la
couronne le soutiendrait, avec toute la splendeur due à un
prince cardinal, son parent; et ce fut alors, que M. d'Aubigny
le supplia de ne pas trouver mauvais, s'il osait lui représenter, qu'il aimerait mieux mourir, que d'être soutenu, s'il
était cardinal, par les bienfaits d'un roi qui ne serait pas
catholique. Car, depuis son abjuration, Charles se conduisait
au dehors, comme s'il eût été protestant, et s'efforçait de

passer pour tel. Au lieu d'être choqué d'une réponse si généreuse, il lui répondit, que puisqu'il se faisait scrupule de
recevoir de son bien, il lui fit savoir à quelle somme s'élèverait la dépense nécessaire à un cardinal de sa condition ; et
qu'il était assuré, qu'à sa prière, le roi de France et celui
d'Espagne, lui en donneraient chacun la moitié, en bénéfices.
Pendant toutes ces négociations, qui eurent lieu par lettres,
des catholiques d'Angleterre en ayant eu connaissance, et
sachant le refus de M. d'Aubigny, lui envoyèrent une dépu-
tation, pour le conjurer d'accepter cette dignité qui le mettrait à même de protéger la religion et les catholiques en
Angleterre ; et dans le désir ardent qu'ils avaient de voir un
prince du sang devenir cardinal de la sainte Eglise Romaine,   (1)*Mém. de M.*
les députés lui firent cette demande à genoux, et même avec *du Ferrier*, p.
larmes (1).   316, 317.

Sur ces entrefaites, M. du Ferrier, devenu grand vicaire
de l'archevêque d'Alby, arriva à Paris, avec ce prélat, pour
l'assemblée générale du clergé de cette année 1660 ; et M.
d'Aubigny lui raconta tout au long cette affaire, comme à
son ancien directeur, pour se conduire d'après ses conseils.
Touché des avantages que la promotion de M. d'Aubigny
procurerait à la religion, M. du Ferrier, l'assura qu'il pouvait sans aucun inconvénient être entretenu aux dépens de
la couronne ; mais il ajouta, qu'afin de faire tourner au profit
du catholicisme, l'amitié que lui témoignait Charles II, il
devait ne lui promettre d'accepter le cardinalat, qu'autant
qu'il accorderait la liberté de conscience à tous ses sujets
catholiques. L'abbé d'Aubigny suivit ce conseil dans sa ré-   (2)*Mém. de M.*
ponse à Charles ; et la condition fut si bien reçue de celui- *du Ferrier*, p.
ci, qu'il lui donna sa parole de l'accomplir sans perdre un 317, 493, 494.
instant (2).

Dans l'attente de l'exécution, Charles était en négociation
pour son mariage, et M. d'Aubigny craignait avec raison,
que s'il épousait une princesse protestante, comme l'en sol-
licitait le roi d'Espagne, elle ne le détournât de cette sainte
résolution. Pour prévenir ce malheur, M. du Ferrier lui conseilla, de faire savoir au roi, que s'il voulait épouser une
princesse catholique, il serait charmé d'en être le grand aumônier ; et Charles fut si satisfait de cette offre, qu'il lui fit
donner sa parole royale de n'épouser jamais d'hérétique ; et
lui assura dès ce moment, la charge de grand aumônier. Ce
fut même cette proposition de M. d'Aubigny, qui fit conclure le mariage du roi avec Catherine de Portugal ; et dès
qu'il s'y fut déterminé, Charles assigna sur le champ ses
honoraires au grand aumônier, bien que le mariage n'eût
point été célébré encore. Ce fut un droit qu'on levait sur
les draps d'Angleterre, qui sortaient de Londres, affermé
quarante mille livres.

Charles avait espéré, qu'en lui assurant ainsi ce revenu, il le déterminerait à venir le joindre aussitôt à Londres, sans attendre l'arrivée de la reine; et comme M. d'Aubigny se contenta de lui écrire une lettre de remercîment : le roi qui voulait l'attirer à sa cour, dit à celui qui lui remit la lettre : « J'avais cru que mon présent méritait qu'il vint lui-» même m'en remercier.» M. d'Aubigny informé de cette réponse, fit dire au Roi : qu'étant prêtre catholique, et connu de tous comme tel, il n'avait pu se résoudre à quitter l'habit ecclésiastique, avec lequel il ne croyait pas pouvoir se présenter sans inconvénient en Angleterre. Sur quoi, le chancelier qui était avec le roi, dit à l'envoyé : Faites savoir à M. d'Aubigny, qu'il donne ce contentement à sa Majesté; et qu'il vienne avec son habit de prêtre, revêtu même, s'il le veut, de sa chasuble ; et assurez-le, qu'il ne recevra ici aucun désagrément. Là-dessus M. d'Aubigny partit pour Londres; et le mariage du roi avec Catherine ayant eu lieu le 31 mai 1662, il exerça dès lors les fonctions de grand aumônier de cette princesse (1).

(1) *Mém. de M. du Ferrier*, p. 318, 319, 320, 321.

Cependant Charles II, prenait les moyens d'accomplir, la condition que M. d'Aubigny avait mise à son acceptation du cardinalat ; et il l'accomplit en effet, autant qu'il était en lui, par sa proclamation, datée du 26 décembre de cette même année, qui donna à ses sujets la liberté de conscience (2). La reine Catherine en était si assurée d'avance, que le 25 octobre précédent, elle avait écrit au pape des lettres très-pressantes, pour demander la promotion de son grand aumônier au cardinalat. La reine Henriette, mère du roi, avait écrit de son côté pour solliciter aussi la même grâce (3); et Charles avait même envoyé à Rome, comme porteur de ces lettres, le sieur Belings, catholique, secrétaire du chancelier d'Angleterre, avec des pouvoirs particuliers, pour employer son propre nom partout où il le trouverait à propos. Il fit plus encore : il pria le cardinal de Retz de s'entremettre dans cette négociation, dont il désirait passionnément le succès; et pour le défrayer, il lui donna diverses sommes. En conséquence, le cardinal se rendit exprès à Hambourg, afin d'engager la reine Christine de Suède, à écrire au cardinal Azzolini et à ses autres amis de Rome, en faveur de M. d'Aubigny. Sa politique employa même un moyen assez étrange : ce fut d'envoyer vingt vaisseaux de guerre devant Civita-Vecchia, pour faire peur au pape et à ses neveux, et les obliger par là d'accorder le chapeau (4). Mais tous ces moyens furent rendus alors inutiles, par la forte opposition de Philippe IV, roi d'Espagne, à laquelle le pape crut devoir céder. L'animosité mutuelle entre les couronnes d'Espagne et de Portugal, avait porté Philippe IV, à mettre tout en œuvre pour empêcher le mariage de Charles avec

(2) *Hist. d'Angleterre, par Rapin de Thoiras*, t. IX, liv. XXIII, p. 211, 213.

(3) *Etudes religieuses*, ibid. —*Mém. du P. Rapin*, t. III, p. 192.

(4) *Mém. de Guy Joly*, an. 1660. *Collect. Petitot*, t. XLVII, p. 439.

l'infante Catherine ; et le chapeau ayant été demandé par Catherine elle-même, quelques mois après son mariage, c'était pour le roi d'Espagne une raison de s'y opposer. Charles qui voulait absolument l'obtenir, fut si choqué de cette opposition, qu'il médita, dit-on, une espèce de vengeance contre l'Espagne, par la résolution qu'il prit de lui déclarer la guerre (1).

(1)*Mém. du P. Rapin*, t. III, p. 192.

S'il désirait avec tant d'ardeur la promotion de M. d'Aubigny au cardinalat, c'est qu'ayant pris la résolution de rétablir le catholicisme en Angleterre, il espérait que s'il était une fois élevé à cette dignité, il lui serait d'un puissant secours, étant reconnu dans ses Etats, comme prince de la famille royale, et grand aumônier de la reine, et jouissant de l'estime des seigneurs de sa cour. Au mois de juillet 1665, M. Courtin, l'un des trois ambassadeurs extraordinaires, envoyés à Londres par Louis XIV, écrivait à M. de Lionne, secrétaire d'Etat : « M. d'Aubigny est très-considéré » à la cour d'Angleterre, il n'y a point d'homme ici qui soit » mieux avec le Roi, ni avec le duc d'York (son frère). Il est » dans une très-étroite liaison avec le chancelier, et avec » (le secrétaire d'Etat), mylord Arlington ; l'ambassadeur » d'Espagne lui fait la cour (2). » C'est qu'en effet M. d'Aubigny attirait les cœurs à lui par ses qualités personnelles. D'après le Père Rapin, « il avait l'âme grande, l'esprit vaste, » propre aux grandes choses, et une douceur naturelle qui » lui séyait extrèmement, et lui servait d'un grand charme » pour s'insinuer dans les cœurs(3). Selon Burnet : il obser- » vait les bienséances plus que beaucoup d'autres personnes » de sa qualité, et se faisait remarquer par un grand bon » sens (4). M. du Ferrier ajoute, qu'il avait un esprit rare, » une grâce singulière dans ses discours ; qu'il n'était pas » moins distingué par son extérieur ; et qu'on pouvait dire » de lui, que Dieu l'avait enrichi des dons de la nature(5). »

(2) *Arch. du ministère des affaires étrangères. Angleterre* t. VIII, 3e part., *lettres du 16 et du 20 juil.1665.*

(3)*Mém. du P. Rapin*, t. I, pag. 170.

(4)*Hist. de mon temps*, édit. de 1824, t.I, p.304.

(5)*Mém. de M. du Ferrier*, p. 210.

Depuis le rétablissement de Charles II, M. d'Aubigny était resté constamment auprès de lui, si l'on en excepte le temps d'un voyage qu'il fit à Paris, en 1662 (6). Voulant se livrer tout entier au bien de la religion catholique en Angleterre, il résolut en 1665, de repasser momentanément en France, pour se démettre de son canonicat, se proposant, à son retour, de visiter les principales cours d'Allemagne (7). Il partit en effet pour Paris le 20 juillet de cette année (8) ; et au mois de septembre résigna à M. Fourcault son canonicat de Notre-Dame(9). Le 17 du même mois, le roi d'Espagne mourut après un règne de quarante-cinq ans (10) ; et cet événement qui devait applanir les difficultés relatives au cardinalat de M. d'Aubigny, donna lieu à de nouvelles instances, qui cette fois furent suivies du succès. Toutefois, cette nomination sollicitée avec tant de persévérance, ne procura

(6) *Arch. étrangères. Ibid.*, 20 juillet 1665.

(7) *Vie de M. de St-Evremond*, t.I, *de ses œuvres*, Londres 1709, p.

(8) *Arch.*, *ib.*

(9)*Diction. de Moréri*, 1759, art. *Stuart*, t.IX, p. 597.

(10) *L'art de vérifier les dates.*

(1) *Vie de M. de St-Evremond, ibid. — Diction. de Moréri, ibid. —Œuvres de St-Evremond*, t. 1, p. 247, *la note marginale porte avant l'arrivée du courrier.*

(2) *Gazette de France*, 21 novembre 1665, p. 1137.

pas les avantages que Charles II s'en était toujours promis. Ce malheureux prince, qui se rendait de plus en plus indigne de la bénédiction de Dieu sur ses entreprises, par ses mauvaises mœurs, perdit l'abbé d'Aubigny dans ces circonstances. Car il mourut à Paris, le 11 novembre de cette année 1665, à l'âge de quarante-six ans, quelques heures après l'arrivée du courrier, qui lui apportait la barette (1). Cette mort funeste et prématurée, qui enlevait à Charles le seul prêtre catholique, à qui il avait cru pouvoir recourir, pour recevoir les secours de la religion, excita les justes regrets de tous les catholiques d'Angleterre, qu'elle priva des précieux avantages que leur avait procurés si fréquemment la protection du défunt (2). Le lendemain son corps fut porté chez les Chartreux de Paris, qui l'inhumèrent dans le chœur de leur église, près de l'autel. Par un effet de sa modestie, il avait recommandé qu'on ne mît autre chose dans son épitaphe, que ses noms, ses emplois et la date de sa mort; et on crut se conformer à ses intentions, en gravant audessous de ses armes, l'inscription suivante, sur une table de marbre noir, incrustée dans sa pierre tumulaire :

D. O. M.

LUDOVICO STUARTO, ALBINI REGULO, EDMUNDI LIVINIÆ DUCIS F.,

EX REGIA STUARTORUM, APUD SCOTOS, FAMILIA ORIUNDO, CATHARINÆ LUSIT. CAROL. II, MAGNÆ BRIT. REGIS, CONJUGIS, MAGNO ELEEMOSINARIO :

VIRO,

NON TAM CLARIS NATALIBUS QUAM RELIGIONE, MORUM SUAVITATE, URBANITATE, INGENII ELEGANTIA, CÆTERISQUE ANIMI DOTIBUS, CONSPICUO ;

QUI, CUM IN CARDINALIUM COLLEGIUM MOX COOPTANDUS ESSET, IMMATURA MORTE PEREMPTUS EST, ANNO ÆTATIS XLVI.

(3) *Recueil d'Epitaphes*, t. IV. p. 202, 203, *Ms. de la Bibl. de l'Arsenal à Paris.*

R. S. M. DC. LXV. III. ID. NOVEMB.

DE SE PLURA NE DICERENTVR SUPREMIS TABULIS CAVIT (3).

SUR LA DEUXIÈME ABSOLUTION DE CHARLES II, A LA FIN DE SA VIE

NOTE 8, p. 334. — Nous avons raconté, d'après les historiens contemporains de Charles II, que ce prince fit de nouveau abjuration de l'hérésie, peu d'heures avant sa mort. L'écrivain, dont nous venons de parler dans les notes précédentes, après avoir nié que Charles eût fait son abjuration durant son exil en France, suppose de plus, qu'il n'abjura point à sa mort, parceque, selon lui, seize ans auparavant, il avait renoncé à l'hérésie entre les mains du novice, son enfant naturel, et qu'à la mort cette abjuration devait lui suffire (1).

(1) *Etudes religieuses, hist. et littéraires*, t. VI, p. 199.

I. En supposant, comme le veut cet écrivain, que Charles, seize ans avant sa mort, eût fait abjuration entre les mains de son fils, nous ne voyons pas comment cette abjuration eût dû lui suffire à la fin de sa vie. Cet écrivain raconte lui-même, que depuis 1669 jusqu'en 1685, c'est-à-dire pendant les seize années qu'il vécut encore, Charles persista constamment dans ses dissimulations, ses hypocrisies et ses protestations d'adhésion à l'Anglicanisme; il convient qu'on ne peut excuser la longue apostasie de ce prince, qui s'était parjuré seize ans durant(2). Mais comme Charles s'était parjuré en matière de foi, spécialement sur l'article des prérogatives divines du Pape, et sur celui de la présence réelle de JÉSUS-CHRIST dans l'Eucharistie, mentionnés dans le serment du Test(3): certainement quand il aurait fait abjuration seize ans auparavant, il ne pouvait être réconcilié à l'Eglise au moment de sa mort, sans abjurer de nouveau l'hérésie, que jusqu'alors il avait extérieurement professée avec tant de scandale pour les catholiques, comme chef suprême de la hiérarchie anglicane; et parmi les orthodoxes il ne saurait y avoir de partage sur ce point.

(2)*Etudes etc.*, t. VIII, p. 469, 494, t. VI, p. 199.

(3) *Ibid.*, t. VIII, p. 488.

II. Mais qu'en 1669, Charles ait fait abjuration entre les mains de son fils, c'est une conjecture qui n'a aucun fondement dans l'histoire connue de ce monarque. Lorsque son fils arriva à Londres en 1668, Charles et le duc d'York, son frère, qui fut depuis Jacques II, étaient persuadés depuis longtemps, qu'au moyen d'une dispense du pape, ils pourraient continuer à vivre extérieurement en protestants et demeurer catholiques dans le secret de leur conscience. Aussi à peine le novice, qui n'avait pas apporté cette dispense, fut-il arrivé à Londres, que Charles le renvoya à Rome, avec ordre de revenir, dès qu'il aurait rempli la mission secrète dont il le chargeait : c'était, comme on le croit l'obtention, de cette prétendue dispense. Le novice ne l'apporta pas non plus à son retour à Londres; et comme on fit comprendre au Roi et au duc d'York, qu'on ne pouvait absolument l'accorder, le duc, à qui le pape avait fait cette réponse, abjura secrètement l'Anglicanisme, et cessa de participer à la cène, ce qui le fit soupçonner d'être devenu catholique (4). Charles n'eut pas le courage de l'imiter, il renouvela ses protestations hypocrites d'adhésion à l'Anglicanisme, comme il a été dit, et persévéra ainsi jusqu'à la fin de sa vie (5), où, suivant le rapport des historiens, il fit son abjuration. On ne voit donc rien qui suppose qu'en 1669 il ait abjuré l'hérésie.

(4) *Lingard*, *ibid.*, t. XII, p.252 253. — *Etudes*, etc., t. VI, p.184, 185, 186, 197.

(5)*Etudes, etc.*, t. VIII, p.488,489 494.

III. Aussi l'écrivain qui donne lieu à cette note, semble-t-il. douter lui-même de la vérité de son opinion. Après avoir supposé que le novice Stuart donna à son père non seulement l'instruction religieuse (1) et l'absolution de l'hérésie, mais encore l'absolution sacramentelle de ses autres péchés : *de son fils il recevra l'absolution de ses fautes* (2), il finit par donner ailleurs son opinion comme simplement *probable* (3), ou *très-vraisemblable* (4). Peut-être même, n'est-ce que par un pur oubli de sa part, qu'il attribue cette suite d'actes au novice, puisque déjà il avait fait remarquer, qu'en 1669, ce même novice n'avait reçu aucun des ordres sacrés, et ne pouvait les recevoir encore. « Charles supposait, dit-il, que
» sur sa requête, son fils serait ordonné prêtre. C'est de ses
» mains filiales, un peu adoucies par le respect et l'amour,
» qu'il se proposait de recevoir les sacrements, qui récon-
» cilient les pécheurs avec Dieu. Mais Jacques Stuart n'a-
» vait que vingt-un ans, il était sans études théologiques ;
» et ces deux raisons si graves n'eussent-elles pas existé :
» il ne suffisait pas d'une épreuve de six mois (de noviciat),
» pour qu'on pût le promouvoir prudemment aux ordres
» sacrés (5). » Enfin c'est encore par oubli que niant le fait de l'abjuration de Charles II, il cite pour garant, le témoignage de Lingard en ces termes : « Le Père Hud-
» dleston, bénédictin, dit Lingard, administra le soir les
» derniers sacrements au Roi, sans exiger de lui l'acte qui
» aurait dû précéder tous les autres, l'abjuration (6). » Mais Lingard, d'après les écrivains contemporains, qu'il a soin de citer en note, suppose et dit tout le contraire. Voici ses paroles. : « Le Père Huddleston se mit à genoux et offrit son
» ministère au Roi. Charles répondit à ses demandes : qu'il
» désirait mourir dans la communion de l'Eglise catholique
» romaine, qu'il se repentait sincèrement de tous ses péchés,
» et en particulier d'avoir différé sa réconciliation jusqu'à
» cette heure (7). » C'était là certainement faire abjuration de l'hérésie protestante ; et c'est ainsi que les historiens qualifient cette action de Charles II, entre autres le biographe de Jacques II. « Le roi Charles II reçut le Père Huddleston
» avec beaucoup de joie et de satisfaction, fit son abju-
» ration, se confessa, fut réconcilié et reçut le saint sacre-
» ment, et l'Extrême-Onction (8). »

(1)*Etudes, etc.*, t. vi, p. 178.
(2) *Ibid.*, t. v, p. 468.
(3)*Ibid.*, t. vi, p. 199.
(4)*Ibid.* t. viii, p. 467.

(5) *Etudes*, t. v, p. 613.

(6) T. vi, p. 199.

(7)*Lingard*, t. xiii, p. 455.

(8) *Vie de Jacques II, par le P. d'Orléans. Rapin de Thoyras*, t. x, p. 547.

CIRCONSTANCES DE LA VIE DE M. OLIER, ALTÉRÉES DANS L'HISTOIRE DE L'ÉGLISE CATHOLIQUE ; RÉFLEXION SUR CET OUVRAGE

NOTE 9, p. 337. — Il est à regretter que l'auteur de *l'histoire de l'Eglise catholique* en France, dans le peu de

détails qu'il a donnés sur M. Olier, n'ait pas recouru, selon
son intention, aux *documents les plus authentiques*; et par là
ait entaché son récit de circonstances inexactes et même
controuvées. Indépendamment de la date erronnée, qu'il
assigne à l'établissement du séminaire de Saint-Sulpice, et
des conséquences qu'il en tire, comme nous l'avons fait re-   (1) Part. 1re
marquer (1) : il assure que M. Olier fut pourvu de bonne   p. 429.
heure de l'*abbaye de Pébrac et d'un canonicat de Brioude.* Ce titre
de *chanoine-comte honoraire de Brioude* qu'il porta, était, non
un bénéfice, dont il eût été pourvu, mais un simple témoignage d'honneur, attribué aussi aux évêques du Puy et de
Mende, et à l'abbé de Saint-Robert de la Chaise-Dieu, aussi
bien qu'à celui de Pébrac. Si l'historien avait dessein d'énu-
mérer ses bénéfices, il devait dire, qu'outre l'abbaye de Pébrac, il avait été *pourvu de bonne heure du prieuré de Bazainville et de celui de Clisson.* Il manque encore d'exactitude, en
affirmant, que M. Olier refusa la coadjutorerie de Châlons-
sur-Marne, tant parcequ'il redoutait trop la charge épiscopale, que parcequ'il avait dessein, dès ce temps, de se consacrer à l'éducation des jeunes ecclésiastiques. Ces deux
motifs n'entrèrent pour rien dans son refus, uniquement
fondé sur la réponse du Père de Condren, qui fut négative,
ainsi qu'on l'a raconté. Il dit encore, que celui-ci l'avait encouragé très-fortement à établir une compagnie, qui se vouât
à la formation des ecclésiastiques; on a vu qu'il ne lui en
parla jamais : il eut soin, au contraire, de ne découvrir ce
dessein à aucun de ses disciples, se contentant de leur dire
ces paroles générales : *plus tard nous ferons quelque chose de
meilleur que les missions;* et ce ne fut que la veille du jour
où il tomba malade, qu'il s'en ouvrit à M. du Ferrier, la
dernière fois qu'il le vit, en le chargeant d'en faire part à ses
confrères. Il assure encore, que M. Olier forma un séminaire
à *Bourg-Saint-Andéol;* cette maison ne fut unie à Saint-Sulpice que plus de soixante ans après la mort du serviteur
de Dieu; † qu'enfin, il fonda plusieurs grands séminaires, et

---

† Le collége de Bourg-Saint-Andéol fut fondé par les habitants de cette ville conjointement avec M. de Suze, évêque
de Viviers, le 15 avril 1654; et donné à l'Oratoire, déjà établi
au Bourg depuis longtemps; car leur maison de ce lieu fut
représentée en 1634 parmi les députés de la seconde assemblée générale (2). En 1654 l'Oratoire s'obligea, moyennant une
pension annuelle de 1250 livres d'entretenir au collége du
Bourg cinq régents de son institut, pour enseigner les belles-
lettres, jusqu'à la rhétorique inclusivement (3). Plus tard, en
1713, M. Lagarde de Chambonas, évêque de Viviers, fit une
nouvelle fondation pour établir un petit séminaire à Bourg-
Saint-Andéol. Elle ne fut cependant accomplie que sous

(2) *Acte de la
seconde assem-
blée générale* p.
17, in-4.
(3)*Archives de
l'Empire. Ora-
toire. Annales
de la maison rue
S.-Honoré, Ms.*
in-f°,t.I, p. 273,

jusqu'à *Montréal en Canada;* il n'y avait alors dans ce pays aucun sujet propre à l'état ecclésiastique. Cette maison était un simple presbytère, un lieu de repos pour les missionnaires des sauvages; et si on lui donnait dès son origine le nom de *séminaire*, qu'elle porte encore : c'est qu'on s'était proposé d'y élever des enfants sauvages, pour les rendre chrétiens.

Il est encore à regretter, que l'écrivain dont nous parlons, en intitulant son ouvrage : *Histoire de l'église en France*, se soit renfermé, pour le XVIIe siècle, dans un cadre fort étroit ; et que ne considérant que quelques points de vue particuliers, quelquefois avec plus de détails, que ne le comporte la matière, il ait négligé de mettre sous les yeux de ses lecteurs, une multitude d'autres vues intéressantes, qui appartiennent pourtant au même tableau. En lisant ce qu'il puise dans l'histoire du protestantisme et celle du jansénisme, dans les Vies de saint François de Sales, de saint Vincent de Paul, de Bossuet, de Fénelon et de quelques autres, on dirait qu'en dehors de ces faits, il ne se soit passé presque autre chose dans l'église de France durant ce grand siècle, qui a été le plus fécond de notre histoire en hommes célèbres de tous les genres, et en institutions si glorieuses à la religion, et si utiles à l'état. On est surpris de n'y point voir paraître certains personnages importants, qui jouèrent un grand rôle, par les œuvres dont ils furent les instruments, ou par leurs vertus éminentes. Ainsi, pour nous borner à ceux dont il est parlé dans la seule Vie de M. Olier, on s'étonne de n'y rien trouver sur plusieurs prêtres zélés, qui par amour pour l'Eglise, formèrent des sociétés ecclésiastiques, vouées à la sanctification du clergé : rien sur M Bourdoise, ni sur Messieurs du séminaire de Saint-Nicolas du Chardonnet; rien sur Messieurs d'Authier de Sisgau, de Chansiergues, Charles Démia, Crétenet. Pareillement sur d'autres qui exercèrent une grande influence : M. Boudon, le baron de Renty, le Père Yvan, M. de Quériolet, le Père Jean Chrysostome, M. Levachet, instituteur des filles de l'Union chrétienne ; sur plusieurs ordres religieux dont la France fut alors le berceau : les Hospitalières de Saint-Joseph, les Bénédictines du très-saint Sacrement, les religieuses de Notre-Dame de Miséricorde, celles du Verbe incarné; sur plusieurs associations illustres, qui rendirent à l'Eglise des services signalés : celle du très-saint Sacrement, celle de la propagation de la foi, celle des Messieurs et Dames de Montréal, pour la conversion des sauvages; enfin, sur un

(1) *Archives du séminaire de S.-Sulpice. Lettres patentes de janvier* 1720.

M. Martin Ratabon, son successeur, en vertu de lettres patentes du roi, de l'année 1720 ; et unie à Saint-Sulpice qu'en 1722 (1).

nombre considérable de femmes, qui jetèrent un grand éclat par leurs vertus et plusieurs par leurs miracles : La vénérable Agnès de Langeac, dont l'héroicité des vertus a été constatée par un jugement du Saint-Siége ; Marguerite de Beaune, dont on poursuit la canonisation; Marie de Valence, que saint François de Sales appelait une relique vivante, la mère Marguerite de la Trinité, la sœur Françoise de Saint-Joseph, Madame Luillier de Villeneuve, Madame de Miramion, Madame de Combé, et une multitude d'autres dont les vies ont été données au public. On est également surpris de n'y rien trouver, sur les efforts de la France dans ce siècle, pour porter la foi aux nations infidèles : rien sur l'institution du séminaire des missions étrangères, connu dans tout le monde chrétien ; sur la colonie française en Canada, ni sur le dévouement héroique des premiers colons français de tous les rangs, qui par zèle pour la foi, passèrent dans ce pays lointain, y firent des prodiges de valeur, et la plupart sacrifièrent généreusement leur vie. Cependant, les *relations de la nouvelle France*, la *Vie* et les *lettres de la mère de l'Incarnation*, première supérieure des Ursulines de Québec la *Vie* de la *sœur Marguerite Bourgeoys*, fondatrice de la congrégation de Notre-Dame de Villemarie, celle de *Mademoiselle Manse*, administratrice de l'Hôtel-Dieu de cette ville, *l'histoire de l'Hôtel-Dieu de Québec*, les *mémoires sur M. de Montmorency-Laval*, premier évêque du Canada, et d'autres travaux littéraires, rendaient facile à écrire, l'histoire de cette nouvelle chrétienté.

LIVRE NEUVIÈME

I.
Nécessité de
construire
une nouvelle
église parois-
siale.

(1)*Rem. hist.*,
t. III, pag. 628,
629.

(2) *Ibid.*, t. II,
p. 137.

(3)*Lettres aut.*
de *M. Olier*, p.
98.

Tout ce que nous avons raconté jusqu'ici , des bénédictions répandues sur le ministère de M.Olier, pour le rétablissement de la piété dans sa paroisse, fait assez comprendre, que l'église de Saint-Sulpice, presque déserte avant qu'il en prît possession , ne pouvait plus suffire aux besoins des fidèles (1). Aussi, dans les circonstances extraordinaires, où le concours devait être plus grand que de coutume, était-on obligé de faire l'office paroissial dans l'é-glise de l'abbaye Saint-Germain. Les jours de fêtes, l'affluence était si grande , que beaucoup de per-sonnes ne pouvaient même y arriver, et qu'on per-mit au comte de Brienne, et à d'autres encore , de percer des portes sur la rue pour pénétrer par ce moyen dans leurs chapelles (2). « Vous savez, écri-
» vait M. Olier, quelle incommodité l'on souffre dans
» la chapelle de la sainte Vierge, à cause de sa peti-
» tesse ; quelles irrévérences s'y commettent ;
» quelles impatiences et quelles distractions cela
» cause à ceux qui y communient (3). »

Depuis son entrée dans la cure de Saint-Sulpice, il avait formé le dessein de construire un vaisseau proportionné à l'immense population du faubourg, et qui répondît mieux au bel ordre qu'il avait mis dans les cérémonies, ainsi qu'au nombre de ses ecclésiastiques. Il ne pouvait s'empêcher surtout de déplorer l'indifférence des grands de sa paroisse, qui avaient fait construire pour leurs personnes de

magnifiques bâtiments, et laissé jusqu'alors le Fils de Dieu dans un édifice sans dignité et près de tomber en ruine (4). Lorsqu'il apprit la mort de Marie de Médicis, femme de Henri IV, qui avait employé des sommes énormes à bâtir le palais du Luxembourg, et négligé le soin de la maison de Dieu, il se sentit porté à satisfaire pour elle en sa qualité de pasteur. « Je priai, dit-il, avec
» toute l'instance et l'efficace dont j'étais capable,
» ayant été averti intérieurement qu'elle était
» redevable à la justice divine, à cause de ce su—
» perbe et vaste bâtiment du Luxembourg †, où
» elle a fait tant de dépenses superflues, pendant
» que Notre-Seigneur était si mal logé en sa pa-
» roisse. Si elle eût voulu employer à l'église les
» sommes qu'elle avait destinées à l'achèvement de
» quelques ailes de ce palais qui ne sont pas finies,
» elle eût pu la rebâtir, et la mettre dans un état
» convenable pour le peuple et pour Dieu. C'est une
» chose étrange, que les hommes prennent d'aussi
» grands soins, et fassent tant de dépenses si exces-
» sives pour se loger, eux qui ne sont que de ché-
» tives créatures et des fumiers, et qu'ils n'aient ni

(1)Sermons de LaTour du Pin, t. vi, in-12, p. 216, 224, 225.

† On sait que Marie de Médicis fit construire à grands frais le Luxembourg, sur les dessins de Jacques de Brosses (2), et qu'elle ne négligea rien pour lui donner rang parmi les édifices de la capitale les plus somptueux. Il est placé en effet au premier rang après le Louvre ; et Le Bernin avouait qu'il n'en connaissait pas qui pût lui être préféré (3). M. Olier nous apprend que Marie de Médicis avait voulu, en le construisant, *élever une maison à sa mémoire et à sa personne ;* et ce fut en effet pour cela qu'elle s'efforça de lui faire porter le nom de *Palais de Médicis.* Mais comme les Grands après leur mort ne sont pas toujours obéis, Gaston de France, duc d'Orléans, à qui la Reine sa mère l'avait légué, y fit mettre le sien sur une inscription, et voulut qu'on l'appelât *Palais d'Orléans.* Enfin malgré toutes ces précautions, l'ancienne habitude prévalut, et l'on continua de le désigner, comme on fait encore, sous le nom de *Luxembourg,* du duc de Pinei-Luxembourg, qui avait acquis, durant le siècle précédent, l'hôtel à la place duquel ce palais fut construit.

(2)Hist.de Paris,parFélibien, t. ii, p. 1297.

(3) Tableau hist. de Paris, par St-Victor.

(1) *Mém. aut.* de *M. Olier*, t. II, p. 352.

» la pensée, ni le mouvement d'élever à DIEU des » édifices convenables à sa dignité et à sa gran- » deur (1). »

II.
M. Olier tient diverses assemblées pour la construction d'une nouvelle église.

M. Olier se croyant comme pasteur, plus étroite- ment obligé que personne à reconstruire l'église de sa paroisse, avait réuni, dès le mois de décembre 1642, ses fabriciens (2), pour leur faire goûter ce projet, qui n'était point nouveau (3), mais qui jus- qu'alors n'avait eu aucun résultat. Au mois de mars suivant †, après plusieurs publications faites au prône, il tint dans la nef de l'église une assemblée générale de la paroisse, où ce dessein fut adopté d'une voix unanime (4). On chargea Christophe Gamard, célèbre architecte de l'époque, de dresser le plan de la future église ; et comme les construc- tions projetées devaient s'étendre sur le terrain même du cimetière, M. Olier proposa de donner en échange la moitié du jardin qui était à l'usage de sa communauté (5). C'était avant la grande persécution que nous avons décrite, et lorsqu'il avait à essuyer toute sorte d'humiliations. Dans cette circonstance, il en éprouva une très-mortifiante, dont il ne fait point connaître le détail, mais qu'il indique en ces termes : « Dans l'assemblée générale du 10 mars » 1643, où il s'est agi du bâtiment de l'église de Saint- » Sulpice, il a plu à DIEU de m'envoyer une humi- » liation en public, pour me récompenser des petits » soins que j'avais pris : ce qui me sert d'indice qu'il » fera réussir cette affaire, puisqu'il semble y mettre » pour fondement la croix et la contradiction, en la » personne de celui qu'il charge de l'exécuter. Lors- » que cette humiliation m'est arrivée, je n'éprouvais » d'autres dispositions dans mon cœur, que de » m'élever à DIEU, en lui disant : Mon tout et mon » amour, j'en suis content. Mais j'ajoutai : O mon » tout, ce n'est rien que cela ; cent mille, et cent » mille morts souffertes pour la défense de votre

(2) *Rem. hist.*, t. II, p. 124, t. I, p. 9.
(3) *Ibid.*, t. II, p. 117.
(4) *Ibid.*, p. 125.

(5) *Ibid.*

† Dans les *Remarques historiques,* la date de cette assem- blée est fautive.

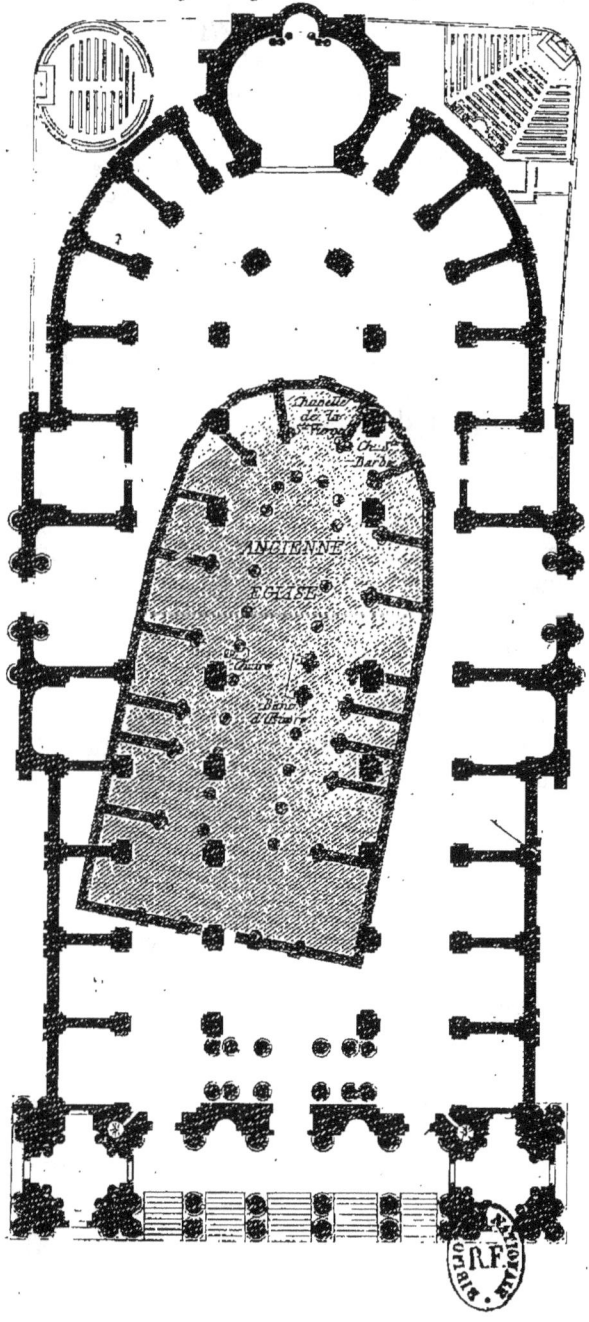

Plan comparatif
de l'ancienne Eglise de Saint-Sulpice
et de la nouvelle dont M. Olier commença
de jetter les fondemens l'an 1646

T. II p. 363

» nom et le service de votre Eglise, me seraient des
» roses et des délices. Faites en moi votre volonté :
» voilà mon corps et mon âme ; tout est à vous : dis-
» posez-en comme il vous plaira (1). » Après cette
assemblée, M. Olier réunit encore, le 2 novembre
suivant, les notables de la paroisse, pour accélérer
la conclusion d'une entreprise qu'il avait si fort à
cœur. Malgré tous les efforts de son zèle, et quoiqu'il eût obtenu du Roi, par l'entremise de la Régente, une partie des pierres nécessaires aux fonde-
ments(2),les choses demeurèrent encore suspendues.
Enfin, après la pacification des grands troubles que
nous avons rapportés, et le jour-même de l'Assomption 1645, il assembla de nouveau ses fabriciens
pour examiner les plans dressés par Gamard, et il
en choisit un, au dos duquel tous signèrent (3).

(1) *Mém. aut.*
de M.Olier,t.iii,
p. 542.

(2) *Rem. hist.*,
t. I, p. 127.

(3) *Rem hist.*,
t.ii,p.138.-*Bibl.*
Roy. , *Baluze*,
943, f° 6.

On peut remarquer ici la sage prévoyance du serviteur de DIEU : considérant que le faubourg Saint-
Germain augmentait chaque jour, il adopta un plan
qui donnait à l'édifice projeté, trois fois plus d'étendue que n'en avait l'ancien, et qui devait absorber
des sommes immenses. Mais quelque téméraire que
pût paraître l'exécution d'un pareil projet, il ne fût
arrêté par aucune considération, pas même par la
difficulté de trouver les fonds nécessaires ; car, au
lieu de mesurer la dépense sur les sommes déjà
réunies, il la fixa d'après celles que la charité des
paroissiens devait fournir dans la suite. Telle avait
été la conduite de saint Charles Borromée, lorsqu'il
jeta les fondements de la magnifique église de
Notre-Dame de Rho, près de Milan, « l'expérience
» lui ayant fait connaître, remarque son historien,
» que plusieurs, pour n'avoir pas eu cette prévoyance,
» avaient fait des fautes irréparables (4). »

III.
Sage prévoy-
ance de M.
Olier. La Rei-
ne pose la pre-
mière   pierre
de la nouvelle
église.

(4) *Vie de st.*
Charles Borro-
mée,par Giussa-
no, liv. vii, ch.
viii.

Lorsque tous les préparatifs eurent été disposés,
M. Olier invita la Reine régente à poser la première
pierre du nouvel édifice : cérémonie qui eut lieu le
mardi 20 février 1646.* La Reine vint à l'église, accompagnée de la princesse de Condé, de la duchesse

* NOTE 1 , p.
398.

d'Aiguillon, de la comtesse de Brienne, des ducs
de Guise et d'Uzès, et d'un grand nombre d'autres
personnes de marque. Elle y fut reçue par M. Alain
de Solminihac, alors évêque de Cahors, et par M.

(1) Rem. hist.,
t.п,p.143 etsuiv.
t.i, p.10, 179. —
Ms. de la Bibl. R.
supplément, fr.
1287, fᵒ 8, verso.
— Vie de M. O-
lier, par M. de
Bretonvilliers,t.
I, p. 487.— Dic-
tion. de la ville
de Paris, par
Hurtaut et Ma-
gny,t.iv, p. 548.

Olier, à la tête du nombreux clergé de sa paroisse.
Après que la Reine eut été conduite dans le chœur,
et qu'elle eut prié Dieu quelque temps devant le
maître-autel, elle fut reconduite processionnellement à la porte de l'église, et, de là, dans le cimetière, à l'endroit désigné pour l'autel principal de
l'édifice projeté. Tout étant disposé pour la cérémonie, l'Evêque bénit la première pierre, qui était
revêtue d'une inscription, et la princesse la posa et
la maçonna (1). M. Olier lui présenta le plan de
l'église : elle l'examina, et désira que l'une des
chapelles les plus voisines de celle de la sainte Vierge,
fût dédiée sous l'invocation de sainte Anne, sa patronne, et l'autre sous celle de saint Louis, patron
du jeune Roi, et elle promit une somme considérable. Le duc d'Orléans, oncle du Roi, retint aussi
pour lui une chapelle, et promit de donner chaque
année dix mille livres jusqu'à l'entier achèvement
des travaux. Le prince de Condé retint pareillement
une chapelle ; et cet exemple fut bientôt suivi par
plusieurs illustres familles du faubourg Saint-Germain (2).

(2)Rem. hist.,
t.п, p. 147, 148.

IV.
M. Olier ne
compte que
sur le secours
de Dieu pour
construire la
nouvelle é-
glise.

Mais pour fournir aux frais de ces constructions,
extrêmement dispendieuses, M. Olier ne compta
jamais sur la faveur et la protection des Grands; et
il fut confirmé dans cet abandon à la Providence,
par un accident singulier, qui fit sur lui l'impression
la plus profonde et la plus durable. Comme il désirait beaucoup de voir avancer promptement la construction de ce nouveau temple, et qu'il aimait à
visiter les travaux, lorsque la multitude de ses occupations pouvaient le lui permettre, il remarqua que
les ouvriers avaient creusé un puits, dont l'eau leur
était nécessaire. Ce puits était à fleur de terre et
sans mur d'appui : voulant en examiner la profon-

deur, M. Olier s'approcha du bord, et apercevant un pieu jeté au travers, et vers le milieu de ce puits, il mit un pied sur cette pièce de bois, pour s'avancer par ce moyen, et juger de la hauteur de l'eau. Mais à peine y eut-il appuyé le pied, que le pieu, quittant sa place, roula sur lui-même jusqu'à l'autre bord, tandis que M. Olier demeurait comme suspendu, au grand étonnement de toutes les personnes qui étaient là présentes. Dans un accident si périlleux, et où il était si naturel de ne penser qu'au danger, il ne fit point paraître la moindre émotion; et, au lieu de ces mouvements involontaires dont on ne peut guère se défendre en pareille rencontre, il ne fut occupé intérieurement que de cette pensée : « Ainsi est trompeur l'appui des créatures : celui » qui met son assurance en elles, n'y trouvera que » faiblesse et fragilité. » Cette protection visible de Dieu sembla avoir renouvelé sa confiance, et quoique jusqu'alors il n'eût jamais compté sur les hommes, depuis ce moment il n'y fit aucune espèce de fond. « Il n'y a que Dieu seul, disait-il, qui puisse » faire ses œuvres, qui ait la puissance de les conserver et de les soutenir ; l'homme n'est qu'un » sable mouvant, sur lequel on ne peut bâtir qu'un » édifice ruineux (1). »

Après que M. Olier eut jeté les fondements du chœur de la nouvelle église, il voulut commencer les constructions par la chapelle de la sainte Vierge, comme pour en offrir les prémices à cette auguste Reine, et mettre ces immenses travaux sous sa protection. On ne rapportera pas ici tout ce que son zèle lui inspira pour accélérer ce grand ouvrage. Il aurait eu sans doute la consolation d'en élever une partie considérable avant sa mort, sans les troubles politiques dont la capitale fut le théâtre, et qui réduisirent le peuple à la plus affreuse extrémité. Malgré ses soins et son zèle, il ne put qu'achever les murs de la chapelle de la sainte Vierge, qui, l'année de sa mort, étaient élevés à la hauteur qu'ils ont

(1) *Vie de M. Olier, par M. de Bretonvilliers*, t. III, p. 10, 11.

V.

M. Olier est contraint de suspendre ses travaux. M. Languet les reprend et achève l'église.

(1)*Rem. hist.*, t.ı, p.10, 11, 16, 198.

(2)*Mém.part.*, an. 1645.

maintenant (1). Dieu lui avait d'ailleurs fait connaître qu'il devait employer ses ressources à l'entretien du séminaire, en vue d'y former de bons prêtres, plutôt qu'à la construction de l'église paroissiale (2), que l'on poursuivrait dans un autre temps. M. Languet de Gergy, sixième successeur de M. Olier dans la cure de Saint-Sulpice, eut le bonheur d'y mettre la dernière main. Plein de confiance en Dieu et en la protection des patrons de sa paroisse, il répandit parmi ses paroissiens une estampe, où l'on voyait, dans le fond, le chœur de la nouvelle église (car il n'y avait alors que cette partie de bâtie), et sur le premier plan, Saint-Sulpice revêtu des ornements pontificaux, et, à côté, M. Olier en étole pastorale; au-dessous, on lisait une allocution en vers, que saint Sulpice était censé adresser aux parois-

(3)*Rem. hist.*, t.ı, p.194.— *Feller, Diction.*, art. *Languet.*

(4)*Sermons de La Tour du Pin, ibid.* p.229, 233, 235, 236. - *Rem. hist.*, t.ıı, p.930, 931, 935, 940.

* NOTE 2 , p. 398.

siens, pour les engager à contribuer à la continuation de cet édifice. Ce moyen réussit au-delà de ce qu'on pouvait en attendre; quoique M. Languet n'eût que cent écus en caisse, lorsqu'il reprit les travaux (3), l'ouvrage néanmoins ne fut jamais interrompu faute de secours, et l'achèvement de ce vaste monument, par les soins d'un seul homme, a passé avec raison pour une sorte de miracle (4). *

VI.

Etablissement de la succursale dite : *Sainte-Anne.*

(5) *Arch. du Roy., sect. hist.,* L. 1224 , *liasse* 38, p.383. —*Liasse* l. f°2, *verso.*

(6) *Plan de la paroisse S.-Sulpice, gravé en* 1696. *Arch. du Roy.* — *Rem. hist.*, t.ıı, p.654.

(7)*Arch., ibid., liasse* 38, p.381.

M. Olier, prévoyant cependant que ce bâtiment ne pouvait être achevé qu'après bien des années, sollicita l'érection d'une nouvelle église dans le faubourg. L'abbé de Saint-Germain accueillit sa demande, et, par ses lettres patentes de 1647, approuva la création d'une nouvelle paroisse, sous le titre de Saint-Maur, dans le Pré aux Clercs (5) : on appelait ainsi l'espace qui est entre les rues de Verneuil et de Bourbon, et qui s'étend le long de la Seine vers l'hôtel des Invalides (6). Mais les marguilliers et les paroissiens de Saint-Sulpice, ayant prié l'abbé d'ériger, au lieu d'une paroisse nouvelle, une simple succursale, qu'ils s'obligeaient de bâtir à leurs frais, l'abbé détermina la rue de Bourbon, pour y fixer la nouvelle succursale, dans une maison (7), où des séminaristes allaient faire le catéchisme aux enfants de ce quartier, et qui transformée alors en chapelle, fut bénie solennellement le jour de la Purification 1648 (1). Dès ce moment on commença à la désigner sous le nom de *Sainte–Anne*, ou de *Petite–Paroisse*. M. Olier y envoya d'abord des ecclésiastiques pour y prêcher (2), confesser et faire le catéchisme ; ensuite, il y en établit d'une manière fixe, pour le service de ce quartier, et forma ainsi une seconde communauté. Mais ayant bientôt remarqué que cette séparation contribuait peu au salut des âmes, et que d'ailleurs la ferveur de ces ecclésiastiques, ainsi isolés de leurs confrères, n'avait plus le même aliment, il les fit rentrer dans la communauté de la paroisse, et se contenta d'en envoyer plusieurs pour instruire les fidèles et leur administrer les sacrements (3).

Les obstacles qui retardèrent la construction de l'église de Saint-Sulpice, ne ralentirent point l'ardeur de M. Olier, à édifier les temples vivants, en poursuivant l'œuvre de la réforme de la paroisse. Depuis son entrée dans la cure, il avait déployé un zèle infatigable pour la conversion des protestants, dont un nombre considérable étaient en effet revenus à l'Eglise. Mais ce fut surtout après la persécution de 1645, que les conversions devenant de jour en jour plus fréquentes, l'hérésie fut alors comme détruite dans le faubourg Saint-Germain. Il est vrai que dès l'année 1643, le Père Véron dont on a parlé, n'avait cessé de faire chaque semaine des conférences publiques dans l'église de Saint—Sulpice en faveur des huguenots : toutefois quelque excellente que fût la méthode de ce célèbre controversiste, elle n'avait pas atteint le but que se proposait M. Olier. Le Père Véron était naturellement vif et ardent (4); la sagacité de son esprit, son humeur caustique et mordante, lui fournissaient les à propos les plus piquants, et les reparties les plus humiliantes pour

(1) *Arch. du Roy.*, L. 1226. *Juridiction*, fol. 75, verso, 76.

(2) *Vie de M. de Lantages*, liv. I, n. xxiv, p. 43.

(3) *Rem. hist.*, t. I, p. 88, 89.

VII.

Conversion des protestants. Efforts impuissants du P. Véron.

(4) *Supplément au traité des E-dits*, p. 556.

les ministres, en sorte qu'ils sortaient toujours de ces disputes plus irrités qu'auparavant ; et plusieurs, par la crainte de perdre toute considération dans leur secte, refusaient d'entrer en lice avec lui, ou même prenaient la fuite, en apprenant son approche. En effet, le Père Véron les ménageait si peu qu'après les avoir réduits au silence par le moyen de sa méthode, il faisait dresser en présence des témoins des deux partis et par des notaires publics toujours présents à ces disputes, un procès-verbal bien circonstancié de la défaite des ministres; et après l'avoir fait signer par tous les témoins ca-

(1) *Controverses de Véron,* in-f°. *Appendice,* p. 529 et suiv.

tholiques et calvinistes, il en répandait des copies imprimées et les faisait encore afficher partout dans les environs (1). Aussi M. du Ferrier rapporte-t-il : « qu'à Saint–Sulpice, le Père Véron confon-

(2) *Mém. de M. du Ferrier,* p. 180, 181.

» dait admirablement les huguenots sans toute-» fois les convertir (2). »

VIII.
Clément et Beaumais suscités de Dieu pour la conversion des hérétiques.

Pour toucher leurs cœurs, Dieu donna à M. Olier deux autres controversistes, hommes simples et sans lettres, mais remplis l'un et l'autre d'une science toute divine, et qui pouvaient se flatter, avec l'apôtre, d'avoir reçu ce don de Dieu seul. En venant s'offrir pour ramener au bercail tant de brebis perdues, ils semblèrent justifier ce profond sentiment de confiance qui faisait dire à M. Olier, étant encore à Vaugirard : « Dieu fera plutôt » de nouvelles créatures, que de laisser manquer » son œuvre. » On eût dit en effet, que pour les rendre capables de ce genre de ministère, Dieu les

(3) *Et non pas* Beauvais, *comme on lit dans l'histoire de l'Edit de Nantes.*

avait comme créés de nouveau. Le premier, Jean Clément, exerçait à Paris l'état de coutelier ; l'autre, nommé Beaumais (3), celui de mercier. Sans étude et sans aucun usage de la dialectique, ces deux hommes ramenèrent eux seuls plus d'hérétiques à la vraie foi, que n'en convertirent ensemble tous les docteurs de Sorbonne de ce siècle. En suscitant ces hommes extraordinaires, Dieu voulut sans doute donner une grande et solide instruction au

clergé, et lui faire toucher au doigt l'inutilité de la
science, quand elle n'est pas rehaussée par les
vertus. C'était la réflexion de M. Bourdoise. « Ce
» siècle est fort malade, disait-il, mais le clergé ne
» l'est pas moins ; la vanité, l'impureté et l'impu-
» dence règnent partout . . . La plupart des prêtres
» demeurent les bras croisés : et il faut que DIEU
» suscite des laïques, des couteliers et des merciers
» pour faire l'ouvrage des prêtres faiuéants (1). Etre
» de maison, être docte et être à DIEU, cela est assez
» rare en nos jours ; car d'où vient que DIEU se sert
» aujourd'hui de M. Beaumais, mercier, et de M.
» Clément, coutelier de profession, l'un et l'autre
» laïques, pour la conversion de tant d'hérétiques
» et de mauvais catholiques, dans Paris, sinon par-
» ce qu'il ne trouve pas de bacheliers, de licenciés
» et de docteurs , qui soient pleins de son Esprit,
» pour les y employer ? Et c'est le plus grand re-
» proche, et l'affront le plus sensible que DIEU puisse
» faire au clergé de ce siècle, qui a si peu d'humili-
» té (2). Vivent le coutelier et le mercier : *Non multi*
» *sapientes, non multi potentes, non multi nobiles* (3). »
    M. du Ferrier, présent aux controverses de Clé-
ment , en parle ainsi dans ses Mémoires : « Après
» que le Père Véron était descendu de chaire, cet
» excellent coutelier répondait dans le parterre, ou
» dans les charniers de l'église , à ceux qui propo-
» saient des doutes ; et il le faisait avec une telle bé-
» nédiction, qu'il y avait peu d'hérétiques qui, après
» l'avoir entendu, ne restassent persuadés. Sa dou-
» ceur et son humilité gagnaient ceux que la méthode
» dure, mais solide du Père Véron avait émus ; et
» on peut dire que jamais homme n'a eu plus de bé-
» nédictions que lui pour cet emploi. La méthode
» de ce dernier confondait très-bien l'orgueil des
» ministres, mais elle les mettait en colère ; le bon-
» homme Clément , au contraire , expliquait leurs
» passages , leur faisait voir par ceux qu'il leur ap-
» portait, qu'ils n'en comprenaient pas le vrai sens,

(1) *Vie impri-
mée de M. Bour-
doise*, in-4°, liv.
v, p. 403.

(2) *Vie Ms. de
M. Bourdoise*, in-
f°, p. 856.
(3) *Vie impri-
mée, ibid.*, p.
463, 464.

IX.
Méthode de
Clément plus
fructueuse
que celle de
Véron.

» et leur proposait notre doctrine, par des textes
» clairs et solides, en sorte qu'il n'y avait presque
» jamais personne qui ne se rendît. La charge que
» j'avais de la communauté m'engageait à cette sorte
» de conférences, et encore plusieurs hommes sa-
» vants qui s'y appliquaient. † Mais nous avions
» tous cette déférence pour la grâce de Clément, que
» nous voulions qu'il y fût toujours présent, parce
» qu'après nos longues discussions avec les minis-
» tres, il savait, en peu de paroles, amener les per-
» sonnes pour qui la conférence se faisait, à se rendre
» d'elles-mêmes, quoi que pût dire leur ministre.
» Clément avait appris par cœur presque toute la
» Bible française, et il savait, touchant les points es-
» sentiels de controverse, ce que l'Eglise veut qu'on
» sache là-dessus, et jusqu'où l'on peut aller; il
» convertissait en si grand nombre les hérétiques,
» qu'ayant voulu savoir de lui, au mois d'octobre,
» combien il en avait ramené cette année, car il en
» tenait une note, je vis que, un jour portant l'autre,
» il n'y en avait pas moins de six par jour. La main
» de Dieu était avec lui, et il m'a raconté plusieurs
» conversions miraculeuses, où la grâce avait opéré,
» quand les paroles semblaient n'être pas suffisantes
» à prouver nos vérités à des ignorants. Je me con-
» tenterai de dire que j'avançai un peu, sous ce
» maître, dans la controverse; succédant à l'emploi
» des prédications du Père Véron, qui tomba ma-

† Parmi les ecclésiastiques de M. Olier, M. Dardène, qui était fort instruit (1), fut un des plus habiles dans la controverse. Il reçut du vicaire-général de l'abbé de Saint-Germain, le pouvoir de recevoir l'abjuration des hérétiques et de les absoudre; et les lettres mêmes qui lui confèrent ce pouvoir, font foi *de sa science, de son zèle et de son habileté en ce saint ministère* (2). M. Dardène allait tous les jours, de grand matin, devant le très-saint Sacrement, où il passait deux heures en oraison. Il faisait ensuite pour les artisans, la prédication établie par M. Olier, dès son entrée dans la cure de Saint-Sulpice. Cette prédication avait lieu, l'été, à quatre heures du matin (3), afin que les gens de travail pussent plus commodément y assister.

(2)*Juridiction de l'abbaye*, L.. 1226, f° 127.

(3)*Mém. de M. du Ferrier*, p. 286.

» lade, j'appris à me confier plus au secours du
» Seigneur pour persuader, qu'aux arguments; et
» je me suis toujours convaincu depuis, après avoir
» vu les personnes converties, que je n'y avais pas
» contribué; DIEU seul les ayant touchées par les
» raisons qu'elles m'en rendaient, et où je n'avais
» point de part (1). »

(1)*Mém. de M. du Ferrier*, p. 180 et suiv.

X.

Quant à Beaumais, il avait d'abord résolu d'embrasser le calvinisme pour se conformer aux désirs d'une Protestante qu'il voulait épouser, et qui mettait cette condition à son mariage. Les remords de sa conscience, et le trouble qui s'empara de lui pendant qu'il délibérait, l'obligèrent à faire de sérieuses réflexions sur les conséquences d'une telle démarche; et enfin pour affermir sa foi ébranlée, il s'adressa à Clément. Celui-ci le persuada si fortement des vérités catholiques, qu'il eut le bonheur de voir en lui un digne héritier de ses travaux et de son zèle. Beaumais ayant, en effet, reçu par infusion l'intelligence de l'Ecriture Sainte et du sens des ouvrages des Pères de l'Eglise, que pourtant il n'étudia jamais, commença à son tour à détromper les hérétiques (2). Par déférence aux désirs de M. Olier, qui voulait s'en servir dans la réforme de sa paroisse, il vint s'établir dans le faubourg Saint-Germain (3), où DIEU récompensa son zèle par les succès les plus éclatants. Il semblait l'emporter pour la dispute sur les plus habiles docteurs de l'Université de Paris (4): au moins personne ne pouvait lui être comparé pour la facilité merveilleuse avec laquelle il réfutait les discours des ministres. Il parcourut dans la suite les villes de France les plus infectées de l'hérésie de Calvin, et eut le bonheur d'y opérer des conversions en grand nombre * (5).

Beaumais vient habiter le faubourg S.-Germain. Succès de ses controverses.

(2) *Grandet, Vies Ms. Vie de M. de Bretonvilliers.*

(3) *Rem. hist.*, t. III, p. 626. — *Vie, par M. de Bretonvilliers*, t. I, p. 484. — *Matériaux de M. Leschassiers*, p. 64.

(4) *Vie Ms. de M. Bourdoise*, in-8°, p. 850.

* NOTE 3, p. 400.

(5) *Grandet. Vies Ms. Ibid.*

Un autre objet que le zèle de M. Olier poursuivait sans relâche, pour achever la réforme du faubourg, était la suppression des maisons qui servaient de retraite aux femmes de mauvaise vie. Elles étaient en grand nombre, on l'a vu, lorsqu'il

XI.

M. Olier délivre la paroisse de la débauche publique.

entra dans la cure ; leur suppression fut, comme il
l'avait espéré, l'une des récompenses de la persécution qu'il souffrit en 1645 ; du moins, après sept
années de travaux soutenus, c'est-à-dire, avant les
troubles de la première guerre de Paris, il eut la
consolation de voir sa paroisse presque entièrement
délivrée de ce honteux fléau. Cet important résultat était de nature à causer une joie d'autant plus
vive à ce charitable pasteur, qu'au témoignage de M.
du Ferrier, la *miséricorde de Dieu y parut admirablé-
ment*, en plusieurs circonstances, et qu'elle s'étendit
non seulement à la paroisse, qui fut délivrée d'une
contagion si funeste, mais encore à plusieurs de ces

* NOTE 4, p.
402.
pauvres brebis égarées qui furent comme miraculeusement ramenées au bercail. *

XII.
Comédiens et
baladins de la
foire S.-Ger-
main, conver-
tis.

M. Olier ne pouvait ignorer les désordres qui se
commettaient chaque année à la foire Saint-Germain,
où affluaient tant d'étrangers ; et comme, partout où
le démon exerçait son empire, il se croyait obligé
d'opposer toute la force de son zèle, il y allait souvent en personne. Sa vertu lui donnait assez d'autorité pour en faire disparaître les tableaux, les
sculptures et toutes les images qui blessaient l'honnêteté. Lorsqu'il ne pouvait s'y transporter lui-
même, il se faisait suppléer par d'autres ecclésiastiques capables d'imposer ; et si les premiers avis
étaient inutiles, il réclamait le ministère des officiers
de justice, qui étaient toujours prêts à le seconder.

(1) *Rem.hist.*,
t.III,p.636; t.I,p.
176. — *Vie, par
M. de Bretonvil-
liers*, t.I, p. 494,
495.
Plus d'une fois ceux-ci saisirent des objets dangereux
pour les mœurs, qu'on avait mis en vente, poursui-
virent les coupables, et les condamnèrent à des aumônes rigoureuses (1).

Il arriva une année, pendant la foire de Saint-
Germain, un événement assez remarquable, qui
mérite d'être rapporté, parcequ'il montre, que l'impulsion religieuse, imprimée au faubourg Saint-
Germain, ne laissait pas de se faire sentir à ceux-
mêmes, qui, voués par état à la dissipation et à la
bouffonnerie, semblaient être le moins susceptibles

de pensées sérieuses. L'année 1647, un chef de comédiens, ou plutôt de baladins, qui divertissait la
populace sur les tréteaux, étant tombé malade à
l'extrémité, et ayant demandé les sacrements ; le
prêtre chargé de l'administrer, se contenta de l'absoudre, sans oser lui donner le saint viatique, à
cause de sa profession. Comme le mal augmentait,
les compagnons du malade vinrent la nuit prier avec
beaucoup d'instances, qu'on lui portât le saint Sacrement ; mais sans rien obtenir. Ce refus les toucha
si vivement, que, le surlendemain, l'un d'eux se
convertit, et que le malade surtout, se reconnaissant indigne de la sainte communion, protesta qu'il
renonçait sincèrement au théâtre, et, ayant recouvré la santé, il l'abandonna en effet sans retour.

On parla beaucoup dans Paris de ce refus du saint
viatique ; il en fut question dans l'assemblée du mois
de MM. les curés, qui l'approuvèrent comme très-
convenable ; on crut même qu'il était à propos d'en
parler au prône à Saint-Sulpice, pour le justifier :
ce qui produisit un autre effet plus précieux encore,
la conversion du chef d'une autre troupe. Celui-ci,
qui se qualifiait comédien du duc d'Orléans, se crut
offensé de ce que, dans le prône, on avait donné
aussi le nom de comédien au premier, quoiqu'il
montât sur les tréteaux, et il vint en demander réparation à M. Olier. On l'accueillit avec bonté, et
on écouta patiemment tout ce qu'il dit, pour élever
sa profession au-dessus de celle des baladins, et
pour justifier la comédie. L'ecclésiastique qui avait
fait le prône essaya de le désabuser, mais sans avancer autre chose que de se concilier l'estime du comédien, par le ton de politesse, et les paroles de
douceur et de modération qu'il sut mêler à ses avis.
Ce dernier fut même si sensible à ce bon accueil,
qu'en quittant l'ecclésiastique, il le comblait de
compliments et lui offrait tous ses services. « Vous
» pouvez m'obliger beaucoup, » lui répondit l'autre ;
et comme le comédien protestait qu'il était prêt à

tout, et le pressait de lui dire en quoi il pourrait le servir : « Ce sera, reprit–il, en me promettant de » dire tous les jours à genoux les litanies de la sainte » Vierge. » Le comédien en donna sur–le–champ sa parole; et cet acte de religion fut si agréable à Dieu, qu'après que cet homme l'eut pratiqué trois fois, il se trouva changé tout-à-coup. Il quitta sa troupe, qui se sépara aussi bien que la première, et vint en apprendre la nouvelle à cet ecclésiastique, en ajoutant qu'il s'était placé auprès de M. de Fontenay–Mareuil qui allait à Rome en qualité d'ambassadeur (1).

(1)*Mém. de M. du Ferrier*, p. 195.196,197. — *Arch. du ministère des affaires étrangères.Rome* t. iv, 1648.

XIII.
Molière délaissé quitte la capitale et court les provinces.

Le désistement spontané de tous ces acteurs peut donner à conclure, quelles profondes impressions le zèle apostolique de M. Olier avait produites sur les cœurs de ses paroissiens, et quel éloignement il avait su leur inspirer de ce genre d'amusement, malgré le prestige que pouvait offrir le talent de ceux qui les divertissaient de la sorte. Peut-être même n'apprendra-t-on pas aujourd'hui sans étonnement qu'une troisième troupe de comédiens fut obligée à son tour de se séparer, non par suite de la conversion de ses membres, mais parcequ'elle se vit délaissée du public, malgré la pantomime attrayante de celui qui en était le chef, et ses dispositions singulières pour l'art comique. Cet acteur devenu depuis trop célèbre, avait commencé de jouer, sous le ministère pastoral de M. Olier, et dès l'année 1645 (2), sur un théâtre dit de *la croix blanche* (3) ou l'*illustre théâtre* (4), dressé au faubourg Saint-Germain par des jeunes gens de famille. Nous parlons de Jean-Baptiste Poquelin, qui prit le nom de Molière, pour que ses parents, dans leur honnête obscurité, n'eussent pas à lui reprocher de traîner et de prostituer leur nom sur les traiteaux et les théâtres (5). Dans le retour général du faubourg Saint-Germain aux pratiques de la religion et dans la disposition où étaient alors les esprits : les grands et les petits montrèrent si peu d'empressement pour entendre cet acteur dra-

(2) *Diction. des théâtres de Paris,par Parfaict* etc., 1756, t. iii, p. 441.
(3 *Tableau de Paris, par M. de S.-Victor*, t. iv, p. 318.
(4) *Recherches sur les théâtres de France,par M. de Beauchamps,* Paris 1735 , in-4°, t. i. p. 96.
(5) *Biographie de Michaud.* Art. *Molière.*

matique, et ses représentations eurent enfin si peu de succès, que sa société se dissipa d'elle-même (1), malgré la protection du prince de Conti qui, avant sa conversion, l'avait fait venir plusieurs fois dans son hôtel, pour y jouer la comédie (2). Molière courut alors les provinces, avec quelques acteurs qu'il avait engagés à le suivre, et ne revint à Paris que l'année qui suivit la mort de M. Olier. †

(1) De S.-Victor, ibid.

(2) De Beauchamp, ibid.

Le renouvellement de la piété, dans cette paroisse, devait naturellement inspirer à tous les fidèles un respect profond pour les ecclésiastiques. On a vu la vénération singulière qu'on portait à M. Olier, et il est aisé de conjecturer quel respect on avait aussi pour les coopérateurs de son zèle. M. du Ferrier en rapporte deux exemples assez remarquables. « Dans cette paroisse, dit-il, l'on » avait une telle vénération pour les prêtres, que » tout ce qu'ils disaient s'exécutait, soit pour ôter » le mal, soit pour faire le bien. Jamais aucun ec- » clésiastique de Saint-Sulpice ne reçut du déplai- » sir des voleurs la nuit ; et me trouvant une fois » environné d'une bande de ces malheureux, qui » me tâtèrent pour savoir comment j'étais vêtu, je » me mis à les reprendre de leur mauvaise vie, et » les exhortai à la quitter. Ils eurent la patience de » m'écouter ; et après s'être offerts de m'accompa- » gner pour éviter quelque mauvaise rencontre, ils » me promirent de se donner à DIEU. Je fus aussi » heureux en une sédition qui se forma dans cette » paroisse, à cause d'un nouvel impôt. †† Les mé- » contents, soulevés et en armes, vinrent pour faire

XIV.

Respect universel pour le clergé de S.-Sulpice.

---

† Le Prince de Conti qui protégeait toujours Molière, le présenta alors à Monsieur, frère de Louis XIV ; et par ce moyen, lui procura l'occasion de jouer devant ce monarque, le 24 octobre 1658, sur un théâtre, que l'on dressa au Louvre dans la salle des gardes (3).

(3) De S.-Victor, ibid.—Diction.des théâtres ibid.

†† Cet impôt fut appelé le *Toisé*, parcequ'il devait être levé sur chacune des maisons des faubourgs de Paris, construites depuis l'édit de Henri II du mois de novembre 1549, lesquelles paieraient une certaine taxe par *toise*. Ce prince

» sonner le tocsin à l'église. Ceux qui les virent
» venir, en fermèrent les portes par dedans, et aus-
» sitôt les autres commencèrent à faire leurs efforts
» pour les enfoncer. Dieu voulut que je me trou-
» vasse là et me donna la pensée d'accourir au mi-
» lieu de ce peuple ému. Je me plaçai sur la porte
» qu'ils voulaient forcer ; et faisant semblant de
» croire qu'ils étaient huguenots, je me mis à crier
» de toute ma force : *Au secours, catholiques, au se-*
» *cours : souffrirez-vous que les hérétiques viennent pil-*
» *ler votre église ; venez, accourez, afin d'empêcher*
» *qu'on ne la profane, et le très-saint Sacrement qui y*
» *est renfermé.* Ceux qui enfonçaient la porte s'arrê-
» tèrent, m'entendant crier de cette sorte, et me
» dirent : Monsieur, nous ne sommes pas hugue-
» nots ; ne vous effrayez point : nous n'avons pas
» intention de piller l'église. — *Vous voulez me per-*
» *suader,* leur dis-je, *afin que je ne crie plus ; ne vois-*
» *je pas bien que vous n'êtes pas catholiques ? Serait-il*
» *possible que les catholiques,* ajoutai-je continuant

effrayé du grand accroissement que prenait cette capitale,
avait expressément défendu, qu'on bâtît de nouvelles maisons dans ses faubourgs. Comme cet édit était tombé en
désuétude depuis un siècle, et que le cardinal Mazarin avait
besoin d'argent, le conseil rendit un arrêt qui ordonna de
toiser toutes ces maisons, pour imposer une taxe propor-
tionnelle sur chaque propriétaire, et cette mesure donna
lieu à la sédition populaire dont nous parlons. Au moment
où l'on voulut commencer à toiser les maisons, quelques
mutins battirent le tambour, arborèrent un mouchoir au
bout d'un bâton, pour servir de drapeau, et marchèrent en
cet état dans les rues, pour exciter la sédition (1). Cette défense de Henri II, quelque étonnante qu'elle nous paraisse,
fut renouvelée en 1672 par Louis XIV : non que ce prince,
qui jouissait du pouvoir le plus absolu, eût à redouter l'accroissement de la population pour lui-même ; mais ce fut pour
procurer plus sûrement par là le bien moral de Paris, ainsi
qu'il le déclare dans son préambule. « Il est à craindre que
» la ville de Paris, parvenue à cette excessive grandeur,
» n'ait le même sort des plus puissantes villes de l'antiquité,
» qui ont trouvé en elles-mêmes le principe de leur ruine, étant
» très-difficile que l'ordre et la police se distribuent commo-
» dément dans toutes les parties d'un si grand corps (2). »

(1) *Mém. de M*ᵉˡˡᵉ *de Montpensier,* an. 1644. *Collect. Petitot,* t. XL, p. 439.

(2) *Ibid.,* t. XXXV, *introduc-tion aux mémoi-res,* p. 37.

» mes cris, *abandonnassent l'église et le saint Sacre-*
» *ment?* Tous se mirent à me protester qu'ils étaient
» catholiques. — *Croyez-vous bien,* répliquai-je, *que*
» *Notre-Seigneur Jésus-Christ repose au tabernacle*
» *dans le saint ciboire?* — Oui, dirent-ils. — *Et com-*
» *ment, mes chers amis,* leur dis-je, *avez-vous osé*
» *songer à forcer ses portes puisque nous n'oserions*
» *entreprendre d'enfoncer celles de la chambre du*
» *Roi, si nous savions qu'il y est couché?* Ces bonnes
» gens calmés me firent des excuses, et se retirèrent
» paisiblement, nous donnant sujet de remercier
» Notre-Seigneur (1). »

M. Olier, profitant de la disposition si favorable
des cœurs, ne négligeait aucun des moyens qui
pouvaient procurer la sanctification de ses paroissiens ; et l'on doit ajouter, que jamais pasteur ne
montra plus de zèle, et de vrai dévouement, qu'il
n'en fit paraître dans l'exercice de sa charge, pour
poursuivre et achever la réforme de toutes les classes
du faubourg Saint-Germain. Considérant comme
ses maîtres tous ceux qui avaient recours à sa charité, il quittait tout pour les écouter, les recevait
avec un respect mêlé d'humilité et de religion ; et,
quelle que fût leur condition, il les servait avec une
cordialité parfaite. Il ne pouvait même se résoudre
à renvoyer certaines personnes, qui le venaient voir
sans autre dessein que de se satisfaire elles-mêmes,
et lui faisaient perdre ainsi beaucoup de temps.
Jamais il ne les quittait le premier ; il les entretenait,
au contraire, aussi longtemps qu'elles le désiraient ;
et, nonobstant ses grandes occupations, il n'éprouvait
pas, dans ces conversations prolongées, le moindre
mouvement d'impatience : tant il avait acquis d'empire sur lui-même. Dans plusieurs circonstances
Dieu se plut à bénir visiblement la conduite si douce
et si indulgente de ce bon pasteur : car des hommes
engagés dans le péché, venant lui rendre visite par
pure bienséance, se trouvaient convertis et gagnés
à Dieu, après la conversation, quoiqu'elle eût roulé

(1) *Mém. de M.*
du Ferrier, p.
278, 279, 280.

XV.
Empresse-
ment de M. O-
lier à entrer
dans les inté-
rêts de tout le
monde.

sur des matières souvent indifférentes. Il était quelquefois accablé du grand nombre de personnes qui venaient le visiter ou le consulter ; et lorsqu'à la fin du jour, ses confrères, le voyant tout épuisé de fatigue, lui proposaient d'en renvoyer quelques-unes au lendemain : « Le temps n'est pas à nous, » répondait-il, il appartient à Jésus-Christ. Il faut » en employer tous les moments, selon ses ordres, » et puisque sa divine Providence permet que ces » personnes viennent maintenant à nous, bien loin » de les refuser, nous devons, par hommage et par » soumission à cette Providence adorable, les recevoir » voir avec joie et avec amour. » Cet empressement à servir le prochain était, dans M. Olier, la marque d'une charité si éminente, que M. de Maupas a cru devoir la signaler dans l'oraison funèbre de saint Vincent de Paul. « M. l'abbé Olier et M. Vincent, » étant surchargés d'affaires, dit-il, et toutes affaires » importantes à la gloire de Dieu, sitôt que l'on demandait » mandait leur secours, vous eussiez dit, que toutes » les affaires cessaient, et qu'ils n'avaient plus rien » à faire sinon de consoler votre cœur affligé (1). »

(1) *Oraison funèbre, par M. de Maupas*, in-4°, p. 35.

XVI.
Exercices de piété, et règlement de vie adoptés par une multitude de paroissiens.

Cette charité vraiment pastorale attira sur le ministère de M. Olier les plus abondantes bénédictions. On vit une multitude de personnes s'appliquer tous les jours à l'oraison mentale, à la lecture spirituelle, et adopter l'usage des exercices les plus édifiants, sans toutefois que les devoirs propres de chaque condition en souffrissent le moindre préjudice ; et qu'une dévotion mal entendue, donnât lieu de décrier la piété. Il exhorta, avec le même succès, un grand nombre de ses paroissiens à suivre un règlement de vie, qu'il traça pour eux, et leur assigna certaines heures, soit pour de pieuses lectures, soit pour visiter le très-saint Sacrement, soit pour aller assister les pauvres, les malades et les prisonniers. Il recommandait à tous les maîtres, de veiller fidèlement sur la conduite et sur les mœurs de leurs domestiques, de respecter et de faire respecter, par leur exemple, les lois de l'Eglise, en particulier, celles du jeûne, de l'abstinence, de la sanctification des dimanches et des fêtes ; menaçant des plus grands malheurs ceux qui, non contents de les transgresser, les faisaient ou les laissaient transgresser par les autres.

M. du Ferrier rapporte quelques traits dignes de remarque, qui montrent la liberté tout apostolique avec laquelle M. Olier traitait les Grands aussi bien que le peuple, dans les choses qui concernent le salut. Nous avons parlé du règlement qu'il établit, de ne marier personne, que les contractants ne fussent allés le trouver séparément, pour apprendre de lui leurs obligations, et répéter leur catéchisme : ce dont les grands seigneurs n'étaient pas plus dispensés que les autres. « On recommandait aux ecclé-
» siastiques de la communauté, ajoute M. du Ferrier,
» d'interroger leurs pénitents sur les articles de la
» foi, que plusieurs ignorent. Je puis dire que je
» trouvai un des premiers seigneurs de la cour, que
» j'interrogeai sur son catéchisme, et qui confessa
» ne l'avoir jamais appris. Je lui en donnai un, que
» j'allai lui faire répéter, comme à un petit enfant :
» ce qu'il faisait avec humilité(1). » M. Olier exhortait les pères de famille, surtout les riches et les Grands, à régler leur maison, leur table, leur ameublement, toute leur dépense en un mot, selon les lois de la modestie chrétienne et de la sobriété évangélique ; à pacifier les différends ; à racheter leurs péchés par des aumônes proportionnées à leurs facultés ; à remplir fidèlement et les devoirs communs à tous les chrétiens, et ceux qui étaient propres de leur état ; à sanctifier enfin toutes leurs journées par le bon usage d'un temps dont ils devaient rendre un jour à Dieu un compte sévère (2).

Il réunit tous les notaires du faubourg Saint-Germain, et sut leur inspirer un si grand zèle pour leur perfection, qu'ils prirent tous l'engagement, par un écrit signé de chacun d'eux, de ne passer jamais

XVII.
Conduite envers les Grands : avis que M. Olier leur donne.

(1) *Mém. de M. du Ferrier*, p. 325, 326. — Voyez aussi : *Corresp. de Fénelon, avertis., sur les lettres à la comtesse de Gramont* t. vi, p. 210.

(2) *Vie Ms. de M. Olier, par M. Leschassier*, p. 22. — *Vie, par M. de Bretonvilliers. — Par le P. Giry*, part. 1re, ch. xvii. — *An. Dom.*, *ibid.*, p. 424, 425.—*Rem. hist.*, t. I, p. 40.

XVIII.
Son zèle pour la sanctification des notaires et des magistrats.

(3) *Rem. hist.*, t. I, p. 38.

d'acte sans nécessité les dimanches et les fêtes (3).
Il donnait aussi des avis pleins de sagesse chrétienne
à ceux des magistrats chargés de rendre la justice,
qui recouraient à ses conseils, et leur faisait trouver
dans le digne exercice de leurs fonctions, un moyen
assuré de sanctification et de salut. « A quelle per-
» fection, disait Bossuet, une âme chrétienne ne
» peut-elle pas aspirer, dans l'auguste et saint mi-
» nistère de la justice : puisque, selon l'écriture,
» l'on y exerce le jugement non des hommes, mais
» du Seigneur même (1). » Pour les exciter à cette
perfection, M. Olier leur découvrait l'excellence
de leur emploi; et les prémunissait contre l'ambition, la complaisance, la timidité et les autres défauts auxquels on peut être exposé dans l'exercice
de la judicature. *

Mais ce que ce zélé pasteur avait surtout à cœur,
était de porter ses paroissiens, de quelque condition qu'ils fussent, à vivre conformément aux obligations de leur baptême. Il ne cessait de les y exhorter tous sans exception, leur rappelant que les marchands, les artisans, les gens de métier, obligés de
travailler pour nourrir leurs familles, n'en étaient pas
plus exempts, que les personnes des autres classes de
la société; qu'en travaillant, ils pouvaient faire réflexion sur eux-mêmes, élever leurs cœurs à Dieu, sanctifier leurs actions, s'acquitter saintement de tous les
devoirs de leur état, en un mot, vivre en vrais
chrétiens, le séculier aussi bien que le religieux le
plus austère. Par la bénédiction que Dieu se plaisait à répandre sur le ministère de son serviteur,
des personnes appliquées aux fonctions les plus
communes aussi bien que celles des conditions plus
élevées, entraient avec ferveur dans les dispositions
saintes, qu'il s'efforçait d'inspirer à tous. On les voit
exposées en détail dans sa *journée chrétienne*, qu'il
composa et fit imprimer pour l'usage de ses paroissiens. Son but est de leur fournir des moyens de
s'élever à Dieu dans leurs actions, et de les sancti-

Notes marginales :

(1) *OEuvres de Bossuet Edit. de Versailles,* t. XVII p. 476, 477, 478.

* NOTE 5, p. 403.

XIX. Sentiments chrétiens que M. Olier inspire à tous. Sa *journée chrétienne*.

fier toutes par des motifs surnaturels, non seulement celles qui concernent directement la piété, et
qui sont l'objet de la première partie de cet ouvrage ;
mais encore les actions indifférentes, telles que le
réveil, le lever, le travail, le repos, la conversation,
le coucher, et beaucoup d'autres (1). « Cette vérité,
» dit-il, que nous devons vivre comme Jésus-Christ
» a vécu sur la terre, dans ses mœurs et dans
» ses sentiments, m'a donné la pensée de former
» quelques pratiques, et de proposer diverses inten-
» tions pour faire saintement chacune de nos œuvres.
» J'ai tâché de renfermer tout ce qu'on peut faire de
» plus considérable dans la journée ; et pour chaque
» action, j'ai mis plusieurs actes, ou du moins plu-
» sieurs avis et divers sujets pour en former.» Un trait
bien honorable pour les fidèles de Saint-Sulpice, et
qui montre, en même temps, l'efficacité du zèle de M.
Olier, à inspirer des sentiments vraiment chrétiens
à toutes les classes de ses paroissiens, sans distinction, même aux plus communes, est sans doute
la rencontre que fit M. de Flamenville, prêtre de la
communauté, d'une pauvre jardinière de cette paroisse, qui exprimait à Dieu les affections de son
cœur, par la belle et touchante paraphrase du Pater,
connue depuis sous le nom de *Pater de la jardinière*,
que cet ecclésiastique s'empressa de mettre par
écrit (2). †

Mais, outre ces dispositions chrétiennes, pour le
bien spirituel de chaque personne en particulier,
M. Olier portait tous ses paroissiens à sanctifier
aussi par des vues de foi les relations d'industrie et

(1) La journée chrétienne, par un prêtre du clergé, in-18°, Paris 1655. Préface.

(2) Prières à l'usage de la paroisse de S.-Sulpice, in-32, 1774. 2ᵉ part., p. 246.

XX.
Sentiments chrétiens que M. Olier inspire aux artisans, aux marchands et aux acheteurs.

(3) Liv. ı, ch. v, p. 76.

† L'auteur de la dernière *Vie du V. Grignon de Montfort*
semblerait supposer que M. de Flamenville rencontra cette
jardinière dans le diocèse de Perpignan (3). Il est vrai que
M. de Flamenville devint évêque de cette église, après qu'il
eut déployé à Saint-Sulpice, le zèle le plus efficace pour la
sanctification des âmes, surtout pour l'instruction des pauvres
et des ignorants. Mais le fait de la jardinière eut lieu à Paris
et sur la paroisse de Saint-Sulpice, lorsque cet ecclésiastique
demeurait à la communauté des prêtres de ce nom (4).

(4) Prières à l'usage de la paroisse, ibid.

de secours mutuels qu'ils avaient nécessairement
entre eux comme membres de la société civile ; et
à entrer pour cela dans les intentions que s'était
proposées la divine Providence, en instituant les
cités. Il leur rappelait qu'après le péché, qui eût dû
séparer les hommes les uns des autres, Dieu, pour
les réunir entre eux, les avait soumis à une multitude de besoins et avait mis chacun dans la nécessité de recourir à autrui pour subsister, personne
ne pouvant se suffire à soi-même ; que dans ce
dessein, lui-même portait les hommes aux divers
métiers indispensables à la vie, et leur donnait l'industrie et l'application nécessaires pour nous préparer ce que réclament nos besoins, et que nous
ne pourrions nous procurer sans leur secours. De
là il exhortait les gens de métiers et les marchands
à se considérer dans l'exercice de leur profession,
comme de simples instruments de la divine Providence, pour pourvoir aux besoins de leurs semblables ; et les acheteurs à recevoir avec reconnaissance des mains des marchands, comme de celles
de Dieu, les objets dont ils avaient besoin. * Si les
uns et les autres entraient dans ces vues chrétiennes,
les arts et le commerce, au lieu d'être un sujet
d'injustice et une occasion de péchés, deviendraient
pour tous, selon les desseins de la Providence, une
source journalière de grâces et un moyen de sanctification.

* NOTE 6, p. 405.

XXI.
Retraites pour les femmes : divers détails de la paroisse confiés à des veuves etc.

Persuadé, avec tous les saints personnages des
derniers temps, que les exercices de la retraite
étaient un des moyens les plus efficaces pour établir les âmes dans la solide piété (1), M. Olier avait
eu dessein, dès la première proposition qu'on lui fit
de la cure de Saint-Sulpice, d'établir une maison où
les personnes du sexe pussent méditer dans le silence les grandes vérités du salut. « J'ai pensé, dit-
» il, que par là nous leur fournirions l'occasion de
» se désabuser l'espace de dix jours de toutes leurs
» vanités. Leurs plaintes ordinaires sont que les

(1) *Fondations des maisons de retraite en France. Angers*, 1827, in-12, *Préface.*

» hommes peuvent faire des retraites dans des mai-
» sons religieuses, et qu'elles ne trouvent point de
» lieu où elles puissent se retirer pour cela (1). »
Lorsqu'il fut établi dans la paroisse, il réalisa ce dessein, d'abord pour les personnes du commun, et
plus tard pour les dames de qualité. Ce fut Marie
Rousseau qui commença la première de ces œuvres,
et la continua jusqu'à sa mort avec beaucoup de
bénédiction. « Cette sainte âme, dit M. Olier, après
» avoir travaillé en DIEU seul par beaucoup de soins
» et de peines, beaucoup de veilles et de souffrances,
» à nous assembler et à nous faire connaître la vo-
» lonté de DIEU, va s'appliquer à l'œuvre où DIEU
» l'appelle maintenant, qui est de former des assem-
» blées de filles et de veuves, pour le soulagement
» des églises et des paroisses, comme faisaient autre-
» fois, dans l'Eglise de DIEU, des veuves nommées
» diaconnesses (2). » C'est que dans les œuvres diverses d'une paroisse, il y a certains détails dont il
ne convient pas que les prêtres s'occupent par eux-
mêmes, et qu'ils doivent confier à des femmes en
recommandation de grande vertu, zélées pour la
gloire de DIEU et le bien des âmes. Ainsi, entre
autres choses, M. Olier ne voulait pas que ses ecclésiastiques prissent soin des filles de mauvaise vie,
qui témoignaient quelque désir de se convertir.
« Nous observions tous ce règlement, dit M. du
» Ferrier, de ne pas nous mêler de la conduite des
» débauchées. Les prêtres doivent les confesser,
» mais non pas fournir à leur entretien : cela est
» trop périlleux (3). » DIEU voulant donc procurer
à ceux de la communauté de Saint-Sulpice, les aides
qui leur étaient absolument nécessaires dans cette
grande paroisse, inspira à Marie Rousseau le dessein dont parle ici M. Olier ; et porta en même temps
plusieurs vertueuses paroissiennes, veuves, ou demoiselles, qui pouvaient librement disposer de leur
temps et de leurs services, à s'offrir pour être employées aux diverses œuvres de la paroisse concer-

(1) *Mém. aut.
de M. Olier.*

(2) *Mém. aut.
de M. Olier, t. VI,
p. 217.*

(3) *Mém. de M.
du Ferrier, p.
243.*

nant les besoins spirituels ou temporels des personnes de leur sexe.

Pour que leurs services fussent vraiment utiles, et propres à les sanctifier elles-mêmes, en procurant le bien du prochain, il fut réglé que trois veuves choisies par M. Olier parmi les plus vertueuses et les plus intelligentes, auraient la haute direction de ces sortes d'œuvres et en communiqueraient avec lui ; et que les autres, qui voudraient y prendre part, s'adresseraient à ces trois, et feraient sous leur direction et dans la mesure attribuée à chacune d'elles, le bien qu'elles auraient été jugées capables de faire, selon leur condition et leurs talents. Les unes étaient chargées du placement des filles qui cherchaient à se mettre en service ; d'autres, de confier à de vertueuses paroissiennes celles qu'on aurait retirées du désordre et de veiller à leurs besoins. Celles-ci étaient appliquées à confectionner du linge ou des vêtements destinés aux pauvres ; celles-là à travailler pour la sacristie de la paroisse, en veillant à la décence du linge et des ornements, et en les renouvelant dans le besoin. D'autres s'employaient à faire apprendre aux jeunes filles pauvres d'utiles états, qui les missent un jour à même de gagner leur vie ; d'autres à procurer aux enfants l'instruction première dans de petites écoles ; d'autres enfin, à diverses œuvres de charité moins connues. L'une d'elles, Marguerite Rouillé, veuve de Jacques Le Bret, conseiller du Roi au Châtelet de Paris, de concert avec plusieurs autres dames, fit en 1648, une fondation pour l'instruction des petites filles pauvres ; et M. Olier, avec quelques prêtres du sé-

(1) *Arch. de
la France. S.-
Germain, juridiction spirit.*,
1648.

minaire, ainsi que le prieur de l'abbaye, acceptèrent cette fondation avec joie et promirent de tenir la main à sa fidèle exécution (1). En conséquence on ouvrit de petites écoles au quartier des Incurables, et l'on en confia l'administration à trois veuves recommandables de la paroisse : Madame Le Bret elle-même, Madame Tronson et Marie

Rousseau. C'était à ces trois directrices qui appartenait le choix des petites filles qui devaient être reçues dans ces écoles et celui des maîtresses chargées de leur instruction †. Ces écoles et d'autres semblables établies bientôt dans divers quartiers de la paroisse, amenèrent une autre institution non moins utile, qui en fut comme le complément. Nous parlons de la *maison de l'instruction*, fruit du zèle généreux de M. Olier et de Marie Rousseau. C'était un grand ouvroir, où l'on apprenait gratuitement diverses sortes d'états manuels, aux jeunes filles sorties des écoles et que leurs parents n'avaient pas le moyen d'entretenir. Cet établissement, qui produisit bientôt de très grands fruits, fut confirmé par des lettres patentes du Roi. Il a subsisté jusqu'à la Révolution française, et a procuré le bien spirituel et temporel d'une multitude de jeunes filles, qui eussent été exposées aux derniers malheurs sans ce secours. * *NOTE 7, p. 408.

Parmi ces pieuses veuves, l'une des plus recommandables par l'édification qu'elle donna constamment et les services qu'elle rendit à la paroisse, fut sans contredit Madame Claude de Sève, d'une illustre famille de Paris, veuve de M. Tronson, secrétaire du cabinet, et mère du troisième supérieur de Saint-Sulpice. Elle avait eu pour directeur le Père de Condren, qu'elle recevait quelquefois dans sa terre du Perray ; * et sans le savoir, elle était l'une de ces âmes que Dieu voulait faire passer de la conduite du second général de l'Oratoire, sous celle de M. Olier, pour achever par lui l'œuvre de leur sanctification. Après la mort du Père de Condren, elle s'adressa au Père de Saint-Pé, prêtre de l'Oratoire, dont la vie a été donnée au public, et le pria de lui faire connaître un guide qui pût la dédommager de la perte qu'elle venait de faire. C'était peu après que

XXIII.
Mme Tronson se met sous la conduite de M. Olier.

*NOTE 8, p. 410.

(1) *Archives de l'Empire. Saint-Germain, juridic. spirit.*

† Les maîtresses ainsi élues devaient, avant d'entrer en fonction, subir à l'abbaye Saint-Germain un examen (1), qui fournît la preuve de leur capacité et de leur aptitude pour l'instruction primaire de la jeunesse.

M. Olier eut pris possession de la cure de Saint-Sulpice. « Puisque Dieu vous a donné M. Olier
» pour pasteur, lui répondit le Père de Saint-Pé,
» ma pensée est que vous vous adressiez à lui pour
» les besoins de votre âme. Outre que c'est une dé-
» votion solide de suivre toujours, tant qu'on peut,
» l'ordre ordinaire de Dieu, et de préférer les pas-
» teurs aux autres : celui-ci est un très-grand ser-
» viteur de Dieu, et des plus zélés disciples de notre
» très-bon Père ; je ne doute point qu'il ne vous
» rende les charités qui sont en son pouvoir, avec
» un soin très-particulier, dès qu'il vous connaî-
» tra (1). † » La confiance d'un juge si éclairé fut
pleinement justifiée par l'évènement. M. Olier ayant

(1)*Lett. aut. du P. de Saint-Pé.* — *Attest. aut.* p. 249, 250.

† Le Père de Saint-Pé, en disant de M. Olier : qu'il était un *des plus zélés disciples* du Père de Condren, montre assez sa vénération pour ce dernier, dont il était lui-même un très-fidèle disciple. Son opposition constante à l'égard du jansénisme, jointe à ses belles qualités, portèrent le Père Bourgoing à le nommer supérieur de Saint-Magloire : ce qui fut pour les prêtres de Saint-Sulpice le sujet d'une douce et vive satisfaction. Ils vécurent toujours en parfaite union avec lui ; et après la mort de M. Olier ils eurent souvent recours à ce Père, qu'ils regardaient comme rempli de l'esprit et des maximes du Père de Condren (2). C'est au Père de Saint-Pé, en grande partie, que nous sommes redevables de l'*idée du sacerdoce et du sacrifice de Jésus-Christ*, publiée ensuite sous le nom du Père de Condren. Ce dernier, dans une visite aux Oratoriens de la maison de Notre-Dame-des-Ardilliers à Saumur, leur ayant fait quelques conférences sur l'épître de saint Paul aux Hébreux : le Père de Saint-Pé par le respect qu'il portait à la personne et aux lumières de ce grand homme, écrivit au Père Bertatd, supérieur de cette maison, pour le prier de lui faire part des pensées qu'il aurait recueillies de ces conférences, afin qu'il pût les méditer dans l'oraison (3) ; et le Père Bertatd en mit par écrit ce qui fut publié pour la première fois en 1677, en un volume in-12, sous le nom d'*idée du sacerdoce et du sacrifice de Jésus-Christ*. Ce livre se compose de quatre parties, dont la première seule peut être attribuée au Père de Condren, quoiqu'en passant par tant de mains, elle ait beaucoup perdu de sa beauté et de sa force. La deuxième est du Père Desmares, et la troisième et la quatrième sont l'ouvrage du Père Quesnel (4).

(2) *Vie du P. de Saint-Pé*, par *Cloysault*, pag. 482, *Ms.*

(3) *Vie du P. de Condren*, par *Cloysault*, pag. 456, *Ms.*

(4) *Continuat. de l'hist. eccl. de Fleury.* — *Ms. Original du P. Fabre*, liv. 216, n° 100. — *Dupin Bibl. hist. du XVIIᵉ siècle*, t. II, in-8°.

reconnu dans Madame Tronson une âme heureusement prévenue de la grâce, et douée des plus rares dispositions pour la vertu, prit un soin particulier de sa perfection ; et les lettres manuscrites (1), que l'on conserve encore de lui, sont un témoignage aussi honorable à son zèle qu'à la vertu de sa pénitente.

(1) *Lett. aut.* de *M. Olier,* p. 469 jusqu'à p. 560.

Outre le soin qu'elle prenait des petites écoles de filles, Madame Tronson s'appliquait à confectionner des vêtements pour les pauvres, et travaillait aussi pour la sacristie de la paroisse (2). Entre autres ouvrages de broderies, M. Olier la chargea de veiller à la confection de deux tuniques, de trois chappes et d'un devant d'autel, destinés à accompagner la riche chasuble de sa première messe, afin que le tout formât un ornement complet, pour servir aux fêtes particulières du séminaire de Saint-Sulpice (3). †

XXIV.

Zèle pour la confection des ornements de l'église. Mme Tronson. La princesse de Condé.

(2) *Mém. part.,* an. 1648.

(3) *Lett. aut.* de *M. Olier.*

(4) *Archives de l'Empire: inventaire de M. de Baluze. S.* 7039, c. 88.

† Ces ornements furent achevés avant la fête de la Présentation de la très-sainte Vierge, 21 novembre 1651 (4), et servirent à cette touchante cérémonie, célébrée alors pour la première fois et présidée par le Nonce du Pape Monseigneur Bagni, archevêque d'Athènes. M. Olier voulut que les broderies des tuniques représentassent plusieurs des principaux mystères de la très-sainte Vierge, patronne du séminaire : sur l'une l'Annonciation, la Visitation, l'adoration des Bergers, celle des Mages ; et sur l'autre la circoncision du Sauveur, sa présentation par Marie et Joseph, leur fuite en Égypte, le recouvrement de Jésus dans le Temple. Enfin sur la chappe, on voyait la tentation de Notre-Seigneur au désert, sa Transfiguration, l'agonie au jardin des Oliviers. Il recommanda surtout, que ce travail fût confectionné avec tant de solidité qu'il pût subsister longtemps. « *Il serait bon,* écrivait-il à » Madame Tronson, *de faire faire un devis par un chasublier,* » *différent des brodeurs que vous avez vus ; car ceux-ci mettront* » *tout à l'épargne et au plus léger* (5). » Ses intentions furent parfaitement remplies : car cet ornement qu'on conserve au séminaire, a constamment servi, jusqu'à ces dernières années, à toutes les fêtes de la maison, et sert encore maintenant à celle du sacerdoce. On y a joint, dans la suite, une chappe d'un travail tout différent, quoique très-beau dans son genre, donnée par Louis XV à M. de Sabatier, évêque d'Amiens, lorsque, selon l'usage de ses prédécesseurs (6), ce prélat remplit les fonctions de sous-diacre au sacre du mo-

(5) *Lett. aut.* de *M. Olier à Mme Tronson,* p. 496, 24 sept. 1650.

(6) *Gallia christ.* 1751, t. x, col. 1149.

Parmi ces pieuses veuves si zélées pour procurer la splendeur du culte divin, nous pouvons placer à juste titre Son Altesse la douairière de Condé, qui le 20 mai 1650, offrit pour l'usage de la paroisse, des ornements précieux relevés de broderies d'or et d'argent (1). Elle fit ce présent quelques jours avant la fête de l'Ascension : ce qui donna lieu à M. Olier de lui dire dans la lettre de remercîment qu'il lui écrivit (2) : « Vous avez donné, Madame, à » Jésus-Christ montant au ciel en son triomphe, » des ornements qui pussent répondre à sa gloire, » en la manière qu'il est permis sur la terre. Notre- » Seigneur attend au jour qu'il a déterminé pour » votre entrée au ciel, à vous rendre cette offrande » au centuple, par des vêtements de gloire qui ne » passeront jamais, et vous environneront pour une » éternité entière. O Madame, que de telles richesses » sont précieuses ! et que bienheureux est celui » qui peut se préparer de si magnifiques or- » nements ! (3). »

Mademoiselle Leschassier, dont nous avons parlé plusieurs fois, fut celle des demoiselles de la paroisse qui se distingua le plus par son zèle, sa gé- nérosité et sa rare intelligence pour les bonnes œuvres ; et elle justifia ainsi d'une manière frap- pante, jusqu'à sa mort, les espérances que M. Olier avait conçues de sa ferveur, en lui conseillant de servir Dieu au milieu du monde. Elle était l'avocate des pauvres, surtout des femmes, écoutait leurs plaintes, lisait leurs papiers et décidait leurs diffé- rends, avec un talent, une justesse d'esprit et une

(1) Délibérat. de l'église de S.- Sulpice. Ms. de la Bibl. imp. Ba- luze, f°8, verso.

(2) Rem. hist., t. I, p. 271, 272.

(3) Lett. aut. de M. Olier, p.393 et suiv. — Lett. spirit. du même p. 569.

XXV.
Mᴵˡᵉ Leschas- sier, sa charité généreuse.
Mᴵˡᵉ de Valois.
Zèle pour les bonnes œu- vres parmi les hommes.

narque, le 25 octobre 1722 (4). M. de Sabatier donna plus tard cette chappe au séminaire, par affection pour la compa- gnie de Saint-Sulpice, dont il était membre, lorsqu'il fut promu à l'épiscopat (5). Ces ornements furent brodés sur un fond de satin blanc. Comme on remarqua que la broderie déchirait ce fond, on les doubla d'une forte toile ; puis on couvrit tout le satin d'un fond d'argent brodé en couchure, à l'exception du devant d'autel, qui est resté dans son état primitif.

(4)Ibid.,1215.

(5)Ibid.,1214.

sagesse admirables. Elle se voua toute entière au soulagement des malheureux de toute espèce, principalement à la sanctification des jeunes filles, et servit efficacement Marie Rousseau dans la formation de la maison de l'Instruction. Elle dirigea, en outre, celle des orphelins, établie plus tard par M. Olier; et en fut en grande partie le soutien par sa charité généreuse(1) †. A Mademoiselle Leschassier nous devons joindre avec raison Mademoiselle Anne de Valois, qui, sur la nomination que les marguilliers firent d'elle et qu'approuva l'abbé de Saint-Germain, se dévoua avec ferveur et par les plus purs motifs de la charité, à la sanctification de ces orphelines, en qualité de maîtresse interne(2). Excités par des exemples si touchants, un grand nombre de pieux paroissiens, non seulement parmi ceux de la classe élevée mais encore dans les rangs inférieurs, se livrèrent aussi de leur côté, comme à l'envi, aux œuvres corporelles et spirituelles de miséricorde. Il est vrai qu'à Saint-Sulpice, les hommes furent plus tardifs que les femmes à s'y exercer; ils ne laissèrent cependant pas de rivaliser bientôt avec elles, et de contribuer, comme de dignes auxiliaires du clergé, au renouvellement du faubourg Saint-Germain. « Le zèle des paroissiens de Saint-Sulpice, dit M. du Ferrier, donnait de l'admiration à tout le monde : on n'avait qu'à proposer les bonnes œuvres, et il y avait des personnes qui les exécutaient aussitôt(3). » Il est vrai que M. Olier, dont l'œil était toujours

(1) *Petit recueil ou mémoire Ms. de la mère Gauchet*, in-4°, p. 27. — *Vie de M. de Lantages*, in-8°, p. 35 et suiv.

(2) *Archives de l'Empire. Saint-Germain*, L. 1224, 1 avril 1657.

(3) *Mém. de M. du Ferrier*, pag. 283.

† Un *Avertissement sur l'état de l'Hôpital général*, qu'on fit imprimer et qu'on répandit dans le public, montre l'estime universelle dont jouissait en effet Mᴵˡᵉ Leschassier, qu'on y assimile aux personnes de la capitale, le plus justement recommandables pour leur charité envers les malheureux. « Ceux qui voudront faire quelques charités aux pauvres » de l'hôpital général, lit-on dans cet avis, les mettront, s'il » leur plaît, entre les mains de Madame la duchesse d'*Aiguillon*, de Mᴵˡᵉ *Leschassier* au faubourg Saint-Germain, de » Madame de *Miramion*, de Mᴵˡᵉ de *Lamoignon* (4).

(4) *Bibl. Mazarine. Ms.* 1585 *Pièces* f° 655.

ouvert sur les besoins de ses paroissiens, afin qu'aucun n'échappât à sa sollicitude pastorale, fournissait sans cesse à ces pieux laïques , aussi bien qu'aux dames, une nouvelle matière pour exercer leur zèle, et alimenter la ferveur de leur charité; et nous ne devons pas omettre d'indiquer ici l'ordre des assemblées dans les quelles il les réunissait chaque mois. Celles des premiers et troisièmes dimanches avaient pour objet le soin des nouveaux convertis; celles des deuxièmes et quatrièmes dimanches, le soulagement des pauvres honteux; celles du premier samedi et du vingt-cinquième jour de chaque mois, le soin de faire élever les enfants pauvres dans les écoles de charité. Les premiers et troisièmes dimanches, on tenait encore pour l'accommodement des procès, les assemblées du *Conseil charitable*, dont nous parlerons dans la suite. On en tenait d'autres le premier jeudi de chaque mois pour l'assistance des malades indigents ; les premiers samedis, pour le soin des pauvres estropiés, aveugles, paralytiques et autres ; les deuxièmes jeudis, pour assigner, en faveur des petits enfants, des distributions de lait et de farine, et donner des nourrices à ceux que leurs mères ne pouvaient pas élever. Enfin des ecclésiastiques étaient chargés, à certains jours, de la délivrance des prisonniers ; et de vertueuses dames, du soin de placer les filles sans ouvrage (1).

(1) *Rem. hist* , t. I, p. 176.

XXVI. Dessein de Dieu dans l'institution des paroisses.

Tous ces secours temporels et spirituels, et tous ces genres particuliers d'instruction, si multipliés, si variés, offerts par M. Olier aux diverses classes de ses paroissiens, aux grands et aux petits, aux savants et aux ignorants, aux riches et aux pauvres, aux maîtres et aux serviteurs , aux adultes et aux enfants, pour les amener tous à la connaissance de Dieu et de Jésus-Christ son Fils , et à la pratique fidèle de leurs devoirs, sont une conséquence de la divine économie et de la nécessité de la religion chrétienne , qui étant pour tous les hommes sans exception, se proportionne, malgré sa sublimité à la

portée de tous les esprits, et rend ainsi à chacun le salut facile. C'est ce que son divin auteur a voulu procurer à tous par l'institution des paroisses, comme M. Olier aimait à le montrer à ses paroissiens. « La grâce de la sanctification des âmes
» donnée à l'évêque pour son diocèse, est en lui, di-
» sait-il, comme une fontaine scellée et un puits
» très-profond, dans la hauteur de sa lumière, et la
» profondeur de sa contemplation. Il faut qu'il y ait
» des réservoirs et des bassins, pour la commodité
» des troupeaux, où ils s'abreuvent facilement. C'est
» ce que produit la pluralité de ces réservoirs spiri-
» tuels, qui sont les paroisses, établies dans les
» diocèses : figurés par ces canaux où Jacob faisait
» boire ses troupeaux, et ces réservoirs de Rachel,
» image elle-même de l'Eglise, où elle abreuva
» Eliézer et ses chameaux. Par le moyen des pa-
» roisses, chacun trouve la facilité de recevoir l'eau
» de la grâce par les canaux des sacrements et de la
» parole de Dieu, que l'évêque, qui est unique en sa
» personne dans son diocèse, ne pouvait pas four-
» nir aisément à chacun des particuliers, qui sou-
» vent les demandent tous à la fois, et les cherchent
» séparément selon leur indigence. Pourtant, quoi-
» que mises au réservoir de la paroisse, ces eaux
» sont puisées du puits profond de la dignité de l'é-
» vêque, dont le caractère sacré est une source de
» vie pour tous ses diocésains (1). »

M. Olier concluait de là que les paroissiens de Saint-Sulpice, alors séparés du diocèse de Paris, et immédiatement soumis au Saint-Siége, étaient plus obligés encore que les autres à être inséparablement attachés d'esprit et de cœur à la personne sacrée du souverain Pontife. «Par ordre particulier
» de la divine Providence, dit-il, le faubourg Saint-
» Germain, que, de temps immémorial, le Saint-
» Siége s'est réservé immédiatement, et a mis sous
» sa dépendance, pour marque de sa juridiction
» universelle (2), est gouverné par l'abbé de Saint-

(1) *Ecrits spi-rit. de M. Olier,* t. 1, p. 80, 81,83.

XXVII.
Obligation particulière des paroissiens de Saint-Sulpice, d'être soumis au S.-Siége.

(2) *Ibid.,* t. 1, p. 130, 263.

» Germain, qui reçoit du Saint-Père la juridiction
» épiscopale sur ce territoire. Mais comme, en lui
» donnant cette juridiction, il ne lui imprime pas le
» caractère de l'épiscopat, qui pourtant doit être
» une source de vie pour nous, de même que dans
» tous les diocèses ce caractère est le principe de
» l'influence qui sanctifie tout le troupeau : il ne
» veut pas priver par là le peuple de Saint-Germain
» de ce secours, ni le destituer de ce principe com-
» mun et ordinaire, qui anime toutes les paroisses.
» Il semble donc vouloir en être le supplément, et
» se réserver à soi cette sainte influence : nous obli-
» geant à le regarder comme principe unique de
» notre vie, et à puiser heureusement en lui l'es-
» prit que les autres diocèses vont rechercher dans
» leur évêque.

» C'est donc à nous, à nous tenir en grande confiance
» et ouverture continuelle envers ce prince des Apô-
» tres, et nous estimer heureux que la bonté de Dieu
» nous y oblige, en nous le donnant pour patron et en
» voulant que l'image de ce grand saint soit conti-
» nuellement exposée sur l'autel de notre église et
» toujours présente à nos yeux. † De plus, tout
» l'extérieur du culte est le même dans notre église
» que dans celle de Rome : car nous usons du même
» chant, des mêmes cérémonies, du même rituel ; et
» ces choses n'étant qu'une expression de l'esprit
» intérieur et de la vie cachée qui règne dans l'Eglise,

---

† L'apôtre saint Pierre est encore de nos jours le patron
principal de cette église. Avant la translation qu'on y fit,
en 1518, de quelques reliques de Saint Sulpice de Bourges,
elle était appelée l'*église de saint Pierre* ; et la rue qui y conduisait et traversait le Pré aux Clercs, portait pour cela le
nom de *rue de saint Père*, ou de *saint Pierre*, que par corruption nous appelons *des saints Pères*. La translation de ces
reliques, qui fut l'occasion de divers miracles, attira un si
grand concours à cette église, qu'insensiblement elle fut désignée sous le nom de *Saint-Sulpice* par ceux qui allaient y
invoquer ce saint ; et c'est aujourd'hui le seul sous lequel
elle soit connue.

» elles nous font voir l'esprit, la grâce et la vie éma-
» nés du Saint-Père notre chef ; et sont pour nous
» une obligation particulière de le révérer, de nous
» soumettre à sa puissance, et dans sa personne au
» divin apostolat de Saint Pierre, afin de goûter
» quelque chose de cette plénitude d'esprit qui est
» en lui, pour la distribuer par tout le monde (1). »

(1) *Ecrits spirit.*
t. I, p. 83, 84, 85.

Pour achever de faire connaître l'esprit que M.
Olier avait su communiquer à ses paroissiens, il est
nécessaire de dire un mot de leur zèle à assister aux
divins offices. Jamais, peut-être, dans aucune église,
on ne vit plus d'empressement à s'y rendre (2),
ainsi qu'aux processions et aux cérémonies extraordinaires de l'année. Il était fidèle à les y inviter
et s'efforçait de les rendre capables d'en pénétrer
les mystères cachés. « Le Saint-Esprit, disait-il,
» ayant inspiré l'établissement de ces cérémonies
» pour l'édification des chrétiens, et ayant ordon-
» né qu'on les célébrât dans chaque paroisse, nous
» ne devons pas négliger de nous y rendre pré-
» sents dans la nôtre, puisque c'est pour nous
» qu'on les y fait. La négligence en ce point, est
» une espèce d'infidélité et de mépris. Dans nos dé-
» votions particulières, nous faisons presque tou-
» jours notre volonté, au lieu qu'en suivant l'esprit
» et la dévotion de l'Eglise, nous sommes assurés de
» faire toujours la très-sainte volonté de Dieu ; et si,
» comme le Saint-Esprit nous en assure par son
» prophète, Dieu n'a point nos jeûnes pour agréables,
» lorsque nous y recherchons notre propre volonté,
» quoique le jeûne soit une des pratiques de péni-
» tence qu'il a inspirées aux hommes pour le fléchir,
» devons-nous attendre grand fruit de ces dévotions
» particulières, qui viennent moins de lui que de
» notre caprice et de notre fantaisie (3) ? »

XXVIII.

M. Olier ex-
horte les fidè-
les à être assi-
dus aux offices
de leur pa-
roisse.

(2) *Rem. hist.*,
t. III, p. 628.

(3) *L'Esprit de
M. Olier*, t. II, p.
560, 561.

XXIX.

M. Olier fait
honorer par
ses parois-
siens les mys-
tères de Jé-
sus-Christ.

Si M. Olier s'efforçait d'attirer ainsi ses paroissiens
aux saints offices, c'était afin de leur procurer par
ce moyen l'occasion d'honorer successivement dans
le cours de l'année, les divers mystères du verbe

fait chair. Nous avons dit plus haut, que pour opérer leur réforme et leur parfaite sanctification, il
devait en effet, et d'après l'ordre établi de Dieu,
leur faire honorer ces saints mystères, comme étant
l'unique source, où tous doivent aller puiser les secours de lumière et de force, que le Sauveur leur a
mérités; n'y ayant pas sous le ciel d'autre moyen
pour arriver au salut. Voilà pourquoi l'Eglise, en
vue d'attirer ses enfants à ces sources sacrées, célèbre tous les ans la mémoire de chaque mystère du
Sauveur, le jour anniversaire où il a été accompli.
En diversifiant ainsi chaque dimanche et presque
chaque jour le service divin, elle fournit aux fidèles,
et même aux esprits les plus incultes, un moyen
facile de se rappeler le souvenir des mystères de
Jésus-Christ, et de se renouveler dans la foi et la
confiance qu'ils leur doivent. L'assistance aux saints
offices paraissant donc à M. Olier un des moyens
les plus efficaces pour obtenir la réforme et la sanctification de ses paroissiens il ne négligeait rien,
pour les attirer à ceux de leur église; et par la bénédiction que Dieu donnait à ses paroles, ils s'y
rendaient généralement avec autant de joie que
d'empressement. Aussi avons-nous vu, que la communauté des gentilshommes assistait avec beaucoup
d'exactitude et d'édification aux offices de la paroisse. Ajoutons que M. Olier avait reçu de Dieu
un don particulier de lumière, pour expliquer d'une
manière pratique les cérémonies de l'Eglise, et pour
découvrir le fond des mystères du Sauveur. On
ose même penser que personne parmi les anciens,
ni parmi les modernes, ne les a pénétrés avec plus
de profondeur que lui, comme on peut en voir quelque chose dans ceux de ses écrits qui ont été donnés
au public, et spécialement dans sa *Vie intérieure de
la très-sainte Vierge.* † Personne aussi ne s'est plus

† Un savant religieux italien, de l'ordre de saint François,
à qui le cardinal Villecourt avait demandé son jugement
sur cette *Vie*, fut si frappé de la profondeur et de la subli-

attaché à instruire les fidèles des moyens d'attirer en eux l'esprit et la grâce de ces divins mystères : ayant même composé sur cette matière des écrits entiers. Aussi plusieurs de ses paroissiens, étaient-ils étonnés des fruits qu'ils retiraient de leur assistance aux saints offices ; et au témoignage de M. de Bretonvilliers, ces fruits ont même été si remarquables, qu'en plusieurs circonstances, on les a tenus pour miraculeux. M. Olier exhortait encore ses paroissiens à assister exactement au prône, conformément à l'esprit de l'Eglise, qui ordonne à tous les pasteurs d'instruire leurs propres ouailles tous les dimanches de l'année. Il les assurait, qu'ils ne pouvaient s'y rendre assidus, sans recevoir quelque grâce particulière : Dieu parlant bien plus efficacement aux âmes par les pasteurs qu'il leur a donnés, que par les autres qu'il n'a pas choisis spécialement pour leur sanctification (1).

(1) *Esprit de M. Olier, ibid.*

XXX. Occupations intérieures de M. Olier durant les processions et les pèlerinages de sa paroisse.

Ces avis et beaucoup d'autres semblables, que M. Olier donnait à ses paroissiens, leur inspirèrent une grande estime pour toutes les cérémonies de l'Eglise : au point que, dans les processions, et même dans les pèlerinages qu'il leur faisait faire en commun, on voyait un nombre très-considérable de personnes de toute condition se mettre dans les rangs, et contribuer à l'édification publique, par le maintien le plus religieux. Le plus célèbre de ces pèlerinages que la paroisse de Saint-Sulpice faisait chaque année, était celui de Notre-Dame des Vertus, près Saint-Denis, * qui avait lieu le mardi de la Pentecôte. M. Olier rend ainsi compte des sentiments qu'il éprouva l'année 1646, en commençant ce pèlerinage, auquel le séminaire assistait toujours. « Etant sur le point de partir, et me mettant à ge-» noux pour offrir à Dieu le voyage que nous allions

* NOTE 9, p. 410.

mité des vues de M. Olier sur les mystères de Jésus et de Marie, qu'il alla jusqu'à lui dire dans sa réponse : que « quant à l'explication des mystères, cet ouvrage était quasi » divin » : *opus, in explicandis mysteriis, quasi divinum.* »

» faire, je me sentis porté à lui offrir aussi tous les
» pas, toutes les paroles et les desseins de la pa-
» roisse entière, et à condamner tout ce qui pour-
» rait être contraire à son adorable volonté. Ensuite,
» marchant avec la procession, et ayant devant moi
» ces jeunes Messieurs, qui, dès les deux heures et
» demie du matin, étaient debout pour faire, à l'hon-
» neur de Dieu, ce pèlerinage long et fâcheux à la
» chair, je sentais intérieurement l'esprit de Notre-
» Seigneur qui me faisait offrir tout ce beau clergé,
» en me mettant à la bouche ces paroles : *Ut exhi-*
» *beret ecclesiam gloriosam et sine rugâ.* J'entendais
» par là que j'avais l'obligation d'offrir, au Père
» Eternel son Eglise, dans cette pureté divine à la-
» quelle il appelait ces saints enfants (1). »

(1) *Mém. aut.*
de M. Olier, t. v,
p. 254.

XXXI.
Changement
que le zèle de
M. Olier opère
dans la parois-
se de S.-Sul-
pice.

Enfin les travaux de M. Olier, pour la sanctification des diverses classes dont se composait sa paroisse, fructifièrent d'une manière si étonnante,
qu'en peu d'années elle offrit comme une image de
la société des premiers chrétiens. « Je voudrais
» qu'il me fût permis, dit un auteur qui écrivait un
» peu après cette époque, de représenter la paroisse
» de Saint-Sulpice dans l'état où elle se trouvait au
» moment de l'établissement du séminaire. C'était
» alors comme le cloaque de tous les désordres et
» de toutes les abominations qu'on peut imaginer.
» Ce faubourg ressemblait à cette fameuse ville, que
» le prophète Isaïe dépeint sous le nom d'une adul-
» tère ou d'une femme prostituée : tant les crimes
» les plus abominables s'y commettaient en grand
» nombre. Cette nouvelle Sodome était le refuge de
» tous les libertins, des athées et des hérétiques
» qui y vivaient impunément au gré de toutes leurs
» passions. Ce ne fut pas sans une Providence par-
» ticulière sur ce faubourg, que Dieu suscita M.
» Olier et ses zélés coopérateurs, qui, brûlant du
» désir de procurer sa gloire, défrichèrent cette terre
» ingrate, remplie comme celle de Chanaan, avant
» l'entrée des Israélites, de toutes sortes d'abomina-

» tions. Par les travaux infatigables de ces ouvriers
» évangéliques, elle devint une terre de promission,
» où chacun apprit à son voisin, à connaître et à
» glorifier Dieu. Il fut aisé de remarquer ce chan-
» gement par les confessions fréquentes, les resti-
» tutions nombreuses, la soumission aux lois de
» l'Eglise, l'empressement à assister aux Offices di-
» vins, la faim insatiable d'entendre la parole de
» Dieu, la douleur et le repentir d'une multitude
» d'enfants prodigues, qui venaient, dans l'amer-
» tume de leurs consciences, détester les dérégle-
» ments de leur vie passée (1). »

(1) *Rem. hist.*,
t. iii, p. 361, 379,
380.

NOTES DU LIVRE NEUVIÈME

NOTE 1, p. 363. — On a écrit faussement que la première pierre de la nouvelle église de Saint-Sulpice fut posée, en 1645, par Gaston de France, duc d'Orléans ; c'est ce qu'on lit dans l'*Histoire de Paris,* par Lobineau et Félibien (1) ; dans l'*Histoire de l'abbaye royale de Saint-Germain des Prés,* par Dom J. Bouillard (2) ; dans l'*Histoire et recherches des antiquités de la ville de Paris,* par Henri Sauval (3) ; l'*Histoire de la ville de Paris,* 1735, in-12 (4) ; l'*Histoire des paroisses de la ville, faubourg et banlieue,* in-12, 1722 (5). Germain Brice, dans sa *Description de la ville de Paris* (6), admet bien que cette première pierre fut posée en 1646, mais il en fait honneur au duc d'Orléans, ainsi que Piganiol de la Force (7). Ces auteurs, et beaucoup d'autres qui les ont copiés, ajoutent que ce nouvel édifice étant encore trop petit, on en commença un autre en 1655, dont la reine Anne d'Autriche posa la première pierre le 20 février : assertion tout-à-fait dénuée de fondement, aussi bien que la précédente. La date du 20 février, jour où la Reine posa la première pierre, en 1646, est la seule circonstance de ce récit que ces auteurs n'aient point altérée.

(1) Tom. II, p. 1387.
(2) Livre V, p. 238.
(3) T. I, p. 435.
(4) T. V, p. 201.
(5) Pag. 191.
(6) 1723, in-12, t. III, p. 94.
(7) *Description hist. de la ville de Paris,* t. VII, p. 311.

SUR M. LANGUET DE GERGY

NOTE 2, p. 366. — Plusieurs ont cru que M. Languet bâtit l'église de Saint-Sulpice, depuis le chœur jusqu'au portail inclusivement, au moyen du couvert d'argent qu'il mettait, dit-on, dans ses poches toutes les fois qu'il était invité à dîner chez quelqu'un de ses paroissiens. Ce fait serait un miracle inouï, si l'on considère les sommes énormes qu'exigeait un si vaste bâtiment. La vérité est que l'on confond l'église de Saint-Sulpice avec la statue d'argent, exécutée par Bouchardon, et dont M. Languet se procura, dit-on, la matière aux dépens des personnes qui l'invitaient à dîner. Mais le moyen qu'il imagina pour achever son église, fut principalement une loterie de piété, autorisée par le Roi, et dont le produit, après l'achèvement de l'église de Saint-Sulpice, fut affecté aux nouvelles églises de Sainte-Geneviève et de la Madeleine à Paris. Les Jansénistes, fort irrités contre M. Languet, ont déclamé pendant longtemps contre sa loterie. L'abbé Coudrette a même composé un ouvrage entier sous le titre de *Dissertation théologique sur les loteries*(1), où il s'est efforcé de la faire passer pour une institution contraire à toutes les règles de l'équité et de la justice. D'après les calculs qu'il fait (2), la loterie de Saint-Sulpice, qui existait alors depuis plus de vingt ans, rapportait chaque année au moins deux cent cinquante mille livres, et avait déjà produit, pour somme totale, cinq millions. Si M. Languet, en 1741, n'avait employé que cette dernière somme à un vaisseau si colossal, et que l'auteur cité blâme comme un bâtiment de la dernière magnificence et orné de choses superflues (3), il faudrait plutôt louer sa modération, puisque, chaque année, il consacrait à l'entretien des membres vivants de Jésus-Christ un million d'aumônes, que sa charité et son zèle lui procuraient (4), et qu'on l'a vu donner jusqu'à trente mille livres par année à des familles tombées dans l'indigence. Il est vrai que jamais homme ne fut plus habile et plus industrieux que lui à se procurer d'abondantes aumônes et des legs considérables (5); mais il faut remarquer aussi, que personne ne donna peut-être des exemples plus frappants de désintéressement et de charité. Une dame lui ayant fait un legs de plus de six cent mille livres, il en prit seulement trente mille pour les pauvres et céda le reste aux parents (6). On sait que, dans le temps de la cherté du pain, en 1725, il vendit, pour soulager les pauvres, ses meubles, ses tableaux et d'autres effets rares et curieux, qu'il avait amassés avec beaucoup de peine. Il n'eut, depuis ce temps, que trois couverts d'argent, deux chaises de paille, point de tapisserie, et un simple lit de serge, qu'on ne fit que lui prêter pour l'empêcher de le donner aux pauvres. Il fonda et soutint jusqu'à sa mort la maison de l'Enfant-Jésus, destinée à élever de jeunes personnes de familles nobles, mais indigentes. † Bien loin d'enrichir sa famille, il distribua jusqu'à son patrimoine. Généreux par caractère, il fit passer des sommes considérables en Provence, durant la peste de Marseille, pour soulager ceux qui étaient affligés de ce fléau. Enfin, il refusa constamment l'évêché de Conserans, celui de Poitiers, et plusieurs autres (7). Il faut remarquer encore que M. Languet avait parmi ses paroissiens

(1)1742, 1 vol. in-12. — *Nouvel. eccl.*, 1732, p. 172,180,172 p. 182.

(2) *Dissert.* p. 102.

(3) Pag. 126.
(4) *Rem. hist.*, t.I, p.196. - *Hist. de Fénelon, par le card. de Bausset*, t.I, p.39. — *Feller, ibid.*

(5) *Rem. hist.*, t. I. p. 196.

(6) *Ibid.*, p. 196.

(7) *Rem. hist.*, t.I, p. 197, 198, 199, 200.

---

† Cette maison fut supprimée au commencement de la Révolution, et transformée en hospice pour les enfants malades. Elle a porté jusqu'à ces derniers temps le nom d'*Hospice de l'Enfant-Jésus*, qu'on y lisait gravé sur une table de marbre.

les hommes les plus opulents de l'état, plus obligés que personne au grand précepte de l'aumône; et l'on ne doit pas être surpris que, pour les engager à remplir ce devoir de conscience, il ait usé de l'ascendant que lui donnaient sa vertu, son caractère, sa grande réputation; et que quelquefois aussi il ait employé à cette même fin les adresses de son esprit fécond en expédients, et ces réparties fines et délicates qui rendaient sa conversation si agréable.

SUR CLÉMENT ET BEAUMAIS.

NOTE 3, p. 371. — « La vie de Clément a été si exem-
» plaire, dit M. du Ferrier, et son fruit si admirable, que je
» ne craindrai pas de faire une digression sur son sujet,
» afin qu'on adore cette Sagesse éternelle, qui partage ses
» dons comme il lui plaît, et choisit les ignorants pour con-
» fondre l'orgueil de ceux qui se croient doctes.

» Son père était coutelier; il logeait rue de la Mortellerie.
» Dans sa jeunesse, les enfants de Casaubon pervertirent
» son esprit, et lorsqu'ils allèrent se faire calvinistes en
» Angleterre, il alla lui-même à la Rochelle pour le même
» sujet (1). Mais la miséricorde de Dieu les traita différem-
» ment. Clément, qui ne connaissait personne dans cette
» ville hérétique, s'adressa à un homme assez âgé, qui for-
» geait sur une enclume, et lui exposa le dessein qui l'avait
» porté à venir. Ce vieillard, après l'avoir écouté, lui dit
» fort gravement : Ah ! mon enfant, gardez-vous bien de
» faire ce que vous dites : peut-être tomberiez-vous dans
» l'état où je me vois, et qui est tel que je voudrais que la
» terre s'ouvrît présentement sous mes pieds et m'engloutît
» en enfer; car je vois ma damnation qui augmente chaque
» jour pour avoir quitté l'Eglise Romaine, étant prêtre et
» religieux; et je ne puis quitter celle où vous voulez
» entrer, parce qu'une femme et quatre enfants m'y atta-
» chent. Allez donc, sortez d'ici sans boire ni manger, de
» crainte que Dieu ne vous abandonne. Clément, saisi
» d'horreur, se résolut à sortir, et ayant demandé à ce
» vieillard où il pourrait se faire instruire, celui-ci l'adressa
» au curé d'Estrée, à deux lieues de là. Il s'y rendit, et
» après dix jours, il prit congé de ce bon curé qui l'avait
» traité avec beaucoup d'amitié et parfaitement guéri de
» tous ses doutes; puis, dès qu'il fut de retour à Paris,
» Dieu lui donna la pensée de travailler lui-même à la con-
» version des hérétiques (2). »

Clément et Beaumais ne pouvaient éviter l'animadversion du parti. Le calviniste Benoît, dans l'Histoire de l'édit de Nantes, se plaint de ce que des gens de la lie du peuple, des merciers et des couteliers, abandonnaient leurs métiers pour

(1) Et non à Montpellier, comme on lit dans la Vie de M. Bourdoise, Ms. in-folio, p. 857.

(2) Mém. de M. du Ferrier, p. 180 et suiv.

aller prêcher la controverse. Il oubliait apparemment que le Sauveur avait choisi, pour annoncer l'Evangile, des hommes de *la lie du peuple* et des *gens de métiers*. Mais il est faux que Clément et Beaumais aient abandonné les leurs. Au moins Clément ne laissait pas d'exercer encore le sien, malgré ses controverses, puisqu'il fut choisi, par les jurés des corps de métiers de Paris, pour porter la parole en leur nom au Roi et à la Reine, le 19 avril 1649, et qu'il est qualifié lui-même *juré-coutelier*. Dans sa harangue, qui a été imprimée, il s'exprime comme un homme qui vivait du travail de ses mains. « Le bonheur des pauvres artisans » de Paris, dit-il à leurs Majestés, dépend entièrement de » vos présences, puisqu'elles nous donnent le moyen de » gagner notre vie (1). » Beaumais ne quitta pas non plus son négoce, tant qu'il demeura à Paris. « Il n'était pas » riche, dit Grandet, n'ayant pour tout bien que le re- » venu de son petit commerce, et une pension de quatre » cents livres que lui faisait le clergé. M. de Bretonvilliers, » qui l'aimait beaucoup, lui donnait à dîner tous les di- » manches, au séminaire de Saint-Sulpice, le faisant mettre » à table avec les ecclésiastiques (2). » Benoît ne peut lui pardonner une émotion populaire, arrivée dans la ville de Blois, en 1645, et qui pensa y ruiner le temple des Calvinistes (3). Muni de l'autorité du Roi, Beaumais allait dans les villes du royaume les plus infectées de l'hérésie, afin d'y réfuter les prêches des ministres les plus accrédités. Après les avoir écoutés, il invitait les auditeurs à venir en entendre la réfutation; et, par l'efficacité de sa parole et la solidité de ses raisons, il convertit de quatre à cinq mille personnes, qui abjurèrent l'hérésie (4).

Clément mourut à l'âge de 49 ans en 1654 ou 1650, avec la réputation la plus universelle de sainteté. On a gravé son portrait, où on lit cette inscription : *Le bienheureux maître Jean Clément le coutelier, exterminateur des hérétiques, donnant la fuite à tous leurs ministres, par toutes les provinces du Royaume de France, mort en 1654.* Cette gravure se trouve au cabinet des estampes à la Bibliothèque royale, à Paris. En 1838 elle était placée par erreur parmi les portraits des docteurs en théologie. Il est même à remarquer que, dans la table alphabétique de ces portraits, insérée au volume de la *Bibliothèque historique de la France*, on a pris le nom du métier de *Clément* pour son nom propre et qu'il y est appelé le *coustelier*. Grandet est tombé dans la même erreur. (6). C'est que ce controversiste était plus connu sous le nom du *coutelier*, que sous celui de *Clément* ; comme Beaumais, de son côté, était ordinairement appelé le *mercier de Paris* (7). Par une semblable méprise, M. Symon de Doncourt a mis Beaumais au nombre des prêtres de la commu-

(1) *Recueil de harangues*, in-4ᵉ, 1656, p. 117.

(2) *Grandet, Vies Ms. Ibid.* - *Vie de M. Bourdoise, Ms*, in-fᵒ, p. 859.

(3) *Hist. de l'Edit de Nantes*, 1ʳᵉ part. , liv. I, t. II , p. 48.

(4) *Grandet, Vie Ms.* — *Vie de M. de Bretonvilliers.* — *Essai sur l'influence*, t. II, p. 22.

(5) Pag. 175.

(6) *Vie Ms. de M. de Bretonvilliers*, t. I, p. 146 bis.

(7) *Edit de Nantes*, t. III, ibid.

(1) *Rem. hist.,* t. i, p. 225.
(2) *Vie de M. Olier,* liv. iv, ch. xii, p. 166.

nauté de Saint-Sulpice (1) ; et M. Nagot en a fait de plus un gentilhomme (2).

Nous devons ajouter à la gloire de l'un et de l'autre, que leur zèle pour la foi catholique, n'excita pas seulement contre eux la haine des ministres protestants ; il provoqua encore la colère des Jansénistes, que l'un et l'autre réduisaient au silence quand ils avaient à disputer avec eux. C'est même ce qui a fait donner à Clément, sur l'un de ses portraits gravés, le titre burlesque, mais très significatif : d'*Embaillonneur des Jansénistes.* Il n'est donc pas étonnant que les écrivains de la secte aient pu parler de l'un et de l'autre avec mépris (3).

(3) *Bibl. Mazarine. Mém. de Feydeau,* Ms. 1189.

CONVERSION EXTRAORDINAIRE D'UNE FEMME DE MAUVAISE VIE

NOTE 4, p. 372. — Nous croyons devoir rapporter ici, d'après M. du Ferrier, les circonstances singulières d'une de ces conversions qui consolèrent le cœur de M. Olier et qui lui montrèrent combien Dieu se plaisait à bénir ses entreprises.

(4) *Sorte d'étoffe de soie ondée par la calandre. Diction. de Bescherelle.*

« Un jour, comme j'entrais dans le logis, je vis venir dans
» la cour de Saint-Sulpice un prêtre nommé M. Vachet,
» avec une bourgeoise et une jeune fille vêtue de tabis (4)
» bleu, et une cotte de même soie couleur de feu ; qui en
» même temps que je passais dit tout haut : puisque vous
» me traitez comme cela, je vais m'abandonner au premier
» que je trouverai sur le Pont-Neuf. Ce discours insolent
» et indigne fit que je voulus savoir ce que c'était. M. Vachet,
» homme fort pieux et zélé, me dit que cette friponne qu'on
» avait retirée du vice chez cette bourgeoise, demandait
» des souliers pour battre le pavé mieux qu'avec ses pan-
» toufles et se rejeter dans la débauche, comme elle avait
» déjà fait. La menaçant de lui faire ôter ses habits pour ne
» lui en laisser que de méchants, elle se mit à pleurer et
» demanda pardon à genoux, promettant d'être sage.
» M. Vachet avait obtenu de M. Olier, de qui l'extrême
» *charité espérait et supportait tout,* la permission d'avoir soin
» de cette méchante créature ; mais peu après on la renferma
» dans la prison de Saint-Germain, où elle ne cessa d'être
» un sujet de scandale pour tout le monde.

« C'est ici que la miséricorde de Dieu parut admirable-
» ment. Il vint un jeune soldat, bien fait, qui était au régi-
» ment des gardes : outre cela fort bon tailleur de pierres, à
» quoi il gagnait, les deux jours qu'il n'entrait pas en garde,
» quatre livres ; il la demanda en mariage, en suite du vœu
» qu'il avait fait à l'armée, se trouvant malade, abandonné

» à la fureur des paysans qui ne faisaient de quartier à per-
» sonne, d'épouser la plus méchante de toutes les débauchées
» qu'il trouverait. Dieu le préserva et pour s'acquitter sans
» le témoigner à personne, il s'informa et visita les lieux où
» l'on enfermait ces infâmes. Lorsqu'il eût vu l'effronterie
» d'Anne (c'est ainsi qu'on la nommait), il n'eut point de
» peine à lui donner le premier rang entre toutes celles qu'il
» avait connues. Il témoigna à la geolière son dessein de
» l'épouser ; elle l'y encouragea sur l'espérance de sa con-
» version, et elle n'oublia rien pour le persuader, afin de se
» défaire de cette misérable fille. Elle lui dit qu'il fallait me
» la demander, ne pouvant sortir autrement. Ce soldat de-
» manda à me parler . . . je ne voulus pas d'abord lui accor-
» der ce qu'il me demandait : il revint, fit de nouvelles ins-
» tances et je le rejetai encore. Mais quand il eut découvert
» son fond, j'honorai son sentiment, je lui accordai la fille et
» lui promis l'ameublement d'une chambre, après que nous
» eûmes vu qu'il avait de la vertu et de la sagesse . . . Le
» mari heureusement toucha le cœur d'Anne qui lui promit
» d'être sage et se soumit, au cas où elle en userait mal, à
» tous les mauvais traitements qu'il voudrait lui faire. Ils
» vécurent fort sagement deux ans. Elle ne voulut plus que
» l'habit d'une servante, (elle qui s'habillait en demoiselle),
» et j'estimai qu'il était bon de l'accoutumer à porter le joug
» d'un mari qui la tenait bien soumise. Il arriva sur la fin
» de la deuxième année une chose singulière à cet homme.
» Un jour cette petite femme me l'amena le tenant par le
» bras, fondant en larmes et s'arrachant les cheveux. Lui
» ayant demandé le sujet de sa désolation : c'est, me dit-elle,
» que sans moi à l'heure qu'il est, mon mari serait mort et
» serait tombé du quatrième étage sur le pavé. Le mari
» comme tout étonné ne disait mot. Je lui demandai le sujet
» de cet accident qu'il me raconta. Après lui avoir fait con-
» naître la miséricorde de Dieu, il alla se confesser et re-
» mercier Notre-Seigneur, de lui avoir donné une femme
» qui avait sauvé la vie de son âme et celle de son corps
» pour récompense de la charité qu'il lui avait faite. Quel-
» que temps après il l'emmena en son pays où il avait   (1) Mém. de M.
» de quoi vivre et elle vécut honnêtement et pieusement   du Ferrier, p.
» avec lui (1). »   542, etc.

CONSIDÉRATIONS CHRÉTIENNES DE M. OLIER SUR LA
CONDITION ET LES DEVOIRS DES JUGES

NOTE 5, p. 380. — « Les rois ont été destinés à faire voir
» au monde l'auguste majesté de Jésus-Christ, constitué le
» roi et le juge des vivants et des morts. Mais ayant l'auto-

» rité et la puissance dans les mains, les rois pour l'ordinaire
» n'ont pas la sagesse extérieure pour décider les différends
» et les intérêts des hommes : ce qui fait voir la petitesse
» de la créature qui n'est qu'une image et une figure très-
» imparfaite, en ce qu'elle représente de Dieu. Voilà pour-
» quoi les juges qui ont bien plus de sagesse que les rois,
» pour voir le droit des particuliers, et pour décider leurs
» causes, ne sont que comme les suppléments des rois. Ils
» parlent au nom des princes, et font ce que ceux-ci sont
» obligés de faire, à savoir de rendre à chacun ce qui lui
» appartient; et par un mot qui part de leur bouche, de
» décider sans réplique tout intérêt et tout différend, quel-
» que grand et puissant qu'il soit. Et même, comme cette
» sagesse ne se donne que par mesure et qu'il n'y a que
» Jésus-Christ, qui l'ait en plénitude, les juges, qui tous
» ensemble conviennent pour exposer leur jour et leur lu-
» mière sur le fait qui se présente devant eux, font tous un
» seul juge, une lumière ramassée, et sont la bouche et l'or-
» gane de Jésus-Christ, prononçant par avance ses arrêts
» sur toutes choses, comme il le fera tout d'un coup au jour
» du jugement.

» Le juge doit donc être une image de Dieu sur la terre,
» et juger comme Dieu jugerait, s'il était en sa place et oc-
» cupait la charge extérieure qu'il tient. Il doit avoir l'exté-
» rieur d'un homme, mais l'intérieur d'un Dieu. Si les juges
» étaient bien purs dans leurs cœurs, ils auraient en eux la
» sagesse de Dieu pour rendre à chacun ce qui lui appar-
» tient, selon que Dieu le voit et le sait en lui-même. C'est
» donc aux juges de se purifier, pour être revêtus de cette
» divine sagesse et rendre des arrêts tels que Dieu même
» les prononcerait, s'il était consulté, ou si la cause était
» plaidée devant lui. Car Dieu, véritable juge de tout le
» monde, doit paraître en tous ses attributs de juge dans la
» personne de ses magistrats. Non seulement sa sagesse y
» doit paraître, mais encore sa force, pour ordonner ce que
» la sagesse leur fait connaître devoir être pratiqué. Ils ont
» en main l'autorité de Dieu, ils ont en eux la force qui doit
» leur ôter toute crainte et éclater en eux. Il faut que le
» juge sache qu'il est indépendant de tout, comme Dieu
» dont il tient la place; et il ne doit jamais se laisser forcer
» ni subjuguer par quoi que ce puisse être, étant au dessus
» de tout. Et comme Dieu ne peut être corrompu ni gagné
» par présent, n'ayant point de mendicité ni de besoins :
» ainsi le juge doit être incorruptible, ne recevant jamais
» rien de ses parties, du bien desquelles il est roi, pour en
» disposer dans l'équité et la justice. Dieu ne voit goutte
» pour accepter personne : il ne regarde point si la personne
» est grande ou petite pour lui faire bon droit, si elle est

» pauvre; si elle est belle ou non: il regarde à l'équité et à
» rendre à chacun ce qui lui appartient. Ainsi le vrai juge
» doit être aveugle à toute condition, pour rendre la justice;
» il doit tenir les yeux attachés sur l'intérêt des parties sans
» les considérer en elles-mêmes : *non est personarum accep-*
» *tor Deus.* Les juges devraient donc demander incessam-
» ment à Dieu la sagesse divine, et avec elle la force pour
» ordonner et faire exécuter ce que la sagesse leur montre :
» ils devraient enfin, être appelés de Dieu comme les rois et
» avoir en eux une marque qui montrât que Dieu veut les
» mettre en cette charge et rendre par eux ses arrêts. »

CONSIDÉRATIONS CHRÉTIENNES ET PRATIQUES DE M. OLIER, SUR LE DESSEIN DE DIEU DANS L'INSTITU-TION DE LA SOCIÉTÉ CIVILE

NOTE 6, p. 382. — « Les hommes avaient été créés pour
» être unis ensemble, afin de magnifier les grandeurs de Dieu,
» et de contempler ses merveilles adorables, soit en lui-même
» par la foi, soit par les sens et la raison, dans ses ouvrages.
» Mais après le péché, ils se fussent séparés et divisés les
» uns des autres, par amour propre et par avarice, si sa jus-
» tice et sa Providence ne les eussent tenus liés ensemble,
» par dépendance et par nécessité. En punition du péché, il
» a soumis l'homme à une multitude de besoins et de mi-
» sères; et il lui a donné l'invention de mille arts divers,
» pour modérer ces châtiments. Sans nos nécessités, les arts
» et les travaux seraient inutiles; et les nécessités et les mi-
» sères ne seraient pas, sans le péché : si bien qu'à cause du
» péché, les hommes sont dans la nécessité et la dépendance
» les uns des autres. Et pour cela même, la bonté de Dieu
» a voulu que les villes s'édifiassent, pour assembler les
» hommes, et approcher les commodités et les secours par
» lesquels ils doivent s'entr'aider.
» L'homme, en effet, est dépendant de mille et mille se-
» cours, auxquels il ne pense pas, et sans lesquels il ne peut
» quasi vivre. Les oiseaux se font des logements avec leurs
» becs et leurs ailes; les renards fouissent leurs tanières, et
» l'homme n'a pas où se mettre en repos. Pour son loge-
» ment, il dépend du charpentier, du maçon, du menuisier,
» du serrurier; pour son vivre, du boulanger, du boucher,
» de l'épicier, du cuisinier; pour son habillement, il dépend
» du tailleur, du cordonnier, du chapelier, du mercier; il
» dépend du linger, du drapier et de vingt autres métiers
» divers qui remplissent la ville. Et entre les artisans, celui
» qui prête son secours à l'un pour le vêtir, il retire de l'autre

» l'assistance pour son vivre ; celui qui prête à l'un le moyen
» de lui couvrir la tête, il recevra de l'autre le secours pour
» se chauffer ; et celui qui prépare le fer, pour la commodité
» de son prochain, dépend de lui pour l'usage du bois. En
» un mot, chacun prête et reçoit, chacun donne et rend, se-
» lon ce que Dieu le fait être, et le juge utile au bien de la
» société. Ainsi, l'homme n'est pas seulement dépendant de
» vingt ou trente métiers pour sa personne ; il est, outre cela,
» nécessiteux de tous les autres métiers, dont les artisans
» qui lui sont nécessaires à lui-même, dépendent absolu-
» ment à leur tour.

   » Quel soin est celui de la Providence qui règle et dispose
» les inclinations de tous, pour les porter à ces conditions
» dépendantes l'une de l'autre, qui s'assistent et se servent
» mutuellement ! Dans la diversité de ces métiers, dans ces
» ouvrages si différents, nous devons admirer et adorer
» Dieu, travaillant pour nous par la main de tous ces ou-
» vriers, nous regardant, et regardant nos besoins pour le
» soulagement desquels il occupe tant d'hommes, les solli-
» cite, les presse d'agir et de travailler, pour nous mettre à
» notre aise et ne nous laisser manquer de rien. Ne le con-
» sidérons donc pas comme feraient des animaux irraison-
» nables, qui s'arrêtent seulement à ce qui frappe leurs sens.
» Ne faisons pas non plus comme le philosophe, qui admire
» en cela l'intérêt de chaque particulier, qui dans cet unique
» motif d'intérêt s'applique si différemment, et néanmoins
» si vigoureusement à sa besogne. Impertinent en son in-
» suffisance, il ne voit pas qu'il y a une intelligence pre-
» mière, qui préside sur tous les hommes. Il ne s'élève point
» jusqu'à la sagesse infinie de Dieu, qui applique chaque
» ouvrier à ce qu'elle veut, lui proposant pour fin première
» son intérêt, s'il n'est capable de la dernière, de servir Dieu
» dans ses enfants ; et qui, en lui proposant cette fin, ne lui
» découvre pas la sienne.

   » Ne doit-on pas adorer cette bonté divine, qui fait tra-
» vailler pour nous tant d'hommes et les occupe pour nous
» servir si doucement, sans nous fouler, nous tenant prêts
» dans leurs boutiques tous nos besoins ; et nous mettant
» entre les mains des manteaux, des couvertures, pour nous
» défendre des incommodités qui nous étaient dues si jus-
» tement ! Ne doit-on pas adorer ce Dieu, si bénin, si clé-
» ment, qui voyant notre impuissance à préparer, et à faire
» ces étoffes, a suscité des hommes, qui s'y emploient pour
» nous, et qui nous donnent en une demi-heure, un quart
» d'heure, ou moins, ce que nous ne saurions faire en toute
» notre vie ? et nous donnent cela, pour quelque morceau
» de terre, recuit, fondu, marqué, battu ; pour une pièce de
» monnaie, que même nous n'aurions pu forger, si la divine

» Providence, ne nous la mettait entre les mains, et ne sus-
» citait des personnes, qui, suppléant à notre ignorance et
» à notre incapacité, nous fournissent ces instruments fa-
» ciles de trafic ?

» Par Providence divine, l'or et l'argent sont d'un prix
» incroyable dans l'estime des hommes, parcequ'ils servent
» à appeler et à tirer toutes choses à nous. Quoiqu'en eux-
» mêmes ces métaux soient quelque chose de très vil, Dieu
» néanmoins a fait que dans l'état de misère où l'homme est
» réduit, il ait amour et inclination naturelle pour les pos-
» séder, afin qu'en ayant toujours pour son usage, il pût
» subvenir par là aux besoins où il le laisse, ensuite du pé-
» ché. C'est une invention de la Providence de Dieu de
» laisser les hommes dans cette inclination et dans ce désir,
» de même qu'il laisse en eux l'appétit du boire et du man-
» ger, pour conserver leur vie. Ainsi, il tient liées à nous ou
» par vue d'intérêt, ou par inclination ; toutes les créatures
» de qui nous dépendons en nos besoins ; et c'est surtout
» en cela que la Providence de Dieu est adorable. Car si le
» riche ne peut vivre sans se faire servir, et sans avoir
» quantité de pauvres qui l'assistent et lui prêtent la main :
» le pauvre de son côté ne peut vivre, si le riche ne lui
» donne pour vivre, et pour le tirer de son extrémité. Ainsi,
» par cet ordre sage et parfait de la Providence de Dieu, il
» n'y a point d'amour particulier, qui ne soit amour général :
» la fin particulière à laquelle chaque individu tend, par
» une vigoureuse et tout ensemble une amoureuse pente, pour
» y trouver son repos et sa satisfaction, se rapportant par
» subordination à la fin générale et universelle.

» Quand donc nous achetons des marchands, recevons leurs
» marchandises de leur mains, comme des mains de Dieu,
» puisqu'ils ne sont que des instruments de sa miséricorde.
» Recevons leurs marchandises avec remercîment et obliga-
» tion envers Dieu, et les payant libéralement de ce bien-
» fait. Les marchands aussi de leur côté se doivent ressentir
» de l'esprit du maître qui les a choisis pour ce ministère de
» sa miséricorde et de son amour. Ils doivent, par charité,
» vouloir procurer aux hommes ce qui leur manque, sup-
» pléer à leur nécessité, et agir par le même principe que
» Dieu agit en eux, pour le soulagement des hommes. Il
» faut donc agir dans l'esprit de Dieu en ces rencontres, et
» comme Dieu agit par charité pour vous, et fait que ces
» marchands vous gardent les choses nécessaires à vos be-
» soins, et vous les donnent : il faut les recevoir de même ;
» et par charité leur donner ce qui leur manque, et cela par
» de l'argent, qui est le supplément universel de toutes les
» nécessités humaines et le moyen pour subvenir à tous nos
» besoins ; *omnia vestra in caritate fiant*, disait saint Paul

» parlant à toutes les conditions : *faites tout par charité.* Enfin,
» si je parcours la ville, au lieu de me divertir dans la vue
» des objets qui se présentent, et de contenter ma curiosité,
» les regardant pour mon plaisir : j'adorerai, par les yeux de
» la foi, Dieu travaillant par les mains de tous les ouvriers.
» Je n'en excepte aucun; car à dire le vrai, il faut une ville
» entière pour achever un homme. »

MAISON DE L'INSTRUCTION. ÉCOLES CHRÉTIENNES

NOTE 7, p. 385. — Les registres de l'abbaye Saint-Germain parlent en ces termes de l'origine de l'Instruction. « Ma-
» dame Marie de Gournay, veuve Rousseau, qui est une
» personne d'une grande piété, fort estimée et qui s'adonne
» à plusieurs œuvres de charité, ayant reconnu que quan-
» tité de petites filles, dont les parents n'ont pas le moyen
» de les entretenir, après qu'on les a instruites dans les
» écoles se perdaient, faute d'emploi, ou étaient en grand
» danger de se perdre, forma le dessein de leur procurer des
» maîtresses, qui leur apprissent gratuitement diverses
» sortes d'états (1). » Pour l'exécuter elle obtint de plusieurs personnes de piété, quelques sommes d'argent, qu'elle mit à constitution de rentes, afin de faire subsister les maîtresses par ce revenu, aussi bien que par le produit qui reviendrait de leur travail : elle associa ensuite plusieurs personnes animées du même zèle, qui furent d'abord appelées : *Filles de la très-sainte Vierge* (2), et plus tard *sœurs de l'Instruction chrétienne* †. Dieu se plut à bénir une œuvre entreprise dans des vues si pures ; et en peu de temps elle produisit de grands fruits. Pour les rendre permanents dans la paroisse, Marie Rousseau présenta au vicaire général de l'abbaye les règlements qu'elle avait dressés pour cette institution et obtint par ses instances, qu'ils fussent approuvés le 22 août 1657 : le mois suivant le Roi confirma ce nouvel établissement par des lettres patentes (3). Les jeunes filles qu'on y formait, étaient toutes externes, du moins dans les premiers temps, et venaient chaque jour de chez leurs parents à des heures marquées. Comme elles sortaient de la maison de

(1) *Arch. du Roy. Saint-Germain*, L. 1223, f° 34, verso.

(2) *Recherches critiques etc.*, par *Jaillot*, 1775 t. v, p. 77.

(3) *Archives, ibid.*, L. 1223— 1226, p. 343.

† On peut conclure de là que l'œuvre de l'*Instruction* établie au Puy quelques années après, par les prêtres de Saint-Sulpice, fut une imitation de la communauté de Marie Rousseau, dont mademoiselle Martel fit revivre, dans le Velay, l'esprit et la grâce ; car *les demoiselles de l'Instruction du Puy* avaient pareillement pour fin « le soulagement des » églises et des paroisses, comme les anciennes diaconesses. » *Vie de M. de Lantages*, in-8°, liv. IV, n° 8, p. 281 et suiv.

l'Instruction pour assister journellement à la sainte Messe, Marie Rousseau demanda, tant en son nom qu'en celui de ses coöpératrices, la permission de la faire célébrer dans la maison même, afin que leurs élèves fussent moins détournées du travail : ce qu'elle obtint le 12 mai 1658 (1). Mais la maison de l'Instruction étant essentiellement une œuvre paroissiale, et, à cause de cela, les maîtresses aussi bien que leurs élèves, devant contribuer à l'édification publique, en assistant aux offices de Saint-Sulpice : le vicaire-général mit à cette permission diverses restrictions qui montrent d'une manière frappante, combien M. Olier avait su inspirer l'amour pour l'église paroissiale : ce fut de ne pouvoir célébrer que la messe basse et les jours ouvriers seulement, sans y communier jamais, ni sonner la clochette, ni laisser entrer alors dans la chapelle aucune personne étrangère à la maison, dont pour cela la porte resterait fermée pendant tout le temps de la sainte Messe ; enfin on ne devait point conserver dans la chapelle le très-saint Sacrement : ce qui a persévéré jusqu'à la Révolution française.

Marie Rousseau avait commencé cet établissement dans sa propre maison (2), qui était alors rue du *Gindre*. Il fut transféré ensuite rue du Vieux-Colombier, où il se trouvait en 1666, comme il paraît par un acte du 31 mai, où Marie Rousseau est qualifiée dame *Institutrice, Directrice et Trésorière* de cette maison. Mais par humilité au lieu de prendre le titre de supérieure, elle ne voulut en avoir d'autre qui la distinguât de ses compagnes que celui de *sœur aînée*, ce qui persévéra constamment dans toutes celles qui se succédèrent au gouvernement de l'Instruction †.

Vers l'année 1730, cet établissement fut transféré rue du *Pot-de-fer*, aujourd'hui *Bonaparte*, et y occupa le bâtiment où M. Emery rétablit le séminaire de Saint-Sulpice, après la Révolution, et qui a été démoli en 1837. L'entrée principale de cette maison était en face de la rue Honoré-Chevalier ; sur une autre porte on voyait une inscription où l'année 1731 était marquée comme l'époque de la translation des *sœurs de l'Instruction chrétienne* dans cette maison (3). Le sol qu'elle occupait forme aujourd'hui la plus grande partie du jardin du séminaire de Saint-Sulpice.

M. Olier établit diverses écoles gratuites en faveur de la classe indigente. Il en ouvrit plusieurs dans des salles abandonnées de la dépendance de son église, et veilla avec un

(1) *Ibid.*, L. 1.26, p. 375.

(2) *Ibid.*, L. 1223, 1°, 34, *verso.*

(3) *Guide des amateurs à Paris, par Tierry*, t. II 442. — *Rem. hist.*, t. I, p. 68, 69. — *Recherches crit., hist. et topog. sur la ville de Paris, par Jaillot. Paris*, 1775, in-8°, t. V, *Quartier du Luxembourg*, p. 77.

† M. Leschassier étant premier directeur du séminaire de Saint-Sulpice, exerçait la charge de supérieur de l'instruction, dont il se démit, le 4 juillet 1700, lorsqu'il eut succédé à M. Tronson. — *Archives du royaume, ibid. M.* 417, fol. 15, *verso.*

soin extrême sur tous les maîtres et les maîtresses chargés de l'éducation des enfants. Un ecclésiastique dont il se servit pour beaucoup de bonnes œuvres, l'abbé Servien de Montigny, contribua plus tard à l'établissement des sœurs de l'Enfant-Jésus, sur la paroisse de Saint-Sulpice, où elles ouvrirent successivement huit écoles. Elles sont connues sous le nom de *Saint-Maur*, de la rue où elles furent d'abord établies. Dans la suite les sœurs de Saint-Thomas de Villeneuve y en ouvrirent trois ; les filles de Sainte-Thècle, quatre ; et toutes ces communautés travaillèrent efficacement à la réforme du faubourg (1).

(1) *Histoire des catéchismes de S.-Sulpice*, liv. I.

SUR MADAME TRONSON

(2) *Lebeuf, hist. du diocèse de Paris*, t. XIII, p. 146, 150.

NOTE 8, p. 385. — Madame Tronson eut d'abord pour directeur le Père de Condren, qu'elle recevait quelquefois dans sa terre du Perray près Corbeil (2). Ce fut là probablement qu'il alla se cacher lorsqu'il voulut se démettre du généralat de l'Oratoire ; car il était retiré chez madame Tronson, comme nous l'apprend l'auteur des *Mémoires sur M. de Bretonvilliers* (3). La lettre 19 du Père de Condren, qui a pour titre : *Qué nous devons nous approcher du très-saint Sacrement, dans un humble sentiment de notre faiblesse pour y trouver notre force*, a été écrite par ce Père à madame Tronson, le 5 août 1638 ; on en conserve l'original au séminaire de Saint-Sulpice (4). Madame Tronson fut mère de six garçons : l'aîné devint conseiller au Parlement ; le second secrétaire du cabinet ; le troisième fut supérieur de Saint-Sulpice ; le quatrième, M. de Saint-Antoine, mourut prêtre de la communauté ; les deux derniers étaient M. de Maintenon et M. de Chevrier (5).

(3) *Mém. par M. Bourbon*, in-18, p. 152.

(4) *Attest. aut.*

(5) *Mém. sur la vie de M. de Bretonvilliers, par M. Bourbon*, in-18, p. 152.— *Généalogie des Maîtres des requêtes, Ms.*, art. *Tronson*.

PÈLERINAGE DE NOTRE—DAME—DES—VERTUS

NOTE 9, p. 395. — Il doit son origine à une image miraculeuse de la sainte Vierge, qui y attira un concours extraordinaire, l'an 1338. Le roi Philippe de Valois et la Reine s'y rendirent et y laissèrent des témoignages de leur munificence. Le duc d'Alençon, le comte d'Estampes et plusieurs autres y offrirent aussi des présents. Ce qui donna lieu à ce concours, ce furent divers miracles opérés sous les yeux d'une multitude innombrable de témoins, et qui firent surnommer ce lieu *Notre-Dame-des-Vertus*, c'est-à-dire des *miracles*; car c'est ce qu'on entendait, au XIVᵉ siècle, par le mot *des vertus* (6). L'histoire en a été écrite en vers français : on la trouve dans le *Théâtre des antiquités de Paris*, par du Breul. Pensant bien que tous les lecteurs ne goûteraient pas également ce récit, cet écrivain les rapporte néanmoins, *pour la consola-*

(6) *Lebeuf, Histoire du diocèse de Paris*, t. III, p. 279.

tion des gens de bien et fidèles catholiques : car pour autre ma-nière des gens, ajoute-t-il, ne me chault si la chose leur sera agréable ou non (1).

Il raconte que, dans une grande sécheresse qui désolait le pays, une jeune fille étant venue, le second mardi du mois de mai 1338, pour parer de fleurs la statue de la sainte Vierge de l'église d'Aubervilliers, elle vit cette statue comme toute baignée de sueur, malgré la chaleur qu'il faisait alors, et que tous les habitants, convoqués au son des cloches, ayant été témoins du prodige, il survint une pluie très-abondante qui fit renaître la joie dans tous les cœurs, et donna lieu à ce concours extraordinaire.

(1) *Théâtre des antiquités de Paris*, in-4°, 1639, p. 1042.

> Bien qu'en ce temps il fit une chaleur extrême,
> Et qu'aux champs tout brûlât, jusqu'aux racines même ;
> Mais la Vierge eut alors de son cher Fils le don
> De muer le temps chaud en pluie de saison (2).

(2) *Théâtre des antiquités de Pa-ris*, p. 1043.

Cet événement fut le prélude de plusieurs prodiges non moins extraordinaires, entr'autres de la résurrection de deux enfants, opérée subitement en présence de la statue, et avec un concours de circonstances si particulières, qu'on ne saurait révoquer en doute ces miracles, dont l'un donna même lieu à l'établissement de la confrérie des Merciers de Paris, qui existait dans cette église. Il eût été difficile d'ajouter à la dévotion que les Parisiens conçurent depuis pour Notre-Dame-des-Vertus. En 1529, toutes les paroisses de cette capitale s'y étant rendues simultanément en pèlerinage, pour s'opposer aux progrès des nouveaux hérétiques ; l'on porta tant de torches et de flambeaux à cette procession, que ceux qui étaient dans le voisinage de Montlhéry, crurent que Paris était en feu (3).

(3) *Ibid.* 1043, 1048.

Pour avoir dans le bourg d'Aubervilliers un clergé nom-breux, et satisfaire par ce moyen au concours des pèlerins, on donna la cure de ce bourg aux prêtres de l'Oratoire. On s'y rendait surtout les jours de fêtes et les samedis : le Père Jean Garnier, savant Jésuite, y allait, tous les ans, à pied et à jeun ; Madame de Pollalion y venait, de Paris, nu-pieds, en pèlerinage, même l'hiver (4) ; sans parler encore de M. Alain de Solminihac et d'une foule d'autres saints person-nages. Mais personne peut-être, n'eut plus de dévotion que M. Olier à honorer la très-sainte Vierge dans ce lieu. Ce fut, selon toutes les apparences, à Notre-Dame-des-Vertus qu'il se retira, comme il a été dit, pour consulter DIEU avant de commencer l'établissement de Vaugirard (5), et, à son exemple, le séminaire de Saint-Sulpice a toujours eu ce pè-lerinage en vénération. M. de Bretonvilliers commençait par là ses vacances (6). On a dit que tous les ans, le mardi de la

(4) *Lebeuf,* p. 279, 182.

(5) Ci-dessus, p. 309.

(6) *M. Bourbon, Mém. sur M. de Bretonvilliers,* p. 45, 49.

Pentecôte, le séminaire de Saint-Sulpice s'y rendait, en se joignant à la procession de la paroisse. On partait environ à trois heures du matin; lorsqu'on était arrivé à Notre-Dame-des-Vertus, l'on y chantait la grand'Messe, et on revenait ensuite à Paris en procession, en s'arrêtant à la Villette et à Saint-Lazare (1). On ignore l'origine de cet usage. La paroisse de Saint-Sulpice se rendait encore, en dévotion, à l'église de Saint-Antoine-du-Buisson, au-delà du parc de Versailles (2). Mais en 1689, sous M. Baudrand, quatrième successeur de M. Olier, dans la cure de Saint-Sulpice, on supprima ces deux processions, à cause de quelques abus qui s'y étaient introduits. Le pèlerinage de Saint-Antoine-du-Buisson fut transféré, à ce qu'il paraît, au petit Saint-Antoine, rue Saint-Antoine, à Paris; et celui de Notre-Dame-des-Vertus, d'abord au Val-de-Grâce (3), puis à Notre-Dame-de-Paris, jusqu'en 1750, où cette pratique fut entièrement supprimée (4). La cessation de cet usage ne diminua point la dévotion du séminaire de Saint-Sulpice pour Notre-Dame-des-Vertus; et encore aujourd'hui plusieurs ecclésiastiques de cette maison s'y rendent en pèlerinage pendant les vacances.

(1) *Journal de M.Tronson*,1677 f°21,*verso*,1679, f° 81, *verso*.

(2)*Rem. hist.*, t. ii, p. 651. — *Mém.de Feydeau Ms.* in-4°, p. 40.

(3)*Rem. hist.*, t. ii, p.652; t. i, p. 150.

(4) *Ibid.*, t. i, p. 101,

LIVRE DIXIÈME

M. OLIER PRÉMUNIT EFFICACEMENT LE FAUBOURG SAINT-
GERMAIN CONTRE L'HÉRÉSIE DU JANSÉNISME

I.

Visionnaires,
et jansénistes
dont M. Olier
eut à défendre
sa paroisse.

Pendant que M. Olier, de concert avec ses ecclésiastiques, poursuivait avec tant de bénédiction
l'œuvre de la réforme du faubourg Saint-Germain,
on eût dit que le prince des ténèbres pour réparer
les pertes qu'il faisait chaque jour, voulût opposer
au zèle des ministres du salut, les séducteurs les
plus dangereux et les fanatiques les plus extraordinaires. On vit dans ces commencements, une
secte d'illuminés qui, sous des extravagances gros-
sières, propres à en imposer aux simples, cachaient
un infernal complot, le renversement de l'autel et
du trône. Ils firent tant de progrès dans Paris que,
sur les remontrances du Nonce et de l'archevêque
de Reims, l'assemblée du clergé crut devoir délibérer sur les moyens d'y opposer un prompt remède (1). On prit en effet des mesures pour les réprimer. Les principaux périrent par la main du
bourreau, à l'exception d'une femme, dont Marie
Rousseau découvrit les impostures, et qui ayant
été fustigée ne reparut plus (2).*

(1) *Assemblée*
de 1650, 5 août.
—*Niceron,Mém.*
de littérature,
art.LVIII. - *Moré-*
ry.— *Journaux*
de M. Deslyons,
p. 297 et suiv. -
Grandet. Vies
Ms.

(2) *Mém. de M.*
du Ferrier, p.
234, 235.
* NOTE 1, p.
470.

Mais d'autres ennemis plus séduisants et plus à
craindre, dont M. Olier eut à défendre son troupeau,
furent les prétendus disciples de saint Augustin
sur la grâce qui parurent aussi vers le même temps.
Bien que dès le commencement de son ministère
pastoral, les novateurs concertassent en secret les
moyens de pervertir le faubourg Saint-Germain,

pour accréditer par là plus aisément leur doctrine dans toute la France : ils ne s'y montrèrent pourtant qu'après la persécution de 1645, c'est-à-dire, lorsque M. Olier jouissait déjà de l'estime et de la vénération universelles dans sa paroisse (1) ; et ils y auraientfait infailliblement les plus funestes ravages, si ce zélé pasteur n'eût été suscité et préparé d'avance par la bonté divine, pour l'opposer comme un mur d'airain au torrent de cette nouvelle hérésie. Les travaux auxquels il se livra pour la combattre sont une des parties les plus remarquables et les plus intéressantes de son histoire ; et pour en montrer la suite et la liaison, il nous a semblé nécessaire de les réunir ici dans un même récit.

Cette hérésie, dont le Père de Condren avait annoncé l'apparition à ses disciples, se montra l'année même qui suivit sa mort. Pour l'insinuer plus aisément dans les esprits et dans les cœurs, sous de spécieuses apparences de réforme, l'abbé de Saint-Cyran, qui en fut le père en France, et ses premiers disciples, conçurent le dessein d'établir la pénitence publique à Paris ; et afin de préparer les esprits à cette nouveauté, ils voulurent en faire d'abord un essai dans les provinces. Ils jetèrent pour cela les yeux sur un ecclésiastique formé dès sa jeunesse par Saint-Cyran, M. Henri du Hamel (2), esprit déguisé, souple et flatteur, qui leur parut propre à servir avantageusement la secte naissante. Il établit en effet la pénitence publique dans une paroisse du diocèse de Sens, en 1642 ; et Arnauld, dans la préface de sa *fréquente communion*, ne manqua pas de faire une description pompeuse de ces pratiques, quelque ridicules qu'elles fussent. M. du Hamel avait distingué les pénitents de sa paroisse en quatre ordres. Ceux qui n'étaient coupables que de péchés secrets formaient le premier ; ils assistaient à l'office tout au bas de l'église, et séparés des autres paroissiens de quatre pas de distance. Le second était de ceux qui avaient eu quelque démêlé avec leur prochain, mais sans

(1) *Mém. part.*

II.
M. du Hamel établit la pénitence publique au diocèse de Sens.

(2) *Mém. du P. Rapin*, t.1, p.61. -*Moréri, diction. art. du Hamel.*

scandale.; c'était hors de l'église et sous le vestibule qu'ils se plaçaient. Le troisième degré était de céux qui avaient commis quelque péché scandaleux; on les reléguait dans le cimetière. Enfin ceux qui étaient longtemps demeurés dans le péché, allaient se placer sur une petite colline, d'où ils découvraient l'entrée de l'église. Tous ces pénitents devaient demeurer pieds et tête nus, durant l'office, et pratiquer encore d'autres mortifications, comme les jeûnes, les disciplines publiques, la haire (1).

M. du Hamel établit ainsi ces étranges pratiques en 1642, c'est-à-dire, dans le temps même où M. Olier quittait Vaugirard pour prendre possession de sa cure; et il paraît que le parti conçut alors quelqu'espérance de les mettre en honneur dans le faubourg Saint-Germain, en les faisant goûter au nouveau curé, qu'on savait être si zélé pour y introduire la réforme. A la fin de cette année, M. du Hamel fit le voyage de Paris, et n'osant pas s'adresser d'abord à M. Olier ni à aucun dès siens, pour leur proposer ses nouvelles pratiques, il se contenta de les exposer à des personnes zélées, qui avaient des liaisons particulières avec eux, dans l'espérance de les faire goûter à ces ecclésiastiques. Mais cette tentative n'eut pas l'effet qu'il s'en était promis. Car au lieu d'entrer dans ses vues, on lui reprocha fortement l'indiscrétion de son zèle : qu'il osât, de son chef, diffamer les personnes qui s'étaient adressées à lui dans le tribunal de la pénitence, en faisant connaître ainsi leurs péchés à tout le reste de sa paroisse; et qu'il les exposât a tomber dans le désespoir, ou à perdre l'esprit, en leur refusant de les absoudre et même de les entendre en confession (2).

Toutefois, cette doctrine, dès sa naissance, n'avait pas laissé de faire assez de bruit dans Paris, pour que l'année suivante, 1643, Louis XIII, peu de mois avant sa mort, ne se crut obligé d'envoyer le maréchal de Schomberg, chez l'archevêque, M. de Gondy,

(1) *Notice sur Port-Royal etc.*, t. i, p. 656.

III.
Les jansénistes veulent introduire la pénitence publique au faubourg S.-Germain.

(2) *Mém. part.*, au 1642. Décem.

IV.
Les jansénistes cherchent à élever de jeunes ecclésiastiques dans les maximes de la secte.

pour lui dire de sa part, de défendre aux prédicateurs de carême, de parler dans leurs sermons, de la nouvelle opinion sur la grace (1). † Cette même année, l'abbé de Saint-Cyran mourut le 11 octobre, et laissa pour tenir sa place, Antoine Singlin, son disciple, aumônier de l'abbaye de Port-Royal de Paris, qui devint ainsi le patriarche de la secte(2) ††.

C'était dans cette abbaye, où la trop célèbre abbesse Angélique Arnault, avait établi sa prétendue réforme, que les chefs du parti s'assemblaient secrètement trois fois la semaine, pour concerter entre eux les moyens de propager les nouvelles erreurs. L'un des plus efficaces, leur paraissant être la formation des jeunes ecclésiastiques, qu'on élèverait dans l'esprit et les principes de l'abbé de Saint-Cyran: on avait soin de faire faire pour cet objet des legs considérables, aux plus zélés qui venaient à mourir, en le leur représentant comme le moyen assuré de

---

† Le cardinal de Richelieu, avant sa mort, arrivée le 4 décembre 1642, avait chargé Ignace Habert, alors chanoine et théologal de Paris, de se déclarer publiquement contre la doctrine de l'*Augustin* de l'évêque d'Ypres : Habert avait

prêché trois sermons à Notre-Dame : le premier et le dernier dimanche de l'Avent 1642, et le dimanche de la Septuagésime (3). Dans l'un de ces sermons, qui furent imprimés, il prouvait que l'*Augustin* de Jansénius était un *saint Augustin mal entendu, mal expliqué, mal allégué;* et cette sorte de provocation faite aux prédicateurs jansénistes, explique la demande de Louis XIII à l'archevêque de Paris. Arnault répondit néanmoins à Habert l'année suivante, par l'*apologie de M. Jansénius et de la doctrine de saint Augustin, expliquée dans son Augustinus, contre trois sermons,* etc. Ce qui donna lieu à divers écrits de part et d'autre.

---

†† Saint-Cyran avait été inhumé dans l'église paroissiale de Saint-Jacques-du-Haut-Pas; et les dévots du parti ne manquèrent pas d'aller en pèlerinage à son tombeau, principalement le samedi, où le concours était considérable. Pour y attirer le peuple, ils se mirent à distribuer le portrait du défunt, que d'Andilly avait fait graver, comme celui d'un bienheureux; et on le portait même aux malades, pour

obtenir, leur disait-on, leur guérison par ce moyen (4).

faire revivre la véritable doctrine et la pureté de la morale des premiers siècles de l'Eglise (1). Voilà pourquoi les trois premières années du séminaire de Saint-Sulpice, où ils agissaient encore d'une manière très-cachée, ils s'efforcèrent d'attirer à eux les jeunes ecclésiastiques de cette maison, en leur proposant d'abord leurs nouvelles pratiques de pénitence, sous prétexte de perfection et de ferveur ; et l'on a vu que, par la vigilance et la fermeté de M. Olier, ils ne purent faire d'autre partisan que M. de Gondrin, qu'il exclut pour cela de sa communauté naissante. Ce fut peut-être pour se dédommager du peu de succès de cette tentative, qu'ils cherchèrent à avoir sous leur main quelqu'un des colléges de Paris, et que, n'ayant pu faire donner à l'un de leurs adeptes le principalat de celui de Montaigu, tout le parti s'intrigua ensuite, et obtint de l'archevêque de Sens, oncle de M. de Gondrin, que celui du collége des Grassins, dont la nomination appartenait à cet archevêque, fût conféré à un bachelier de Sorbonne, dont ils étaient assurés. Mais celui-ci prit les intérêts de la nouvelle doctrine avec tant de chaleur, qu'il se fit exclure de cette charge (2).

Cependant, M. Olier, ennemi de toute contestation, et d'ailleurs en possession de la réputation la plus intègre sur la foi, se borna au témoignage de sa conscience, tant qu'on ne s'efforça pas de l'obscurcir, ni de corrompre celle de ses paroissiens. Mais le zèle avec lequel il travaillait à la réformation des mœurs et au rétablissement de la discipline, étant devenu le prétexte d'une calomnie atroce, il se vit enfin forcé de manifester ses sentiments. Les nouveaux sectaires, sous prétexte de venger la doctrine de saint Augustin, reproduisaient plusieurs hérésies condamnées par le saint concile de Trente; afin de cacher aux yeux des simples le poison de leur doctrine, ils affectaient, à l'exemple des hérétiques de tous les temps, une grande austérité de mœurs, et faisaient, en apparence, des vœux très-ar-

(1) *Mém. du P. Rapin*, p. 128.

(2) *Ibid.*, t. I, p. 127.

V.
Les jansénistes se flattent d'avoir attiré à eux M. Olier.

dents pour voir revivre la ferveur de la primitive
Eglise. Quelques-uns voulurent croire que M. Olier
partageait leur opinion, et commencèrent à le mettre
au nombre des défenseurs de ce qu'ils appelaient
la vraie et la pure doctrine de la grâce. Une contestation qui s'éleva entre lui et un confesseur, appelé
pour assister un malade, contribua peut-être à faire
naître ou à accréditer ces faux bruits. Il arrive quelquefois qu'en voulant s'éloigner des erreurs nouvelles, plusieurs se jettent eux-mêmes dans les extrémités opposées. Les Jansénistes suivaient des
règles de morale propres à désespérer les âmes;
mais parmi les catholiques, quelques-uns, par un
zèle mal entendu, semblaient vouloir leur ouvrir
cette voie large, que Jésus-Christ déclare être celle
de la perdition; et le confesseur dont nous parlons
était apparemment de ce nombre. Du moins, M.
Olier se déclara contre ses maximes avec beaucoup
de force; et sa conduite, en cette occasion, put, dans
l'esprit de quelques-uns, le faire passer pour favorable aux nouvelles erreurs. « Ces opinions relâ-
» chées, écrivait-il, je les déteste, comme tout ce qui
» n'est point conforme à la pureté de l'Evangile;
» j'en ai mille fois plus d'horreur que des suggestions
» ouvertes de Satan; et j'aimerais mieux voir un ma-
» lade assiégé par une légion d'esprits de ténèbres,
» que de le voir mettre sa confiance dans un casuiste,
» qui, pour élargir les voies du salut, lui ouvre la
» porte de l'enfer (1). »

Cependant, comme les soupçons répandus sur la
foi de M. Olier pouvaient s'accréditer dans le public, il crut qu'il ne lui était plus permis de garder
le silence. Après la bulle d'Urbain VIII, qui avait
condamné la doctrine contenue dans le livre de Jansénius, et surtout après les brefs d'Innocent X pour
presser l'exécution de ce jugement (2) †. M. Olier

VI.
M. Olier ma-
nifeste ses sen-
timents d'op-
position au
Jansénisme, et
prémunit ses
paroissiens.

(2) Histoire de
l'Eglise du XVIIe
siècle, l. IV, ch. II,
p. 467.

† On compte jusqu'à treize brefs adressés par Innocent X,
à différentes personnes et à plusieurs corps, comme à tous
les docteurs et professeurs de Sorbonne, aux Universités
de son prédécesseur contre Jansénius.

comme tous les vrais enfants de l'Église, tenait ces
erreurs pour légitimement condamnées. Il profita
donc de la première occasion où il avait à parler
dans la chaire de son église, pour manifester ses
sentiments, non pas toutefois par des plaintes et des
invectives contre ses calomniateurs, mais en s'expri-
mant en faveur du dogme catholique de la manière
la moins équivoque (1); et il n'eut pas de peine à
persuader la fausseté du bruit qu'on avait répandu
contre lui. Bien plus, dès qu'il vit qu'on essayait de
répandre le poison de ces nouvelles erreurs parmi ses
paroissiens, il crut que comme pasteur, il devait les
en préserver, par tous les moyens qui étaient en son
pouvoir, même au péril de sa vie; et dans les compagnies où son ministère le conduisait, il ne négligeait aucune des occasions que la Providence lui
offrait pour remplir un devoir si essentiel de la
charge pastorale. Il jouissait alors de la vénération
universelle, et ses paroles étaient reçues avec une
entière confiance par ses paroissiens, ce qui fut
cause, dit le Père Rapin, « qu'il refroidit la plupart
» de ceux qui commençaient à se déclarer dans le
» faubourg Saint-Germain en faveur des nouvelles
» doctrines (2). »

Les sectaires en furent irrités; et comme tous les
moyens leur paraissaient légitimes, dès qu'ils pouvaient servir le parti, ils attaquèrent M. Olier, l'un
des premiers, par des écrits piquants et satyriques.
Ces libelles imprimés en secret et répandus à pro-
fusion par les émissaires cachés de la secte, devinrent le moyen dont elle se servit pour imposer silence à tous ceux qui avaient la hardiesse de parler
contre les nouvelles erreurs (3); les personnes les
mieux intentionnées pour la religion, furent si in-
timidées par ce genre d'attaque, qu'elles n'osèrent
plus se déclarer ouvertement contre une cabale,
devenue déjà si puissante et si terrible.

de Louvain et de Douai, pour presser l'exécution de la bulle
de son prédécesseur contre Jansénius (4).

(1) *Vie Ms. de M. Olier, par M. Leschassier*, p. 29.

(2) *Mém.*, t. I, p. 136.

VII.
Écrits satyri-
ques des Jan-
sénistes con-
tre M. Olier.
Sa conduite
en cette occa-
sion.

(3) *Mém.etc.* t. I, p. 135.

(4) *Histoire de l'Eglise, ibid.*

« Cependant il se trouva des ecclésiastiques de
» Saint-Sulpice assez courageux pour répondre
» aux calomnies de Port-Royal et pour défendre
» leur curé, lequel l'ayant su, il fit apporter leurs
» écrits et les jeta dans le feu en leur présence, ce
» qu'ayant fait : *Ne savez-vous pas*, dit-il, *que la ca-*
» *lomnie est une des récompenses, que Dieu donne à*
» *ceux qui défendent la religion? Bénissons-le de ce*
» *qu'il nous a jugé dignes de souffrir la persécution,*
» *pour avoir défendu ses intérêts.* » Ce fut par de si
» grandes maximes, ajoute le Père Rapin, auquel
» nous devons ce trait édifiant, que M. Olier impri-
» ma dans sa communauté l'horreur des opinions
» nouvelles ... qu'elle combattit toujours avec
» plus de fermeté, qu'aucune autre communauté
» d'ecclésiastiques de Paris, par l'aversion que cet
» abbé lui inspira de la doctrine de Port-Royal, dès
» qu'elle parut dans le monde (1). »

Outre les libelles satyriques dont nous parlons,
les jansénistes intimidaient par des menaces secrètes
ceux qui auraient eu la hardiesse de s'opposer aux
progrès de leurs erreurs (2), et plusieurs, par la crainte
de perdre leurs places ou pour d'autres semblables
motifs, se croyaient obligés à se taire et à se ménager ainsi eux-mêmes par un silence peu chrétien (3).
L'effet de cette crainte allait même si loin que les
prédicateurs, en réfutant la doctrine de l'évêque
d'Ypres, n'osaient plus prononcer son nom en
chaire, et que les professeurs les plus zélés contre
lui ne le combattaient que sous les noms empruntés
des hérétiques des derniers temps, pour ne pas
s'exposer à la vengeance de Port-Royal (4). Mais
ce fut en vain qu'on mit cet artifice en usage pour
intimider M. Olier et les siens : malgré les menaces
qu'on leur fit, malgré les calomnies dont on les
chargea et les tentatives qu'on employa pour soulever le peuple contre eux, ils continuèrent à se
déclarer contre les nouvelles erreurs, avec une fermeté qui en empêcha le progrès dans toute la pa-

(1) *Mém.*, t. I, p. 136, 137.

VIII.
M. Olier n'est pas intimidé par les mena- ces des Jansé- nistes.

(2) *Rapin*, t. I, p. 163.

(3) *Ibid.*, p. 136.

(4) *Ibid.*, p. 137.

roisse de Saint-Sulpice(1). Une personne de considération qu'il dirigeait, la marquise de Portes, dont on a
parlé et qui se trouvait alors en province dans ses
terres, s'étant laissée gagner par les novateurs, il lui
écrivit une lettre remarquable, que nous rapporterons ici. On y voit d'un côté l'attachement du serviteur de Dieu à la doctrine de l'Église, et de l'autre, l'esprit de duplicité et les voies artificieuses de l'hérésie,
toujours semblable à elle-même dans tous les temps.

« Je ne puis, ma très-honorée fille, vous ex-
» primer la douleur de mon cœur et la confusion
» de mon âme sur la nouvelle que j'ai apprise. On
» m'assure que vous entretenez une correspon-
» dance particulière avec Messieurs les Jansénistes,
» et que vous leur témoignez, par vos lettres, un
» grand zèle pour le soutien de leur société. J'ai
» combattu plus de huit mois, avant d'ajouter foi
» aux divers avis qu'on m'en donnait, me fiant plus
» à vos propres assurances qu'à tous les témoi-
» gnages contraires ; mais depuis peu, les preuves
» m'en ont été communiquées avec tant d'évidence
» que je ne puis plus en douter. Ma très-chère fille,
» que vous plaît-il que je fasse pour vous ? Si vous
» avez perdu créance en moi, vous jugez bien que
» je vous suis à charge et inutile. On ne peut pas
» servir deux maîtres, dit notre Seigneur, ni obéir
» en simplicité à deux personnes opposées dans
» leurs sentiments et dans leurs maximes. Je sais
» bien que la charité de Jésus-Christ est entière
» dans mon âme pour vous aider et vous servir ;
» mais je doute fort que je doive exposer davantage
» votre cœur à la duplicité de sa confiance et de sa
» soumission. Je puis vous dire que jamais je n'ai
» abandonné une âme que Jésus-Christ m'a con-
» fiée, et que j'ai toujours été soigneux de lui ôter
» tout sujet légitime de s'éloigner de moi, tant je
» respecte les ordres du divin Maître. Mais aussi,
» quand je vois une âme marcher par deux chemins
» différents, et joindre la finesse au déguisement,

IX.
Lettre de M.
Olier à une
personne sé-
duite par les
Jansénistes.

» après lui avoir fait connaître mes intentions et mes
» pensées, je la laisse aller dans ses voies, sachant
» qu'elle ne peut suivre un plus mauvais parti que
» celui du mélange en sa conduite, surtout si elle
» penche davantage du mauvais côté. Ma très-chère
» et très-honorée fille, si vous me promettez, en
» Jésus-Christ, de n'avoir plus aucun commerce
» avec ce parti qui fait aujourd'hui un schisme for-
» mé dans l'Église, et qui, malgré l'autorité supé-
» rieure, s'obstine à défendre les nouvelles opinions ;
» je puis vous assurer en Notre-Seigneur, que je
» vous rendrai tous les devoirs et tous les services
» que vous pouvez attendre de ma condition. Mais
» il ne m'est ni possible, ni permis de servir des
» âmes qui se jettent en un parti contraire et inju-
» rieux à l'épouse de Jésus-Christ, la sainte Église,
» dont il souffre les plaies et les outrages avec plus
» de douleur que celles qu'il reçoit en sa propre
» personne.

X.
Conduite ar-
tificieuse et
schismatique
des Jansénis-
tes.

» Que diriez-vous, ma fille, de personnes qui
» avancent que l'Église est dans l'erreur, et qu'elle
» se nourrit d'hérésies ; qui prétendent venir pour
» la réformer, et qui, au lieu de combattre ses enne-
» mis pour les convertir ou pour les exterminer,
» clabaudent incessamment contre leur mère, lui
» déchirent le cœur et la divisent avec une désola-
» tion non pareille. Vous ne voyez rien où vous
» êtes. On ne vous envoie que de beaux livres,
» comme ceux qui vous recommandent l'aumône,
» parce que vous y êtes portée. Sous les prétextes
» les plus imposants, ces messieurs négligent des
» œuvres les plus essentielles, pour établir leurs
» malignes opinions, méprisent tous ceux qui n'y
» entrent pas, les qualifient même d'hérétiques et
» de schismatiques. Parce qu'on prêche que Jésus-
» Christ est mort pour tous, ils en sont scandali-
» sés. Ils osent bien se plaindre et murmurer tout
» haut dans les églises, comme ils firent dans la
» nôtre il y a trois jours. Bref, en tous leurs procé-

« et ils donnent des signes effroyables de passion,
» de colère et de fureur, qui font frémir. Ma fille, il
» ne faut pas croire à tout esprit, comme dit saint
» Jean, ni surtout, comme dit saint Paul, aux ma-
» ximes singulières et nouvelles. Prenez-y garde,
» les erreurs se sont toujours glissées dans l'Eglise
» sous le masque de la réforme. Les derniers héré-
» tiques prétendaient que leur doctrine était celle
» de la primitive Eglise, fondée sur la parole de Jésus-
» Christ, accompagnant leurs discours de grandes
» aumônes, et annonçant partout une réformation de
» mœurs qui l'emportait sur celle même de l'Eglise.
» Quand on leur demandait : Qui vous envoie? Per-
» sonne, répondaient-ils, c'est nous-mêmes; et lors-
» qu'on ajoutait : Où sont donc les marques de cette
» mission extraordinaire? quelle approbation avez-
» vous du Saint-Siége? ils ne répondaient rien, parce
» qu'ils ne pouvaient rien répondre; et néanmoins
» ils ne laissaient pas de continuer à débiter leur
» doctrine, sans mission, sans l'approbation de leurs
» supérieurs, condition absolument nécessaire, et
» qui l'a toujours été dans l'Eglise. Saint Paul lui-
» même, tout apôtre qu'il était, prit les ordres de
» saint Pierre. Non, sans la soumission, il n'y a plus
» rien d'assuré. Je vois d'ailleurs, dans les personnes
» qui vous ont attirée à leur parti, tant d'opiniâtre-
» té, d'emportement, de mépris de tous ceux qui
» ne pensent pas comme elles, tant d'estime d'elles-
» mêmes au préjudice du corps de l'Eglise et du
» commun des fidèles, que cela m'effraie pour vous.
» Gardez-vous donc de ce levain dangereux; et quel-
» que belle apparence que vous remarquiez dans
» ceux dont je parle, éloignez-vous-en au plus tôt,
» pour vous attacher uniquement à Jésus-Christ
» et à la pureté de la foi, qui sera toujours la même
» dans l'Eglise, parce que Jésus-Christ sera tou-
» jours avec elle (1). »

Les chefs du parti, voyant l'opposition invincible
de M. Olier contre la nouvelle doctrine, cherchèrent

(1) *Lett. aut. de M. Olier*, p. 581 et suiv.

XI.

Les Jansénistes opposent M. du Hamel à M. Olier, et Saint-Merry à S.-Sulpice.

à lui opposer un adversaire qu'ils pussent mettre à la tête de quelqu'une des paroisses de Paris, et exécutèrent alors le projet qu'ils avaient conçu, d'appeler dans cette ville, M. du Hamel, qui, depuis qu'il avait fait ses preuves, en établissant la pénitence publique au diocèse de Sens, était digne, à leurs yeux, d'être produit sur un plus grand théâtre. La paroisse de Saint-Merry leur paraissant plus favorable à leur dessein qu'aucune autre, Arnauld, et de Barcos, neveu de Saint-Cyran, persuadèrent à M. Hillerin, qui en était curé, de se retirer à Port-Royal, et obtinrent que M. du Hamel lui succédât. Ce fut en l'année 1645 (1) : on vit alors la paroisse de Saint-Merry affecter une sorte de rivalité avec celle de Saint-Sulpice, et se déclarer en tout son émule. M. du Hamel, s'étant mis en communauté avec ses ecclésiastiques, leur fit des conférences réglées, où, sous prétexte de leur exposer les devoirs de leur état, il disputait sur les matières de la grâce ; et ces réunions furent bientôt toutes composées de laïques, et même de personnes de qualité, qui y venaient fort assidûment et se cachaient dans la foule (2). On voulut mettre aussi en honneur l'exercice du catéchisme ; les personnes âgées y étaient toujours en beaucoup plus grand nombre que les enfants : c'était un empressement incroyable pour y pénétrer. On établit aussi une assemblée de veuves, qui devaient pourvoir aux besoins du parti ; et pour obtenir d'elles de plus grandes contributions, on eut soin de les retirer de leurs familles et des mains de leurs proches, et de les faire vivre en communauté (3). Il faut joindre à cela les prônes de M. du Hamel, qui ne faisaient pas moins de bruit (4) ; et, enfin, la vogue extraordinaire de ce nouveau directeur parmi les dames de la paroisse, dont il était continuellement assiégé (5). Tout cela avait le nom spécieux de réforme.

Mais c'était surtout au faubourg Saint-Germain que les novateurs désiraient d'accréditer leur doctrine,

(1) La réalité du projet de Bourg-Fontaine démontrée par l'exécution, t. I, p. 224, 230. Mém. de P. Rapin, t. I, p. 60 etc.

(2) Mém. de Feydeau, p. 57, 58, 60. Ms. de la Bibl. Mazarine.
(3) Mém. du P. Rapin, t. I, p. 525.
(4) Ibid., p. 46. - Mém. pour servir à la vie de M. du Hamel, Ms. de la Bibl. de l'Institut., in-8°, n. 119. - Hist. de l'abbaye de Port-Royal, t. V, p. 169. - Journaux de Deslyons, p. 93.
(5) La réalité etc., p. 230. 231.

XII.
Hôtel de Liancourt. Le duc et la duchesse pervertis par l'abbé de Bourzeis.

Désespérant d'y parvenir jamais par le moyen du clergé qui en avait la conduite spirituelle, ils imaginèrent un expédient qui n'eut que trop de succès : ce fut de gagner au parti quelques unes des grandes maisons du faubourg, et d'en faire comme autant d'académies, où les docteurs jansénistes pussent enseigner librement les erreurs nouvelles à la haute société. Pour cela le conseil secret de Port-Royal porta ses vues sur l'hôtel de Liancourt, situé rue de Seine, assez près de l'église de Saint-Sulpice, l'un des plus considérables et des plus fréquentés du faubourg Saint-Germain (1) ; et ici, pour préparer le lecteur à ce que nous aurons à raconter dans toute la suite de ce livre, il est nécessaire d'entrer dans quelques détails.

(1) *Mém. du P. Rapin*, t. I, p. 92.

Le duc de Liancourt avait eu une jeunesse assez orageuse, par suite de ses liaisons avec les libertins de ce temps là, surtout avec Théophile de Viau, que le Parlement de Paris bannit enfin de son ressort comme professant l'athéisme (2). Mais depuis sa conversion il s'était mis sincèrement au service de Dieu, et donnait même des exemples édifiants, surtout aux paroissiens de Saint-Sulpice, par son exactitude à ses devoirs religieux et son dévouement pour les bonnes œuvres. Il avait épousé Jeanne de Schomberg, sœur du maréchal de ce nom, femme de beaucoup d'esprit et qui ayant une très-grande avidité d'apprendre, parut aux jansénistes un sujet capable de s'attacher à la nouvelle doctrine, si l'on parvenait à la lui faire goûter. Comme elle était très-insinuante et qu'elle gouvernait son mari, on espérait que par elle on pourrait le gagner lui-même, et peut-être aussi la Reine régente qu'elle voyait fréquemment ; du moins on adoucirait par son moyen l'esprit de cette princesse à l'égard de Port-Royal qu'elle avait en aversion. Le duc et la duchesse de Liancourt recevaient volontiers et attiraient même les gens de lettres à leur hôtel, et on n'eut pas de peine à faire entrer chez

(2) *Ibid.*, p. 99.

(1) Mém. de...
Bourdeaud, p. 10.

eux l'abbé de Bourzeis, de l'Académie française, qu'on leur représenta comme un homme d'un mérite extraordinaire, et qui fut considéré en effet comme le premier écrivain du parti après Arnauld. Mais l'abbé de Bourzeis ayant trouvé la duchesse de Liancourt fort prévenue contre les nouvelles erreurs, à cause des impressions qu'elle recevait de la reine, il ne la contredit pas au commencement ; au contraire il la fortifia d'abord dans son attachement à la saine doctrine. Insensiblement il changea de langage, comme ébranlé, disait-il, et puis gagné au parti par la lecture assidue des ouvrages de saint Augustin. Enfin il fit tellement goûter les nouvelles erreurs à la duchesse, que l'ayant gagnée tout-à-fait, il s'en servit pour prendre son mari qui avait très-bon sens, mais qui ne se donnait pas la peine d'examiner les choses à fond, s'en rapportant d'ordinaire à sa femme (1).

XIV.
L'of. de Cros mares et les... prit dogma-... seul à l'hôte... de Liancourt...

(2) Mém. du... Rapin, p. 10...
(1) Rapin, t. I, p. 99, 100.

XIII.
Efforts inutiles du maréchal de Schomberg et de M. Olier pour détromper la duchesse.

Le maréchal de Schomberg, opposé à ce parti, priait sa sœur de n'y être pas favorable et de ne point donner entrée dans sa maison à ceux qui le soutenaient ; mais elle ne changea rien à sa conduite, et au contraire s'y affectionna plus encore qu'auparavant. Ce qui l'y engageait ainsi et la touchait même plus que ses entretiens avec l'abbé de Bourzeis, était l'exemple de la princesse de Guémené, Anne de Rohan, qui de mondaine était devenue en peu de temps une grande dévote, par la direction de Port-Royal et commençait pour sa dévotion à faire du bruit dans le monde. Le maréchal de Schomberg voulant guérir sa sœur d'une tentation si dangereuse, lui proposa, ainsi qu'au duc de Liancourt, de s'en rapporter à M. Olier, comme à leur pasteur légitime. Mais la duchesse, qui n'ignorait pas les sentiments de son curé contre la nouvelle doctrine, refusa ce moyen (2). Ce fut peut-être alors que pour ramener l'abbé de Bourzeis, et avec lui le duc et la duchesse, M. Olier ménagea à cet abbé une conférence en règle avec Alphonse Le

(2) Mém. du P. Rapin, t. I, p. 101.

Moyne, docteur et professeur royal de théologie en Sorbonne (1), l'un des plus zélés et des plus doctes de ce temps. Cette conférence n'eut alors aucun résultat, comme c'est l'ordinaire dans ces sortes de disputes; et l'abbé de Bourzeis continua de dogmatiser à l'hôtel de Liancourt, avec la même liberté qu'auparavant : il y fut même secondé par deux autres docteurs du parti, membres de l'Oratoire, le Père Toussaint Desmarès et le Père Jacques Esprit.

L'un et l'autre avaient pris goût de bonne heure à la doctrine de l'abbé de Saint-Cyran; et, quoique le Père de Condren les en eût éloignés par la vigilance de son zèle, ils avaient repris leurs premières impressions, presqu'aussitôt après sa mort. Car, l'année 1643, le Père Desmarès osa bien prêcher les nouvelles erreurs dans la chaire de l'église de l'Oratoire de la rue Saint-Honoré (2), et en quelque sorte sur le tombeau même du Père de Condren, qui avait été inhumé en ce lieu. Ajoutons que le Père Desmarès, qui se faisait ainsi le champion de la secte, n'était pas seulement réputé le plus célèbre prédicateur de ce temps : il joignait à sa grande facilité d'élocution toutes les ruses et les finesses du sophiste le plus exercé à la dispute; et, à l'école de Saint-Cyran, il s'était tellement nourri, disait-on, de la doctrine de saint Augustin, que les Jansénistes, en l'entendant, s'imaginaient entendre saint Augustin lui-même (3). * Le Père Esprit, reçu membre de l'académie en 1639, était répandu dans le commerce du grand monde; et, quoique peu versé dans la théologie, il ne laissait pas, dit le Père Rapin, étant un agréable parleur, de répéter trop efficacement aux dames, ce que l'abbé de Bourzeis lui apprenait de la prétendue doctrine de saint Augustin (4). On voit ici une triste preuve de ce que nous avons dit plus haut : que la divine Providence, en détachant de la congrégation de l'Oratoire les Grands du faubourg Saint-Germain, et en les attirant à Saint-Sulpice, après la persécution de M. Olier, voulut les préser-

(1) *Mém. de M. Baudrand*, p. 76.

XIV.
Les Pères Desmarès et Esprit dogmatisent à l'hôtel de Liancourt.

(2) *Mém. du P. Rapin*, p. 100, 101, 106.

(3) *OEuvres d'Arnauld*, t. XVI Pr. p. 31. - *Mém. pour servir à l'hist. de P. R.* par du Fossé.

* NOTE 2, p. 471.

(4) *Mém. du P. Rapin*, t. 1, p. 101, 104.

ver du poison de ces funestes doctrines, dont les Oratoriens les auraient imbus comme infailliblement, s'ils les avaient eus encore alors sous leur conduite spirituelle. Ainsi, sans parler des autres, le duc de Luynes, fils du connétable et paroissien de Saint-Sulpice, fut gagné à ce parti par le Père Desmares, dans un séjour qu'il fit au château de Liancourt; et il s'attacha même si fort à Port-Royal, qu'il devint un modèle de la prétendue perfection qu'on pratiquait à cette école (1). Le duc et la duchesse de Liancourt contribuèrent de leur côté à faire cette conquête, par l'esprit de prosélytisme que ce Père avait su leur inspirer. Enfin, la princesse de Guémené, et la comtesse de Brienne, animées du zèle de la secte, ne négligeaient aucune occasion pour y attirer toutes les dames qui cherchaient la réputation de bel esprit (2).

Mais l'hôtel de Liancourt n'était pas le seul du faubourg Saint-Germain, qui fût devenu une école des nouvelles doctrines sur la grâce. Celui de Nevers, sur l'emplacement duquel a été construit l'hôtel de la monnaie, et qu'occupait alors le comte du Plessis de Guénégaud, secrétaire d'état, dont le nom est resté à une rue voisine, était le grand théâtre, où l'on enseignait avec plus d'éclat, et même avec plus d'applaudissement, le nouvel Évangile de Port-Royal. La comtesse du Plessis, Isabelle de Choiseul, avec Gislebert de Choiseul, évêque de Comminges, son cousin germain, homme d'esprit, y tenaient des assemblées de gens choisis; et, quoique le comte de Guénégaud ne s'occupât guères que des affaires de l'état, son hôtel était le rendez-vous le plus universel de la secte, pour les personnes de la cour, pour celles de la robe, et enfin, pour tout ce qu'il y avait alors de plus brillant dans la jeunesse de qualité. C'était là qu'on débitait avec toute la politesse dont cet hôtel était plein, les bonnes fortunes du parti, et tout ce qui pouvait intéresser les progrès de la nouvelle morale (3). On comprend quelle

(1) *Ibid.*, p. 211, 213.

(2) *Ibid.*, p. 218, 163.

XVI.
Hôtel de Nevers, autre foyer de Jansénisme, pour le faubourg S.-Germain.

(3) *Mém. du P. Rapin*, t. I, p. 218, 403.

devait être l'affliction de M. Olier, témoin de pareilles réunions, qui avaient pour fin de répandre le poison de l'hérésie dans sa paroisse. « Je ne puis » sans douleur et sans la plus profonde désolation, » écrivait-il, à cause de la fidélité que je dois à mon » ministère, voir des ouailles que DIEU m'a données, » fréquenter des assemblées que le Roi même de-» vrait défendre. Plusieurs personnes de ma pa-» roisse, et dont je dois répondre à DIEU, entrent » dans cette tentation malgré mes conseils, et joi-» gnent à la désobéissance formelle à leur supérieur » naturel, le mal d'entrer de cœur et d'esprit dans » toute l'étendue de ces nouvelles opinions, autant » qu'ils en peuvent comprendre, et cela contre leur » état, leur condition et l'humilité chrétienne (1). »

(1) *Lett. aut. de M. Olier*, p. 577.

XVI. Concours à St-Merry et à Port-Royal. Le frère Jean de la Croix,

Un autre sujet de douleur pour M. Olier, était qu'outre ces réunions domestiques et privées, on en avait formé d'autres hors du faubourg Saint-Germain, qui étaient publiques, et ouvertes à tout le monde, et que plusieurs des plus notables de sa paroisse fréquentaient très-assidûment : nous voulions parler du concours qui avait lieu aux églises de Saint-Merry et de Port-Royal. M. du Hamel prêchait dans la première le matin, tous les dimanches, et M. Singlin le soir dans la seconde. Parmi les plus considérables de la secte, qui ne manquaient pas de se trouver à ces sermons, on remarquait le duc et la duchesse de Liancourt, le duc de Luynes, la princesse de Guémené, la comtesse de Chavigny, le marquis de Laigues, le conseiller d'État du Gué-Bagnols, les maîtres des requêtes Charles de Bernières, Jean Lenain, qui tous invitaient encore leurs amis à aller entendre ces nouveaux docteurs, afin de donner par ce concours plus d'importance à la secte (2). Ils étaient surtout attentifs à y attirer les personnes qui pouvaient lui donner quelqu'éclat, soit par leur condition, soit par leur réputation de vertu. L'estime universelle que s'était acquise le frère Jean de la Croix, dans la dis-

(2) *Mém. du P. Rapin*, t. 1, p. 332.

(1)Rem. hist.,
t. I, p. 143.
(2) OEuvres
d'Arnauld, t.
XXVI, Préface.
Hist. et critiq.,
2ᵉ part., art. 2, §
4, p. 41.

XVII.
M. Olier empêche le frère Jean de continuer à fréquenter Port-Royal.

(3)Hist. de l'E-
glise du XVIIe
siècle, t. II, p. 195.

tribution des aumônes à Saint-Sulpice, allait jusqu'à la vénération (1), et il paraît qu'ils firent quelque tentative pour le gagner (2). Au moins serait-il tombé dans le piège, sans la fermeté de M. Olier qui l'en préserva. Ce bon frère, simple et sans études, allait tous les dimanches à Port-Royal-les-Paris, pour y entendre M. Singlin. Ce qui l'attirait surtout, c'était qu'on y lisait tout l'Evangile en latin, et qu'ensuite on l'expliquait en français; pratique qu'il croyait être la marque d'un grand zèle pour la pureté de l'Evangile, ne comprenant rien du reste aux discours de ces novateurs.

M. Olier en ayant été averti, le fit appeler, et lui dit: « J'ai appris que vous allez à Port-Royal, ce » qui m'a autant surpris qu'affligé: ne savez-vous » donc pas que ces messieurs sont dans de nouvelles » opinions contraires au sentiment de toute l'E- » glise? » Frère Jean répondit que, sans avoir aucune conférence avec eux, il se contentait d'entendre la prédication, ne trouvant point de prédicateurs qui, à son avis, préchassent si bien et d'une manière si salutaire. « Est-ce donc, lui repartit M. » Olier, que le Père de Lingendes (c'était alors le plus célèbre orateur de la compagnie de Jésus (3);) » et beaucoup d'autres prédicateurs que nous avons, » ne prêchent pas bien? » Le frère ayant ajouté qu'il lui suffisait d'entendre l'Evangile bien expliqué, comme on faisait en ce lieu-là, et que les autres prédicateurs n'entretenaient leurs auditeurs que d'histoires romaines. « Vous me fâchez, lui dit alors » M. Olier d'un ton grave et sévère; et si toute » autre personne que vous, m'eût tenu ce langage, » je l'eusse mis hors de céans, tout à cette heure. » Et là-dessus il se retira. Il demeura trois jours sans lui parler. Pendant ce temps, le frère ne laissait pas d'aller visiter les pauvres, sans être pourtant résolu de ne plus aller à Port-Royal; au contraire, il s'y sentait plus porté qu'auparavant. M. Olier le fit enfin appeler, et dès qu'il le vit entrer « Est-il pos-

» sible, dit-il, qu'un petit homme sans doctrine,
» que ce pied de mouche, soit en opposition avec
» tout le monde ? A-t-on rien vu de semblable ?
» N'avez-vous point de confusion devant Dieu de
» toutes les choses que vous m'avez dites ? persévé-
» rez-vous toujours dans votre entêtement orgueil-
» leux ? ne voyez-vous pas que tout cela n'est que
» fantaisie de votre esprit ? Il lui dit plusieurs
autres choses vives et fortes, qui anéantirent tellement ce pauvre frère, qu'il ne put ouvrir la bouche
pour dire un seul mot. Alors M. Olier s'apercevant
de son trouble, et le voyant tout interdit, lui dit
avec sa douceur ordinaire : « Je sais que vous n'en
» avez agi de la sorte, que pour vous avancer davan-
» tage dans la vertu ; ainsi je vous excuse pour
» cette fois ; mais n'y retournez plus. » Ces paroles
furent si efficaces qu'elles changèrent à l'instant les
dispositions de ce bon frère ; il promit à M. Olier
de ne plus mettre le pied à Port-Royal, et fut constamment fidèle à sa promesse (1).

(1) Rem. hist.
t. I, p. 143.
(2) Oeuvres
d'Arnauld, t.
xxvi, Préface
hist. et critiq.
2e part., art. 2, § 1
4, p. 41.

XVII.

(1) Olier em-
pêche le frère
... de con-
tinuer à fré-
quenter Port-
Royal.

(1) Attest. aut.
p. 146, 147.

L'audace des sectaires croissant de jour en jour,
à la faveur de la liberté que leur laissait la cour, occupée alors à des affaires d'un autre genre, allait
même si loin, qu'ils osaient condamner ouvertement
la doctrine catholique, et traiter d'hérétiques ou de
schismatiques ceux qui la soutenaient. Plusieurs curés de Paris, entraînés par le torrent de la séduction,
en vinrent eux-mêmes à ces excès. Le curé de Vaugirard, M. Coppin, fut de ce nombre ; et malgré les
services importants que M. Olier n'avait cessé de
lui rendre, il ne le regarda plus que comme un hérétique et un ennemi.* Après M. Olier, les principaux que les jansénistes affectaient de représenter
comme fauteurs d'un schisme, étaient Abelly, curé
de Saint-Josse, † depuis évêque de Rodez ; Colombel, curé de Saint-Germain-l'Auxerrois ; et Châ-

XVIII.
M. Olier traité
d'hérétique
par plusieurs
curés.

* NOTE 3, p.
473.

† La paroisse Saint-Josse, qui ne contenait dans son étendue que vingt-neuf maisons, et dépendait de celle de Saint-
Laurent (2), n'existe plus aujourd'hui.

(2) Lebeuf, hist.
de Paris, t. II, p.
490.

(1)*Histoire de l'Eglise du XVIIe siècle*, t. II, liv. VII, ch. III, p.126, 127, Ms.

pelas, curé de Saint-Jacques-de-la-Boucherie.(1). « Ils en viennent, écrivait M. Olier, jusqu'à regar-
» der comme des hérésies, si l'on prêche que JÉSUS-
» CHRIST est mort pour tous ; que les commande-

(2) Lett. aut. de M. Olier, p. 573.

» ments sont possibles ; que l'on résiste souvent à
» la grâce(2) : disant que les propositions contraires
» sont de la foi. Ils publient hautement que je fais
» schisme dans l'Eglise, n'étant pas avec eux, et
» prêchant une autre doctrine ; et ainsi je suis le
» chef des schismatiques, parce que je suis uni au
» gros de l'Eglise, qui n'est pas de leur parti et qui

(3) *Ibid.*

» s'élève contre cette nouveauté (3). Ils nous accu-
» sent même d'être Pélagiens ou Semi-Pélagiens,
» disant que nous donnons tout à la nature et rien
» à la grâce, et qu'ainsi nous sommes hérétiques.
» C'est de la même sorte que les huguenots im-
» posent à l'Eglise pour la rendre méprisable, quand
» ils disent que nous sommes idolâtres et que nous
» adorons les images et les Saints. Nous répondons
» à ces messieurs, que nous ne donnons rien à la
» nature de toutes les choses surnaturelles, que
» nous reconnaissons que la grâce en est le seul
» principe ; que *nous ne sommes pas suffisants d'avoir
» de nous une bonne pensée,* selon saint Paul ; que
» *c'est à Dieu de nous donner de quoi vouloir et par-
» faire en sa grâce ;* car nous ne sommes pas plus
» capables, de nous-mêmes, de vouloir et d'accom-
» plir les choses surnaturelles, que de les penser. Il
» faut grâce en tout et partout, et nous ne pouvons
» rien sans la grâce de DIEU ; que peut-on donner

(4)*Ibid.*,p.573, 574.

» davantage à la grâce ? Ils nous veulent imposer
» que nous ne croyons pas cela, pour avoir droit de
» nous venir brouiller (4). »

XIX.
Les Oratoriens tentent en vain de s'établir sur la paroisse de S.-Sulpice, où ils auraient semé l'hérésie.

La plupart des Pères de l'Oratoire osaient bien tenir ces discours, et regardaient aussi eux-mêmes M. Olier comme l'auteur d'un nouveau schisme dans l'Eglise ; et parcequ'ils étaient devenus les propagateurs et le soutien du jansénisme, les chefs de la secte résolurent de les établir au faubourg Saint-

Germain, afin de leur donner ainsi toute facilité de
répandre leurs erreurs au cœur même de la paroisse
de Saint-Sulpice. Ils firent tant de démarches pour
procurer l'accomplissement de ce dessein et mirent
dans leurs intérêts des personnes si puissantes, que
le succès semblait en être certain. « Dès que la nou-
» velle en fut répandue au séminaire, dit M. Olier,
» elle donna sur l'heure un tel abattement à nos
» Messieurs qu'ils ne savaient où ils en étaient, ils
» étaient tellement convaincus que l'établissement
» de l'Oratoire entraînerait la ruine du séminaire,
» et que, si au milieu de tant de contradictions, que
» l'ennemi de tout bien suscitait chaque jour, pour
» leur faire abandonner cette œuvre et celle de la
» réforme de la paroisse, ils avaient encore sur les
» bras une congrégation, qui leur déclarerait
» une guerre ouverte, infailliblement ils seraient
» contraints de leur céder le terrain, pour se
» fixer ailleurs. En effet si des personnes qui
» nous traitent d'hérétiques, se mêlaient dans
» le faubourg et allaient abreuver les peuples de
» leur doctrine, où en serions-nous ? Quelle zi-
» zanie ? quelle brouillerie ? Cette nouvelle con-
» tradiction apporterait elle seule plus d'obstacles
» au bien des âmes que toutes les autres ensemble.
» Ces Pères étant irrités comme ils le sont contre
» nous, par maxime de conscience, et leur chaleur
» s'allumant tous les jours par ces doctrines, il
» nous faudrait tout quitter (1). » Mais la divine
Providence qui avait suscité M. Olier pour la sanctification du faubourg Saint-Germain, mit à ce projet un obstacle insurmontable, comme nous le raconterons dans la suite.

Le serviteur de Dieu ayant appris que pour fortifier
le parti déjà si audacieux, on songeait à faire venir à
Paris le Père Séguenot de l'Oratoire, supérieur de
la maison de Saumur, que le cardinal de Richelieu
avait fait autrefois enfermer à la Bastille, pour son
zèle à soutenir la doctrine de Saint-Cyran (2) ; il fit

(1) *Lett. aut.*
de M. Olier, p.
196.

XX.

Zèle de M.
Olier pour fai-
re interdire la
chaire aux
prédicateurs
Jansénistes.

(2) *Mém. chro-*
nologiques et
dogmatiques,
par d'Avrigny,
1638, juin 1 et 5.

prier le Chancelier de prévenir ce mal, et écrivit encore à saint Vincent de Paul, afin qu'il voulût bien joindre ses instances aux siennes. « Peut-être » serait-il important, lui disait-il, que vous vissiez » vous-même M. le Chancelier pour le prévenir sur » cela, selon les voies que la divine sagesse pourrait » vous en ouvrir : je me crois obligé à vous donner » ces avertissements, et à vous découvrir ces in- » trigues, formées contre l'œuvre de Dieu, que vous » aimez et que vous êtes chargé de maintenir (1). »

(1) Lett. aut. de M. Olier, p. 33.

Mais pour ne rien négliger de ce qui était en son pouvoir, M. Olier alla lui-même trouver le Chancelier et l'excita à soutenir l'Eglise, en écartant ceux qui pouvaient lui nuire davantage par la propagation des nouvelles erreurs (2). Les Jansénistes songèrent aussi à faire reparaître dans les chaires de Paris le Père Desmares qui, sans avoir les talents extérieurs de l'orateur (3), était si universellement prôné par le parti, pour l'onction et la solidité de ses discours, qu'il attirait le peuple en foule (4) †. Quoique la chaire lui eût été interdite en 1648 par un ordre de la Régente (5), ils se persuadèrent que le Roi, dans le commencement de sa majorité, n'userait pas d'une si grande rigueur à l'égard d'un orateur que tant de personnes désiraient d'entendre. Ils invitèrent donc ce Père à prêcher le Carême à Saint-Merry, et il y eût probablement rempli cette station, si M. Olier ne se fût empressé de dénoncer leur dessein à la Reine-mère. « J'ose adresser à » Votre Majesté, lui écrivit-il, une prière très-ins- » tante, de la part de toutes les personnes qui sou- » tiennent et favorisent la sainte doctrine de l'Eglise » contre les nouveautés, de vouloir encore empêcher » que le Père Desmares ne prêche : on dit haute- » ment qu'il doit monter, ce Carême, dans la chaire » de Saint-Merry. La régence de votre fils ne doit

(2) Mém. part. an. 1648.
(3) Nécrologe des défenseurs de la vérité 1716, in-12, IIIᵉ tom. du nécrologe de P. R., p. 231.
(4) Mém. pour servir à l'hist. de Port-Royal, par M. du Fossé. Utrecht, 1739, p. 94.
(5) Hist. de l'Eglise du XVIIᵉ siècle, liv. IV, ch. XXII, p. 614.

† Boileau, dans sa dixième Satire, fait allusion aux prédications de cet orateur :

« Des Mares, dans Saint-Roch, n'aurait pas mieux prêché. »

» pas être moins vigoureuse à réprimer cette héré-
» sie que ne l'a été la vôtre ; et votre Conseil, Ma-
» dame, vous indiquera les moyens de faire observer
» la défense déjà intimée à ce prédicateur, comme
» une chose très-importante à maintenir, puisqu'un
» Carême de ses prédications, détruira plus de bien
» qu'on n'en pourrait faire dans une année en-
» tière (1). » Cette démarche eut son effet. L'archevêque, sur une lettre de cachet, interdit la chaire
au Père Desmares (2), qui, durant près de vingt
ans, ne prêcha plus à Paris, quoique la lettre de cachet fût révoquée dès 1652, et que cette révocation
lui eût permis de reparaître (3). Mais comme les
novateurs pouvaient trouver aisément des prédicateurs de moindre réputation, et leur faire enseigner l'erreur dans quelqu'une des églises des communautés religieuses en si grand nombre dans le
faubourg Saint-Germain, le prieur de l'abbaye, dom
Placide Roussel, qui soutenait M. Olier de tout son
pouvoir, comme l'avait fait de son vivant le Père dom
Grégoire Tarrisse, publia un mandement, le 14 juin
1650, quelques jours avant la Fête-Dieu, qui montre
combien le danger de la séduction était alors à craindre dans la paroisse de Saint-Sulpice. Pour exclure les
Jansénistes des chaires du ressort de l'abbaye, il défendit d'y prêcher l'Octave du très-saint Sacrement
sans sa permission expresse, n'exceptant que les personnes privilégiées, tels que les supérieurs ; et encore leur défendait-il de prêcher le sujet de la grâce.
Il ajoutait que les simples fidèles et les religieuses
n'avaient besoin d'en savoir autre chose, sinon que
quiconque méritera d'être sauvé, le sera par la bonté
et la miséricorde de Dieu, et que quiconque sera
damné le sera avec justice pour ses démérites et ses
péchés. « Désirant et ordonnant, conclut-il, que les
» doctes n'en prêchent ni communiquent davantage
» à telles personnes, sous quelque prétexte que ce
» soit, même de direction ; et qu'autrement ceux qui
» le sauront soient tenus de nous en donner avis (4). »

(1) *Lett. aut. de M. Olier*, p. 381.

(2) *Hist. géné-rale du Jansénis-me*, 1700, t. n, p. 72.

(3) *Nécrologe des défenseurs de la vérité. Ibid.*

(4) *Arch. nation. St-Germain.* L. 1226. *Juridic. spirit.*, fᵒ 108.

On voit par ce mandement, combien, dans le temps de sa première ferveur, la réforme de Saint-Maur était loin de favoriser le Jansénisme.

XXI.
Promesse de soumission donnée à M. Olier, par le duc et la duchesse de Liancourt.

La protection ouverte et publique que le duc et la duchesse de Liancourt donnaient à cette hérésie, était pour M. Olier un vif et continuel sujet d'affliction. Néanmoins, au lieu de les fuir, il ne laissait pas, comme un bon pasteur, de rechercher les occasions de les voir, dans l'espérance de les ramener à la soumission envers l'Eglise, par le langage de la persuasion et de la douceur. Au mois d'août de l'année 1651, l'une des places de marguillier de Saint-Sulpice, étant venue à vaquer, par la mort de M. Lecoigneux, président à Mortier au Parlement, il crut devoir le remplacer par M. de Liancourt lui-même (1), afin d'être plus à même d'agir sur son esprit, en l'attachant ainsi de plus près à son pasteur et à sa paroisse. Le duc qui était alors à Liancourt, accepta volontiers cet honneur ; et M. Olier profita sans doute de la circonstance, pour lui insinuer le tort qu'il ferait à sa réputation dans l'estime des paroissiens si, en occupant cette place, il n'était dans la résolution sincère d'accepter toutes les décisions que le Saint-Siège pouvait porter sur les matières du temps. Peut-être même le pria-t-il de lui donner un témoignage précis de sa soumission, afin qu'il pût s'en servir pour rassurer ceux de ses paroissiens qui, étant persuadés du contraire, pourraient être scandalisés de sa nomination à la charge de marguillier. Du moins, il est certain qu'immédiatement après son élection le duc de Liancourt s'empressa de faire par écrit à M. Olier une promesse qui, sous le rapport de la soumission, ne laissait rien à désirer. Ayant été élu le 24 août, il lui envoya le 1er septembre suivant, de concert avec la duchesse, une déclaration conçue en ces termes: « Nous promettons, moyennant la grâce de Dieu, de » suivre exactement toutes les décisions que le » Pape fera nettement et distinctement sur la ma-

(1) *Bibl. nation. Ms. Baluze* 943. *Délibérat. des Marguilliers* fº 21.

» tière de la grâce, quand même il condamnerait
» toutes les propositions, que nous croyons être
» dans la doctrine de saint Augustin : voulant vivre
» et mourir dans la foi de l'Eglise catholique, apos-
» tolique et romaine, sans nous séparer jamais d'elle,
» ni douter d'aucun des points de foi qu'elle nous
» enseignera. Fait à Liancourt, ce premier sep-
» tembre 1651. — R. Duplessis. — Jeanne de Schom-
» berg. » Ils ajoutèrent ce post-scriptum. « Nous
» supplions très-humblement M. l'abbé Olier de
» garder cet écrit, par lequel nous avons voulu lui
» déclarer nos véritables dispositions pour sa satis-
» faction particulière, sans qu'il passe, s'il lui plaît,
» en d'autres mains (1). »

(1) *Mém. du P. Rapin*, t. I, p. 526, 527.

A l'hôtel de Nevers on dut aussi donner à M. Olier
les mêmes assurances. Du moins dans les assemblées
où présidait la comtesse Duplessis, on disait qu'on
attendait que Rome eût parlé pour se soumettre.
On affirmait la même chose à Port-Royal ; l'abbé
de Bourzeys, le Père Desmares et M. Singlin (2), ne
tenaient pas un autre langage ; enfin c'était là ce
qu'on disait généralement dans le parti pour ne pas
effaroucher les néophytes qui se présentaient. Ce
fut encore dans ce même dessein que l'on rendit
publique et fit courir dans le monde, en 1652, la déclaration que le duc et la duchesse de Liancourt
avait donnée secrètement à M. Olier, l'année précédente (3).

(2) *Journal de St-Amour*. Part. v, ch. xvi, p. 338.

(3) *Mém. du P. Rapin*, ibid., p. 525.

Cependant le serviteur de Dieu n'était pas sans
inquiétude à l'égard de la soumission promise par
cette déclaration ; car les propositions qu'on y attribuait à saint Augustin, n'étaient autre chose que les
erreurs de Jansénius, condamnées par Urbain VIII,
et qui le furent de nouveau par Innocent X l'année
suivante ; comme il voyait avec douleur que, séduits
par leurs docteurs familiers, le duc et la duchesse
s'affectionnaient de plus en plus à cette détestable
doctrine, il les supplia, par l'intérêt qu'il devait
prendre à leur salut, comme étant leur pasteur,

XXII.
Efforts de M. Olier pour ramener M. et Mme de Lian-
court. Confé-
rence.

de permettre qu'un religieux Feuillant, dom Pierre de Saint-Joseph, son ami, allât les visiter, pour les entretenir sur une matière si importante : ce qu'ils acceptèrent volontiers. Mais le maréchal de Schomberg, qui ne cessait de gémir sur l'attachement de sa sœur à Port-Royal, et de lui donner des avis, voulut profiter de cette occasion pour essayer de lui ouvrir les yeux. Il désira donc qu'au lieu d'une simple visite de la part du Père Feuillant, on fit en la présence du duc et de la duchesse de Liancourt, une conférence en règle, sur les points contestés ; et qu'il s'y trouvât des témoins de part et d'autre ; afin que le résultat pût servir de règle de conduite à sa sœur. Le duc et la duchesse acceptèrent la conférence, à condition qu'ils y auraient pour défenseur de leurs sentiments le Père Desmares(1). Celui-ci qu'ils avaient déjà mis aux prises avec un autre docteur catholique, accepta avec empressement la dispute, et répondit par une lettre que la duchesse envoya à M. Olier, pour lui faire connaître ses intentions. Il exigeait que celui qui aurait avancé quelque proposition ne fît pas difficulté de la souscrire, quand il en serait requis par sa partie adverse ; la condition fut acceptée (2).

Cette conférence, qui fit éclat dans le public, eut lieu à la fin du mois de mai 1652, au presbytère de Saint-Sulpice (3). Le duc et la duchesse de Liancourt y vinrent, accompagnés du maréchal et de la maréchale de Schomberg ; et ces quatre personnes furent les seules du côté du Père Desmares. Il y en eut aussi quatre du côté du Père Feuillant ; M. Olier, M. de Bretonvilliers, M. de Parlages, docteur de Sorbonne, et M. Hudon, ancien official de Rodez (4).

Comme la maxime la plus pernicieuse de la secte était : que la grâce manque quelquefois aux justes eux-mêmes, lorsqu'ils ne font pas le bien ; M. Olier ouvrit la conférence par cette question, qu'il adressa d'abord au Père Desmares, et qui fut la seule qu'on y traita : « Mon Père, condamnez-vous d'erreur ou

(1) *Mém. du P. Rapin*, t. I, p. 477.

(2) *Relation véritable de la conférence*, p. 7.

(3) *Mém. de M. Baudrand*, pag. 76.

(4) *Lett. diverses de M. Tronson*, t. I, p. 54, ibid.

XXIII.
M. Olier réduit la dispute à une seule question, et presse en vain le Père Desmares d'y répondre.

» d'hérésie l'opinion de ceux qui soutiennent qu'il
» y a des grâces suffisantes qui ne sont point effi-
» caces ; c'est-à-dire : Y a-t-il ou non des grâces
» suffisantes données par Jésus-Christ, qui soient
» rendues inefficaces et inutiles par le mauvais usage
» qu'on en fait (1) ? » Le Père Desmares regardant
cette question comme un écueil fatal, s'il osait l'a-
border, épuisa durant trois heures entières toutes
les ressources de son art pour donner le change à
ses adversaires ; et, au lieu de répondre, fit une exposition des divers systèmes des théologiens sur la
manière d'expliquer la nature de la grâce suffisante,
entr'autres de celui de Molina, qu'il taxa d'hérétique et de pélagien. Le Père de Saint-Joseph, prenant à son tour la parole, voulut montrer que ce
système n'était point condamné. Son adversaire
s'engageait à prouver son assertion par saint Augustin, et la dispute s'échauffait, lorsque M. Olier,
voyant que le rusé sectaire ne cherchait qu'à s'éloigner du sujet proposé, rompit ce manége et dit :
« Il n'est pas question de savoir, si pour faire le bien,
» il suffit d'avoir la grâce de Molina, ou celle des
» Jacobins, ou quelque autre que ce soit ; mais si
» celui qui ne fait pas le bien qui lui est commandé,
» a, ou peut avoir, tout le secours nécessaire pour
» cela, et si Dieu le lui offre de sa part ? »

Ces paroles, qui coupaient court aux subterfuges
du Père Desmares, furent, s'il faut en croire ce dernier, *un expédient peu sincère pour rompre la confé-*
rence, et peu digne d'une personne qui cherche la
vérité. Il distingua encore la grâce suffisante, et
proposa de produire des textes de saint Augustin.
« J'avoue, dit alors M. Olier, que j'ai peu lu ce saint
» docteur, d'autant que mes infirmités et mes occu-
» pations ne me l'ont pas permis. Mais il n'est pas
» ici question de distinguer la grâce suffisante,
» comme a fait le Père Desmares. Chercher en quoi
» consiste la différence de la grâce suffisante et de
» la grâce efficace, serait une difficulté dont jamais

(1) *Relation vé-*
ritable de la con-
férence, p. 17, 18.

XXIV.
Conduite ar-
tificieuse du
P. Desmares.

» nous ne sortirons : il s'agit de répondre, en géné-
» ral, s'il condamne la grâce suffisante ; et s'il refuse
» de répondre à cette question générale, il paraît qu'il
» y cherche finesse et qu'il appréhende la censure. »
M. Olier continua à le presser longtemps sans avancer davantage. Au lieu de s'expliquer nettement,
le Père Desmares protestait toujours qu'il était injuste de vouloir l'obliger à répondre sur une question équivoque, le mot de *grâce suffisante* étant pris
en divers sens par les théologiens. Le duc de Liancourt, voyant l'extrême embarras du Père Desmares, entreprit cinq ou six fois de le défendre, en
témoignant que ce Père agissait de bonne foi, qu'il
était étrange qu'on le pressât de la sorte ; et la duchesse à son tour se mit à en dire autant.

XXV.
Conclusion
de la confé-
rence.
(1) *Relation vé-
ritable de la con-
férence*, p. 23.

Alors M. Olier retranchant de la proposition ce
qu'on prétendait y être ambigu, et ne parlant plus
de grâce suffisante, demanda si, selon la foi catholique, il fallait reconnaître ou non des grâces qui ne
fussent point efficaces(1). Comme le Père Desmares
déclinait encore la question, M. Olier la réduisit à
son expression la plus simple, et résuma ainsi tout
le système de la nouvelle hérésie : « Signez que,
» selon la foi catholique, il n'y a point de grâce suf-
» fisante qui ne soit efficace, ou renoncez à Jansé-
» nius, dont néanmoins vous avez soutenu durant
» tant d'années la doctrine dans les chaires de Paris. »
Cette dernière proposition acheva de mettre dans
tout son jour la mauvaise foi du Père Desmares. Il
éluda encore la réponse, et dit que, s'il avait soutenu la doctrine de Jansénius, ce n'était point dans
ses écrits qu'il l'avait puisée. « Hé, qui donc vous
» en a imbu ? » reprit M. Olier. Le cardinal de Bérulle et M. de Saint-Cyran, répondit le Père Desmares. Au nom de Saint-Cyran, M. Olier branlant
doucement la tête, dit à la compagnie : « M. de
» Saint-Cyran ! ha, je ne m'en étonne pas ! » et
comme l'autre prétendait que le cardinal de Bérulle
avait témoigné beaucoup d'estime pour cet abbé (ce

qui n'était point étonnant, le cardinal étant mort
dix ans avant que le livre de Jansénius fût mis au
jour), « mais, reprit M. Olier, le Père de Condren
» n'en disait pas autant, ayant rompu d'amitié avec
» lui, pour une cause que tout le monde sait. »

Tel fut le dénouement de cette conférence ; du
moins c'est tout ce que nous en savons, d'après
une relation composée par le Père Desmares, où il
aura supprimé sans doute bien des traits qui n'é-
taient point en sa faveur. Le Père de Saint-Joseph
nous apprend, que son adversaire refusa plus de
trente fois de répondre directement à la question
que lui proposait M. Olier (1), et que, lorsqu'il vit
que les armes dont il s'était muni, c'est-à-dire, le
livre de la Correction et de la Grâce de saint Augustin, lui devenaient inutiles, et que toutes ses ruses
de guerre ne pouvaient obliger son adversaire à
changer de batterie, il n'eut autre chose à faire qu'à
remettre son épée dans le fourreau ; « je veux dire,
» continue ce religieux, qu'à remettre dans un sac
» ses traités de saint Augustin (2) †. »

Trois mois après la conférence, le Père de Saint-
Joseph en publia une courte relation, sous le titre
de Lettre d'un ecclésiastique à un évêque. Le docteur
Arnauld, muni des pièces que lui fournit le Père
Desmares, opposa à cette Lettre, la Relation véri-

(1) *Première lettre d'un eccl. à un évêque,* in-4°, p. 5.

(2) *Deuxième lettre, ibid.*

XXVI.

Écrits divers sur cette conférence.

(3) *Relation véritable de la conférence,* p. 15.

† La conférence étant ainsi rompue, M. de Liancourt se
saisit des actes qui étaient sur la table de M. Olier (3), et
les Jansénistes ne manquèrent pas de publier partout que le
Père Desmares y avait remporté une victoire complète.
Comme cependant des bruits contraires ne tardèrent pas à
se répandre dans Paris et dans les provinces, le Père Desmares envoya au Père de Saint-Joseph, un écrit où il donnait des explications sur ce qu'il avait avancé. Une pareille
démarche ne servit qu'à confirmer la vérité de sa défaite,
chacun pensant avec raison qu'un homme qui aurait
remporté une pleine victoire, ne proposerait pas des
accommodements à un ennemi désarmé et battu. Ces explications firent du reste tant de bruit, que les colporteurs les
criaient sur le Pont-Neuf, sous le nom de *Confession de foi
du Père Desmares.*

(1) OEuvres d'Arnauld, t. XVI, ibid. — Dupin, hist. eccl., t. IV, p. 654.

table de la conférence entre le Père dom Pierre de Saint-Joseph et le Père Desmares, prêtre de l'Oratoire, chez M. l'abbé Olier, et à laquelle le Père de Saint-Joseph répondit par divers écrits(1). Pendant le reste de l'été, ce ne furent qu'imprimés et lieux communs sur la grâce, qu'on répandit dans les provinces et dans Paris, en sorte qu'on ne savait ce qu'on devait penser du résultat de cette conférence, à cause des différents bruits qui en couraient. Un homme de qualité désirant savoir à quoi s'en tenir, s'adressa à M. de Bretonvilliers, qui de concert avec M. de Parlages, autre témoin de la conférence, lui répondit par cette lettre, qui fut ensuite imprimée et répandue dans le public. « Pour répondre à la » demande que vous me faites sur la conférence, » nous pouvons vous assurer avec vérité, que le » Père Desmares ne répondit jamais bien nettement » à la question proposée par M. l'abbé Olier, à la» quelle au contraire le Père Feuillant répondit sans » difficulté. » De son côté, le maréchal de Schom-

(2) Mém. du P. Rapin, t. I, p. 481, 482.

berg, interrogé par l'un de ses amis du succès de cette dispute, répondit pareillement que le Père Desmares n'avait fait que biaiser(2). Ainsi cette conférence n'eut point d'autre effet que celui qu'ont

(3) Lett. diverses de M. Tronson, t. I, p. 54, ibid.

ordinairement ces sortes de disputes, c'est-à-dire, que les partisans de l'erreur en sortirent comme ils y étaient entrés(3). M. Olier eut cependant recours à ce moyen pour ne rien omettre des devoirs qu'impose la charge pastorale; comme un médecin qui ne laisse pas de donner toujours des remèdes à un malade, quoique avec bien peu d'espérance de suc-

* NOTE 4, p. 410.

cès *. Le Père Rapin qui vivait alors, dit dans ses Mémoires, à la louange de ce zélé pasteur, et au sujet même de cette conférence : « Quoiqu'on laissât » les Jansénistes en paix du côté de la cour, et que » Paris fût dans un reste d'agitation (politique) : » l'abbé Olier faisait éclater son zèle à Saint-Sul» pice, de la même manière, que s'il eût été soutenu » de la cour, et que tous les gens de bien eussent

» unanimement concouru avec lui à s'opposer au
» progrès de la nouvelle doctrine, quoiqu'il fût
» alors presque le seul, qui parut sur les rangs
» pour y résister (1). » Rien n'était plus fondé que
le témoignage de cet écrivain ; et l'événement arrivé peu après, dont nous allons faire le récit, en est
une preuve nouvelle et frappante.

(1)*Mém.*, t.i, p. 476.

Nous avons dit que pour en imposer aux simples,
en cachant leurs erreurs sous les apparences d'une
grande austérité de vie, les Jansénistes prétendaient
faire revivre la pureté des premiers temps †, surtout par l'établissement de la pénitence publique,
dont M. du Hamel avait fait un essai au diocèse de
Sens. Dès qu'il fut curé de Saint-Merry, il s'empressa d'introduire ces pratiques nouvelles dans sa
paroisse, en y apportant toutefois plusieurs modifications ; et, pour les accréditer plus promptement,
les ecclésiastiques de cette paroisse se mirent à enseigner que l'absolution sacramentelle, sans la satisfaction, était nulle (2). La pénitence la plus ordinaire qu'ils imposaient, était d'obliger les pénitents
à se tenir au bas de l'église, et même hors du portail, surtout à ne point jeter les yeux sur le saint
Sacrement. On rapporte qu'une très-vertueuse fille,
l'ayant entrevu par mégarde, courut aussitôt dans
la rue voisine, de peur de le voir et de l'adorer ; et
qu'elle aurait persévéré dans ses vaines craintes, si
un prêtre de Saint-Sulpice (3), à qui on la conduisit
pour la calmer, ne l'en eût délivrée en dissipant son
illusion (4). On imposait aussi pour pénitence ce
qu'on appelait des heures de larmes, qui consis-
taient à faire des efforts pour pleurer durant ce
temps (5). Les disciplines étaient d'un fréquent
usage. On racontait même que les *disciplineuses* de

XXVII.
M. du Hamel
établit la pé-
nitence publi-
que à Saint-
Merry.

(2) *Journaux
de Deslyons*, p. 11.

(3) *M. Philippe.*

(4) *Ibid.*, p. 44.

(5)*Ibid.*,p.43.

† Le vicaire de Belleville, près Paris, succursale de la
paroisse de Saint-Merry, entreprit pour faire revivre, disait-
il, les mœurs de l'Eglise primitive, de ne plus baptiser dans
sa paroisse que le Samedi saint et de rétablir l'immersion
comme essentielle (6).

(6) *Journaux
de Deslyons*, p. 45.

de Saint-Merry s'assemblaient à quatre heures du matin, dans une chapelle de cette église, et s'y livraient de concert à toute leur ferveur. Au moins, est-il certain qu'il y avait alors à Paris de ces flagellantes ; et les plus modérés du parti craignaient, qu'à la fin ces excès ne donnassent lieu à des scandales plus graves encore, que ceux qu'accréditait, de l'aveu de ses amis, la conduite de M. du Hamel, (1), et ne renouvelassent les horreurs des anciens Gnostiques.

(1) *Journaux de Deslyons*, p. 157, 158. 159.

XXVIII.
Excès des pénitences publiques. Exils volontaires.

Les femmes se livrèrent à ces nouvelles pratiques de pénitence avec tant d'emportement, que plusieurs en moururent, et que d'autres en devinrent folles. Les plus zélées quittaient les villes pour s'ensevelir dans les déserts. On citait, entre autres exemples de ce genre, une fille, qui, revêtue d'habits de pénitence, demeurait entre le village d'Issy, près de Paris, et la ferme des Moulineaux, sous une espèce de grotte, creusée dans une petite roche qui sortait de terre : ne se nourrissant que d'herbes et de racines, et buvant de l'eau d'une petite fontaine, qu'elle puisait avec sa main. Ce genre de vie la mit en grande réputation de sainteté parmi les dévotes du parti, qui allaient la voir comme une autre Pélagie-la-Pénitente. Interrogée par les habitants des villages voisins, pourquoi elle vivait de la sorte, elle répondit : Qu'elle faisait pénitence; que son cœur était à Saint-Merry, et son corps en ce lieu là ; et comme on la pressait de se retirer, elle refusa de quitter sa solitude, à moins que M. le curé de Saint-Merry ne vînt lui-même la quérir (2) †. Les exils volontaires à Port-Royal-des-Champs, étaient de-

(2) *Le P. Rapin*, t. 1, p. 222. — *La réalité du projet de Bourg-Fontaine* t. 1, p. 233, 234.

† Cette fille ayant été interrogée sur d'autres sujets, ses réponses firent juger de l'affaiblissement de son esprit. On crut que le curé de Saint-Merry, l'avait fait enlever par des dames de sa paroisse; et l'on apprit dans la suite que, par un étrange égarement d'esprit, elle se jeta de la fenêtre de la maison où on l'avait logée; et que, comme elle n'avait fait que se blesser dans sa chûte, on la fit disparaître, pour mettre fin aux bruits auxquels elle donnait lieu (3).

(3) *Mém. du P. Rapin*, t. 1, p. 222.

venus fort à la mode. La protection de l'autorité diocésaine, et la douceur d'Anne d'Autriche, avaient laissé aux solitaires la liberté d'augmenter leur nombre et d'embellir leur désert. On y voyait accourir à l'envi des personnes de tout état (1), et même des plus distinguées du royaume. Les ducs de Luynes et de Liancourt, paroissiens de Saint-Sulpice, y avaient fait construire de vastes et beaux ermitages pour s'y retirer de temps en temps (2) ; et de tels exemples devaient accréditer rapidement, dans les classes inférieures, l'amour des nouveautés. C'est ce qui arriva, en effet, et l'on vit bientôt les fâcheux résultats qu'il produisait chaque jour dans la paroisse. Le plus pernicieux de tous était un refroidissement universel pour la sainte Communion. Dans la plupart des églises il était facile de remarquer que la sainte Table n'était plus fréquentée comme auparavant ; et, au témoignage de saint Vincent de Paul, on comptait déjà jusqu'à trois mille communiants de moins dans la seule paroisse de Saint-Sulpice (3).

Ce fut pour M. Olier une sorte de nécessité d'élever enfin la voix, et de signaler publiquement le venin de ces perfides pratiques. Comme elles semblaient tirer toute leur force du crédit et de la qualité de ceux qui les propageaient, il voulut les flétrir du haut de la chaire, en présence d'un nombreux et imposant auditoire, espérant en inspirer plus d'horreur par l'approbation tacite que cette assemblée donnerait à son discours. Il choisit, en effet, le jour même de la fête de Saint-Sulpice (4), et l'auditoire fut des plus augustes qu'on y eût jamais vus ; car, outre la Reine (5) et sa cour, on y remarqua des archevêques, des évêques, des généraux d'ordres (6) †, et beaucoup d'autres personnes, sécu-

(1) *Notice sur Port-Royal, par Petitot.* — *Recueil des Mém.,* t. XXIII, p. 75.

(2) *Ibid.,* p. 105. — *Hist. de l'abbaye de Port-Royal,* t. I, p. 203, 205, t. I, p. 121.

(3) *Vie de saint Vincent, par Collet,* t. I, p. 529.

(4) *Journal de Saint-Amour,* 6e part., ch. XI, p. 407.

(5) *Mém. de M. Baudrand,* p. 76.

(6) *Remontrance chrétienne et charitable à M. Olier, par le P. Desmares,* in-4°, p. 23.

† Parmi ces généraux d'Ordres, il faut placer, selon toutes les apparences, le Père Innocent de Catagironne, général des Capucins, qui est mort en odeur de sainteté, et de qui l'on rapporte plusieurs miracles. Un jour M. Olier lui de-

lières et ecclésiastiques, de haute distinction. Les erreurs qu'il s'efforça de réfuter dans cette action solennelle, et qui faisaient le plus de mal parmi les fidèles, étaient la nécessité de la pénitence publique pour tous les pécheurs, et l'inutilité de l'absolution lorsqu'elle n'est point précédée de la satisfaction et de la contrition parfaite.

XXIX. M. Olier prêche contre le rétablissement de la pénitence publique.

(1) *Arch. du minist. des affaires étrangères. Rome. Supplément*, 1649, de janvier à juillet. *Lett. de l'Evêque de Rodez au cardinal Mazarin.*

La première, toute déraisonnable qu'elle paraît d'abord, était cependant si accréditée, que la Sorbonne avait eu dessein d'en demander la condamnation au Saint-Siége; du moins le docteur Cornet, dans un premier projet de condamnation des erreurs nouvelles, avait noté cette proposition : *La puissance des clefs ne réside dans l'Eglise, que pour ceux qui font pénitence publique* (1). Pour en montrer la fausseté, M. Olier allégua les paroles du Sauveur dans saint Luc : *Si vous ne faites pénitence, vous périrez tous* †. « Mes très-chers frères, » dit-il, que je vous éclaircisse cette matière de la » pénitence, qui fait à présent tant de bruit et si » peu de fruit, puisque les discours inutiles, con-» tentieux, injurieux, qu'on tient là-dessus, tendent » à dissiper ce qu'il y a de pénitence dans les âmes. » Ces paroles de Notre-Seigneur ne regardent-elles » pas tous les hommes : *Si vous ne faites pénitence,* » *vous périrez tous : Omnes similiter peribitis?* Oui, » grands et petits, jeunes et vieux, sains et ma-» lades, riches et pauvres ; tout homme qui a pris » un plaisir criminel, s'il n'en a horreur et aversion, » périra. Mais, se servant de termes si universels, » JÉSUS-CHRIST ne peut pas parler de cette péni-» tence extérieure, qui fait dire de nos jours à plu-

(2) *Grandet, Vies Ms.*, t. 1, p. 126. *Supplément.*

mandant ce qu'il pensait des nouvelles opinions, la réponse de ce saint religieux fut qu'il les regardait comme la semence de plusieurs hérésies : *Multarum hæresum mihi videtur seminarium* (2).

† Nous rapportons ici un fragment du discours de M. Olier, tant pour servir de correctif aux fausses relations qu'en publièrent les Jansénistes, que de monument à l'histoire de cette controverse, à laquelle il prit beaucoup de part.

» sieurs, qu'il faut quitter les villes, le trafic et le
» négoce nécessaire à la vie (1). On allègue, il est
» vrai, la nécessité d'introduire, de temps en temps,
» des pratiques nouvelles, pour réveiller la ferveur.
» Sans doute, il est juste et utile que les choses
» changent, les hommes étant touchés ordinaire-
» ment par la nouveauté. Ainsi l'Esprit de Dieu,
» qui, dans un temps, avait jugé les pénitents pu-
» blics utiles à l'Eglise, leur substitua les saints re-
» ligieux, qui, sous leur extérieur de mortification,
» ont porté l'exemple des pénitences des déserts et
» l'horreur du péché, au milieu des villes. Mais,
» dans l'Eglise, c'est à Dieu seul d'établir un ordre
» de choses nouveau ; et alors il ne manque pas de
» l'approuver par des hommes insignes en miracles,
» en vertus, et en dons du Saint-Esprit, qui font
» paraître, avec évidence et certitude pour l'Eglise,
» que cette nouveauté est de lui. De plus, le Saint-
» Esprit, véritable directeur de l'Eglise, donnant ce
» mouvement aux inférieurs, donne aussi au chef,
» qui est le Pape, l'inclination de l'approuver ; quand
» ce divin Esprit vient à mettre en mouvement un
» membre, pour donner des démarches et des pro-
» grès au corps, le chef y consent et les autres
» membres n'y résistent pas. Je ne sais si l'on ob-
» serve ces méthodes dans l'institution nouvelle de
» ces pénitences ; je ne sais si l'on est soumis au
» Saint-Siége, ou si l'esprit qui les reproduit n'est
» pas le même qui fait écrire contre lui et s'élever
» contre sa sainte puissance. Je ne sais si c'est avec
» démission de leurs propres lumières, que ceux
» dont je parle proposent leurs sentiments ; ou plu-
» tôt que d'excès, que d'aigreur ! Mon Dieu, voit-
» on, dans de tels procédés, l'esprit d'un saint
» François, qui veut paraître un fou, un ignorant,
» un pauvre misérable pécheur et le plus grand
» pécheur du monde ? qui le premier donne l'exemple
» de ce qu'il dit, qui souffre avec plaisir les mépris
» et les injures ? D'ailleurs, ces pénitences étant pour

(1) *Fragment*
aut. du discours
de M. Olier.

» tout le monde, comme on le prétend, il faudrait
» que Dieu les approuvât par des dons plus excel-
» lents, et des miracles plus éclatants, que ceux qui
» ont prouvé la mission de tous les fondateurs
» d'Ordres, puisque ceux-ci allaient seulement à
» donner leurs pratiques à quelques particuliers, et
» non pas à tout le corps des fidèles (1). »

(1)*Divers écrits spirituels de M. Olier*, t. III.

XXX.
M. Olier sou-
tient la suffi-
sance de l'at-
trition dans le
sacrement de
pénitence.

M. Olier, passant au second article, combat avec
force l'opinion qui troublait alors tant de consciences, en exigeant la satisfaction et la contrition
parfaite, pour obtenir dans le sacrement de Pénitence la grâce de la justification. Il soutient que
l'attrition suffit dans le sacrement ; doctrine ensei-
gnée depuis dans tous nos catéchismes, et déclarée
conforme au saint concile de Trente, par l'une des
assemblées générales du clergé †. Après avoir montré que ces paroles du Sauveur : *Si vous ne faites
pénitence*, ne peuvent s'entendre de la contrition
parfaite, nécessaire pour être justifié hors du sacrement, il conclut en ces termes : « Chrétiens, je de-
» mande de vous ce que Notre-Seigneur a voulu
» rendre plus facile, qui est la pénitence sacramen-
» telle. Celle-ci n'oblige pas de nécessité à une dis-
» position si pure. Les âmes qui n'ont pas la par-
» faite charité, n'ayant encore que le principe de
» l'amour, comme on l'exige des adultes, pour les
» baptiser, reçoivent par le sacrement de Pénitence
» la participation à la parfaite charité de Jésus-

---

† « De dilectione Dei, sicut ad sacramentum Baptismi
» in adultis, ita ad sacramentum Pœnitentiæ, quæ est
» laboriosus baptismus, requisita, ne necessariam doctri-
» nam omittamus, hæc duo imprimis ex sacrosancta syno-
» do Tridentina docenda esse duximus. Primum ne quis
» putet in utroque sacramento requiri, ut præviam con-
» tritionem, eam quæ sit caritate perfecta, et quæ
» cum voto sacramenti, antequam actu suscipiatur, ho-
» minem Deo reconciliet. Alterum ne quis putet in utro-
» que sacramento securum se esse, si præter fidei et spei
» actus, non incipiat diligere Deum, tanquam omnis justitiæ
» fontem (2). »

(2) *Declarat.*
an. 1700, tit. 1.

» CHRIST mourant pour nous sur la croix. Car ce
» sacrement est une seconde table, pour se délivrer
» du naufrage. Il faut donc tenir le milieu, et n'aller
» ni dans une extrémité ni dans une autre, si vous
» ne voulez périr. Il y a de l'abus dans l'indulgence
» et la facilité de plusieurs ministres, et il y a de
» l'excès dans la rigueur des autres. Le malin fait
» semblant de vouloir bannir l'abus de quelques
» particuliers ; et il veut, ou abolir les sacrements
» dans l'Eglise, ou les porter à des extrémités exces-
» sives, contraires à l'esprit de JÉSUS-CHRIST*(1). »

   Ce discours irrita violemment les Jansénistes, et
leur donna lieu de se répandre en invectives contre
le serviteur de DIEU. Le docteur de Sainte-Beuve
en envoya une étrange relation à Rome, à Louis de
Saint-Amour, son ami (2) ; et Arnauld, dans un
emportement de colère, accusa M. Olier d'avoir dé-
chiré, en pleine chaire, le livre *de la Fréquente communion,* et d'avoir osé faire des déclamations contre
la pénitence, au mépris de la doctrine des saints
docteurs (3). Mais personne ne montra moins de
modération que le Père Desmares, dans un ouvrage
anonyme qu'il fit imprimer en cachette, sous le
titre de *Remontrance chrétienne et charitable à M.
l'abbé Olier* (4), et dont il inonda tout Paris. Nous
n'entreprendrons pas de répondre à ses récrimina-
tions, ni à celles qu'on lit dans d'autres ouvrages
de même espèce. On y va jusqu'à imputer à M. Olier
d'avoir dit que le saint concile de Trente condamne
comme une hérésie la nécessité de la contrition (5)†.
Le Père Desmares prononce, dans ce *factum,* qu'un
scandale si public méritait une remontrance publique ; et s'engage à montrer, par six maximes de

*NOTE 4, p. 475.

(1) *Fragment aut. du discours de M. Olier.*

XXXI.
Remontrance du P. Desma- res à M. Olier. Idée de cet é- crit.

(2) *Journal de Saint-Amour,* 6ᵉ part., ch. XI, p. 407, 408.

(3) *OEuvres d'Arnauld,* t. XIX, 2ᵉ lettre, p. 375.

(4) *Cette Re- montrance, d'en- viron* 30 *pag.* in- 4°, *est datée du* 18 *fév.* 1653. — *Continuation de Fleury, Ms. aut. du P. Fabre,* liv. CCXXII, n° 16. — *Hermant, hist. Ms.,* liv. VIII, ch. XVII. — *Dupin, hist. eccl.,* t. IV, p. 654. — *Art. des plus grands hommes de l'O- ratoire, Ms.,* in- 4°, p.535, *par le P. Adry. Arch. du Royaume.*

(5) *Remontran- ce,* p. 3. — *Lettre aux Alacoquis- tes,* in-12, 1782, p. 100.

† Le Père Rapin en rendant compte de ce sermon, dans
ses *Mémoires,* suppose que M. Olier reprocha aux novateurs
d'enseigner que *la contrition était absolument nécessaire au
sacrement de pénitence,* t. II, p. 76. Cela doit s'entendre de la
contrition parfaite, comme en effet M. Olier l'explique dans
ce même discours.

la morale chrétienne, que M. Olier a péché *mortelle-*
ment et même *très-mortellement*; pour avoir condamné en chaire la doctrine de saint Augustin sur
la grâce (1), et celle des saints Pères sur la pénitence;
pour avoir offensé la vérité qui est DIEU même, et
ses serviteurs (les Jansénistes) qui la défendent;
comme aussi pour avoir diffamé ceux qui ne sont
pas de son opinion, les faisant persécuter et éloigner des charges, tant ecclésiastiques que séculières;
excitant ainsi une persécution, dont il est, non le
martyr, mais le tyran †. Enfin, il l'accuse d'avoir
usurpé l'autorité de l'Eglise universelle, pour s'être
établi, dit-il, juge des controverses, de s'être même
rendu coupable de Calvinisme et de Luthérianisme;
et il va jusqu'à le taxer de profanation et de sacrilège toutes les fois qu'il monte au saint autel (2).

Le Père Desmares termine sa *Remontrance chré-*
tienne et charitable, par un avis important à ses lecteurs. Il y fait remarquer combien il est dangereux
de suivre aveuglément certains docteurs, parce
qu'on les croit éclairés par une *infusion particulière*
de grâce; comme si la sainteté des personnes était
la règle de notre foi. « Je vous conjure donc, con-
» clut-il, d'ouvrir les yeux sur ces vérités, ne sou-
» haitant qu'elles vous portent à autre chose, qu'à
» prendre compassion touchant la conduite de M.
» Olier sur ces matières; qu'à vous humilier et à
» trembler devant DIEU, qui permet quelquefois
» que ceux que l'on croit les plus saints, tombent
» dans de très-épaisses ténèbres; enfin, qu'à de-
» mander à Notre-Seigneur, avec ferveur et persé-
» vérance, qu'il dissipe, par sa miséricorde, le voile

Notes marginales :
(1)*Ibid.*,p.25.

(2) *Remontran-*
ce chrétienne et
charitable, p.
26, 27.

XXXII.
Estime que
les catholi-
ques faisaient
de M. Olier.

(3)*Hist. de l'E-*
*glise du XVII*ᵉ
siècle, t. ι, liv. ιν,
ch. xxιι, p. 613.

† Nous ne connaissons pas en détail ces martyrs du Jansénisme; mais il est vraisemblable que le Père Desmares se
met lui-même du nombre, ayant perdu pour son attachement à ce parti, la place de précepteur des enfants du comte
de Brienne, ministre d'Etat (3). On peut bien présumer, en
effet, que M. Olier fut consulté dans cette occasion, par cet
illustre paroissien si pénétré d'estime et de vénération pour
sa personne.

» épais que M. Olier a sur les yeux de son cœur, et
» qu'il fasse connaître aux personnes qui ont une
» croyance trop aveugle à tout ce qu'ils lui enten-
» dent dire, que le Saint-Esprit n'a pas renfermé en
» lui tous les trésors de sa sagesse (1). » Rien ne
montre mieux que ces paroles la haute estime dont
jouissait M. Olier parmi les vrais enfants de l'Eglise ;
les préventions injustes dont les hérétiques ne cessèrent de le poursuivre jusqu'à la fin ne font pas
moins d'honneur à sa mémoire. Peu de temps après
le sermon dont on a parlé, M. Olier étant tombé
dans la paralysie (2), qui le conduisit lentement au
tombeau, quelques Jansénistes en vinrent même
jusqu'à regarder cette infirmité comme un châtiment visible de la justice divine. « J'ai appris de M.
» de Sainte-Beuve, dit le Janséniste Deslyons, que
» tous ceux qui ont choqué la vérité, ont perdu l'es-
» prit, le bon sens et l'honneur ; sont morts imbé-
» ciles, sans réputation, et dans l'opprobre : témoin
» ... M. l'abbé Olier, qui fut quatre ans paralytique
» et maléficié depuis ce fameux sermon contre Port-
» Royal (3). »

Le serviteur de Dieu laissa répandre toutes ces
calomnies, sans y opposer d'autres armes, comme il
avait déjà fait en semblable occasion, que son silence
et sa douceur ; il ne fit non plus aucune réponse à
la *Remontrance* du Père Desmares, aimant mieux
laisser à Dieu le soin de sa défense, et donner en
même temps à ses disciples un rare exemple de
confiance et d'humilité *. Il souffrit même avec joie
les affronts dont on le chargeait, sachant qu'ils
avaient pour motif principal son attachement à la
doctrine et aux sentiments du Père de Condren, son
ancien maître. « Cette *Remontrance*, écrivait-il à l'un
» de ses amis., est un effet de la haine qu'ils ont
» conçue contre moi, comme héritier des sentiments
» de ce saint personnage, dont la mémoire est odi-
» euse aux Arnauldistes, parce qu'il a été le grand
» adversaire de leur patriarche, M. l'abbé de Saint-

(1) *Ibid.*, p.29, 30.

(2) *Mém. de M. Baudrand*, pag. 76.

(3) *Journaux de Deslyons*, p. 590, 591, 592.

XXXIII.
M. Olier ne ré-
pond au Père
Desmares que
par son silen-
ce.

* NOTE 5, p. 478.

(1) *Lett. aut.*
de M. Olier, p. 49.

» Cyran(1). » Mais les catholiques, que cette *Remontrance* remplit d'indignation, ne gardèrent pas tous la même réserve ; et comme elle était la matière de la plupart des conversations dans la paroisse, plusieurs crurent devoir prendre hautement la défense de M. Olier. L'un des gentilshommes qu'il formait aux vertus chrétiennes, lui écrivait dans ces circonstances : « Hier, à l'occasion de cette *Remontrance* si

» *charitable et* si *chrétienne,* j'eus une conversation
» d'une demi-heure avec M. le maréchal de Gramont,
» sur votre sujet, sur l'esprit de votre communauté,
» et sur celui de M. de Liancourt et des Jansénistes ;
» et je vous réponds que je parlai avec franchise.
» J'ai joué un personnage qui m'aura bien perdu à
» l'hôtel de Liancourt, et me procurera, à mon

(2) *Parmi les lett. aut. de M. Olier*, p. 581.

» tour, s'il plaît à Dieu, quelque *Remontrance charitable* (2). »

XXXIV.
Combien l'hérésie du Jansénisme influait sur les mœurs.

Pour justifier le zèle du serviteur de Dieu, il ne sera pas inutile de remarquer ici que le Jansénisme ne fut pas, comme on se le persuade faussement, une erreur abstraite et métaphysique. Il tendait au contraire à autoriser les plus monstrueux dérèglements † ; et cette conséquence découlait naturellement de la proposition que M. Olier attaqua dans la conférence, et qui faisait alors la matière de presque toutes les conversations. « Ils enseignent, écri-

» vait-il, parlant de ces nouveaux docteurs, que
» jamais ils ne font le mal que par le défaut de la
» grâce, Dieu la retirant sans sujet à sa créature et
» la faisant ainsi trébucher. Ils publient et prêchent
» que, quand nous tombons, ce n'est que par faute
» de grâce, et non par l'abus de notre liberté, et
» qu'ainsi les commandements de Dieu nous sont

---

† Saint Vincent de Paul nous apprend que les Jansénistes ne pouvaient souffrir d'entendre dire que l'*homme résiste à la grâce ;* et lui-même, par horreur pour cette détestable doctrine, répéta longtemps, deux fois, lorsqu'il récitait les Litanies du saint nom de Jésus, les paroles suivantes : *A neglectu inspirationum tuarum libera nos, Domine* (3).

(3) *Vie de saint Vincent, par Collet.*

» impossibles. Voyez quelle doctrine, et quel pré-
» texte aux négligents et aux libertins. Ils sont ve-
» nus, disent-ils, pour humilier les hommes, en
» apprenant que la grâce est principe de tout;
» comme si le corps de l'Eglise ne l'enseignait pas
» à ses enfants. Voyez quelle est cette humilité, qui
» fait que le pécheur ne s'accuse jamais d'être la
» cause entière du mal, mais qu'il en accuse Dieu,
» comme s'il ne voulait pas que nous fissions le bien,
» le bien qu'il nous commande, et pour l'accomplis-
» sement duquel il est mort sur la croix et a versé
» tout son sang (1). » Ce langage impie était devenu
si populaire, que plusieurs le portaient dans le saint
tribunal en confessant leurs péchés, et on cite entre
autres exemples, celui d'une personne qui ayant violé
les engagements les plus sacrés, osa bien dire, dans
son accusation, que la grâce lui avait manqué trois
fois (2). Ces bruits commençaient même à se répandre à Rome; et au rapport du docteur de Saint-
Amour, on y disait que s'accuser ainsi, était se confesser à la mode (3).

Ces doctrines désastreuses firent néanmoins des
progrès rapides à la faveur des troubles politiques
et pénétrèrent bientôt dans la Sorbonne, où des
bacheliers osèrent les insérer dans leurs thèses, et
portèrent l'audace jusqu'à supprimer les corrections
des censeurs. Le syndic de la Faculté, s'en étant
plaint vivement (4), proposa enfin l'examen de cinq
propositions * qu'il regardait comme le résumé de
toutes ces doctrines; mais tandis que les commissaires faisaient cet examen, le docteur de Saint-
Amour ameuta soixante de ses collègues, qui tous en
appelèrent au Parlement comme d'abus. Alors les
docteurs bien intentionnés, voyant qu'une cause de
cette nature était portée à un tribunal laïque, songèrent à prendre des mesures pour obtenir du Saint-
Siége une décision (5); et ce fut vraisemblablement
pour ce motif que M. Olier résolut, sur ces entrefaites, d'entreprendre le voyage de Rome. Car nous

(1) *Lett. aut. de M. Olier*, p. 574, 575.

(2) *Hist. géné-rale du Jansé-nisme*, t.II, p.85. —*Journal de St-Amour*, 5ᵉ part., ch. xv, p. 331.

(3) *Journal de St-Amour, ib.* — *OEuvres d'Arnauld*, t.XVI. *Préface*, p. xxxj. — *Mém. pour ser-vir à l'histoire de Port-Royal*, par M. du Fossé.

XXXV.

Le clergé de France de-mande au Pa-pe un juge-ment solennel sur le Jansé-nisme.

(4) *Le 1ᵉʳ juillet 1649.*

*NOTE 6, p. 478.

(5)*Mém. chro-nol. pour servir à l'hist. eccl.*, par le P. d'Avri-gny, 1651, avril.

lisons que, durant l'été de 1649, il alla consulter la très-sainte Vierge, à Notre–Dame, sur ce voyage qu'il méditait (1). Il parut cependant convenable que le corps épiscopal, plutôt qu'une simple Université, fît au Pape cette demande. Les évêques, réunis à Paris pour l'assemblée générale, résolurent, en effet, d'en écrire d'un commun accord ; mais craignant avec raison que le Parlement accoutumé à se mêler de tout, n'empêchât le recours à Rome, s'ils en délibéraient entre eux dans des séances réglées, ou qu'on ne parvînt à semer parmi eux la discorde, ils prirent le parti de signer, chacun en particulier, une lettre commune rédigée par l'Evêque de Vabres.

XXXVI.
Zèle de M. O-
lier pour ob-
tenir la con-
damnation du
Jansénisme.

Des copies de cette lettre furent envoyées dans les provinces aux évêques absents (2), et dans Paris à plusieurs communautés religieuses. M. Olier signala encore son zèle dans cette occasion. Les Jansénistes l'ont même accusé d'avoir été du nombre des solliciteurs qui employèrent jusqu'aux menaces pour obtenir la signature de quatre-vingts ou quatre-vingt–cinq évêques, comme aussi d'être allé dans les monastères mendier d'autres suffrages, et de les avoir extorqués par les mêmes moyens (3). Il est inutile de le justifier sur ce point. De telles inculpations doivent être regardées comme des éloges, quand on voit l'historien du Jansénisme appeler saint Vincent de Paul, qui fut le promoteur de cette affaire, « un dévot ignorant, demi–Pélagien et mo-

» liniste, à qui les évêques cédèrent, afin de se délivrer de ses importunités (4). » Nous remarquerons pourtant que le docteur de Saint-Amour, non suspect en cette matière, parlant des tentatives que fit M. Olier pour gagner les Carmes déchaussés, établis sur sa paroisse où ils répandaient les nouvelles erreurs, n'a rien dit, quoiqu'il en eût une occasion bien naturelle, qui fasse soupçonner la prétendue violence dont il aurait usé en cette occasion : » Un religieux de cet Ordre, dit–il, nous apprit que

« M. Olier était celui qui avait sollicité dans leur
» couvent de Paris, pour qu'on y souscrivît contre
» les propositions ; mais que leurs Pères ne l'avaient
» pas voulu faire (1). »

Pour hâter le succès de cette négociation, on envoya à Rome trois docteurs des plus expérimentés
et des plus habiles, Hallier, Legault et Joisel (2).
M. Olier, ne pouvant les y accompagner en personne, voulut au moins contribuer d'une autre
manière à une si importante mission ; et, conjointement avec saint Vincent de Paul (3) et M. de Bretonvilliers, il fournit aux frais du voyage des trois
docteurs et de leur séjour à Rome (4). Les Jansénistes, de leur côté, envoyèrent trois des leurs,
dans le dessein de les mettre aux prises avec les
premiers, pour éterniser la dispute ; et comme le
Père Desmares était le plus redoutable champion
de la secte, ils ne balancèrent pas à lui confier le
succès de cette négociation. Mais Innocent X, qui
pénétra leur dessein, ne permit pas aux députés jansénistes de disputer avec les autres. Il les invita seulement à exposer leurs sentiments dans une grande
assemblée (5) ; et il fallut se soumettre à cet ordre (6).
Le Père Desmares déploya dans cette circonstance
solennelle toutes les ressources de son éloquence ;
du moins il parla devant le Souverain Pontife avec
la même confiance que si c'eût été à lui de juger
ce différend. « Je ne me lasserai jamais de dire,
» rapporte dans son journal le docteur de Saint-
» Amour, que jamais je n'ai ouï le Père Desmares
» mieux prêcher à Paris, qu'il parla en cette occa-
» sion. C'est tout dire à des gens qui ont été assez
» heureux pour entendre autrefois quelques-unes
» de ses prédications. Enfin il parla jusqu'à ce que
» la nuit arrivant, il lui fut impossible de lire
» les textes dont il s'était muni, et qu'on lui dit,
» malgré le charme de son éloquence, qu'il avait
» assez parlé. Il remit néanmoins au Pape cinq ou six
» mains de papier où il exposait ses sentiments * (7). »

(1) Journal de
Saint-Amour, 5ᵉ
part., ch. IX, p.
287.

(2) Mém. du P.
Rapin, t. I, p.
430.

(3) Vie de saint
Vincent de Paul,
par Collet, t.I,p.
546.
(4) Mém. de M.
Baudrand, pag.
76.

(5) Arch. du mi-
nistère des affai-
res étrangères,
Rome 1653. Lett.
de M. de Valan-
çay à M. de Bri-
enne, du 3 février
1653.
(6) Vie de saint
Vincent, par Col-
let, t. I, p. 548.

* NOTE 7, p.
479.
(7) Journal de
Saint-Amour, 6ᵉ
part., ch. XXII, p.
484, 502.

XXXVII.
Douceur de
M. Olier en-
vers les Jansé-
nistes après
leur condam-
nation.

(1)*Ibid.*, part.
7ᵉ, ch. III, p. 559.

Ce fut peu après, que le Pape publia enfin sa constitution solennelle *Cum occasione*. Dès qu'on en eut appris la nouvelle à Paris, les Jansénistes en furent atterrés. « Je crois que dans peu de jours, » écrivait l'un d'eux, on en fera des feux d'artifice, » aussi bien en Sorbonne et à Navarre, qu'à Saint- » Louis, sans parler de Saint-Germain–l'Auxerrois, » et de Saint-Sulpice(1). » Mais M. Olier était bien loin d'affecter ces airs de triomphe. Personne peut- être n'avait désiré plus ardemment que lui la con- damnation du Jansénisme ; personne aussi n'usa de procédés plus humbles, plus doux, plus chari- tables à l'égard de ceux qui l'avaient soutenu avec tant de chaleur et de passion. La bulle fut répandue dans le public, le premier juillet ; et le 4 du même mois, étant à Verneuil pour y rétablir sa santé, il écrivait à M. de Bretonvilliers : « Ma pensée serait, » dans ce commencement, de ne point blesser les » Jansénistes, mais d'agir envers eux avec douceur » et grande ouverture de cœur, pour les attirer à » l'union, et les faire servir à la gloire de Dieu et au » bien de l'Eglise. Si tous les sujets qui se sont sé- » parés s'unissaient simplement et cordialement » dans la charité, on se trouverait bien fort contre » les pécheurs, et pour avancer la gloire de Dieu » dans son clergé. Je vous supplie de vous informer » de M. du Four, quels sont les sentiments de M. » de Liancourt, et sa conduite sur cette affaire ; et » s'il voudrait entrer dans ces vues, pour réparer » par–là le tort qu'il a fait à l'Eglise, dont un jour » il se trouvera accusé et chargé devant Dieu.

(2) *Lett. aut. de M. Olier*, p. 103, 104.

» Car autant il a servi à élever ce parti et à le » révolter : autant il doit travailler maintenant » à le détruire et à le ramener dans la sainte » Eglise (2). »

XXXVIII.
Subterfuge
des Jansénis-
tes pour dé-
cliner le juge-
ment d'Inno-
cent X.

Loin de partager ces sentiments, les Jansénistes prétendirent que la constitution d'Innocent X n'a- vait point condamné leur doctrine. Comme ils avaient présenté au Pape un écrit à trois colonnes,

dont la première exprimait le sens calviniste qu'on
pourrait attacher à chacune des cinq propositions ;
la seconde, le sens particulier qu'ils y attachaient
eux-mêmes, et qu'ils prétendaient être conforme à
la propre doctrine de saint Augustin ; et la troisième, celui des catholiques ; ils publièrent, à Paris,
que la condamnation tombait sur la première colonne seulement. « Lorsque la bulle eut été distri-
» buée, rapporte à ce sujet un annaliste de la secte,
» on redoubla les *Te Deum* et les actions de grâces
» dans Saint–Sulpice et dans Saint-Germain–l'Au-
» xerrois. Les personnes équitables remontrèrent
» cependant que cette bulle ne pouvait être appli-
» quée, de bonne foi, à la doctrine des disciples de
» saint Augustin. Et il y en eut qui, par leur cha-
» rité particulière pour le curé de Saint-Germain,
» lui firent observer sa méprise. Mais comme le
» curé était attaché aux sentiments de M. Olier, qui
» tenait, avec tous les siens, que les disciples de saint
» Augustin étaient condamnés par la bulle, et que
» ces propositions qu'ils soutenaient étaient des er-
» reurs, ces remontrances ne firent aucune impres-
» sion sur son esprit(1). » C'est que les Jansénistes
prétendaient, comme nous venons de le dire, que
leurs sentiments exprimés dans la seconde colonne,
étaient ceux de ce grand docteur ; et nous avons vu
en effet, que le duc et la duchesse de Liancourt,
dans leur déclaration donnée à M. Olier, protestaient
de leur soumission au jugement du souverain Pontife, *quand même il condamnerait toutes les propositions que nous croyons être*, disaient-ils, *dans la doctrine de Saint–Augustin*. Comme l'un et l'autre
étaient bien intentionnés, et que d'abord ils ne dou-
tèrent pas que ces cinq propositions n'eussent
été réellement flétries par Innocent X, ils voulaient
se soumettre à son jugement. Mais leurs docteurs
ne cessaient de leur dire, que les sentiments de ce
Père n'avaient point été condamnés par la bulle ; ils
ne parlaient que de saint Augustin ; ils faisaient

(1) *Hist. de l'E-
glise du XVII*
siècle*, t. ɪɪ, liv.
ɪx, c. vɪɪ, p. 417,
419.

même aux plus importants de la secte un point de religion, de ne pas permettre par leur désistement, que ce grand docteur fût abandonné ; et ils finirent enfin par retenir ainsi le duc et la duchesse de Liancourt(1), qui, malgré leur déclaration si expresse et si publique, s'engagèrent de plus en plus dans ce parti, et s'y montrèrent avec tant d'éclat qu'ils n'osèrent jamais plus revenir sur leurs pas.

(1) Mém. du P. Rapin, t. II, p. 158.

Les évêques de France et la Sorbonne reçurent néanmoins la bulle, comme ayant condamné les sentiments des prétendus disciples de Saint-Augustin ; et ce qui acheva d'atterrer les Jansénistes, fut que M. de Gondi, archevêque de Paris, qui, sur la dénonciation faite par la mère Angélique Arnauld, avait déjà condamné le *Jansénisme confondu* * du Père Brisacier, Jésuite, se voyant pressé par la Cour de faire un mandement en faveur de la bulle, se rendit enfin quoiqu'à regret : par son ordre la bulle fut publiée, le 20 du même mois, dans toutes les paroisses et aussi à Saint-Sulpice, en vertu du commandement de dom Placide Roussel, vicaire général de l'abbaye, adressé la veille à M. Olier lui même (2). Plusieurs curés se permirent néanmoins en chaire des observations qui allaient à en éluder le sens ; et M. du Hamel, qui en fit lecture sans rien ajouter, porta l'impertinence jusqu'à lire le nom et l'enseigne même du libraire chez qui se vendait la bulle (3).

* NOTE 8, p. 479.

(2) Arch. nation. St-Germain. L. 1226, p. 57.

(3) Ibid., ch. XII, p. 474, 491, 492. — Mém. de M. Feydeau, p. 128, Ms. de la Bibl. Mazarine. —Lett. d'un docteur catholique à une dame de condition, etc., in-4°, 1655, p. 12.

XXXIX.
Les Jansénistes veulent s'emparer de la *Propagation de la Foi.* Zèle de M. Olier.

Les Jansénistes se voyant condamnés, s'efforcèrent alors de mettre à exécution un moyen qu'ils méditaient depuis plusieurs années, pour propager impunément leurs erreurs en France ; et tout porte à croire qu'ils y auraient réussi, au moins pour un temps, sans le zèle ferme et prudent de M. Olier.

Il existait à Paris une congrégation connue sous le nom de *Propagation de la foi,* formée en 1632 par le Père Hyacinthe, prédicateur capucin, approuvée par l'archevêque et par le Saint-Siège apostolique, et confirmée par lettres patentes du Roi. Cette société avait pour fin la conversion des protestants et l'assistance des nouveaux catholiques (1). Comme elle étendait ses relations dans toute la France, qu'elle jouissait d'un grand crédit, et dépendait immédiatement de l'archevêque, les Jansénistes, assurés de la protection du Prélat, avaient résolu de se réfugier dans ce corps comme dans un retranchement inviolable, où, sous prétexte de défendre la foi catholique, ils pourraient librement répandre leurs erreurs. Plusieurs y entrèrent en effet. Dès que M. Olier eut pénétré leur dessein, il voulut, pour le déjouer, entrer lui-même dans cette compagnie avec le curé de Saint-Germain–l'Auxerrois, M. Colombel, son ami, et cette résolution alarma les Jansénistes. « Quelques-uns, dit l'annaliste déjà cité, » représentèrent aux membres de la société, que » M. Olier et son confrère étaient capables de leur » susciter, eux seuls, plus d'affaires que tout le reste » des particuliers ensemble ; qu'ils devaient tout » appréhender d'eux et se conduire dans leur ré- » ception avec beaucoup de circonspection et de » sagesse. Mais Dieu, dont toute la conduite est » cachée aux hommes, ajoute-t-il, permit qu'ils y » fussent reçus, pour exercer la compagnie et la » récompenser par la persécution qu'ils devaient » attirer sur elle, de tous les services qu'elle avait » rendus à l'Eglise depuis son établissement (2). » Les Jansénistes avaient craint que M. Olier, après être entré dans cette société, ne fût élu à quelqu'une des premières charges, et qu'il ne se servît de son autorité pour exclure du corps ceux qui étaient accusés de Jansénisme, et empêcher les autres d'y être reçus. La chose arriva en effet de la sorte. M. Olier fut nommé à l'une des principales dignités (3) ; et après la condamnation du Jansénisme, il s'opposa par devant l'archevêque de Paris, à la réception de deux prêtres exclus l'un et l'autre du clergé de Saint-Germain–l'Auxerrois, pour avoir refusé de se soumettre à la bulle, et reçus depuis dans la com-

(1) *Gall. christiana*, t. XII, col. 1003, 1004.

(2) *Hist. de l'Eglise du XVII° siècle*, t. II, liv. X, p. 669, 670, *ibid.*

(3) *David Blondellus, in præfatione libri Albertini de Eucharistia.*

(1) *Hist. de l'E-glise, ibid.*, p. 671, 672, 673.

(2)*Ibid.*, p. 674 et suiv. 679.

XL.
Conduite de l'archevêque. Il défend de nommer M. Olier à la charge de directeur.

munauté de Saint-Jean-en-Grève, dont le curé, Pierre Loysel, s'était déclaré leur protecteur. Mais voyant que l'archevêque n'avait aucun égard à une opposition si légitime, il crut que la place qu'il occupait dans cette compagnie, et le zèle de la foi, l'obligeaient de porter ses plaintes à la Cour. Il s'adressa donc à la Reine; et cette démarche donna lieu à une négociation entre la Cour et l'archevêché. Le Prélat, faible par caractère, déclara d'abord qu'il ne révoquerait pas ses ordres; puis sachant que le Roi et le cardinal Mazarin prenaient aussi une grande part à cette affaire, il changea de résolution, et donna l'exclusion aux deux candidats(1).

Les Jansénistes toutefois ne perdirent pas confiance; connaissant la faiblesse et la mobilité de l'Archevêque, ils s'efforcèrent de lui exagérer le préjudice qu'il portait à son autorité, par un acte de cette nature; et ils firent tant d'impression sur son esprit, que six jours après, par une nouvelle ordonnance, il enjoignit de recevoir les deux candidats, ainsi que trois autres qu'il désignait, les déclarant tous très-orthodoxes. Le Prélat fit plus encore : comme l'élection des officiers devait avoir lieu dans cette conjoncture, et que la partie saine de la société avait résolu de porter M. Olier à la première place, celle de directeur, il en vint jusqu'à donner au serviteur de Dieu l'exclusion formelle, déclarant que pour des raisons particulières, il défendait qu'on l'élût à cette dignité(2). Ce coup de vigueur augmenta l'audace des sectaires : ils firent l'élection contre toutes les formes et nommèrent à cette place un ecclésiastique qu'ils affectaient de faire passer pour l'un des leurs, M. l'abbé d'Aubigny, dont nous avons parlé; et qui, étant cousin de Charles II, roi d'Angleterre, et considéré comme prince à la cour de France, leur parut propre à mettre à couvert sous son nom et à rendre inviolables tous les actes de la société. Ils n'ignoraient pas toutefois que cet ecclésiastique prenait peu d'intérêt aux doctrines

et à la morale de Port-Royal, dont même il se
raillait le premier ; ce qui ne les empêchait pas de
se servir de son nom dans les occasions pour
donner de l'importance aux affaires * (1). Ce fut
le parti qu'ils crurent devoir prendre dans cette
circonstance ; M. l'abbé d'Aubigny ayant refusé
la charge de directeur, l'archevêque confirma
néanmoins l'élection qu'on avait faite de lui et
voulut, malgré son refus, que tous les actes de la
société fussent expédiés au nom de ce prince (2).

Dès ce moment, M. Olier et ceux qui entraient
dans ses vues, cessèrent d'assister aux assemblées,
et se pourvurent au Conseil-d'Etat, pour faire casser
cette élection illégitime. De leur côté les Jansénistes y présentèrent aussi un mémoire. « Mais M.
» Olier et le curé de Saint-Germain, dit l'annaliste,
» s'étaient tellement saisis de toutes les avenues de
» la Cour, que ce mémoire n'y produisit aucun
» effet. On y était piqué jusqu'au vif, ajoute-t-il,
» de l'exclusion que M. l'Archevêque de Paris avait
» donnée à M. Olier ; et sans considérer que la san-
» té de ce dernier était si faible qu'il n'y avait pas
» lieu d'espérer qu'il pût faire par lui-même cette
» fonction, on était tout disposé à favoriser son res-
» sentiment par des effets extraordinaires d'auto-
» rité. La Reine entreprit cette affaire comme la
» sienne propre, et leur promit toute sorte d'assis-
» tance (3). » Le cardinal Mazarin n'était pas disposé néanmoins à seconder ce zèle, ne voulant pas
mécontenter une compagnie dont les officiers étaient
utiles à sa politique, surtout l'abbé de Bourzeis qu'il
avait pris en singulière amitié. Il demeura quelque
temps en balance, et n'en vint aux extrémités que
peu à peu, et lorsqu'il s'y vit comme forcé par une
sorte de commandement qu'employa la Reine. On
conçoit qu'elle devait avoir de justes motifs d'en
user ainsi, puisque l'archevêque, pour calmer les
alarmes de cette princesse, osait bien l'assurer qu'il
n'y avait point de Jansénistes dans son diocèse, et

* NOTE 9, p.
480.
(1) *Mém. du P.
Rapin*, t. 1, pag.
480.

(2) *Hist. de l'E-
glise etc.*, p.680.

XLI.
La Reine
prend la dé-
fense de M.
Olier.

(3) *Hist. de l'E-
glise, ib.*, p.680,
683, 686.

se faisait garant de tous les membres de la compagnie.

XLII.
Le cardinal Mazarin abolit la congrégation de la *Propagation de la Foi.*

Enfin vaincu par la fermeté de la Reine, le cardinal Mazarin prit le parti d'obéir, et ne fut plus en peine que de chercher un expédient pour que le Prélat semblât se porter, comme de lui-même, à la révocation de ses ordonnances. Il ne paraissait pas que celui-ci dût s'y refuser ; mais la fermeté qu'il montra dans cette occasion, quoiqu'il n'en usât point ainsi en ce qui concernait la conduite de son diocèse, ne servit qu'à provoquer la ruine entière de la société. Car le ministre voyant qu'il lui résistait de front, et rejetait toute sorte d'accommodement, songea à dissoudre enfin la compagnie ; et sa politique lui fournit, dans la personne même du nouveau directeur, un motif qui justifia cette suppression. Il allégua qu'il était contraire à la sécurité de l'Etat de laisser un prince étranger à la tête d'une compagnie qui pouvait exercer une si grande influence dans le royaume ; et puisque l'archevêque

(1) *Hist. de l'Eglise,* chap. VII, p. 732 et suiv. 736.

(2) *Gall. christiana,* t. VII, f° 1004.

refusait de casser son élection, il se voyait contraint d'abolir la société (1). La suppression de cette compagnie, jusqu'alors soutenue du crédit des personnes les plus puissantes de l'Etat et qui paraissait être inébranlable (2), suffirait, ce semble, pour autoriser cette espèce d'éloge que quelques orthodoxes donnaient peu après à M. Olier, et dont le Janséniste Deslyons fait un sujet de raillerie : « M. Olier a

(3) *Journaux de M. Deslyons,* p. 29.

» rendu de grands services à l'Eglise, en criant » comme il a fait, et sans lui elle serait aujourd'hui » dans une grande désolation (3). † »

(4) *Annales tertii Ordinis sancti Franc. Joanne Maria,* in-f°, 1686, p. 527.

† Fama universa inter cœlites annumerat virum inter pios et ferventes nominatissimum, abbatem videlicet Olier : vitæ ejus sanctitas, nec non clero destinatæ adolescentiæ seminariorum institutio, quorum fructus latè per totam Galliam effunduntur, puritas tandem doctrinæ contra novas opiniones, quibus plurimorum mentes infectæ sunt ; hæc utique tria capita, adeo præclara, reddunt illum posteris maxime spectabilem (4).

Pour achever de faire connaître la conduite du serviteur de Dieu et celle de ses ecclésiastiques, dans l'affaire du Jansénisme, nous raconterons ici le nouvel assaut qu'ils eurent à soutenir, à l'occasion du duc de Liancourt : affaire qui eut en effet trop d'éclat, pour la passer entièrement sous silence. Après la déclaration qu'il avait donnée par écrit à M. Olier, et rendue publique dans tout Paris, le duc de Liancourt se trouvait, disait-on, un peu embarrassé sur le parti qu'il devait suivre, depuis la publication de la bulle d'Innocent X, et pour cela il était resté à la campagne, tantôt à son château de la Rocheguyon, à trois lieues au-dessous de Mantes, et tantôt à celui de Liancourt, au diocèse de Beauvais. Il n'avait pas laissé cependant de reparaître quelquefois à Paris, et même d'aller faire ses dévotions à Saint-Sulpice. M. Picoté, de la communauté de cette paroisse, à qui il s'adressait depuis quinze ou seize ans, aussi bien que la duchesse, croyant qu'ils étaient soumis à la bulle d'Innocent X, ne les avait jamais interrogés là-dessus. Néanmoins comme ils avaient des liaisons de plus en plus étroites avec Port-Royal, où, dès l'âge de deux ans, leur petite fille(1), qui fut dans la suite la duchesse Jeanne Charlotte de la Rochefoucauld, était élevée (2); et qu'en outre l'abbé de Bourzeis, non encore soumis au Saint-Siège, était toujours auprès de leurs personnes * : on fit naître à M. Picoté des scrupules sur sa facilité à les absoudre sans s'être bien assuré de leur soumission à l'Église, dont plusieurs croyaient avoir lieu de douter †. Il paraît que Monsieur et Madame de Liancourt n'étaient pas eux-mêmes sans quelque crainte d'être interrogés là-dessus par leur confesseur. Au moins est-il certain que déjà le 5

XLIII.

Affaire de M. de Liancourt, avec M. Picoté, son confesseur.

(1) *Mém. du P. Rapin*, t. ii, p. 236.

(2) *Ibid.*, p. 236, n. 1 et 2.

* NOTE 10, p. 483.

† Ce fut peut-être à cause de ses liaisons avec Port-Royal, et des doutes qu'on avait conçus sur sa soumission à l'Église que, le 8 septembre 1654, fête de la Nativité de Marie, on élut pour remplacer M. de Liancourt, comme marguillier de Saint-Sulpice, M. de Sève de Chatignonville (3).

(3) *Baluze, ib. Délibération des marguilliers*, fᵒ 27, verso.

(1) *Arch. de l'Empire. Saint-Germain, juridict. spirit.*, 6 mai 1654, p. 157.

mai 1654, ils avaient sollicité et obtenu du vicaire général de Saint-Germain la permission de s'adresser à tel prêtre approuvé qu'ils voudraient choisir, même hors du territoire de cette abbaye (1). Quoi qu'il en soit, le duc étant venu à Paris, à la fin de janvier 1655, et désirant de communier le jour de la Purification, il alla visiter M. Picoté, pour prendre ses mesures avec lui, afin de se confesser avant la fête. Celui-ci, homme simple et sans détour, lui découvrit le scrupule qu'on lui avait donné et le supplia de lui permettre qu'avant de l'entendre en confession, il prît conseil sur la manière dont il devait en user avec lui, ajoutant qu'il croyait y être obligé en conscience, et il l'invita à revenir la veille ou le jour même de la Purification.

XLIV.
Réponse de quatre docteurs à M. Picoté.

Le duc ne se montra pas offensé de cette réserve ; il la trouva même raisonnable. Mais il paraît que ses conseillers en jugèrent tout autrement et l'obligèrent de se plaindre de la conduite de son confesseur : ce qu'il fit, en allant décharger son cœur auprès de saint Vincent de Paul, dont il connaissait

(2) *Mém. du P. Rapin*, t. II, p. 137.

les liaisons intimes avec les ecclésiastiques de Saint-Sulpice (2). Saint Vincent pria le duc de Liancourt de trouver bon qu'il en conférât avec eux, afin d'éviter l'éclat que pouvait avoir cette affaire, et s'aboucha en effet avec M. Olier, M. de Bretonvilliers et M. Picoté. Ces Messieurs lui dirent que le duc n'ayant point encore rempli la promesse qu'il avait donnée par écrit, depuis plus de deux ans, de renoncer aux nouvelles opinions, dès que le Saint-Siége se serait expliqué, on avait cru devoir consulter en Sorbonne sur la conduite qu'il convenait de tenir à son égard ; et que quatre docteurs, les plus expérimentés et les plus célèbres, Morel, Le Moyne, Cornet et Grandin, avaient répondu, que le confesseur serait bien fondé à lui refuser l'absolution, puisqu'il ne gardait pas une parole donnée à son curé, d'une manière si solennelle : réponse que ces quatre docteurs avaient faite par écrit, pour témoigner, qu'ils étaient prêts à la soutenir et à la défendre contre ceux qui y trouveraient à redire.

Le duc de Liancourt, à qui saint Vincent communiqua cette réponse, n'alla plus revoir M. Picoté; mais assuré qu'il était de trouver ailleurs des confesseurs plus faciles, il pria saint Vincent de savoir comment on en userait à Saint-Sulpice, relativement à la sainte communion, s'il s'y présentait pour la recevoir (1). On consulta de nouveau en Sorbonne, et d'autres docteurs des plus recommandables, s'étant joints aux quatre premiers, ils confirmèrent tous la résolution donnée pour le refus d'absolution; et jugèrent néanmoins qu'on devait admettre le duc de Liancourt à la sainte communion : y ayant une grande différence entre l'administration publique du sacrement de l'Eucharistie, et le jugement secret qui se fait dans le saint tribunal (2). *

Cette affaire eut un très-grand retentissement, que le duc avait été loin de prévoir. Elle s'était terminée en quelque manière à son contentement, par l'assurance qu'on lui donna de ne pas lui refuser la sainte communion, ce à quoi il tenait beaucoup, comme il le témoigna en allant remercier le curé. Cependant il ne crut pas devoir se présenter à la paroisse pour communier, et par la suite, ce seigneur, qui jusqu'alors s'était prêté avec tant de complaisance aux caprices de sa femme, voyant l'éclat de cette affaire (3), protesta, dit Deslyons, que s'il avait à recommencer, il ne s'embarquerait pas dans ce parti (4). De leur côté les Jansénistes furent si alarmés de la fermeté des prêtres de Saint-Sulpice, qu'ils se crurent menacés d'une prochaine et entière destruction. Les plus intelligents parmi eux craignirent que l'on ne fît bientôt au duc de Luynes, ce qu'on venait de faire au duc de Liancourt; et que si ce dernier, malgré la considération dont il jouissait dans le faubourg Saint-Germain, ou plutôt dans tout le royaume; malgré les liens qui l'attachaient à son curé et à sa paroisse, par

(1) *Mém. du P. Rapin*, t. II, p. 238.
(2) *Ibid.*, p. 239. — *Lett. d'un eccl. à un de ses amis, sur ce qui est arrivé dans une paroisse de Paris à un seigneur de la Cour*, in-4°, 1655, *par L. D. R.* p. 1, 2. — *Lett. diverses de M. Tronson*, t. I, p. 144, 145, *au P. Rapin*, 1679.
* NOTE 11, p. 484.

XLV.

Déplaisir du duc. Arnauld alarmé sur le sort du parti, venge le duc.

(3) *Hist. de l'Eglise du XVIIe siècle*, t. III, liv. XIII, ch. VI, p. 387.

(4) *Journaux de Deslyons*, p. 73.

tant d'œuvres de charité, connues de tout le monde; que si un homme de cette distinction, soutenu par tant d'amis si puissants, avait été traité de la sorte, on devait tout appréhender pour les autres de moindre condition, et plus attachés que lui à la nouvelle secte; que cet exemple du clergé de Saint-Sulpice servirait bientôt de règle à d'autres ecclésiastiques à Paris et dans les provinces; et qu'enfin, il n'y aurait plus aucune sécurité pour le parti. Ce furent ces considérations qui pressèrent le docteur Arnauld de prendre les armes, sans sortir toutefois de la retraite où il se tenait caché, et de défendre de sa dernière ruine, la nouvelle secte à la tête de laquelle il se trouvait alors(1). Pour venger le duc de Liancourt, il publia sa *Lettre à une personne de condition*, dans laquelle il se déchaîna contre M. Olier et ses disciples. Plusieurs écrivains catholiques prirent alors la plume. Dans l'espace de deux mois, il parut jusqu'à neuf brochures contre cet écrit*; et Arnauld y répondit par une nouvelle lettre, où il traita M. Olier et les siens avec encore plus d'emportement. Le duc et la duchesse de Liancourt, qui à l'occasion de ces troubles avaient cessé de se confesser à Saint-Sulpice, s'adressèrent au docteur Arnauld, qui prenait leur défense avec tant de chaleur; et quand il fut obligé de sortir du royaume, ils prirent alors pour confesseur M. de Sacy (2).

Cependant la seconde lettre d'Arnauld fut pour le parti, une sorte de triomphe. Il y parlait des cinq propositions, comme si elles n'étaient point dans le livre de Jansénius, et soutenait expressément que la grâce avait manqué à saint Pierre dans sa chute. Cette lettre, qui donna lieu à une multitude d'écrits, fut dénoncée à la Sorbonne; et, malgré les mouvements du docteur de Saint-Amour et de soixante-deux docteurs dévoués à Port-Royal, elle fut censurée par cent vingt-sept ou cent trente membres de ce savant corps, le doyen à leur tête. Arnauld regarda cette condamnation comme un violement

(1) *Mém. du P. Rapin*, t, II, p. 239, 240.

*NOTE 12, p. 485.

(2) *Nécrol. des défenseurs de la vérité*, 1761, in-12, t. III. *du Nécrol. de Port-Royal*, p. 143.

XLVI.
Condamnation d'Arnauld par la Sorbonne.

de toutes les règles, et se plaignit que quatre prêtres de M. Olier l'eussent signée comme docteurs, prétendant qu'ils ne pouvaient porter leur suffrage dans cette contestation, émue contre leur communauté, sans être juges et parties tout ensemble (1). Mais la censure n'avait pour objet que les erreurs condamnées par Innocent X. Aussi la faculté, en les proscrivant, statua qu'Arnauld serait exclu de son sein, si, dans le délai de quinze jours, il ne se soumettait à cette censure. Il persista dans son obstination, inonda le monde d'écrits apologétiques français et latins, et fût exclu de la Faculté. Malgré le décret de la congrégation de l'*Index*, qui prohiba sa première et sa seconde lettre, il reprit plusieurs fois la plume; et ses amis, les solitaires de Port-Royal, publièrent en sa faveur un grand nombre d'écrits, dont les plus connus sont les *lettres Provinciales* de Pascal, aussi prohibées par un décret de l'année suivante.

Après tout ce qu'on vient de dire, on comprend assez quelle opinion les Jansénistes avaient conçue de M. Olier, et l'on pense bien que les écrivains de ce parti, accoutumés à critiquer avec amertume leurs adversaires, n'ont pas dû le ménager dans leurs productions†. Nicole, quoique l'un des plus modérés, attribuant la condamnation des Jansénistes aux intrigues des Jésuites et à celles d'*un certain grand directeur*, qui est M. Olier, et de ses prêtres, compare les premiers aux démons, et appelle ironiquement les seconds des *âmes angéliques*; puis, citant quelques passages isolés des écrits de M. Olier, pour le taxer

(1) *Hist. des cinq propositions*, in-12, 1702, t. I, p. 139. *OEuvres d'Arnauld*, t. XIX, p. 612.

XLVII.
Haine des Jansénistes pour la mémoire de M. Olier.

---

† L'historien de l'*Abbaye de Port-Royal* (2) va jusqu'à charger M. Olier d'avoir voulu extorquer de M. Feydeau, malade à l'extrémité sur sa paroisse, une rétractation de ses sentiments. Mais il oublie que, cette année 1661, M. Olier n'était plus curé de Saint-Sulpice depuis neuf ans, et que même il y avait déjà quatre ans qu'il était mort. S'il eût consulté avec un peu moins de préoccupation les Mémoires qu'il avait sous les yeux, il aurait pu remarquer que le curé dont il s'agit était M. de Poussé (3).

(2) T. v, p. 183.

(3) *Mém. de M. Feydeau. Ms. de la Bibl. Mazarine*, in-4°, n. 1189.

(1) *Lett. de feu M. Nicole, pour servir de conti- nuation aux deux volumes de ses lettres. Nou- velle édit.*, in- 12, 1743. *Au P. Quesnel*, lettre XLII, 15 déc. 1693.

de visionnaire, il dit au Père Quesnel et à Arnauld, à qui il adresse cette épître fort connue : « Je vous » envoie cet extrait, afin que vous sachiez que les » personnes que vous aimez n'ont pas eu seulement » pour adversaires des âmes achérontiques, mais » ces sortes d'âmes angéliques, et que leur ruine » est arrivée par la conspiration de ces deux sortes » d'anges (1). † » C'est cependant cette lettre de Nicole, ou plutôt cette *fantaisie*, comme il l'appelle lui-même, qui a formé, sur le caractère de M. Olier, l'opinion de presque tous les écrivains du parti.

On ne saurait trop reconnaître le bonheur qu'eut la paroisse de Saint-Sulpice d'être gouvernée, dans ces temps difficiles, par un pasteur si vigilant et si ferme dans la foi. Tandis que la plupart des autres paroisses de Paris se virent infectées de la conta- gion, celle de M. Olier se conserva pure et sans tache ; et c'est sans doute aux impressions salutaires que ce sage et zélé pasteur laissa dans les cœurs de ses paroissiens et de tous ses ecclésiastiques, qu'il faut attribuer l'attachement constant et inviolable à la foi, dont ils ont toujours fait la profession la plus sincère et la plus ouverte. Aussi le Père Rapin,

---

† Ce que Nicole dit ici de la *conspiration de ces deux sortes d'anges*, qui aurait amené la condamnation de Jansénius par la bulle *Cum occasione*, le duc de Saint-Simon l'a répété équivalemment, à l'occasion de celle de Quesnel, par la bulle *Unigenitus* : avec cette différence pourtant que, plus irrité que Nicole, et trop peu en garde contre ses animosités per- sonnelles envers les uns et les autres, il suppose entre eux beaucoup de haine et d'aversion, quoique parfaitement réunis de sentiments sur le Pape et le Jansénisme. « Il ne » faut pas oublier, dit-il, qu'avec toute l'aversion et la » crainte des prêtres de Saint-Sulpice (à l'égard) des Jésuites » et la jalousie et la haine de ceux-ci pour ceux là : ils con- » venaient entièrement sur tout ce qui regardait le Jansé- » nisme en détestation, et Rome en adoration : les uns par » le plus puissant intérêt, les autres, (ceux de Saint-Sulpice) » par la plus grossière ignorance (2). » Dans le style de cet écrivain satirique, ceux là étaient *ignorants, qui tenaient le Pape une divinité,* c'est-à-dire, qui étaient soumis à ses juge- ments, *parce que*, dit-il, *toute l'antiquité leur était inconnue* (3).

(2) *Mém. du duc de St-Simon,* t. IX, p. 130.

(3) *Ibid.,* t. VII, ch. 36, p. 417.

dans ses Mémoires, après avoir rapporté les efforts du zèle de M. Olier, pour préserver le faubourg Saint-Germain du poison des nouvelles erreurs, à cru devoir lui rendre ce témoignage. « Il ne se » souilla d'aucun commerce avec Port-Royal, et il » eut l'honneur de souffrir la persécution de la ca- » lomnie, qui régnait dans le parti, parce qu'il fut » un des premiers à se déclarer publiquement dans » sa paroisse et dans la ville, contre cette erreur » naissante. Il la combattit sans aucun relâche pen- » dant sa vie, par le zèle que Dieu lui avait donné pour » l'intérêt de la religion, et après sa mort, par le sé- » minaire de Saint-Sulpice, qui, depuis sa fondation, » a nourri, dans son sein, autant de défenseurs de » la foi, qu'il a élevé de saints ecclésiastiques, pour » les fonctions de leur ministère (1). » Nous pouvons ajouter, que par la miséricorde divine, le séminaire n'a jamais démenti la vérité de ce témoignage, dans aucun des temps orageux qu'il a parcourus, depuis près de deux siècles, même lorsque la défection semblait être devenue générale ; † et que cette sou- mission invariable aux décisions du Saint-Siège, peut être considérée avec raison comme une marque sensible de la sollicitude de M. Olier à veiller, après sa mort, sur l'œuvre que Dieu lui avait confiée du- rant sa vie.

(1) *Mém. du P. Rapin*, t. II, p. 481.

† C'était ce que Fénelon écrivait au pape Clément XI, en 1705, lorsque toutes les sociétés, à l'exception de la compa- gnie de Jésus et de celle de Saint-Sulpice, entraînées par une sorte de vertige, ne craignaient pas d'entrer dans une lutte ouverte contre l'autorité des souverains pontifes. Il nomme les Bénédictins des deux congrégations de Saint- Maur et de Saint Vannes, les Augustins, les Carmes déchaus- sés, les Dominicains, les Génovéfains, les Prémontrés, les Récollets, les Capucins, les Oratoriens, etc. Il ajoute : *Soli sunt San-Sulpitiani seminaristæ quibus corde sit hanc labem a se depellere. Unde a cardinale archiepiscopo* (Parisiensi) *vilès et invisi habentur* (2). Ce mémoire rédigé en latin est l'une des pièces les plus importantes de l'histoire du Jansénisme : personne n'ayant jamais pu suspecter la haute impartialité et la droiture de jugement de l'archevêque de Cambrai (3).

(2) *OEuvres de Fénelon. Lebel* 1822, t. XII, *Me- moriale Sanctis- simo D. N. clam legendum*, p. 605 603.

(3) *L'oratoire de France*, au XVII et au XIX siè- cle. 2° édit. 1866, in-12, p. 220.

NOTES DU LIVRE DIXIÈME

SUR LA SECTE DES ILLUMINÉS

NOTE 1, p. 413. — M. Olier, dans une de ses lettres, parle en ces termes d'un religieux qui était venu à Paris pour y répandre ces détestables erreurs : « Quant à ce » pauvre homme que vous m'adressâtes, il y a quelque » temps, il ne le faut pas nommer *bon pauvre*, car il s'est » trouvé très-méchant. C'est un Capucin apostat, illuminé, » qui a semé en cette ville des abominations les plus hor- » ribles de l'enfer; jusque là qu'en étant averti, on me de- » manda deux personnes de notre maison, pour être témoins » de sa doctrine; et ceux-ci, s'étant cachés sous une tapis- » serie, l'entendirent proférer les blasphèmes les plus » effroyables contre la pureté de la sainte Vierge, qui aient » jamais été ouis. J'en eus mauvais augure à son abord, ne » lui voyant point de profession ni d'emploi ordinaire, et » n'ayant que des paroles en bouche, sans recueillement, » sans simplicité, et sans humiliation ni obéissance (1). »

(1) *Lettre aut. de M. Olier*, p. 36.

Les principaux de ces fanatiques qui périrent par la main du bourreau furent, Lagrange, le baron de Beausoleil et Simon Morin. Ce dernier, l'un des plus dangereux qui pa- rurent au XVIIe siècle, était de Richemont, près d'Aumale, dans le pays de Caux, en Normandie. Il se vit réduit d'a- bord, pour subsister à Paris, à se faire écrivain-copiste, profession dans laquelle il excellait. Les erreurs des illumi- nés régnaient alors secrètement dans cette capitale : Morin y donna avec empressement; puis déterminé à se faire chef de secte, il se mit à tenir des assemblées chez lui, où il fai- sait des espèces de sermons pour exhorter à la pénitence. Quoique sans lettres et d'une ignorance grossière, c'était l'homme du monde le plus adroit à s'insinuer dans les es- prits. Il affectait les dehors de la piété, un grand silence, un extrême recueillement des sens, un détachement apparent de tous les intérêts humains, et une grande patience. Par ces prestiges, il séduisit quelques esprits faibles et bientôt le nombre de ses adhérents s'accrut de jour en jour. Il pre- nait même sur eux un empire si absolu, qu'il en tirait des assurances par écrit d'une soumission aveugle, quelque ridicule que fut la secte qu'il prétendait établir (1). Car, ce qu'on a de la peine à comprendre aujourd'hui , il la fondait sur l'existence successive de trois règnes religieux : celui de DIEU le Père qui avait été le règne de la loi mosaique; celui du Fils incarné qui était le règne de la grâce ; et celui du Fils de DIEU glorifié, incorporé à lui Morin, qui devait être le règne de la gloire (2).

Toutefois, ce n'était point par esprit de folie qu'il dogmatisait de la sorte, mais par la résolution qu'il avait prise, de renverser de fond en comble la religion catholique et l'autorité royale (3) : prétendant tirer de la révélation, comme d'un principe proportionné aux mœurs et aux idées de son temps, les mêmes conséquences subversives de tout ordre, qu'on a voulu tirer de nos jours des droits présumés de l'homme et de l'ordre social. Il enseignait, en effet, que dans ce prétendu règne de la gloire, DIEU voulant nous gouverner immédiatement et par lui-même, nous n'avions plus besoin de l'Eglise, ni de JÉSUS-CHRIST médiateur, ni de pasteurs, ni de sacrements, étant tous impeccables (4) ; et qu'il ne devait plus y avoir d'autre Eglise, qu'une société universelle, composée de toute sorte de nations et de sectes, sans en excepter les juifs, ni les magiciens, ni même les démons, avec lesquels il voulait qu'on se réconciliât (5). Enfin, se donnant lui-même comme Fils de DIEU (6), et poussant à bout les conséquences de sa prétendue divinité, il avait pour l'un de ses principes : *point de roi, si je ne le couronne ;* et encore : *point de force, que celle de mon bras* (7). Il y avait à Paris, disait-on, plus de vingt mille personnes engagées dans cette secte, et grand nombre d'autres dans le reste de la France et ailleurs (8).

Morin fut arrêté en 1644 et mis à la Bastille, où il demeura vingt-un mois. Enfermé une seconde fois, comme relaps, il fut de nouveau mis en liberté en 1649; puis arrêté une troisième fois, et enfin une quatrième, et exécuté en place de Grève, l'année 1663 (9). Il protesta, alors, qu'il voulait mourir dans la religion catholique, apostolique et romaine ; et répéta jusqu'à son dernier soupir ces paroles : *Jésus, Marie, mon Dieu : faites-moi miséricorde ; je vous demande pardon* (10).

(1) *Nouveaux mém. d'hist. de critiq. et de littérature,*art.LVIII, *pièces du procès de Morin,* p.249, 274.

(2)*Ibid.*,p.272.

(3)*Ibid.*,p.292.

(4)*Ibid.*,p.272.

(5)*Ibid.*,p.288.
(6)*Ibid.*,p.278.
*Deslyons. Journaux,*p.297,298 299.
(7)*Ibid.*,p.279.

(8)*Ibid.*,p.289, 290.

(9)*Ibid.*,p.249.

(10)*Ibid.*,p.209, 210, 211.

ESTIME DE M. BOURDOISE POUR QUELQUES JANSÉNISTES

NOTE 2, p. 427. — Lorsque M. Bourdoise résidait à Liancourt, l'abbé de Bourzeis et le Père Desmares, que le duc de Liancourt avait auprès de sa personne, en imposèrent aisément à ce bon prêtre, par leur exactitude aux Offices de la paroisse, et par leur ponctualité à toutes les cérémonies du chœur. Parlant de l'abbé de Bourzeis, il l'appelait ordinairement : *le Doyen de ceux qui portaient le surplis à Lian-court;* et dans son admiration pour le Père Desmares, qui portait aussi le surplis, chantait au lutrin, et faisait choriste : *C'est un vrai prêtre de paroisse,* disait-il, *le plus simple, le plus doux, le plus cordial, le plus humble, le plus accommodant, et craignant* DIEU (1). Un éloge si contraire à la vérité, montre combien le caractère ardent de M. Bourdoise l'exposait à des surprises, et pouvait servir de prétexte pour avancer, comme il s'en plaint lui-même, qu'il ne fallait qu'une soutane, une couronne et un *Benedicamus Domino,* pour être canonisé de lui (2).

(1) *Vie impri-mée de M. Bour-doise,* in-4°, p. 462.

(2) *Sentences de M. Bourdoise,* in-4°, p. xxiij.

Entièrement étranger aux disputes du Jansénisme, il se laissait persuader, qu'on ne devait pas, malgré la bulle d'Urbain VIII et les brefs d'Innocent X, se déclarer contre cette doctrine ; et lui-même, en attendant la décision demandée de nouveau au Pape, suspendait, disait-il, son jugement. On ne doit pas être surpris, après cela, qu'il ait pu parler alors d'une manière un peu équivoque sur ces matières. « Quant à ce que vous dites, répondait-il à un Jansé-» niste, le 18 juillet 1651, que MM. de la communauté de » Saint-Sulpice ont levé le masque, je ne puis pas être leur » caution pour ce qui regarde les questions contentieuses ; » ce n'est pas à Adrien Bourdoise d'en juger : il n'est pas let-» tré, et il est connu pour tel (3). »

(3) *Vie impri-mée de M. Bour-doise,* in-4°, p. 465, 466.

On ne sait quelle est l'occasion qu'il signale ici : peut-être parle-t-il d'après les bruits calomnieux que M. du Hamel répandait sur M. Olier, le faisant passer pour un schismatique, et l'auteur d'un nouveau schisme dans l'Eglise. C'est apparemment cette conduite de M. Bourdoise, qui aura servi de prétexte à quelques écrivains du parti, pour le ranger, quoique avec beaucoup d'injustice, parmi les disciples de Saint-Cyran (4). L'auteur de *l'Histoire de Port-Royal* suppose de plus, qu'il avait des liaisons particulières avec la communauté de Saint-Merry (5). Il est vrai que M. Bourdoise, entendant parler de ces ecclésiastiques avec éloge, voulut juger par lui-même si ce qu'on en publiait était véritable. « Il assista donc à leurs conférences, dit son historien, et à » leurs disputes sur la grâce et sur les moyens de réformer » l'Eglise ; et pendant trois semaines environ, qu'il demeura » dans leur compagnie, il eut toujours les yeux fixés sur eux. » Mais il revint de Saint-Merry, ajoute cet écrivain, aussi » mal édifié qu'il avait cru d'abord y trouver de modestie, » donnant pour raison de sa retraite, qu'il n'avait vu là ni » humilité, ni charité, ni vérité (6) ; et qu'enfin, il n'y avait » rien à faire (7). Adrien Bourdoise, disait-il depuis, est » demi-hérétique chez eux, à cause qu'il observe les petites » choses (8). »

(4) *Hist. de l'abbaye de Port-Royal,* t. III, p. 403, 404.
(5) *Ibid.,* t. v, p. 166.

(6) *Vie impri-mée de M. Bour-doise,* in-4°, p. 464.
(7) *Mém. de Feydeau, Ms., de la Bibl. Maza-rine,* p. 34.
(8) *Vie impri-mée, ibid.*

SUR M. COPPIN, CURÉ DE VAUGIRARD

NOTE 3, p. 431. — Pierre Coppin, docteur de Navarre, était théologal de Blois. Il quitta cette charge, pour aller faire imprimer, à Paris, sa traduction des annales de Sponde (1) ; et à cette occasion, il obtint la cure de Vaugirard, plutôt pour sa propre commodité, comme la suite le fit voir, que pour travailler à la sanctification de cette paroisse. Nous avons vu que, vers la fin de 1641, M. Olier arrivant dans ce village, avec ses premiers compagnons, M. Coppin, chez qui ils se logèrent d'abord, les pria de le remplacer, pendant une absence de quinze jours, qu'il se proposait de faire : ce qui eut un très-heureux résultat pour ses paroissiens. en leur procurant, jusqu'au mois d'août suivant, une espèce de mission non interrompue, qui renouvela cette paroisse. Car bien que leur curé fût docteur, il ne s'occupait guères à les instruire ; et il resta même huit mois sans reparaître parmi eux. Enfin, comme M. Olier, en transférant sa communauté à Saint-Sulpice, avait laissé plusieurs de ses ecclésiastiques à Vaugirard, et qu'il y en eut toujours depuis, dans la maison qu'il y avait acquise, M. Coppin assuré que ses paroissiens ne manqueraient pas de secours, ne se faisait guères scrupule de ne pas garder la résidence, et était très-souvent absent, quoiqu'il ne cessât pas de percevoir toujours les revenus de sa cure. Il paraît que cet abus se prolongea fort longtemps, puisque nous lisons que le 7 octobre 1645, en l'absence du curé de Vaugirard, sept ou huit ecclésiastiques de Saint-Sulpice faisaient l'office dans cette église (2). Pourtant M. Coppin qui en pratique suivait des principes si larges, se déclarait en spéculation pour la morale outrée de Port-Royal. Du moins, prit-il chaudement parti pour les Jansénistes ; et lorsque en 1649 le docteur Cornet, syndic de la faculté de théologie, dénonça à ses collègues, les cinq propositions, qui résumaient toute la doctrine de Jansénius, le curé de Vaugirard, fut l'un des plus ardents parmi les soixante docteurs qui s'ameutèrent, et en appelèrent au Parlement comme d'abus (3) †,

† M. Coppin, comme l'organe des docteurs opposants, proposait certaines conditions à suivre, dans l'examen des propositions de Jansénius, afin que par ce moyen elles ne pussent être condamnées; et voulait absolument, qu'on transcrivît ces conditions dans les registres de la Faculté. Mais le syndic Cornet en ayant empêché l'insertion (4), le docteur de Saint-Amour, pour suppléer, en quelque manière, à ce défaut, les a reproduites dans le *recueil de pièces*, qu'il a placées à la suite de son *journal* (5).

(1)*Mém. du P. Rapin*, t. II, p. 135 et suiv.

(2)*Mém. part.*, an. 1645.

(3)*Mém. du P. Rapin*, t. II, p. 135. - *Journaux de St-Amour*, 1re part., ch. XIV, p. 38, 39, 40, in-fo, 1662.

(4) *Journal de St-Amour, ibid.* p. 40.

(5) *Recueil de diverses pièces*, p. 2, 3, 4.

(1) *L'assemblée de 1682, par Gé-rin. Appendice, n. 3, p. 524, 2° édit., 1870.*

quoiqu'il restât toujours passionnément déclaré pour les intérêts du cardinal Mazarin durant les troubles politiques (1).

Nous ignorons si dès ce moment les ecclésiastiques de Saint-Sulpice, qui résidaient à Vaugirard, continuèrent à fréquenter aussi librement qu'auparavant l'église de cette paroisse; mais ce qui arriva le jour de Saint-Marc 1651, fait assez connaître que leurs services n'étaient plus agréables à M. Coppin, comme ils l'avaient été auparavant. On a raconté que chaque année, le jour de Saint-Marc, la paroisse de Saint-Sulpice allait en procession à l'église de Vaugirard, et que ce fut dans cette occasion, qu'en 1642, M. de Fiesque y étant reçu par M. Olier et les siens, en l'absence de M. Coppin, il leur fit la première proposition de la cure de Saint-Sulpice. En 1651, conformément à cet usage, M. Olier, comme curé, se rendit processionnellement à Vaugirard avec ses marguilliers et une foule de paroissiens. M. Coppin, engagé dès lors dans la nouvelle erreur, et les regardant apparemment comme des schismatiques ou des hérétiques, avec lesquels il ne lui était pas permis de communiquer, ne leur fit pas à son entrée la réception d'usage et ne parut même pas. Non seulement on ne sonna point les cloches à leur sortie non plus qu'à leur arrivée, mais on en retira les cordes dans le clocher, pour qu'on ne pût sonner, et afin de faire par là plus d'affront à la procession : ce qui au départ occasionna quelque confusion ou quelque rumeur inévitable. Comme la paroisse de Saint-Sulpice n'avait aucune sorte d'obligation d'aller à Vaugirard ce jour-là, il fut délibéré le 25 août suivant et arrêté par le conseil

(2) *Rem. hist., in-12, p. 351.*
(3) *Bibl. impériale. Ms. Baluze 943. C. R. 10395, 2. f° 21.*

de fabrique où se trouvèrent dix-sept marguilliers ou notables paroissiens, présidés par M. Olier (2), que désormais le jour de Saint-Marc, la procession se rendrait à Sainte-Geneviève ou à quelque autre station qui serait jugée convenable (3). Toutefois les habitants de Vaugirard, affligés de cette conduite irrespectueuse et blâmable de leur curé, s'empressèrent de faire porter des excuses par leurs marguilliers à ceux de Saint-Sulpice et à M. Olier qu'ils prièrent de continuer à l'avenir cet ancien usage : promettant de faire sonner les cloches à l'entrée de la procession dans leur église, et à sa sortie, et de lui rendre toutes les autres civilités accoutumées. En conséquence M. Olier et ses marguilliers revinrent sur la délibération précédente ; et arrêtèrent le 14 avril 1652, qu'on irait le jour de Saint Marc à leur église comme auparavant.

(4) *Mém. du P. Rapin, ibid.*

M. Coppin mourut à Vaugirard dans une extrême vieillesse, le 2 juillet 1667, étant alors doyen de la faculté de Théologie. (4).

M. OLIER DÉFEND LES SENTIMENTS ET LA PERSONNE
DE SAINT FRANÇOIS DE SALES, CONTRE LES
ATTAQUES DES JANSÉNISTES

NOTE 4, p. 449. — C'est ici le lieu de parler du zèle de M. Olier à défendre la morale du saint évêque de Genève, contre les attaques de plusieurs de ces faux zélateurs de la pureté évangélique, et à relever l'éclat de sa sainteté qu'ils s'efforçaient d'obscurcir. On nous dispensera de rapporter leurs propos indécents : ils offenseraient les oreilles les moins délicates ; qu'il nous suffise pour en donner une idée, de dire qu'au jugement de plusieurs, l'évêque de Genève était damné ou presque damné, à cause de son chapitre *des Bals et des Danses*, et que, selon d'autres, jamais un saint ne mourait d'apoplexie, comme le prouvent et le livre de la *Vie des Saints* et même ce genre de mort, qui suppose une plénitude d'humeurs incompatible avec la sainteté de la pénitence. (1) Ce qui est plus étonnant encore, c'est qu'après la béatification de ce saint, plusieurs hommes importants dans le parti, tels que le Père Desmares, osaient avancer que cette béatification était mal fondée, à cause de la doctrine de M. de Genève touchant l'amour de Dieu dans l'attrition, et par ce qu'il donnait le titre de philosophe chrétien à Epictète. (2) M. Pavillon, évêque d'Aleth, hautement déclaré pour la morale austère de Port-Royal, ne pouvait non plus souffrir les éloges qu'on faisait du saint évêque de Genève. Un ecclésiastique du diocèse de Rodez, M. Raymond Bonal, qu'il avait attiré et qu'il retenait à l'évêché d'Aleth, affligé des sentiments de ce prélat, écrivait confidemment : « Je laisse à » Dieu de me tirer comme Joseph de la prison de ce lieu, » où étant avec des saints, c'est un crime d'être dévot à un » grand saint, j'entends notre bienheureux Père François » de Sales. Si j'ai un jour le bonheur de vous revoir, je vous » dirai des choses étranges (3). » Cependant les Jansénistes comprirent qu'il était téméraire et imprudent de vouloir s'élever contre l'opinion universelle des peuples en faveur de sa sainteté, que Dieu confirmait d'ailleurs tous les jours par des miracles ; ils prirent donc le parti d'interpréter à leur manière ce qui les choquait le plus dans ses écrits. Arnauld s'efforça d'expliquer ses sentiments sur la pénitence, en engageant toutefois les directeurs à prendre plutôt pour modèle saint Charles Borromée, comme suscité de Dieu, dans ces derniers temps, pour le renouvellement des exercices de pénitence dans l'Eglise (4). Mais ne pouvant expliquer sa doctrine sur la grâce, il se contente de dire que le Bienheureux n'avait jamais étudié particulièrement cette matière à fond et à dessein, et que s'il eût vécu

(1) *Journaux de M. Deslyons*, p. 153, an. 1637.

(2) *Ibid.*, p. 643.

(3) *Vie Ms. de M. Bonal*, p. 27.

(4) *OEuvres d'Arnauld*, t. XVII.

(1) *Apologie
pour les S. Pères
liv. vii, ch. vi,
791, 793.
dans ces derniers temps, il eût assurément reconnu dans le
livre de l'évêque d'Ypres, la vraie et pure doctrine de saint
Augustin (1).

Pour effacer les fâcheuses impressions de ces discours sur
les esprits, autant que par vénération pour le saint Evêque
de Genève, M. Olier conduisait chaque année le séminaire
de Saint-Sulpice dans la chapelle du monastère de la Visitation, rue Saint-Jacques, et y célébrait l'office le jour de la
Visitation de la sainte Vierge, et le jour de la mort du saint
Prélat, quoique non encore béatifié. On conserve un panégyrique qu'il prêcha probablement dans l'une de ces circonstances, et dont il est bon de rapporter ici quelques traits.

Dans la première partie, M. Olier prouve d'une manière
vive, éloquente et victorieuse, la science profonde du Bienheureux, « contre la malice du diable, dit-il, et la méchan-
» ceté du monde, son suppôt, qui voulut l'accuser d'igno-
» rance. » Il montre en passant, par les écrits mêmes du
saint Evêque, la condamnation anticipée des nouvelles erreurs. Ce trait est assez remarquable, et prouve, contre
Arnauld, que saint François de Sales n'était pas aussi étranger qu'il le prétend à l'étude approfondie des controverses
sur la grâce. « Notre bienheureux Evêque fut consulté, dit-il,
» par le Pape Paul V, sur les matières de la grâce, *de auxiliis*.
» Mais, par un effet de son humilité ordinaire, il refusa long-
» temps de répondre, s'excusant sur la nature de la matière,
» que Dieu tenait cachée pour nous humilier. Enfin, se
» voyant pressé de nouveau, il envoya ses sentiments qui
» sont couchés au long dans les VIIe, VIIIe, IXe et Xe cha-
» pitres du second livre de l'amour de Dieu. Il y porte les
» âmes à opérer leur salut avec confiance, appuyées sur
» Jésus-Christ Notre-Seigneur, mort pour tous les pécheurs,
» et qui leur a mérité à tous, pour se sauver, une très-
» grande abondance de grâces, quoique tout le monde ne
» s'en serve pas. Dispensation consolante, qui rend le joug
» du Seigneur doux et ses commandements possibles à tous
» les hommes, puisque Dieu ne dénie à personne le néces-
» saire. » Dans la seconde partie, M. Olier combat les faux
zélateurs de la pénitence qui osaient bien accuser saint
François de Sales d'avoir corrompu la morale par des adou-
cissements contraires à l'esprit de Jésus-Christ. « Il est
» bon, dit-il, de s'étendre sur ce sujet, pour faire connaître
» le véritable esprit de notre Prélat, assez mal pris par le
» commun, comme s'il eût usé d'une lâche condescendance
» au monde et à la chair. Il est pourtant, dans le fond de
» sa conduite, le plus mortifiant de tous les Saints (car il
» n'y a point de sainteté sans mortification). Saint Charles,
» la merveille des Evêques de l'Eglise de Dieu, était inac-
» cessible au commun, par son austérité et la rigueur de sa

» vie. Notre Saint vient pour prêcher aussi la croix, mais
» pour en insinuer suavement l'amour dans les cœurs. Ce
» n'est pas comme saint François d'Assise, après saint Ber-
» nard, saint Bruno., saint Benoît, pour la prêcher tout
» affreuse, par les austérités et les macérations cruelles du
» corps et de l'esprit ; mais pour prêcher la croix intérieure
» et la mortification du cœur, par l'Esprit de Jésus-Christ,
» suivant l'instruction du Sauveur et de saint Paul, son dis-
» ciple : *Si vous mortifiez les œuvres de la chair par l'esprit,*
» *vous vivrez.* Voilà la mortification de notre Saint. C'est là
» la vraie religion chrétienne, qui va essentiellement à cru-
» cifier les passions. C'était une leçon presque inconnue
» avant lui ; car la mortification ne passait que pour être une
» vertu de cloître, et non pour une vertu essentiellement
» chrétienne. Voilà ce que notre Saint est venu enseigner
» au commun des hommes. C'est là où tend son *Introduction.*
» Il vient avec un esprit mitigé, un esprit entièrement con-
» forme à la conduite de Jésus-Christ, fondé plutôt sur
» l'esprit et les vertus chrétiennes qui détruisent les vices,
» que sur les austérités du corps. Il enseigne au monde ces
» paroles du Fils de Dieu. *Apprenez de moi que je suis doux*
» *et humble de cœur* ; apprenez à crucifier et à mortifier, dans
» votre cœur, la superbe par l'humilité, et l'amour-propre,
» principe de toute amertume, par la douceur : car les vices
» de l'esprit, comme la superbe et l'amour-propre, sont les
» plus énormes et les plus odieux, et dans eux se trouvent
» la source et la vie de tous les autres vices. C'est cette di-
» vine instruction, que ce grand Saint est venu renouveler
» dans l'Eglise ; c'est sur ces paroles qu'il a fondé l'institut
» de la Visitation, les donnant aux religieuses de cet ordre
» pour l'âme de leur conduite : et comme il a voulu porter
» par la croix la mortification dans leurs âmes, il leur a
» donné pour signe de leur vocation et de leur esprit, une
» croix d'argent sur le cœur.

» Or, pour entendre cette mortification, il ne faut pas con-
» cevoir qu'il ne voulût point la mortification de la chair, et
» qu'il n'en fît point d'estime. Sa pensée n'était pas de
» l'anéantir totalement ; au contraire, il la conseillait, et en
» usait lui-même : comme le jeûne le vendredi, et la dis-
» cipline dont il parle si avantageusement dans son *Intro-
» duction* : mais il voulait que ces choses fussent modérées.
» La mortification qu'il exigeait rigoureusement, est celle à
» laquelle sont obligés tous les fidèles, qui est l'esprit du
» baptême, résidant en nous pour détruire incessamment
» les vices de notre nature, et nous faire embrasser les
» croix et les mortifications attachées à notre vocation, et
» qui naissent de notre état. Cette conduite vraiment chré-
» tienne a été mal entendue dans le commencement, et même

» calomniée par ceux dont l'austérité extérieure faisait plus
» d'attention à l'écorce, qu'au fond de la vie de notre Saint.
» D'où vient même qu'un jour, un prédicateur d'un Ordre
» réformé déchira dans la chaire, et foula aux pieds ce livre
» précieux de l'*Introduction à la vie dévote*, qui est un pro-
» dige dans son genre, et des chapitres duquel on peut dire,
» comme des articles de saint Thomas, que ce sont autant
» de miracles. »

SUR LE SILENCE DE M. OLIER APRÈS LES ÉCRITS
SATIRIQUES DES JANSÉNISTES CONTRE LUI

NOTE 5, p. 451. — La conduite que tint M. Olier, en
laissant à Dieu le soin de sa défense, après les écrits publiés
contre lui, était, selon M. Tronson, le parti que devaient suivre
tous ses enfants en pareilles conjonctures. « Je ne m'étonne
» pas, écrivait-il à l'un d'eux, qu'un prêtre janséniste ait
» parlé contre votre sermon, qui a été si approuvé d'ail-
» leurs. Quelques-uns du parti en ont fait autant autrefois
» à M. Olier. C'est un honneur aux enfants, d'être traités
» comme leur père (1). Je vous conseille de ne pas vous
» mettre beaucoup en peine pour les choses qu'on vous a
» dites de Saint-Sulpice, et que vous me mandez de ne pou-
» voir écrire; car on en dit tant tous les jours et de toute
» façon, qu'il semblerait quelquefois, à entendre parler, que
» tout soit perdu. On ne vous en dira pas plus que nous
» n'en avons entendu dire, du temps de nos très-honorés
» Pères, M. Olier et M. de Bretonvilliers. Soyons de notre
» part fidèles à ce que Dieu demande de nous; ne perdons
» point la confiance, et il n'y aura rien à craindre pour son
» œuvre (2). »

(1) *Lett. de M. Tronson*, t. VII, Lyon, p. 259. Lettre à *M. Maillard*, du 16 janvier 1659.

(2) *Ibid.*, p. 2, 5. Au même, du 22 mai 1664.

SUR LES PROPOSITIONS DE JANSÉNIUS

NOTE 6, p. 453. — Voici les propositions dénoncées par
le docteur Cornet, et telles que M. Hardouin de Péréfixe,
évêque de Rodez, les envoya au cardinal Mazarin, le lendemain même de cette séance.

I. Que toutes les œuvres des infidèles sont des péchés.

II. Que l'observation des préceptes est impossible quelquefois, même aux justes.

III. Que Notre-Seigneur n'est point mort pour tous les
hommes.

IV. Que l'indifférence de la liberté n'est point nécessaire
pour le mérite.

V. Que la puissance des clefs ne réside dans l'Eglise, que
pour ceux qui font pénitence publique (3).

(3) *Arch. du ministère des affaires étrangères. Rome. Supplém.* 1649, de janvier à juillet, *lettre de l'évêque de Rodez au cardinal Mazarin.*

Il paraît néanmoins que les propositions furent d'abord au nombre de six, comme le rapporte le docteur de Saint-Amour, et que même un docteur de l'assemblée de ce jour voulut qu'on en ajoutât une septième. On dénonça, en effet, celle qui a pour objet les œuvres des infidèles, et qui est ici la première, celle qui concerne la pénitence publique, et enfin les cinq autres qui ont fait depuis tant de bruit (1), et que Bossuet regardait comme le plus exact abrégé qu'on pût faire d'un aussi vaste ouvrage que l'*Augustinus* (2).

(1)*Journal de St-Amour*, 1re part.,ch.vi,p.41.

(2)*Vie de saint Vincent de Paul*, par Collet, t.i,p. 525.

LE PÈRE DESMARES EST EXCLU DE L'ORATOIRE

NOTE 7, p. 455. — Plusieurs auteurs ont pensé que le Père Desmares n'était plus du corps des Oratoriens lorsqu'il alla à Rome pour défendre le Jansénisme. Mais jusqu'alors on ne voit pas qu'on l'eût exclu de la société. En signant l'écrit présenté au Pape par les députés Jansénistes, il prit même la qualité de prêtre de l'Oratoire de Jésus : *Tussanus Desmares, presbyter congregationis Oratorii Jesu* (3). On peut toutefois présumer qu'il n'entreprit point ce voyage du consentement de ses supérieurs, quoiqu'il eût l'aveu d'un très-grand nombre de ses confrères. Ce qui le fait soupçonner, c'est qu'à son retour à Paris, on refusa de le recevoir à l'Oratoire (4). « On fut au-devant de lui jusqu'à Conflans, » rapporte Deslyons dans ses Journaux, pour lui dire, de la » part de l'Oratoire, qu'il eût à n'y pas rentrer ; et dès ce » moment M. de Liancourt le reçut dans sa maison (5). » Le Père Desmares y demeura constamment, assista à la mort le duc et la duchesse (6), et mourut lui-même à Liancourt, le 2 janvier 1687 (7).

(3)*Hist. des cinq propositions*, in-12, 1702, t.iii,p. 228.

(4)*Articles des plus grands hommes de l'Oratoire*. Ms. in-4°, p. 552.

(5) *Journaux de M. Deslyons*, p. 632.

(6)*Hist. de l'Eglise du XVIIe siècle*,t.ii,liv.vii, p. 187.

(7)*Mém. de MM. Feydeau et Flambart*,t.i,*Ms de la Bibl. Royale*,S.F.519,1.

CONDAMNATION DU LIVRE INTITULÉ : LE JANSÉNISME CONFONDU

NOTE 8, p. 458. — Lorsque l'Archevêque de Paris eut condamné l'ouvrage du Père Brisacier, le *Jansénisme confondu*, en défendant, sous peine d'excommunication, de le lire ou de le vendre ; « quelques curés, dit un écrivain du » parti, furent tellement touchés de cette censure, qu'ils ne » la publièrent point au prône comme les autres ; de ce » nombre furent MM. Chapelas, Olier et Abelly (8), » On les accusa depuis, et la supposition est tout-à-fait vraisemblable, d'avoir formé un complot avec le docteur Hallier et les Jésuites, pour empêcher l'Archevêque de donner cette censure, ou pour obtenir qu'elle ne fût point publiée. Contraints néanmoins par les hauts commandements du Prélat, ils la publièrent, en ajoutant qu'il n'avait point condamné par la

(8)*Hist. de l'Eglise du XVIIe siècle*,t.ii,liv.vii, ch. iii.

(1) *Continuation de Fleury*, Ms. original du Père Fabre, liv. ccxxii, n. 20.— Hist. du Jansénisme, 1700, t. ii, p. 68.

les sentiments exposés dans le livre du *Jansénisme confondu*; mais pris simplement la défense des religieuses de Port-Royal, dont il était parlé dans cet écrit. L'observation était assez nécessaire : ce qui n'empêcha pas les Jansénistes de la représenter comme une entreprise contre l'autorité de l'Archevêque de Paris (1).

Au reste nous n'avons trouvé nulle part que M. Olier ait fait des observations sur cette censure ; ni même qu'il l'ait jamais publiée dans la chaire de son église. Si des écrivains postérieurs du parti ont supposé et affirmé le contraire, et ont assimilé en cela M. Olier à Chapelas et à Abelly, c'est une assertion destituée de tout fondement ; puisque le faubourg Saint-Germain étant alors exempt, M. Olier n'avait point à publier les actes de l'archevêque de Paris dans la chaire de Saint-Sulpice, et ne publia jamais que ceux du vicaire général de l'abbaye, son supérieur naturel.

SUR LA NATURE DES LIAISONS DE L'ABBÉ D'AUBIGNY AVEC PORT-ROYAL.

(2) *Œuvres d'Arnauld* tom. xxii, p. 214.
(3) *Ibid.*, t. xxi, préface, p. 31.
(4) *Vie de M. Olier*, part. 2e, liv. ix, n. 8.
(5) *Lett. de M. Tronson. Mélanges*, t. i, p. 64.

NOTE 9, p. 461.—Dans les précédentes éditions de la *Vie de M. Olier*, nous avions supposé sur la foi de l'éditeur des œuvres d'Arnauld (2), et sur celle d'Hermant (3), que M. d'Aubigny était devenu janséniste et que l'esprit d'erreur l'avait aveuglé (4). De nouvelles recherches nous ont convaincu, que nous l'avions ainsi jugé sans assez de connaissance de cause ; et il est de notre devoir de réformer ici ce jugement.

Il faut savoir, comme l'écrivait M. Tronson, qu'il y avait alors deux sortes de jansénistes : les uns de *doctrine*, et les autres de *parti* (5) ; et que par des circonstances indépendantes d'abord de sa volonté, M. d'Aubigny se trouva comme engagé dans cette dernière classe. On a vu que porté en France dès l'âge de cinq ans, on l'avait placé à Port-Royal pour y être élevé. Cette circonstance le lia par affection et par reconnaissance avec les chefs de la secte, qui ne négligèrent rien de leur part pour se l'attacher. Dans ce dessein ils placèrent auprès de lui deux de leurs docteurs, dont on a parlé, qui pourtant ne purent lui faire goûter les erreurs nouvelles : d'où il arriva qu'il fut janséniste de parti, sans l'être de doctrine, comme tant d'autres l'étaient alors, car la Cour s'étant déclarée contre Port-Royal, beaucoup de personnes de qualité, déjà mécontentes de la Cour ou de son ministre, le cardinal Mazarin, grossirent le parti des novateurs en se joignant à eux. « Il y avait pourtant cette » différence, dit le Père Rapin, que ceux qui y entraient par » d'autres intérêts que ceux de la religion, n'étaient pas des » plus zélés pour la doctrine, quoiqu'ils fussent les plus

» emportés dans les résolutions qui se prenaient sur les af-
» faires, dont on délibérait à Port-Royal. Ce fut par cet
» esprit, plus que par attachement à la nouvelle doctrine, (1) *Mém. du P.*
» que le coadjuteur de Retz y entra, et que l'abbé d'Aubigny *Rapin, t. I, p.*
» y devint favorable (1). » On conçoit que ce dernier avait 206, 207, 208.
plus de motifs que bien d'autres d'être mécontent du cardinal Mazarin et de la Cour : voyant que ce ministre, pour
plaire à Cromwell, refusait presque tout secours à Charles II (2) *L'art de vé-*
dans son exil ; et qu'enfin il l'obligea de sortir du Royaume, *rifier les dates*
quoique le jeune Roi et la Régente l'eussent invité à s'y *Angleter. Crom-*
réfugier (2). On raconte que de l'avis de ses amis, fondé sur *well.*
l'état de ses affaires pécuniaires, l'abbé d'Aubigny demanda
au cardinal ministre une abbaye considérable qui vaquait
alors, et que celui-ci la lui ayant refusée pour lui en donner
une d'un très-petit revenu, cet abbé, qui était d'une humeur
enjouée, disait plaisamment : que comme chrétien, il était
obligé de pardonner au cardinal le mal qu'il lui faisait ;
mais qu'il n'était pas obligé de lui pardonner le bien
qu'il venait de lui faire. Sur quoi le Père Rapin, non
suspect dans cette matière, dit de l'abbé d'Aubigny : « Il ne
» s'attacha au coadjuteur, que pour se détacher des intérêts
» du cardinal Mazarin, par pure politique, sans que le Port-
» Royal y eût aucune part : car il prenait peu d'intérêt aux nou-
» veautés qu'on y enseignait. J'ai même oui dire à la Prési-
» dente Tambonneau, chez qui il mangeait souvent avec le
» maréchal de Turenne, † que quoiqu'on le crût de ce parti,
» parce qu'on se servait de son nom dans les occasions, il
» s'en divertissait ; et comme la Présidente lui reprochait,
» qu'il était trop gai pour un janséniste : il répondait qu'on
» s'accommodait bien de lui, parce qu'il était bon à leurs af- (3) *Mém. du P.*
» faires. C'est ainsi que l'abbé parlait d'eux, car il les con- *Rapin, t. I, p.*
» naissait bien (3). » On ne doit donc pas s'étonner, si les 170, 171.
Jansénistes l'ont représenté comme ayant été favorable à
leurs erreurs.

Il est vrai qu'Hermant lui attribue une lettre du 15 février (4) *OEuvres*
1661, qui supposait que l'abbé d'Aubigny partageait alors *d'Arnauld,* t. xxi
les idées des Jansénistes touchant leurs erreurs. (4) Mais *suprà.*
outre que cet écrivain, trop connu par ses excès en faveur
de la nouvelle doctrine, ne mérite pas ici une confiance

† M. Courtin, ambassadeur extraordinaire à Londres,
écrivait le 16 juillet à M. de Lionne, secrétaire d'Etat : « M.
» d'Aubigny s'en va en France. Si vous voulez avoir le plaisir
» d'entendre parler au vrai sur l'état des affaires d'Angle- (5) *Arch. du mi-*
» terre, dites à M. le Commandeur de lui donner à dîner, *nistère des affai-*
» avec MM. de Turenne, d'Humière et de Ravigni : mettez- *res étrangères.*
» vous de la partie et ne faîtes pas trop le ministre, et vous *Angleterre,* t. viii
» aurez contentement (5). » 16 juillet 1665.

(1)OEuvres de St-Evremond, t. I p. 247, n. — Mém. de Guy. Joly, an. 1660. Collec. Petitot, t. XLVII, p. 437.

aveugle : il est certain que cette lettre, produite après la mort de l'abbé d'Aubigny, est peu conforme, à cause de sa violence, au caractère bien connu de cet abbé. D'ailleurs, étant passé en Angleterre en 1660, à l'occasion du rétablissement de Charles II (1), il ne donna plus depuis ce temps, comme l'assure expressément le Père Rapin, aucune marque d'attachement à ce parti. Il ajoute qu'en 1662, après que le Pape eut refusé le chapeau de cardinal, que les deux reines d'Angleterre avaient demandé pour l'abbé d'Aubigny, le bruit ayant couru que le refus du Pape venait de ce que l'abbé était engagé dans les nouvelles erreurs : Cette nouvelle fut trouvée fausse dans l'information qu'on en fit, et

(2)Mém. du P. Rapin, t. III, p. 192.

ce refus n'était fondé que sur la forte opposition que faisait alors le roi d'Espagne (2). Aussi avons-nous vu qu'après la mort de ce monarque, le Pape accorda le chapeau à cet abbé. Ajoutons que le projet de concordat, envoyé au Pape cette même année 1662, par Charles II, fut très-vraisemblablement, au moins en partie, l'ouvrage de l'abbé d'Aubigny, son plus intime confident et le seul de sa Cour qui pût composer une pièce de cette nature ; et ce projet portait expressément, ainsi qu'on l'a dit déjà, qu'on recevrait en Angleterre les constitutions du Saint-Siége, qui condamnaient les erreurs de Jansénius.

Enfin, ce qui montre évidemment que même durant son séjour en France, et dans ses plus grandes liaisons avec Port-Royal, l'abbé d'Aubigny était janséniste de *parti* et nullement de *doctrine*; c'est la conversation qu'il eut sur ce sujet avec M. de Saint-Evremond, que celui-ci crut devoir mettre par écrit, et qui est rapportée dans ses œuvres. Elle justifie parfaitement le dire du Père Rapin : que l'abbé d'Aubigny était le premier à se railler de la doctrine, aussi bien que de la morale nouvelle de Port-Royal ; et d'ailleurs

(3)OEuvres de St-Evremond, Londres 1709, in-4°, t. I, p. 247 et suiv.

Saint-Evremond n'est pas un rapporteur suspect en cette matière. « Nos directeurs, lui dit l'abbé d'Aubigny (3), se » mettent peu en peine de la doctrine : leur but est d'oppo- » ser société à société, de se faire un parti dans l'Eglise, et » du parti dans l'Eglise une cabale à la Cour. Ils font mettre » la réforme dans un couvent, sans se réformer; ils exaltent » la pénitence, sans la faire ; ils font manger des herbes à » des gens qui cherchent à se distinguer par des singula- » rités, tandis qu'on leur voit manger tout ce que mangent » les personnes de bon goût . . . Nos opinions font une » violence éternelle à la nature ; elles ôtent de la religion » ce qui nous console ; elles y mettent la crainte, la douleur, » le désespoir. Les Jansénistes voulant faire des saints de » tous les hommes, n'en trouvent pas dix dans un royaume, » pour faire des chrétiens tels qu'ils les veulent. Le chris- » tianisme est divin, mais ce sont des hommes qui le reçoi-

» vent, et quoi qu'on fasse, il faut s'accommoder à l'humanité.
» Une philosophie trop austère fait peu de sages ; une poli-
» tique trop rigoureuse, peu de bons sujets ; une religion
» trop dure, peu d'âmes religieuses, qui le soient longtemps.
» Rien n'est durable, qui ne s'accommode à la nature. La
» grâce dont nous parlons tant, s'y accommode elle même :
» Dieu se sert de la docilité de notre esprit, et de la ten-
» dresse de notre cœur, pour se faire recevoir, et se faire
» aimer. Il est certain que les docteurs trop rigides donnent
» plus d'aversion pour eux que pour les péchés. La péni-
» tence qu'ils prêchent, fait préférer la facilité qu'il y a de
» demeurer dans le vice, aux difficultés qu'il y a d'en sortir.
» L'autre extrémité me paraît également vicieuse. Si je
» hais les esprits chagrins, qui mettent du péché en toutes
» choses, je ne hais pas moins les docteurs faciles et com-
» plaisants, qui n'en mettent à rien ; qui favorisent les dérè-
» glements de la nature, et se rendent participants secrets
» des méchantes mœurs. J'aime les gens de bien éclairés,
» qui jugent sainement de nos actions, qui nous exhortent
» sérieusement aux bonnes, et nous détournent, autant qu'il
» leur est possible, des mauvaises. Je veux en un mot une
» morale chrétienne, ni austère, ni relâchée. »

SUR L'ABBÉ DE BOURZEIS

NOTE 10, p. 463. — M. Olier n'ayant rien pu sur l'esprit du duc de Liancourt, qui persévéra jusqu'à la mort dans son attachement au Jansénisme, essaya de ramener à l'Eglise l'abbé de Bourzeis. Cet ecclésiastique, l'un des plus beaux esprits de son siècle, avait une grande vivacité, beaucoup d'ordre dans le raisonnement, et une façon de s'exprimer très-vigoureuse (1). Il défendit d'abord la doctrine de Jansénius avec plus de bonne foi que n'en avaient les écrivains de la secte ; et c'est ce qui le porta à mitiger peu à peu ses opinions. Aussi disait-il, au mois de mai 1653, en se servant de l'expression usitée parmi les siens, qu'il se rapprochait de jour à autre de Molina (2). Depuis la bulle d'Innocent X, il n'écrivit plus pour défendre ces erreurs. Néanmoins il fit toujours cause commune avec les Jansénistes ; et en 1655 il était encore, avec le Père Desmares, chez le duc de Liancourt. Il paraît qu'après la condamnation de Jansénius, il convenait que les cinq propositions étaient dans cet auteur et soutenait qu'elles n'y étaient point dans le sens hérétique. On assure qu'il se conservait à la Cour la faveur du cardinal Mazarin en disant le premier, et en taisant le second (3). M. Olier, pour le rame-

(1) *Mém. pour servir à l'hist. des hommes illustres, par le P. Niceron*, t. XXIV, p. 362.

(2) *Journal de St-Amour*, part. VI, ch. XXVI, p. 520. - *Journaux de M. Deslyons*, p. 23.

(3) *Journaux de M. Deslyons*, p. 201.

(1)*Mém. de M. Baudrand*,p.78.

(2) *OEuvres d'Arnauld*, t. XVIII, *Préface*, p. 9, 17.

(3)*Ibid.*,t.XXIV, p. 257.

(4) *Vie de M. Olier*,par Nagot, p. 341.

(5) *Journaux de M. Deslyons*, p. 127.

(6) *Hist. générale du Jansénisme*, t.II,p.511 — *Hist. des cinq propositions*,t.I, p. 239.

ner tout-à-fait, lui ménagea une conférence avec Alphonse Le Moine(1), professeur de Sorbonne(2), accusé alors par les sectaires de vouloir introduire le Semi-Pélagianisme dans cette école, comme M. Pereyret, à Navarre (3). Nous ignorons les circonstances particulières de cette conférence, et les résultats qui la suivirent immédiatement. On a écrit que M. Olier eut la consolation de rendre, par ce moyen, l'abbé de Bourzeis à l'Eglise (4). Mais nous n'avons trouvé aucune preuve de ce fait; il paraît même constant que cet abbé demeura chez le duc de Liancourt, jusqu'à la mort de M. Olier (5). On peut présumer, toutefois, que la conférence dont nous parlons contribua à faciliter à l'abbé de Bourzeis la démarche qu'il fit enfin, le 4 novembre 1661, en rétractant tout ce qu'il avait écrit autrefois de contraire ou de peu conforme aux constitutions apostoliques (6).

SUR L'AFFAIRE DU DUC DE LIANCOURT

(7) *Hist. eccl. XVII^esiècle*,etc., t.III, liv. XIII, ch. XVI, p. 456.

(8)*Arch. du ministère des affaires étrangères. Rome*,1655, t.II, *lettre de M. de Lionne à M. de Brienne, du 26 avril 1655.*

(9) *OEuvres d'Arnauld*, t. III, p. 665.

(10)*Ibid.*,p.113.

(11)*Arch. du ministère des affaires étrangères. Ibid.* 17 janvier 1656. *lettre du P. Duneau.*

(12) *Lettre aut. de M. Olier*, p. 118.

(13)*Mém. du P. Rapin*, t. II, p. 309.

(14)*Hist. eccl. du XVIIe siècle*, etc., *Ms. de la Bibl. de l'Arsenal*, t.III,liv.XIII, p. 387.

NOTE 11, 465. — Les Jansénistes ont écrit que le Pape informé par M. de Lionne, ambassadeur de France auprès de Sa Sainteté, de ce qui venait d'arriver à Saint-Sulpice à l'égard de M. de Liancourt, blâma la conduite de M. Picoté(7). Cette improbation, si elle fut réelle, était fondée sur un faux exposé des circonstances du fait, que les écrivains du parti ont dénaturé dans tous leurs ouvrages. D'ailleurs, comme elle n'a pour garant que le témoignage de M. de Lionne(8), on pourrait peut-être, et avec quelque fondement, en suspecter la vérité. La femme de M. de Lionne faisait distribuer ses aumônes par le ministère d'Arnauld (9) : elle était fort attachée au parti, et se servait des *Heures* à la Janséniste, ou de *Port-Royal* (10). A Rome, on disait que le secrétaire de l'ambassadeur, chargé aussi de la conduite de ses enfants, était Janséniste; et enfin, l'on soupçonnait l'ambassadeur lui-même de n'être pas éloigné de ces sentiments (11), quoique, par ménagement pour la Cour, il n'en manifestât rien au dehors, et que plusieurs le tinssent pour très-orthodoxe (12). Au reste, si le souverain Pontife blâma d'abord la conduite des prêtres de Saint-Sulpice, comme trop rude, en ce qu'ils avaient, disait-on, refusé l'absolution au duc de Liancourt : il fallait ajouter, ce que n'a fait aucun des écrivains du parti, qu'il changea de sentiment, lorsqu'il eut été mieux informé du fond de cette affaire (13).

Un écrivain du parti assure faussement, que M. de « Liancourt, avant l'éclat que nous avons raconté, n'a» vait demandé aucune permission de se confesser ailleurs » qu'à sa paroisse, quelque sujet qu'il eût de se plain» dre de M. Olier (14). » Cette assertion, inventée à plaisir, est ouvertement démentie par les *Registres de la juri-*

diction de l'abbaye Saint-Germain : on y lit que, neuf mois auparavant, le 6 mai 1654, le duc et la duchesse avaient obtenu de se confesser à tels confesseurs qu'ils voudraient, même hors de la juridiction de l'abbaye Saint-Germain (1).

Cet écrivain, et la plupart des auteurs Jansénistes, ont avancé avec aussi peu de fondement, qu'après le prétendu refus d'absolution, le duc de Liancourt s'était adressé à l'abbé de Saint-Germain, qui lui avait permis, dans cette circonstance, de se confesser ailleurs qu'à la paroisse de Saint-Sulpice. Quoique nous ayons parcouru les registres de l'abbaye avec tout le soin que nous avons pu y mettre, il nous a été impossible de trouver le moindre vestige de cette permission prétendue. On ne voit pas, au reste, pourquoi le duc l'aurait demandée alors, puisqu'il s'en était déjà pourvu par précaution depuis neuf mois, et qu'elle était encore valable pour plus d'un an. Il est vrai que dans les jours qui suivirent immédiatement cet éclat, le 7 février 1655, le duc et la duchesse de Liancourt demandèrent et obtinrent une dispense du Prieur de l'abbaye, mais bien différente de celle qu'on prétend, et fort éloignée des principes austères que ce parti affectait en toute rencontre : car ce qu'on n'aurait pu imaginer, ce fut la permission de manger de la viande pendant le Carême (2).

NOTE 12, 466. — Nous ne parlerons pas des divers écrits composés en faveur de M. Olier et de ses prêtres à l'occasion de l'affaire du duc de Liancourt. Nous citerons seulement une lettre du Père Annat, Jésuite et confesseur du Roi, qui résume cette controverse avec une netteté et une précision remarquables. « D'abord, M. Arnauld rend public, dit ce » religieux, un procès sur un fait qui requérait le dernier » secret, et où les accusés n'ont pas la liberté de parler, ni » de se défendre. En second lieu, il change l'espèce du fait, » et prend un délai d'absolution sacramentelle pour un re- » fus de communion. Enfin, il appelle ce prétendu refus de » communion (qui peut se faire dans le secret de la confes- » sion, en avertissant le pénitent de ne pas s'y présenter), » une excommunication, pour laquelle il faut une juridiction » épiscopale. Il demande où est le crime public et scanda- » leux de ce seigneur, qu'on a excommunié de la sorte, et » prétend que les prêtres de Saint-Sulpice ont commis le » péché mortel, auquel saint Thomas condamne tous ceux » qui usurpent un pouvoir qui ne leur appartient pas; ce » qui est un étrange *qui pro quo*, et une confusion du for ex- » térieur qui regarde la police et la discipline extérieure de » l'Eglise, et du for intérieur qui regarde le sacrement de » confession (3). »

(1) Pag. 115.

(2) *Registre de la juridiction*, etc. *ibid.* p.157.

(3) *Arch. du mi-nistère des affai-res étrangères. Rome*, sept. 1655 *lettre du P. An-nat.*

LIVRE ONZIÈME

CONDUITE PASTORALE DE M. OLIER PENDANT LES

TROUBLES POLITIQUES DE LA FRONDE

I.
Troubles de la
Fronde.

Nous ne pouvons nous dispenser de parler, dans cette Vie, des troubles politiques de la Fronde, qui agitèrent le royaume et amenèrent la première et la seconde guerre de Paris. Nous en avons différé le récit, pour ne pas interrompre la suite des événements que nous avions à raconter ; et revenant sur nos pas, nous les rappellerons ici en peu de mots, comme étant liés à ce que nous venons de dire et à ce qu'il nous reste à exposer du ministère pastoral de M. Olier. La minorité du Roi avait été tranquille durant les cinq premières années, sous la régence d'Anne d'Autriche, sa mère, et sous l'administration du cardinal Mazarin. Tout semblait promettre une longue prospérité à la capitale et à la France. Mais au milieu de cette tranquillité apparente les passions agissaient en secret. L'ambition des Grands, leurs jalousies mutuelles, leur haine et celle du Parlement contre l'autorité d'un ministre étranger de naissance, la mobilité d'un peuple inconstant, tout ce concours de passions différentes donna lieu à une division, la plus fatale au royaume que jamais la France ait éprouvée sous la minorité d'aucun de ses rois (1).

(1)*Hist. de Paris,par Félibien,* liv. II, p. 1398, 1399.

II.
Union de la
Fronde avec
le Jansénisme.

L'esprit de faction qui régnait alors depuis quelques années à Port-Royal, se réveilla dans cette conjoncture. On y était mécontent de la Cour en général, et en particulier du cardinal Mazarin qu'on ne pouvait intéresser à cette nouvelle doctrine ; et

l'on espérait que dans une révolution, où tendaient
les désirs et les espérances des mécontents, on
pourrait trouver un ministre plus favorable au
parti ; ou que du moins on profiterait des troubles
et des tumultes, pour se fortifier et s'étendre. En
vue d'y attirer les hommes dévoués à la religion,
on leur disait qu'il n'y avait plus lieu d'espérer de
faire aucun bien à la Cour : que le cardinal s'étant
rendu le maître des affaires, disposait à son gré des
évêchés et des abbayes, sans aucun égard au mérite
des sujets, ni à l'ancienne discipline : (prétexte qui
malheureusement n'était que trop fondé); et que
la société formée à Port-Royal, avait pour fin la
suppression de ces abus et de beaucoup d'autres
qui menaçaient l'Eglise de France d'une ruine totale. Ce fut par ce langage séduisant que le Père
Desmares, ainsi que le duc et la duchesse de Liancourt gagnèrent le duc de Luynes dont nous avons
parlé. Mais la plupart, dans la disposition où étaient
alors les esprits, n'entraient dans le parti de Port-
Royal que par animosité contre la Cour et par des
vues purement politiques, sans prendre d'abord intérêt aux doctrines des novateurs. De ce nombre était
le coadjuteur de Paris, Jean François Paul de Gondy,
qui, pour se venger du mépris que la Cour avait
fait de lui, se fit chef de la Fronde ou des mécontents. Ceux-ci, pour échauffer les esprits, commencèrent à s'assembler au Parlement ; et de son côté
le coadjuteur visitait nuit et jour les agitateurs de
cette compagnie avec toute la vigilance et l'application dont le rendait capable son ambition trop
connue. Il était servi avec beaucoup de dévouement
par M. Duhamel, curé de Saint-Merry, qui travaillait plus que personne à l'union de la nouvelle
opinion avec la Fronde ; et comme le conseiller de
Blancmenil et le président de Novion étaient de sa
paroisse, c'était par lui que les Jansénistes gouver-
naient ces magistrats. En un mot, quoique poussés
par des intérêts divers, les chefs des mécontents

tenaient des assemblées secrètes à Port-Royal, qui étaient autant de projets de révolte, où, sous prétexte de réformer l'Eglise, ils pensaient tous à réformer l'Etat (1).

(1) *Mém. du P. Rapin*, t. 1, p. 212 237, 265.

III.
Soulèvement général dans Paris.

Dans cette fermentation des esprits, la cour ayant fait enlever, le 26 août 1648, Blancmenil et Broussel, comme les plus animés à la sédition, ce fut le signal d'un soulèvement général dans la capitale †. Affligé au-delà de tout ce qu'on peut dire M. Olier s'offrit alors à Dieu comme une victime ; et s'il ne parvint pas à réunir les esprits divisés, il obtint que la paix et la concorde ne fussent point troublées dans sa paroisse. Au moins la tranquillité qui ne cessa pas d'y régner, pendant que tout était en désordre dans les autres quartiers de la capitale, fut regardée comme le fruit de ses oraisons ; on n'y vit point de barricades comme ailleurs ; et les habitants montrèrent, par leur fidélité au service du Roi, combien ils avaient su profiter des instructions de leur pasteur, qui, en public et en particulier, ne cessait de recommander l'obéissance à l'autorité légitime (2). La Reine cependant consentit à mettre les prisonniers en liberté ; et à cette condition le Parlement ordonna que les armes seraient posées et les barricades défaites. L'arrêt fut aussitôt publié par toute la ville, et si ponctuellement exécuté, que les carrosses roulèrent l'après-midi (3).

(2) *Vie Ms. de M. Olier, par M. de Bretonvilliers.* — *Rem. hist.*, t. 1 p. 40. — *Vie, par le P. Giry*, part. 1re, ch. XVIII, p. 84, 85. - *Année Domin.*, 12 sept., p. 425.

(3) *Hist. de Paris*, t. II, p. 1401.

IV.
Le Roi se retire à St-Germain. Première guerre de Paris.

Mais une paix que la cour venait d'acheter de la sorte ne pouvait être de longue durée, et chacun la regarda comme le prélude de nouveaux désastres. En effet, les haines réciproques du cardinal Mazarin

† Le chancelier, Pierre Séguier, étant venu de grand matin avec deux compagnies de Gardes-Suisses, pour interdire le Parlement au nom de la Régente, la sédition s'échauffa tout-à-coup : on chargea les Suisses en flanc, et le chancelier n'échappa à la fureur du peuple, qu'en se jetant dans le carrosse du beau-frère de M. Olier, M. Dreux d'Aubray, lieutenant civil de Paris ; et encore fit-on feu sur ce carrosse, qui fut percé en six endroits et dans lequel deux personnes périrent. *Histoire de Paris*, t. II, p. 1399.

et du Parlement produisirent bientôt une rupture entière. Après plusieurs conseils secrets, la Reine régente sortit de Paris avec le Roi, la nuit qui précéda le 6 janvier 1649, et se retira avec tous les princes à Saint-Germain-en-Laye, où le conseil prit la résolution d'assiéger la capitale. Le Parlement, qui avait reçu l'ordre de se transporter à Montargis, au lieu d'obéir, résolut de lever des troupes; il fit plus, il déclara le cardinal Mazarin perturbateur du repos public, ennemi du Roi, lui enjoignit de sortir du royaume dans les huit jours, avec ordre à tous les citoyens de se saisir de sa personne, après ce délai; et invita tous les Parlements du royaume et tous les officiers des provinces, à s'unir pour maintenir l'autorité du Roi; car on prétendait faire la guerre pour le monarque, contre le cardinal Mazarin. On leva en effet des troupes, et on s'empressa de se mettre en défense. Le prince de Conti était allé d'abord à Saint-Germain; mais il se détacha de la cour, et vint offrir ses services au Parlement, qui le nomma généralissime des troupes dans Paris(1); ce qui fut un grand et juste sujet d'affliction pour sa mère, la princesse de Condé, qui tout en pleurs, en porta elle même la nouvelle à la Reine(2).

Avec le prince de Conti, les ducs de Longueville, d'Elbeuf, de Bouillon, de Brissac, le maréchal de la Motte-Houdancour, tous mécontents du cardinal, s'unirent aussi aux intérêts de la ville: ce qui donna lieu aux chefs de la nouvelle doctrine de s'assembler à Port-Royal pour délibérer sur la conduite à tenir dans la conjoncture présente. Les plus considérables furent le coadjuteur de Paris, le duc de Luynes, le duc de Liancourt, sans parler de quantité d'autres de moindre qualité, mais d'un aussi grand zèle pour les intérêts de la secte. Dans cette assemblée, on délibéra sur les moyens de faire la guerre au Roi, ce qu'on appela l'*œuvre sainte*; et on prit la résolution, pour fournir aux frais de cette guerre, de vendre les calices et l'argenterie des églises de Pa-

Soulèvement général dans Paris

(1) *Hist. de Paris*, t. II, 1401. — *Supplém. de l'assemblée du clergé de 1655, etc., Ms. in-f°.

(2) *Collect. Petitot*, t. L, p. 148.

V.

Les Jansénistes cherchent à lever une armée, pour faire la guerre au Roi

(1) Mém. du P. Rapin, t. 1, p. 251.

ris. Cet avis, reçu de toute la compagnie avec applaudissement, fut ouvert, dit-on, par le coadjuteur lui-même (1) : ce qui n'aurait rien qui dut étonner, dans un prélat accoutumé à sacrifier tous les principes à son ambition. Pour persuader aux Parisiens plus timorés, surtout aux disciples de Saint-Cyran, dont il était devenu l'apôtre, que la révolte devenait pour eux un devoir, il publia un écrit séditieux, qu'il osa bien intituler : *maximes morales et chrétiennes, pour le repos des consciences, dans les affaires présentes*. Il y disait entre autres choses : « Comme » les rois sont les lieutenants de DIEU, pour la con- » duite temporelle des hommes : c'est de DIEU, et » non pas des rois, que les hommes doivent prendre » les loix et les ordonnances... De sorte qu'on ne » doit obéir aux rois, que lorsqu'il est bien clair que » leurs ordres sont d'accord avec la religion, et avec » les instructions de ses ministres. » Enfin, le coad-

(2) Introduct. aux Mém. de la Fronde, 1649. Petitot, t. XXXV, p. 105.

juteur qui ne manquait pas de talents pour la chaire, prêchait et développait avec beaucoup d'art ces maximes séditieuses dans les principales églises de Paris (2), pour exciter les fidèles à prendre les armes contre le Roi, pendant que le prince de Condé, à la tête des troupes royales, s'approchait de Paris, pour en former le blocus.

VI.
M. Olier exhorte son peuple et ses ecclésiastiques à la pénitence.

Dès que M. Olier connut les préparatifs de cette guerre civile, se prosternant les genoux en terre, il s'offrit de nouveau à la justice de DIEU, et livra son âme à une si vive douleur, que M. de Bretonvilliers, l'ayant vu dans cet état, en fut, dit-il, plus vivement touché, que des plus fortes prédications qu'il eût jamais entendues de sa vie. En sa qualité de pasteur, M. Olier se regarda comme chargé des péchés de tous, et se condamna à faire chaque jour des austérités extraordinaires (3). Il exhorta puissamment son peuple à la pénitence et dans plusieurs prédications qu'il lui fit sur ce sujet, dit M. de Bretonvilliers (4), il s'efforça de lui faire comprendre que DIEU ne châtiait le pécheur dans ce

(3) Vie Ms. de M. Olier, par M. de Bretonvilliers, t. II, p. 284, 306.
(4) Rem. hist., t. I, p. 178. — Vie, par le P. Giry, part. 1re, ch. XVIII p. 85.

monde, que pour le convertir ; et qu'au lieu de s'accuser les uns les autres des maux extrêmes où l'on se voyait réduit, chacun devait confesser qu'il méritait, pour ses péchés, des châtiments encore plus sévères. Il les conjura tous de se réconcilier sans délai avec Dieu, dans le tribunal de la pénitence, afin d'en être ensuite écoutés plus favorablement, ou que leurs souffrances pussent leur mériter une récompense éternelle; et il eut la consolation d'en voir un grand nombre mettre à profit un si salutaire conseil (1). Il fit à cette intention des prières publiques dans son église (2), et invita encore ceux de ses ecclésiastiques qui travaillaient dans les provinces, à joindre leurs prières aux siennes.

Cependant les troupes du prince de Condé commençant à faire le dégât dans la campagne, et les provisions de bouche n'arrivant plus à Paris, la disette se fit bientôt sentir dans cette capitale (3). Ce fut alors qu'on vit éclater la charité de M. Olier pour les malheureux : d'abord il assembla les notables du faubourg (4), en exécution d'un arrêt rendu par le Parlement, et prit des mesures pour pourvoir au soulagement des pauvres (5). Ensuite, il fit la visite générale de tous ces indigents, dont il trouva quatorze ou quinze cents ménages tous réduits à la dernière nécessité. Quelque grand que fût leur nombre, sa charité inépuisable entreprit de les assister tous ; et, dans ce dessein, il associa au frère Jean de la Croix, M. Gibily, prêtre de la communauté, plus connu sous le nom de *Confesseur des pauvres* (6). Ces deux hommes, qui consumèrent leur vie dans les œuvres de la charité (7), allaient porter les secours spirituels et temporels partout où M. Olier ne pouvait se transporter lui-même. Frère Jean leur distribuait les aumônes ; et M. Gibily, les engageant à souffrir patiemment la misère où la Providence permettait qu'ils fussent réduits, les disposait à s'approcher avec fruit des sacre-

(1) *Vie de M. Olier*, par *M. de Bretonvilliers*, t. II, p. 285, 286.
(2) *Ibid.*, p. 304, 305. — *Registre de la juridict. spirit. de l'abbaye Saint-Germain-des-Prés*, 1640, etc. —*Arch. du Roy.*, sect. hist., L., *cart.* 1226, f° 88. — *Hist. de Paris*, t. II, p. 1401.

VII.

M. Olier visite les pauvres de sa paroisse, et leur procure des secours.

(3) *Hist. de Paris*, t. II, p. 1401.
(4) Le 24 janvier 1649.
(5) *Registre des délibérations de l'église S.-Sulpice, Ms. de la Bibl. du Roi*, f° 17 verso.

(6) *Année Dominic.*, 12 sept. p. 425. — *Rem. hist.*, t. I, p. 178.
(7) *Rem. hist.*, t. I, p. 143.

(1)Rem. hist.,
t. III, p. 641.

ments.† (1). Mais personne n'avait plus que M. Olier, le don de leur faire goûter les consolations que la religion offre à tous ceux qui sont éprouvés par la souffrance.

(2)Vie Ms. par
M. de Bretonvil-
liers, t.II, p.298.

La tendresse de sa charité paraissait principalement auprès des malades, dont le nombre était fort grand, surtout en 1652 (2). « J'ai eu l'honneur de » l'accompagner souvent dans les visites qu'il leur » faisait, dit M. de Bretonvilliers ; et j'ai remarqué » qu'elles leur étaient extrêmement utiles. Ses pa-: » roles pleines d'onction ne contribuaient pas seu- » lement à les consoler ; elles les portaient encore à » souffrir leurs misères par amour pour Dieu, et à » se soumettre de tout leur cœur aux ordres de sa » divine Providence. Il compatissait avec tant de » tendresse à leurs maux, qu'il en était touché » comme s'il les eût endurés lui-même, et j'ai en- » tendu dire, à cette occasion, qu'on n'avait jamais » vu un cœur plus tendre que le sien. Il ne donnait

(3)Vie Ms. par
M. de Bretonvil-
liers, t. II, p.303,
304. — Rem. hist.
t. III, p. 644.

» aussi l'aumône à personne, sans ressentir vive- » ment les maux de ceux qui la recevaient, surtout » lorsqu'il les voyait tristes ou languissants (3). »

VIII.
M. Olier fait rechercher toutes les familles indi- gentes. Sa grande libéra- lité.

Outre ces visites particulières, M. Olier faisait rechercher toutes les familles indigentes, dont le nombre augmentait de jour en jour ; et à chaque tournée, la somme qui se trouvait distribuée par ses ordres montait ordinairement à deux mille livres. Il ouvrait son cœur et ses mains avec tant de générosité, que, plus d'une fois, on l'accusa de

---

† La douceur, la charité et l'esprit de foi de M. Gibily touchaient vivement le frère Jean qui ne pouvait se lasser de l'admirer. Dans un exercice si dissipant, il était conti- nuellement uni à Dieu ; aussi passait-il pour un Saint dans l'opinion de tout le monde, et surtout des pauvres parmi lesquels on le trouvait toujours (4). L'on peut juger de la haute estime qu'ils en avaient conçue, par l'espèce d'éloge funèbre dont ils honorèrent sa sépulture. On y vit une grande multitude de pauvres, qui, par leurs gémisse- ments et leurs sanglots, lui donnèrent des louanges bien plus touchantes que n'aurait pu faire le plus éloquent ora- teur (5).

(4) Vie Ms. de
M. Olier, par M.
de Bretonvil-
liers, t.II, p.287,
288, 289 ; t.I, p.
499.
(5)Rem. hist.,
t.I, p.211. — Mém.
aut. de M. Olier,
t. VI, p. 95.

ne savoir pas mettre à ses aumônes les bornes qu'exigeait la prudence (1). Lorsqu'on lui demandait quelque secours, s'il arrivait qu'il se trouvât sans argent, il donnait sur-le-champ ce qu'il avait sur lui, comme un livre, un mouchoir, ou autre chose qu'on pouvait vendre pour avoir du pain (2). Une personne étant venue recommander à sa charité une famille malheureuse, et lui demandant une certaine somme pour l'assister : « Ce n'est pas assez, » dit M. Olier, il faut lui en donner trois fois autant ; » et sur-le-champ il lui fit porter cette somme (3). » Frère Jean, le principal dépositaire de ses aumônes, disait pour exprimer sa générosité : « Il ne refusait » jamais rien de ce que je lui proposais, et il don— » nait à toute main (4). » Il n'y avait en effet aucune espèce de besoin qu'il ne voulût soulager ; pain, viande, potage, habits, linge, instruments de travail pour les artisans : tout était fourni à ceux que la disette avait mis dans l'impuissance de subsister autrement que par les soins et les efforts de la charité chrétienne. Enfin, la rigueur excessive du froid s'étant jointe à la disette universelle, il fit faire de grands amas de bois et de charbon, qu'on distribuait selon les besoins de chaque famille indigente, surtout aux pauvres honteux (5).

On a peine à comprendre qu'il ait pu trouver assez de ressources pour fournir à tant de besoins divers, quand on considère surtout que, cette année, les vivres étaient d'une cherté excessive (6), et qu'il donnait sans mesure. « Frère Jean m'a as- » suré, dit M. de Bretonvilliers, que si dans les » autres temps M. Olier était libéral, dans l'hiver » de 1649, qui fut très-rigoureux, on pouvait en » quelque sorte lui reprocher d'être prodigue. » Mais sa confiance en Dieu fut toujours pour lui un inépuisable trésor. Une personne chargée de la distribution de ses aumônes, étant venue lui dire qu'elle était sans argent : « Vous n'avez point de foi, lui » dit M. Olier ; Dieu peut-il nous manquer ? » Cette

(1) *Vie de M. Olier*, par le P. Giry, 2°part.,ch. xviii, p. 85, 86.

(2) *Vie Ms. par M. de Bretonvilliers*, t.ii, p.274, 290.

(3) *Ibid.*, p.297. - *Vie de M. Olier par le P.Giry*, 2° part., ch. iv, p. 122.

(4) *Vie Ms. de M. Olier*, par M. de Bretonvilliers, *ibid.*, p. 273, 297, 298 ; t. i, p. 503.

(5) *Vie, par le P.Giry*, part.1°, p. 86. — *Année Dominic.*, 12 sept., p. 425. — *Rem. hist.*, t.i, p. 178.

(6) *Vie Ms. de M. Olier, par M. de Bretonvilliers*, t.ii, p.298.

confiance produisait en lui des effets qui ne sont pas tout-à-fait ordinaires. Persuadé que Dieu lui donnerait toutes choses selon ses besoins, jamais, dans les nécessités les plus pressantes, il ne perdit un seul moment la paix de l'âme, ni ne se laissa aller à l'empressement naturel ; sa pratique invariable ayant toujours été de ne mettre qu'en Dieu seul sa confiance, non-seulement lorsque le succès des affaires paraissait être impossible, mais encore quand il semblait être certain (1). Aussi cette confiance si vive ne fut jamais trompée ; et l'on était toujours surpris, toutes les fois qu'il était réduit à la dernière extrémité, de voir arriver aussitôt les secours en abondance (2).

On comprend néanmoins que les aumônes ordinaires de ses paroissiens ne pouvaient suffire à tant de familles, réduites à manquer de tout ; car, d'un côté, le nombre des nécessiteux devenait toujours plus considérable, et, de l'autre, les secours, au lieu de croître à proportion, diminuaient de jour en jour. Il se voyait d'ailleurs privé des aumônes des personnes les plus opulentes de sa paroisse, qui avaient quitté Paris pour suivre la cour, ou pour se mettre en sûreté ; telles qu'étaient la princesse de Condé, la duchesse d'Aiguillon, la comtesse de Brienne, dont l'absence ne se faisait que trop sentir (3). Dans cette nécessité, il vendit tout ce qu'il possédait en biens de patrimoine, et en distribua le prix à ses paroissiens (4). Et, à la fin, ne trouvant plus aucune ressource dans la ville, il résolut d'en chercher hors de Paris.

Depuis les arrêts que le parlement avait rendus, il devenait de plus en plus difficile et périlleux d'en sortir, les soldats Polonais et Allemands, répandus tout autour, exerçant sur les transfuges les dernières violences. Mais, pressé par les mouvements de son zèle, et comptant pour rien sa propre vie, s'il peut à ce prix conserver celle de ses ouailles, ce généreux pasteur forme le dessein d'aller faire une quête à

Marginal notes:

(1) *Vie Ms. par M. de Bretonvilliers*, t. I, p. 301.

(2) *Ibid.*, p. 298, 299. — *Rem. hist.* t. I, p. 41.

IX.
M. Olier va solliciter la générosité de la cour à S.-Germain.

(3) *Recueil des lettres de St-Vincent de Paul*, t. I, f° 27, lett. du 11 fév. 1649 aux dames de la Charité.

(4) *Rem. hist.*, t. I, p. 179.

Saint-Germain-en-Laye, où la cour était alors. La prudence ne lui permit pas de faire connaître cette résolution, qui l'aurait rendu suspect; et, pour l'exécuter, sa charité lui inspira ce stratagème. Il pria M. de Grandval, l'un de ses amis, de le conduire, dans son carrosse, sur les limites du faubourg Saint-Germain, du côté de la campagne (1). Là, n'étant vu de personne, il descend du carrosse; se coule dans la neige qui couvrait les chemins, et accompagné seulement de M. le Royer de la Dauversière (2), ce pieux laïque dont nous avons parlé, il s'éloigne de la ville et se dirige du côté de Saint-Germain. Le froid était extrême, la neige très-abondante, et la Seine extraordinairement débordée. Malgré la difficulté des chemins dont souvent il lui était impossible de reconnaître la trace, et malgré la multitude des soldats qui dépouillaient tous les passants, il traverse les ponts, les corps de troupes, sans être arrêté par personne, et arrive enfin à Saint-Germain, après des fatigues excessives (3), ayant de la neige (4) jusqu'aux genoux (5), et quelquefois jusqu'aux reins (6).

Dieu bénit une démarche si héroïque. Quoique la cour eût ordonné le siège de Paris, M. Olier la trouva sensible aux misères de ses habitants; surtout personne ne fut plus touché de ce récit que la princesse de Condé, la propre mère du prince qui en commandait le siège. Il lui exposa l'état affreux où étaient réduites tant de familles désolées; et cette princesse, toujours pleine de pitié et de charité envers les malheureux, sembla se surpasser elle-même dans cette rencontre. Il en reçut une somme très-considérable; et, ce qu'on ne peut attribuer qu'à une protection visible de Dieu, il revint à Paris avec son pieux compagnon, chargés l'un et l'autre de grosses aumônes, sans être dépouillés (7). Cette action, qui ne tarda pas à être connue, bien loin de le rendre suspect aux magistrats les plus animés contre la cour, leur inspira, au contraire,

(1) *Attest. aut.*, p. 199, 200.
(2) *Vie Ms. de M. Olier*, par M. de Bretonvilliers, t. ii, p. 290, 291.
(3) *Attest. aut.*, p. 195.
(4) *Année Dominic.*, 1re part. de sept., p. 425. — *Rem. hist.*, t. i, p. 41.
(5) *Mém. sur la Vie de M. Olier*, par M. Baudrand, p. 74.
(6) *Vie Ms. de M. Olier*, par M. Leschassier, p. 23. — *Vie*, par le P. *Giry*, part. 1re, ch. xviii, p. 87. — *Attest. aut.*, p. 200.

X.

Succès dont Dieu couronne le dévouement de M. Olier.

(7) *Vie Ms. de M. Olier*, par M. de Bretonvilliers, t. ii, p. 269, 270, 291.

une nouvelle estime pour sa personne, et chacun en parlait avec admiration. Quelqu'un, étant venu le visiter après son retour, lui demanda comment il avait pu traverser les ponts, malgré les soldats qui les gardaient. « Je n'en sais rien, lui répondit » M. Olier, tout ce que je sais c'est que la charité » donne beaucoup de force (1). » Les aumônes qu'il avait apportées de Saint-Germain, et d'autres que la Providence lui envoya, le mirent en état de continuer à assister tous ses pauvres (2), jusqu'à l'entière cessation de ce fléau. Il sollicita même en leur faveur une dispense générale de la loi de l'abstinence, durant le Carême, qu'il leur eût été presque impossible d'observer, tant à cause de la disette de provisions nécessaires, que de l'état de faiblesse où la misère avait réduit la plupart d'entre eux. Le vicaire-général de l'abbé de Saint-Germain permit donc à tous les pauvres du faubourg, l'usage de la viande tous les jours, quand on leur en donnerait par aumône, excepté le vendredi. Il y eut aussi dispense de la même loi, quatre jours de la semaine, pour tous les particuliers, et permission d'user d'œufs et de fromage. Seulement les jours de la Semaine-Sainte, toutes ces permissions devaient cesser (3).

XI.
Cessation de la guerre civile. M.Olier relève les familles ruinées.

Pendant que les hostilités continuaient aux portes de la capitale (4), M. Olier ne cessait de s'adresser à Dieu, l'auteur de la paix, et de rassembler le soir ses paroissiens devant le très-saint Sacrement, pour demander tous ensemble miséricorde. Il faisait même ouvrir la porte du tabernacle, afin d'exciter plus vivement leur foi et leur confiance† ; et lui-même, couvert

(1)*Attest. aut. touchant M. O-lier*, p. 195,200.

(2)*Ibid.*, p. 200.

(3)*Jurid. spirit., de l'abbaye*, 1649. *Arch. du Roy., sect. hist.*, L. 1229, f° 89, *verso.*

(4)*Hist. de Paris*, t. II, *ibid.*

(5) *Acta ecclesiæ Médiol. concil. Prov.* III. *Lug.* 1683, t. I, p. 75.

' † Saint Charles Borromée permet d'en user de la sorte dans les calamités publiques, ou même dans les temps d'orages ou de grêle. « Cum nimbi, procellæ, turbines, aut grandines » impendent : Sacerdos . . . tabernaculum, ubi sanctissi-» mum Eucharistiæ sacramentum in altare reconditur, pa-» tefaciat licet : tumque in ejus conspectu litanias, aliasque » religiosas preces ejus rei causâ institutas piè sanctèque » pronuntiet (5). »

d'un rude cilice, passait souvent la nuit devant l'autel (1). Enfin Dieu se laissa toucher. On entama à
Ruel des conférences, et les articles de paix furent
enregistrés au parlement, le premier avril, jour du
Jeudi-Saint. Pour ne point interrompre les offices
de la Semaine-Sainte, on différa jusqu'au lundi suivant à rendre à Dieu de solennelles actions de
grâces ; et ce jour-là, on chanta en effet à Notre-
Dame, un *Te Deum*, auquel le parlement assista
avec les autres compagnies. Comme le faubourg
Saint-Germain était sous la juridiction immédiate de
l'abbé, on chanta aussi le *Te Deum* dans l'église de
l'abbaye. M. Olier s'y trouva présent avec tous ses
ecclésiastiques et un nombre considérable de ses
paroissiens. On y avait exposé, durant trois jours,
la châsse de Saint Germain, évêque de Paris, cérémonie qui n'avait point eu lieu depuis soixante-
dix ans.

Ainsi finirent les premiers troubles de la capitale
pendant la minorité de Louis XIV (2). Mais la misère publique ne finit pas avec eux. M. Olier se vit
encore chargé d'une multitude de familles incapables de se procurer elles-mêmes les choses les
plus nécessaires à la vie. Ce tendre pasteur pourvut
à tous les besoins. Il fit acheter des étoffes et de la
toile, pour revêtir un grand nombre de ses paroissiens réduits presque à la nudité. Il eut surtout
un soin particulier de fournir aux familles ruinées par le malheur des temps les moyens de
reprendre leurs travaux et de pourvoir ainsi à
leur subsistance. C'était le frère Jean de la
Croix qui faisait ces distributions d'étoffes et
d'outils. « M. Olier lui donna dans une circons-
» tance, dit M. de Bretonvilliers, des secours
» pour relever cinquante familles, une autre
» pour trente ; et je ne saurais évaluer le nombre
» qu'il en rétablit ou par le moyen du frère Jean
» de la Croix, ou par lui-même (3). » Pour suffire
à tant de dépenses, il eut de nouveau recours à la

(1) *Année Do-
minic.*, 1ʳᵉ part.
de sept., p. 425.
— *Rem. hist.*, t.
i, p. 42.

(2) *Hist. de Pa-
ris*, t. ii, ibid.

(3) *Vie Ms. de
M. Olier, par M.
de Bretonvil-
liers*, t. ii, p. 309.

charité de la Reine et à celle des princes, qui promirent d'y contribuer †.

XII.
M. Olier se démet de ses bénéfices.

Au milieu de tant de besoins, et lorsqu'il se voyait obligé de soutenir tant de familles ruinées, il fit une action d'une confiance en Dieu vraiment héroïque : ce fut de renoncer à son abbaye de Cercanceau, et aux prieurés de Clisson et de Bazainville, pour ne plus posséder que sa cure. Il y avait longtemps qu'il méditait ce projet, et il voulut l'exécuter le jour du Vendredi–Saint, le lendemain de l'enregistrement des articles de paix. Il en expose ainsi lui-même les motifs dans l'acte de sa démission : « Par recon-
» naissance pour le bénéfice de la foi dont j'ai expé-
» rimenté les avantages et recueilli les fruits dans
» ces temps de calamités publiques ; puisque Dieu
» m'a fourni abondamment de quoi subvenir aux
» besoins pressants de nos peuples, qui montaient
» à quatorze ou quinze cents familles ; puisque d'ail-
» leurs, durant ces dernières années, je n'ai reçu
» aucun secours de mes bénéfices, que je n'avais
» gardés que pour le soulagement des pauvres, et
» pour achever l'œuvre que la divine Majesté m'a
» mise entre les mains ; voyant sensiblement l'inuti-
» lité et la charge superflue de ces mêmes bénéfices,
» que la bonté de Dieu m'a laissés jusqu'à présent,
» en attendant celui que j'espère pour l'autre vie,
» je m'en démets aujourd'hui entre les mains du
» Pape, l'image visible de Dieu (1). » En faisant cette démission pure et simple, M. Olier présenta au souverain Pontife trois sujets qu'il crut être les plus capables d'administrer saintement ses béné-

(1) *Mém. aut.* de *M. Olier*, t. v, p. 405. — *Esprit* de *M. Olier*, t. III, p. 489.

† M. Olier écrivait à une dame de la cour : « La Reine
» vous a promis pour les pauvres ; n'oubliez pas cette au-
» mône ni ce qu'elle vous a promis pour notre paroisse,
» dont la misère est toujours extrême. Il faut, s'il vous plaît,
» maintenant que vous trouverez les cœurs épanouis par la
» paix, faire ressouvenir M. le duc d'Orléans de ce qu'il a
» promis, quand M. le prince de Condé aurait donné. M. de
» Choisi m'a paru de bonne volonté : s'il vous plaît de lui dire
» un mot en passant, vous m'obligerez beaucoup (2). »

(2) *Lett. aut.* de *M. Olier*.

fices ; et, en même temps, il demanda pardon à ses
frères du mauvais exemple qu'il se reprochait de
leur avoir donné, en les retenant si longtemps(1)*.
Ses parents, informés de sa résolution, le solici-
tèrent vivement en faveur d'un de ses neveux, à
qui ils désiraient faire tomber quelqu'un de ses bénéfices. Il s'y refusa constamment, et préféra choisir un étranger. « Je ne veux pas, dit-il, acquiescer
» à la chair et au sang ; et ayant l'honneur d'être
» membre de Jésus-Christ, et de posséder sa vie,
» je ne dois agir que par les mouvements de son es-
» prit, et selon les désirs de son cœur. »

A la faveur de ces troubles politiques et de tous
les désastres qui les avaient suivis, les désordres
avaient reparu, et s'étaient multipliés dans la paroisse de Saint-Sulpice. Sans parler du vagabondage
de plusieurs prêtres, qu'on voyait mendier aux
portes des églises, au grand scandale de la religion,
et auxquels il fut enjoint, par l'autorité ecclésiastique, de se retirer chacun dans leur diocèse (2),
un mal bien plus alarmant, et incomparablement
plus difficile à guérir, c'étaient la licence des mœurs,
le concubinage, et l'oubli des devoirs les plus sacrés
de la religion ; plusieurs paroissiens en étant venus
au point de ne plus s'approcher des sacrements à
Pâques. Pour les toucher, M. Olier employa toutes
les ressources de son zèle. Voyant enfin que plusieurs n'étaient sensibles ni à ses tendres invitations,
ni aux menaces de la vengeance céleste, il conjura
le Prieur de Saint-Germain d'user contre eux de
l'autorité dont il était revêtu ; et ce fut l'occasion
d'un mandement, donné le 11 juin 1650 (3). Ce religieux, après avoir loué le zèle avec lequel M. Olier
avait essayé d'arracher ces scandales, concluait en
ces termes : « A ces causes, nous ordonnons audit
» sieur curé de procéder contre les concubinaires
» suivant le saint concile de Trente, par trois moni-
» tions consécutives, et ensuite par l'excommuni-
» cation, après laquelle fulminée, s'ils persévèrent

(1) *Ibid.*, p. 407.
* NOTE 1, p. 557.

XIII.
M. Olier s'ef-
force de ban-
nir de sa pa-
roisse les dé-
sordres que la
guerre civile
y avait intro-
duits.

(2) *Arch. du Roy.*, *sect. hist.*,
L. 1226. *Juri-
dict.*, janv.1640,
etc., f° 106.

(3) *Arch. du Roy.*, *sect. hist.*,
L. 1226. *Juri-
dict.*, janv.1640,
etc., f° 107.

» dans leur mauvaise vie, nous défendons de les in-
» humer en terre sainte. Et, pour couper la racine
» à ce désordre, nous ordonnons au dit sieur curé,
» après les remèdes ordinaires, de nous donner avis
» de leur obstination, pour y ajouter, avec l'aide de
» notre justice séculière, les punitions corporelles
» de bannissement, et autres telles que de raison.
» Pareillement à l'égard de ceux qui, manifestement
» et notoirement, sans excuse légitime, n'auraient
» point reçu le sacrement de Pénitence une fois l'an,
» et celui de l'Eucharistie à Pâques, nous ordonnons
» que ces personnes, venant à mourir, soient privées
» de la sépulture ecclésiastique (1). »

(1)*Archives etc. Ibid.*, f°106.

XIV.
M. Olier invite le Père Eudes à donner une mission à la paroisse de S.-Sulpice.

M. Olier employa alors, pour ramener ces pécheurs à Dieu, un moyen plus conforme à sa charité
et à la douceur de son zèle, ce fut le bienfait d'une
mission générale. Il désirait depuis longtemps de
procurer à sa paroisse une grâce si précieuse (2), la
plus capable, sans contredit, d'y réparer les ruines
du péché, et d'y faire régner la ferveur ; et, écrivant à M. Couderc, l'un de ses ecclésiastiques : « Il
» faut, lui disait-il, nous conserver pour la grande
» mission qui aura lieu l'année prochaine à la pa-
» roisse, pendant le Jubilé. Nous y aurions besoin
» de tous nos ouvriers ; et ils seront toujours en
» petit nombre pour une œuvre de cette impor-
» tance (3). » En effet, ne croyant pas pouvoir y
suffire avec ce qu'il avait de coopérateurs, il appela,
pour la diriger en chef, le Père Eudes, son ami,
instituteur de la congrégation des Eudistes (4). Il
ne connaissait personne qui eût mieux le don d'annoncer la parole de Dieu et d'opérer de grandes
conversions que cet homme extraordinaire, qu'il
appelait la *merveille de son siècle* (5), et aux travaux
duquel Dieu avait donné jusqu'alors les fruits les
plus abondants †. Le Père Eudes n'avait point en-

(2)*Mém. du P. Eudes*, p. 16, n. 48. *Vie Ms.*

(3) *Lett. aut. de M. Olier*, p. 233.

(4)*Vie Ms. par M. de Bretonvilliers.* t. I, p. 486. - *Vie du P. Jean Eudes*, p. 253, 435. - *Rem. hist.* t. III, p. 628.

(5) *Mém. aut. de M. Olier.*

† Le baron de Renty, dans une lettre qu'il écrivit à M.
Olier, parle en ces termes des immenses succès du Père
Eudes. « Il travaille ici avec une bénédiction incroyable. La

core prêché de mission à Paris. Il partit avec douze
de ses disciples dans le dessein de commencer celle-
ci, à Saint-Sulpice, le jour de la Purification ; mais,
la Seine étant extraordinairement débordée, il se
vit arrêté dans sa marche, et M. Olier ouvrit lui-
même les exercices annoncés. « J'aurais besoin, dit-
» il dans son exorde, de la lumière de ce grand ser-
» viteur de Dieu, dont j'occupe la place, pour vous
» parler dignement de Jésus-Christ, notre véri-
» table lumière. Cet homme apostolique a un don
» tout extraordinaire pour convertir les cœurs ; et
» nous avons la confiance que, dans un temps si fa-
» vorable, où le Jubilé et le Carême se trouvent
» réunis, Dieu nous fera par lui grâce et miséricorde.
» Nous entreprenons cette mission pour honorer
» celle de Jésus-Christ en terre, et qu'il continuera
» dans le monde jusqu'à la fin des temps. Nous la
» ferons aussi, mes très-chers frères, par amour
» pour vos âmes, afin de vous procurer le bien le
» plus précieux qu'on puisse trouver ici-bas, qui
» est de vous faire entendre la pure et la vive parole
» de Jésus-Christ pour briser, comme un marteau,
» la dureté des cœurs obstinés, cette parole qui
» échauffe et qui éclaire. Enfin, je le fais par justice,
» pour satisfaire à mon devoir, qui m'oblige de pro-
» curer votre salut par toutes les voies possibles, et
» même en appelant des ouvriers à mon secours,
» afin que, trouvant dans autrui ce que je n'ai pas
» en moi-même, je puisse un jour, si vous abusez
» de ces moyens de salut, dire à mon Dieu avec son
» Fils : *Quid ultrà debui facere vineæ meæ, et non feci*

» puissance de sa grâce à découvrir l'amour de Dieu pour
» les hommes, et l'horreur du péché, a tellement pénétré les
» cœurs, que les confesseurs sont accablés par le nombre
» des pécheurs qui demandent pénitence avec larmes. Ils
» restituent le bien d'autrui ; ils se réconcilient, et protestent
» hautement de préférer la mort au péché. Enfin, ses ser-
» mons sont des foudres qui brisent les cœurs, et ne laissent
» point de repos aux consciences ; et les confesseurs travail-
» lent plus à consoler qu'à émouvoir (1). »

(1) *Attest. aut.
de M. Olier. —
Vie de M. Bour-
doise, Ms.,in-4°,
p. 550, 612.*

» *ei ?* Et avec le Prophète : *Curavimus Babylonem,*
» *et non est sanata* : Nous avons employé tous les
» remèdes que nous avons pu trouver pour guérir
» Babylone , et elle est demeurée dans ses péchés
» invétérés, ses maux sont restés incurables. Mais
» à Dieu ne plaise qu'il en arrive de la sorte! Que je
» ne parle point ainsi de vous , chère paroisse de
» Saint–Sulpice; que je ne vous nomme point *Baby-*
» *lone*, le lieu des réprouvés, mais plutôt *Jérusalem,*
» la demeure des élus du Seigneur : *Surge, illumi–*
» *nare Jerusalem ; quia venit lumen tuum, et gloria*
» *Domini super te orta est !* Réveillez-vous ; voici la
» grande lumière qui vient briller à vos yeux : *Surge,*
» *qui dormis, et illuminabit te Christus* (1). »

Cette mission, qui dura tout le Carême (2), eut le
succès que M. Olier s'en était promis. D'après ses
intentions, le Père Eudes et ses douze collaborateurs
logèrent tous au presbytère (3), et par là firent un
double bien ; car, en même temps qu'ils répandirent
la semence de la divine parole sur le peuple fidèle
avec les plus abondantes bénédictions, la sainteté
de leur vie et de leur conversation fut, pour les
prêtres de la communauté, une autre espèce de
mission qui porta son fruit comme la première. *

XV.
M. Olier veut
procurer des
secours aux
pauvres hon-
teux de sa pa-
roisse.

(2) *Vie du P.*
J. Eudes, p.253.
(3)*Rem. hist.,*
t. I, p. 222.
* NOTE 2, p.
558.

Mais l'effet le plus durable des prédications du
Père Eudes fut l'établissement d'une compagnie
de charité, que M. Olier méditait, et à laquelle une
multitude de malheureux durent le salut de leurs
corps et celui de leurs âmes. Après les calamités
que la capitale avait essuyées l'année 1649, il y avait,
comme nous avons dit, un nombre prodigieux d'indigents, surtout de pauvres honteux. Il s'accrut
encore beaucoup cette année 1650, à cause de la famine occasionnée par les débordements d'une multitude de rivières dans la plupart de nos provinces.
On a vu que le Père Eudes avait été arrêté par le
débordement de la Seine. Celui de la Loire fut si
considérable, qu'il submergea presque entièrement
tout le pays, depuis Sully, dans l'Orléanais, jusqu'à

Angers ; de sorte qu'il n'y eut point de récolte cette année-là, et qu'une infinité de personnes y périrent de faim. Le Rhône pareillement inonda tout le Dauphiné, et endommagea les ponts de Lyon, le pont du Saint-Esprit et celui d'Avignon (1). Le malheur des temps, et la circonstance de cette mission, parurent donc à M. Olier une occasion favorable pour mettre à exécution le dessein qu'il avait formé, depuis quelque temps, d'une compagnie qui se dévouât spécialement au soulagement des pauvres honteux, et perpétuât ainsi, dans la paroisse de Saint-Sulpice, les secours que jusqu'alors il leur avait lui-même procurés (2). Les cœurs, pendant la mission, étant ouverts aux impressions de la grâce, il ne paraissait pas difficile de les émouvoir sur les misères du prochain, d'ailleurs si affreuses dans cette paroisse, où se trouvaient encore 866 familles indigentes.

On en voyait beaucoup qui n'avaient même pas de paille pour se coucher ; d'autres languissaient dans de mauvais lits, et voyaient défaillir ou expirer à leurs côtés deux ou trois enfants qu'ils ne pouvaient, faute de ressources, arracher des bras de la mort. Plusieurs de ceux qui, avant cette calamité, se trouvaient en état de secourir les familles nécessiteuses, se virent forcés eux-mêmes, par défaut de vêtements, à traîner leurs jours dans des greniers ou caveaux, sans oser en sortir même pour assister à la messe. Dans le quartier des Incurables, on en rencontra qui avaient passé plusieurs jours sans manger. Quelques-uns vivaient d'un peu de son cuit dans de l'eau de morue et n'avaient, pour adoucir l'aigreur de leur pain, que de la chair d'animaux qu'ils allaient ramasser dans les chemins ou hors des murs de la ville. Les monuments déposés dans les archives de la paroisse, qui ont fourni ces détails, apprennent encore qu'on trouva des enfants, qui, faute de lait, que les mères n'étaient plus capables de leur donner, tant elles étaient desséchées par

(1) *Hist. de France, sous le règne de Louis XIV, par M. de Larrey*, in-12, t. II, p. 269. — *Hist. de Paris*, t. II.

(2) *Rem. hist.*, t. III, p. 650. — *Vie Ms. de M. Olier, par M. de Bretonvilliers*, t. II, p. 316.

XVI.

Misère affreuse du faubourg S.-Germain après la guerre civile.

les ardeurs de la faim, tiraient le sang de leurs mamelles, et se sentaient plutôt défaillir que revivre
sur leur sein. Enfin le désespoir de survivre à leurs
maux, et d'être témoins des soupirs de leurs enfants, porta des pères et des mères à se pendre
au plancher de leurs chambres, où ils eussent été
suffoqués sans de prompts secours (1).

(1)Rem. hist.,
t.III,p.13,14,15.

XVII.
M. Olier éta-
blit la compa-
gnie charita-
ble pour l'as-
sistance des
pauvres hon-
teux.

Ce fut cette désolation qui anima M. Olier à redoubler ses soins pour former la compagnie dont
nous parlons. Après avoir longtemps recommandé
son dessein à Notre-Seigneur, et l'avoir conjuré
d'inspirer aux personnes opulentes de la paroisse
le désir d'y coopérer, il le communiqua enfin à quelques-unes, et dès cette première ouverture il
comprit que le succès en était certain. Non seulement celles-ci entrèrent avec joie dans ses vues,
mais d'autres qui s'y étaient montrées d'abord indifférentes s'empressèrent d'y concourir à l'envi,
et de l'appuyer de tout leur pouvoir. Ravi de ces
heureux commencements, et après avoir rendu
grâces à Dieu (2), M. Olier convoqua une nombreuse
assemblée de personnes de toutes conditions dans
la salle du presbytère, pour le lundi de Pâques de
cette année 1651. Après leur avoir exposé le tableau
de tant de misères et le dessein qu'il avait formé
de les soulager, il fit remarquer que dans ce temps
malheureux, l'aumône était plus que jamais une
obligation pour ceux qui pouvaient la faire. Il exhorta les uns à retrancher leurs dépenses superflues, les autres à se priver de ce qui ne leur était
pas absolument nécessaire. Enfin, faisant un appel
général à la charité de tous, il entra dans le détail
des nécessités des pauvres, que chacun pouvait
soulager selon sa condition, et demanda à ceux qui
n'avaient rien autre chose à offrir de consacrer leur
temps à cette entreprise, ajoutant que les conseils
qu'on peut donner aux indigents, et les soins que
l'on en prend, sont souvent pour eux l'aumône la
plus profitable (3). Dieu bénit les paroles de son

(2)Vie Ms. par
M. de Bretonvil-
liers, t.II,p.317.
—Rem. hist., t.
III, p. 651.

(3)Rem. hist.,
t. III, p. 89.

serviteur. Elles firent tant d'impression sur l'assemblée, que plusieurs donnèrent sur-le-champ
des sommes considérables ; la plupart s'engagèrent
pour une certaine somme chaque mois, et tous offrirent encore leur temps, leurs soins et leurs
peines.

Pour connaître les besoins particuliers des
pauvres honteux, et les assister avec sagesse, M.
Olier divisa sa paroisse en sept quartiers, ayant
égard dans cette division au nombre des pauvres
qui s'y trouvaient inégalement répandus, et il les
désigna chacun sous l'un de ces noms : le quartier
de la foire Saint-Germain, celui du Séminaire, celui
des Incurables, celui de la rue du Four, de l'Abbaye,
de la Charité, des Convalescents (1). Dans chaque
quartier, il nomma quatre préposés, chargés de
connaître les besoins de tous les pauvres honteux
qui y avaient leur domicile et d'en faire part à l'assemblée. Un grand nombre de ces indigents n'osant
se faire connaître, il établit un tronc à l'entrée du
presbytère, où ils étaient invités à jeter leurs demandes par écrit. Les préposés devaient incontinent se transporter chez eux, pour connaître plus
en détail et par eux-mêmes leur état et leurs besoins, comme aussi leurs mœurs et leur conduite.
Car M. Olier avait réglé qu'on refuserait des secours
à tous ceux qui négligeraient d'envoyer leurs enfants au catéchisme, et de s'instruire eux-mêmes
des vérités de la religion, ainsi qu'aux libertins, aux
blasphémateurs, à ceux qui auraient abusé des aumônes, ou qui refuseraient de se réconcilier avec
leurs ennemis. Les mendiants ne devaient pas non
plus avoir part à ces secours, destinés seulement
pour les pauvres honteux. Encore M. Olier avait-il
défendu qu'on les leur donnât ordinairement en
argent, sachant par expérience le mauvais usage
qu'ils en font. C'était le plus souvent du pain, des
vêtements, des meubles de première nécessité, du
bois ; et, pour les artisans, des outils et la matière

XVIII.
Sage dispen-
sation des se-
cours destinés
aux pauvres
honteux.
Fruits de cette
institution.

(1) *Rem. hist.*,
t. III, p. 34, 35.

(1) Ordre établi dans la paroisse de Saint-Sulpice. Rem. hist., t. III, p. 35 et suiv. — Vie de M. Olier, par le P. Giry, 1re part., ch. xv, p. 71.

(2) Rem. hist., t. II, p. 35 ; t. III, p. 652. — Arch. du Roy., sect. hist., L. 1128, Eglises paroissiales.

* NOTE 3, p. 559.

(3) Vie Ms., par M. de Bretonvilliers, t. II, p. 317. Pièce détachée de la main de M. Leschassier.

(4) Ibid., p. 317, 318. — Vie de M. Olier, par le P. Giry, 1re part., ch. xv, p. 72. — Rem. hist., t. III, p. 652.

(5) Rem. hist., t. III, p. 651, 652.
(6) Vie Ms par M. Leschassier, p. 19.

XIX.
M. Olier établit des écoles en faveur des enfants pauvres ; catéchisme pour leur usage.

sur laquelle ils travaillaient. Dans ce dessein, il établit un magasin où toutes les personnes charitables envoyaient le linge, les meubles, les habits et tous les objets qu'elles destinaient au soulagement des pauvres, et où la compagnie tenait en dépôt tout ce qui lui appartenait (1).

Dans le dessein de rendre stable cette association, M. Olier lui donna des règlements, qui furent imprimés l'année suivante (2). Il prescrivit, pour le dernier dimanche du mois, une assemblée de tous les membres, à laquelle chacun était d'ailleurs admis, sans distinction de rang. Au commencement de l'hiver, on devait faire une visite générale de tous les pauvres, et au moins une autre à la fin, sans compter d'autres visites particulières qui avaient lieu tous les mois. Lorsque M. Olier eut consommé cette œuvre, la première de ce genre que l'on ait vue à Paris *, et qui devint florissante dès son origine (3), il ne douta pas qu'elle ne fût la source ou l'occasion de beaucoup de bien. « J'espère, dit-» il à M. de Bretonvilliers, que Dieu se servira de » cette compagnie pour donner à d'autres paroisses » la pensée d'en former de semblables. » L'événement justifia bientôt cette espèce de prédiction ; car on vit naître successivement, dans les différentes paroisses de la capitale, plusieurs sociétés formées sur ce modèle (4), et dirigées par les mêmes règlements (5). Telle est, pour la ville de Paris, l'origine de ces confréries (6) si glorieuses à la charité chrétienne, et qui contribuent encore aujourd'hui, au soulagement de tant de malheureux.

Non content de secourir les pauvres honteux de sa paroisse, M. Olier voulut étendre sa charité à leurs enfants, habillant les plus pauvres, plaçant chez des maîtres ou dans des hôpitaux ceux qui pouvaient y être reçus, et établissant des écoles pour les instruire. Il dressa pour ces écoles un règlement, d'après lequel les préposés des quartiers devaient visiter, toutes les semaines, ou deux fois le mois, celles qui étaient confiées à leur vigilance, et s'assurer de l'assiduité des enfants, de leur application, de leurs progrès. On n'y admettait d'ordinaire que les enfants pauvres âgés au moins de sept ans, et qui réunissaient d'ailleurs certaines qualités déterminées. Un ecclésiastique du séminaire allait dans chacune faire des instructions chrétiennes aux enfants : ce qui ne dispensait pas les maîtres et les maîtresses de les conduire au catéchisme les jours de fête et de dimanche (1).

Pour l'usage de ces enfants, M. Olier fit composer par l'un de ses ecclésiastiques (2), et livra à l'impression (3) le petit ouvrage qui a pour titre : *Catéchisme des enfants de la paroisse Saint-Sulpice*, et qui fut approuvé au mois de février 1652 (4). C'est un abrégé d'un autre catéchisme qu'on expliquait, dans l'église de la paroisse, aux personnes capables d'une plus forte instruction. Il recommanda au prêtre qu'il avait chargé de composer cet abrégé, de s'attacher aux points les plus nécessaires et de les énoncer dans les termes les plus simples et les plus familiers aux enfants ; comme aussi d'y joindre des formules de prières pour les actions les plus ordinaires de la journée. Car le dessein de M. Olier, en ouvrant des écoles à l'enfance, était de lui inculquer, dès le bas âge, les pratiques de la foi (5).

Il voulut encore subvenir à un autre besoin de ses pauvres. La plupart ne pouvant fournir aux frais des affaires litigieuses, ni même les poursuivre, étaient exposés à devenir les victimes de ceux avec qui ils avaient procès, ou même à se consumer en dépens les uns les autres, par défaut de personnes insinuantes qui apaisassent leurs différends : il établit pour cela l'assemblée dite du *Conseil charitable* †.

(1) *Rem. hist.*, t. III, p. 30.

(2 *Ibid.*, p. 618. — *Vie Ms. par M. de Bretonvilliers*, t. I, p. 476.

(3) *Rem.* t. I, p. 36.

(4) *Arch. du Roy.*, sect. hist. L. 1226. *Juridict. depuis* 1640, f° 138.

(5) *Catéchisme. Avertissement.* — *Rem. hist.*, t. III, p. 180.

XX.

M. Olier établit, en faveur des pauvres, l'assemblée du *Conseil charitable.*

† Cette bonne œuvre fut apparemment interrompue, puisque M. de Poussé la rétablit en 1666. *Remarques historiques*, t. I, page 140.

Elle était composée de plusieurs personnes versées
dans la conduite des affaires, qui sollicitaient celles
des pauvres, quand leurs demandes étaient justes ;
et d'un procureur, auquel il assigna des honoraires
pour poursuivre leurs procès, selon que la nécessité le requerrait (1). Il fut ravi de recevoir dans sa
communauté, un prêtre d'une insigne piété et d'une
mortification extraordinaire, qui l'aida beaucoup à
rétablir l'union et la paix dans les familles. Ce fut
Antoine Jacmé de Gaches, du diocèse de Rodez,
ancien président du siége d'Aurillac. Ce magistrat,
aussi éclairé que vertueux et intègre, qui avait
connu le serviteur de Dieu pendant ses missions
d'Auvergne et de Velay, s'attacha tellement à lui,
en entrant dans la cléricature, qu'il ne le quitta jamais, et que la communauté de Saint-Sulpice fût
son unique séjour jusqu'à sa mort. Il parut que la
divine Providence l'avait mis dans le barreau, et
formé à la science des lois, pour le préparer au ministère que lui confia son ancien ami. La connaissance qu'il avait des affaires, son intelligence dans
les causes les plus épineuses, et le don de persuader
les esprits, lui servirent beaucoup à terminer les
procès au gré de toutes les parties, comme sa charité et son zèle, à réconcilier les cœurs(2).

XXI.
M. Olier pro-
cure l'entre-
tien des orphe-
lins pauvres
de sa paroisse.

Enfin M. Olier voulut que l'association pour le
soulagement des pauvres honteux se chargeât de
tous les enfants de la paroisse orphelins de père et
de mère, et les entretint dans la maison qu'il avait
déjà établie pour eux. Touché de compassion sur
le sort de ces enfants infortunés, que la mort de
leurs parents laissait sans secours et sans autre
ressource que la charité chrétienne, il avait commencé, en 1648, par recueillir les garçons ; et désirant leur procurer, avec une éducation chrétienne,
d'utiles états qui pussent fournir, dans la suite, à
leur honnête existence, il les plaçait, chacun selon
ses goûts et ses inclinations, chez différents maîtres
dont il connaissait la religion et la probité. Il éten-

(1)*Rem. hist.*,
t. III, p. 643.

(2)*Rem. hist.*,
t. III, p. 637, 9 ;
t. I, p. 224.— *Vie
Ms. par M. de Bre-
tonvilliers*, t. I, p.
495.

dit aux filles orphelines les mêmes avantages; et deux de ses paroissiens, désirant de contribuer à une œuvre si utile au bien public, donnèrent une maison (1), située à l'entrée de la rue de Grenelle, « afin qu'elle servît, porte le contrat de donation, » pour loger les pauvres filles orphelines abandon- » nées de leurs parents, et nées à Saint-Germain, » (c'est-à-dire dans le faubourg de ce nom), sur- » tout celles qui sont orphelines de père et de mère, » sous la conduite de charitables maîtresses, qui » logeraient avec elles, et les instruiraient gratuite- » ment (2). » Mais comme cette maison était trop éloignée de l'église de Saint-Sulpice, une généreuse paroissienne, Madame de l'Esturgeon, ayant donné la sienne, rue du Petit-Bourbon, on y transféra les enfants et les maîtresses. M. Olier ne fixa pas le nombre des enfants ainsi secourus, qui s'élevait quelquefois jusqu'à soixante, tant garçons que filles. Ils étaient reçus dès le berceau, et élevés avec beau- coup de soin jusqu'à ce qu'ils fussent en état d'être mis en apprentissage, ou placés d'une manière con- venable. Cet établissement a subsisté jusqu'à la Ré- volution * (3).

M. Olier procura à sa paroisse une autre source d'édification publique, en y attirant les religieuses de Notre-Dame de Miséricorde, qu'il y établit au milieu même de la guerre civile, et malgré les ob- stacles qui semblaient devoir empêcher l'exécution de ce dessein*. La duchesse d'Aiguillon, qui s'était proposée d'être leur fondatrice, voyant que leur voyage était différé depuis longtemps, et que le car- dinal archevêque d'Aix, leur supérieur, s'y montrait entièrement opposé, avait depuis peu donné aux Carmélites les grands biens qu'elle destinait pour cette fondation; en sorte qu'en arrivant à Paris, ces religieuses eurent pour tout asile deux cham- bres fort incommodes, où Madame de Bouteville les reçut par charité. M. Olier crut sans doute qu'assistées par cette vertueuse paroissienne, elles

(1) *Vie Ms. de M. Olier, par M. de Bretonvilliers*, t. I, p. 501.

(2) *Arch. du Roy., sect. hist.* L. 1224. *Inven- taire concernant la juridic. sur le faub.*, p. 384, 24. -*Inventaire con- cernant la juri- dic. du R.P. pri- eur, etc.* f° 4.

* NOTE 4, p. 559.
(3) *Rem. hist.*, t. I, p. 72, 73; t. III, p. 643.—*Ta- bleau de l'huma- nité, Paris* 1769, in-18, p. 148.

XXII.
Etablisse- ment des reli- gieuses de Notre-Dame de Miséricor- de.

* NOTE 5, p. 561, et note 6, p. 563.

auraient toutes choses en abondance. Néanmoins elles manquèrent de tout, même de pain. Paris était alors dans le feu de la guerre; et cette dame, craignant chaque jour que son fils ne fût tué dans quelque action †, avait comme oublié ces religieuses(1). Elles restèrent près de trois mois dans ce dénûment. Durant ce temps, elles allaient tous les jours entendre la sainte Messe à Saint–Sulpice ; et depuis cinq heures jusqu'à midi, elles y demeuraient en oraison toujours à genoux (2). M. de Sainte-Marie étant venu les visiter, et ayant vu de ses yeux leur extrême abandon, en fit des plaintes à Madame de Bouteville (3) ; et ce fut sans doute ce qui porta M. Olier à leur procurer la maison du grand audiencier, son frère, qui restait vacante, depuis que ce magistrat était sorti de Paris, pour suivre la cour (4). Dans des circonstances si difficiles, la mère Madeleine, leur supérieure, montra une confiance en DIEU vraiment digne d'admiration : ce fut de faire une quête pour une autre communauté que la sienne, lorsque ses propres filles manquaient de tout (5). Cette action rend très–croyable le trait que nous lisons dans les *Annales* de ces religieuses, et qui fut comme la récompense d'une si héroïque charité. On y rapporte, qu'ayant reçu une petite somme de Madame de Bouteville, elles la mirent sous le pied d'une statue de la sainte Vierge, que M. Olier avait donnée à la mère Madeleine, et que cet argent se multiplia selon leurs besoins, jusqu'à ce que la duchesse d'Aiguillon fût venue à leur secours (6), ce qui, probablement, n'arriva qu'après le rétablissement de la tranquillité publique.

Elles éprouvèrent encore d'autres difficultés pour s'établir à Paris. Les principales venaient de l'abbé de Saint–Germain, qui, voyant tant de monastères détruits par les guerres, pensait que, dans un temps

(1) *Hist. de l'ordre de Notre-Dame de Miséricorde,* 24ᵉ *cahier,* 2ᵉ *pagination.*

(2) *Hist., etc., cahier* 26, 2ᵉ *pagination.*

(3) *Ibid., cahier* 24, *item.*

(4) *Ibid., cahier* 27, *item.*

(5) *Ibid., cahier* 31, 2ᵉ *pagination.*

(6) *Ibid., cahier* 30, *item.*

(7) *Collec. Petitot,* t. xxxv, p. 157, t. xxxix, p. 74.

† Le sieur de Bouteville, parent des princes de Condé et de Conty, se signala, dans les troubles de la Fronde, par son dévouement au parti de ces princes (7).

si désastreux, il était imprudent d'en former de nouveaux. Néanmoins la mère Madeleine en triompha par sa persévérance (1), et, par l'entremise de M. de Sainte-Marie (2), obtint des lettres patentes de l'abbé. Le Roi donna aussitôt les siennes, sans doute à la prière de M. Olier (3), et ces religieuses furent établies solennellement en communauté, le 3 novembre 1649.

Non content de les avoir aidées à s'établir, M. Olier consentit encore, d'après leur vœu unanime et le désir du Père Yvan, à les diriger dans les voies de la perfection religieuse. Ce Père, parvenu déjà à un âge avancé, voulut même lui donner le gouvernement de tout l'Ordre. « Si Dieu eût fait un
» homme tout exprès, écrivait-il à M. Olier, il
» semble qu'il ne l'eût pas fait plus selon mon cœur,
» à cause de la pureté d'intention que je vois en vous,
» et de votre conformité à l'état du Fils de Dieu
» crucifié. Or, maintenant, n'ayez pas seulement
» soin de votre congrégation apostolique, mais en-
» core de l'institut des filles de Notre-Dame de Mi-
» séricorde, que je puis appeler l'apostolat de la
» Mère de Dieu; et soyez autant content de vous
» en revêtir, que moi de m'en dépouiller. Une autre
» compagnie très-pieuse a voulu en prendre soin ;
» mais je crois que Dieu veut que je vous en donne
» la direction, voyant en vous cette vertu merveil-
» leuse de gagner les âmes et de les remettre d'abord
» dans le sein et dans les mains de Dieu. Nos filles
» vous obéiront comme à Jésus-Christ, à Aix et
» partout; notre fille (Madeleine, en particulier),
» vous obéira ponctuellement et fera des merveilles
» pour l'institut. Je vous fais héritier de ce que
» Dieu m'a donné de plus cher, et de ma très-sainte
» Mère de Miséricorde, que je vous prie d'aimer et
» prêcher à tout le monde, et de faire aimer, hono-
» rer, craindre, imiter et suivre à vos enfants, et
» surtout à ses filles, nos religieuses ; car elle est
» leur mère fondatrice et supérieure générale (4). »

(1) *Ibid. 28ᵉ cahier, 2ᵉ pagin.*
(2) *Vie de la mère Madeleine, par le P. Grodeis,* p. 245.
(3) *Vie Ms. de Grandet,* t. I, p. 126.
(4) *L'Amoureux des souffrances de Jésus-Christ crucifié, ou lettres spirit. du P. Yvan,* in-12, 1661, p. 337.

(1)Ibid., p.255, 257, 260, 261. — Voyez aussi le t. II des lettres du même. — Vie de M. Olier, par M. de Bretonvilliers, t.I, p.499. -Rem.hist.,t.III, p. 640.

Il ne paraît pas que, malgré les instances du Père Yvan, M. Olier ait pris la conduite de cet Ordre, peu compatible avec celle de son séminaire et de sa compagnie. Il se contenta, en qualité de curé, de diriger la maison établie sur sa paroisse (1), et ne négligea aucun moyen pour exercer ces saintes filles à la plus entière abnégation. C'est le témoignage que lui rend l'auteur des *Annales de l'Institut* †.

Nous avons vu qu'au commencement de son ministère pastoral, il n'avait voulu prendre la conduite d'aucune communauté de religieuses, ni que pas un de ses ecclésiastiques en fut chargé, quoique durant trois ans, on eût employé pour l'y faire consentir les plus vives instances. Il en avait usé de la sorte, afin de donner tous ses soins et ceux de sa communauté aux deux œuvres essentielles de sa vocation : la réforme de la paroisse et l'établissement du séminaire ; et si, en 1650, il accepta, comme curé, la conduite des religieuses du Père Yvan, c'est qu'alors ces œuvres étaient accomplies. Aussi, lorsque, dès son entrée dans la cure, on établit, sur sa paroisse, les religieuses du Verbe incarné, ne prit-il

(2) Hist. de l'ordre de Notre-Dame de Miséricorde, 26°cahier, 2° pagination.

† « La mère Madeleine, dit-il, avait une estime et une » confiance très-grandes en ce saint homme ; et bien qu'il la » mortifiât et l'humiliât incessamment, comme elle était » morte à tout, et ne cherchait que Dieu et son adorable » volonté, elle ne laissait pas de continuer à son égard, tout » de même qu'une âme, avide d'honneur et de gloire, ferait » envers quelqu'un qui la louerait et l'applaudirait en tout (2). » Un jour M. Olier voulant faire une épreuve extraordinaire » de la vertu d'obéissance dans la mère Madeleine, lui dit » de manger du fromage qu'elle haissait à la mort, et dont » la vue et l'odeur seules lui faisaient bondir le cœur. Elle » n'en mangeait jamais, non plus que de beurre, à cause des » effets étranges qu'elle en éprouvait. Dès qu'il eut achevé » de parler, elle se mit à en manger sans dire une seule » parole. Le cœur lui bondissait terriblement à chaque bou- » chée, et elle continua d'en manger, jusqu'à ce que ce saint » directeur, touché de compassion, lui ordonna de cesser.

(3) Ibid., 42° cahier, 2° pagination.

» Je ne puis exprimer les effets que cet acte généreux fit » dans l'esprit de ce grand homme, et l'estime qu'il en con- » çut pour cette âme tout angélique (3).

aucune part à leur conduite spirituelle. Il n'eut même quelque rapport avec leur fondatrice, la mère Jeanne Chézard de Matel, que la dernière année de son ministère pastoral, à l'occasion de la visite canonique de ce couvent faite par Abelly, curé de Saint–Josse, au nom et de l'autorité du prieur de Saint–Germain des prés. Cette visite a paru au dernier historien de la mère de Matel, jeter quelque défaveur sur Abelly et sur M. Olier lui–même ; mais comme pour en juger sainement, il serait nécessaire d'entrer ici dans des détails, qui interrompraient la suite de l'histoire, nous les exposerons à la fin des notes du dernier livre de cette Vie(1), où nous montrerons que ce qu'on a écrit de M. Olier, à l'occasion de cette visite atteste au contraire et confirme de plus en plus la grande opinion de vertu, et la haute réputation de sainteté dont il jouit, jusqu'à la fin de sa vie, dans l'estime de ses contemporains.

(1) *Part.* III, liv. VII, 1ᵉʳ *Appendice.*

La paix rendue à la capitale, comme nous l'avons rapporté, fut bientôt troublée par la division de la cour. Le prince de Condé, après avoir servi le cardinal Mazarin, aux dépens de sa propre réputation, en assiégeant Paris, était devenu suspect à ce ministre, à cause de son autorité sur les troupes ; et, le 18 janvier 1650, il fut arrêté et conduit au donjon de Vincennes avec le prince de Conti, son frère, et le duc de Longueville. Une mesure si odieuse, de la part d'un ministre étranger, détesté dans tout le royaume, devait avoir les plus funestes résultats, et rallumer bientôt le feu de la guerre civile. Les Parisiens néanmoins, au lieu de murmurer lorsqu'ils en eurent connaissance, firent d'abord des réjouissances publiques, persuadés que ces princes étaient les auteurs de la dernière guerre, et qu'ils ne cherchaient que le prétexte de la renouveler. Mais les hommes les plus sages prévirent dès–lors les suites d'une mesure si funeste à la monarchie ; et Matthieu Molé, apprenant de la Reine l'emprisonnement des princes, ne put s'empêcher de lui

XXIII.

Les princes sont enfermés à Vincennes. M. Olier visite la douairière de Condé, qui le reçoit froidement.

dire à elle-même, en élevant la voix et les mains .
« Madame, qu'avez-vous fait ? ce sont les enfants de
». la maison. »

La princesse douairière de Condé, désolée autant
que peut l'être une mère, se retira à Chantilly avec
la princesse de Condé sa belle-fille, et les enfants
du duc de Longueville son gendre(1). M. Olier, son
directeur, sachant l'affliction où elle était plongée,
s'empressa de lui offrir les consolations de son ministère ; mais il la trouva bien changée à son égard.
Quelques personnes, jalouses de la confiance qu'elle
lui témoignait, s'étaient efforcées d'inspirer à cette
princesse des préventions contre lui, et, dans son
accablement, ayant pris facilement ces impressions,
elle le reçut avec beaucoup de froideur, sans lui
donner aucun des témoignages d'estime dont, jusqu'alors, elle l'avait honoré en toute rencontre. M.
Olier ne laissa pas, malgré cet accueil si peu graci-
eux, de demeurer à Chantilly autant de temps qu'il
crut en devoir employer au bien spirituel de la princesse ; et loin de s'affliger d'un changement si inattendu, il s'en réjouit comme d'une faveur. De retour à Paris, il fit part à l'un de ses plus intimes
amis de cette réception, non pour s'en plaindre,
mais pour en bénir avec lui la bonté divine. « Que
» Dieu est admirable dans sa conduite à notre égard !
» lui dit-il ; qu'il a d'amour pour ses pauvres servi-
» teurs, en leur montrant de plus en plus combien
» peu ils doivent s'appuyer sur les créatures ! Il nous
» oblige par là à ne mettre notre confiance qu'en lui
» seul (2). »

La présence des princesses de Condé à Chantilly
donna bientôt des inquiétudes à la cour, et l'on fit
marcher des troupes de ce côté pour les empêcher
de se jeter dans Paris, où l'on commençait à craindre
quelque mouvement pour la délivrance des princes,
dont le parti grossissait de jour en jour. Malgré ces
précautions, la veille de Pâques, durant la nuit du
16 au 17 avril, la douairière échappa à la vigilance

(1) Supplém. à
l'assemblée du
clergé de 1655
etc. Ms., in-f°.

(2) Vie de M.
Olier, par M. de
Bretonvilliers, t.
III, p. 20.

XXIV.
La princesse
de Condé en-
voie de riches
ornements à
M. Olier qui
lui offre ses
services.

de ses gardes, entra dans la ville, et se présenta le
17 au Parlement, avec une requête que Matthieu
Molé lui avait dressée. Elle s'efforça d'émouvoir,
par ses supplications et ses larmes, tous les conseillers de la grand'chambre. Mais le duc d'Orléans,
étant venu au Parlement, rompit toutes ses mesures,
et la princesse se vit contrainte de sortir de Paris (1).
Ce fut un vif sujet de regret pour les paroissiens de
Saint-Sulpice, qu'elle édifiait par sa piété, et surtout pour les pauvres qu'elle avait nourris avec tant
de générosité pendant la guerre. De sa retraite,
elle ne laissa pas de leur faire ressentir ses bienfaits. Elle envoya même à M. Olier, le 20 du mois
de mai, des objets de prix, pour la sacristie de la
paroisse (2) ; ce qui donna lieu à celui-ci de lui dire
dans sa lettre de remercîment. « Madame, quoi-
» qu'il m'ait paru, la dernière fois que j'eus l'hon-
» neur de vous rendre mes devoirs, que vous ne les
» aviez pas agréables, non plus que la permission
» que je vous demandai d'aller vous voir dans votre
» solitude ; néanmoins, votre bonté envers notre
» église est si grande, qu'il semble que vous me
» rappeliez à vous, en m'obligeant de vous remercier
» pour elle du beau présent que vous lui avez fait.
» J'espère que vous ne refuserez pas cet hommage
» de ma reconnaissance, qui se trouve accompagné
» de mille bénédictions que nos peuples vous don-
» nent. Ils vous plaignent, et prient avec amour,
» pour l'heureux et prompt retour de votre Altesse,
» qu'ils n'oublieront jamais. Croyez, Madame, que
» je suis autant à vous que je le puis, et qu'une créa-
» ture le saurait être sur la terre. Je ne m'étonne pas
» si, par des ressorts imprévus de la divine Provi-
» dence, je me vois séparé de vous : c'est une expé-
» rience que j'ai toujours faite, de me voir tout d'un
» coup éloigné des choses auxquelles Dieu lui-même
» me lie ; sans doute pour le mauvais usage que
» j'en fais. Cela m'oblige de me confondre, et de
» porter mon châtiment avec soumission aux ordres

(1) *Supplém. à*
l'assemblée du
clergé de 1655.

(2) *Délibérat.*
de l'église de St-
Sulpice., *Ms. de*
la Bibl. Rog. Ba-
luze, f° 18, *verso.*

(3) *Rem. hist.*,
t. I, p. 271, 272.

» de la justice de Dieu. Ce sont les sentiments de
» mon cœur dans ces rencontres fâcheuses, où je
» me suis vu réduit, et qui ne m'ont rien ôté du
» respect et de la charité que la bonté de Dieu m'a-
» vait donnés pour votre Altesse. Je gémis, au
» contraire, sur ses malheurs, et je demeurerai
» son très-humble, très-acquis et très-obéissant,
» etc. (1).

XXV.
La princesse de Condé succombe à ses disgrâces et appelle M. Olier, qui l'assiste à sa mort.

Cependant, les princes étaient toujours enfermés
au donjon de Vincennes. Le cardinal Mazarin, craignant que leurs amis ne s'y portassent pour les
délivrer, les fit transférer d'abord au château de
Marcoussis, à six lieues de Paris (2), et de là au fort
du Havre (3). Ce coup fut d'autant plus cruel pour
la princesse leur mère, que la cour paraissait insensible aux prières du clergé (4) et aux instances
de la noblesse en faveur des princes : elle le reçut
néanmoins avec courage, fortifiée sans doute par
les conseils et les exhortations de M. Olier, envers
qui elle avait déjà repris ses premiers sentiments.
Mais elle touchait à la fin de sa vie. Pendant qu'elle
se retirait à Vallery, en Gâtinais, elle tomba malade au
château d'Angerville, sur le chemin de Paris à Orléans, et eut la permission d'aller de là à Châtillon-
sur-Loing, petite ville à quatre lieues de Montargis,
pour y rétablir sa santé (5), auprès de la duchesse
de Châtillon sa parente (6). Là, sentant que sa fin
était proche, et voulant recevoir par le ministère
de M. Olier les secours de la religion et les derniers
sacrements de l'Eglise, elle le fit appeler. Le serviteur de Dieu partit incontinent, et fut accueilli par
la princesse comme un ange envoyé du ciel, pour la
fortifier dans ce dernier passage, alors que la terre
se montrait plus insensible à ses malheurs. On ne
saurait trop admirer ici la conduite miséricordieuse
de Dieu sur elle. La princesse de Condé avait à se
reprocher de s'être complue jusqu'à l'excès dans
les victoires de son fils (7), d'avoir ambitionné l'élévation de ses enfants et tout ce qui pouvait les cou-

(1) Lett. aut. de M. Olier, p. 393 et suiv. — Lett. spirit. du même, p. 569.

(2) Lebeuf, t. IX, p. 271.

(3) Supplém. à l'assemblée du clergé de 1655, Ms.

(4) Assemblée du clergé de 1650 — 11 août, — 27 sept.

(5) Arch. du ministère de la guerre. — Ministère de M. Le Tellier, an. 1650, minutes, 14ᵉ vol. Dépôt général, p. 289, 19 juin 1650.

(6) Supplém. à l'assemblée du clergé de 1655, Ms.

(7) Mém. sur les six derniers mois de Louis XIII, etc., Ms. du séminaire de St-Sulpice.

vrir de gloire : c'était son faible (1) ; et Dieu, pour l'en guérir, voulut qu'elle eût la douleur de les voir enlevés à sa tendresse, traînés en prison comme des criminels d'État et couverts d'ignominie ; pendant qu'elle se voyait elle-même en exil, privée à la mort de tout appui, et même de la consolation si douce à une mère de recevoir les derniers embrassements de ses enfants. Mais la générosité de sa foi n'en parut que plus admirable : elle comprit la vanité des choses du monde, et les quitta sans regret. Elle oublia toutes les persécutions qu'elle avait souffertes, pria pour les ennemis de sa famille, leur pardonna sincèrement, et demanda à Dieu de leur pardonner lui-même, s'efforçant ainsi d'unir son sacrifice à celui de Jésus-Christ sur le Calvaire, et d'expirer dans les mêmes dispositions (2). C'est ce qui fait dire à Madame de Motteville, dans ses Mémoires :

« Dieu voulut sans doute l'humilier avant sa mort,
» pour la prévenir de ses grâces, et la faire mourir
» plus chrétiennement. Sans ce secours, selon son
» tempérament, elle aurait senti avec de grandes
» impatiences la peine de se voir exilée, ses enfants
» en prison, et ses ennemis triompher d'elle ; mais
» Dieu changea ses sentiments en de très-vertueuses
» dispositions. Elle parut accepter volontiers toutes
» ces peines, afin de participer par cette croix à celle
» de Notre-Seigneur. Elle ordonna à l'abbé de la
» Roquette d'aller trouver la Reine de sa part, pour
» l'assurer qu'elle mourait sa très-humble servante,
» quoiqu'elle mourût des déplaisirs qu'elle avait eus
» de la persécution faite à ses enfants. Elle lui man-
» da qu'elle la conjurait par le sang de Jésus-Christ,
» de faire quelques réflexions sur sa mort, et de se
» souvenir que personne n'était exempt des coups
» de la fortune. Enfin, dans les agonies de la mort,
» se tournant vers Madame de Brienne qui était sa
» parente, et lui tendant la main, elle lui dit : « Ma
» chère amie, mandez à cette pauvre misérable qui est
» à Stenay, (voulant parler de Madame de Longue-

(1) *Motteville, infrà.*

(2) *Hist. de la Fronde.*

(1) Mém. de Mme de Motteville, an. 1650. Collect. Petitot, t. xxxix, p. 92, 93, 94.

» ville, sa fille), *l'état où vous me voyez, et qu'elle* » *apprenne à mourir* (1). » M. Olier qui s'était efforcé de lui inspirer des sentiments si chrétiens et qui reçut son dernier soupir le 2 décembre 1650, écrivait quelques jours après : « Cette bonne dame me fit » d'abord savoir la nouvelle de sa maladie, pour me » donner lieu de rendre à sa personne ce que je lui » devais devant Dieu. Je le fis soudain ; et je me » tiens heureux de lui avoir aidé à essuyer ses larmes. » Il y avait plus d'un mois ou six semaines que » j'avais le bien de la voir assez particulièrement, » et qu'elle me témoignait ses inclinations pre- » mières, lorsque cet accident lui est arrivé. Quand » je n'aurais pas dû en être bien accueilli, l'état où » la Providence l'avait réduite m'eût assez engagé à » la secourir dans son affliction, qui est la nôtre, et » à l'aider à faire un saint usage d'un trésor si pré- » cieux qu'est celui de la croix. Pour votre conso- » lation et celle de Madame de Montmorency, qui » prend grand intérêt à son salut, je vous dirai que » notre digne princesse a montré dans cette ren- » contre autant de fond de grâce que l'on en pou- » vait souhaiter, et qu'elle a fait connaître à chacun » de quelle valeur étaient ses bonnes œuvres (2), » qui, sans doute, lui ont acquis tant de secours du » Ciel et tant de force intérieure : jusque là qu'elle » même en était surprise, sentant dans son cœur » une vertu puissante, qu'elle avouait n'être pas la » sienne, et qui lui était donnée assurément par ce- » lui qui avait déjà porté cette croix sur le Calvaire, » et lui avait mérité la force de la porter à son » tour (3). »

(2) Vie Ms. de M. Olier, par M. de Bretonvilliers, t. ii, p. 129, 270.

(3) Lett. aut. de M. Olier, p. 397 et suiv.

XXVI.
Services funèbres pour la princesse.

La princesse était morte disgraciée de la cour, ses enfants étaient dans les fers, et les autres membres de sa famille confinés dans leurs terres. Néanmoins, sans craindre le ressentiment de la cour, et suivant en cela l'exemple que venait de donner tout récemment le clergé de France, M. Olier fit célébrer, pour le repos de l'âme de cette illustre parõissienne, sa pénitente, et la bienfaitrice de ses pauvres, de son église et de son séminaire †, un service solennel, le 12 du mois de décembre (1), avec toute la pompe due à une personne de son rang. Il y officia lui-même, en présence de tous les ecclésiastiques du séminaire et de la communauté, et d'une foule de peuple, qui donna mille bénédictions à la mémoire de la princesse. La cour ne désapprouva point la conduite de M. Olier dans cette occasion. Bien plus, craignant d'aigrir les esprits, si elle refusait toute espèce d'honneur à la mémoire de la douairière, elle permit de célébrer pour elle un service funèbre dans l'église des Cordeliers, le 23 décembre; et y invita elle-même le clergé de France, les compagnies souveraines et les autres corps, qui y assistèrent avec les cérémonies accoutumées (2). L'évêque de Vabres, Isaac Habert, qui avait déjà fait une première oraison funèbre aux Grands-Augustins, en présence du clergé, fut invité par la cour à en prononcer une seconde pour cette circonstance; et, quelques jours après, on en fit une troisième dans l'église des Carmélites du faubourg Saint-Jacques, où le corps de la princesse avait été apporté de Châtillon.

Ces services et ces oraisons funèbres excitèrent de plus en plus la sensibilité du peuple sur les disgrâces et les malheurs de la maison de Condé, et lui gagnèrent l'affection des Parisiens, qu'elle avait perdue presque entièrement depuis le siége. Un autre effet de ces pompes lugubres fut d'augmenter dans l'esprit du peuple le mépris, la haine et l'espèce de fureur qu'il avait conçus, depuis plus de trois ans, contre la personne du cardinal Mazarin. Le Parlement se déclara en faveur des princes, en demandant, de la manière la plus vive, l'éloignement du cardinal; la noblesse qui était à Paris

(1) Et non la deux déc., comme le suppose M. Symon de Doncourt. *Délibérat. de St-Sulpice*, *Ms. Baluze*, f° 20. — *Rem. hist.*, t. I, p. 272.

(2) *Assemblée du clergé de 1650.*

XXVII. La maison de Condé regagne l'affection des Parisiens. Le cardinal Mazarin sort du royaume.

(3) *Arch. du Roy.*, *sect. hist.*, L. 1112, p. 88. *Nécrologe de St-Sulpice.* — *Bibl. imp. Ms. de Baluze*, 943, f° 20.

† Outre un legs que cette princesse fit en faveur du séminaire, elle laissa, par son testament, dix mille livres pour le bâtiment de la nouvelle église de Saint-Sulpice (3).

(1)*Supplém. à l'assemblée de 1655.*

s'assembla, et se réunit au clergé pour faire aussi des instances(1). Enfin, le duc d'Orléans ayant rompu avec ce ministre, et déclaré à la Reine qu'il ne pouvait plus se trouver au conseil, tant que le cardinal y serait, la Reine se vit contrainte de céder, et de donner à entendre qu'elle l'abandonnait, en le faisant sortir du royaume. Il partit de Paris déguisé, le 6 février, à onze heures du soir; et comme il ne pouvait retenir plus longtemps ses illustres captifs, il chercha à leur persuader qu'il était lui-même l'auteur de leur délivrance. Prévenant donc ceux qui portaient les ordres du Roi, il se rendit au Havre, et annonça aux princes qu'il venait leur rendre la liberté. Il espérait par là se réconcilier avec eux: mais le prince de Condé dédaigna ses services; et le cardinal se retira à Cologne, d'où il ne laissait pas cependant de correspondre avec la Régente, toujours persuadée qu'elle ne pouvait se passer de ses conseils. Les princes arrivèrent à Paris, le jeudi 16 février 1651, et furent reçus par une affluence prodigieuse du peuple qui criait avec enthousiasme : *Vive le Roi, point de Mazarin.* La cour alla les recevoir à Saint-Denis, et les accompagna jusqu'au Palais-Royal, où ils se rendirent, à leur arrivée, pour remercier le Roi et la Reine. Le peuple ne mettait point de bornes aux transports de son allégresse; et quoique, treize mois auparavant, il eût fait des feux de joie à la première nouvelle de leur arrestation, il en fit pareillement pour leur délivrance; ce qui fit dire plaisamment au duc de

(2)*Hist. de Paris, par Félibien* t. II.

Longueville : Ce sont les restes des fagots que les bourgeois avaient allumés à notre détention (2).

XXVIII.
M. Olier console la Reine régente.

Cependant la Reine, se voyant privée de la présence de son ministre, et obligée de donner la conduite des affaires à des personnes qui ne possédaient pas au même degré son estime et sa confiance; considérant d'ailleurs l'opposition déclarée et presque générale des Parlements, l'exaspération universelle du peuple contre le cardinal, les mouvements de la noblesse, les démarches réitérées du clergé en faveur des princes, se trouvant, sur la fin de sa régence, (accablée d'inquiétudes et de chagrins. La grande confiance qu'elle avait en M. Olier, la porta alors à l'appeler auprès d'elle, pour recevoir de lui des paroles de consolation, et apprendre à porter avec soumission ses disgrâces. Nous ne connaissons pas les avis qu'il lui donna; on peut cependant en avoir quelque idée par une lettre qu'il lui écrivit alors, et qui est un des plus beaux monuments de son zèle apostolique. Elle montre que si personne ne rend plus de respect aux rois de la terre que les saints prêtres, personne aussi n'use d'une plus généreuse liberté pour leur découvrir les obligations de leur état, qu'un si petit nombre de leurs sujets osent leur faire connaître (1). Sous le ministère du cardinal Mazarin, M. Olier n'avait pu s'empêcher de gémir en secret sur les malheurs de l'Eglise, en voyant les bénéfices, surtout les évêchés, accordés à la faveur, ou donnés comme une sorte de récompense pour les services rendus à l'Etat. Ce ministre, quoique clerc tonsuré, était beaucoup plus versé dans les maximes du siècle que dans la science des canons, ne pouvant souffrir, lorsque son autorité eut été affermie, de se voir gêné dans ses vues politiques par l'assistance de saint Vincent de Paul au conseil de conscience, il imagina un expédient pour l'en écarter, et pouvoir par là disposer à son gré des bénéfices (2). Ce moyen fut de n'avoir point de jour fixe pour le conseil, sous prétexte de la multitude de ses autres affaires; en sorte qu'il disposait lui seul, comme sous le bon plaisir de la Reine, des abbayes et des évêchés (3). Le renvoi du cardinal offrant donc à M. Olier une occasion si favorable pour éclairer la religion de cette princesse, il lui écrivit la lettre suivante.

« Madame,

» La confiance avec laquelle Votre Majesté me » témoigna, ces jours derniers, qu'elle ne faisait pas

(1) *Mém. aut. de M. Olier*, t. III, p. 294.

(2) *Vie de S. Vincent de Paul, par Collet*, t. I, p. 369, 370.

(3) *Vie du même par Abelly*, liv. II, chap. dernier sect. III, p. 445, in-4°.

XXIX.
Lettre de M. Olier à la Reine régente sur la collation des évêchés à des sujets indignes.

» tout l'usage qu'elle devait des adversités que Dieu
» lui envoie, m'a donné la pensée de lui écrire. En
» prenant cette liberté, je compte sur la bonté qui
» l'a portée, jusqu'à ce jour, à recevoir avec plaisir
» les choses que je lui ai dites dans la sincérité de
» mon cœur, pour le bien de sa personne et surtout
» de son âme, dont j'ai toujours désiré le salut avec
» des sentiments extraordinaires.

» Soumettez-vous, Madame, à la justice de Dieu,
» en vous voyant ôter d'entre les mains la personne
» qu'il vous avait donnée, et en qui vous mettiez
» votre confiance. La Providence, qui a permis son
» éloignement, a eu en cela des motifs et des raisons
» inconnus aux hommes. Il faut les adorer dans la
» foi, au milieu des troubles et des obscurités de la
» vie. C'est là le repos et le port assuré des chré-
» tiens dans les tempêtes et les orages de ce monde :
» que ce soit aussi le vôtre, Madame, et le fond as-
» suré sur lequel votre esprit puisse s'arrêter. Ado-
» rez donc les raisons éternelles et infinies de la
» conduite de Dieu ; et attendez de cet évènement
» qu'il a ordonné, quelque issue favorable pour sa
» gloire et le bien de votre âme.

» Madame, la miséricorde de Dieu sur vous éclate
» dans cet arrêt même de sa justice. Il veut purifier
» de plus en plus votre âme ; afin qu'en la renouve-
» lant dans la ferveur première de son amour, elle
» puisse porter plus de fruits. Considérez les paroles
» que, dans l'Ecriture, Notre-Seigneur adresse à
» un évêque, comme à un roi spirituel dans le roy-
» aume de son Eglise. Voulant lui reprocher la
» tiédeur de son cœur et le refroidissement de sa
» première charité : Je m'en vais, lui dit-il, renver-
» ser ton royaume, si tu ne t'humilies ; songe à te
» repentir et à reprendre les œuvres que tu faisais
» en entrant dans ta régence. Ce reproche si sévère,
» et toutefois plein de miséricorde, le raffermit dans
» son devoir, et le maintint dans sa royauté. Ma-
» dame, donnez-vous de nouveau à l'esprit de royauté

» de Notre-Seigneur, qui doit vivre en vous, pour faire
» régner Dieu sur votre royaume, en tout ce qui
» dépendra de vous. Reprenez donc la ferveur pre-
» mière avec laquelle vous aviez commencé votre
» sainte régence : car vous y étiez entrée avec un
» zèle et un désir ardent de faire régner Dieu dans
» son Eglise, et de défendre tous ses intérêts avec un
» merveilleux courage. Vous aviez pris des mesu-
» res excellentes pour la collation des bénéfices, et
» surtout pour la nomination aux évêchés, afin de
» les donner aux plus dignes de votre royaume,
» comme vous y êtes obligée en conscience. Dieu a
» vu, Madame, que cela ne se faisait plus, parce que
» vous en laissiez disposer à cette personne, qui n'a-
» vait ni le zèle, ni la force nécessaires pour résister
» aux demandes et aux importunités : abus qui a
» causé au royaume de Dieu un dommage dont
» vous ne connaîtrez la grandeur qu'au jour du juge-
» ment, et qui fait périr quantité d'âmes, dont la
» moindre vaut mieux que tout un royaume et tout
» un monde matériel ; dommage auquel il vous est
» peut-être impossible de porter remède. Madame,
» c'est une simonie que de donner des bénéfices,
» pour récompenser dans les enfants les services
» que leurs pères ont rendus au royaume. La fin
» que Dieu se propose en appelant des hommes à
» ces dignités, c'est d'être honoré et servi dans son
» Eglise par des ministres fidèles, zélés pour sa gloire
» et le salut des âmes ; et en les conférant de sa part,
» vous ne devez point en avoir d'autre. Reconnais-
» sez, Madame, la miséricorde de Dieu sur vous :
» vous aviez pris confiance dans votre ministre, pour
» vous décharger des soins pénibles de l'Etat, et de
» la conduite des affaires importantes ; mais, comme
» la cause de Dieu et de l'Eglise en souffrait, et que
» votre âme demeurait chargée de cette collation
» indigne des abbayes et des évêchés, Dieu vous a
» ôté l'appui sur lequel vous vous reposiez, la per-
» sonne qui les dispensait en votre nom, afin que

» vous ouvriez de nouveau les yeux sur une obliga-
» tion si capitale. Il a voulu ôter cet empêchement
» à votre salut, et vous donner de nouveau le moyen
» de commencer à le servir, en procurant le bien et
» la sanctification de votre royaume par des nomi-
» nations qui soient selon sa volonté.
« Souffrez donc, Madame, avec amour et avec joie
» l'éloignement de votre ministre. Remerciez Dieu
» de n'avoir pas voulu que votre âme s'engageât
» davantage, comme elle le faisait tous les jours,
» dans de nouvelles omissions, dont elle demeurait
» étrangement chargée, quoique par la faute d'au-
» trui. Souffrez cette adversité, premièrement pour
» satisfaire à votre obligation, et ensuite, pour ré-
» parer autant que vous pourrez tant de nominations
» qui n'ont pas été pesées au poids du sanctuaire.
» C'est de là que dépend toutefois l'honneur de Dieu
» dans son Église, le salut de tant d'âmes, et, en
» particulier, Madame, le bonheur ou le malheur
» éternel de la vôtre. Ne vous fiez donc plus à une
» personne qui puisse mettre votre salut en danger.
» Ne vous déchargez pas du soin capital de conférer
» les bénéfices sur d'autres que vous-même ; exa-
» minez les sujets, en vous entourant des lumières
» des serviteurs de Dieu ; prenez de leurs mains de
» bons mémoires sur les plus dignes ecclésiastiques
» de votre royaume ; destinez à ceux-ci les béné-
» fices ; et ainsi prévenant la mort des évêques, vous
» préviendrez les importunités des courtisans. Vous
» ne devez jamais y céder, puisqu'il ne vous est pas
» permis d'exposer votre salut, celui de tant d'âmes,
» et surtout la gloire de Dieu. Soyez inflexible en
» cela, et ne vous en relâchez pour quelque considé-
» ration humaine que ce puisse être, et qui est tou-
» jours nulle devant Dieu. Au reste, il saura bien
» réparer, en vue de votre fidélité à son service, les
» suites que pourrait avoir votre juste refus. Si vous
» êtes fidèle à maintenir son royaume, qui est l'É-
» glise, et à ne point le laisser déchoir de sa splen-

» deur, il sera vigilant à vous maintenir dans le vôtre.
» Comme ma profession ne me permet pas de
» m'appliquer à la considération des choses du
» monde, je ne vous parle que des omissions con-
» sidérables, relatives au clergé. L'affliction et la
» douleur que nous en éprouvons, nous font lan-
» guir tous les jours jusqu'à mourir, et c'est ce qui
» me fait prendre la liberté de vous parler en toute
» sincérité, comme je crois que votre cœur le désire.
» J'ai la confiance que vous permettrez à votre servi-
» teur et sujet, de vous faire ses plaintes et de gémir
» à vos pieds, pour demander que Dieu soit glorifié
» dans tout le royaume, et surtout dans le cœur de
» la Reine, puisqu'il veut régner en elle et par elle
» sur tous ses sujets (1). [note: (1) Lett. aut. de M. Olier, p. 385 et suiv., 391 et suiv.]

Ces remontrances produisirent leur effet sur l'esprit d'Anne d'Autriche. Elle ouvrit les yeux sur
une obligation si importante, reconnut qu'elle avait
suivi trop aveuglément les conseils de son ministre,
et, dans la suite, ne disposa guères des évêchés sans
avoir tenu un conseil particulier avec saint Vincent
de Paul (2). [note: (2) Vie de S. Vincent de Paul, par Collet, t. I, p. 370.]

XXX.
Seconde guer-
re de Paris oc-
casionnée par
le retour du
cardinal Ma-
zarin.

Quoique le prince de Condé fût revenu à la cour
depuis que le cardinal s'en était retiré, il était toujours en défiance contre la Reine-mère, et l'on s'attendait à une rupture ouverte de sa part. Il quitta,
en effet, la cour, se rendit à Bordeaux qui lui ouvrit
ses portes, et leva même des troupes pour faire la
guerre à son souverain. Dans cette conjoncture, la
Reine-mère, considérant que le Roi, âgé de quatorze
ans, était incapable de tenir le gouvernail des affaires, prit des mesures pour rappeler le cardinal
Mazarin, et cette résolution fut comme le signal
d'une nouvelle guerre civile. Le Parlement rendit,

† C'est peut-être ce qui a fait dire à Madame de Motteville, dans ses Mémoires, que saint Vincent était chef du
conseil. L'auteur du Recueil des pièces pour Port-Royal,
donne encore cette qualité à saint Vincent. « Si cela est, dit
» Collet, c'est une preuve que le vrai n'est pas toujours vrai-
» semblable (3). » [note: (3) Ibid., p. 365.]

au mois de décembre 1651, plusieurs arrêts plus sanglants les uns que les autres contre la personne du cardinal, ordonnant qu'il serait pris sur la vente de sa bibliothèque et de ses meubles et sur le revenu de ses bénéfices, la somme de cinquante mille écus qu'on donnerait pour récompense à quiconque le livrerait vif ou mort entre les mains de la justice. La plupart des autres Parlements du royaume se joignirent à celui de Paris, et la coalition devint bientôt générale. Malgré l'opposition de la nation et les efforts des princes du sang, le cardinal rentra néanmoins en France, vers le commencement du mois de janvier 1652, à la tête de six mille hommes de troupes, qui traversèrent les provinces comme en triomphe jusqu'à Poitiers, où était la cour : donnant à entendre qu'il conduisait ces troupes au Roi pour sa défense, et qu'il venait répondre aux incriminations faites contre lui (1). A cette nouvelle, le duc d'Orléans envoya des troupes pour lui disputer le passage ; il signa un traité avec le prince de Condé (2), et la capitale se vit replongée dans tous les malheurs de la guerre civile. Cette union du duc d'Orléans avec le prince de Condé donna tant de réputation au parti de la Fronde, que les Jansénistes, pour fomenter le désordre, dont ils espéraient profiter, firent offrir au duc dix mille hommes de troupes, entretenus à leurs dépens pour faire la guerre au Roi, persuadés qu'ils étaient que rien ne pouvait être plus propre à favoriser les progrès de leur doctrine qu'une guerre civile. Aussi, les regardait-on à la cour comme fort peu affectionnés au service du Roi, et avec d'autant plus de raison, que déjà ils ne le nommaient plus dans leurs prières, comme avaient fait autrefois les Calvinistes (3).

Cependant, le prince de Condé promit en plein Parlement de quitter les armes, si l'on renvoyait Mazarin, et le duc d'Orléans fit la même déclaration, et la renouvela encore à l'hôtel de ville (4). Mais cette proposition ayant été rejetée par la cour, les

(1) *Hist. de Paris, par Félibien* t. II, liv. XXVIII, ch. XLIX et L.
(2) *Collect. des Mém. relatifs à l'hist. de France par Petitot*, 2ᵉ série, t. XLI, p. 156, 159.

(3) *Mém. du P. Rapin*, t. I, p. 438.

XXXI.
Misère dans Paris. Les Calvinistes remuent et se fortifient.

(4) *Hist. de la ville de Paris, ibid.*, ch. LV.

hostilités recommencèrent aux portes de Paris, et la misère se fit sentir dans l'intérieur de cette capitale. Ce qui la porta bientôt à son comble, ce fut la cherté des denrées, occasionnée cette année par la disette universelle †. M. Olier, obligé comme pasteur de fournir du pain à tant de familles qui en manquaient, et se voyant au bout de ses ressources ordinaires, eut encore recours à la Reine, qui signala sa générosité dans cette occasion. Il écrivait à cette princesse, en la remerciant : « Ayant reçu, par
» le maître-d'hôtel de Sa Majesté les marques de
» vos bontés sur nous, et de vos charités envers nos
» pauvres, je ne puis que je n'en témoigne à Votre
» Majesté les ressentiments de mon cœur. Ils sont
» d'autant plus grands, que les misères des peuples,
» qui sont les miennes, sont à une plus affligeante
» extrémité; et si Dieu, par sa clémence, ne les
» adoucit et ne s'apaise sur nous, on ne peut espé-
» rer aucun soulagement; vu que les personnes les
» plus aisées, qui se lassent à la fin, retranchent
» leurs charités, et laissent périr les misérables(1). »

(1) *Lett. aut. de M. Olier*, p. 381

Un autre sujet de douleur pour M. Olier, c'était que les Calvinistes du royaume, abattus autrefois par le cardinal de Richelieu, profitaient de ces divisions intestines pour remuer. La situation des affaires ne pouvait être, en effet, plus alarmante, et les hommes sages s'attendaient aux derniers malheurs. Dans cette extrémité, M. Olier, considérant que la présence du cardinal mettait la religion et l'Etat dans un péril si imminent; osa bien demander à la Reine l'éloignement de ce ministre. Usant donc d'une sainte et courageuse liberté, sans sortir pourtant du respect que les sujets doivent aux souverains, il adressa à cette princesse de graves considérations sur les malheurs de l'Etat; et lui donna aussi sur l'exercice du pouvoir, de sages et d'utiles

(2)*Recueil des lettres de S. Vincent de Paul*, t. II, p. 136, *lettres à M. Gicquet, au Mans.*

† Elle fut si grande, que saint Vincent de Paul eut dessein d'envoyer son séminaire au Mans, pour ne pas l'exposer à mourir de faim dans la capitale (2).

conseils, qui sont comme une expression de cet heureux mélange de force et de douceur, dont la divine Providence use tour-à-tour elle-même dans le gouvernement des hommes. Après avoir témoigné ses remercîments à la Reine, comme on a vu, il lui parle en ces termes :

XXXII.
Lettre de M. Olier à la Reine-mère, sur la nécessité de céder aux circonstances en renvoyant Mazarin.

« Madame, la providence de Dieu me donnant » l'ouverture d'écrire à Votre Majesté, je dois lui » dire, par la fidélité particulière que je lui ai vouée, » que ses fidèles serviteurs sont dans l'abattement » et la dernière affliction, voyant l'état de son » royaume et celui de la religion, que le Ciel menace » depuis longtemps, et qui est à la veille de sa der- » nière désolation. Madame, la douleur qui presse » le cœur des vôtres, c'est de voir que ce soit sous » votre régence †, que ces malheurs doivent nous » accabler, quoique vous ayez dans les mains de quoi » détourner cet orage. Peut-être que Dieu étant » irrité au point où il l'est maintenant, quelque re- » mède que vous y puissiez apporter, le fléau de sa » colère ne laissera pas de tomber sur nous, et d'ac- » cabler toute la France. Mais, Madame, qu'il ne » soit pas dit que ce malheur nous soit arrivé par » vous ; et que, pour suivre le conseil de quelques » flatteurs intéressés, vous ayez méprisé le reste » des conseils importants de l'Etat, et provoqué » la révolte universelle de tous vos peuples irrités » et mutinés contre un ministre qui ne pourra ja- » mais procurer tant de bien à votre royaume, qu'il » lui fait de maux, et en attire sur votre personne » sacrée.

» Il est vrai, Madame, que c'est une extrémité » fâcheuse à une Reine comme vous, qui a eu tant » de bontés et de tendresse pour son Etat, et qui a » tant souffert pour le régir, de se voir obligée par » la mutinerie et l'insolence de ses peuples, à chasser

---

† Le mot de *régence* est pris ici dans le sens *d'autorité*, comme le prouvent plusieurs exemples des lettres de M. Olier à la Reine ; car Louis XIV avait déjà été déclaré majeur.

» son ministre. Mais, Madame, cela n'est pas sans
» exemple dans l'État : les plus grands rois, vos
» prédécesseurs, en ont usé de la sorte ; et par leur
» prudence, ils ont cru que ce leur était assez s'ils
» régnaient sur leurs peuples, et s'ils avaient leurs
» cœurs, faisant peu de cas si c'était d'une manière
» ou d'une autre qu'ils avaient les esprits assujettis
» à leur autorité. Il faut abandonner les circons-
» tances pour posséder le fond, et laisser l'accessoire
» pour avoir le principal. Les pères en font de
» même dans les familles : souvent ils cèdent au
» dépit de leurs enfants, de peur de leur donner
» occasion de perdre le dernier respect et de se
» soustraire à leur obéissance. Il faut dans ces ren-
» contres user de condescendance envers les infé-
» rieurs, et de soumission parfaite aux ordres de
» la divine Providence, qui vous témoigne son op-
» position à vos désirs par celle qui éclate dans
» tout votre royaume.

» Que pouvez-vous, Madame, espérer de conso-
» lation et de joie d'une soumission forcée, qui vous
» coûte tant à obtenir, et que vous ne posséderez
» jamais qu'avec l'aversion de vos peuples ? Si Dieu
» ne fait les choses, on n'en peut espérer de succès :
» or ce n'est point l'ordre de Dieu de vouloir y
» arriver malgré les oppositions et la contradiction
» universelle, surtout dans une chose qui doit se
» faire par l'amour et le concours volontaire d'une
» communauté. Car un ministre ne gouverne pas
» comme un roi : les peuples obéissent à celui-ci par
» nécessité, à raison de sa naissance ; et ils se sou-
» mettent à l'autre par amour, et reçoivent ses or-
» dres par un agrément volontaire, et une persu-
» asion d'estime et de respect pour sa capacité. Les
» personnes publiques sont mises des mains de Dieu
» (à la tête des peuples). Lui-même leur donne des
» talents admirables pour exécuter ses desseins ; et
» comme il règle et conduit tout avec suavité et

» puissance, il imprime pour leurs talents et leurs
» qualités l'estime et le respect dans les inférieurs.
» Quoique vous soyez persuadée, Madame, de la fi-
» délité de votre ministre envers votre personne, ce
» n'est pas tout ce qui est nécessaire. Il faut à vos
» peuples une vue de beaucoup d'autres qualités, et
» une persuasion qu'il n'est pas en la puissance des
» rois d'imprimer dans les esprits et dans les cœurs.
» C'est être demi-roi que de régir l'Etat par son
» conseil et sa sagesse. Il faut donc qu'un tel homme
» soit établi par la main de Dieu pour la direction
» et la conduite de l'Etat; il faut au Roi-enfant le
» supplément de la sagesse divine. Par conséquent,
» Madame, si la providence de Dieu n'agrée pas ce-
» lui dont vous faites le choix, et que vous croyez
» vous être utile, soumettez votre jugement, re-
» noncez à votre sens particulier, demandez à Dieu
» qu'il use de la personne qu'il a choisie pour vous
» aider à la conduite du royaume. Celui qu'il vous
» donnera aura l'approbation et l'estime des peu-
» ples; au moins n'aura-t-il pas la contradiction
» ouverte et manifeste, et ne donnera-t-il pas lieu
» au péril évident du renversement de l'Etat et de
» la religion.
   » Quel malheur ne serait-ce pas, si, à la faveur de
» ces troubles, les ennemis de la foi entraient dans
» le royaume, eux qui, autrefois, y ont fait tant de
» ravages, et qui, aujourd'hui, enflent le cœur et le
» courage aux hérétiques de l'Etat? Il ne faut pas,
» Madame, que vous preniez aucune confiance aux
» paroles de ceux-ci; car, n'ayant point de fidélité
» pour Dieu, ils en auront bien moins pour vous.
» Jusqu'à présent, comme ils ont eu par ruse et par
» finesse tout ce qu'ils ont voulu, ils n'ont pas osé
» recommencer leur révolte et leur rébellion, n'a-
» yant pas encore les forces qu'ils désiraient. Mais
» présentement qu'ils fortifient leurs places, comme
» à Montauban et ailleurs, sous prétexte de se dé-
» fendre de M. le Prince, aussitôt, Madame, qu'ils

» se verront en état de se soulever, ils le feront ; n'en
» doutez aucunement.

» Madame, dans cette agitation générale, vous
» pouvez donner la paix et apaiser tous les troubles,
» en éloignant le sujet qui donne lieu à vos peuples
» de se soulever. En vous privant pour Dieu des
» services de cette personne, vous ferez un sacrifice
» qui lui sera très-agréable, et qui attirera sur Votre
» Majesté l'amour et les respects de tous vos peu-
» ples, que vous devez gagner par-dessus toutes
» choses. Ce sont les sentiments de celui dont vous
» avez toujours souffert la liberté de vous parler et
» de vous écrire, connaissant le fond de son cœur,
» et ses intentions pour votre service (1). »

M. Olier écrivit cette lettre vers la mi-janvier
1652. Si la Reine eût mis aussitôt à exécution des
avis si sages, elle eût épargné bien des maux à l'Etat.
Mais elle temporisa, et ne se détermina enfin à renvoyer son ministre, que lorsqu'elle s'y vit contrainte
par la force des événements, comme nous allons le
raconter. Le prince de Condé, soutenu des Espagnols d'une part, et de l'autre le vicomte de Turenne,
chef de l'armée royale, en présence l'un de l'autre,
presque aux portes de la capitale, qui semblait devoir être le prix du vainqueur, en vinrent enfin aux
prises à la fameuse journée de Saint-Antoine. Après
six heures d'un combat des plus opiniâtres, l'action
allait être décisive contre le prince, si, dans cette
dernière extrémité, mademoiselle de Montpensier,
fille du duc d'Orléans, n'eût, par un ordre signé de
son père, fait tirer le canon de la Bastille sur l'armée du Roi(2), et fait ouvrir la porte Saint-Antoine.
Le prince entra alors dans la ville, l'épée à la main,
couvert de sang, et ne parut jamais si terrible dans
les combats, qu'en cette occasion (3). Son armée
passa au travers de Paris, dans le Pré-aux-Clercs,
d'où elle alla se camper dans la plaine d'Ivri, et, en
deux jours, pilla tous les villages à plus de trois
lieues au-delà. L'intérieur de Paris n'était pas dans

(1) *Lett. aut.
de M. Olier*, p.
381 et suiv.

XXXIII.
Journée de St-
Antoine. Dé-
solation dans
la campagne
et dans la ville.

(2) *Hist. de la
ville de Paris,
par Félibien*, liv.
XXVIII, ch. LXI, t.
II, p. 1429, 1430.
— *Abrégé chro-
nolog. de l'hist.
de France, par le
présid. Hénault*,
an. 1652.
(3) *Hist. de l'E-
glise, par l'abbé
Choisi*, t. X, p.
513, in-12.

une moindre désolation. La division que la présence
du prince de Condé et du duc d'Orléans fit éclater
parmi les bourgeois et le peuple, remplit l'Hôtel-
de-Ville de sang et de carnage. Au milieu de ce tumulte, le duc d'Orléans donna de nouveaux officiers
à la ville, et, sur la demande de la partie rebelle du
Parlement, il accepta le titre de Lieutenant-général
du royaume : attentat d'autant plus énorme, que le
Roi avait été reconnu majeur dès le mois de septembre précédent. Ce fut dans cette extrémité que
la Reine prit enfin le parti d'éloigner de nouveau
son ministre.

XXXIV.
M. Olier offre
un asile aux
pauvres filles
de la campa-
gne réfugiées
à Paris.

Il n'est pas de notre objet d'exposer dans un plus
grand détail les troubles de cette seconde guerre.
Nous ne dirons rien non plus des moyens que M.
Olier sut employer pour nourrir alors ses paroissiens, afin de ne pas répéter ici ce qu'on a déjà dit
ailleurs. Mais nous ne saurions omettre deux actions qui signalèrent sa charité dans ces nouveaux
désastres. Faisant un jour la visite de ses malades
indigents, il rencontra, près de la Croix-Rouge, une
fille qui lui demanda l'aumône. Elle était venue d'un
village voisin se réfugier dans Paris pour éviter la
fureur du soldat, et chercher le moyen de conserver
sa vie. En la voyant, ce charitable pasteur se sentit
touché de compassion, tant à cause de l'extrême indigence à laquelle elle était réduite, que du péril
imminent que courait sa vertu ; et l'émotion qu'il
éprouva lui inspira un dessein bien extraordinaire
dans ce temps de calamité publique : ce fut d'ouvrir un asile à toutes les filles de la campagne qui
seraient exposées aux mêmes dangers. Une telle
entreprise étonna plusieurs personnes : on s'empressa de lui représenter la difficulté de l'exécution,
et surtout la grandeur de la dépense. Mais, toujours
ferme dans son dessein, il répondait : « La bourse
» de Jésus-Christ est inépuisable pour ceux qui
» mettent en lui leur confiance : il n'y a qu'à com-
» mencer, il nous assistera. » Il ouvrit donc, à ce

dessein, une maison, en chargeant le frère Jean de la Croix de la fournir sans délai de tous les meubles nécessaires; et elle servit d'asile à deux cents pauvres villageoises, auxquelles ce généreux pasteur fournit, tant que durèrent les troubles, la nourriture et le vêtement. S'occupant avec plus de sollicitude encore de leurs besoins spirituels, il profita de cette occasion pour leur faire connaître l'obligation qu'elles avaient de servir Dieu, et de travailler à leur salut; il leur procura les exercices d'une mission (1), et des ecclésiastiques pleins de zèle pour les instruire et pour les confesser. Toutes s'approchèrent plusieurs fois du tribunal de la pénitence avec une dévotion et une modestie touchantes, et firent ensuite leur communion. Par ce moyen, il ne conserva pas seulement la vie de l'âme à celles qui étaient dans l'occasion inévitable de la perdre, il fit trouver encore une piscine salutaire à celles qui avaient à gémir sur des fautes passées (2).

Les religieuses des environs, et celles même de plusieurs provinces voisines, n'étant pas moins exposées à périr de faim et à souffrir les derniers outrages, étaient venues se réfugier aussi dans Paris (3). On en voyait un grand nombre dans les rues recourir, pour subsister, à la charité des fidèles; et plusieurs, ne connaissant personne dans cette ville, s'étaient logées, sans le savoir, dans des maisons où elles étaient en danger de perdre l'esprit de leur état. Touché de douleur en voyant ces vierges consacrées à Dieu errer çà et là sur sa paroisse, exposées à mille dangers, M. Olier résolut de leur offrir aussi un asile; et ayant trouvé tout à propos une maison commode et spacieuse, accompagnée d'un jardin †, il y réunit toutes celles qui désirèrent de vivre (4), autant que les circonstances le permettaient, selon l'esprit de la vie religieuse. On les y mit donc en clôture; et, quoiqu'elles fussent de sept ou huit ordres différents, on leur fit pratiquer

(1) *Vie de M. Olier, par le P. Giry*, part. 1ʳᵉ, ch. XVIII, p. 88, 89, 90.

(2) *Vie Ms. de M. Olier, par M. de Bretonvilliers*, t. II, p. 269, 291, 292, 293, 294. — *Année Dominic.*, 12 sept., p. 425. — *Rem. hist.*, t. I, p. 41, 178.

XXXV.
M. Olier ouvre un asile aux religieuses réfugiées dans Paris.

(3) *Vie de la vénérable mère Catherine de Bar*, in-12, p. 207, 208.

(4) *Année Dominic.*, 12 sept., p. 425. *Rem. hist.* t. I, p. 42, 178.

† Située rue Cassette.

(1) *Vie Ms. de M. Olier, par M. de Bretonvilliers.* — *Par le P.Giry,* part.1re, ch. XVIII, p. 89.

(2) *Arch. du Roy., sect. hist.,* L. 1226. *Juridict. spirit. de l'abbaye,* 1652, p. 17.

à toutes une règle commune (1), sous une supérieure qui reçut du prieur de Saint-Germain tous les pouvoirs nécessaires pour les régir et les gouverner. Ce fut la supérieure des Ursulines de Montereau, la mère de la Mère de Dieu, personne de grand sens et de beaucoup de vertu (2). Elles commencèrent par faire toutes ensemble les exercices spirituels de la retraite, et une revue de toute leur vie. M. Olier leur donna des directeurs, des prédicateurs, et un aumônier qui leur disait la sainte Messe; en un mot, il n'y eut aucun moyen propre à les conserver et à les faire avancer dans la perfection qu'il n'employât avec joie, les considérant comme les épouses de Jésus-Christ qu'il fallait loger, assister et honorer en leurs personnes. Aussi, pendant quatre mois qu'elles demeurèrent dans cette maison, elles firent paraître une piété solide et une régularité parfaite*, jusqu'à

* NOTE 7, p. 564.

(3) *Vie Ms. par M. de Bretonvilliers,* t.II, p. 295, 296.

ce qu'enfin, après la conclusion de la paix, aidées des secours que le serviteur de Dieu leur procura, elles retournèrent chacune dans son monastère (3).

XXXVI.
Vœu de M. Picoté pour la cessation des troubles. Formule de vœu composée par M. Olier.

Au milieu de tant de désastres, la Reine-mère ne cessait de recommander la pacification de l'Etat aux prières de tout ce qu'elle pouvait découvrir de saints personnages. Elle donna même ordre à M. Picoté, qu'elle avait en grande vénération, de faire vœu en son nom de l'œuvre de piété qu'il jugerait la plus propre à fléchir la justice divine. La pensée qui le toucha davantage fut celle des profanations qui se faisaient tous les jours des églises, des lieux saints, et surtout de l'adorable Sacrement de nos autels †. Il voua donc, au nom de la Reine, l'établissement d'une maison religieuse, consacrée spécialement au culte de la très-sainte Eucharistie, et à la réparation des outrages faits à ce divin Sacrement (5).

(4) *Vie de la vénérable mère Catherine de Bar,* etc., p. 222. — *Grandet, Vie Ms.* t. I, p. 427.

(5) *Dépôt général de la guerre. Ministère de M. Le Tellier,* an. 1650. *Minutes,* 14e vol., p. 569.

† Le 30 décembre 1650, Louis XIV, par l'avis de la Reine régente sa mère, avait ordonné d'empêcher la profanation des églises, principalement dans la Champagne, où, par le malheur des guerres, ces sacriléges étaient devenus fort communs. La léttre du Roi sur cette matière est une touchante preuve de sa religion (5).

Tout porte à croire que la Reine fit à M. Olier une semblable demande : au moins rédigea-t-il alors, pour cette princesse, la formule d'un vœu à l'archange saint Michel, protecteur de la France, à qui il désirait qu'on eût surtout recours dans les troubles de l'Etat [1]. Cet acte est un monument trop honorable à la piété de la Reine et au serviteur de Dieu, pour n'en pas donner ici un extrait.

« Vœu et dévotion (d'Anne d'Autriche), très-humble servante de Jésus-Christ.

« Abîmée dans mon néant et prosternée aux pieds » de votre auguste et sacrée Majesté, honteuse dans » la vue de mes péchés de paraître devant vous, ô » mon Dieu, je reconnais là juste vengeance de votre » sainte colère, irritée contre moi et contre mon » Etat ; et je me présente toutefois devant vous, au » souvenir des saintes paroles que vous dîtes autre- » fois à un prophète, au sujet d'un Roi pécheur, » mais pénitent : *J'aurai pitié de lui, et lui pardon-* » *nerai, à cause que je le vois humilié en ma présence.* » En cette confiance, ô mon Dieu, j'ose vous faire » vœu d'ériger un autel à votre gloire, sous le titre » de saint Michel et de tous les Anges ; et, sous leur » intercession, y faire célébrer solennellement, tous » les premiers mardis des mois, le très-saint sacri- » fice de la Messe, où je me trouverai, s'il plaît à » votre divine Bonté de m'y souffrir, quand les » affaires importantes du royaume me le pourront » permettre, afin d'obtenir la paix de l'Eglise et de » l'Etat. »

M. Olier, pour imprimer dans le cœur de la Reine-mère une vive confiance à saint Michel, ajouta à la formule du vœu ces sentiments si dignes de la piété des Rois très-chrétiens :

« Glorieux saint Michel, Prince de la milice du » ciel et général des armées de Dieu, je vous recon-

(1) *Esprit de M. Olier*, t. ii, p. 278.

» nais tout-puissant par lui sur les royaumes et les
» Etats. Je me soumets à vous avec toute ma cour,
» mon Etat et ma famille, afin de vivre sous votre
» sainte protection; et je me renouvelle, autant
» qu'il est en moi, dans la piété de tous mes prédé-
» cesseurs, qui vous ont toujours regardé comme
» leur défenseur particulier. Donc, par l'amour que
» vous avez pour cet Etat, assujettissez-le tout à
» Dieu et à ceux qui le représentent (1).

(1) *Esprit de M. Olier*, t. II, p. 278 etc.

XXXVII.
La monarchie ébranlée dans ses fondements. Dessein de la Providence.

C'est qu'en effet l'autorité légitime était comme méconnue dans cette perturbation politique, la plus effrayante qu'on eût jamais vue en France, sous la minorité d'aucun de nos rois; et qui semblait devoir renverser la monarchie et la ruiner de fond en comble, si Dieu ne s'en montrait lui-même le soutien. « Que
» vois-je durant ce temps ? s'écrie Bossuet, quel
» trouble! quel affreux spectacle se présente ici à
» mes yeux ! La monarchie ébranlée jusqu'aux fon-
» dements ; la guerre civile, la guerre étrangère, le
» feu au dedans et au dehors; les remèdes de tous
» côtés plus dangereux que les maux ; les princes
» arrêtés avec grand péril et délivrés avec un péril
» encore plus grand : ce prince que l'on regardait
» comme le héros de son siècle, rendu inutile à sa
» patrie, dont il avait été le soutien; et ensuite, je
» ne sais comment, contre sa propre inclination,
» armé contre elle : un ministre persécuté et devenu
» nécessaire, non seulement par l'importance de ses
» services, mais encore par ses malheurs, où l'auto-
» rité souveraine était engagée. Que dirai-je ? était-
» ce là, de ces tempêtes par où le ciel a besoin de
» se décharger quelquefois? ou bien était-ce les
» derniers efforts d'une liberté remuante qui allait
» céder la place à l'autorité légitime? ou bien était-
» ce comme un travail de la France, prête à enfan-
» ter le règne miraculeux de Louis? Non, non : c'est
» Dieu qui voulait montrer, qu'il donne la mort et
» qu'il ressuscite ; qu'il plonge jusqu'aux enfers et
» qu'il en retire (2). »

(2) *OEuvres de Bossuet. Ed. de Versailles*, tom. XVII, p. 435, 436.

Touché par les prières ardentes de quelques saintes âmes, qui ne négligèrent rien pour le fléchir, Dieu, en effet, au lieu de frapper la France dans sa colère, en lui enlevant le flambeau de la foi ou en la livrant en proie aux étrangers, voulut, comme un père qui châtie tout enfant qu'il reçoit à pardon (1), infliger aux coupables un châtiment de miséricorde, qui leur fît trouver, dans sa rigueur même, un moyen d'expiation et une occasion de renouvellement. C'était là ce que M. Olier désirait vivement d'obtenir pour le faubourg Saint-Germain, qui, ainsi qu'on l'a dit, était alors comme le cœur du corps politique de la France. Depuis huit ou neuf ans qu'il travaillait de toutes ses forces à en arracher les scandales et les impiétés et à y faire honorer les mystères de Jésus-Christ, surtout celui du très-saint Sacrement, il avait vu un changement qui l'avait consolé ; mais son zèle, loin d'être satisfait, s'enflammait chaque jour par le succès même, et lui faisait ardemment désirer que les maux de la guerre devinssent pour tous ses paroissiens et pour le royaume entier un nouveau moyen de sanctification, et que le juste châtiment que méritait la France se tournât pour elle en épreuves de miséricorde et en remède de salut (2). A cet effet, non content d'accepter en esprit de victime les persécutions et les souffrances dont son ministère pastoral ne fut jamais exempt, il se livra à toutes les pratiques de pénitence que les saints ont coutume de joindre à leurs ferventes supplications. Nous voyons par les *Mémoires* que l'obéissance lui a fait écrire, qu'au temps dont nous parlons, il avait obtenu de son directeur la permission de porter une haire très-âpre qui le faisait beaucoup souffrir (3). Mais nous devons compter surtout, parmi les œuvres de zèle et de pénitence qui lui furent familières durant ces années de trouble, de sédition et de révolte, la pratique qu'il avait d'aller prier durant la nuit, non seulement devant les églises, mais

XXXVIII.
M. Olier s'efforce de fléchir la colère de Dieu.

(1) *Hebr.* c. XII, v. 6.

(2) *Mém. part.*

(3) *Mém. aut. t.* v, p. 55.

encore le long des maisons, pour honorer les fatigues que Jésus avait supportées dans ses voyages, et les oraisons qu'il faisait pendant la nuit. Il sortait donc assez fréquemment du presbytère, et toujours très-secrètement, soit à la tombée de la nuit, soit le matin avant que les maisons fussent ouvertes, et il parcourait les rues du faubourg Saint-Germain et celles de la capitale, suppliant intérieurement le père des miséricordes, par les mérites de son fils sur la terre, de toucher les cœurs et de les convertir. « Comme un autre Jacob, dit M. de Bretonvil-
» liers, il luttait ainsi toute la nuit avec Dieu, et il
» ne cessait point ce pieux exercice qu'il n'eût de-
» mandé sa sainte bénédiction pour ses frères (1). »

(1) *Vie de M. Olier*, t. II, p. 307.

Souvent aussi, durant le jour, il se rendait aux diverses églises de la ville et des faubourgs, quelquefois même à celles de la banlieue, comme à Saint-Denis, Saint-Maur, Charenton, au Mont-Valérien (2), priant pour la conversion de toutes les classes de la société, afin que le dessein de la miséricorde de Dieu sur Paris et sur la France ne fût pas rendu inutile par l'endurcissement et l'impénitence des coupables. « Dieu, écrivait-il à cette occasion, veut
» dans ce siècle verser beaucoup de grâces : c'est à
» nous à profiter de la miséricorde qui nous est
» maintenant offerte si libéralement, et, s'il est mé-
» prisé dans le renouvellement qu'il nous propose,
» nous devons bien appréhender et trembler (3). »

(2) *Mém. part*, an. 1642, 1649.

(3) *Mém. aut. de M. Olier*, t. II. p. 47 46,.

XXXIX.
Autres moyens qu'il emploie pour apaiser le ciel.

Aussi, lorsque ces châtiments de miséricorde commencèrent à se faire sentir, M. Olier sembla redoubler de zèle, non pour les détourner, mais pour les faire accepter aux coupables en esprit de soumission et de pénitence. « Que les arrêts de la
» justice divine soient accomplis dans toute leur
» rigueur, écrivait-il ; faites pénitence pour nos
» maux, gémissez pour nos offenses, et pour celles de
» Paris, qui est menacé, aussi bien que tout le roy-
» aume, de ressentir les effets de la colère de Dieu,
» qu'il a mérités depuis tant d'années. Il faut que

» les arrêts de justice contre la France soient accom-
» plis dans toute leur rigueur. Dieu ne lui avait
» montré les verges que de loin ; il les avait tenues
» au dehors, maintenant il les fait sentir au de-
» dans (1). »

Le fléau atteignit, en effet, tous les ordres de l'Etat,
parceque tous avaient des fautes à expier : la Régente, les princes et les princesses du sang, les ministres du Roi, les officiers de la couronne, les seigneurs et les dames de la Cour, le chancelier, le
Parlement, la noblesse, les hommes de guerre, les
bourgeois, les artisans, les gens de la campagne ;
sans parler encore des religieux, des religieuses, du
clergé et du coadjuteur de Paris.

Au milieu de cette dissolution sociale, M. Olier
conjurait le Dieu des miséricordes de toucher les
cœurs des princes, des magistrats, et des autres qui
attisaient le feu de la discorde dans le royaume ; et
sachant les périls que courait le jeune Roi de tomber entre les mains de ses ennemis, il priait avec
une égale ferveur pour sa conservation et pour le
succès de ses armes. Dans cette intention, il allait
fréquemment offrir le saint sacrifice à Notre-Dame
de Paris, comme à l'église-maîtresse de la patronne
de la France ; à Saint-Germain l'Auxerrois, qui
était la paroisse du monarque, à la sainte Chapelle
du Palais, qu'il considérait comme l'église du parlement. Il passait toujours, dans cette dernière, plus
de trois heures en oraison, demandant à Dieu d'a-
doucir l'esprit des magistrats de cette cour ; et surtout de ne pas permettre qu'aucun d'eux manquât
de respect envers le Roi, lorsqu'il irait au Parlement,
ce qui eût infailliblement attiré de nouveaux malheurs sur la France. Enfin, il obtint plusieurs fois
du prieur de Saint-Germain la permission d'exposer solennellement le très-saint Sacrement dans
l'église de Saint-Sulpice ; et outre les fidèles du faubourg, qui sur son invitation allaient l'y adorer en
grand nombre, il voulut qu'il y eût continuellement

(1) Lett. aut. de M. Olier. — Lett. spirit. du même, p. 487.

(1) *Mém. part.*, an. 1649.

quatre séminaristes en oraison, qui se succédaient d'heure en heure, la nuit aussi bien que le jour (1).

Nous croyons devoir mentionner ici un trait que M. de Bretonvilliers nous a conservé. « Il ar-
» riva, dit-il, qu'au mois de janvier 1649 M. Olier
» désista durant deux jours, je ne sais par quelle
» raison, d'offrir à Dieu ses prières accoutumées,
» et de l'importuner par ses fervents désirs en fa-
» veur du pauvre peuple affligé. Au bout de ce temps,
» la très-sainte Vierge lui apparut avec un air mal
» content, et après l'avoir repris de sa nonchalance,
» lui commanda de reprendre son zèle et de con-
» tinuer ses prières ; ce qu'il fit avec une nouvelle
» ferveur, après lui avoir très-humblement deman-
» dé pardon de sa négligence. Il est croyable, con-
» tinue M. de Bretonvilliers, que cette sainte Mère
» ne lui aurait pas demandé ses prières, si elle ne
» les avait connues très-agréables, efficaces et puis-
» santes auprès de son Fils. C'était aussi une marque
» très-évidente de la protection de la très-sainte
» Vierge, qui voulant intercéder auprès de son Fils
» et lui lier les mains pour l'empêcher de jeter la
» foudre sur la terre, lui présentait elle-même les
» prières d'un de ses fidèles serviteurs. Mais c'était
» aussi une marque que ce divin Sauveur nous vou-
» lait faire miséricorde, puisqu'il se procurait par sa
» très-sainte Mère des âmes qui arrêtaient ses ven-
» geances ; car quand il veut punir, il ôte les avocats
» qui peuvent intercéder et arrêter sa justice (2).

(2) *Jerem.*, c. VII, v. 16.

(3) *Vie de M. Olier*, t. II, p. 307, 308.

» Je pourrais ici rapporter, dit encore M. de Bre-
» tonvilliers, ce qu'une sainte religieuse m'a dit tou-
» chant l'efficacité qu'avaient eue les prières de notre
» serviteur de Dieu ; je l'omettrai toutefois, ne
» voulant écrire que des choses très-certaines, quoi-
» que ce qu'elle m'a dit soit appuyé sur l'Ecriture, où
» nous voyons que Dieu ne demande qu'un homme
» juste pour faire miséricorde à son peuple (3). »

XL.
M. Olier exhorte les petits et les grands à accepter le fléau de la guerre en esprit de pénitence.

Une circonstance contribua beaucoup à rendre efficaces les prières de M. Olier et à changer, dans

sa paroisse, les fléaux publics en moyens de pénitence et de salut : ce fut la disposition où s'y trouvaient généralement les esprits. Tout ce qui depuis
dix ans avait été fait dans le faubourg pour y détruire le vice et y mettre la piété en honneur avait
merveilleusement préparé les cœurs à bien profiter
des châtiments du ciel. Un grand nombre, lit-on
dans un écrit du temps (1), étaient entrés dans des
sentiments de componction comparables à ceux des
Juifs de Jérusalem qui, après la mort du Sauveur,
demandaient aux apôtres ce qu'ils avaient à faire
pour expier leur crime. L'ascendant que lui donnait
sa vertu et la confiance universelle qu'on lui témoignait, les portaient tous à accepter en esprit de
pénitence ces divers châtiments, comme autant de
moyens que la miséricorde de Dieu leur offrait pour
satisfaire à sa justice dès ce monde.

(1) *Mém. part.*

C'était ce qu'il recommandait aux petits et aux
grands, en particulier et en public. Dans la seconde
guerre de Paris, un très-grand nombre eurent
plus à souffrir encore que dans la première les rigueurs de la famine et de la pauvreté : la plupart
de ceux qui avaient vendu leurs meubles pour avoir
du pain et des vêtements, se voyant dépourvus de
tout dans la seconde, ce zélé et charitable pasteur,
en pourvoyant autant qu'il était en lui, dans ces
temps de calamité publique, aux besoins les plus
essentiels de ses paroissiens, leur faisait supporter
avec esprit de soumission à Dieu, et mérite pour
eux-mêmes, les autres privations auxquelles, malgré tous les efforts de son généreux dévouement, il
ne lui était pas donné de remédier. Touché de leur
désolation, il les exhortait avec l'accent de la charité la plus vive, et de la compassion la plus tendre,
à souffrir avec componction l'espèce de jeûne sévère auquel les condamnait la famine, et à l'offrir à
Dieu, comme une sorte d'amende honorable, pour
les excès de bouche qu'ils s'étaient peut-être permis avant leur conversion ; et pareillement, dans

la disette où ils étaient d'étoffe pour paraître dé-
cemment, il invitait surtout les femmes à endurer
ce dénuement, en expiation des péchés qu'elles
avaient commis autrefois par la recherche, la vanité et l'immodestie de leur toilette (1).

On voit par les considérations chrétiennes qu'il
suggérait dans ces rencontres à la Reine régente,
quels étaient les motifs qu'il proposait à tous pour
les exciter à mettre à profit des occasions si précieuses. Cette princesse l'ayant fait appeler pour être
éclairée et fortifiée par ses conseils, au milieu des
obscurités et des angoisses par lesquelles il plaisait
à Dieu de la faire passer, il lui écrivait peu après
cette visite : « Voici les dispositions où doit s'éta-
» blir Votre Majesté, dans ces temps si précieux et
» si importants pour sa sanctification, quoique pé-
» nibles au vieil homme ; et quel saint usage elle
» doit faire de ces fâcheuses rencontres. C'est de le-
» ver les yeux vers Dieu avec humilité et révérence,
» et d'adorer sa conduite sur Votre Majesté, vous
» soumettant à sa justice, qui veut punir sur la fin
» de votre régence les fautes que vous y avez com-
» mises. Elles ne sauraient être petites, à cause des
» devoirs de votre état, dont les moindres omissions
» ont des suites immenses ; car au témoignage de
» l'Ecriture, les *puissants seront puissamment tour-*
» *mentés.* Dans vos tribulations reconnaissez la bonté
» de Dieu, qui ne remet pas à la vie future à punir
» sévèrement vos fautes, le privilége de celle-ci
» étant de pouvoir expier les plus grands maux
» par de légères satisfactions. C'est maintenant le
» règne de la clémence et de la miséricorde ; et les
» moments si rapides de cette vie, sanctifiés par la
» patience et la résignation, égalent les satisfactions
» de siècles entiers de l'autre. Mais si nous n'accep-
» tons par ces châtiments, quoique légers, Dieu re-
» met à l'autre vie à nous punir ; et alors nous se-
» rons forcés d'en porter de bien plus cruels et de
» bien plus sévères (2). »

(1) *Mém. part.*

(2) *Lett. aut.
de M. Olier,* p.
385.

Dociles aux exhortations de leur saint pasteur, un très-grand nombre, de tout rang, entrèrent dans des dispositions si chrétiennes, et acceptèrent avec esprit de pénitence, les uns la perte de leurs biens, d'autres celle de leurs charges, quelques-uns la peine de l'exil; et tous en général les misères de plus d'une sorte que leur faisait éprouver la disette publique. On a vu avec quelle force et quelle générosité la princesse de Condé, fortifiée par M. Olier dans ses derniers moments, envisagea les humiliations de sa famille et ses propres disgrâces. Par ces calamités publiques, changées ainsi en effets de miséricorde, une multitude de personnes expièrent leur vie passée: elles comprirent l'instabilité des choses humaines, et demeurèrent convaincues que la religion est le seul appui véritable et solide, comme il parut par tous ces militaires et ces gentilshommes qui renoncèrent généreusement au duel, et firent profession publique de la perfection chrétienne au milieu du monde. Enfin, un autre effet de leur parfaite conversion fut de mériter l'entière cessation de ces fléaux, et le rétablissement du règne de DIEU en France.

XLI.
Avantages qu'un grand nombre retira de ces fléaux.

Ce rétablissement était en effet le fruit que DIEU avait résolu de tirer de ces troubles politiques, en permettant à l'ennemi de tout bien de les exciter. C'était aussi la grâce que M. Olier, au milieu de cette perturbation, ne cessait de lui demander par l'intercession de l'archange saint Michel, protecteur de la France; et il avait même suggéré à la Reine de la demander de son côté, par la formule du vœu qu'il composa pour elle, et qu'il termina pour cela par ces paroles, dont on vit bientôt l'heureux accomplissement: « Grand Saint, qui avez réprimé la » superbe des impies, les avez bannis du ciel en » faisant régner une paix très-profonde, produisez » ces mêmes effets dans ce royaume. Faites qu'il » plaise à DIEU, après tous les troubles apaisés, de » voir régner en paix JÉSUS-CHRIST, son cher Fils,

» dans l'Eglise : désirant de ma part contribuer à le
» faire régner, soit par tous les exemples de piété
» et de religion que je pourrai donner en ma propre
» personne, soit par les autres voies sur lesquelles
» vous me ferez la grâce de m'éclairer (1). » La miséricorde divine n'accomplit pas seulement ce sou-
hait, elle voulut encore que le règne du jeune Roi,
malgré les incertitudes, les agitations et les malheurs de son début, fut le plus religieux, le plus
long et le plus justement célèbre de notre histoire ;
et qu'enfin ces troubles politiques cessassent tout
à coup et comme miraculeusement : Dieu voulant
montrer par cette si soudaine et si heureuse révolution, que c'est lui, comme dit Bossuet, qui secoue
la terre et la brise, et qui guérit en un instant toutes
ses brisures (2).

(1) Esprit de de M. Olier, t. II, p. 278, etc.

(2) Oraison funèbre d'Anne de Gonzague, tom. XVII, p. 436.

XLII.
Etablissement des Bénédictines du très-saint Sacrement, au faubourg St-Germain.

Ce changement merveilleux dut suivre de près le
vœu que M. Olier avait fait au nom de la Reine.
Mais comme ce vœu demeura secret, nous ne connaissons pas les circonstances qui en accompa-
gnèrent l'accomplissement. Celui qu'avait fait M.
Picoté ne fut ignoré de personne, à cause des suites
qu'il devait avoir, et on lui attribua ce dénouement
inespéré : au moins est-il certain que, presque dès
ce moment, on vit changer tout-à-coup la face des
affaires. Le même mois, la capitale rentra dans la
soumission, et le reste du royaume ne tarda pas à
suivre son exemple ; en sorte que, dans le cours de
l'année suivante, le Roi était aussi tranquille et
aussi absolu dans toute l'étendue de ses Etats, que
s'il n'y eût jamais eu de mécontents. Après l'entrée
triomphante du Roi dans Paris, la Reine étant venue au Val-de-Grâce, le 8 décembre 1652, jour de
l'Immaculée Conception, M. Picoté profita de cette
circonstance pour lui faire connaître le vœu qu'il
avait fait par ses ordres ; et il proposa pour l'exécuter quelques religieuses réfugiées à Paris, à la
tête desquelles était Catherine de Bar, connue sous
le nom de Mechtilde du Saint-Sacrement. La Reine,

ayant agréé ce dessein, fit écrire sur-le-champ à l'abbé de Saint-Germain pour qu'il l'autorisât, et chargea M. Picoté de sa lettre. Les religieuses dont nous parlons professaient la règle de saint Benoît ; elles prirent alors le nom de Filles du Saint-Sacrement, et se fixèrent dans une maison de la rue Férou. A la cérémonie de leur établissement, où la Reine et toute la cour assistèrent, le très-saint Sacrement ayant été exposé dans la chapelle, la Reine y entra le flambeau à la main, et, la première, y fit réparation publique et amende honorable à Jésus-Christ (1). » Telle fut l'origine de ce nouvel institut, si glorieux à la religion, et si propre à ranimer dans les cœurs les sentiments de la piété chrétienne. Le démon, cependant, s'efforça bientôt d'en ralentir les progrès, en persuadant à celle qui en avait la conduite, de se démettre de sa charge ; et elle aurait exécuté ce projet, si saint Vincent de Paul, M. Olier et M. Boudon, à qui elle eut recours, n'eussent ranimé sa confiance. Dès ce moment, cette communauté ne cessa de prospérer (2) *. Elle devint même chef-d'Ordre, fonda dans la suite des établissements à Toul, à Nancy, à Caen, à Châtillon, à Varsovie (3), et contribua à augmenter dans la paroisse de Saint-Sulpice la dévotion au très-saint Sacrement et celle envers la très-sainte Vierge, dont cet institut devait faire une particulière profession *.

Le dénouement des troubles de la Fronde ruina, comme il est aisé de le penser, la fortune et le crédit du duc d'Orléans. Ce prince, après s'être rendu coupable de félonie, avait encore refusé d'aller se jeter aux pieds du monarque. Ayant été averti qu'on allait envoyer des soldats au Luxembourg pour le saisir, il quitta Paris et alla se reposer de ses fâcheuses et inutiles sollicitudes dans son château de Blois (4), où le Roi l'avait exilé pour toujours. Cette disgrâce fut utile au duc d'Orléans, qu'elle détrompa des vaines fantaisies de la grandeur ; et M. Olier n'eut pas peu de part à un changement si

(1) *Vie de la mère Catherine de Bar, etc.*, p. 223, 224, 225. — *Vies Ms. de Grandet,* t. I, p. 127. — *Rem. hist.,* t. I, p. 262. — *Hist. de Paris,* t. II.

(2) *Vie de Catherine de Bar,* p. 287.
* NOTE 8, p. 565.

(3) *Essai sur l'influence,* t. 1, p. 431.

* NOTE 9, p. 565.

XLIII.
Exil du duc d'Orléans. Madame de Saujeon.

(4) *Mém. de Mme de Motteville* an. 1652. *Recueil de Petitot,* tom. XXXIX, p. 353.

salutaire. Pour le ménager de loin, il avait engagé
une personne de piété, en qui ce prince avait beaucoup de confiance, à demeurer auprès de lui, afin
de l'assister de ses conseils. C'était Anne de Campet
de Saujeon, dont les rapports avec M. Olier nous
obligent d'entrer ici dans quelques détails.

(1) Mém. de Mlle
de Montpensier.
Recueil de Pe-
titot, t. XLI, an.
1646, 1648.
Comme elle avait reçu une très-brillante éducation, et que toute sa famille était attachée à la maison d'Orléans, on la plaça auprès de la duchesse
en qualité de fille d'honneur (1). Elle s'acquittait
de sa charge avec l'estime universelle, lorsque son
directeur, regardant, quoique sans raison, les atten-
tions que le duc d'Orléans avait pour elle, comme
un motif impérieux de la retirer sans délai de la
cour, la conduisit brusquement aux Carmélites, où
elle entra en 1649, dans l'intention d'y prendre l'habit. Cet ecclésiastique était l'abbé de la Croix-Christ,
attaché lui-même à la maison d'Orléans, et déclaré
pour les erreurs nouvelles et la morale outrée de
Port-Royal. Dès que le prince eut connaissance de
cette démarche, il la regarda comme une insulte
faite à sa personne, et renvoya de son palais l'ecclésiastique inconsidéré qui en était l'auteur †. Bien
plus, les frères de madame de Saujeon, dont l'un
était capitaine aux gardes, prétendant qu'il y avait
eu surprise dans cette démarche, présentèrent requête au Parlement, qui donna un arrêt pour la
faire sortir du monastère. Elle en fut, en effet, retirée et reconduite au Luxembourg par Mademoiselle de Montpensier, fille du duc d'Orléans. Mais
elle persistait toujours à vouloir quitter le monde,
les alarmes que lui avait inspirées l'abbé de la Croix-
Christ lui faisant croire qu'elle ne pourrait se sauver à la cour. On appela, pour la calmer, le Père

(2) Mém. de M.
Feydeau, Ms.
Bibl. Mazarin,
p. 119.
† M. de la Croix-Christ se retira alors à la communauté de
Saint-Merry, dirigée par M. du Hamel, comme ouvertement
déclarée pour les nouvelles maximes sur la grâce. On a de
lui une traduction française des Soliloques de saint Augustin (2).

Léon, Carmes, et ensuite plusieurs ecclésiastiques
de la paroisse de Saint-Sulpice (1), qui, ne voyant
point en elle de dispositions marquées pour le cloître,
et jugeant d'ailleurs qu'elle pouvait faire plus de
bien dans le monde, lui conseillèrent de rester à la
cour, où elle accepta à la fin la place de dame d'a-
tours de la Duchesse.

Ce fut l'avis de M. Olier, que Madame de Saujeon
prit alors pour directeur : « Le dessein de Dieu sur
» cette âme, écrivait-il, est de faire de grands biens
» par elle, surtout en portant monseigneur le duc
» d'Orléans, sur l'esprit duquel il lui a donné grâce
» et grande créance, à embrasser les intérêts de la
» religion catholique dans son gouvernement de
» Languedoc, et à y détruire, autant qu'il sera en
» lui, la religion prétendue réformée. Monseigneur
» doit trois choses à cette âme : lui continuer ses
» entretiens en public, croître toujours dans la ré-
» forme de ses mœurs, faire enfin de bonnes œuvres,
» en donnant parfois à entendre que c'est à sa solli-
» citation pressante qu'il les entreprend, et il doit
» les faire pour l'édification publique, réparant
» ainsi le tort et le murmure qu'il cause dans le
» monde, quoique sans fondement (2). » Ces entretiens en public, dont parle ici M. Olier, étaient des
heures réglées que ce prince avait coutume de donner à la conversation, avec plusieurs personnes de
sa cour. M. Olier voulut avec raison que Madame
de Saujeon s'y trouvât, comme auparavant, de peur
que la cessation de ses anciens rapports avec le duc
d'Orléans n'autorisât les bruits que la calomnie
avait répandus sur la réputation de l'un et de l'autre.
Il est aisé de penser que l'entrée si brusque de Madame de Saujeon aux Carmélites, et sa sortie forcée
de ce couvent, non moins que la décision donnée
par M. Olier, firent alors beaucoup de bruit. Chacun en raisonnait à sa manière, mais avec le temps,
les censeurs les plus sévères de cette dame rendirent hommage à sa vertu, et furent contraints

(1) *Mém. de Mlle de Montpensier. Collect. de Petitot*, t. XLI, p. 69.

XLIV.
M. Olier est d'avis que Madame de Saujeon demeura auprès du duc d'Orléans.

(2) *Mém. aut. de M. Olier*, t. VI, p. 31, 32.

d'avouer qu'elle n'avait usé de son crédit auprès du prince que pour le porter à l'accomplissement de ses devoirs, comme l'avait toujours espéré M. Olier. C'est le témoignage que Mademoiselle de Montpensier n'a pu s'empêcher de rendre à Madame de Saujeon, quoique fort déclarée contre elle. « Je dois dire à sa louange, écrit-elle dans ses mé-
» moires, qu'elle contribua fort à faire penser Mon-
» sieur à son salut (1). » La mère de Matel lui attribue même la conversion de ce prince et le changement qui s'opéra dans cette cour (2). Aussi, la conduite de Madame de Saujeon y fut si honorable aux yeux de tout le monde, qu'après s'y être conservée dans une grande innocence, elle était partout en réputation de sainteté *.

De son côté la duchesse d'Orléans, Marguerite de Lorraine, princesse pleine de vertu et de religion, faisait beaucoup de bonnes œuvres et communiait souvent, pour obtenir de Dieu la conversion de son mari; tandis que M. Olier offrait pour la même fin le saint sacrifice et la ferveur de ses prières. Ils contribuèrent ainsi, de concert avec Madame de Saujeon, au changement salutaire qui s'opéra peu à peu dans toute cette Cour, à mesure que le duc d'Orléans revenait à une vie plus chrétienne. Il est même à remarquer que deux jeunes gens, attachés à la personne du prince, quittèrent le Luxembourg, entrèrent au séminaire, et se donnèrent à M. Olier pour le servir comme membres de sa compagnie. Il n'y eut guères que Mademoiselle de Montpensier qui, toujours livrée aux illusions de l'ambition et de la vanité, refusa de rien changer à sa conduite. Dans les dispositions si peu chrétiennes où elle était, le zèle de M. Olier et de ses ecclésiastiques pour la sanctification du Luxembourg, l'aigrissait contre eux, non moins que la confiance que leur témoignait la duchesse d'Orléans, sa belle-mère, contre laquelle elle était étrangement prévenue. Un reposoir que de l'avis de la

(1) Ibid., tom. XLI p. 71.
(2) Vie Ms. de la mère de Matel écrite par elle-même, ch.174,p. 621, p. II.

* NOTE 10, p. 566.

XLV.
La cour du Luxembourg entre dans des idées de réforme. Mlle de Montpensier quitte la paroisse de S.-Sulpice.

duchesse, ils dressèrent devant la porte de ce palais, pour la Fête-Dieu qui suivit la première guerre de Paris, fut l'un des griefs qu'elle leur reprocha avec le plus d'amertume. Elle se plaint dans ses Mémoires qu'on eût, à cette occasion, répandu le bruit qu'elle voulait soulever le peuple pour mettre obstacle à la procession ; et que la Cour en ayant été informée par la duchesse elle-même, le gouverneur de Paris eût donné des ordres pour empêcher le tumulte qu'on la croyait capable d'exciter. Comme de son aveu elle n'était pas dévote et n'aimait pas les dévots, quoique dans une circonstance elle eut semblé vouloir se convertir, tout ce qu'on faisait d'exercices de piété à la paroisse de Saint-Sulpice lui devenait insupportable ; et enfin elle chercha, dit-elle, *une paroisse où elle ne dût pas trouver des esprits capables de troubler sa conscience*, et s'adressa à l'archevêque de Paris, qui lui assigna celle de Saint-Séverin.

A mesure que le duc d'Orléans s'affectionnait à la religion, il aimait aussi à donner à M. Olier et au au séminaire de Saint-Sulpice de nouveaux témoignages d'estime et de bienveillance. Après la construction du bâtiment, sachant que M. Olier faisait disposer un jardin pour les récréations des séminaristes, il fit don au séminaire, le 4 mars 1652, de deux pouces d'eau du bassin du Luxembourg (1), pour servir à l'ornement et à l'avantage de ce jardin. Peu après, ce prince fut obligé de quitter Paris, et Mr Olier ne pouvant plus alors lui continuer ses services personnels, lui donna l'un de ses ecclésiastiques, qui le suivit à Blois, pour régler le spirituel de cette cour. Il traça néanmoins toujours comme auparavant à Madame de Saujeon la conduite qu'elle devait tenir, pour profiter des bonnes dispositions du prince. Entre autres avis, il lui marquait de le porter à faire tous les ans quelques aumônes pour rebâtir les églises et les chapelles ruinées par les hérétiques dans le Languedoc ; à donner des calices

XLVI.

M. Olier désire que le duc d'Orléans répare les maux de la guerre civile ; et qu'on forme à la piété la jeune princesse Isabelle d'Orléans.

(1) *Arch. du séminaire. Inventaire*, B. 1, n° 59. —*Arch. de l'Empire.* — *Brevet aut. du duc.* — *Brevet de Louis XIV*, 27 juillet 1700, *visé par Mansard.*

et des ciboires à celles qui en étaient dépourvues ;
enfin à venir au secours de tant d'indigents dont il
avait grossi le nombre par la dernière guerre civile.
« Il serait à souhaiter, ajoutait-il, qu'il eût en ces
» commencements quelques personnes zélées et en-
» tendues, qui vissent et examinassent la manière
» d'entreprendre et de régler les œuvres impor-
» tantes de piété et d'aumône qu'il voudra faire. On
» n'imagine pas combien de bonnes œuvres se per-
» dent et se dissipent, faute de les bien ordonner.
» Et, pour cela, l'épouse (qui représente l'Eglise),
» disait : *Le Seigneur a ordonné en moi la charité* ; et
» saint Paul, qui en voyait l'importance, donnait
» ce conseil à ses enfants : *Pour le mal, soyez simples*
» *à le fuir, mais pour le bien, soyez prudents et avisés*
» *à le faire*, afin qu'il ait sa subsistance et sa durée.
» Et DIEU même a fait connaître combien cette
» prudence était nécessaire, lorsqu'il ordonna au-
» trefois, dans la loi, que, dans tous les sacrifices,
» on lui offrirait du sel, qui est la figure de la sa-
» gesse (1). » Le duc d'Orléans n'entra pas seulement dans ces vues, il voulut même charger M.
Olier de la fondation d'une œuvre considérable de
piété en faveur du clergé, comme nous le raconterons dans la troisième partie de cet ouvrage. Le
serviteur de DIEU recommandait aussi à madame de
Saujeon de former à la piété la jeune princesse Isabelle, fille du duc d'Orléans, connue depuis sous le
nom de duchesse de Guise. « Je vous prie, écrivait-
» il, de l'exercer petit à petit aux élévations de cœur
» vers DIEU ; donnez-lui-en quelques-unes par écrit
» pour le matin et le soir, et pour le commencement
» de ses actions (2). » Ces premiers germes ne demeurèrent point stériles : on sait en effet que la
duchesse de Guise fut, dans la suite, un modèle de
vertu à la cour. Lorsqu'elle se fut retirée dans son
duché d'Alençon, elle obtint de M. Tronson, pour
administrer la cure de cette ville, un prêtre formé
à Saint-Sulpice, M. Pierre Chéhart, qui y conver-

(1) *Lett. spirit.*,
p. 192, 193.

NOTE 11, p.
567.

(2) *Lett. aut.
de M. Olier*, p.
424.

tit un grand nombre de protestants, et y établit une communauté d'ecclésiastiques (1).

(1) *Essai sur l'influence*, etc., t. II, p. 253.

XLVII.
Conversion du duc d'Orléans.

L'exil du duc d'Orléans dans son château de Blois, fut un coup de grâce pour le bien solide de ce prince, qui loin du tracas des affaires et du tumulte du monde s'appliqua sérieusement à méditer les grandes vérités du salut. Bien différent de ce qu'il avait été jusqu'alors, il accepta ses humiliations personnelles, et l'abaissement de sa maison, comme des grâces singulières que Dieu lui avait faites dans sa miséricorde, pour le délivrer des illusions de la grandeur. Il s'était vu longtemps sans héritier de son nom ; et la duchesse son épouse ayant fait beaucoup de prières pour avoir un fils, ils avaient enfin été exaucés. La joie et la reconnaissance que le duc d'Orléans éprouva, de la naissance de son fils, furent le commencement de son retour à Dieu ; et ce qui est plus étonnant, l'ayant perdu lorsqu'il n'était encore âgé que de deux ans ††, cette mort qui arriva

† Le dernier éditeur des *Méditations* . . . par l'abbé Chénard docteur de Sorbonne etc. trompé sans doute par la similitude de nom a confondu l'auteur de cet ouvrage avec le curé d'Alençon, dont il est question ici(2). M. de la Sicotière (3) l'a suivi avec confiance, et c'est ce que nous avions fait aussi dans nos précédentes éditions. Des recherches postérieures faites à Alençon, nous ont mis en état de corriger cette erreur. M. Laurent Chénard l'auteur des méditations, dont il sera parlé ailleurs, mourut à Paris en 1704(4). Le curé d'Alençon qui se nommait Pierre Chénart, et n'était que bachelier en théologie mourut à Alençon le 2 juin 1694(5). Sur le désir de la duchesse de Guise on choisit pour le remplacer M. Pierre Bélard(6) qui comme lui avait, durant plusieurs années, fait partie de la communauté du curé de Saint-Sulpice(7).

(2) *Méditat. sur les principales obligat.* Paris 1835, 2ᵉ vol. in-18.
(3) *Mém. sur la ville d'Alençon.* 1ʳᵉ liv., p. 134 et suiv.
(4) *Cat. de l'entrée des Mess.* 1666.
(5) *Arch. de la mairie d'Alençon.*
(6) *Mém. sur la ville d'Alençon, ibid.*
(7) *Cat. d'ent. des Mess. du séminaire.* 1687.

†† « Le dimanche 11 du mois d'août 1652, les marguilliers » de la paroisse allèrent en corps, précédés de leurs bédeaux » en robes et portant leurs verges, de l'église de Saint-Sul- » pice au palais d'Orléans (le Luxembourg), pour jeter de » l'eau bénite sur le corps du duc de Valois : et de là ils » furent témoigner à Son Altesse Royale et à Madame, la » douleur de toute la paroisse, unie à celle de la France, » pour la perte que leurs Altesses royales avaient faite (8) »

(8) *Rem. hist.*, édit., in-12, p. 956.

quelques mois avant son exil à Blois, et qu'il accepta en esprit de sacrifice, fut l'occasion de sa conversion totale et parfaite (1), quoiqu'elle l'eût pénétré d'une très-vive douleur (2). Nous devons ajouter, qu'il témoigna toujours un grand éloignement pour les nouvelles doctrines, et que peu d'années avant sa mort, ayant appris que Mademoiselle de Montpensier était allée par curiosité à Port-Royal des champs, il la blâma de cette action, disant qu'elle ne s'y était portée que par un esprit de contradiction au sien, et qu'elle devait penser qu'il ne l'approuverait pas.

XLVIII.
Fin chrétienne du duc d'Orléans.

Les dernières années de ce prince furent édifiantes; les écrivains contemporains, qui en ont parlé, font à l'envi l'éloge des sentiments religieux qu'il y manifesta. Madame de Motteville dit de lui dans ses mémoires : « Il s'était soumis pieusement aux volontés divines; il était devenu dévot, sa vie était » exemplaire; il avait ses heures de retraite et de » prière; il ne jouait plus, et jamais prince n'a plus » aimé le repos que lui (3). » Le Père Rapin dit de son côté : « Il avait passé sa jeunesse dans une vie » peu réglée pour les mœurs, mais il en fit pénitence » dans un âge plus avancé, et les dernières années » de sa vie pourraient servir de modèle à un prince » chrétien; car il les passa dans tous les exercices » d'une piété exemplaire (4). » Mademoiselle de Montpensier, qui ne peut être suspecte de partialité envers Madame de Saujeon, après avoir dit, que celle-ci contribua beaucoup à faire penser Monsieur à son salut, ajoute ces détails : « Il allait régulière- » ment tous les jours à la messe, il ne manquait

par cette mort. En attendant qu'on pût le transporter à Saint-Denis, le corps du petit duc fut mis en dépôt chez les religieuses du Calvaire, dont le couvent était contigu au Petit-Luxembourg. Mais la cour refusa de le laisser inhumer à Saint-Denis, et marqua même au duc d'Orléans dans sa réponse, que cette mort était une visible punition de Dieu, pour l'injuste guerre que ce prince faisait au roi (5).

---

(1) *Mém. part.*

(2) *Mém. de Mlle de Montpensier*, 1652. *Petitot, t. XLI, p.* 297.

(3) *Mém. de Mme de Motteville. Collect. de Petitot, t.* xxxix, *p.* 407, an. 1657.

(4) *Mém. du P. Rapin, t.* III, *p.* 73, 74.

(5) *Mém. de Mlle de Montpensier, ibid.*

» jamais à la grand'messe de sa paroisse, ni à Vêpres,
» ni aux autres prières. Il ne pouvait souffrir qu'on
» jurât dans sa maison : il s'était corrigé lui-même
» de cette méchante habitude ; et j'ai beaucoup d'es- [1]Coll. de Pe-
» pérance que Dieu lui aura fait miséricorde (1). » titot, t. xlii, p.
Enfin, Bossuet, dans l'oraison funèbre du Père 469.
Bourgoing, qui avait été confesseur du duc d'Orléans, ne put s'empêcher d'exciter ses auditeurs à
rendre à Dieu des actions de grâce de la conversion
de ce prince, comme d'un acte signalé de sa grande
miséricorde. « Ah ! si nous avons un cœur chrétien,
» dit-il, ne passons pas cet endroit sans rendre à
» Dieu de justes louanges pour le don inestimable
» de sa clémence ; et prions sa bonté suprême qu'elle [2]OEuvres de
» fasse souvent de pareils miracles : *Gratias Deo su-* Bossuet. Édit. de
» *per inenarrabili dono ejus* (2). » Versailles, t. xvii
p. 577.

VLIX.
Conversion
du prince de
Conti.

Le prince de Conti, autre paroissien de Saint-
Sulpice, parmi les princes du sang, dont M. Olier
avait demandé la conversion avec tant d'instance,
trouva aussi l'occasion de son sincère retour à Dieu,
dans la ruine de la Fronde, après avoir été l'un des
principaux soutiens de ce parti. Né faible et con- [3]Petitot in-
trefait, il avait été engagé dans le clergé par ses troduction aux
parents, quoique sans vocation pour cet état (3). mém. de la Fronde, t. xxxv, p. 13.
Aussi eut-il une jeunesse très-orageuse pour ses [4]Mém. de M
mœurs et même pour ses croyances religieuses (4). de Montpensier,
Après le dénouement de la Fronde, se voyant exilé 1657, ibid. t.
et sans crédit à la cour, il prit enfin le parti de lxii, p. 220.
faire demander en mariage l'une des nièces du car- [5]Mém. de M.
dinal Mazarin et de devenir ainsi le neveu de ce de Motteville,
ministre, qu'il avait jusques là tant méprisé (5). ibid. t. xxxv,
an. 1653, p. 357.
Mais si la politique eut quelque part à ce mariage,
il devint extrêmement salutaire au prince de Conti.
Quelques jours après l'avoir contracté, il conçut
une grande horreur de sa vie précédente, et se donna
tout entier à la dévotion (6). Par suite de son nou- [6]M de Mont-
veau genre de vie, il lia des relations avec M. Olier, pensier, ibid.
auprès duquel il se rendait à certains jours, pour
concerter avec lui diverses sortes de bonnes œuvres.

Quelquefois même, il dînait au séminaire pour sa propre édification; car, on ne laissait pas, ces jours-là, de faire la lecture ordinaire de table †. En se mariant, il s'était fait autoriser à se réserver des pensions considérables sur ses anciens bénéfices (1); il y renonça tout à fait (2), dès qu'il eut été mieux instruit de son devoir; il fit même, pour réparer les dégâts, dont il avait été l'auteur par la guerre civile, ce que M. Olier avait déjà conseillé au duc d'Orléans; car, de son côté, le prince de Conti donna près de deux millions d'aumônes; et consentit à ce que la princesse son épouse y contribuât, en vendant jusqu'à son collier et à ses pendants d'oreille, qui étaient d'un grand prix (3). Enfin, pour donner tout l'éclat possible à sa conversion, il fit des réparations publiques dans la ville de Bordeaux qui avait été le dernier théâtre de ses désordres et de sa rébellion contre le souverain (4). « M. le prince » de Conti sera un jour notre juge, au moins le » mien, écrivait saint Vincent de Paul; il est admi-» rable en sa fidélité à l'oraison; il en fait tous les » jours deux heures, l'une le matin, et l'autre le » soir; et quelques grandes occupations qu'il ait, et » quelque monde qui l'environne, il n'y manque » jamais (5). » Ce prince continua ses liaisons avec M. Olier jusqu'à la mort de celui-ci ††. Il est vrai

(1) Œuvres d'Arnauld, t. xxiv, p. 472, n.
(2) Mᴵˡᵉ de Montpensier, ibid.

(3) Mém. du P. Rapin, t. III, p. 367.

(4) Mém. de Mᵐᵉˢ de Motteville, ibid., p. 356.

(5) Lett. Ms. de feu M. Vincent à M. Penell, supérieur à Gênes, p. 215.

† La conversion du prince de Conti lui fit tant d'honneur dans l'estime publique, qu'on crut devoir la rappeler à la postérité, comme son plus digne éloge, dans ces vers, placés sous son portrait, gravé après sa mort, par Desrochers.

Ce que son sort a de plus éclatant,
C'est que la grâce en sa personne
Fit d'un prince pécheur, un prince pénitent (6).

(6) Cabinet des estampes. Œuvres de Desrochers.

†† Ces relations persévérèrent les mêmes sous M. de Bretonvilliers, comme on le voit par une lettre de celui-ci écrite à MM. du séminaire de Montréal en 1676. « Monseigneur » le prince de Conti, lorsqu'il vivait, dit-il, venait souvent » en la maison, et même jusqu'à deux ou trois fois la se-» maine, durant un temps très-notable. Il s'y rendait avec lui » douze ou treize personnes, dont plusieurs étaient cheva-

que plus tard, dans la grande ferveur que lui inspirait son amour pour la pénitence, il se laissa attirer vers les nouvelles erreurs par la morale outrée
et les discours captieux de M. Pavillon, évêque
d'Aleth, qui devint comme son directeur. Mais plus
heureux que la duchesse de Longueville sa sœur, il
les abjura énergiquement à sa mort, et rompit même
d'une manière si éclatante avec cet évêque, qu'il le
fit mettre hors de son appartement, comme un
homme révolté contre le Saint-Siège et un docteur
de mensonge qu'il ne voulait plus écouter (1).†

Pour ne rien omettre de la fin des membres de la
famille de Condé, au salut de laquelle M. Olier porta
toujours un intérêt si généreux et si sincère, nous
ajouterons, en terminant cette matière, que nonobstant ses prières ardentes et celles de la douairière
pour la conversion de M. le Prince, son fils, et de la
duchesse de Longueville, sa fille, qui jusqu'alors
avait été le soutien de la Fronde, l'un et l'autre ne
retirèrent pas de la ruine de cette faction les avantages que leur frère avait eu le bonheur d'y trou-

(1) Mém. du
P. Rapin, t. III,
p. 366.

L.
Fin chrétien-
ne du prince
Louis de
Bourbon.

« jours deux heures, l'une le matin, et l'autre le
» soir, les eyêques, ducs et pairs, et autres per-
» sonnes de condition. Nous nous assemblions tous dans la
» chambre qu'habitait autrefois feu M. Olier; c'était pour
» faire des conférences de piété et pour des œuvres consi-
» dérables qui regardaient la gloire de Dieu. »

† C'est apparemment pour pallier cette rupture et le
motif qui en fut la cause, que les jansénistes se sont accordés à dire qu'à la fin de sa vie le prince de Conti témoignant un grand désir de se démettre de son gouvernement
de Languedoc, pour ne penser plus qu'à son salut, l'évêque
d'Aleth ne put y consentir, croyant que Dieu demandait
qu'il fît une pénitence de prince, et qu'ils se séparèrent sans
avoir pu convenir sur ce point (2). L'historien de M. Pavillon, qui voile cette rupture, en laisse pourtant paraître ou
soupçonner quelque chose, en disant : que le prince n'entretenant M. Pavillon que du désir qu'il ressentait plus fortement que jamais de quitter son gouvernement, « La résis-
» tance du prélat le mettant de mauvaise humeur, lui causa
» quelques mouvements d'impatience et de vivacité (3). »

(2) OEuvres
d'Arnauld, tom.
XXX, p. 613, 614.

(3) Vie de M. Pa-
villon, t.1, p. 302.

ver †. L'ordre ayant été rétabli par le triomphe des armes du Roi, le prince de Condé se vit sans espoir de monter jamais sur le trône; cependant au lieu de se surmonter lui-même, en quoi il eut mérité le titre de grand, bien plus encore qu'en triomphant de ses ennemis, ou, selon la remarque du sage (1), en prenant des villes d'assaut; il eut la faiblesse de se donner aux Espagnols, pour faire une cruelle guerre à sa patrie; et il s'obstina dans cette résolution forcenée jusqu'à ce que Louis XIV, à l'occasion de son mariage, ayant bien voulu oublier tout le passé, le prince de Condé finit par rentrer en France †. Mais en rendant à son souverain l'obéissance qu'il lui devait, il demeura encore dans cette espèce d'oubli de Dieu, qu'il avait fait paraître depuis si longtemps (2); et y persévéra jusqu'aux dernières années de sa vie, où enfin, sa conversion bien que tardive édifia le monde, et consola les gens de bien (3).

† Cette princesse qui causa plus d'une sorte de chagrins à sa mère, prit la plus grande part aux conspirations et aux intrigues des Frondeurs contre la Cour, et se vit enfin obligée de se soumettre à l'autorité du monarque, sans cesser pour cela d'être toujours révoltée contre l'Eglise. Par zèle pour le parti, elle tenait des assemblées dans son hôtel de Longueville, sur la paroisse de Saint-Germain-l'Auxerrois, entre les Tuileries et le Louvre. Cet hôtel fut toujours un asile assuré pour les plus importants où les chefs du parti, Arnault, Nicole, de Lalane, (4) et enfin la duchesse de Longueville ne cessa jusqu'à sa mort d'être l'un des principaux soutiens de Port-Royal.

†† Dans sa déclaration de 1652, contre les princes de Condé, de Conty, et la duchesse de Longueville, Louis XIV parlait ainsi du premier : « Il ne regrette point la perte de » tous les avantages que la libéralité du feu roi et la nôtre » avaient si abondamment versés sur sa maison, pourvu » que se déclarant publiquement et irréconciliable ennemi » de son pays, il se rende le conducteur des forces espa- » gnoles, qu'il leur facilite le moyen de ravager la France, » qu'il suive le funeste exemple d'un de ses prédécesseurs, » dont la mémoire est encore odieuse à tous les Français (5). »

(1) Proverb., cap. XVI, 32. Melior est qui dominatur animo suo expugnatore urbium.

(2) Oraison funèbre par Bourdaloue. 2ᵉ part. p. 514, 526.

(3) Ibid., p. 536.

(4) Notice sur Port-Royal, collect. Petitot, t. XXXIII, pag. 83, 184, 203, 221, etc. — Mém. du P. Rapin, t. III, p. 233, 504 et alibi.

(5) Dépôt de la guerre à Paris. Expéditions de 1652, vol. 394.

NOTES DU LIVRE ONZIÈME

M. OLIER SE DÉMET DE SES BÉNÉFICES

NOTE 1, p. 499. — M. Olier avait demandé longtemps à
ses directeurs l'autorisation de se démettre de ses bénéfices,
et l'on trouve parmi ses papiers un mémoire où il expose
ainsi les motifs de cette résolution : « Il me semble que ma
» vocation présente, me liant au service des prêtres, m'ob-
» lige à leur donner tous mes soins, et m'empêche par con-
» séquent, de remplir la charge d'abbé qui devrait m'appli-
» quer au soin des religieux dont mon abbaye se compose.
» Les revenus, qui me sont donnés avec ce titre, m'obligent
» à réparer les bâtiments des religieux, et à fournir tout ce
» qui est nécessaire pour le culte divin et pour les besoins
» temporels de la famille ; comme aussi à nourrir les pau-
» vres du lieu, qui ont droit à ces biens. Que si je donne
» tout ce qui est nécessaire pour ces divers besoins, il ne me
» restera rien pour les pauvres de ma paroisse ; et si je veux
» en donner une partie à ceux-ci, je la dérobe aux autres,
» n'ayant pas la liberté de dispenser les revenus selon mon
» bon plaisir. Enfin, si j'ai parfois quelque superflu, je dois
» le conserver pour leurs nécessités extrêmes, comme un
» père de famille, qui met du bien en réserve, pour assister
» ses enfants dans leurs besoins.
»   On me dira qu'on peut prendre de ces revenus selon sa
» condition et sa naissance ; mais depuis que nous sommes
» entrés dans la maison de DIEU, il n'y a plus de naissance
» ni de condition ; nous avons renoncé au siècle, à la vie
» d'Adam et à ces distinctions imaginaires, que la superbe
» et l'avarice ont inventées. L'abbé est choisi de DIEU pour
» être le chef de sa famille ; il doit donc lui donner l'exemple
» des vertus chrétiennes, et être le modèle vivant de ses re-
» ligieux, étant chargé de les édifier par ses paroles et par
» ses exemples. Cela est exact, me dites-vous, mais ce n'est
» pas ce que nous voyons pratiquer par quelques particu-
» liers qui sont très-vertueux, et plus que je ne puis espérer
» un jour de l'être. Je réponds, qu'à la vérité, je dois respec-
» ter la conduite des autres ; mais qu'il y a obligation pour
» moi de vivre selon les petites lumières que la foi offre à

» mon esprit. C'est de cela que j'aurai à répondre devant
» Dieu pour ma conduite particulière. Au reste, Monsieur,
» je ne dois point appréhender, en m'abandonnant à mon
» divin Maître, que rien ne défaille pour cela en sa sainte
» maison. Le séminaire, qui est son œuvre, a été fondé sur
» sa providence, sa sagesse, son amour et sa puissance; il
» doit nourrir ceux qui recherchent son royaume et sa jus-
» tice. S'il laisse périr ceux qui le servent avec négligence,
» jamais il n'abandonne ceux qui, s'efforçant de le servir
» avec pureté, ne se confient qu'en lui seul. »

Après que M. Olier se fut démis de son abbaye, il résigna
encore le seul prieuré qui lui restât, celui de Clisson, ne
voulant plus avoir que Jésus-Christ sur la terre, ni posséder ici-bas d'autres bénéfices que sa croix. Il est vrai qu'il
se trouva obligé, quelque temps après, à reprendre ce prieuré; mais ce ne fut que par obéissance aux plus grands
serviteurs de Dieu qui fussent alors à Paris, et qui seuls
purent le faire revenir de sa première résolution (1).

(1) *Esprit de M. Olier*, t. III, p. 768.

NOTE 1, p. 502. — Lorsque la mission de Saint-Sulpice
fut terminée, madame Tronson engagea le Père Eudes à en
entreprendre une autre à Corbeil, petite ville voisine de
Paris, et où est située la terre du Péray (2). M. Olier en fit
prêcher aussi une dans le même lieu par ses ecclésiastiques,
et mit à leur tête l'un des messieurs Tronson, qui paraît
avoir été l'abbé de Saint-Antoine. M. Olier, dans une lettre,
parlait ainsi du bon accueil que le peuple de cette ville leur
avait fait : « Notre-Seigneur en vous est mieux reçu à Cor-
» beil qu'il ne le fut à Jérusalem en sa propre personne.
» Bienheureux si vous pouviez être crucifiés comme lui. Et
» si vous n'êtes pas dignes de cet honneur, anéantissez-vous
» en sa présence, et offrez au moins votre intérieur, afin
» qu'il soit crucifié, mort et enseveli, pour ne plus renaître
» à sa première vie. » Au milieu des travaux de cette mission,
M. Tronson fut tourmenté d'un scrupule qui pensa en arrêter le progrès par l'abattement où il le jeta : c'était que
les pouvoirs donnés aux missionnaires ne faisaient mention
expresse que de lui. « Vous devez être hors de peine, lui
» écrivait M. Olier, sur la difficulté que vous m'exposez dans
» votre lettre. Ce n'est qu'une chicane de l'esprit malin pour
» vous troubler, et pour détourner votre application de Dieu,
» dans l'œuvre qu'il vous confie. Mon cher Monsieur, je de-
» mandai moi-même les grâces pour les prêtres qui allaient
» avec vous, et M. de S. me les accorda tout entières. Si
» l'on ne fait mention que de vous dans la permission, par

(2) *Vie du P. J. Eudes*, p. 253.

» écrit, c'est qu'on vous considère en cela comme chef de la
» mission, qualité qui n'exclut point vos membres, et qui,
» au contraire, les suppose renfermés en vous. Mon fils, me-
» prisez tout ce qui ne produit en vous que peine et que
» trouble. Videz-vous de vous-même ; sans quoi le malin
» prétend son droit, et fait tout son possible pour pénétrer
» plus avant, en vous détournant de l'adorable Tout qui
» doit remplir la capacité de votre âme. Tout ce qui ne vient
» point avec paix, et ne vous porte à l'anéantissement, n'a
» pas la marque de l'opération divine. Dieu veut vivre dans
» un fond qui soit toujours en paix ; il ne veut point être
» troublé, ému et agité dans son royaume et dans le trône
» majestueux de sa grandeur, qui est l'âme des siens : *Sedes*
» *Dei anima justi*(1).

INDULGENCES POUR LA COMPAGNIE DES PAUVRES
HONTEUX

NOTE 3, p. 506. — Pour engager un plus grand nombre
de personnes à entrer dans l'assemblée que M. Olier avait
établie en faveur des pauvres honteux, on demanda au Pape,
pour le jour de leur réception et à l'article de leur mort,
des indulgences plénières, qui furent accordées le 7 mars
1654. La compagnie y est désignée sous le nom de *paupe-
rum infirmorum verecundorum*. Mais comme on avait marqué
dans la bulle que la paroisse de Saint-Sulpice était dans
le *diocèse de Paris*, les religieux de l'abbaye, alarmés, craignirent que cette circonstance ne servît un jour de prétexte
pour donner atteinte à l'exemption de leur abbaye, ou du
moins à celle du faubourg, et défendirent de la publier. On
fut obligé de prier le nonce de la renvoyer à Rome pour la
faire corriger. Elle fut donc expédiée de nouveau, et cette
fois elle portait que la paroisse était située *in territorio
Sancti Germani*. Moyennant cette correction, le vicaire général permit, le 20 mars 1655, de la publier. Elle accordait
encore indulgence plénière le jour de l'Épiphanie, et le dimanche de la Quinquagésime [autrefois jours de dissolution
et de péché, comme nous avons vu], et pareillement les
fêtes de la Nativité de la très-sainte Vierge, de la Visitation,
et de saint Charles (2).

SUR LA MAISON DES ORPHELINS DE SAINT-SULPICE

NOTE 4, p. 509. — Les deux bienfaiteurs qui donnèrent
une maison pour les orphelins étaient frères, et s'appelaient
Nicolas et Simon de Baussancourt, ou de Bassancourt. Il ne
faut pas les confondre avec MM. Brandon dont il a été parlé

(1) *Arch. du* plusieurs fois dans cette vie. La maison qu'ils donnèrent
Roy., sect. hist. était appelée *de la Mère de Dieu* (1), sans doute du nom que
L. 1224, 2ᵉ *lias-* portait une communauté alors supprimée, à qui elle avait
se, p. 21. appartenu(2). C'est apparemment pour cela aussi que l'éta-
(2)*Rem. hist.* blissement est appelé par M. Symon de Doncourt *Maison*
t. 1, p. 287. *de la Mère de Dieu pour les pauvres orphelins de la paroisse*
(3)*Rem. hist. Saint-Sulpice* (3). Mademoiselle Leschassier, toute dévouée à
t. 1, p. 72. cette œuvre, demeurait elle-même avec les orphelines, dont
          elle pouvait être considérée comme la mère et le soutien.
          Elle les transféra de la maison qu'elles occupaient, dans une
(4) *Ibid.*   autre située rue du *Vieux Colombier* (4); et, de concert avec
          M. de Poussé, elle travailla à consolider cet établissement.
(5)*Ib.—Tabl.* Il fut approuvé, en 1678, par lettres patentes du Roi, enre-
de l'humanité, gistrées au Parlement l'année suivante. La maison des or-
Paris, 1769, p. phelins, rue du *Vieux Colombier* (5), est celle où le noviciat
148.   des filles de la Charité fut établi dans les premières années
          du XIXᵉ siècle; et que les sapeurs-pompiers occupent au-
          jourd'hui.
(6)*Tom.* v, p. Jaillot, dans ses *Recherches sur la ville de Paris* (6), en re-
33, in-8ᵒ, 1775. levant les erreurs de ses devanciers sur cet établissement,
          a manqué lui-même d'exactitude. « On doit considérer M.
          » Olier, dit-il, comme le premier, et, à ce que je crois, le seul
          » qui ait procuré un asile et des secours aux orphelins. » On
          est surpris qu'un auteur aussi versé dans l'histoire des éta-
          blissements de Paris, se soit mépris d'une manière si gros-
          sière. Cependant, les maisons de ce genre étaient assez
          communes avant M. Olier. Sans remonter plus haut que le
          siècle précédent, nous voyons Marguerite de Valois, sœur
          de François Iᵉʳ, et femme de Henri d'Albret, roi de Navarre,
          procurer l'établissement des *Enfants-Dieu*, plus connus dans
          la suite sous le nom d'*Enfants-Rouges*. François Iᵉʳ, dans ses
          lettres patentes du mois de janvier 1536, s'exprimait ainsi :
          « On recevra, dans cet hôpital, tous les pauvres petits en-
          » fants qui seront trouvés à l'Hôtel-Dieu, orphelins de père
          » et de mère; excepté ceux qui seront nés et baptisés à Paris,
          » qui doivent être reçus à l'hôpital du Saint-Esprit; et les
          » bâtards, que le doyen et le chapitre de Notre-Dame ont
(7) *Hist. de Pa-* » accoutumé de faire nourrir pour l'amour de Dieu. Et les
ris, par Féli- » petits enfants du nouvel hôpital seront vêtus d'étoffes
*bien,etc.,liv.*xix, » rouges, en signe de charité, et perpétuellement appelés
ch. LXXXIII, t. II, » *Enfants-Dieu* (7). » L'hôpital du *Saint-Esprit*, dont il est ici
p. 995.   parlé, avait été fondé en 1363, pour retirer les enfants or-
          phelins, qui avaient perdu leurs parents et leurs biens dans
          les guerres, et dont le nombre était considérable à Paris.
(8) *Vie de M.* M. Bourdoise fut nommé ministre de cette maison, et y in-
*Bourdoise,*in-4ᵒ, troduisit une salutaire réforme (8).
p. 207.
          Sans parler de l'*Hôpital de la charité chrétienne*, fondé au
          XVIᵉ siècle, et où l'on élevait un certain nombre d'orphelins,

ni de l'établissement des *Enfants-Bleus*, ainsi appelés parce qu'ils portaient des robes de cette couleur : nous trouvons que, en 1625, Antoine Séguier, président au Parlement, fonda, au faubourg Saint-Marceau, l'*Hôpital de la Miséricorde*, en faveur des pauvres filles orphelines, natives de Paris, âgées de 6 à 7 ans, et issues de légitimes mariages (1). Enfin, Marie Delpech de l'Estan élevait des orphelines sur la paroisse même de Saint-Sulpice, avant que M. Olier entreprît ce genre de bonnes œuvres. Elle demeura d'abord dans la rue du Vieux-Colombier, où elle eut jusqu'à cinquante-six orphelines, et, en 1640, elle vint habiter, avec quatre-vingt-quatre filles, une maison qu'elle avait acquise près du noviciat de la compagnie de Jésus (2), et où elle les élevait elle-même dans la crainte de Dieu. Ce fut le témoignage que lui rendit Louis XIV, en 1644, recommandant au Pape le dessein qu'elle avait conçu d'établir une nouvelle congrégation, sous le titre de Saint-Joseph, et déclarant que ladite dame « est estimée et louée d'un chacun, à cause du soin » qu'elle a pris de la nourriture et éducation de pauvres » filles orphelines. » Le Pape refusa d'approuver cette nouvelle congrégation, et répondit qu'on adoptât l'une des règles déjà établies (3). La communauté de mademoiselle de l'Estan subsistait encore en 1778 (4), et s'acquittait de ses emplois avec beaucoup de zèle et d'édification (5).

(1) *Hist. de Paris*, liv. XIX, c. LXXIII, t. II, p. 1018, 1323, 1134, 1104.

(2) *Rem. hist.*, t. I, p. 286.

(3) *Arch. du ministère des affaires étrangères. Rome*, 1644, 6 premiers mois, 16 avril, 13 juin. (4) *Rem., ibid.* (5) *Ibid.*, p. 71.

ÉTABLISSEMENT DES RELIGIEUSES DE LA MISÉRICORDE

À PARIS.

NOTE 5, p. 509. — Depuis son voyage à Aix, en 1647, M. Olier, ravi de l'édification que les religieuses de Notre-Dame de Miséricorde répandaient dans cette ville, sous la direction du Père Yvan, son ami, s'était efforcé d'en former un établissement sur sa paroisse. Mais ce dessein avait rencontré d'abord des oppositions insurmontables de la part de la personne même dont le concours était absolument nécessaire pour l'exécuter. Le cardinal de Sainte-Cécile, archevêque d'Aix, et frère du cardinal Mazarin premier ministre, refusait à ces religieuses la permission d'aller s'établir à Paris, sous prétexte de n'en pas priver son propre diocèse. Comme il paraissait être inflexible sur ce point, M. Olier eut recours à l'autorité de la Régente ; et cette princesse, voulant seconder ses pieux desseins, lui fit expédier des lettres de sa part, adressées au cardinal (6), et d'autres écrites au nom du jeune Roi. La comtesse de Brienne joignit encore les siennes à celles de leurs Majestés ; et M. de Sainte-Marie, l'un des prêtres de M. Olier, les envoya au gouverneur de Provence, et à M. de Bargemont,

(6) *Hist. de Paris*, t. II, p. 1441.

(1) *Hist. de l'ordre de Notre-Dame de Miséricorde*, Ms., cahier 49°.

grand-vicaire de l'archevêque alors absent. Mais ce fut sans aucun succès : le grand-vicaire s'excusa d'accorder cette permission, et l'archevêque, à son retour, la refusa de la manière la plus expresse (1).

Quelque temps après, ce prélat étant venu à la cour, on employa, pour le fléchir, les plus vives instances : tout fut également inutile. De retour à Aix, il alla même visiter les religieuses, et leur déclara qu'il avait pris l'inébranlable résolution de ne point les laisser partir. « Monseigneur, lui » repartirent ces bonnes filles, il n'est pas au pouvoir des » créatures de résister aux desseins de Dieu : sa puissance » ôtera tous les obstacles ; et si Votre Éminence continue » de s'y opposer, Dieu pourra bien l'appeler à soi, et faire » cesser par là son opposition. » Le cardinal prenant alors le ton de la plaisanterie, leur dit en souriant : « Je me

(2) *Gazette de France*, 29 sept., 1648.

» porte fort bien, grâce à Dieu, et je suis encore jeune ; (il » n'avait que quarante ans) (2). Si votre établissement dans » Paris ne se fait qu'après ma mort, j'espère que de long- » temps vous n'y serez pas établies. » La chose arriva néanmoins quelques mois après. Pendant que le cardinal se rendait d'Aix à Rome, la Reine offensée de la résistance de ce prélat, fit expédier, sur la demande de la comtesse de Brienne (3), et à la prière de M. Olier, de nouvelles lettres

(3) *Vie de la mère Marie-Madeleine de la Trinité*, par le P. Grozes, p. 223.

au nom du Roi, qu'elle accompagna des siennes, et par lesquelles il était ordonné au grand-vicaire d'Aix d'accorder aux religieuses de la Miséricorde l'autorisation qu'elles sollicitaient. Le même jour que le courrier de la cour arriva à Aix, on apprit, dans cette ville, que le cardinal venait de mourir à Rome ; et par là toutes les difficultés furent aplanies : car le grand-vicaire capitulaire (4), M. de Mimata, que

(4) *Hist. de l'ordre de Notre-Dame de Miséricorde*, ibid.

la comtesse d'Alais, femme du gouverneur de Provence, visita dans ce dessein, accorda la permission en bonne forme ; et les religieuses, ayant à leur tête la mère Madeleine de la Trinité, leur institutrice, prirent enfin la route de Paris (5).

(5) *L'Imitateur de Jésus-Christ ou Vie du P. Yvan*, in-4° p. 646.

Elles firent ce long et pénible voyage au milieu des neiges et des frimas, et souffrirent au-delà de tout ce qu'on peut imaginer. On eût dit que l'ennemi de tout bien leur suscitait mille contretemps pour ralentir leur marche, dans la vue de faire échouer un dessein qui devait être si utile à la gloire de Dieu : car si elles fussent arrivées à Paris quelques jours plus tard, il est probable que leur établissement n'aurait pas eu lieu, au moins de longtemps. M. Olier, informé de leur marche, et ne pouvant aller lui-même à leur rencontre, à cause de quelque incommodité, envoya au-devant d'elles

(6) *Vie du P. Yvan*, in-4°, p. 635.

des carrosses à Ville-Juif, et M. de Sainte-Marie pour les recevoir. Elles arrivèrent à Paris, le 2 janvier 1649 (6) †.

† L'historien du Père Yvan, in-4°, page 646, marque leur

veille de la fête de sainte Geneviève, et se rendirent d'abord
à l'église de Saint-Sulpice, où M. Olier, qui les y attendait,
les reçut avec beaucoup de joie. La Reine régente avait trop
contribué à les faire venir, pour que le serviteur de Dieu ne
s'empressât pas de lui apprendre leur arrivée. Elle en témoigna sa satisfaction, et désira de recevoir la visite de la
mère Madeleine. Mais la veille du jour où elle devait lui
donner audience, la Reine étant partie pour Saint-Germain,
comme nous l'avons rapporté, laissa ces religieuses dans la
consternation, au milieu des troubles de la capitale (1).

(1) *Vie de la
mère Madeleine*,
p. 237.

M. LE VACHET ÉTABLIT LES SŒURS DE L'UNION CHRÉ-
TIENNE ET RÉFORME UN MONASTÈRE

NOTE 6, p. 509. — M. Le Vachet, l'un des prêtres de la
communauté de Saint-Sulpice les plus dévoués au salut des
âmes, résolut, de concert avec Madame de Pollalion, de
former un séminaire de veuves et de filles vertueuses, qui,
abandonnant leur patrie et leurs parents, se consacreraient
à la conversion et à l'instruction religieuse des personnes
de leur sexe, comme aussi à l'éducation des enfants. Ils com-
muniquèrent leur dessein à saint Vincent de Paul et à M.
Olier. Ces deux grands serviteurs de Dieu l'admirèrent, et
en parlèrent à l'archevêque de Paris, qui, sur leur rapport
avantageux, y donna son approbation, et promit de l'appuyer
de toute son autorité (2). L'exécution, toutefois, en fut suspendue jusqu'au commencement de l'année 1647, où ces
femmes fortes se consacrèrent solennellement à Jésus-Christ,
pour lui gagner des âmes; et elles firent paraître, dans cette
consécration, tant de piété, de ferveur et de recueillement,
que saint Vincent de Paul, M. Olier et M. Le Vachet, présents à la cérémonie, avouèrent que jamais ils n'avaient ressenti une plus grande onction, ni été témoins d'un plus édifiant spectacle (3).

(2) *Vie de M. Le
Vachet*, ch. xx, p.
111.

(3) *Vie de Mme
Lumage de Pol-
lalion, par Col-
lin*, 1744, p. 87
et suiv.

M. Le Vachet signala encore son zèle en ramenant à l'esprit de leur institut des religieuses qui ne suivaient plus
aucune règle, et qui avaient même pris, d'un commun accord, la résolution de brûler leurs constitutions. L'archevêque de Paris, avant les troubles du Jansénisme, pria saint

arrivée à Paris au 24 du mois de janvier. C'est sans doute
une aberration de l'imprimeur, puisqu'on dit, dans le même
endroit, qu'elles arrivèrent la veille de sainte Geneviève.
D'ailleurs, le 24, la Reine était déjà partie de Paris. On re-
trouve la même erreur dans les *Remarques historiques sur
l'église de Saint-Sulpice*, t. I, page 131.

Vincent de Paul, M. Olier, M. Bourdoise et plusieurs autres personnes zélées, de rappeler ces filles à leur devoir. Plusieurs fois ils se rendirent au monastère, mais inutilement. Ils eurent beau leur proposer de nouvelles règles, celles de saint Benoît, de saint Bernard, de saint Dominique et plusieurs autres, et même les plus douces et les plus mitigées : tout fut inutile. Enfin, l'archevêque de Paris se disposait à demander au Roi la suppression de cette maison, lorsque l'un de ceux qui avaient le plus travaillé pour la réformer, proposa, pour faire une dernière tentative, M. Le Vachet. C'était l'instrument que la Providence s'était réservé ; car à peine leur eut-il adressé la parole, qu'il les vit, la plupart, attendries jusqu'aux larmes ; et qu'elles furent étonnées elles-mêmes du renouvellement subit qui s'opéra dans leur communauté (1) †.

(1) *Vie de M. Le Vachet*, ch. XXV, p. 167, etc.

MAISON OUVERTE AUX RELIGIEUSES FUGITIVES

NOTE 7, p. 534. — M. Olier faisait lui-même une partie notable de la dépense nécessaire à l'entretien de la maison où il avait recueilli les religieuses réfugiées sur sa paroisse, et plusieurs paroissiennes fournissaient généreusement le reste (2), jalouses d'imiter la charité de leur pasteur. De ce nombre étaient les duchesses d'Aiguillon et de Liancourt, la présidente de Herse, et Madame Tronson, qui avait même la faculté d'entrer dans la clôture, autant de fois que les besoins de la communauté pouvaient l'exiger (3).

(2) *Vie Ms. par M. de Bretonvilliers.*

(3) *Registre de la juridict. spirit., ibid.*, p. 18.

« Je ne saurais omettre, ajoute M. de Bretonvilliers,
» une action que notre serviteur de Dieu exerça en ce même
» temps envers un couvent tout entier de religieuses, qui,
» ayant été obligées de quitter leur monastère par la fureur
» des guerres, s'étaient réfugiées à Paris, sans avoir aucun
» autre moyen que la mendicité pour y conserver leur vie.
» Elles étaient au nombre de onze. Il les reçut, les assista
» avec sa charité et sa douceur ordinaires, et leur donna

† L'Evêque de Clermont ayant prié M. Olier de travailler à la réformation d'une communauté de son diocèse, celui-ci écrivait à saint Vincent de Paul : « Je suis prié par Ma-
» dame la Princesse de vous demander une religieuse pour
» la réforme d'une abbaye dont Monseigneur de Clermont
» vous a écrit. Il m'a écrit aussi à moi-même pour vous en
» supplier. Je le fais dans l'intention de procurer la gloire
» de Dieu partout où elle peut l'être, et particulièrement
» dans ces cantons d'Auvergne si délaissés (4). »

(4) *Lettre aut. de M. Olier*, p. 37, 38.

» encore un prêtre pour les diriger, dans une petite maison
» qu'on avait louée pour elles, dans le faubourg(3). » Ces religieuses étaient probablement les Bernardines de Gomer-
Fontaine, alors du diocèse de Rouen, qui s'étaient retirées à
Paris avec leur abbesse, Marguerite de Rouxel de Médavi.
Le zèle de cette vertueuse abbesse lui inspira la résolution
de demeurer toujours en communauté avec ses filles. Elle y
vécut, en effet, de la sorte dans une petite maison derrière
les Carmes, où était une chapelle; et, après la paix (4), elle
rentra dans son abbaye, qu'elle gouverna avec édification
jusqu'à sa mort arrivée en 1705, lorsqu'elle était âgée de
cent ans (5).

(1) Vie Ms. de
M. Olier, par M.
de Bretonvil-
liers, t.II, p.311.

(2) Arch. du
Roy., sect. hist. L.
1223.—Descrip-
tion de la juri-
dict., etc., fº 33.

(3) Gall. chris-
tian., t. XI, col.
324.

INCERTITUDES DE LA MÈRE MECTHILDE

NOTE 8, p. 545. — « Comme la mère Mecthilde du Saint-
» Sacrement s'était engagée à ne rien faire d'elle-même, dit
» l'auteur de sa Vie, elle voulut, pour prendre un parti sur
» le dessein qu'elle avait de se démettre de sa charge, con-
» sulter ce qu'il y avait de plus saint et de plus éclairé par-
» mi les serviteurs de Dieu. Elle remit donc à saint Vincent
» de Paul, au célèbre M. Olier, curé de Saint-Sulpice, et au
» pieux archidiacre d'Évreux, M. Boudon, un mémoire où
» elle détaillait ses motifs de démission. Ils examinèrent
» chacun en particulier, et discutèrent ensemble tous les
» articles du mémoire de la mère Mecthilde; et leur décision
» unanime fut que son attrait pour la solitude et ses projets
» de retraite étaient une tentation; que son établissement
» était véritablement l'œuvre de Dieu; qu'elle devait s'y
» consacrer tout entière; qu'elle résisterait même à la vo-
» lonté divine en l'abandonnant. Elle se soumit à leur dé-
» cision, comme si Dieu lui eût parlé lui-même, et cette
» obéissance aveugle attira sur la communauté de nouvelles
» bénédictions; car dès ce moment la maison ne cessa de faire
» les plus grands progrès, tant du côté de la perfection, que
» du côté du nombre des sujets que la grâce y attira (1). »

(4) Vie de la
vénérable mère
Catherine de Bar
p. 287.

BÉNÉDICTINES DU SAINT—SACREMENT. LEUR DÉVOTION ENVERS MARIE

NOTE 9, p. 545. — On sait que les monastères de Saint-
Benoît, étaient gouvernés par des abbesses, supérieures per-
pétuelles. Les religieuses de cet Ordre, qui furent établies
sur la paroisse de Saint-Sulpice à l'occasion du vœu de M.
Picoté, voulant faire une profession publique de dévouement
à Marie, lui déférèrent, dans la première élection, et d'une

manière irrévocable, le titre d'abbesse et de supérieure, par acte capitulaire du 22 août 1654. Dans ce dessein, on avait fait sculpter une statue de la sainte Vierge, tenant sur le bras gauche l'enfant Jésus, et ayant une crosse à la main droite. M. Picoté, qu'on peut regarder comme l'auteur de ce pieux dessein, bénit la statue, et la plaça dans une espèce de trône à l'endroit le plus éminent du chœur, où était ordinairement, dans les abbayes, le siège de l'abbesse. Ensuite, pendant qu'on chantait le *Te Deum*, toutes les religieuses vinrent successivement rendre leurs hommages à cette aimable supérieure. Il fut aussi statué que, dans tous les monastères qui voudraient embrasser dans la suite l'institut, on ferait la même cérémonie, qu'on la renouvellerait tous les ans. Dès le lendemain, la mère Mecthilde fit placer l'image de la très-sainte Vierge dans tous les lieux réguliers du monastère, afin qu'elle présidât à tous les exercices. Elle ordonna encore que la première portion de la communauté lui fût offerte matin et soir, et donnée ensuite aux pauvres en son honneur (1). Enfin, on établit dans cette communauté la fête de la Vie intérieure de la très-sainte Vierge, que l'on célébrait tous les ans, le 27 de septembre (2). Depuis leur établissement, ces religieuses furent en communauté particulière de prières et bonnes œuvres avec les prêtres de la communauté de Saint-Sulpice, qui, chaque année, faisaient une station dans leur église, le jour de l'octave de la Fête-Dieu (3).

(1) *Vie de la vénérable mère Catherine de Bar* p. 254 et suiv.

(2) *Ménologe hist. de la mère de Dieu, par une religieuse bénédictine. Paris,* in-4°, 1682, 27ᵉ *jour de septem.,* p. 616.

(3) *Rem. hist. sur l'église et la paroisse de St-Sulpice,* t. I, p. 148, 264.

SUR LA DÉCISION DONNÉE A MADAME DE SAUJEON

NOTE 10, p. 548. — On a dit que Olier ne voyant point de danger pour Madame de Saujeon si elle restait à la Cour du duc d'Orléans, lui avait conseillé d'y demeurer pour le bien spirituel de ce prince. Mademoiselle de Montpensier, dans ses Mémoires, fait, à cette occasion, une sortie assez violente contre les prêtres de Saint-Sulpice, et il faut convenir qu'elle aurait bon droit d'en user ainsi, si, comme elle le suppose, ils eussent donné cette décision pour plaire au duc d'Orléans, et lui faire bassement la cour. Une imputation si atroce, et si opposée à la conduite et à l'esprit bien connu de M. Olier, se dément d'elle-même. Aussi le dernier éditeur des Mémoires de cette princesse a-t-il eu soin de prémunir ici ses lecteurs par cette note : « *On voit que l'humeur dicta à Mademoiselle cette déclamation.* » Elle était, comme on a dû l'observer, très-sujette à se laisser » prévenir, et son témoignage n'est d'aucun poids dans cette » matière (4). » Elle se montre, en effet, très-prévenue contre Madame de Saujeon et contre les prêtres de Saint-Sulpice

(4) *Mém. de Mᴵˡᵉ de Montpensier, ibid.,* t. XLIII.

en particulier (1). « *Je suis fort méchante ennemie*, dit-elle dans le portrait qu'elle a tracé d'elle-même, *étant fort colère et fort emportée, et j'aime souvent à picoter et à déplaire* (2). » Elle le montre assez à l'égard de madame de Saujeon, dont le crédit auprès du duc et de la duchesse d'Orléans, et le caractère fier, semblent avoir été en partie l'occasion de cette diatribe (3). « Cette princesse, » constamment flattée dans ses goûts et dans ses caprices, » dit son éditeur, avait pris de bonne heure l'habitude de » croire que rien ne devait résister à ses volontés; de là » un orgueil qui la disposait à dédaigner tout ce qui l'envi- » ronnait (4). »

SUR MADAME DE SAUJEON ET SA COMMUNAUTÉ

NOTE 11, p. 550. — Madame de Saujeon, après plusieurs années de séjour à la cour de Blois, où M. Olier lui avait ordonné de demeurer, eut le désir de la quitter pour suivre ses goûts de retraite. Il lui permit d'en demander au prince la faculté; mais cette démarche étant restée sans succès, il l'engagea par plusieurs lettres à persévérer encore dans sa première vocation, et à attendre en paix le signal de la volonté divine. « Dieu fait tout avec force et suavité, lui » écrivait-il; on ne gâte jamais rien pour attendre sa vo- » lonté : tous ces moments sont autant de sacrifices de vo- » lonté propre; ensuite la Providence fait sonner l'heure du » sacrifice public, au dedans et au dehors, intérieurement » et extérieurement, en sorte qu'on ne peut plus douter » qu'elle ne soit venue (5). »

Par ce sacrifice public, M. Olier rappelle à madame de Saujeon le dessein qu'il avait formé, plusieurs années avant qu'il la connût (6), d'établir une communauté, afin de faciliter aux dames de qualité le moyen de faire des retraites. Pour exécuter ce projet, il avait jeté les yeux sur madame Tronson (7), à qui il en communiqua, avant sa mort, l'esprit et les règles, et qui possédait, en effet, toutes les qualités propres pour une sage et sainte administration; et lorsqu'il eut madame de Saujeon sous sa conduite, il pensa aussi qu'elle pourrait se consacrer un jour à Dieu dans cet institut. Mais ne voulant pas prévenir les moments de la Providence, il désira que l'une et l'autre, en attendant, s'offrissent à Dieu pour exécuter ce dessein dans le temps qu'il aurait marqué, ce qu'elles promirent, en effet, le 19 Janvier 1654, dans l'église de Notre-Dame de Paris (8).

M. Olier se proposait de consacrer cette communauté à la vie intérieure de Marie. « Je vois, écrivait-il, que cette dé- » votion fait des progrès, et gagne les âmes les plus pures

(1) *Ibid.*, p. 83.

(2) *Ibid.*, p. 503, 504.

(3) *Ibid.*, t. XLI, p. 71, etc.

(4) *Ibid.*, t. XL, p. 319.

(5) *Lett. spirit. de M. Olier*, p. 342.

(7) *Factum pour la supér. des Filles de la sainte Vierge*, p. 1. — *Bibl. Mazarine, Ms. Recueil de diverses pièces.* t. II.

(6) *Lett. aut. de M. Olier*, p. 555.

(8) *Attest. aut. touchant M. Olier*, p. 203.

» et les plus saintes. Il y a peu de temps une âme très-sage
» et très-solide disait avec ferveur et grande élévation qu'elle
» consumerait bien volontiers sa vie en cette application, et
» que s'il y avait quelque institution pour cela, quand elle
» serait la plus pauvre et la plus misérable du monde, elle
» s'y jetterait bien volontiers. Je vous dirai encore qu'hier
» une personne qui entre avec plaisir dans les œuvres que
» Notre-Seigneur me confie, me promit cinquante mille écus,
» me témoignant vouloir faire un bâtiment, et donner un
» fonds pour l'œuvre, et espérant y entretenir autant de
» sujets que je voudrais. C'est l'amour de la très-sainte
» Vierge en Jésus qui opère cela, et rien d'humain ne s'y
» mêle (1). »

L'exécution fut cependant encore différée. M. Olier, ne
doutant pas de la proximité de sa mort, fit connaître à M.
de Bretonvilliers l'esprit qui devait animer cet institut, et
en dicta les règles à madame de Saujeon. On les conserve
encore. Après la mort du serviteur de Dieu, M. de Bretonvilliers ajouta à ces règles quelques articles moins importants, dans le détail desquels M. Olier n'était point entré
avec Madame de Saujeon, et qu'il lui avait fait connaître à
lui-même (2). Enfin, croyant que les moments de la Providence étaient arrivés, pour donner commencement à cette
œuvre, M. de Bretonvilliers réunit en communauté Madame
Tronson, Madame de Saujeon, Mademoiselle d'Aubray, nièce
de M. Olier (3), avec quelques autres personnes de condition, acheta pour elles un grand terrain près de l'église Saint-
Sulpice (4), et fit construire une maison qui lui coûta près
de cent mille livres (5). Une charité si généreuse faisait dire
à Madame de Saujeon, que si Dieu avait choisi M. Olier,
comme un autre David, pour lui inspirer le dessein et le
plan de cet ouvrage, il paraissait visiblement qu'il avait
choisi M. de Bretonvilliers, comme un autre Salomon, pour
l'exécuter (6). Saint Vincent de Paul, un mois avant sa mort,
étant consulté sur plusieurs points relatifs à cet établissement, exprima en ces termes l'estime qu'il faisait tant de
l'œuvre elle-même, que de celui à qui Dieu l'avait inspirée.
« J'ai grande confusion de l'honneur que vous m'avez fait,
» écrivait-il à Madame de Saujeon, d'être venue ici avec M.
» de Bretonvilliers, et de ce que j'ai été privé de la consola-
» tion de vous voir, à cause de mes misères et de mes in-
» commodités. Ma confusion est encore plus grande pour la
» confiance dont vous m'honorez, en étant si indigne que je
» suis, particulièrement à l'égard d'une œuvre tant impor-

† Cette maison, qui subsiste encore, est connue aujour-
d'hui sous le nom d'*Hôtel Palatin.* — *Remarques historiques,*
t. I, p. 242.

(1) *Lett. spir. de M. Olier,* p. 441, 442.

(2) *Factum pour la supér.,* etc., *ibid.,* p. 2.

(3) *Vie de saint Vincent de Paul,* par Collet, t. II, p. 144, n.

(4) *Rem. hist.,* t. I, p. 242.

(5) *Extrait de la Vie de M. de Bretonvilliers,* par Baudrand, p. 151.

(6) *Factum pour la supér.,* etc., p. 1.

» tante qu'est celle dont vous me faites la grâce de me par-
» ler, laquelle j'estime, je respecte, je loue comme ayant été
» inspirée de Dieu à ce saint homme qui en est l'auteur; et
» je prie la divine Bonté qu'elle ait agréable de la bénir,
» et vue de tant de bonnes âmes qui y prennent part (1).»
Dieu bénit en effet cette communauté de la manière la plus
sensible; les personnes de qualité s'y rendaient en foule pour
y faire des retraites, et elles en sortaient toutes changées,
et singulièrement édifiées de la modestie et du recueillement
de ces dames (2); surtout pénétrées de la plus sincère dévotion pour Marie. Madame de Saujeon, considérant les premiers fruits de cette institution naissante, écrivait que
« M. Olier était heureux d'avoir été choisi pour en jeter
» les fondements, et qu'elle ne doutait pas qu'il n'en reçût
» une grande récompense dans le ciel; et n'y parût comme
» l'apôtre de la sainte Vierge (3), » puisqu'il avait tant contribué à la faire connaître et aimer.

Mais le démon, jaloux du bien que produisait cette œuvre,
parvint à la ruiner sans ressource. M. Olier, avant de mourir, avait recommandé qu'on ne nommât point Madame de
Saujeon supérieure; on donna en effet cette charge à Madame Tronson, qui l'occupa jusqu'à sa mort (4). Mais, après
celle-ci, on élut l'autre, et dès ce moment M. de Bretonvilliers prévit la décadence de l'institut (5). La nouvelle supérieure, qui semblait être un modèle de douceur et d'humilité, lorsqu'elle était placée au second rang, prit peu à peu
des manières hautes, et un air impérieux, jusqu'à vouloir
retenir toujours la supériorité, malgré les règles entièrement
contraires à cette prétention. Après qu'elle l'eut occupée
neuf ans, ses filles portèrent enfin leurs plaintes à l'archevêque, et parvinrent à créer une autre supérieure. Madame
de Saujeon, ne pouvant souffrir une démarche qu'elle regardait comme une injure personnelle, prétendit qu'il y
avait abus; et étant en réputation à la cour, où son crédit
était grand, elle intéressa tout le monde en sa faveur, et la
communauté fût supprimée, sans que M. de Bretonvilliers
eût fait valoir ses raisons et ses droits (6).

M. de Bretonvilliers eût évité ce coup, s'il eût voulu aller
trouver le Roi à Saint-Germain-en-Laye, pour défendre
lui-même sa cause. Il aima mieux en abandonner le succès
à la Providence que de paraître à la cour (7); et lorsqu'il
eut appris la conclusion de cette affaire, bien loin d'en être
affligé, il ne cessa d'en rendre grâces à Dieu, comme d'une
nouvelle marque de sa protection sur le séminaire de Saint-
Sulpice. « Il croyait, dit M. Bourbon, que la direction des
» personnes du sexe était tout-à-fait opposée à l'esprit des
» séminaires; c'est ce que je lui ai entendu dire en mille
» rencontres, soit dans celui de Paris, soit dans ceux des

(1) Recueil des lettres de saint Vincent de Paul, Ms., in-f°, t. ii, f° 51, verso. — Lettre du 25 août 1660, à Mᵐᵉ de Saujeon.
(2) Mém. sur la vie de M. de Bretonvilliers, etc., p. 153.
(3) Factum pour la supér., etc., ibid., p. 2.

(4) Factum, etc.
(5) Grandet. Vies Ms., t. i, p. 127. Sur M. de Bretonvilliers, 4.

(6) Mém. sur M. de Bretonvilliers, p. 156, 157.

(7) Ibid., p. 157, 160.

» provinces. Et il était persuadé plus que jamais de cette
» vérité, surtout depuis que la communauté de Madame de
» Saujeon eut été détruite ; car il regardait cette destruction
» comme un effet de la miséricorde de Dieu sur le séminaire,
» délivré par ce moyen de l'obligation indispensable qu'il
» aurait eue d'avoir quelque commerce avec des filles, dont
» il n'aurait jamais pu se défendre de recevoir un grand pré-
(1)*Ibid.*,p.7,8. » judice, tôt ou tard (1). »

LIVRE DOUZIÈME

M. OLIER SANCTIFIE SES VOYAGES ; IL SE DÉMET
DE SA CURE

Pendant son ministère pastoral, M. Olier se vit plusieurs fois dans la nécessité de faire des voyages : nous avons différé jusqu'ici d'en parler pour ne pas interrompre le fil de la narration. Quoique ces voyages n'aient pas précédé immédiatement la démission qu'il fit de sa cure, nous réunirons en ce lieu ces deux récits, et c'est par là que nous terminerons cette seconde partie de sa vie.

I.
On ordonne à M. Olier de s'éloigner de la paroisse pour rétablir sa santé.

Après avoir travaillé dans sa paroisse l'espace d'environ cinq ans avec un courage et un zèle infatigables, surtout les deux dernières années, M. Olier se trouva si épuisé, qu'il fut contraint de recourir aux remèdes. Jusqu'alors il s'était toujours refusé toute espèce de délassement. Lorsqu'on lui représentait qu'à la fin il succomberait sous le poids du travail : « JÉSUS-» CHRIST est notre force, répondait-il ; sa charité » doit dissiper toutes nos craintes, et l'amour pur » nous faire embrasser toutes ces peines avec joie. » Que n'a pas souffert le Fils de DIEU pour le salut » des âmes ! » Lorsque M. Olier était accablé d'af-faires et de travaux, et que M. de Bretonvilliers l'invitait à prendre un peu de délassement : « Mon » enfant, lui répondait-il avec douceur, ce n'en est » ni le temps ni le lieu ; Notre-Seigneur ne me per-» met pas d'avoir quelque consolation sur la terre. » Attendons la bienheureuse éternité, et alors nous » jouirons de DIEU uniquement. O chère éter-» nité, que tu es aimable ! mais il faut souffrir

» avant que de te posséder (1). » Plusieurs fois, néanmoins, il céda aux instances qu'on lui fit d'aller
prendre un peu de repos à la campagne. Mais là il
employait la matinée à l'oraison, à la célébration
du saint sacrifice, à écrire des lettres, quelquefois
à lire, et, l'après-midi, s'il donnait quelque temps
à la promenade par pure condescendance, il se
remettait incontinent au travail et à l'oraison jusqu'au souper. Lorsqu'on s'efforçait de le retirer de
ses occupations, en lui représentant qu'il n'était
venu à la campagne que pour prendre du repos :
» Notre-Seigneur, disait-il, me fait la grâce de me
(2) *Esprit de M. Olier.*
» reposer beaucoup mieux en cela qu'en toute autre
» chose (2). » Mais l'année 1647, il se trouva plus
épuisé encore, et les médecins lui déclarèrent que,
s'il refusait un prompt soulagement, il était impossible qu'il ne succombât tout-à-fait, et ne se vît
dans la nécessité de renoncer à sa cure. Il crut alors
devoir se rendre à cet avis, et consentit à suspendre
ses travaux, à s'éloigner même pour un temps de
sa paroisse.

II.
M. Olier se dé-
termine à faire
le pèlerinage
d'Anneci. Des-
sein de la Pro-
vidence dans
ce voyage.

Depuis dix ans il désirait de pouvoir accomplir
la promesse qu'il avait faite à Dieu d'aller à Annecy
vénérer le tombeau du bienheureux évêque de
Genève, et lui rendre grâces de la santé qu'il avait
recouvrée autrefois par son intercession. Quoiqu'il
eût cherché d'année en année les moyens de remplir son engagement, il avait toujours été arrêté
par de nouveaux obstacles. Les besoins extrêmes
des âmes, au salut desquelles il avait travaillé continuellement, lui avaient paru une raison légitime
pour différer ; mais la circonstance dont nous par-
(3) *Vie Ms. de M. Olier, par M. de Bretonvil-liers*, t.ıı, p. 219, 220. — *Remarq. hist.*, t.ı, p.17, n.
lons le détermina enfin ; car, d'un côté, les méde-
cins lui recommandaient l'exercice corporel, et de
l'autre, il croyait avoir assez de force pour entreprendre ce voyage (3). On verra bientôt que ce ne
fut pas sans un dessein particulier de la Providence.
Dieu, destinant son serviteur à travailler à la sanctification du clergé, voulut qu'il portât de ville en

ville la bonne odeur de ses vertus, et se conciliât ainsi l'estime, et la confiance des ecclésiastiques. Dans ce même dessein, il se plut à inspirer pour lui aux âmes les plus éminentes de ces contrées un respect et une vénération extraordinaires; en sorte que, parvenues elles-mêmes à une perfection consommée, elles ne pouvaient lui témoigner tant d'estime, sans communiquer aussi à chacun cette haute opinion. De ce nombre furent Marguerite du Saint-Sacrement, en Bourgogne; Marie de Valence, et la mère de Bressand, en Dauphiné; Françoise de Mazelli, en Languedoc; la mère de Saint-Michel, dans le comtat Venaissin; Madeleine de la Trinité, en Provence; et d'autres dont les Vies sont publiées pour l'édification des âmes pieuses.

Avant de sortir de Paris, M. Olier alla, selon sa coutume, demander dans l'église de Notre-Dame la bénédiction de la très-sainte Vierge †; puis il se mit en chemin avec quelques ecclésiastiques du séminaire, du nombre desquels était M. de Bretonvilliers. Sa dévotion aux divers Saints dont on montrait les reliques dans les provinces qu'il allait traverser, et son respect pour les lieux qu'ils avaient autrefois sanctifiés par leur présence, lui avaient inspiré la pensée de faire ce long voyage en esprit

III.

M. Olier fait le pèlerinage de Châtillon-sur-Seine.

† Le jour de son départ, M. Olier dicta ses dispositions testamentaires, comme on faisait quelquefois alors, avant d'entreprendre de longs voyages. Par un acte notarié, il donna la jouissance de la terre de Fontenelle à M. de Lantages, comme il a été déjà rapporté; et par un autre, il fit donation au séminaire de Saint-Sulpice de la ferme du Plessis-Placy, composée d'environ quatre-vingts arpents de terre labourable, et de diverses dépendances, situées dans la Brie, à treize lieues de Paris. Il allègue, pour motif de cette donation, l'affection qu'il porte au séminaire, et la considération des services qu'il reçoit de cette communauté dans l'exercice de sa charge pastorale. Il légua, sans doute la terre de Fontenelle à son second frère, qui en portait déjà le nom. Outre cette terre et le Plessis-Placy, il possédait encore, en 1649, une terre seigneuriale, appelée le Pré-Gentier (1).

(1) Actes de Marreau, notaire à Paris, 2 sept. 1647; juil. 1649.

de pèlerinage et de religion. Ayant dessein de visiter d'abord l'abbaye de Clairvaux, il prit sa route
par la Bourgogne, et passa à Châtillon-sur-Seine,
célèbre par le culte qu'on y rend à l'auguste Mère
de Dieu. Il savait que saint Bernard y avait été favorisé de plusieurs grâces extraordinaires; et à
peine y fut-il arrivé, qu'il se rendit le soir même à
l'église, et demeura quelque temps en oraison, prosterné devant l'image miraculeuse de Marie. On peut
présumer qu'il y reçut beaucoup de grâces: du
moins il en sortit profondément anéanti à ses propres yeux, plein de mépris pour lui-même; et le
lendemain, en célébrant la sainte Messe à l'autel

(1) *Vie de M.
Olier, par M. de
Bretonvilliers,* t.
II, p. 220, 221,
222, 223. — *Mém.
aut. de M. Olier,*
t. v, p. 342, 343, et
suiv.

consacré sous l'invocation de la très-sainte Vierge,
il éprouva des consolations si vives, que jamais on
ne vit plus éclater sur les traits de son visage, ni
l'on ne ressentit mieux dans ses entretiens, les pures
flammes de l'amour divin (1).

IV.
Il visite l'ab-
baye de Clair-
vaux et celle
de Cîteaux.

De Châtillon il prit la route de Clairvaux. N'en
étant plus qu'à une demi-lieue, il descendit de cheval avec ceux qui l'accompagnaient, et voulut aller
à pied jusqu'à l'abbaye, en silence et en faisant
oraison. La nature du lieu l'y invitait, et semblait
lui fournir un sujet continuel de méditation: c'é-
tait un bois fort couvert et fort épais, comme ceux
qui environnaient la plupart des anciens monastères. Il arriva à Clairvaux la veille même de la Nativité de la très-sainte Vierge, bien consolé de voir
enfin la solitude qu'avait choisie autrefois saint Bernard; et admirant comment, par le grand nombre
de Saints qu'il y avait formés, il avait fait une image
du ciel d'un désert rempli de bêtes féroces. Il y demeura deux jours si abîmé dans une continuelle
oraison, qu'on avait peine à l'en retirer: ce fut toute
son occupation le jour de la fête. Le lendemain, il
célébra la sainte messe dans l'ancienne chapelle de
saint Bernard, et visita ensuite tous les endroits du
dedans et du dehors du monastère qui rappelaient
quelque trait particulier de la vie du saint fonda-

teur. Ayant été conduit à une petite cellule du Bienheureux qu'on y montrait, il y demeura long-temps en prières, et il ne fut pas facile de l'en faire sortir, ce qui remplit d'admiration pour sa personne les bons religieux qui l'accompagnaient (1).

De Clairvaux, il se rendit à Dijon, et séjourna dix jours à la chartreuse de cette ville, où il fut reçu avec des démonstrations de joie extraordinaires. Etant allé de là à l'abbaye de Cîteaux, sa première pensée fut, selon sa coutume, d'entrer d'abord à l'église pour y adorer Notre-Seigneur versant de la plénitude de son Esprit dans l'Ordre qui y avait pris naissance, et qui de là s'était répandu dans l'Eglise avec tant d'édification pour la France et les Etats voisins. Outre les grâces personnelles qu'il reçut de Jésus-Christ dans ce lieu de bénédiction, l'abbé du monastère, Claude Vaussin (2), supérieur général de tout l'Ordre, lui accorda pour lui-même et pour le séminaire de Saint-Sulpice l'avantage d'être spécialement associé à toutes les prières et bonnes œuvres de ses religieux (3).

De Cîteaux, M. Olier prit la route de Beaune. Lorsqu'il était parti de Paris, plusieurs grands serviteurs de Dieu l'avaient engagé à s'y arrêter pour voir la sœur Marguerite du Saint-Sacrement, religieuse Carmélite (4), l'une des âmes les plus favorisées des dons de la grâce, et suscitée pour renouveler dans ce siècle la dévotion à la Sainte-Enfance du Sauveur (5). M. de Renty, dont on a parlé, et qui fut l'un des apôtres de cette dévotion, était en commerce de lettres avec les Carmélites de Beaune, et comme les voies par lesquelles Dieu conduisait la sœur Marguerite paraissaient s'éloigner de l'ordre commun, il désira vivement que M. Olier profitât de l'occasion de son voyage pour connaître cette sainte fille, et qu'il fît l'épreuve de sa vertu. Entièrement appliquée à Dieu, elle vivait si retirée dans l'intérieur de son monastère, que, lorsque M. de Renty s'était présenté la première fois pour la voir,

(1) *Vie de M. Olier, par M. de Bretonvilliers*, t. II, p. 224, 225.

(2) *Gall. christiana*, t. IV, f° 1014 et seq.

(3) *Vie de M. Olier, par M. de Bretonvilliers*, t. II, p. 225.

V.

M. Olier visite la sœur Marguerite du S. Sacrement. Grâces qu'ils reçoivent l'un et l'autre.

(4) *Vie de M. Olier, par M. de Bretonvilliers*, t. II, p. 226.

(5) *Vie de la sœur Marguerite par le P. Amelote*, liv. VIII.

(1) *Vie de M. de Renty*, part. III, c. v.

(2)*Vie, par M. de Bretonvil-liers, ibid.*

elle n'avait parlé à aucune personne séculière depuis treize ans (1) ; et ce motif apparemment fit désirer à M. Olier que les religieuses de Beaune fussent prévenues du sujet de son voyage. Dans ce dessein, M. de Renty écrivit lui-même (2) en ces termes à leur Prieure, la mère Elisabeth de la Trinité :

» Ma révérende Mère, je crois que vous aurez une
» grande joie (d'apprendre) que la Providence de
» Dieu fait aller M. l'abbé Olier par vos quartiers,
» se rendant au tombeau du bienheureux évêque
» de Genève, François de Sales. Je l'ai supplié que
» ce ne fût pas sans vous voir ; il m'a témoigné que
» c'était son dessein, et m'a prié de vous écrire et à
» ma sœur Marguerite, ce que je fais plutôt pour
» lui obéir que pour vous recommander un Saint et
» très-grand (Saint) de nos jours. Vous le remar-
» querez bientôt. J'espère que Notre-Seigneur fera
» abonder sa bénédiction sur votre entrevue ; et si
» j'avais à vous donner conseil, ce serait de lui faire
» connaître entièrement ma sœur Marguerite, par-
» ce qu'il n'y a personne en qui vous puissiez prendre
» plus de confiance, et qui ait plus de grâce et d'ex-
» périence pour vous servir d'appui devant Dieu et
» devant les hommes, autant qu'il sera nécessaire.
» J'aurais tort de vous en dire davantage. C'est au
» saint Enfant Jésus et à sa grâce de tout gouverner.
» Je vous supplie que la communauté demande

(3)*Lettre de M. de Renty*, du 2 sept. 1647. — *Arch. des Carmé-lites de Beaune.*

» quelques conférences à M. Olier. Il est toujours
» plein ; vous verrez un grand vaisseau de grâce et
» une pure lumière (3). »

En arrivant à Beaune, dès qu'il eut rendu ses devoirs à Jésus-Christ au très-saint Sacrement de l'autel, M. Olier visita l'hôpital, disant à ceux qui l'accompagnaient qu'après avoir adoré Jésus-

(4)*Vie, par M. de Bretonvil-liers*, p. 228.

Christ dans le trône de son amour, il fallait l'ado-rer dans la personne des pauvres où il se cache (4). Ensuite il se rendit au couvent. La sœur Marguerite qui ne le connaissait point encore, savait d'une manière surnaturelle que Dieu devait l'unir, par la dévotion à l'Enfant Jésus, à une âme qui lui serait donnée pour guide dans les voies spirituelles; et ce qui se passa dans cette occasion ne lui permit pas de douter que M. Olier ne fût à son égard l'instrument de la Providence (1); car elle se sentit pénétrée d'une vénération si profonde pour sa personne, qu'elle ne put s'empêcher de se prosterner devant lui, et d'adorer l'Enfant Jésus présent dans son serviteur, comme si elle l'eût vu de ses yeux dans la crèche. Nous ne saurions raconter les faveurs intérieures qu'ils éprouvèrent. « C'est une chose » incompréhensible à tout l'esprit humain que l'o- » pération divine de l'Esprit-Saint dans les âmes, » écrivait sur ce sujet, M. Olier (2). Enfin la sœur Marguerite, au comble de ses vœux, après avoir rendu grâces à la Bonté divine de lui avoir donné ce guide promis (3), remit à M. Olier une image sur laquelle elle avait écrit ces paroles: *Mon révérend Père, l'Enfant Jésus, qui est notre liaison, nôtre vie, notre tout, perfectionnera et consommera la grâce qu'il nous a faite aujourd'hui* (4); et M. Olier, de son côté, lui donna le crucifix de la mère Agnès (5), qu'il portait sur lui, trait qui montre la singulière estime qu'il faisait de la sœur Marguerite (6). Il continua à la diriger par lettres le peu de temps qu'elle vécut encore; et elle ne cessa de témoigner pour la personne de M. Olier, et pour tout ce qui lui venait de sa part, la plus extraordinaire vénération.

Un des fruits que la Providence voulait tirer de ce voyage était sans doute de faire connaître, par le moyen de M. Olier, la vertu cachée et les dévotions de la sœur Marguerite. Elles seraient vraisemblablement demeurées inconnues, s'il n'eût renouvelé, pour cette sainte fille, ce qu'il avait déjà fait en faveur de la mère Agnès, en procurant que sa vie fût écrite; car ce fut lui qui détermina le Père Amelote à composer la Vie de la Sœur Marguerite que nous possédons, et qui engagea plusieurs docteurs, des plus recommandables de ce temps, à l'approu-

(1) *Vie par M. de Bretonvilliers*, t. II, p. 226. *Lett. de M. Olier à la sœur Marguerite. Arch. des Carmélites de Beaune.*

(2) *Lett. spirit. de M. Olier, lettre* CCLXVI, p. 642.— *Lett. aut. du même*, p. 371.— *Arch. des Carmélites de Beaune.*

(3) *Vie par M. de Bretonvilliers*, p. 227.

(4) *Ibid.*, 230. — *Mém. aut. de M. Olier*, t. V, p. 337, 338, 339.

(5) *Lett. aut. de M. Olier à la supér. des Carmélites. Arch. de ces religieuses.*

(6) Ce crucifix fut rendu à M. Olier après la mort de la sœur Marguerite.

(1) Le P. Gourdan disait avoir appris ce fait du P. de Saint-Pé. Arch., ibid.

ver (1). « M. de Renty écrivait à M. Olier le 16 juin
» de l'année 1648 : Nos bonnes sœurs de Beaune
» m'ont envoyé vos lettres, avec les nouvelles de la
» mort de notre très-chère sœur Marguerite du
» Saint-Sacrement. Dieu enfin a achevé son œuvre
» en elle, et je crois que vous aurez grande conso-
» lation d'en apprendre les particularités. Je vous
» dirai seulement sur ce sujet les renouvelle-
» ment que mon cœur porte depuis son nouvel éta-
» blissement en Dieu, et la proximité plus grande
» que je ressens de son âme. Il me semble
» que j'ai gagné au lieu de perdre; et en effet,
» la consommation des saints et l'accomplisse-
» ment des ordres de Dieu sur eux ne peuvent
» qu'augmenter ses bénédictions. Je vous avoue
» que mon Seigneur me lie beaucoup à cette sainte
» âme, et que je ressens secours de me lier avec
» elle pour mes devoirs envers lui (2). »

(2) Lett. aut. de M. de Renty. Attest., p. 253.

Après la communauté des Carmélites de Beaune,
nulle part, peut-être, les vertus de cette grande
servante de Dieu ne furent plus connues, ni ses
pratiques de piété plus goûtées qu'au séminaire de
Saint-Sulpice. Les rapports spirituels de M. Olier
avec elle et avec M. de Renty furent même l'occasion qui fit naître ou qui augmenta dans cette
communauté la dévotion à l'Enfance du Sauveur;
jusque-là que M. Olier voulut que douze ecclésiastiques des plus zélés et des plus fervents en réci-
tassent l'Office (3); et que M. Blanlo, comme nous
le dirons dans la suite, composât sur l'*Enfance chrétienne* un petit écrit qui fut publié après sa mort.
Cette dévotion s'établit aussi à la paroisse, où l'on
en faisait l'Office le vingt-cinquième de chaque
mois; et pour le rendre plus solennel, un prêtre de
la communauté, des plus distingués, qui fut depuis
l'illustre archevêque de Cambrai, composa les *Litanies de l'Enfant* Jésus, qu'on y chantait après les
Vêpres (4); et que l'on a insérées depuis dans divers
livres de piété.

(3) Nous entrons encore en part des devoirs de la Société de l'Enfance, que notre très-honoré frère de Renty nous a daigné commu- niquer. Lett. aut. de M. Olier à la mère Elisabeth de la Trinité, Prieure des Car- mélites de Beau- ne.
(4) Calend. hist. de la paroisse de S.-Sulpice, 1777 1778, p. 94. — Hist. des Caté- chismes de Saint- Sulpice, p. 47.

Le séjour que M. Olier fit à Beaune ne fut pas
seulement utile à la sœur Marguerite : toutes les
religieuses du couvent voulurent conférer avec lui,
et ce fut avec le plus grand fruit ; car la Supérieure
témoigna souvent depuis que si l'esprit de ferveur
s'était renouvelé sensiblement dans le monastère,
c'était à ses entretiens spirituels avec les religieuses
qu'il fallait attribuer ce changement. M. Olier fut
si édifié des saintes dispositions où il les avait trouvées, et de celles où il les laissa, qu'en sortant de
Beaune il dit à M. de Bretonvilliers que leur communauté était une des plus ferventes qu'il connût.
Non content d'y avoir répandu la bonne odeur de
Notre-Seigneur, sachant que le monastère était
pauvre, il lui fit une aumône considérable (1).

En quittant Beaune, il résolut d'aller vénérer le
corps de saint Claude. Lorsqu'il était à deux journées
de la ville qui porte son nom et dont il ignorait le chemin, il fut obligé de prendre un guide pour y arriver
plus sûrement ; mais celui-ci s'égara, et conduisit
la compagnie dans un passage fort dangereux. D'un
côté, c'était une haute montagne, et de l'autre, on ne
rencontrait que des précipices, où plusieurs torrents
venaient se jeter avec un fracas qui, joint aux ténèbres de la nuit, augmentait la frayeur dont on a
peine à se défendre, quand on se trouve en pareille
extrémité au milieu d'un désert. Chacun marchait
à tâtons : on était descendu de cheval, et à peine
pouvait-on rien distinguer. Ce qui ajoutait encore
à la difficulté de sortir d'un si mauvais pas, c'était
une pluie abondante dont il était impossible aux
voyageurs de se mettre à couvert. Le guide décon-
certé fut contraint d'avouer qu'il avait perdu le
chemin, et qu'il ne savait plus comment le retrouver. Dès ce moment toute la compagnie trembla
d'effroi. M. Olier fut le seul qui ne perdit ni le calme
de ses sens, ni sa présence d'esprit. « Mes enfants,
» dit-il à tous ceux qui l'accompagnaient, mettons-
» nous en prières, et supplions Notre-Seigneur

(1) *Vie de M. O-
lier*, t. II, p. 227
228

VI.
M. Olier s'é-
gare dans les
montagnes du
Jura. Son éga-
lité d'âme
dans ce péril.

» qu'il daigne nous conduire. Il nous a dit : *Je suis*
» *la voie* ; suivons-le donc, et nous retrouverons
» notre chemin. Recommandons-nous à la sainte
» Vierge, et au grand saint Claude que nous allons
» visiter. » On pria l'espace d'un demi-quart d'heure.
Alors le guide, comme revenu à soi, s'écrie : » Ve-
» nez je sais à peu près où il faut aller. » On le suit
avec peine à travers l'obscurité ; mais enfin on arrive sans nul accident. Durant tout ce temps M.
Olier ne prononça pas un mot de plainte contre le
guide ; et quand il eût marché dans le chemin le
plus sûr, au milieu du plus beau jour, il n'eût pas
montré plus de tranquillité d'esprit (1).

(1) *Vie de M. Olier*, t. II, p. 244, 245.

VII.

Mauvais accueil que lui font des villageois ; il gagne leur confiance.

Son égalité d'âme parut encore après qu'on fut
sorti de ce danger. Le lieu où l'on termina la journée était un village de Franche-Comté, nommé
Condé ; les habitants, voyant arriver cinq personnes
à cheval au milieu de la nuit, s'en défièrent, et les
prirent pour des ennemis, contre lesquels il fallait
se mettre en garde. Le refus que ces villageois faisaient de les laisser avancer, fit craindre aux pèlerins d'être forcés de retourner sur leurs pas ; mais
cette terreur fut de peu de durée. Le serviteur de
Dieu eut bientôt dissipé celle des Francs-Comtois
qui allaient se mettre en défense. On croyait avoir
surpris des espions armés ; et dès qu'on les eut vus
de près, on reconnut que c'était une compagnie de
pèlerins qui faisaient le voyage de Saint-Claude.
On leur laissa donc libre l'entrée du village, et on
leur permit de s'y arrêter. Mais, soit qu'on ne pût
faire mieux, soit qu'il restât encore quelque impression de défiance contre eux, ils ne trouvèrent pour
retraite qu'une chaumière, où, après leur avoir servi
du gros pain et de l'eau, on leur donna, pour tout
logement, celui des animaux qu'on nourrissait dans
cette pauvre demeure. Un lieu si incommode, pour
des voyageurs excédés de fatigue, put bien augmenter celle de M. Olier ; mais il n'altéra point le calme
que son âme savait conserver en toute rencontre.

Loin de montrer le moindre mécontentement, il parut au contraire si joyeux et si satisfait, qu'on eût dit, à le voir et à l'entendre, qu'ils avaient trouvé un séjour délicieux.

La douceur et la paix qu'il montra, l'affabilité avec laquelle il entretint ceux qui le traitèrent, les paroles de salut qu'il mêla dans la conversation, tout cela, joint à un air de bonté qui prévenait tous les esprits en sa faveur, dès qu'on entrait avec lui en conversation familière, les toucha si vivement, qu'ils ne pouvaient se lasser de l'entendre parler de Dieu. L'affection qu'ils conçurent pour lui, et leur vénération pour sa vertu, parurent surtout le lendemain. Au moment de son départ, on les vit fondre en larmes. Le regret qu'ils avaient de le voir partir était si profond, que, ne pouvant se séparer de lui, ils le conduisirent jusqu'au bord d'une rivière qu'il avait à traverser pour continuer sa route ; ce qui fut regardé comme un trait de Providence ; car ces paysans ayant vu de loin, lorsqu'ils se retiraient, que l'un des pèlerins qui conduisait la troupe, commençait à traverser la rivière à cheval dans un endroit rempli de précipices, ils l'arrêtèrent par leurs cris, et lui montrèrent un autre endroit où le gué était praticable (1).

Les pèlerins arrivèrent enfin au tombeau de Saint-Claude. Il serait difficile d'exprimer les consolations intérieures que M. Olier éprouva en honorant les reliques de ce grand Saint (2). La peine qu'il avait à s'en séparer fit juger à ceux de sa compagnie qu'il y reçut des faveurs bien particulières. « Je ressentis, dit-il » lui-même, des effets qui embaumaient mon âme, » autant qu'elle l'ait jamais été. Comme je priais » devant ce corps admirable, encore entier depuis » tant de siècles passés *, un bon prêtre voulut me » conduire dans l'église pour me faire voir de belles » choses. Je souffrais assez en mon intérieur, en at- » tendant que je pusse retourner vers ces sacrées » reliques, pour y aller chercher Notre-Seigneur.

(1) *Vie de M. Olier, par M. de Bretonvilliers*, t. II, p. 245 et suiv.

VIII.
M. Olier vénère le corps de saint Claude et celui de saint François de Sales.

(2) *Vie de M. Olier*, ibid., p. 228.

* NOTE 1, p. 613.

» Mais enfin ce bon homme me conduisit dans une
» chapelle du très-auguste Sacrement de l'autel; là
» je m'arrêtai; et après m'être occupé quelque temps
» en sa présence, je considérai que, si j'honorais
» les reliques des Saints, je devais attendre tout de
» l'Esprit de Notre-Seigneur et de son sacré mys-
» tère qui avait rempli les Saints de toute la sainteté
» qu'ils possèdent, et que c'était de ce mystère ado-

(1) *Mém. aut.
de M. Olier*, t. v,
p. 333, 334, 335.

» rable que nos Messieurs présents avec moi devaient
» aussi tout recevoir (1). »

En quittant la ville de Saint-Claude, M. Olier se
mit en route pour Annecy; et, à peine fut-il arrivé
dans cette dernière ville, qu'il se rendit sur-le-champ
au tombeau de saint François de Sales. La tendre
amitié qu'avait eue pour lui ce Bienheureux, depuis
le moment où il lui avait été présenté à Lyon, fut
alors trop présente à son esprit pour ne pas réveiller dans son cœur les plus vifs sentiments de reconnaissance, et lui inspirer la confiance la plus entière.
Pendant les trois jours qu'il demeura à Annecy, excepté le temps des repas et de quelques visites qu'il
fit aux religieuses de la Visitation, on le vit toujours
en oraison, non au tombeau du saint Evêque, mais
devant le tabernacle où reposait le très-saint Sacrement. Ce qui l'arrêta ainsi près de Notre-Seigneur,
ce fut un mouvement secret qui lui avait fait connaître que ce serait dans le mystère adorable de
l'Eucharistie, et au pied des autels, qu'il ressenti-
rait le plus les effets de l'intercession du Bienheu-

(2) *Vie de M.
Olier, par M. de
Bretonvilliers*, t.
ii, p. 330, 331.

reux. Dès cette première journée, il crut apprendre
de lui que son défaut était de n'aimer pas assez purement Dieu et d'être trop attaché à ses dons (2).
« C'était en vérité, dit-il, ce qui me causait de
» grandes peines, et m'ôtait le repos, la simplicité
» et la dilatation du cœur. Je connus donc dès-lors
» que je devais aimer Dieu purement pour lui-même
» et en lui-même, l'aimer en son esprit, qui est
» charité, mais la charité pure; que je devais enfin
» embrasser tous mes frères en Jésus-Christ, pour

» désirer à tous la plénitude de ses dons. Je ne puis
» pourtant espérer cette grâce que par le mystère
» sacré de l'autel ; car lorsque je veux m'adresser à
» ce grand Saint, pour avoir part à l'amour dont il
» brûlait pour Jésus, je le trouve comme insensible
» à mes demandes, quoique sur la terre il fût la dou-
» ceur même, et comme une vive expression de la
» bonté divine. Plus consommé maintenant en Dieu
» et en ses perfections qu'il ne l'était ici-bas, pa-
» raîtrait-il si indifférent pour une âme qui le re-
» cherche, qui a l'honneur de lui appartenir par
» alliance spirituelle, et qui reçoit même de lui de
» saintes instructions pour son salut, si Jésus-Christ
» lui-même ne s'était réservé d'opérer, dans son
» très-auguste mystère, cette consommation qu'il
» me fait espérer, et me promet tous les jours,
» comme il a fait dès le commencement de ma vo-
» cation à son service (1)*. »

Dans son séjour à Annecy, M. Olier eut lieu d'admirer la rare humilité d'une des religieuses de la
Visitation de cette ville, Anne-Marie Rosset, ancienne supérieure du monastère de Bourges, et que
saint François de Sales avait lui-même dirigée dans
les voies de la perfection. La mère de Chantal, sachant les grâces dont Dieu avait coutume de la favoriser, en avait pris occasion de la traiter avec une
grande sévérité apparente ; et il semble qu'après
la mort de cette sainte fondatrice, on continuait
d'en user de la sorte à son égard. Du moins, ce fut
la conduite qu'on tint en présence de M. Olier, lorsqu'il se présenta au monastère. Comme il était au
parloir avec la communauté, la supérieure voulant
qu'il jugeât lui-même de la parfaite obéissance de
la mère Anne-Marie, la fit venir près de la grille, et
lui commanda de chanter. Quelque désagréable
que fût sa voix, cette vénérable ancienne obéit sans
répliquer un seul mot, et continua jusqu'à ce qu'on
lui eût fait signe de cesser. Une obéissance si
prompte, dans une religieuse de cet âge, édifia

(1) *Vie, par M.
de Bretonvil-
liers*, p. 231, 232.
— *Mém. aut. de
M. Olier*, t. v, p.
340, 341, 342.
* NOTE 2, p.
614.

IX.

Trait remar-
quable d'hu-
milité d'une
religieuse. M.
Olier visite la
mère de Bres-
sand.

(1) *Vie de plusieurs supér. de la Visitation* Anneci, chez Humbert Fontaine, 1693, in-4°.

(2) *Vie de M. Olier*, par M. de Bretonvilliers, t. II, p. 248.

(3) *Vie de la M. Marie-Constance de Bressand*, p. 34. — *Arch. du Roy. Visitation*, rue S. Antoine; in-f°, f° 3.

(4) *Vie*, par M. de Bretonvilliers, t. II, p. 333.

(5) *Ibid.*, p. 242.

(6) *Lett. aut. de M. Olier.*

* NOTE 3, p. 614.

(7) *Vie de Marie de Valernot, ib.*

X.
M. Olier visite
Marie de Valence.

beaucoup le serviteur de DIEU : *Cinquante miracles, dit-il, ne m'auraient pas si bien convaincu de sa vertu qu'un acte de soumission si héroïque* (1).

Continuant de là son chemin, il fut vivement touché à la vue de Genève ; et ne pouvant dissimuler sa douleur : « Passons, mes enfants, dit-il à » ses compagnons de voyage ; ne nous arrêtons pas » dans un lieu où l'on rejette le règne de Jésus » notre divin Maître et Docteur (2). » Il avait rempli le but principal de son voyage en quittant Annecy ; mais, au lieu de revenir sur ses pas, il voulut faire le pèlerinage des saints lieux de Provence. De Genève, il se rendit à Grenoble, dans le dessein d'y visiter la mère de Bressand, élue depuis peu supérieure du monastère de la Visitation de cette ville (3), et qui, en se rendant de Nantes à sa nouvelle destination, était venue elle-même le visiter à Paris. Il passa cinq jours à Grenoble, durant lesquels il fit comme une petite mission, tant aux religieuses du couvent (4) qu'à quelques ecclésiastiques de la ville, ne laissant échapper aucune occasion de s'entretenir avec ceux des lieux par où il passait (5). On peut présumer qu'il visita alors Marie de Valernot, dame d'Herculais, pour qui il avait conçu la plus haute estime, et aux prières de laquelle il se recommandait en écrivant à la mère de Bressand (6) *. Cette dame, qui, dans l'état du mariage, s'éleva à la plus sublime perfection, était conduite par des voies assez semblables à celles de M. Olier : une soif insatiable de souffrir, une oraison presque sans interruption, un esprit continuel de servitude envers Notre-Seigneur, étaient comme ses attraits dominants et les caractères distinctifs de sa piété (7).

Le serviteur de DIEU se trouvant dans le voisinage de la grande Chartreuse, sanctifiée par la présence de saint Bruno, eut la dévotion de la visiter. Il y passa deux jours, durant lesquels il demeura presque continuellement en oraison. Il visita aussi l'abbaye de Saint-Antoine de Vienne, et y vénéra

les reliques de ce saint Patriarche des solitaires
d'Orient *. De là il se rendit à Valence, pour conférer avec la célèbre Marie Teissonnière. Depuis les
missions d'Auvergne, cette sainte fille conservait
une vénération singulière pour M. Olier ; et sa confiance en ses lumières alla même si loin, que, dans
cette dernière entrevue, elle lui remit tout ce qu'elle
avait écrit par le commandement du Père Coton,
son directeur. Ils eurent ensemble deux ou trois
conférences, et se séparèrent en se disant le dernier
adieu pour cette vie, avec la confiance de se rejoindre
un jour dans l'éternité. Marie de Valence lui annonça sa mort comme prochaine : elle mourut en
effet au bout de six mois. M. de Bretonvilliers, qui
était présent, rapporte que la vue de cette grande
servante de Dieu lui fit éprouver les plus douces
consolations qu'il eût jamais goûtées de sa vie. « Je
» croyais voir plutôt un ange du ciel, dit-il, qu'une
» créature encore vivante sur la terre : elle me pa-
» rut si remplie de l'Esprit de Dieu, et la modestie
» ravissante de son visage, qui avait quelque chose
» de surnaturel, me fit une telle impression, qu'au-
» jourd'hui même, quoiqu'il se soit écoulé déjà bien
» des années depuis notre entrevue, j'en suis tout
» aussi ému quand j'y songe, que si je l'entendais en-
» core à présent. » Une des nièces de Marie de Valence voulait embrasser la vie religieuse ; M. Olier,
sachant qu'elle ne pouvait fournir ce qui était nécessaire pour suppléer à l'indigence du couvent où
elle désirait être reçue, le donna généreusement,
autant pour procurer par cette bonne œuvre la
gloire de Dieu, que par vénération pour la personne
à qui appartenait cette prétendante (1).

Lorsqu'il eut quitté Valence, et en se rendant à
Avignon, il eut le désir de voir au Pont-Saint-Esprit la mère Françoise de Mazelli, fondatrice et première supérieure du monastère de la Visitation de
cette ville. Il semble que l'occasion de cette entrevue ne fut pas tout-à-fait ordinaire ; du moins, c'est

* NOTE 4, p.
615.

(1) *Vie de M.
Olier, par M. de
Bretonvilliers*, t.
ii, p. 233, 234,
235.

XI.
M. Olier visite
la mère de Ma-
zelli.

l'idée qu'en donne la Vie de la mère de Mazelli.
« Dieu fit voir à notre mère, lit-on dans cet ouvrage,
» son grand et admirable serviteur, M. l'abbé Olier,
» que sa Providence conduisait en Provence et en
» Languedoc, pour y faire de merveilleuses con-
» quêtes des âmes à l'accroissement de son royaume.
» Il passa par le Pont-Saint-Esprit, et fut inspiré
» d'aller voir cette chère-mère, qui le reçut comme
» un ange envoyé de Dieu, et s'ouvrit ingénument
» à lui. Il ne faut pas demander si ce fut avec une
» abondance de saintes consolations, et une très-
» grande utilité pour elle. Ce grand homme et grand

(1) *Discours sur plusieurs mères et sœurs de la Visitation*, in-8°, Avignon, 1680, p. 257.

— XII.
M. Olier visite les saints lieux de Provence.
La mère de la Trinité.

(2) *Vie*, par M. de Bretonvilliers, t. II, p. 235.
* NOTE 5, p. 615.
(3) *Mém. aut. de M. Olier*, t. II, p. 346, verso.

» ecclésiastique approuva parfaitement l'esprit et la
» vie de notre excellente religieuse; il la prit pour
» l'une de ses plus chères filles que Dieu lia à sa
» grâce, et en fit depuis grand état. (1) »

Du Pont-Saint-Esprit, M. Olier alla visiter les
saints lieux de Provence, la sainte Baume, Marseille et Tarascon (2), où, d'après la tradition de
cette province, sainte Madeleine, saint Lazare et
sainte Marthe ont vécu et ont fini leurs jours.
Ces lieux de pèlerinage étaient depuis longtemps
fort célèbres; et M. Olier y venait alors pour la seconde fois (3). Du moins, il avait déjà vénéré les reliques de sainte Madeleine, envers laquelle son grand
esprit de pénitence lui avait inspiré une particulière
dévotion. A Aix, il espérait revoir le Père Yvan,
occupé, depuis son retour de Paris, à perfectionner
et à étendre l'ordre des religieuses de Notre-Dame-
de-Miséricorde. La maison où l'institut avait pris
naissance dans cette ville, était alors dirigée par la
mère Madeleine de la Trinité, dont on a parlé au
livre précédent, et qu'il est à propos de faire connaître plus particulièrement ici. Quoiqu'elle fût
d'une condition obscure, et fille d'un simple soldat,
la renommée de sa sainteté lui avait tellement concilié l'estime universelle, qu'à Aix elle était le conseil de toute la noblesse; et il n'était pas possible
d'ajouter à la confiance que le comte d'Alais, gou-

verneur de la province, et la comtesse son épouse lui témoignaient (1). C'était pour le Père Yvan, d'ailleurs si rude envers lui-même et envers tous, un prétexte journalier pour la traiter avec rigueur. L'on n'imaginerait pas jusqu'où allait la dureté apparente de sa conduite envers cette sainte fille. M. du Ferrier en rapporte un trait remarquable dont il fut témoin (2), et la visite même que M. Olier rendit à la mère Madeleine peut en fournir une nouvelle preuve (3). Par un effet de sa confiance entière au serviteur de Dieu, à qui le Père Yvan lui avait recommandé de découvrir ses dispositions intérieures, elle lui exposa en détail, et avec sa simplicité et sa naïveté ordinaires, toutes les grâces qu'elle avait reçues. M. Olier ne put s'empêcher d'admirer la conduite de Dieu sur elle, et jugeant qu'une âme si favorisée devait se conserver dans l'humilité la plus profonde, il chercha l'occasion de l'obliger à tout quitter; et, de fondatrice et de première de l'Ordre qu'elle était, à se faire la dernière de toutes les religieuses. Dans ce dessein, il la laissa parler pendant près de quatre heures. Ensuite, renversant en quelque sorte tout ce qu'elle venait de lui dire, il conclut par lui conseiller de s'humilier et de renoncer à sa charge, ajoutant qu'il lui convenait beaucoup mieux d'obéir que de commander; qu'il la connaissait assez pour lui parler ainsi, qu'elle devait l'en croire, et faire aveuglément ce qu'il lui proposait.

Quoique la mère Madeleine fût un peu surprise de ce dénouement, ayant toujours eu une horreur extrême pour la vanité et les honneurs, toutefois elle ne s'en offensa point, ni n'en témoigna aucune peine; mais en âme vraiment humble, elle avoua à M. Olier qu'elle était encore pire qu'il ne disait, et déclara qu'elle était résolue de travailler efficacement à se corriger, et d'exécuter de point en point des avis si salutaires. Elle passa en effet la nuit dans un profond anéantissement devant Dieu, gémissant de ses imperfections, et croyant n'avoir pas encore

(1) Hist. de l'ordre de N.-D. de Miséricorde, Ms. in-4°, 21° cahier, 3° paginat.

(2) Mém. de M. du Ferrier, p. 3.

(3) Vie du P. Yvan, in-4°, p. 633.

commencé à le servir. Le lendemain matin, elle allatrouver M. Olier, lui témoigna tout le respect et l'affection possibles, et lui dit ces paroles : *Monsieur, peu parler, bien aimer, et beaucoup faire.* Il répondit : *Mère Madeleine, peu parler, bien aimer, et rien faire*, voulant de nouveau lui faire entendre qu'elle devait se démettre de sa charge, et se contenter d'obéir. C'était ce qu'elle-même avait souvent demandé au Père Yvan; mais celui-ci voyant le besoin que l'on avait de ses conseils, au milieu de tant d'affaires épineuses, et dans des commencements si difficiles et si importants, rejetait toujours cette proposition. Il était alors à Marseille;

XIV.
La mère de la Trinité se démet de sa charge.

M. Olier étant allé l'y trouver, et lui ayant rendu compte de tout ce qui s'était passé dans cette visite, le Père Yvan retourna promptement à Aix, et proposa lui-même à la mère Madeleine de se démettre. Elle se soumit comme un agneau à tout ce qu'il voulut; et la communauté ayant été réunie au chœur, où le Père Yvan était à la grille en surplis, la mère s'approcha de lui, et en présence de toutes les religieuses, lui remit les clefs et le sceau du couvent, en déclarant qu'elle se démettait de sa charge. Ce ne furent alors, parmi elles, que larmes, que gémissements et que sanglots. La mère Madeleine s'efforçait vainement de les consoler; ses paroles ne servaient au contraire qu'à augmenter leur désolation. Enfin, il fallut se soumettre et la laisser faire. Après sa démission, elle fit plus d'un mois de retraite sans parler à personne. Elle communiait tous les jours, et était presque sans cesse en oraison. La suite montra manifestement que cette conduite, à l'égard de la mère Madeleine, n'avait pas été sans un dessein particulier de Dieu pour le bien de l'institut; car ce fut après sa démission qu'on la pressa beaucoup d'aller établir une maison de ses filles à Paris(1); et jamais on n'aurait souffert qu'elle quittât la ville d'Aix pour exécuter ce projet, tant qu'elle aurait été supérieure, et chargée, par là même, du

(1) *Hist. de l'ordre de Notre-Dame-de-Miséricorde. Ms. de la Bibl. de l'Arsenal, in-4°, cahier* 47°, 48°, 49°.

gouvernement de tout l'Ordre. Aussi le Père Yvan, écrivant à M. Olier, après ce voyage, lui disait : « Véritablement, Dieu veut que les filles de Notre-» Dame-de-Miséricorde aient une entière confiance » en vous, et que leur saint institut soit entre vos » mains : il n'en faut nullement douter. Dieu vous » avait préparé pour cela, il y a longtemps, et il a » voulu que je sois allé à Paris pour vous connaître » et pour avoir foi assurée en vous, afin de vous » supplier de prendre la conduite de cet ordre de » la Mère de Miséricorde. Il m'a fait demander un » homme selon son cœur, et il me l'a donné (1). »

A Marseille, après que M. Olier eut satisfait sa dévotion en vénérant le chef de saint Lazare, son zèle ne put demeurer oisif. Nous ne connaissons pas en détail ce qu'il lui inspira pour le salut des âmes ; nous savons seulement que, dans cette ville ou à Aix, M. Olier, comme il l'avait fait en d'autres lieux (2), adressa un discours aux ecclésiastiques, et qu'il laissa dans ses auditeurs les plus vives impressions (3). L'historien de la mère de Mazelli rappelle probablement les fruits de ces conférences, en disant que *Dieu conduisait M. Olier en Provence pour y faire de merveilleuses conquêtes des âmes* (4) : et ce fut peut-être aussi par un effet des résultats consolants qu'elles avaient produits sur les prêtres, qu'une femme, le voyant passer au milieu de Marseille, s'écria dans un transport d'admiration : *Bienheureux le ventre qui vous porta, bienheureuses les mamelles qui vous allaitèrent* (5).

Voulant continuer sa route par le Languedoc, il repassa à Avignon, où Dieu l'unit de la manière la plus étroite à une sainte âme (6), la mère de Saint-Michel, supérieure de la Visitation, morte en odeur de sainteté dans cette ville, et dont la Vie a été imprimée†. Voici, en effet, ce qu'on y rapporte : « Sur

(1) *L'amoureux des souffrances de Jésus-Christ, ou lettre de P. Yvan*, in-12, 1661. Lettre 89e, p. 338, 339.

(2) *Lett. aut. de M. Olier*, p. 220. — *Vie de M. Olier, par M. de Bretonvilliers*, t. I, p. 242.

(3) *L'amoureux des souffrances, ibid.*, p. 337.

(4) *Discours sur les Vies de plusieurs mères et sœurs de la Visitation, etc.* p. 257.

(5) *Attest. aut. touchant M. Olier*, p. 100. — *Dépositions de la mère de St-Gabriel.*

XV.

M. Olier visite la Mère de Saint-Michel, à Avignon.

(6) *Vie de M. Olier, par M. de Bretonvilliers*, t. II, p. 234,

† Anne Louise de Saint-Michel, née en 1609, au château de Saint-Michel, en Provence, de Paul de Marin, seigneur et baron de Saint-Michel, et de Diane d'Arnaud, étant entrée

» la fin de l'année 1647, au mois d'octobre, la divine
» Providence, dont les dispositions ne sont pas les
» suites du hasard, conduisit en cette ville feu M.
» l'abbé Olier, de sainte mémoire, et voulut que
» s'étant chargé par bonté de quelques lettres adres-
» sées à notre grande servante de Dieu, il vint les
» lui rendre en personne, sans l'avoir jamais connue
» ni de nom ni de réputation. Dès qu'elle parut
» devant lui, ils se sentirent l'un et l'autre élevés en
» Dieu d'une façon extraordinaire, sans pouvoir se
» dire un seul mot. Ce grand homme eut alors
» quelque connaissance du mérite et de la vie de
» notre sainte âme, et *il sentit que Dieu la lui asso-*
» *ciait,* pour user de ses expressions, *par une union*
» *d'état.* De son côté, elle éprouva comme une
» infusion de grâce qui se répandait en elle, et une
» opération intérieure inusitée. N'en comprenant
» pas le mystère, elle s'abandonna à Dieu, et se
» livra à lui pour tout ce qu'il voudrait faire d'elle.
» Ce mouvement divin les remplit de si fervents
» sentiments sur la grandeur des merveilles de Dieu
» dans ses créatures, qu'ils ne purent, pour ce coup,
» se parler qu'en silence, et ils se séparèrent de la
» sorte. Le lendemain, ce vénérable personnage
» vint dire la sainte Messe à notre monastère ; elle
» y communia, et ensuite, ils eurent ensemble une
» longue conférence, ayant reçu l'un et l'autre la li-
» berté de s'expliquer à la façon des hommes, après
» n'avoir pu le faire la veille qu'en celle des anges.
» Notre sainte mère lui rendit compte de l'état de
» son âme et de toute sa vie ; il en conçut une si
» haute estime, qu'il disait depuis que c'était une
» des plus saintes âmes qui fussent au monde.
»   Le jugement de ce saint homme, dont la glori-
» euse mémoire est particulièrement chère à toute
» la France, et dont les lumières descendaient d'en
» haut, ainsi qu'on le sait par tant de preuves de sa

à la Visitation, alla faire elle-même, en 1641, la fondation
du monastère de cet ordre à Tarascon (1).

(1) *Discours sur les Vies de plu-sieurs mères de la Visit. Avignon* 1689, in-8°, p. 377, 151.

» sainte vie, doit être d'un grand poids pour faire
» estimer la voie de notre sainte héroïne. Elle, de
» son côté, ne le nommait point autrement que
» *l'homme destiné à porter le Verbe dans les âmes*; à
» peu près comme on disait de saint Ignace martyr.
» Quelques sœurs, voyant la vénération de notre
» mère pour lui, le prièrent instamment de l'obliger
» à modérer l'austérité de sa vie. Il leur fit la ré-
» ponse la plus douce et la plus obligeante, leur
» témoignant que l'intérêt qu'il prenait lui-même
» à sa conservation le rendait très-sensible à leurs
» soins pour elle, et qu'il les priait de les lui conti-
» nuer; mais qu'au reste elles ne s'inquiétassent
» pas, que celui qui lui donnait la force de subsister
» avec un tel genre de vie, voulait qu'elle vécût de
» la sorte, et la conduisait en cela comme en tout le
» reste de ses actions (1). » Depuis cette rencontre,
M. Olier entretint par lettres des rapports spirituels
avec cette grande servante de Dieu (2).

D'Avignon, où il s'arrêta quatre ou cinq jours, il
se rendit par Nîmes à Montpellier; et là, comme
partout ailleurs, il ne laissa point stériles les grâces
qu'il avait reçues pour la conversion des âmes, spécialement pour l'avancement de plusieurs ecclésiastiques formés par lui au séminaire de Saint-Sulpice, et qu'il savait s'être relâchés de leur première
ferveur. Ce fut même en partie pour ce motif que,
après son pèlerinage au tombeau de saint François
de Sales, il prit sa route par le Dauphiné, la Provence et le Languedoc. Dieu voulant se servir de
ce voyage pour porter ainsi à plusieurs la grâce de
leur renouvellement à son service, et à d'autres
celle de leur conversion. Parmi ces derniers, il
faut mettre un ecclésiastique de marque de Montpellier, que M. Olier, semblable au bon pasteur qui
quitte son troupeau pour courir après la brebis
perdue, devait ramener à ses premiers sentiments (3).
Il étendait aussi son zèle aux laïques, selon les ouvertures que la Providence lui fournissait. Ainsi,

(1) *Discours sur
les Vies de plu-
sieurs mères et
sœurs de la Visi-
tation, etc.*, ch.
XVIII, p. 526, 527,
530.

(2) *Ibid.*, p. 527.
— Ch. XXVII, p.
642 et suiv.

XVI.
M. Olier s'ar-
rête à Mont-
pellier et à
Montpeiroux.

(3) *Mém. part.*,
an. 1647.

cinq ou six jours après son départ d'Avignon, il mandait à la mère de Saint-Michel : « Depuis ma » lettre écrite, un conseiller de cette ville de Mont- » pellier, que nous avons entretenu deux fois, » et qui était en mauvais état, nous témoigne » vouloir être tout à DIEU : vous prierez pour sa » conversion et pour son achèvement(1). » Se trou-

(1) Discours sur les Vies, etc., p. 529.

vant près de Montpeiroux, petite ville du Langue-doc, il désira d'en visiter le seigneur, M. de Par-lages (2), dont un des fils était entré dans la compagnie de Saint-Sulpice, et travaillait alors à Paris dans la communauté. Il fut extrêmement touché du bon accueil qu'il reçut de cette honorable famille. « Je ne puis vous témoigner, écrivit-il à » l'abbé de Parlages, l'extrême joie que j'ai ressen- » tie en voyant M. votre père et votre très-cher » frère. Je ne pus retenir mes larmes en parlant de » vous à ce bon père, dont la droiture de consci- » ence et la piété égalent les belles qualités selon le » monde, et sont la grande édification et la bonne » odeur de toute la province. Je fus extrêmement » confus du bon accueil et de l'honorable réception » qu'eux et la bonne mère me firent dans Montpei- » roux, joignant encore à tant de bontés la commo- » dité de la litière, et ne pouvant trouver assez de » témoignages d'obligeance et d'affection pour me » les prodiguer (3). » De là, M. Olier prit sa route par Clermont–Lodève et Rodez, où il visita plusieurs

(2) Arch. du ministère de la guerre, expédi- tions de 1647. Pièce 274ᵉ.

(3) Lett. aut. de M. Olier, p. 219.

de ses ecclésiastiques, qui y travaillaient à la réforme du clergé de ces diocèses(4) ; et ce ne fut pas sans faire une sorte de mission aux prêtres du pays. Du moins plusieurs recoururent spontanément à lui, comme à un autre Ananie, pour lui ouvrir leurs consci-ences (5), recevoir ses salutaires avis et s'affermir dans la vie sacerdotale. Enfin, en revenant à Paris, il voulut passer par Limoges, pour y vénérer le tombeau de saint Martial (6).

(4) Mém. de M. du Ferrier, p. 378.

(5) Mém. part., an. 1647.

(6) Vie de M. Olier, par M. de Bretonvilliers, t. II, p. 237.

S'il fut fidèle à DIEU durant le cours de ce voyage, ce ne fut pas sans éprouver combien DIEU est fidèle à ceux qui le servent. Cent fois on eut lieu d'admirer les soins de la Providence sur lui ; ils étaient si fréquents et si sensibles, qu'il dit lui-même : « Je » crois vraiment que Dieu a envoyé ses anges pour » être toujours avec nous, et l'on pourrait presque » voir ici à la lettre l'accomplissement de ces paroles » de David : *Angelis suis mandavit de te, ut custodi-* » *ant te in omnibus viis tuis.* En toute rencontre et » à tout moment où nous avions besoin de guides, » soit pour nous ramener au chemin, quand nous » l'ignorions, ou même pour nous conduire bien » avant dans la nuit, nous en trouvions à l'instant » qui faisaient pour nous l'office des anges gardiens. » Ils arrivaient si à propos, selon les rencontres, » qu'il n'était pas possible de méconnaître la bonté » de Dieu envers nous; et c'était le sujet continuel » de nos louanges (1).

(1) *Mém. aut. de M. Olier*, t. v, p. 347, 348. — *Vie de M. Olier,* t. ii, p. 254, 255.

Ce voyage, qui dura trois mois, loin de diminuer son union avec Dieu, et de ralentir sa ferveur, effet assez ordinaire dans les âmes d'une vertu peu solide, ne servit, au contraire, qu'à le perfectionner encore davantage dans les voies du pur amour; et nous rapporterons ici les principales pratiques dont il se servait pour sanctifier tous ses voyages. Une vertu qu'on remarquait surtout en lui était la mortification des sens, et particulièrement de la vue. M. de Bretonvilliers l'ayant accompagné dans divers voyages, et durant plus de douze cents lieues, assure ne l'avoir jamais vu jeter les yeux une seule fois, par curiosité, sur aucune des choses qui peuvent attirer les regards des voyageurs (2). Quelqu'un de sa compagnie, et que M. Olier savait être attiré de Dieu à une entière mortification de ses sens, voyant un jour un magnifique château, le fit apercevoir aux autres, en disant : Voilà une belle maison. « A quoi » vous amusez-vous? lui répondit-il avec douceur, » à regarder des choses indignes d'un chrétien, et » qui ne devraient vous servir qu'à pratiquer la » mortification, en refusant à votre vue la satisfac-

XVII.
Ses pratiques dans ses voyages. Sa mortification.

(2)*Ibid.*,p.235, 338. *Esprit de M. Olier,* t. iii, p. 547.

» tion qu'elle veut y prendre? » Une autre fois, comme on parlait de la magnificence d'une maison : « Hé bien, dit-il, qu'est-ce que cette beauté? Un » grand amas de pierres les unes sur les autres : » quel fracas à la fin du monde, quand tout cela sera » détruit? » Dans une autre circonstance, ayant cédé à la demande d'une personne, il considéra ce qu'on lui montrait, puis il dit : « Le feu consume- » ra un jour tout cet éclat, et toutes ces beautés » s'en iront en fumée. Voilà l'estime que Jésus- » Christ en fait : il les condamnera au feu à la fin » du monde. Hélas, que n'entrons-nous dans ses » sentiments! » Ce n'est pas qu'en mortifiant ses yeux de la sorte, il y eût en lui rien de singulier : il tenait toujours sa vue dans une honnête retenue, également éloignée de la légèreté et de la contrainte; mais son principe invariable était de ne se servir

(1) *Esprit de M. Olier*, t. III, p. 543, et suiv.

de ses sens que pour procurer la gloire de Dieu, à qui ils avaient été consacrés par le saint Baptême (1).

XVIII.
Zèle de M. Olier à célébrer le saint Sacrifice durant ses voyages. Sa fidélité à l'oraison.

L'action la plus sanctifiante et la plus consolante pour un prêtre est la célébration des saints mystères. M. Olier ne s'en dispensait jamais dans ses voyages, quelle que fût sa lassitude ou quelque incommodité qu'il eût essuyée. Assez souvent il se voyait obligé de partir de grand matin, et de supporter des fatigues excessives, pour trouver quelque église où il pût satisfaire sa dévotion : rien n'était capable de l'arrêter. Dès qu'il arrivait dans quelque village, il allait d'abord à l'église pour y adorer le très-saint Sacrement ; et s'il apercevait un clocher dans la campagne, il faisait réciter à tous

(2) *Vie, par M. de Bretonvilliers* t. II, p. 239, 240.

ceux qui l'accompagnaient la strophe *Tantum ergo Sacramentum* (2). « Je suis heureux, écrivait-il, quand » je vois un lieu où mon maître repose, et je res- » sens des joies non pareilles. Je dis en mon cœur :

(3) *Mém. aut. de M. Olier*, t. I, p. 140.

» Vous êtes là, mon Tout, soyez adoré par les anges » à jamais (3). » Lorsqu'il entrait dans les villes ou dans les villages, après avoir rendu ses devoirs à Notre-Seigneur, sa coutume était encore de saluer les anges qui en étaient les gardiens invisibles. Il se recommandait à leurs prières; et lorsqu'il devait y travailler, il se donnait à eux pour obtenir plus facilement par leur crédit le don de s'insinuer dans les cœurs.

Son oraison n'était presque jamais interrompue. Dès le matin, il y consacrait une heure entière, selon le règlement qu'il s'était prescrit, et qu'il faisait observer à ceux qui voyageaient avec lui. Il la faisait à cheval, pour ne pas trop retarder sa marche; ensuite il récitait son Office, et faisait tous les exercices de piété qui lui étaient ordinaires en tout autre temps. Il en donnait bien peu à la récréation; encore, le plus souvent ce n'était que pour parler de choses saintes et édifiantes. Passant à Mâcon, il arriva qu'une demi-heure après son coucher, dix heures sonnèrent; n'ayant entendu que les cinq derniers coups, il crut être au matin; il se leva aussitôt et voulut réveiller un de ceux de la compagnie qui couchait dans la même chambre : celui-ci, qui ne s'était pas endormi, lui fit remarquer son erreur. Il descendit alors pour s'informer de l'heure qu'il était, et ayant reconnu sa méprise, il remonta sur-le-champ et lui dit de continuer son repos : pour lui il se mit en oraison et y passa la plus grande partie de la nuit, ce qui lui est arrivé plus d'une fois en d'autres circonstances (1). Aussi, son application à Dieu donna-t-elle lieu un jour aux domestiques d'une hôtellerie, qui le trouvaient toujours à genoux dans sa chambre, de se dire les uns aux autres : « Il y » en a un dans cette compagnie qui ne fait que prier » Dieu (2). »

Dans tous ses voyages, il ne laissait échapper aucune occasion de rendre quelque service au prochain. S'il était appelé dans des monastères, il s'y rendait aussitôt, et écoutait toutes les religieuses qui le consultaient sur leurs besoins spirituels. Étant allé en pèlerinage à Montrichard, petite ville de Touraine, où la très-sainte Vierge est particu-

(1) *Mém. aut. de M. Olier. — Vie de M. Olier*, *ibid.*, p. 243, 244.

(2) *Esprit de M. Olier*, t. III, p. 8, 9.

XIX.
Charité de M. Olier envers les pauvres, dans ses voyages.

(1) *Vie de M. Olier, par M. de Bretonvilliers*, t. II, p. 361.

lièrement honorée, et ayant visité en chemin un couvent de religieuses, il leur fit une aumône considérable, dès qu'il apprit leur extrême pauvreté(1). A Mont-Ferrand, en Auvergne, il vit passer une grande foule à la suite d'un malheureux que l'on conduisait en prison pour une dette de soixante écus, à laquelle il n'avait pu faire honneur. Touché de compassion, il se fit donner aussitôt des éclaircissements sur cette affaire, et dès qu'il eut appris que tout le crime de celui qu'on venait de saisir était l'indigence, il le fit délivrer en payant aussitôt cette somme pour lui.

Lorsqu'il rencontrait quelque pauvre en chemin, après lui avoir fait une aumône, il lui parlait de Dieu et de son salut avec toute l'affection d'un père. Voyageant une fois par eau, il admit dans sa compagnie deux pauvres qui désiraient se rendre l'un et l'autre au terme de son voyage; et pendant tout le trajet, il les traita, les nourrit, et les catéchisa avec la plus tendre charité. Ayant rencontré un jour sur le chemin une femme chargée d'un fardeau beaucoup trop considérable pour elle, et qui ne pouvait presque suivre son mari, il fit arrêter le carrosse dont il était alors obligé de se servir, et voulut qu'on y déchargeât tout ce qu'elle portait. La peine que prenait cette femme lui donna occasion d'adresser à ceux qui l'accompagnaient quelques paroles d'édification sur l'amour de l'Eglise pour son divin Epoux, et sur celui que doivent témoigner à Jésus-Christ les âmes qu'il a aimées jusqu'à mourir pour elles, en le suivant partout où il va, et en portant son joug après lui (2).

(2) *Vie de M. Olier, par M. de Bretonvilliers*, t. II, p. 363.

Dans l'un de ses voyages, comme il était sur le point d'entrer à Moulins, il trouva un pauvre à demi nu, qui paraissait malade, et qui était couché sur un tas de fumier. Il descend aussitôt de cheval, avec un autre ecclésiastique qui l'accompagnait, s'approche de ce mendiant, et voyant auprès de lui des haillons, il l'aide à s'en revêtir et l'engage à se

transporter à l'hôpital où il s'offrait de le faire recevoir. Celui-ci lui représentant qu'il ne pouvait marcher, le serviteur de Dieu appelle auprès de lui son
compagnon de voyage pour le secourir. Tous deux
chargent le mendiant sur leurs bras ; et, quelque
rebutant qu'il fût par la malpropreté de son corps
et de ses habits, ils ne rougissent point de le porter
ensemble jusque près de la maison des Frères de la
Charité, fort éloignée de la porte par laquelle ils
étaient entrés. Lorsqu'ils eurent fait une partie du
chemin, ne pouvant soutenir la fatigue plus longtemps, ils s'arrêtèrent pour prendre quelque repos,
et, après lui avoir dit quelques mots de consolation,
se rendirent avec empressement à l'hôpital, d'où ils
envoyèrent une chaise avec des porteurs pour l'y
transporter. Ils ne savaient pas qu'ils obligeaient
un homme habile à tromper les âmes charitables,
en feignant de souffrir pour surprendre des aumônes : ils ne le trouvèrent plus au lieu où ils
avaient été contraints de le laisser pour quelques
moments. Mais le service qu'ils lui rendirent fut
trop semblable à celui que reçut Notre-Seigneur
dans la personne de l'homme blessé que rencontra
le Samaritain de l'Evangile, pour demeurer sans récompense ; le mérite de l'aumône étant tout entier
dans les dispositions de celui qui la fait, et non dans
la droiture de ceux qui la reçoivent (1).

On admira souvent jusqu'où il portait l'humilité.
Il se faisait le serviteur de ceux qui voyageaient avec
lui ; il les réveillait le matin, portait derrière lui, sur
son cheval, ce qui était à leur usage, prévenait tous
leurs besoins, leur rendait enfin toutes sortes de
bons offices, et les humiliait en quelque sorte par
son empressement à les servir. Dans le pèlerinage
à Saint-Claude (2) qu'on a raconté, comme les
voyageurs passaient par une montagne fort rude,
un cheval se déferra. Celui qui le montait étant alors
descendu, M. Olier, de son côté, mit promptement
pied à terre, et l'obligea de changer avec lui ; l'autre,

(1) *Vie de M.
Olier, par M. de
Bretonvilliers,* t.
II, p.361, 362.—
Par le P. Giry,
part. II, ch. IV.

XX.

Charité de M.
Olier pour ses
compagnons
de voyage.
Son humilité.

(2) *Mém. de M.
Baudrand,* p.
78.

après avoir résisté d'abord par respect, céda par obéissance, et ne put l'empêcher de faire à pied le reste du chemin, jusqu'au premier village, éloigné de cinq quarts de lieue. Ce ne fut pas même assez ; comme le cheval courait risque de se faire quelque plaie, M. Olier prit la peine d'envelopper son pied avec un gant fort épais, et le conduisit ainsi lui-même, comme s'il eût été le valet de la compagnie (1). Il arriva au lieu du repos, accablé de fatigue et tout baigné de sueur. «Comme je lui représentais, dit M. de Bretonvilliers, qu'il devait » s'épargner davantage : Vous le savez, me répond- » il, ma vocation est de vivre dans une servitude » continuelle, non-seulement à l'égard de Dieu, » mais encore à l'égard des hommes (2). »

Cet esprit de dépendance lui faisait demander conseil à M. de Bretonvilliers dans les petites choses comme dans les grandes ; et celui-ci, presque affligé de cette déférence, qui lui paraissait excessive et comme déplacée, lui ayant demandé une fois pourquoi il consultait ainsi un homme qui avait beaucoup plus besoin d'apprendre et de recevoir des conseils qu'il n'était capable d'en donner, il lui fit cette réponse : « Agissez, mon cher enfant, avec » simplicité, et dites-moi tout naïvement ce que » vous pensez ; car, si j'étais seul avec Jean, (c'était » un domestique), je lui demanderais son avis, et » je ferais simplement ce qu'il me dirait. Ne faisons » jamais notre volonté, s'il est possible, jusque dans » les plus petites choses. » Dans cette vue, il conseillait, surtout pour le temps des voyages, où la nature est portée à prendre plus de liberté, de se choisir un de ceux avec qui l'on voyageait, pour dépendre de lui, comme nous tenant la place de Dieu, et lui obéir en toutes choses avec une entière soumission (3).

Si l'on arrivait dans une hôtellerie, il prenait toujours pour lui la chambre la plus incommode ; et lorsqu'il y avait deux lits dont l'un paraissait être

(1) *Esprit de M. Olier*, t. III, p. 319, 320.

(2) *Vie, par M. de Bretonvilliers*, ibid., p. 249, 250.

(3) *Esprit de M. Olier*, t. III, p. 303, 304.

destiné pour un domestique, il le retenait pour lui-
même, et cédait l'autre à quelqu'un de ceux qui
l'accompagnaient (1). Passant une fois à Laon, et
désirant y vénérer une relique insigne de saint Laurent, diacre, conservée alors dans l'abbaye de Saint-
Martin, ordre de Prémontré, il sonna longtemps à
la porte de ce monastère sans que personne vînt
lui ouvrir. Enfin, comme on le pressait de continuer
sa route : « Ce sont mes péchés, dit-il avec humi-
» lité, qui nous empêchent d'entrer dans la maison
» de Dieu, et nous privent du bonheur que nous
» désirions. Il faut, ajouta-t-il en se mettant à ge-
» noux, demander pardon à Dieu, et honorer de
» loin ce que nous ne sommes pas dignes de véné-
» rer de plus près. »

Enfin, les gens de la campagne qui se trouvaient
sur son passage, les maîtres et les maîtresses des
auberges où il logeait, les enfants et les domestiques, tous éprouvaient les effets de sa charité et
de son zèle (2). Dans un voyage qu'il fit après la mort
de Marie Teissonnière, s'étant arrêté à Valence pour
y honorer son tombeau, dès-lors en grande vénération dans tout le pays, il y passa un temps considérable en oraison, et se rendit de là chez un peintre
pour y acheter le portrait de la défunte. « J'y trou-
» vai, dit-il, une autre chose pour laquelle sans
» doute cette bonne âme m'y conduisait. Car, outre
» que, dans son portrait, je ne rencontrai point de
» ressemblance, ce dont je n'étais pas beaucoup en
» peine, aimant mieux son esprit et l'impression de
» sa grâce que son extérieur, j'y trouvai un grand
» tableau qui était fort déshonnête. Ce qui fit que,
» m'adressant au peintre pour lui montrer sa faute,
» je lui parlai avec tant de force, qu'il se soumit à
» tout ce que je désirais, et me vendit ce tableau,
» quoiqu'il eût déjà reçu des arrhes d'une autre per-
» sonne, qui le voulait avoir. Sur l'heure, l'ayant
» mis en pièces, je fis allumer du feu et le brûlai en
» sa présence. Ce bon homme en fut tellement tou-

(1) *Esprit de M.Olier*, t. III, p. 319, 345 et suiv. - *Vie de M.Olier*, ibid., p. 249 et suiv.

XXI.
Dans ses voyages M.Olier exerce son zèle pour le salut des âmes.
(2) *Vie, ibid.*, p. 241, 242.

» ché, que nous souhaitant mille bénédictions, il » protesta que jamais, pour qui que ce pût être, il » ne ferait de ces infâmes peintures (1). † »

(1) Lettres spi-rit., p. 190.

XXII.

M. Olier fait tous les ans les exercices de la retraite spirituelle.

Pèlerinage à Chartres et à Saumur.

(2) Lettre aut. de M. Olier, p. 77.

(3) Vie, par le P. Giry, p. ii, ch. vii.—Rem. hist., t. iii, p. 563.

(4) Rem. hist., t. i, p. 37, n. c.

(5) Vie, par M. de Bretonvilliers t. ii, p. 259.

(6) Discours sur les vies de plu-sieurs mères et sœurs de la Vi-sitation, etc., p. 646, 647.

Nous placerons ici la relation d'un voyage que M. Olier fit l'année 1648, pour réformer quelques abus qui s'étaient introduits depuis peu dans son prieuré de Clisson (2). Avant de l'entreprendre, il voulut, selon sa coutume, vaquer à sa retraite an-nuelle ; car il ne laissait pas, quelque continuelle que fût son union avec Dieu, de consacrer, chaque année, dix jours à ces saints exercices. N'ayant pu y vaquer durant deux années consécutives, à cause de la multitude de ses occupations, la troisième année, il fit trois retraites de dix jours en six se-maines (3). Quelquefois il se retirait au noviciat des Pères de la compagnie de Jésus, à côté de son église (4) ; cette année il se rendit au monastère de Saint-François de Meulan, à dix lieues de Paris (5). Le spectacle des saints pénitents qui habitaient cette solitude lui inspira de vifs sentiments de com-ponction (6), et il commença sa retraite le jour même de saint François, 4 octobre, par une confes-sion générale de toute sa vie. Il la fit en esprit d'a-mende honorable à la justice divine, et afin, disait-il, de se renouveler dans la confusion que le pécheur doit porter constamment, même après la rémission de ses péchés (7).

(7) Mém. aut. de M. Olier, t. v, p. 367, 382.

(8) Vie de M. Olier, t. ii, p. 367.

† M. de Bretonvilliers, en rapportant le même trait, ajoute que le serviteur de Dieu était à l'hôtellerie où il dînait, lorsque le peintre lui apporta le tableau, et que se levant aussitôt de table, et prenant d'une main le tableau et un couteau de l'autre, il le perça et le coupa depuis le bas jusqu'au haut, en disant : « Il faut que le démon en crève » de dépit ; qu'enfin jetant au feu les pièces de ce tableau, il ajouta : « C'est ainsi que doivent périr les ouvrages de Satan ; » l'honneur dû à Dieu veut qu'on ne les touche que pour » les détruire (8). » M. de Bretonvilliers semble avoir oublié la résolution si chrétienne de ce peintre, puisqu'il suppose qu'il fut beaucoup plus touché de la perte de son tableau que du mal dont il s'était rendu coupable.

De Meulan, il prit sa route vers Chartres, lieu trop cher à son souvenir, depuis les grâces particulières qu'il y avait reçues à différentes époques de sa vie, pour ne pas se sentir attiré, dans cette conjoncture, à porter encore ses hommages aux pieds de la Mère de Dieu. Durant plusieurs jours, on le vit y demeurer en oraison depuis six heures du matin jusqu'à midi, et depuis deux heures jusqu'à six heures du soir; toujours à genoux, immobile, et dans un si profond recueillement, qu'il inspirait de la dévotion à tous ceux qui le considéraient.(1). En sortant de Chartres, il résolut de passer par la Touraine, se rendit à Saumur, et visita de nouveau l'église de Notre-Dame des Ardilliers (2).

(1) *Esprit de M. Olier*, t. III, p. 6.

(2) *Vie, par M. de Bretonvilliers* t. II, p. 259, 260.

Comme il était près de Clisson, il entra dans une hôtellerie où il était fort connu et particulièrement respecté, et donna un exemple d'humilité qui dut augmenter encore la vénération pour sa personne. Il voulut soigner lui-même son cheval, étant bien aise, en vertu de son vœu de servitude, d'épargner cette peine aux valets de la maison. Comme le lieu était obscur, un gentilhomme qui arrivait de voyage l'ayant pris pour l'un des domestiques, lui ordonna d'avoir soin de son cheval, et sortit aussitôt. Ravi alors de trouver une nouvelle occasion de servir le prochain, M. Olier s'empressa de faire l'office de valet d'écurie, et il n'avait pas encore fini, lorsque le cavalier rentra. Celui-ci le trouvant en cette fonction, et reconnaissant sa méprise, fut fort étonné de voir un ecclésiastique exécuter avec tant de docilité un ordre qu'il croyait avoir donné à un domestique. C'était assez de s'apercevoir qu'il avait parlé à un prêtre pour lui faire toutes sortes d'excuses; mais sa surprise et sa confusion augmentèrent bien davantage, lorsqu'il apprit quel était celui qu'il avait trouvé si obéissant. La scène se termina comme se terminent ordinairement les aventures de ce genre qui arrivent aux Saints ; c'est-à-dire que, plus le voyageur fut affligé de l'affront qu'il croyait avoir

XXIII.

Par humilité, M. Olier fait l'office de valet d'écurie.

fait, sans le savoir, à M. Olier, et lui en témoigna ses regrets, plus le serviteur de Dieu le combla d'honnêtetés, et l'édifia par le ton agréable qu'il sut y mettre (1).

(1) *Esprit de M. Olier*, t. III, p. 320.

XXIV.
Pèlerinage à Notre-Dame de Toute-Joie, et au tombeau de saint Vincent Ferrier.

A peine fut-il arrivé à Clisson, que, se présentant devant le très-saint Sacrement, il offrit son prieuré à Notre-Seigneur, en le priant d'y rétablir lui-même l'ordre et la réforme ; et tout porte à croire que sa prière fut exaucée. Il profita de ce séjour pour faire de nouveau le pèlerinage de *N.-D. de Toute-Joie*,

(2) *Vie, par M. de Bretonvilliers* t. II, p. 260. — *Mém. aut. de M. Olier*, t. v, p. 353, 365.

où autrefois il avait reçu beaucoup de grâces ; et, y célébrant la sainte Messe, il y fut comblé des plus douces faveurs (2). Dieu, qui sait tirer sa gloire de tous les pas de ses élus, conduisit dans ce lieu son serviteur pour la consolation de plusieurs âmes qui avaient déjà retiré de grands fruits de ses premiers voyages en Bretagne. A l'exemple des Apôtres, qui ne revenaient jamais sur les terres qu'ils avaient arrosées de leurs sueurs que pour conserver leurs premières conquêtes, ou pour en faire de nouvelles, tout le temps qu'il ne donnait point à l'oraison, il le consacrait, soit à ramener à Dieu des âmes égarées, soit à perfectionner et affermir les conversions qu'il avait laissées imparfaites.

(3) *Mém. aut. de M. Olier*, t. v, p. 355. — *Vie, par M. de Bretonvilliers*, t. II, p. 261.
* NOTE 6, p. 616.

Au sortir de Clisson, il alla, comme il l'avait résolu en quittant Paris, visiter à Vannes le tombeau de saint Vincent Ferrier, l'apôtre de la Bretagne au XVᵉ siècle (3) *. Sa piété envers la mère de la très-sainte Vierge ne lui permit pas de quitter cette province sans faire aussi un autre pèlerinage très-renommé, celui de Sainte-Anne d'Auray, qui n'est

XXV.
Pèlerinage à Sainte-Anne d'Auray. M. Olier visite la Régrippière.

qu'à une petite journée de Vannes (4). Quoique la dévotion des fidèles, pour ce lieu de piété, ne fît encore que commencer *, les miracles qui s'y opéraient en grand nombre, y attiraient un concours de pèlerins extraordinaire. Louis XIII avait signalé sa piété en y envoyant une relique de sainte Anne, et la Reine, son épouse, en y instituant, en l'honneur de la Sainte, sa patronne, une confrérie dont elle

(4) *Ibid.*, p. 262.
* NOTE 7, p. 617.

voulut être membre, ainsi que le Dauphin, depuis Louis XIV, et le duc d'Anjou, ses enfants. On voit par le catalogue imprimé des principaux associés, que M. Olier fut de ce nombre, et qu'il y écrivit même son nom de sa propre main (1) †.

Lorsqu'il eut satisfait sa dévotion, il revint à Nantes. Il y était trop près du monastère où, quelques années auparavant, il avait opéré un si heureux changement, pour ne le pas visiter de nouveau. Il se transporta donc à la Régrippière, et il eut la consolation de revoir cette maison dans l'état de régularité et de ferveur où il l'avait laissée en 1641. La prieure et les religieuses n'avaient point assez d'expressions pour lui témoigner la joie que leur causait sa présence, et la vénération qu'elles conservaient toujours pour sa personne. Elles surent profiter de ses entretiens pour se fortifier dans l'esprit de leur vocation, qu'il avait comme ressuscité autrefois, et ne négligèrent rien pour se perfectionner dans les vertus de la vie religieuse. Retraites, communications de leur intérieur, confessions extraordinaires, tels furent les moyens qu'elles employèrent avec un très-grand succès pour assurer leur salut de plus en plus sous sa conduite, et par où il s'appliqua lui-même à les confirmer dans leurs anciennes résolutions (2).

Durant le même voyage, M. Olier fit le pèlerinage de Saint-Martin de Tours, l'un des plus anciens et des plus connus du monde chrétien. Il visita le monastère de Marmoutiers, où l'on voyait une grotte creusée dans un rocher qui avait servi d'oratoire au saint Évêque ; et se rendit pareillement à l'église de Candes (3), petite ville de Touraine, située aux

(1) *Les Grandeurs de sainte Anne, par Hugues de S.-François,* in-8°, 1657, p. 352.

(2) *Vie de M. Olier, par M. de Bretonvilliers,* t. II, p. 264.

XXVI.
Pèlerinage à Candes, Marmoutiers, S.-Martin de Tours.

(3) *Vie, par M. de Bretonvilliers* t. II, p. 259.

† En vénérant l'image miraculeuse de sainte Anne, il demanda à Dieu le don du silence dans les contradictions qu'il éprouvait de la part des hommes, et dans les faveurs qu'il recevait de Dieu ; ainsi que la grâce d'agir toujours dans les intentions de Notre-Seigneur, et par le mouvement de son divin Esprit.

confins de l'Anjou, sur le bord de la Loire, où il
était mort. Ce fut pour lui une très-grande consolation de répandre son âme devant Dieu, au même
endroit où saint Martin avait rendu la sienne, dans
un accès et un transport d'amour qui n'a presque
point d'exemple. Mais la vivacité de sa religion
éclata surtout au tombeau du saint Thaumaturge.
En entrant dans le temple auguste où reposaient
ses cendres †, et où l'on conservait quelques restes
de son corps échappés à la fureur des Calvinistes,
qui, en 1562, mirent tout à feu et à sang dans cette
province, il éprouva une terreur secrète, mêlée
d'une douce consolation : sentiment tout semblable
à celui qui saisissait saint Martin, lorsqu'il mettait
le pied dans les basiliques où reposaient les sacrés
ossements des martyrs. Cette impression fut encore plus vive, lorsqu'on lui fit voir le lieu où avait
été brûlé le corps du saint Evêque. Pendant des
heures entières, il demeura humblement prosterné
devant l'autel qui couvrait le tombeau, et y donna
toutes les marques de la foi la plus vive, comme de
la piété la plus tendre.

Il y resta, une fois, l'espace de sept heures sans
s'en apercevoir ††. Le temps du souper étant venu, on l'attendit ; et comme il ne paraissait pas, on
le chercha en divers endroits de la ville. A force
d'informations, on sut enfin qu'à une certaine heure
après midi, il était entré dans l'église de Saint-
Martin : on y courut aussitôt, mais les portes en
étaient fermées depuis longtemps. Après qu'on les
eut fait ouvrir, on fut surpris de voir le serviteur
de Dieu près du tombeau, dans la posture d'un

---

† L'église de Saint-Martin de Tours, où se rendit M. Olier,
n'existe plus aujourd'hui. Le culte de ce saint pontife a été
transféré à l'église métropolitaine, où l'on conserve quelques
portions de ses reliques.

†† Ce fut ce que témoigna le Père Constantin, alors cor-
recteur ou supérieur des Minimes d'Angers, qui le tenait de
Madame de Razilli chez qui M. Olier était logé à Tours.

homme qui semblait avoir perdu tout usage de ses sens extérieurs (1). On le trouva, en effet, sans parole ; il fut conduit dans la maison où il logeait encore tout absorbé en Dieu ; et comme si la nourriture invisible, qu'il venait de goûter dans le lieu saint, l'eût affranchi de tous les besoins du corps, on lui proposa en vain de prendre ce jour-là son repas ordinaire (2).

L'humilité de saint Martin et sa patience au milieu des contradictions domestiques ravissaient surtout le cœur de M. Olier. On sait que ce grand Evêque eut à souffrir les affronts les plus révoltants de la part de son propre diacre, dont néanmoins, par son admirable longanimité il obtint la parfaite sanctification. Exemple consolant pour les supérieurs, puisqu'il montre que la vertu des plus grands Saints ne reçoit aucun dommage de l'indocilité de leurs disciples ; qu'au contraire, elle n'en brille qu'avec plus d'éclat, surtout lorsqu'elle parvient à les changer et à les convertir. C'était ce que M. Olier demandait à Dieu pour plusieurs prêtres de la communauté de sa paroisse, n'étant pas exempt lui-même de cette sorte de croix. Il écrivait durant ce voyage à M. de Queylus : « Les contradictions qui » se rencontrent dans les sujets que Dieu nous as- » socie, servent à perfectionner en nous, par la pa- » tience, les vertus chrétiennes. Elles ôtent la joie » du succès, pour anéantir la créature dans l'humi- » lité, la douceur, la charité et la miséricorde. Ce » sont les vertus que vous devez exercer envers eux, » en y joignant toujours l'exhortation fraternelle, » qui les excite et les porte suavement à leur de- » voir (3). »

Les plaintes que fait ici M. Olier avaient pour objet l'infidélité des ecclésiastiques de la paroisse au réglement de la communauté. Depuis plusieurs mois, presque tous manquaient à l'oraison le matin, et se dispensaient avec une égale facilité de la plupart des autres exercices. L'absence de M. du Ferrier,

(1) L'Esprit de M. Olier, t. III, p. 6.

(2) Vie Ms. de Grandet, t. I, p. 136, n.

XXVII.
Rétablissement de la ferveur parmi les prêtres de la paroisse de S.-Sulpice.

(3) Lettres aut. de M. Olier, p. 183, 184.

leur supérieur, envoyé à Rodez, avait apparemment donné lieu à ces relâchements. Mais il plut à la Bonté divine d'y apporter un prompt remède, avant même l'arrivée de M. Olier à Paris. Après six mois d'absence, M. du Ferrier étant retourné à la communauté, et se voyant contraint, malgré l'épuisement de ses forces, de reprendre son ancienne charge, il crut devoir se faire suppléer par M. de Queylus, ne pouvant être présent lui-même à tous les exercices : néanmoins, le mal continuait toujours. Comprenant alors que, pour le retrancher infailliblement, il était nécessaire que le supérieur donnât le premier l'exemple, il commença à se lever à quatre heures et demie, au son de la cloche; et, tout malade qu'il était, se rendit à la salle d'oraison, où il n'y eut ce jour-là que cinq ou six personnes. L'après-dîner, chacun voulut lui persuader que cette exactitude abrégerait bientôt ses jours; il témoigna le craindre peu, et déclara qu'il ne manquerait plus désormais à l'oraison. Le lendemain il y retourna, et leur répondit encore la même chose. « Enfin Dieu voulut, conclut M. du Ferrier, qu'ils » y vinssent tous le troisième jour; et sa miséri- » corde fut si grande, qu'il me guérit entièrement, » cette matinée, par le mérite de leur oraison; en » sorte que cette maladie de trois ans finit ce jour- » là même, à la satisfaction de toute la communau- » té (1). » Mais pour les exciter et les encourager par son propre exemple, M. Olier, qui jusqu'alors avait logé au séminaire, alla s'établir à la communauté (2), après son retour de ce voyage; et y demeura depuis, jusqu'après sa démission de la cure de Saint-Sulpice, qu'il fit en 1652, comme nous le raconterons bientôt.

Ce voyage fut pour M. Olier, comme l'avait été celui de 1647, une oraison continuelle (3), sans que la marche du cheval ou la compagnie pussent le distraire de son attention à Dieu. Un jour, comme il dînait dans une hôtellerie avec les autres voya-

(1) Mém. de M. du Ferrier, p. 186, 187.

(2) M. R., 22 mars 1648, f° 13.

XXVIII.
Recueillement de M. Olier dans ses voyages.
(3) Esprit de M. Olier, t. III, p. 8.

geurs, on l'avertit que la traite étant longue, il était nécessaire de se hâter de partir. Quelque temps après, il se lève de table, descend à l'écurie, bride lui-même son cheval, et ne remarquant pas que les voyageurs étaient encore dans la maison, il part sans rien dire à personne. Le domestique qui l'accompagnait, inquiet de ne plus le trouver, part en toute hâte, et prend sa route vers l'endroit où l'on devait coucher. Il l'atteignit à la porte du lieu, et lui dit, tout ému, le sujet de sa peine. M. Olier, toujours recueilli en Dieu, lui répondit : « Je croyais » être resté le dernier dans l'hôtellerie, et n'être » parti qu'après tous les autres (1). » Cette union habituelle avec Dieu, qui le tenait comme mort aux choses du monde et à toutes les douceurs de la vie, ne le rendait que plus ardent à déployer dans les occasions sa charité pour ses frères, les considérant comme les images vivantes de celui dont son cœur était sans cesse occupé. Comme il revenait à Paris, il apprit en chemin qu'un de ses amis, grand serviteur de Dieu, était à l'extrémité. A peine en eut-il connaissance qu'il usa de la plus grande célérité, ou plutôt qu'il vola pour le secourir ; et, arrivant assez tôt, il eut la consolation de l'assister à la mort, et de lui rendre tous les offices qu'inspirent, dans cette circonstance, la religion et l'amitié la plus tendre (2).

Nous avons montré jusqu'ici quelle a été la conduite du serviteur de Dieu dans le gouvernement de sa paroisse. Avant de passer à des récits d'un genre différent, et de le considérer comme supérieur du séminaire et de la société de Saint-Sulpice, il nous reste à parler de la maladie qui le contraignit à se démettre de sa cure.

L'année 1652 était la dixième depuis qu'il gouvernait sa paroisse. Un serviteur aussi fidèle ne devait pas, ce semble, quitter sitôt un ministère dont l'Eglise avait reçu tant de consolation, et les âmes de si grands fruits. Mais sa mission publique

(1) *Attest. aut. touchant M. Olier,* p. 198.

(2) *Vie de M. Olier, par M. de Bretonvilliers,* t. II, p. 264.

XXIX.
Après dix ans de ministère M. Olier est malade à l'extrémité.

était remplie. Il savait depuis longtemps que DIEU, en l'appelant à la cure de Saint-Sulpice, avait borné à dix ans les services qu'il exigeait de lui, comme pasteur ; lui-même avait fait part de cette circonstance à plusieurs de ses ecclésiastiques. « Étant » allés un jour à la campagne prendre l'air, rapporte » M. de Bretonvilliers, un de nous lui dit : Mon- » sieur, voilà que les dix ans seront bientôt expirés, » et comment pourra-t-il se faire que vous quittiez » votre cure, puisqu'il n'y a nulle apparence que » vous le puissiez, et même que vous deviez le faire, » quand vous le pourriez ? — C'est à DIEU, répon- » dit M. Olier, à vérifier ses paroles et à accomplir ses » desseins. Pour nous, nous n'avons qu'à nous aban- » donner à lui sans retour sur nous-mêmes, afin » qu'il dispose à jamais de nous comme il vou- » dra (1). »

Au mois de mars de cette année, sa santé avait éprouvé déjà un dépérissement considérable, qui l'obligea de recourir à divers remèdes. Le principal était le repos ; mais son zèle ardent ne lui permit pas d'en prendre assez pour se rétablir, ni de se dispenser d'aucun des soins attachés à la charge des âmes. Cet infatigable pasteur, toujours prêt à donner sa vie pour ses ouailles, s'employait à les servir comme s'il eût été en pleine santé ; et sans considérer que la multitude des soins dont il était assiégé continuellement l'affaiblissaient toujours davantage. Enfin, une cérémonie extraordinaire, qui eut lieu au mois de juin 1652, fut l'occasion qui acheva de l'abattre. On avait indiqué, pour le jour de saint Barnabé, une procession générale où la châsse de sainte Geneviève devait être portée à l'é- glise de Notre-Dame (2). Comme la coutume était que les religieux, lorsqu'ils descendaient ce sacré dépôt du lieu où il reposait toujours, passassent toute la nuit en prières (3), M. Olier, oubliant l'a- battement où il était réduit, voulut, cette nuit même, demeurer en oraison devant les saintes

(1) Vie de M. Olier, par M. de Bretonvilliers, t. II, p. 383. — Rem. hist., t. II, p. 42. — Vie de M. Olier, par le P. Giry, 1re part., ch. XIX. — Rem. hist., t. III, p. 541. — Vie Ms. par M. Le- schassier, p. 23.

(2) Hist. de la ville de Paris, t. II, p. 1428.

(3) Vie de M. Bourdoise, (im- primée) in-4°, p. 678, 679.

reliques. Il y resta depuis neuf heures du soir jusqu'au lendemain à cinq heures du matin, et se contenta d'aller prendre deux heures de repos dans
une maison voisine. Mais, depuis ce moment, son
corps s'affaiblit de plus en plus, et, quelques jours
après, il fut attaqué d'une violente fièvre qui, devenant continue, donna les plus grandes inquiétudes (1).

Il accepta cette maladie avec joie, et dit à un de
ses plus familiers amis que, puisqu'elle était l'effet
de la volonté divine, il la préférait à la plus parfaite
santé (2). Sa patience fut toujours inaltérable; jamais on ne le vit perdre un instant son égalité, ni
proférer un mot de plainte, au milieu des ardeurs
de la fièvre. Il en était comme dévoré, éprouvant
une chaleur si extraordinaire, qu'il lui semblait
quelquefois que son lit était en feu. Son âme, néanmoins continuellement unie à Dieu, goûtait une
paix profonde, et ne cessait de produire, durant ce
temps, des actes d'amour, de remercîment, d'anéantissement, et d'autres semblables. On ne le vit
point demander la santé, ni solliciter personne d'en
faire pour lui la demande; il ne désirait qu'une
chose, l'accomplissement parfait des desseins de
Dieu sur lui. Aussi se conformait-il ponctuellement
à tous les ordres des médecins, non par la crainte
de la mort ou par l'espérance d'une plus longue vie,
mais uniquement par amour pour Notre-Seigneur,
dont il adorait la volonté dans leurs ordonnances :
ne voyant que lui dans les médecins qui lui pres-
crivaient ce qu'il devait faire à l'égard de son corps;
comme il lui faisait connaître, par ses directeurs,
les voies qu'il devait suivre pour la sanctification
de son âme (3).

Le mal fit bientôt des progrès si rapides, qu'il ne
laissa presque plus d'espérance; et, dans ce péril,
M. de Bretonvilliers fit vœu de jeûner quarante
jours, pour obtenir la guérison de M. Olier (4). Mais
pendant que les médecins le condamnaient, le malade

(1) *Vie de M.
Olier, par M. de
Bretonvilliers*, t.
II, p. 324, 325.

XXX.

Sa résigna-
tion dans cette
maladie. Dieu
lui fait con-
naître qu'il en
relèvera.

(2) *Ibid.*, p. 326,
327.

(3) *Vie Ms., par
M. de Bretonvil-
liers*, p. 328, 329,
330.

(4) *Lettre de M.
de Bretonvilliers
à M. Olier.* —
*Attest. aut. tou-
chant M. Olier*,
p. 213.

(1) Année Dominic., etc. — Rem. hist., t. III, p. 478.
(2) Attest. aut. touchant M. Olier, p. 196.

reçut intérieurement l'assurance qu'il ne mourrait pas de cette maladie(1); et, témoignant à M. de Saint-Antoine la persuasion où il était de s'en relever, il lui cita ces paroles de l'Écriture : *Nolo mortem peccatoris, sed magis ut convertatur et vivat* (2). Une personne de grande piété étant en peine sur le dangereux état où il se trouvait, il la fit prier de venir le voir. Elle fut fort surprise de l'entendre dire : « Ne craignez
» point pour ma santé, la sainte Vierge m'a assuré
» que je n'étais point à la fin de ma carrière, et que
» DIEU me voulait encore pour quelque temps dans
» le monde. Mais une autre chose qu'elle m'a dé-
» couverte, c'est une faute dans laquelle vous êtes
» tombée, en négligeant cette pratique qui vous
» était fort salutaire, et qui était très-agréable à
» Notre-Seigneur.(3) » Elle seule savait l'omission

(3) Ibid.

que lui reprochait M. Olier, « car elle m'a assuré,

(4) Vie, par M. de Bretonvilliers t. II, p. 383, 384.

» dit M. de Bretonvilliers, que personne au monde
» ne pouvait en avoir connaissance (4). »

XXXI. M. Olier reçoit les derniers sacrements, se démet de sa cure, et recouvre la santé.

Néanmoins, malgré la certitude qu'il avait de sa guérison, M. Olier, accoutumé à ne prendre jamais pour règle de sa conduite extérieure les lumières extraordinaires dont DIEU le favorisait, disposa toutes choses comme s'il eût dû mourir, et reçut les derniers sacrements de l'Église (5). Bien plus,

(5) Attest. aut. Ibid. — Vie, par M. de Bretonvilliers, t. II, p. 325. - Par le P. Giry, — Rem. hist., t. III, p. 541, 542. Ibid., t. I, p. 42, 43.

les médecins ayant déclaré qu'il ne passerait pas le lendemain, dès le matin de ce jour, qui fut le 20 juin, il remit, par procureur, sa cure entre les mains de l'abbé de Saint-Germain, et son prieuré de Bazainville entre celles de l'abbé de Marmoutiers, sans prétendre à aucune réserve (6); et, l'après-

(6) Esprit de M. Olier, t. III, p. 770.

midi du même jour, il fit de nouveau appeler le notaire, et lui dicta son testament. Cet acte, dans sa brièveté, respire la plus tendre dévotion et la plus vive confiance aux mérites du Rédempteur et à la très-sainte Vierge, sa mère. M. Olier y demande pardon à tous ceux qu'il aurait pu avoir offensés; il y ordonne que son corps soit inhumé dans l'église de Saint-Sulpice, sans pompe, ni cérémonie, et le

plus simplement qu'on pourra, comme n'étant,
ajoute-t-il, qu'un misérable pécheur. Il fait divers
legs à plusieurs de ses anciens serviteurs, et donne
sa bibliothèque au séminaire (1).

(1) Testament de M. Olier, 20 juin, etc.

Mais, aussitôt après sa démission, il se trouva
hors de danger : comme si Dieu ne lui eût envoyé
cette maladie que pour lui fournir l'occasion de se
démettre de sa cure. Il la possédait depuis le 25
juin 1642, et il s'en démit le 20 du même mois 1652,
de sorte qu'on vit s'accomplir à la lettre la prédiction qu'il avait faite de ne gouverner cette paroisse
que l'espace de dix ans. Une nouvelle circonstance
qui frappa beaucoup les ecclésiastiques du séminaire, ce fut que le choix de l'abbé de Saint-Germain tomba sur M. de Bretonvilliers, ainsi que le
serviteur de Dieu l'avait prédit environ huit ans
auparavant †. Plusieurs fois, depuis ce temps, il
lui avait donné la même assurance, quoiqu'il n'y
eût aucune apparence à l'accomplissement de cette
prédiction, dit M. de Bretonvilliers, et qu'il y eût
même des raisons qui le rendaient moralement impossible (2). M. de Bretonvilliers fut nommé à la
cure le 27 du même mois (3), et en prit possession
le 29 (4).

(2) Vie, par M. de Bretonvilliers t. ii, p. 333.
(3). Arch. du Roy., sect. hist., Ms. 421. Prov. aut. pour M. de Bretonvilliers.
(4) Vie de M. Olier, par le P. Giry, ibid., p. 541. — Rem. hist. t. i, p. 43. — Vie Ms. par M. Les-chassier, p. 24.

XXXII.
Sa profonde humilité a-près s'être dé-mis de sa cu-re.

Après sa démission, loin de considérer avec quelque complaisance le bien qu'il avait opéré dans
cette paroisse, si heureusement renouvelée par ses
travaux, M. Olier aimait à se remettre devant les
yeux ces paroles du Sauveur à se disciples : Lorsque vous aurez fait tout ce qui vous était commandé, dites : Nous sommes des serviteurs inutiles,
nous n'avons fait que ce que nous devions (5), il
n'osait même se rendre ce témoignage, croyant
n'avoir contribué, pendant les dix années de son

(5) Luc. xvii, 10.

(6) Collet, t.ii, p.519.- Summa-rium ex processu ne pereant pro-bationes (in cau-sa beatificat. et canonix. Vin-centii a Paulo), p. 370.

---

† Saint Vincent de Paul prédit aussi que M. Jolly serait
supérieur général de la Mission, quoique dans un écrit
signé de sa main, il eût proposé M. Alméras pour lui succé-
der. M. Alméras lui succéda, en effet, mais il eut pour successeur M. Jolly, qui, de cette sorte, devint le troisième
supérieur de la Mission (6).

ministère, qu'à mettre obstacle à l'œuvre de Dieu.
Quelques mois après qu'il eut quitté sa cure, passant à Lyon, lorsqu'on y faisait les exercices du Jubilé, et désirant de participer à cette grâce, il se
rendit à l'église des Feuillants. Là, s'adressant au
premier religieux qui se rencontra, il se mit, pour
se réconcilier, dans un côté du confessionnal, en
faisant placer dans l'autre un des ecclésiastiques de
sa compagnie, qui voulait obtenir la même faveur ;
et on tient de celui-ci que M. Olier répandit alors
une si grande abondance de larmes, et s'accusa avec
des sanglots et des gémissements si extraordinaires,
qu'on l'eût pris pour un homme coupable des plus
grands forfaits. On l'entendait se lamenter et se
confondre tout haut de ce que pendant dix ans il
avait été curé d'une immense paroisse, sans avoir
les vertus et les qualités nécessaires pour remplir
dignement de si redoutables fonctions. La crainte
qu'il avait de s'être rendu coupable d'une infinité de
fautes grièves le rendait inconsolable ; en sorte que
le confesseur, qui ne pouvait calmer ses inquiétudes,
eut besoin, pour lui rendre la paix, de lui rappeler
tout ce que la foi enseigne de plus consolant sur
les miséricordes du Seigneur envers ceux qui le
craignent.

PÈLERINAGE DE SAINT CLAUDE.

NOTE 1, p. 581. — Saint Claude, issu des seigneurs de Salins, était né vers l'an 603. Ayant été élevé malgré lui sur le siége de Besançon, il le quitta après sept années de ministère, pour se retirer au monastère de Saint-Oyan, dans les montagnes du Jura, où il mourut âgé de 93 ans, la quatrième année du règne de Childebert III. La réputation extraordinaire de sa sainteté, qui lui fit donner les surnoms d'*Antoine* et de *Pacôme*, attira les peuples à son tombeau, surtout depuis le XIIIᵉ siècle, et ce concours devint si continuel, que le monastère ne fut plus connu que sous le nom de Saint-Claude (1), ainsi que la ville qui s'était formée tout auprès. Le corps du Saint était renfermé dans une châsse d'argent doré, ornée de pierres précieuses, et trois fois le jour on pouvait en baiser les pieds, qu'on exposait nus à la vénération des pèlerins (2). Par une faveur assez extraordinaire, les religieux de Saint-Claude offrirent à M. Hurtevent, qui leur avait fait quelques entretiens spirituels, de lui montrer, durant la nuit, le corps entier du Saint (3), qui était encore sans corruption et palpable. La merveille de cette conservation est un fait incontestable ; chacun avait d'ailleurs la facilité de s'en assurer, depuis qu'en 1785 le corps eut été transféré dans une nouvelle châsse d'argent, ornée de cristaux, et qui le laissait voir entièrement. Il fut ainsi conservé jusqu'à l'époque de la Révolution.

Dans ces jours de délire, le 19 juin 1794, ce corps si vénéré depuis onze siècles, fut enlevé, traîné dans les rues, et enfin jeté aux flammes, au milieu même de la ville qui lui devait son nom et sa célébrité. Aussi, s'accorda-t-on à regarder l'incendie qui la consuma entièrement en 1799, comme la punition d'un si horrible sacrilége. Il est au moins très-remarquable que, l'incendie ayant éclaté, on ne sait comment, en plein midi, le ciel étant serein et l'air calme, les habitants aient été frappés d'un tel aveuglement et d'une stupeur si extraordinaire, que, malgré la présence des secours et l'heure favorable, loin d'employer les moyens d'éteindre le feu, chacun se soit occupé à démeubler sa maison, la

(1) *Gall. christiana*, t. IV, col. 241, 244, 245.

(2) *Alban. Butler, traduit par Godescard*, t. V, 6 juin.

(3) *Esprit de M. Hurtevent*, par *M. Maillard*, Ms.

laissant dévorer par les flammes; en sorte qu'après un court espace de temps, le sol que couvrait cette ville riche et florissante n'offrait plus à la vue que cendres et décombres enflammés. On peut remarquer encore que cet affreux incendie consuma la ville de Saint-Claude le 19 Juin, c'est-à-dire à pareil jour où le corps du Saint avait aussi été livré aux flammes; et que de toute cette ville le feu n'épargna que la maison d'un homme pieux, nommé Calais, dont l'épouse avait reçu le chapelet, dit de Saint-Claude, que les impies lui avaient donné, en 1794, à l'instant où ils brûlaient le corps.

On conserve encore dans un reliquaire d'argent un os d'un des bras du Saint.

PÈLERINAGE DE SAINT FRANÇOIS DE SALES

(1) *Vie de M. de Lantages*, liv. IV, n. XXXI. — *Mém. de M. du Ferrier*, p. 76, 77. — *Mém. sur M. de Bretonvilliers*, p. 63.

NOTE 2, p. 583. — Après le voyage de M. Olier au tombeau de saint François de Sales, plusieurs de ses disciples imitant son exemple, s'y rendirent par dévotion (1), et ce pèlerinage n'a pas cessé depuis d'être en honneur au séminaire de Saint-Sulpice. — Pendant la Révolution française, le corps du saint évêque ayant été soustrait à la profanation par quatre habitants d'Annecy qui l'avaient caché, M. de Mérinville, évêque de Chambéry, le reconnut en 1804, et ce saint corps fut de nouveau exposé à la vénération des Fidèles. En 1806, M. Dessoles, successeur de M. de Mérinville, le transféra dans l'église de Saint-Pierre d'Annecy,

(2) *L'Ami de la religion*, t. XLIX, p. 90, 91, 153, 154. — *Breviarium*, Paris 1836.

devenue depuis cathédrale; et de là il a été porté avec beaucoup de pompe dans la nouvelle église de la Visitation de cette ville, et placé derrière le grand autel, au mois d'août 1826 (2).

SUR MARIE DE VALERNOT D'HERCULAIS

NOTE 3, p. 584. — Elle se levait ordinairement à trois heures, consacrait quatre ou cinq heures à l'oraison, et, après la sainte Messe et quelque lecture de dévotion, elle continuait son oraison jusqu'au dîner; un quart d'heure après le repas, elle rentrait dans son oratoire et se remettait à l'oraison jusqu'au souper. Elle revenait ensuite à l'oraison, y employait une partie considérable de la nuit, et quelquefois la nuit tout entière. La nourriture qu'elle prenait chaque jour égalait à peine la grosseur d'un œuf; enfin elle se refusait presqu'entièrement le sommeil, en sorte que sa vie seule paraissait être un miracle. Mais un miracle plus étonnant était sa parfaite abnégation. Quoiqu'elle eût pour le monde une horreur qu'on aurait peine à imaginer, elle se

conformait aux modes de son temps, de peur de rendre la
piété ridicule par une singularité trop sensible. Un jour que
son mari voulut donner à quelques uns de ses amis le spectacle d'une obéissance si rare et si parfaite, il alla, dans un
moment où il savait qu'elle était en oraison, la prier de
venir jouer avec eux. Sur-le-champ, reconnaissant dans la
volonté de son mari celle de Dieu même, elle vient d'un
air gai et content inviter la compagnie à jouer, et, pendant
tout le temps que dura le jeu, elle y apporta une si grande
attention, qu'on eût dit qu'elle en faisait son plaisir et ses
délices (1). Sa belle-mère, pour lui laisser plus de temps à
consacrer aux exercices de piété, se chargeait elle-même
de tous les soins domestiques. Madame d'Herculais mourut
en 1654, âgée de trente-cinq ans, et laissa une si grande
réputation de sainteté, que l'évêque, le Chapitre et le Parlement de Grenoble voulurent assister à ses funérailles (2).

(1) *Vie de Marie de Valernot*, à la suite d'un dis-cours intitulé : *Des Grandeurs de Dieu*, etc., in-4°.

(2) *Essai sur l'influence de la religion en France*, t. I, p. 587.

PÈLERINAGE DE SAINT-ANTOINE DE VIENNOIS

NOTE 4, p. 585. — Le corps de saint Antoine, transféré
à Constantinople depuis que les Sarrasins s'étaient emparés
de l'Egypte, fut transporté de cette ville dans le diocèse de
Vienne, en Dauphiné, à la fin du dixième siècle, vers l'an
980, ou au commencement du onzième. Un seigneur de cette
province nommé Josselin, auquel l'empereur de Constantinople en avait fait présent, le déposa dans l'église du prieuré de la Motte-Saint-Didier, qui relevait de l'abbaye de
Montmajour-lès-Arles, et qui devint dans la suite le chef-
lieu de l'ordre des Antonins. M. Olier visita la Motte-Saint-
Didier, en 1647, pour y vénérer les reliques du saint Patriarche, et c'est une preuve de plus en faveur de la possession non interrompue de cette église. Car les Bénédictins
prétendaient que ces mêmes reliques avaient été transférées,
sur la fin du quatorzième siècle, à l'abbaye de Montmajour,
et déposées ensuite dans l'église de Saint-Julien de la ville
d'Arles (3).

(3) *Alban But-ler*, traduit par *Godescard* 17 janvier.

PÈLERINAGE DES SAINTS LIEUX DE PROVENCE

NOTE 5, p. 586. — Le pèlerinage des saints lieux de Provence a été en grande recommandation jusqu'au XVIIIe
siècle, comme le prouvent une multitude de monuments
anciens et modernes. On les trouvera réunis dans un ouvrage
publié en 1848. Il forme deux volumes in-4°, et a pour titre :
*Monuments inédits sur l'apostolat de sainte Marie-Madeleine en
Provence, et sur les autres apôtres de cette contrée, saint Lazare, saint Maximin*, etc.

PÈLERINAGE DE SAINT VINCENT FERRIER

NOTE 6, p. 602.—Saint Vincent Ferrier, né en 1357 à Valence, en Espagne, entra dans l'ordre de Saint-Dominique et annonça la parole de Dieu avec un zèle et un succès qui parurent l'égaler aux apôtres. Il prêcha dans presque toutes les provinces de l'Espagne, en France, dans la Lombardie, le Piémont, la Savoie, dans une grande partie de l'Allemagne, en Angleterre, en Écosse, en Irlande, et mourut à Vannes dans l'exercice du ministère apostolique, le 5 avril 1419, à l'âge de 62 ans. Il fut inhumé dans la cathédrale de cette ville. Les Espagnols ayant résolu, en 1590, d'enlever secrètement son corps, comme un trésor qui leur appartenait, et de le transporter à Valence : pour prévenir leur dessein, on cacha la châsse qui le renfermait. Elle demeura de la sorte jusqu'en l'année 1637, qu'on la transféra sur l'autel (1)*Alban Butler, traduit par Godescard*, 5 avril. d'une chapelle qui venait d'être bâtie dans la cathédrale : et c'était là qu'elle était exposée à la vénération des Fidèles, lorsque M. Olier s'y rendit en dévotion (1). Le corps de saint Vincent Ferrier est placé dans la croisée de cette église, du côté de l'évangile, et renfermé dans un tombeau de marbre noir, élevé d'environ cinq pieds au-dessus du (2) *L'église de Bretagne,* p.148. sol (2).

SUR LE PÈLERINAGE DE SAINTE-ANNE D'AURAY

NOTE 7, p. 602. — Le pèlerinage de Sainte-Anne d'Auray dut son origine à l'invention que fit, à la suite de plusieurs signes extraordinaires, un paysan nommé Yves Nicolazic, d'un morceau de bois tout fangeux, qu'on reconnut pour une ancienne image, tant à des plis de robe, qu'à des couleurs de blanc et d'azur qu'on y distingua. Cet évènement arriva un samedi, 7 mars 1625 ; et les peuples accoururent en si grand nombre, et de lieux si éloignés, pour vénérer la statue, qu'on ne peut expliquer ce concours universel que par une sorte d'inspiration divine. La Providence se servit, en effet, de ce moyen pour faire naître dans les cœurs des habitants de la Bretagne une confiance extraordinaire au secours de sainte Anne, regardée depuis avec raison comme la protectrice et la sauve-garde de la province. L'ancienne (3) *Les Grandeurs de sainte Anne, etc.,* déjà citées, p.209, 213 216, 221, 251, 252. statue trouvée par Nicolazic servit de matière à une nouvelle image de sainte Anne, exposée depuis à la vénération des pèlerins (3). Cette image fut brûlée durant la Révolution ; on en conserva néanmoins un fragment, qui est inséré aujourd'hui dans le pied d'une nouvelle statue, vénérée comme l'ancienne, sous le nom de Sainte-Anne d'Auray.

FIN DE LA DEUXIÈME PARTIE ET DU SECOND VOLUME